U0578783

开放社会及其敌人

第一卷
柏拉图的符咒

卡尔·波普尔　著

陆　衡　张群群
杨光明　李少平　等译

中国社会科学出版社

图字:01-1999-1888 号

图书在版编目(CIP)数据

开放社会及其敌人／(英)波普尔（Popper, K. R.）著；郑一明等译.
—北京：中国社会科学出版社，1999.8（2024.12 重印）
（西方现代思想丛书；8）
书名原文:The Open Society and Its Enemies
ISBN 978-7-5004-2514-4

Ⅰ.①开…　Ⅱ.①波…②郑…　Ⅲ.①波普尔,K. R. —哲学思想
Ⅳ.①B561.59

中国版本图书馆 CIP 数据核字(1999)第 37513 号

出 版 人　赵剑英
责任编辑　李庆红
责任校对　张慧玉
责任印制　张雪娇

出　　版　中国社会科学出版社
社　　址　北京鼓楼西大街甲 158 号
邮　　编　100720
网　　址　http://www.csspw.cn
发 行 部　010-84083685
门 市 部　010-84029450
经　　销　新华书店及其他书店

印　　刷　北京君升印刷有限公司
装　　订　廊坊市广阳区广增装订厂
版　　次　1999 年 8 月第 1 版
印　　次　2024 年 12 月第 19 次印刷

开　　本　880×1230　1/32
印　　张　26.5
插　　页　4
字　　数　690 千字
定　　价　96.00 元(全 2 册)

《西方现代思想》丛书之一

主　　编　　冯隆昊
编委会委员　（按姓氏笔画为序）

冯兴元　　曲克敏　　孟艺达

陆玉衡　　青　泯　　何梦笔

周业安　　柯汉民　　郭福平

译 者 的 话

卡尔·波普尔在中国最早产生的影响,主要是他的科学哲学。他在这方面的主要著作,如《研究的逻辑》、《客观知识》、《猜测与反驳》早在20世纪80年代就已译成中文,并在中国知识分子中间产生了很大反响。但作为横跨自然科学和社会科学的两栖学者和思想家,他在另一个领域,即社会科学中所取得的伟大成就,却由于种种原因,至今没有完整地译介过来,这不能不说是一大憾事。虽然我国早在80年代便已出版了《历史主义的贫困》(也有的译本译为《历史决定论的贫困》、《历史主义贫困论》)一书,但他的另一部、也是更为重要的社会哲学著作《开放社会及其敌人》却一直没有一个全译本(就中国大陆而言),因此,我们对波普尔的社会哲学认识得不完整、不系统,便不足为怪了。

据波普尔本人讲,写作《开放社会及其敌人》的动机早在很久以前便有了,但促成他最终动笔的直接导因却是"1938年3月接到奥地利遭到入侵的消息"。看来,正是极权主义的盛行给了波普尔写作本书的动力和灵感。因此,有人将其与乔治·奥威尔的《动物农庄》和《1984》相提并论,至少就其对("左"与"右"的)极权主义的抨击而论,这种说法还是有一定道理的。

卡尔·波普尔给他的这部著作定名为《开放社会及其敌人》。其实,定名为《开放社会的敌人》更为合适些。因为卡尔·波普尔在这部巨著中,笔墨集中于对柏拉图、黑格尔和马克思三个思想家的社会政治哲学的批判上,认为正是他们的思想构成现代极权主义的来源，而对于"开放社会"究竟是什么，却很少正面提及，更没有系统地加以说明。有人将其"开放社会"理解为"民主"或"自由"的社会，但这些提法更多地是研究者附会上去的，而波普尔本人似乎没有这么说过。当然，他提出过以"零星社会工程"代替"乌托邦社会工程"，但这只是以一种社会改造方案代替另一种社会改造方案，而不是一种社会改造的目标，也许波普尔从骨子里就反对一种理想社会的模式，因而才对其"开放社会"三缄其口。

对于波普尔对柏拉图、黑格尔和马克思的批判，学术界一直颇有争议。在他所批判的三个对象中，波普尔似乎对马克思更为尊重一些。但这种现象并不能掩饰他对马克思理论的敌视，从他对马克思主义的解释和批判中，这一点十分明显。对于中国广大读者而言，由于对马克思主义比较熟悉，因而在阅读这部著作时，其中的曲解和不妥之处自然一目了然，无须译者赘言。

应该指出的是，我们在翻译这本书时，对其中几个关键词语的译法颇为踌躇。几经反复，最终决定将"historicism"译为"历史主义"，而不是译为"历史决定论"，将"piecemeal social engineering"译为"零星社会工程"，而不是译为"渐进社会工程"。我们认为从字面和内容上理解，"历史主义"和"零星社会工程"更符合作者本义，因此，我们没有贸然意译，而是采取了一种我们认为貌似笨拙、却更传神的直译方法。在此，我们特别希望读者批评指正。

另外需要说明的是，书中所引马克思、恩格斯、列宁的著作，已有中译本的，我们均使用人民出版社的译文，脚注中也标明了相应的版本，书中不再一一注明。

本书的翻译工作具体分工如下：导言由冯兴元译，第一至第三章由陆衡译，第四至第五章和第九章由张群群译，第六至第八章由杨光明译，第十章由李少平译；第十一章正文由黄书进译、注释由郑一明译，第十二、二十二、二十三章由李惠斌和郑一明合译，第十三至第二十一章由郑一明译，第二十四章由王宏伟译、陆俊校，第二十五章由陆俊译。陆衡、郑一明分别承担了第一卷和第二卷的主要统稿工作。

由于原书内容艰深,加之译者水平有限,错误和不妥之处难免,敬请批评指正。

特别应当指出的是,在翻译过程中,有的译者参考了山西高校联合出版社出版的杜汝楫、戴雅民和台湾桂冠出版社出版的庄文瑞和李英明的译本,在此,我们谨向上述译者表示谢意。

译者

1999 年 2 月

目　　录

第一卷

柏拉图的政治纲领

柏拉图攻击的背景

导　言

卡尔·波普尔与开放社会

德特马·多林①

　　20 世纪的人们常常倾向于对过去时代的愚昧落后嗤之以鼻，自以为已胜一筹。我们有很好的理由要求人们在做出这种估量时要慎重。必须承认，多数人福利的增进以及我们这一时代带来的巨大的技术进步确实为人们这种顽固不化的自负感提供了依据。但是，我们的后代们将对这一切做出怎样的评价呢？难道他们不会得出这一个世纪是放荡不羁的野蛮世纪的结论吗？美国历史学家鲁道夫·J. 鲁梅尔在他 1994 年出版的《因政府而死》一书中估算了一个数字：在 20 世纪，单是种族杀戮的死难者就达 1.7 亿人。这一数字中几乎不含政治迫害和战争所造成的"正常"死难者人数，同样也不含该书出版后发生的种族杀戮死难者人数，比如在卢旺达或者巴尔干地区发生的种族杀戮死难者。在人类历史中，如此多的人死于暴政是亘古未有的。这里，若要说这是在回退到那种昏暗年代，是不贴切的，因为这种规模的大屠杀是一种现代现象。这种现象的存在归因于一种现代的、冷酷自私的逻辑。尤其是那些思想——危险和错误的思想——应该对 20 世纪这一可怕的统计数字承担连带责任。

---

① 德特马·多林博士，生于 1957 年，系卡尔·波普尔和弗里德里希·奥古斯特·冯·哈耶克共同创办的朝圣山学社成员。

　　几乎不曾有过任何一部比《开放社会及其敌人》更为宏大的、反对这些作为 20 世纪暴行之基础的思想的作品。这部著作出版于 1945 年，那时候恰恰是纳粹德国和日本帝国对世界的威胁已经日落西山、反纳粹和抗日战争达到尾声和高峰的时候。卡尔·波普尔，也就是这部著作的作者，后来有一次声称写作这部作品是他"为战争所尽的一份力"。最多可能还有一位同乡弗里德利希·奥古斯特·冯·哈耶克也许以其在 1944 年出版的著作《通往奴役之路》起过类似的振臂高呼的作用。

　　卡尔·波普尔 1902 年 7 月 28 日出生于维也纳一个知识分子家庭。与在这些知识分子圈子里众多的人一样，他的家庭对奥匈帝国的专制政府制度持怀疑态度。由于波普尔的犹太血统，这种态度在他身上尤为强烈。这种犹太血统使得他在部分有影响的、日益热衷于反犹太主义的保守阶层中变得可疑。在他的年轻时代，波普尔最初倾向于社会主义思想（而且由于第一次世界大战的经历还变得强烈），但是，当他在战后时期的国内战争动乱中看清了信誓旦旦的"阶级斗争"所表现的藐视人的一面之后，他又抛弃了它。后来他承认，如果事实并未表明社会主义理想与个人自由水火不容的话，他还会一直乐于追求社会主义理想。

　　不过，政治最初并非处于波普尔的知识兴趣的中心。他从 1922 年开始学习数学和物理，然后修完了木工学专业，之后暂时从教，以便在 1930 年取得博士学位。1930 年，他与约瑟芬·阿娜·海宁格结婚。直至她在 1985 年逝世，她始终不渝地支持他的工作，夫妇俩携手度过了一个美满的婚姻生活。

　　1935 年，波普尔《研究的逻辑》一书出版，该书树立了他作为重要哲学家和科学理论家的国际声望。在该书中，他与"维也纳小组"的实证主义者们（如鲁道夫·卡尔纳普）展开了论战。那些实证主义者们把一种严格的经验分析方法用作各种语句是否"有意义"（科学性）或者"无意义"（无科学性）的尺度。按此，"有意义"的普通语句总是从"基本语句"中归纳出来，而这些"基本语句"又是基于具体的经验内容。与此相反，波普尔证明，早在18世纪就已经由苏格兰启蒙运动哲学家大卫·休谟提出的"归纳问题"在此受到了疏忽。按照休谟的观点，归纳从来就不能产生逻辑结论，因为总是存在一个无知领域，它又可能推翻那种自以为是的"一般规律"——如果我们把表达方式更口头化一些的话。波普尔为了解决这一问题发展了一个方法思路，它已作为"批判的理性主义"写入了史册。波普尔认为，一般性知识（表述为"规律"的知识）总是假说性的，因为它永远也不能通过归纳得到"证实"。不过，假说（也就是暂时表述的"规律"）在理论上总是通过所观察到的单一事实（基本语句）证伪。在一个严格演绎过程中，通过批判性检查进行经验上的证伪的可能性才确立了普通说法的科学"意义"。

　　《研究的逻辑》所引起的激烈的学术辩论不久已经被政治形势所淹没。在那时，保守的天主教势力在奥地利掌握了政权，在这样一个保守的天主教政体里，反犹太主义已经变得越来越让人不可忍受。波普尔估计希特勒德国不久将要"接收"这一国家，对于他这样一位纳粹的反对者和犹太人来说，这将意味着严重的生命危险。还赶在1938年奥地利令人可怕地"加入"德意志帝国之前，波普尔和妻子就开始流亡国外。1937年，他已经在新西兰克赖斯特彻奇大学接受了一个教席。波普尔在那里远离欧洲的战事，首次系统性地进行了政治哲学问题的研究。1944年，英国专业刊物《经济学》分两期刊载了《历史主义贫困论》——该文在后来被合并出版成书。波普尔在文中从以下信仰中推导出极权主义的政治观：人们能够通过认识绝对有效的"历史规律"来控制和计划社会的发展。在这一信仰背后，蕴藏着最终站不住脚的哲学概念即"本质主义"。"本质主义"的出发点是：事情只依赖于概念根据其"本质"所做的明确定义，这些定义然后可以通过某种方式把世界构筑入逻辑的和普遍适用的关系之中。波普尔认为，这一"本质主义"在社会科学上的应用大多归结到"历史主义"，也就是对"必然的"历史发展的可知性和可预见性的信仰。无论是纳粹主义、法西斯主义还是马克思主义，它们都利用这样一种目的论的历史观。

在《开放社会及其敌人》一书中，波普尔解释并拓展了对"历史主义"的批判。"历史主义"不仅通过传播历史的"解脱预期"用一种恰恰是救世主式的（因而总是可能助长暴力的）意识形态理由来装点革命运动，而且从方法论原因来看也是不可立足的。最后关系到的是一种形式的"整体论"，它把"全体的"集合概念（比如"社会"、"阶级"或者"国家"等概念）如此对待，似乎它们要比只是出于舒适理由而选择的对复杂的事实关系的缩略要来得多。这一行为把集合体当作一种能够有着一个自己的意志或者自己的偏好顺序的东西来处理，必然会导致人们在政治中可能选择一些似乎作为"整体社会的"、相互联系的问题解决办法而出现的方法和思路。波普尔把这样一种政治观称作"乌托邦社会工程"，比如所有苏联式计划经济或者希特勒的纯粹种族国家思想就以这种政治观为基础。

波普尔认为，所有这些"本质主义"和"整体论"哲学危险的误区似乎在于：它们意味着一种"对知识的非分要求"（这里沿用了波普尔的好友和论争对手哈耶克后来的话），在此，波普尔有意识地联系了他的《研究的逻辑》一书中的对归纳逻辑的批判。这些哲学用一种可以简单运用的一般性知识和简单的解决问题的办法来蛊惑人心。但是在事实上，它们不再能够与确实复杂得多的现实世界挂钩。这一现实世界是不能通过"集合概念"，而总是需要通过清晰表述的单一观察进行把握的。一种"批判性的、理性的"行事方式必须总是从一种"方法论上的个人主义"出发。因此，也不可能存在成功的并且是非极权的社会计划方案。进步总只是通过解决各单一问题得以实现的。不是"乌托邦的社会工程"指明了一个更好的未来，而是"零星社会工程"。后者已经是以理性批判的可能性为前提，从而也是以言论自由和多元主义为前提。波普尔把一个根据这些原则组织起来的自由主义社会称作为"开放社会"。与此相反，为"本质主义"和"整体论"思想所迷惑的社会不能把各单一的批判理解为系统干扰。自由和多样性在这样一个幻境中没有其位置。它是一种"封闭社会"。

与哈耶克几乎同时以其《通往奴役之路》所试图做的那样，波普尔的这部著作较少地针对极权主义的公开的追随者（他们几乎是不可救药的），而是更多地面向被误导的理想主义者，他们虽然也想拥有一个"开放社会"，但并未由此吸纳与之相容的思想。如同哈耶克把那种国家对运作正常的市场经济的自以为无害的干预看作一种对整个自由的潜在的危险一样，波普尔对一些思想家的观点提出了警告，这些思想家享有作为"古典主义者"的声望，似乎已经没有了任何的表面危险性。如此系统性地对哲学神话进行尖锐批判，如此多的"纪念碑"从其底座上被掀起，这是罕见的。波普尔的这部著作把柏拉图的哲学国王们的严格等级制国家、黑格尔把国家作为美德思想的实现这一执拗观念，以及最后但并非最不重要的卡尔·马克思的历史观当作我们这一世纪中所发生的暴行的思想来源而加以揭露。波普尔在此是当真的，有着自己的方法论要求。人们不应因为这些自以为"人道的"古典主义者就是古典主义者而简单地接受他们。人们必须使之接受批判性的检验，一旦接受检验，这些古典主义者还往往几乎经受不住。这应当是重要的，因为从学术角度看"毫无意义的"概念大多为人们的幸福和自由带来灾难性后果。

《开放社会及其敌人》在其出版后马上成为"畅销书"（至少从哲学类图书的销售数字来衡量），不久被译成若干种语言。

这也促成了波普尔在 1946 年，即在战后不久获得著名的伦敦经济学院的教授职位。他留在该校直至退休。在这一时期，政治哲学的地位又有所退后。通过波普尔的影响，伦敦经济学院不久成为世界上最重要的学术理论中心之一。在那里，他的学生的名单读起来如同某一行会组织的人名录，其中包括威廉·W. 巴特利、约瑟夫·阿嘉西、J. W. N. 沃特金斯、伊姆勒·拉卡托斯、保尔·费耶阿本特或欧内斯特·盖尔纳。波普尔的《猜测与反驳》（1963 年）包含了一种知识增长理论，在这类著作中，他进一步发展了《研究的逻辑》一书中的方法和思路。在他与约翰·埃克尔斯爵士合编的《自我及其大脑》一书中，他试图把有关人脑的相面术研究与他的认识论连接在一起。他的朋友，特利尔哲学家格拉尔德·拉德尼茨基后来在为波普尔做出最终定论时的一番话几乎毫无夸张溢美之词："波普尔是我们这个时代最伟大的科学理论家。"由于他的学术成就，英国女王伊丽莎白二世在 1964 年授予他爵士头衔。

尽管如此，波普尔告假离校并提出了政治主张。即使在苏联共产主义势力范围之外的"自由世界"里，他也看到了非理性主义和不自由（潜滋暗长地）在活动。由于他的"零星社会工程"概念可能被错误地诠释为一种通往带有福利国家特征的社会主义的明智和平稳的道路，而且正是这一点使得他作为一个自由主义者也为许多社会民主党人所喜爱，他已经在其 1956 年发表在德国《秩序》杂志上的论著《自由主义原则下的公共舆论》中对这种可能的错误诠释进行了驳斥。在该文中，波普尔对披着任何形式的外衣的国家信仰提出了警告："国家是一个必要的痛苦。它的权力不应增多到超越其必要的程度。"早在 1947 年，他和弗里德里希·奥古斯特·冯·哈耶克及许多志同道合者（包括德国经济学家瓦尔特·欧肯以及后来的诺贝尔经济学奖获得者米尔顿·弗里德曼和乔治·施蒂格勒）一起建立了一个松散的、遍布全世界的自由主义知识分子联合会，即朝圣山学社。该协会应当有助于交流和传播自由思想和市场经济思想，到目前为止，该协会仍然把这一点作为其任务之一。

波普尔终于在 60 年代末又作为政治思想家进入到公众关注的中心。那是声势浩大的学生动乱的时代，这些动乱与其说是真正的社会弊端的指示器，毋宁说是表现了只在富裕条件下才可能的、无端意识形态化的文化和带有不负责任的生活风格的文化。对马克思主义的推翻现存制度和实行共产主义革命的呼吁声震于耳，但是最终没有结果。人们推崇赫尔伯特·马尔库塞的新马克思主义学说，他在公开场合把西方民主的自由主义的宽容解释为"令人压抑的"，因为它通过毫无目的的批判性追问可能性使得通往乌托邦社会的真实道路失去作用。在这个时候，波普尔在哲学上已跃升为新马克思主义者的对极，他与后者进行了无数次公开交锋和辩论。在这一领域，波普尔不久也拥有了大量富有影响力的学生，他们继续发展了他的"批判的理性主义"政治理论，其中有德国社会学家拉尔夫·达伦道夫和哲学家汉斯·阿尔伯特。

波普尔的《开放社会及其敌人》属于 20 世纪最伟大的政治思想经典著作。

当波普尔在 1994 年 9 月 17 日以 92 岁高龄逝世时，他留下了重要的哲学遗产。当然，《开放社会及其敌人》并未宣告有关政治的终极性真理。这似乎也是耐人寻味的，因为这位思想家始终不渝地把所有知识看作假说，并且把可通过事实推翻假说的性质变成为科学性的规定性尺度。

在本部著作中，波普尔似乎在经济学领域里极少有其见识。尽管有着所有各种赞成限制国家的权力以维持自由的辩护词，但他总是一再为它指派一些任务（如景气调控），这些任务虽然符合有步骤地进行的"零星社会工程"的尺度，但是从长远看会低估自由市场的功能。波普尔的方法和思路本质上不可以为他所希冀的限制国家作用提供明晰的尺度。许多市场自由主义经济学家不无道理地对此提出了指责。

但是，这并不会削弱波普尔这部著作的意义。他这部著作的最重要的观点最终是其极明显的"否定性"。它是对所有那些威胁开放社会的伪科学（整体论、本质主义、实证主义、历史主义等）的方法论处事方式的批判。在他的思想的"肯定"部分，尤其是奠定经济学基础的方面，有时还存在尚未解决的问题，对此波普尔总是坦然承认。对于他，最终证伪这些假说的"否定性"的处理方式始终是进步的唯一源泉。由此也就清楚，波普尔的哲学纲领是一种对新的和更好的解决办法的孜孜不倦的寻求。并非徒劳地，他把自己在1974年出版的自传取名为具有众多含义的《无尽的探索》。因此，如果说《开放社会及其敌人》还总是显示出一些漏洞和前后矛盾之处的话，那只是意味着，波普尔由此给他的学生和追随者留下了继续研究的任务。借助由他所设想的批判的理性主义的方法论工具，波普尔也将进一步激发人们在政治哲学中发展一个改进的、建设性的方法和思路，而且从根本上使这种发展成为可能。本书的真实意义也就在于此。他将继续帮助我们反对那些把我们的世纪变成一个充满暴行的世纪的思想。

　　　　　　　　　　　　　　　　　1999年于科隆

第一版序言

如果本书就人类精神领袖中某些最伟大的人物讲了一些刺耳的话，我相信，我的动机并非是希望贬低他们。我的动机出于我的信念，即倘若我们的文明要继续存在的话，我们就必须破除遵从伟人的习惯。伟人可能会犯一些伟大的错误；而本书所试图表明的正是，以往的某些最伟大的领袖支持着对自由和理性的不断攻击。他们的影响极少受到挑战，对那些文明赖其保卫的人持续地加以误导，并使他们产生分化。如果我们犹犹豫豫，不能对公认为我们知识传统一部分的东西直言批判的话，这种悲剧性的、可能还是致命的分裂就会由我们来负责。由于不情愿对其中的某些东西加以批判，我们可能会助长对我们知识传统的彻底摧毁。

本书是一部政治哲学和历史哲学的批判性导言，也是对某些社会重建原则的审查。其目的和研究方法在《引言》中得到陈述。即使是回溯既往之处，书中的问题也是我们自己时代的问题；而我也竭尽所能简单地说明这些问题，希望能澄清我们全都关注的这些争议。

尽管本书以读者能接受新思想为唯一的先决条件，但其宗旨并非全然是对这些被加以探讨以求解决的问题进行普及推广。然而，出于服务于这两种意图的尝试，我将更具专业趣味的所有问题，都放在本书结尾所辑的"注释"之中。①

---

① 中译本改为随文脚注，注中页码也相应做了调整。——译者

第二版序言

　　虽然本书的大量内容在较早的日子就形成了，但最终下定决心写这本书却是在 1938 年 3 月我接到奥地利被占领消息的那个日子。写作持续到 1943 年；本书大部分写于战局未卜的黯淡岁月中，这一事实或许有助于解释为什么本书的某些评论在今天看来口气上比我所能想到的还要情绪化，还要刺耳。但那时还不是装腔作势、矫饰言词的时候——或者说，至少这不是我那时的想法。本书既未明确地提到这次战争，也未明确地提到任何其他当代事件；但本书却是理解这些事件及其背景和战争胜利后可能会出现的某些争端的一个尝试。预料到马克思主义将会成为一个主要问题，这是相当详尽地对其加以探讨的原因所在。

　　从现今晦暗不明的世界局势中来看，本书所尝试的对马克思主义的批判，很容易被突出为本书的主要观点。对本书的这种看法并非全错，而且可能还是不可避免的，虽则本书的目的要广泛得多。马克思主义仅仅是一个片断——在为建设一个更美好、更自由的世界而进行的持续不断和充满危险的斗争中，只是我们所犯的许多错误中的一个。

　　有些人指摘我在论述马克思时过于苛刻，而另外一些人则将我对他的温和同我对柏拉图进行攻击时的激烈进行了对比，对此我并非没有预料到。但我感到仍有必要以高度批判性的目光去看待柏拉图。另一方面，马克思常常遭受人身和道德领域的攻击，因而，有必要对涉及他们的道德方面和知识方面令人惊讶的指控加以同情性的理解，并结合这种理解对其理论进行严肃的理性批判。不管对错，我觉得我的评论是犀利的，因而我有能力探索马克思的真正贡献，在没有相反证据的情况下肯定他的动机。无论如何，如果我们希望战胜对手的话，显然必须下功夫评估他的实力。

不曾有一本书能够完成。一旦我们进行写作时，有足够充分的理由发现所写的书不成熟，就会抛开这本书转向其他工作。就我对柏拉图和马克思的评论而言，这种无法避免的经验一如常例，同样令人烦恼。但随着战后岁月的逝去，我的大部分建设性提议，尤其是遍及全书的乐观情绪，使我显得愈来愈天真。在我听来，我自己的声音仿佛来自遥远的过去——像是18世纪、甚至17世纪时一位充满希望的社会改革家的声音。

但我沮丧情绪之所以消散，在很大程度上是访问美国的结果；此刻，我感到高兴的是，在修订本书时，我自己所做的只是增加新的材料，以及修正内容和风格上的不妥之处，而且还抵御住削弱本书主旨的诱惑。因为无论现今世界局势如何，我一如既往地充满希望。

现在，我比以往任何时候都更加清楚地认识到，即使我们最大的不幸也是源自某些既令人赞美和完美无瑕、又充满危险的东西——源自改善我们同时代人处境的渴望。因为这些不幸是肇始于三个世纪以前的、或许是历史上最伟大的那一场道德和精神领域革命的副产品。这场革命是无以计数的人们对将自身和思想从权威和偏见之中解放出来的渴望；是他们建立一个开放社会的尝试，这个社会将摒弃已完全确立的纯粹传统的绝对权威，同时努力保留、发展和确立符合他们的自由、人道和理性批判等标准的新旧传统；是他们对袖手旁观而将统治世界的所有责任全都交给人类的或超人的权威所表示的不情愿，也是他们分担防止苦难的职责、为防止苦难而工作的准备。这场革命创造出种种骇人听闻的破坏性力量，但它们也许已经被克服了。

鸣　谢

我希望对我所有那些朋友表示谢忱，是他们使我得以写作本书。C. G. F. 西姆金教授不仅对较早的稿本提供了帮助，还在近四年中给我提供了一个详尽讨论、澄清问题的机会。玛格丽特·达尔齐尔博士帮助我准备了许多草稿和定稿。她的不懈帮助非常宝贵。H. 拉森博士对历史主义的关注是对我的鼓励。T. K. 尤尔教授阅读了手稿并对其改进提出了许多建议。海伦·赫维女士在编制索引方面投入了大量的劳动。

我深深感激 F. A. 冯·哈耶克教授。没有他的关注和支持，本书将不会出版。E. 贡布里希教授承担了使本书顺利付梓的工作，这一负担还额外附带英格兰和新西兰之间艰巨的通信要求。他对我的帮助如此之大，以至于我对他的感激之情难以言表。

1944 年 4 月于新西兰克赖斯特彻奇

雅各布·瓦伊纳教授和 J. D. 马博特先生欣然为本书第一版提供了详细的评论性注解供我使用，在准备修订版时，我从中得到很大的帮助。兰－弗里德夫人和勒诺·哈蒂女士帮我阅读了校样。

1951 年 8 月于伦敦

　　本书第三版增加了一个《主题索引》和《柏拉图著作章节索引》①，二者均由 J. 阿加西博士编制。他还使我注意到许多错误，我已加以纠正。对他的帮助我十分感激。鉴于理查德·罗宾逊先生对本书美国版所做的振奋人心和极受欢迎的评论（《哲学评论》第 60 卷，1951 年，第 487—507 页），我已试图在 6 处改进和纠正了柏拉图著作的引文及其原文的出处。

1957 年 5 月于加利福尼亚斯坦福

K. R. 波普尔

---

　　① 中译本已省略。——译者

引　言

　　我不想隐瞒这个事实，即我只能极端反感地看待所有这些时下流行的自命充满智慧的著作。我完全确信，……公认的方法必定无休止地增加蠢行和错误，而即使所有这些想象出来的成就全然化为泡影，也不及这种烦冗不堪的伪科学那么有害。

——康德*

---

*　关于康德的语录，见第二卷第二十四章第 387 页注①的正文。

　　据我所知，"开放社会"和"封闭社会"这两个词最早是亨利·柏格森在《道德与宗教的两个来源》（1935 年，英文版）中使用的。关于这两个词的使用，在我和柏格森之间有着极大的差异（这是由于对几乎所有的哲学问题的探讨方法都根本不同），但二者之间仍有一定的相似，对此我愿意承认。试比较柏格森对封闭社会的描述："人类社会刚从自然的掌握中解脱出来。"（前引书，第 229 页）。二者之间的主要区别在于：我使用这两个词，可以说用来表示一种理性主义的划分；封闭社会的特征是信奉巫术的禁忌，而开放社会则是这样一种社会：其中人们在一定程度上已学会批判地对待禁忌，并（在讨论之后）凭自己的智性权威来做出决定。然而，柏格森在心目中却抱有某种宗教的划分。这就是他何以能够把他们的开放社会视为神秘直觉的产物之故，而我则提出（在第十章和第二十四章），神秘主义可以被解释为渴求封闭社会所失去的一致性的一种表现，因而它也可以被解释为开放社会理性主义的反动。根据我在第十章对"开放社会"一词的用法，可以看出，这与格雷厄姆·沃拉斯的"大社会"有些相似，但我用的词也可以包括类似于"伯里克利的雅典"那样的"小社会"，同时，"大社会"也会被阻止而成为封闭社会，这也许是可以理解的。还有，我的"开放社会"与沃尔特·李普曼的令人钦佩的《好社会》（1937）这个书名也许有相似之处。[也请参阅 383 页注②（2），第二卷第 378 页注①、379 页注②、395 页注②及正文]

本书提出的问题从目录看可能并不明显。

书中概述了我们的文明所面临的种种困境——这种文明或许可以被描述为以人道和理性、平等和自由为目的；这种文明实际上仍处于婴儿期，它十分频繁地遭到很多人类精神领袖的背叛，但尽管存在这个事实，它仍在不断成长。本书试图表明，这种文明至今仍未从其诞生的震荡——从屈从于神秘力量的部落或"封闭"社会转变为释放出人的决定性力量的"开放"社会——中完全复原。它试图表明，这种转变的震荡是那些企图或正企图毁灭文明、重返部落主义的反动运动得以兴起的因素之一。它还表明，今天我们称之为极权主义的东西，属于正如我们文明自身一样古老或年轻的一种传统。

因此，它试图帮助我们理解极权主义以及对其进行不断的斗争的意义。

它进而还试图审查科学的批判和理性的方法在开放社会问题上的应用。它分析了民主的社会重建原则，我称之为"零星社会工程"原则，以与"乌托邦社会工程"（在第九章将加以解释）相对。它还试图清除某些阻止对社会重建问题做一理性探讨的障碍。它这么做的手段是批判那些应对在民主改革可能性上普遍存在的偏见负责的社会哲学。这些哲学中最有影响的是我称之为历史主义的那种哲学。对历史主义某些重要形式的产生和影响加以描述，是本书主要论题之一，而本书甚至可以被说成是一部有关某种历史主义哲学发展的旁注合辑。涉及本书缘起的一些内容将指出历史主义指的是什么和它怎样与所提到的其他有争论的问题联系在一起。

尽管我主要对物理学方法（因而也对与本书所探讨的那些问题相去甚远的技术问题）感兴趣，但我多年以来对社会科学中某些门类，尤其是社会哲学中颇不令人满意的状况这一问题，也一直有所关注。当然，这就提出了它们的方法问题。我对这一问题的关注在很大程度上是由极权主义的兴起以及各种社会科学和社会哲学没能成功地对其做出解释所致。

在这方面，有一点对我似乎特别紧迫。

人们屡屡听到暗示着这种或那种形式的极权主义是不可避免的说法，许多因其才智和教养而应对其所言负责的人，也预言极权主义无法逃避。他们向我们发问：是否我们真的天真到足以相信民主会恒久存在；是否我们没有认识到它只是历史进程中瞬息即逝的许多政体形式中的一种？他们不是力主为了同极权主义战斗，民主不得不仿效极权主义的方式，因而其自身也变为极权主义；就是断言如果不采纳集体主义的计划方法，我们的工业体系就不能持续运行，并从集体主义经济制度的不可避免性推论出，社会生活采纳极权主义形式也是不可避免的。

诸如此类的论据听起来似乎足够合理。但貌似合理并不就是这类问题的可靠准则。实际上，人们在着手讨论这些似是而非的问题之前，应该事先考虑下列方法问题：进行总括性的历史预言是否为社会科学力所能及？如果我们问一个人未来对人类将是怎样的，除了花言巧语者不负责的回答，我们能否期待更多？

这是一个社会科学方法问题。相对于为支持任何历史预言而提出的任何特别论据而进行的任何辩论，它显然更为根本。

对这个问题的审慎考察使得我们确信，这类总括性的历史预言完全超出科学方法范围之外。未来依靠我们自己，而我们不依靠任何历史必然性。然而，有些有影响的社会哲学却持相反的观点。它们宣称：人人都运用其头脑预测迫在眉睫的事件；战略家试图预见战争的结局当然是合情合理的；这种预测和更总括性的历史预言二者之间的界限是变动不定的。它们断言：科学的任务一般来说是进行预测，或更确切地说，是改进我们每天的预测，给它们提供一个更可靠的基础；而为我们提供长期的历史预言尤其是社会科学的任务。它们还相信它们已经发现了使它们能够预言历史事件进程的种种历史法则。各种提出这种主张的社会哲学，我将它们聚合在历史主义名下。在别的地方，在《历史主义贫困论》（《经济学》，1944—1945年）中，我试图对这些主张进行反驳，指出尽管它们貌似合理，但它们是建立在对科学方法的严重误解，尤其是对科学预测和历史预言之间区别的忽视的基础上的。在对历史主义主张进行系统的分析和批判的同时，我还试图收集了一些材料以便阐明它的发展。出于那个目的而收集起来的笔记成为本书的基础。

对历史主义的系统分析以某种类似科学状态的东西为目标。本书则不然。本书所表达的许多意见都是个人的。它所受惠的科学方法在很大程度上是对其种种局限的意识：它既不提供什么都证明不了的证据，也不在只能给出个人观点之处妄称是科学的。它不想以新的哲学体系取代旧的体系。它不想在所有这些充满智慧的大作、在时下流行的关于历史和命运的形而上学之上有所增扩。相反，它想表明预言的智慧是有害的，历史的形而上学阻碍了零星的科学方法在社会改革问题上的应用。进而，它还想指出，一旦我们不再像预言家那样装腔作势的话，我们就能够成为自己命运的创造者。

在追溯历史主义发展的过程中，我发现在我们精神领袖中间，如此普遍的历史预言这个危险的习惯有各种各样的功能。它总是属于秘传者的内部圈子，并具有普遍的预言历史进程的能力，以此取悦于人。此外，还存在精神领袖被赋予这类能力、不具备它们也许会导致社会地位丧失的这一传统。另一方面，他们被揭去骗子假面具的危险非常之小，因为他们总是能够指出做些不太总括性的预测当然是可以的，况且这些预测和占卜术之间的界限是变化不定的。

但坚持历史主义信念有时有进一步或许更深刻的动机。预言千禧年来临的预言家也许表达了一种不满感觉；他们的梦想确实给予某些离开它们便很难有所作为的人以希望和鼓舞。但我们也必须认识到，他们的影响容易阻止我们面对每天的种种社会生活任务。而且宣告滑入极权主义（或者也可能是管理主义）之类的某些事件注定会发生的那些次要预言家，无论是否出于他们的愿望，都会在促成这些事件发生上起到作用。他们有关民主不会永久持续的妄说和人类理性不会永久持续的断言，同样是千真万确的，却同样都不太关乎宏旨，因为只有民主提供了一种使非暴力改革成为可能的制度框架，理性在政治事务中的运用也是如此。可是，他们的妄说容易使同极权主义战斗的那些人消沉低落；其动机在于支持对文明的背叛。如果我们考虑到历史主义形而上学倾向于将人们从过重的责任中解脱出来，似乎就能找到更进一步的动机。如果你知道无论你做什么事情注定会发生的话，那你就会自愿地放弃同他们的战斗。尤其特别是，你会不再努力控制绝大多数人一致认为是社会祸端的那些事情，诸如战争，或者说一个相对较小但很重要的事情，如官僚的暴虐。

我不想说历史主义必定总会导致这类事情。有些历史主义者——特别是马克思主义者——并不想把人们从他们过重的责任中解脱出来。而另一方面，有些社会哲学可能是也可能不是历史主义，但却宣扬理性在社会生活中无能为力，并通过这种反理性主义宣传这种态度："要么追随领袖、伟大的政治家，要么自己成为领袖"；这种态度对绝大多数人意味着对统治社会的个人的或来源不明的力量的消极屈从。

现在，认识到这一点是饶有趣味的：那些指斥理性、甚至将其谴责为我们时代的祸端的人中有些人这么做，一方面是因为他们认识到历史预言超出理性的能力这个事实，另一方面则是因为他们在历史预言之外想不出社会科学或社会中的理性还有别的什么功用。换言之，他们是失望的历史主义者；他们是这样一些人：尽管认识到历史主义的贫困，却意识不到他们仍保留着根本的历史主义偏见，即社会科学如果确实有某种用途的话，其必定是预言的用途的信条。显然，这种看法必然导致科学和理性在社会生活各种问题中——并最终在权力学说、统治和屈从学说中——的运用遭到摈弃。

为什么所有这些社会哲学都支持这种对文明的背叛？它们深受欢迎的秘密何在？为什么它们能吸引和说服如此之多的知识分子？我倾向于认为原因在于它们对一个不符合、也不可能符合我们的道德理想和尽善尽美之梦想的世界，表达出一种深切的不满。历史主义（和相关观点）支持对文明的背叛这一趋势，或许应归因于这个事实，即历史主义本身在很大程度上是对我们文明及其对个人责任感的要求这一特性的反抗。

刚刚提及的这些内容有些不太清楚，但它对一篇引言却肯定足够了。它们在下文，特别在"开放社会及其敌人"这一章中为史料所充实。我本打算将这一章放在本书的开篇，以其标题的趣味，肯定会产生一篇更加引人入胜的引言。但我发现，除非在书中先行讨论史料，否则人们便不会感觉到历史阐释的全部分量。似乎人们必须首先为柏拉图的正义理论同现代极权主义的理论和实践的一致性搞得困惑不安，才会感到说明这些问题是多么地紧迫。①

----

① 　总的说明：本书正文独立成篇，不看注释亦可阅读，不过，在注释中可以读到不少令所有读者都感兴趣的资料，还可读到一些可能并非一般读者都会感兴趣的引证和论争。如果读者为阅读这些资料而查找注释，则不妨不间断地通读一章的正文然后再查注释。

对于参证材料也许为数过多，我愿意表示歉意，它们是为那些对所涉及的某个附带问题（例如，柏拉图的种族主义偏见或苏格拉底问题）有特殊兴趣的读者而加进去的。由于知道在战争环境中可能看不到清样，所以我决定不标出页码而只标出注码。因此，提到正文时，我用注标示出来，如："参见第 63 页注②对应的正文"，等等。战争环境还使利用图书设备受到限制，使我无法获得在正常情况下我会去查考的若干新旧书籍。

有些注，由于所用材料我在写本书第一版初稿时无法找到（另外有些注，我想予以特别说明，是 1943 年以后才增添到本书的），故在首尾处均标有星号"＊"。但是，注中新增的材料并非都标有星号。

赞成开放社会（约公元前430年）：
· · · · ·
　　尽管只有少数人可以制定政策，但我们却都能评判政策。

——雅典的伯里克利

反对开放社会（约80年之后）：
· · · · · ·
　　所有原则中最伟大者就是：无论男性还是女性，人们不可以没有领袖。任何人在做事情时，其头脑既不应当习惯于完全由自己做主，也不应当习惯于完全出于热情、甚至出于嬉戏的动机。但在战争和和平期间——人们应该将目光瞄向他们的领袖并忠心耿耿地追随他。例如，人们只有在领袖说过要这么做的情况下，才可以起床、活动、洗漱、吃饭……一句话，他应该通过长期养成的习惯告诫他的灵魂：不要梦想行动自主，你根本做不到这点。

——雅典的柏拉图*

---

　* 关于伯里克利的语录，参阅第356页注①及正文。柏拉图的语录在第211页注①和注②及正文中相当详尽地予以讨论。

起源和命运的神话

第一章　历史主义和命运的神话

人们普遍相信，对待政治学真正科学的或哲学的态度，和对一般意义上的社会生活更深刻的理解，必定建立在对历史的沉思和阐释的基础之上。尽管一般人认为生活环境、亲身经验和小坎小坷的重要性是理所当然的，但据说社会科学家和哲学家却必须从一个更高层面上眺望这些事情。在他们看来，个体的人是一个工具，是人类总体发展过程中一个微不足道的工具而已。他还发现，历史舞台上真正重要的演员要么是伟大的国家或伟大的领袖，要么就可能是伟大的阶级或伟大的观念。无论如何，他想试图理解历史舞台上演的这幕戏剧的意义；他想试图理解历史发展的法则。如果他在这方面获得了成功，他当然就能预测未来的发展了。那样，他就可以给政治学提供一个坚实的基础，并给我们提供可行的忠告，告诉我们哪些政治活动可能成功，哪些政治活动可能失败。

这是对一种我称之为历史主义的见解的简要描述。这种见解是一个古老的观念，或者更确切地说，是一系列松散地联系在一起的观念，这些观念不幸已完全成为我们精神氛围的一部分，人们通常将它们视为理所当然，几乎从未提出过质疑。

在别的地方，我已试图表明，历史主义对社会科学的态度导致了恶劣后果。我还试图概述一种我相信会产生更好结果的方法。

然而，如果历史主义是一种造成毫无价值后果的错误方法，那么，看一看它怎样产生，它怎样如此成功地确立自身的牢固地位，或许是有益的。同时，出于这个目的进行的历史概述，也有助于分析在历史主义中心学说周围积累起来的各种各样观念——历史主义中心学说，即历史受控于明确的历史或演化法则，这些法则将使我们能够对人的命运进行预言。

就我以相当抽象的方式所做的描述而言，历史主义可以通过其种种形式中最朴素和最古老的一种——选民说充分加以说明。这个学说通过一种有神论的解释，即确认上帝为历史舞台上所上演的戏剧的作者，成为使历史得以理解的种种尝试之一。选民说更加明确地设定上帝挑选一个民族作为他意志选中的工具，这个民族将获得尘世。

在这个学说中，历史发展法则由上帝的意志制定。这是区别历史主义的有神论形式同其他形式明确的相异之处。例如，自然主义的历史主义也许将发展法则看成自然法则；唯灵论历史主义会将其看成精神发展的法则；而经济历史主义又会将其看成经济发展的法则。有神论历史主义与其他这些形式的学说同样主张存在种种历史法则，这些法则能够发现，在它们的基础上能够做出关于人类未来的预测。

无疑，选民说产生于部落形式的社会生活。强调部落至高无上的重要性，离开部落，个人就微不足道，这种部落主义是我们将会在许多种形式的历史主义理论中发现的一个要素。不再是部落主义的其他形式的历史主义或许仍然保留一种集体主义①要素；它们或许仍然强调某些团体或集体——例如，一个阶级——的重要性，离开这个团体或集团，个人便微不足道。选民说的另一个

---

① 我使用"集体主义"这个词只是用以表现一种学说，该学说强调某些集团或群体的重要性，如"国家"（某一国家、民族、阶级），以示有别于个体一词。集体主义与个人主义的问题在下文第六章再给予更充分的阐述；尤可参阅第 206 页注①和 207 页注②及正文——关于"部落主义"，参阅第十章，特别是第 359 页注①（所列毕达哥拉斯的部族禁忌）。

方面是它所提出作为历史目的的东西遥不可及。因为尽管以相当程度的明确性描述了这个目的，但要达到它我们还必须得走上一段漫长的路程。而这段路程不仅漫长，并且还弯弯曲曲，忽上忽下，忽左忽右。因此，终究有可能把想得到的历史事件妥善地放到解释框架中。没有想象得到的经验能够驳倒这个目标。① 而对那些相信这一点的人来说，它提供关乎人类历史终极结局的确定性。

在本书最后一章，我将试图对有神论历史解释展开批判，这一章还将指出某些最伟大的基督教思想指斥这种理论是偶像崇拜。因此，对这种形式历史主义的攻击不应被解释为是对宗教的攻击。在本章中，选民说仅仅作为一个例证而已。它在这方面的价值可以从这一事实中看到：它的种种主要特征② 为两种最现代

---

① 这里指的是，这个解释并不传达经验信息，这是我在《研究的逻辑》中所表明的。

② 特选的人、特选的种族和特选的阶级这些学说的共有特点之一，就是它们最初是作为对某种压迫的反应而出现，并变得重要的。上帝选民说是在犹太教初创阶段，即犹太人被掳至巴比伦的那个时期变得重要的。戈比诺伯爵的雅利安主义种族学说是贵族逃亡者对声称法国革命已成功地驱逐条顿主人的说法所作出的反应。马克思关于无产阶级必然胜利的预言是对近代史中罪恶最深重的压迫和剥削的时期之一所提出的回答。为了与这些事件相比较，可参阅第十章，特别是第 360 页注①以及第二卷第十七章，特别是第 200 页注①、②和 201 页注①。

对于历史主义信条，最简洁的概述是题为《阶级斗争中的基督教徒》的一本极端的历史主义小册子，本书第 322 页注①末尾有较充分的引用。该小册子的作者是吉尔伯特·科普，并由布雷德福特主教为其作序（载《赞歌丛刊》，第 1 号，教师与牧师公有制协会出版，1942 年，伯明翰 14 区，五月柱巷 28 号）。在那里，我们可以在 5—6 页中读到：“所有这些观点的共同之点在于某处‘不可避免性加自由’的性质。生物进化、阶级冲突的持续以及圣灵的作用——这三者的特点都是向着某个目的的运动。有时人们有意识的活动可能会阻碍或转移这个运动，但它聚集起来的势能是无法消散的，虽然人们对其最终阶段只能略有所知……”“对此进程了解得详尽到足以推动或阻挡这股不可避免的潮流，是有可能的。换言之，由于人们对我们所观察到的‘进步’的自然规律了解得很充分，他们就可以通过自己的努力来阻止或转移其主流——这种努力有时似乎是成功的，但是，实际上是注定要失败的。”*

形式的历史主义（对它们的分析将构成本书的主要部分）所共有——一方面（右翼的）种族主义或法西斯主义的历史哲学和另一方面（左翼的）马克思主义历史哲学。种族主义以选中的种族（戈比诺的选择）取代选中的民族，作为命运的工具，最终获得世界。马克思的历史哲学以选中的阶级取代选中的民族，作为创造无阶级社会的工具，同时，这个阶级也注定获得世界。这两种理论都将其历史预言建立在最终发现一种历史发展法则的历史解释上。就种族主义而论，这种法则被看作一种自然法则；选中的民族在血缘上的生物学优越性对历史进程——过去、现在和未来进行了解释；它只能是种族间争夺控制权的斗争。就马克思的历史哲学而论，这个法则是经济法则；全部历史被解释为阶级间争夺经济优势的斗争。

这两个运动的历史主义特征使我们的研究引人注目。在本书的下文中，我们将回头再谈这两个运动，它们之中每一个都直接回溯到黑格尔哲学。因此，我们也必须论及那个哲学。而既然黑格尔①基本上是沿袭某些古代哲学家的，因而，在返回这些历史主义的更现代的形式之前，讨论赫拉克利特、柏拉图和亚里士多德理论，将是很必要的。

---

① 黑格尔在他的《逻辑》一书中写道，他已保持了赫拉克利特的全部教义。他还说他把一切都归功于柏拉图。*值得一提的是，我国社会民主党运动的奠基人之一费迪南·冯·拉萨尔（像马克思一样，他也是一个黑格尔主义者）写过两本论述赫拉克利特的著作。*

第二章　赫拉克利特

　　并不是直到赫拉克利特，我们才在希腊发现种种就其历史主义特征而论堪与选民说相提并论的理论。在荷马的有神论或更确切地说多神论的解释中，历史是神的意志的产物。但荷马的诸神并不制定历史发展的普遍法则。荷马试图强调和解释的不是历史的统一性，而恰恰相反，是历史没有统一性。历史舞台上戏剧的作者不是独一无二的上帝；形形色色的神祇全部涉笔于此。荷马的解释与犹太人的解释的共同之处是某种模糊不清的命运感和有关种种幕后力量的观念。但荷马并未揭示出终极命运，与相对应的犹太人的解释不同，荷马的解释仍是神秘主义性质的。

　　第一位提出更为显著的历史主义学说的希腊人是赫西奥德，他或许受到源于东方的影响。他使用了历史发展普遍倾向或趋势这个观念。他对历史的解释是悲观主义的。他相信人类在自黄金时代以后的发展过程中，注定在物质和道德这两方面要退化。早期希腊哲学家提出各种历史主义观念，其高潮随着柏拉图的出现而到来，他在解释希腊各部落，尤其是雅典人的历史和社会生活的尝试中，为世界描绘了一幅宏伟壮观的哲学图景。在其历史主义中，他受到各位先驱，特别是赫西奥德的强烈影响；但最重要的影响却是来自赫拉克利特。

　　赫拉克利特是位发现了变化观念的哲学家。到这时，受东方观念影响的希腊哲学家已经将世界看成一座以物质性的东西为建

筑材料的巨型大厦。① 这就是事物的总体——宇宙（其原意似乎是
一种东方的帐篷或遮盖物）。哲学家对自己提出的问题是"世界由
什么质料构成？"或"它怎样建构的，它的实际蓝图是什么样的？"
他们将哲学或物理学（二者长期难以区分）看成是对"自然"，即
建构世界这座大厦的原初物质的研究。无论任何过程，都被想象成
不是在这座大厦内部进行，就是建构或维持这座大厦，打乱和恢复
人们认为基本上是静止的结构的稳定平衡。它们是循环的过程（除
了与这座大厦之由来相关的那些过程以外；东方人、赫西奥德和其
他人讨论了"谁建造了它？"这个问题）。这种十分自然的看法甚至
在今天对我们也很自然，它被赫拉克利特以其天赋所取代。他提出
的观点是这种大厦、稳定结构和宇宙根本就不存在。他的格言之一
是，"宇宙充其量像胡堆乱放的垃圾堆"。② 他没有将世界设想为

---

① "世界是由什么构成的？"这个问题或多或少已经广泛地被人们视为早期爱
　　奥尼亚哲学家的基本论题。我们认为他们把世界看成一幢大厦，世界的平面
　　问题与其构成材料的问题可能是相互补充的。的确，据说泰勒斯不仅对构成
　　世界的物质感兴趣，也对描述性的天文学和地理学感兴趣，而阿那克西曼德
　　则是画出地球平面、即画出地球图的第一人。对爱奥尼亚学派（以及特别
　　是作为赫拉克利特的前辈的阿那克西曼德）的进一步论述，见第359页注
　　①、360页注①和360页注②，特别是360页注①。
　　　　＊根据 R. 艾斯勒的《宇宙套与天幕》，第693页，荷马对天命的看法
　　可以溯源到东方的星辰秘义，这种秘义把时间、空间和天命奉为神明。据同
　　一个作者（《历史综合评论》，41，附录，第16页）称，赫西奥德的父亲是
　　小亚细亚人，所以他关于黄金时代以及人含金属的思想是来源于东方的
　　（关于这个问题，请参照即将出版的艾斯勒的遗著《柏拉图研究》，1950年，
　　牛津版）。艾斯勒还表明（见《耶稣王》第Ⅱ卷，第618页），将世界看作
　　事物的总体（即"宇宙"）这个观点源自巴比伦的政治学说。他在他的《宇
　　宙套与天幕》一书中阐述了他把世界看成一幢大厦（或一幢房屋或一顶帐
　　篷）的观点。
② 详见迪尔斯《前苏格拉底派》，第5版，1934年，（此处缩写为 D^5），残篇
　　124；另参见 D^5，第2卷，第423页，第21行。（依我之见，插入的否定说
　　法，就方法论而言，似乎与某些作者完全不相信这个残篇一样缺乏根据；除
　　此之外，我赞同吕斯托的修订。关于本段另外两处引证，请参看柏拉图《克
　　拉底鲁篇》，401d，402a/b）。

我对赫拉克利特学说的解释与目前流行的观点，比如伯内特的观点，不尽相同。对我的解释是否站得住脚持怀疑态度的人，请参看我的注释，特别是本条及第45页注①和第48页注①。在这几条注释中，我论述的是赫拉克利特的自然哲学，因为正文仅限于介绍赫拉克利特学说中的历史主义部分，以及他的社会哲学。请进一步参阅本书第四至第九章，特别是第十章所提出的根据。借助于这些，在我看来，赫拉克利特的哲学好像是对他亲眼目睹的社会变革所作出的某种颇具代表性的反应。亦参照第360页注①和第383页注②（及正文），并参阅第374页注①对伯内特和泰勒的方法的一般性批判。

正如我在正文中指出的那样，我同许多别的人，例如策勒尔和格罗特都认为，普遍流变说是赫拉克利特学说的主要学说。与此相反，伯内特则认为普遍流变说"很难说是赫拉克利特的体系中的主要之点"（参见《早期希腊哲学》，第2版，第603页）。但对伯内特的论点（第158页）进行仔细研究之后，我仍然不很相信赫拉克利特的基本发现是如下抽象的形而上学的学说，即，如伯内特所述，"智慧并不是关于很多事物的知识，而是关于彼此斗争的对立面的根本统一的领悟"。对立的统一肯定是赫拉克利特教义的重要部分，但是，它可以从较为具体的可以直觉地领悟的流变学说推论出来（只要这类事情可以推论出来；参阅第39页注②及相应正文），关于赫拉克利特火的学说也可以这样说（参照第36页注①）。

有些人与伯内特一起，认为普遍流变说并不新奇，早期爱奥尼亚人以前已经提出过。我觉得，这些人恰恰不自觉地证实了赫拉克利特的独创性；因为，他们现在，在2400年之后，仍不能领会赫拉克利特的基本观点，他们看不出在一个容器、一幢大厦，或一个宇宙框架之内，即在万物的整体之内的流变或循环（赫拉克利特的部分理论的确可以如此理解，但只有这一部分没有突出的独创性，详见下文）与包罗万物，甚至也包罗容器、框架本身的普遍流变之间的区别。〔参照第5版，第1节，第90页，琉善；赫拉克利特否认任何固定事物的存在，这就是对普遍流变的描述。从一定意义上说，阿那克西曼德在消除框架上做出了开端，但这种开端距普遍流变学说仍相去甚远。参照第56页注①（4）〕。

普遍流变学说使赫拉克利特不得不试图对世上万物的表面稳定性及其他典型规律性做出解释。这个尝试导致他的附属理论的发展，尤其是关于火的学说（参照第36页注①）和关于自然规律的学说（参照第35页注①）。正是在对世界的表面稳定的解释中，赫拉克利特广泛利用了前人的理论，把他们的纯净与凝聚理论，以及星辰天体运行的理论，发展为物质循环和周期循环的总理论。不过我认为这一部分并非他的学说的核心，而是附属的部分。也可以说，它是辩解性的，因为它试图将革命的新流变学说和普遍经验，以及前辈人的学说调和起来。因此，我认为他不是宣扬物质和能量的循环和不灭之类的机械唯物主一座大厦，反而将其设想成一个奇大无比的过程；没有将其设想为一切事物的总和，反而将其设想为一切事件或变化或事实的总和。"万物皆流，无物常驻"是其哲学的座右铭。

赫拉克利特的发现在很长一段时间里影响了希腊哲学的发展。巴门尼德、德谟克利特、柏拉图以及亚里士多德等人的哲学全都可以被恰如其分地看作解决赫拉克利特所发现的那个变化世界各种问题的尝试。这个发现之伟大怎样评价可能都难说过高。

义者。在我看来，这种观点被他对规律所持有的神秘叵测的态度，也被那突出他的神秘主义的对立统一论所排斥。

我的论点，即赫拉克利特的普遍流变是其核心学说的论点，我以为已经得到柏拉图的确认。柏拉图明显地援引赫拉克利特之处（《克拉底鲁篇》，401d，402a/b，411，437f，400，《泰阿泰德篇》，153c/d，160d，177c，179df.，182af.，亦参阅《会饮篇》，207d，《斐里布篇》，43a；亦参阅亚里士多德《形而上学》，987a33，1010a13，1078b13）绝大多数都能证明，这个核心学说曾对当时的思想家产生巨大的影响。这些直率而明晰的证据，比起伯内特那段公认为饶有趣味的、没有指名提到赫拉克利特的文字（《智者篇》，242df.，在有关赫拉克利特之处，已被贝维格和策勒尔引用过）更为有力得多，而伯内特正是企图以这段文字作为解释自己的立论的依据。（他的另一位证人斐洛·朱达厄斯同柏拉图和亚里士多德的根据比较起来，算不了什么）但是，即使这段文字也同我们的解释完全一致〔关于伯内特对这一段文字的价值所做的有些游移不定的论断，参照第374页注①（7）〕。赫拉克利特发现世界不是事物的总体，而是事件或事实的总体，这决非委琐小事，这一点可从以下事实去衡量；不久前，维特根斯坦确认有必要再次肯定这一发现，即："世界是事实的全体，而不是事物的全体。"（参见《逻辑与哲学论集》，1921—1922年，I.I.，着重点是我加的）

总之，我认为，普遍流变学说具有根本的意义，它源于赫拉克利特自身的社会经验的领域之中。而他的其他学说均在某种程度上附属于它。我还认为火的学说（参照亚里士多德《形而上学》，984a7，1067a2；及989a2，996a9，1001a15；《物理学》，205a3）是他在自然哲学领域中的核心学说，是把流变学说与我们对稳定不变事物的经验相调和的尝试，它连接了更老的循环论，并导致一种关于规律的学说的产生。我认为对立统一学说是不怎么重要的，是较为抽象的，而且是某种逻辑的或方法论的学说的前驱（因此，它促使亚里士多德提出他的矛盾律），而且对立统一说还与其神秘主义有联系。

它已被描述成一个可怕的发现，其后果已与"一场事物……似乎都在震荡的地震"的后果相提并论。① 而且我也不怀疑，由于所处时代的社会动乱和政治动乱，赫拉克利特本人遭受了可怕的经历，这使他对这个发现刻骨铭心。赫拉克利特是第一位不仅论述"自然"，而且更多地论述伦理—政治问题的哲学家，他生活在一个社会革命的时代。正是在他的时代，希腊的部落贵族开始让位于新的民主势力。

　　为了理解这场革命的后果，我们必须回顾部落贵族制的稳定刻板的社会生活。社会生活由社会禁忌和宗教禁忌决定；每个人在整个社会结构中都有其指定地位；每个人都觉得他的地位是适当的"自然的"位置，它是由统治世界的种种力量指定给他的；每个人都"了解他的地位"。

　　根据传统说法，赫拉克利特本人的地位是以弗所祭司王王族继承人，但他把这个权利转让给他的兄弟。尽管他高傲地拒绝参与其城邦的政治生活，但他却支持那些贵族的事业，他们枉费心机，试图遏止新生革命力量的兴起之势。在社会和政治领域中的这些经历在其著作的残片中有所反映。② "以弗所每个成人都应该吊死自己，把城邦留给未成年的少年统治……"，这是赫拉克利特的一次情感爆发，原因是人民决定放逐他的一位贵族朋友赫尔

---

① W. 内斯特勒：《前苏格拉底派》（1905 年），35。

② 为了便于识别所引用的残篇，在此列出拜沃特著作的版本中的编号（为伯内特在其《早期希腊哲学》中的英译残篇中所采用）以及迪尔斯的书第 5 版的编号。

　　在本段引用的八段文字中，其中（1）和（2）摘自残篇 B114（即拜沃特和伯内特）；$D^5$121（即迪尔斯的书第 5 版）。其他摘自如下残篇：（3）：B111，$D^5$29（参照柏拉图的《理想国》，586a/b……）（4）：B111，$D^5$104……（5）：B112，$D^5$39（参照 D^5 Vol，I，第 65 页，Bias I）……（6）：B5，$D^5$17……（7）：B110，$D^5$33……（8）：B100，$D^5$44。

莫多罗。他对人民动机的解释极其有趣，因为它表明，自民主制的最初岁月以来，反民主论点的手法就不曾改变过。"他们说：我们中间不应有优秀的人；要是有谁出类拔萃的话，那就让他到别处，与别人为伍吧！"对民主制的这种敌意在残篇中随处可见："……群氓像畜生一样填饱肚皮……他们将游咏诗人和大众信仰奉为圭臬，而意识不到其中许多东西是坏的，只有很少东西是好的。……泰乌塔米斯的儿子比亚斯住在普列尼，他的话比其他人的话更有价值（他说：'绝大多数人是邪恶的。'）。……群众甚至连他们碰到的事情都不关心；也不会接受教训——尽管他们自认为能这样做。"他还以相同的口吻说："法律也可以要求必须服从一个人的意志。"顺便提一下，赫拉克利特的保守和反民主观点的另一种表达方式，措辞上颇能为民主派接受，尽管其本意并非如此："人民应该为城邦的法律而战，好像它们是城垣一样。"

但赫拉克利特为其城邦的古代法律进行的战斗是徒劳无功的，万事万物的转瞬即逝给他留下强烈的印象。他的变化论表达了这种感觉[①]："万物皆流"。他说："人不能两次踏入同一条河流。"由于理想破灭，他反对既存社会秩序将永久不变这种信念："我们不能像孩子一样行事，他们是通过'由于它是从过去传给我们的'这种狭隘观念培养成人的。"

对变化，特别是社会生活变化的这种强调，不仅是赫拉克利特哲学的一个重要特征，也是历史主义者普遍具有的一个重要特征。事物在变，甚至国王也在变；对那些认为社会环境天经地义的人来说，特别有必要强调一下这个事实。这些全都应当认可。但赫拉克利特哲学却表露了历史主义的一个不太值得称道的特征，即：对变化的过分强调，与对一种不可更易、永远不变的命

---

① 本段引用的三段文字摘自下列残篇：（1）和（2）：参照 B41，$D^5$91；其中（1）还要参阅第 30 页注②。（3）：$D^5$74。

运法则的信仰，彼此兼具并存，相互补充。

在这种信念中，我们会面对这样一种态度，尽管乍看之下它与历史主义者对变化的过分强调相矛盾，但却是绝大部分——如果不是全部的话——历史主义者特有的态度。如果把历史主义者对变化的过分强调解释为他们克服对变化观念的无意识抵触所不可或缺的努力的征兆，我们或许能说明这种态度。这也说明一种紧张情绪，这种紧张情绪使如此之多的历史主义者（甚至在今天），对他们闻所未闻的新奇发现大加强调。这样的想法暗示这种可能性：这些历史主义者害怕变化，不经过激烈的内心交战，他们就不可能接受这种变化观念。常见的情形似乎是，他们试图坚持变化由一个不变的法则所驾驭这种观点，以减缓自己对稳定世界的不复存在所产生的失落感。（在巴门尼德和柏拉图那里，我们甚至会发现这个理论：我们所寄居的变化世界是一种幻象，此外还存在一个更加真实的不变的世界。）

就赫拉克利特而言，强调变化使他得出这种理论，一切物质实体，无论是固体、液体还是气体，都如同火焰——它们与其说是物体，毋宁说是过程，它们都是火的变形；外表呈固体的土（由灰尘构成）不过是一团改变了形态的火，甚至液体（水、海）也是变形的火（并且或许以油的形态可以成为燃料）。"火首先转化为海，而海的一半是土，一半是热气。"[1] 因而其他所有"元素"——土、水和空气——都是变形的火："万物都等换为火，而火也等换为万物；正如金子等换为货物，货物也等换为金子。"

但在将万物归结为火焰，归结为如同燃烧的过程后，赫拉克利特在这个过程中分辨出一个法则、一种尺度、一种理性、一种智慧；而在摧毁宇宙大厦，将其宣称为一座垃圾堆之后，他又重新提出宇宙是世界过程中各种事件的预定秩序。

---

① 这两段文字是 B21，$D^5$31 以及 B22，$D^5$90。

世界上的每个法则，特别是火本身，都依据一个明确的法则——它的"尺度"而发展。① 它是一个不可改变、不可抵制的

---

① 　关于赫拉克利特的"尺度"（或规律，或周期），见 B20，21，23，29；$D^5$30，31，94（在 D31 中，"尺度"与"规律"并用）。

　　　本段后面引用的五段文字摘自下列残篇：（1）：D^5Vol. 1，第 141 页，第 10 行［参照狄奥根尼·拉尔修 IX7……（2）：B29，$D^5$94（参照第 126 页注①）……（3）：B34，$D^5$100……（4）：B20，$D^5$30……（5）：B26，$D^5$66］。

　　　（1）既然只有流变内部的规律或规律性才能解释世界的表面稳定性，可见规律这个概念与变化或流变的概念是相关的，在变化着的世界内部最为典型的自然周期中，人类了解的有：白昼、月、年（四季）等。依我看，赫拉克利特关于规律的理论，从逻辑上讲，恰恰介于较晚的"因果律"（留基伯，特别是德谟克利特所持的观点）与阿那克西曼德的黑暗的命运势力的中间。赫拉克利特的规律仍然是"巫术的"，就是说，他还不能把抽象的因果规律与由制裁来执行的规律，例如禁忌，区别开来（关于这一点，参照第 126 页注①）。赫拉克利特的命运论似乎由一万八千或三万六千普通年构成的"大的"或"大循环"的学说相联系（例如，可参照《柏拉图的〈理想国〉》，J. 亚当的版本，Vol. Ⅱ，303）。我当然不会认为，赫拉克利特的这个学说表明他实际上并不相信普遍流变，而只相信经常重建框架的稳定性的各种循环。但我想，他的困难可能在于如何构思一条变化规律乃至命运规律，而不是关于某些周期现象的规律（参照第 45 页注①）。

　　　（2）在赫拉克利特的自然哲学中，火占有核心的地位（其中可能不乏波斯的影响）。火焰是流变或过程的显著标志，而过程在许多方面看来是一个东西。因此它可以解释恒定事物的经验，也可以将此经验与流变学说相调和。这种观念易于扩展到火焰似的生物上，只不过它们燃烧得较为缓慢罢了，赫拉克利特教导说，所有的事物皆处于流变之中，万物皆如火一般；其流变之区别仅仅表现为各自运动的不同"尺度"或规律。有火在其中燃烧的"碗"或"槽"本身，其流变虽然缓慢得多，但它毕竟也处在流变之中。它在变化，并有其自身的命运和规律，即使它最终命运的完成会耗费更长的时间，但它必然被烧毁。所以，"火在其进程中将评判并决定一切"（B26，$D^5$66）。

　　　因此，火虽然实际处于流变状态之中，却是在表面上静止的事物的象征和解释。但是，它又是物质从一个阶段（如燃料）向另一个阶段转变的标志。火还沟通了赫拉克利特的直觉的自然论与其先辈的纯净与凝聚等学说。不过，火的燃烧的旺与熄视所提供的燃料多寡而定，这也是一条规律的实例。若将其与某种周期性相结合，那么，它就可以用于解释自然周期的规律性，如日、年等。这种思想倾向表明，伯内特对传统记载的怀疑不可能是对的，而根据传统记载，赫拉克利特相信与他的大年可能有关的周期性大火（参照亚里士多德《物理学》，205a3，$D^5$66）。

法则，在此程度上它既类似于我们现代的自然法观点，又类似于现代历史主义者的历史或进化法则。但国家强加的法律是通过惩罚实施的理性敕令，就此而言，它又不同于这些观点。一方面是法律律令或法律准则，另一方面是自然法则或自然规律，不能在二者之间做出这种区分是部落禁忌制度的特征：两种法则一视同仁，皆被看作神秘的东西；这使得对人为禁忌进行理性批判，如同对自然世界的法则或规律这种终极智慧或理性尝试改良一样，简直不可想象："一切事件皆因命运的必然性而产生，……太阳不会越出其轨道的尺度；否则正义的侍女——命运女神便会将其找出来。"但太阳并不仅仅只是服从这个法则；火以太阳和（我们将看到的）宙斯的雷电的形式，守护着这个法则，并依其进行裁决。"太阳是时间的管理者和监护者，限制、裁决、宣示和彰显变化产生万物季节……这个宇宙秩序即万物既不是由神祇，也不是由人创造；它过去、现在、将来一直是一团永恒的活生生的火，按照尺度燃烧，按照尺度熄灭……火在其升腾中占据、裁决和处置万物。"

与历史主义毫无怜悯的命运观念相关，我们频频发现一种神秘主义的成分。第二十四章将对神秘主义提出批判性分析。这里，我只想指明反理性主义和神秘主义在赫拉克利特哲学中的角色①："太阳喜欢隐藏起来"，他写道，而且"在德尔斐发布谶语的主人既不说明，也不掩盖，而是通过征象表明他的意思"。赫拉

---

① 本段引用的十三段文字摘自下列残篇。(1)：B10，$D^5$123…… (2)：B11，$D^5$93…… (3)：B16，$D^5$40…… (4)：B94，$D^5$73…… (5)：B95，$D^5$89……还有 (4) 和 (5)，均参照柏拉图的《理想国》，476cf.，及 520c…… (6)：B6，$D^5$19…… (7)：B3，$D^5$34…… (8)：B19，$D^5$41…… (9)：B92，$D^5$2……(10)：B91a，$D^5$113…… (11)：B59，$D^5$10…… (12)：B65，$D^5$32：……(13)：B28，$D^5$64。

克利特轻视那些更具经验主义思想的科学家，这是采纳这种看法的那些人的典型特征："博学者并不一定很有思想，否则赫西奥德、毕达哥拉斯以及克塞诺索尼就更有思想了……毕达哥拉斯是骗子的鼻祖。"与其对科学家的轻视相伴而生的是神秘的直观知性论。赫拉克利特的理性理论以这个事实为其出发点：在我们醒着时，我们生活在一个共同的世界中。我们可以相互联系，相互控制，相互制约；而此中存在一种我们不做假象的牺牲品的信念。然而，这种理论还被赋予一种次要的象征性神秘含义。提供给选民们，提供给那些醒着的，有视、听、说能力的人们的，正是这种神秘直觉论："人们不应像睡着了一样行动和讲话……那些醒着的人拥有独一的共同世界；那些睡着的人则转入他们的各自世界。……他们没有听说的能力……即使听得见，他们也像聋子一样。这个谚语适用于他们：他们存在却又不存在……智慧只是一种事情：理解通过万物主宰万物的思想。"对那些醒着的人来说，对这个世界的感受是共同的，这个世界是个神秘的统一体，是万物的同一状态，只能通过理性来理解："人们必须遵循人人共有的东西……理性是人人共有的……万物为一，一为万物……一是唯一的智慧，它愿意又不愿被称为宙斯……它是主宰万物的雷霆"。

赫拉克利特有关宇宙的变化和隐藏的命运的哲学较普遍的特征就谈到这里。从这种哲学中产生了一种有关一切变化背后的驱动力的理论；这个理论通过强调与"社会静力学"相对立的"社会动力学"，显示其历史主义特征。赫拉克利特关于一般意义上的自然，特别是社会生活的动力学，进一步确认了这种观点，他的哲学受到他所经历的社会和政治动乱的激发。因为他声称冲突或战争是一切变化、特别是人们之间一切差别的动力和创造性源泉。而作为一个典型的历史主义者，他将历史审判当作道

德审判来接受①；因为他坚持主张战争的结果是公正的②："战争
是万物之父，也是万物之王。它证明这些是神，那些仅仅是人，
让这些人变成奴隶，而让前者变成主人……人们必须晓得，战争
是普遍的，正义即是冲突，万物通过冲突和必然性而生成。"

但倘若正义就是冲突或战争，倘若"命运女神"同时又是
"正义之神的侍女"，倘若历史，或更确切地说，成功，即战争
中的成功，是价值尺度，那么，价值标准本身必定在"流变"。
赫拉克利特通过其相对主义和对立统一学说对待这个问题。这来
自他的变化理论（这种理论仍然是柏拉图理论的基础，更有甚
者，还仍然是亚里士多德理论的基础）。一种变化的事物必定要
放弃某些属性，才能获得相反的属性。它并非全然等同于由一种
状态向相反状态转化的过程，因而是相对立状态的统一③："冷
的物体变暖，暖的物体变冷；湿的东西变干，干的东西变湿……

---

① 赫拉克利特不仅比大多数道德历史主义者较能做到首尾一贯，他还是一个
伦理与法学的实证主义者（关于这个词，参照第五章）："神认为万事万物
都是公允、善良和正确的；而人却把其中一部分看作是错误的，另一部分
看作是正确的。"〔$D^5$102，B61；详见第 39 页注③（8）。〕柏拉图证实，赫
拉克利特是第一位法学实证主义者（《泰阿泰德篇》，177c/d）。关于道德和
法学实证主义的概述，参阅第 143 页注①、146 页注①和注②、147 页注①
和注②对应的正文和第二十二章。

② 本段引用的两段文字引自：（1）B44，$D^5$53……（2）B62，$D^5$80。

③ 本段引用的九段文字是：（1）：B39，$D^5$126……（2）：B104，$D^5$111……
（3）：B78，$D^5$88……（4）：B45，$D^5$51……（5）：$D^5$8……（6）：B69，$D^5$60……
（7）：B50，$D^5$59……（8）：B61，$D^5$102（参阅第 39 页注①）……（9）：B57，
$D^5$58（参阅亚里士多德《物理学》，185b20）。

    流变或变化必然是从某一阶段或属性或位置到另一阶段、另一属性或
位置的过渡。由于必须有变化的东西才会产生流变，那么，尽管这是对立
的阶段或属性或位置，它必须始终是同一个东西。这就把流变学说与对
立统一学说（对照亚里士多德《形而上学》，1005b25，1024a24 及 34，
1062a32，1063a25）以及关于万物中唯一的学说连接起来。它们不过是同一
个变化着的东西（火）的不同阶段或现象而已。

疾病能使我们重视健康……生与死、醒与睡、青年与老年，所有这些都是同一的；因为一种情形转变成另一种情形，而后者又变回前者……对立统一于自身：这是一种产生于相对立状态的和谐，就和弓与琴的情形一样……相反的东西彼此归属，不和谐的音调形成最美的和谐，一切皆由冲突生成……向上的道路和向下的道路是同一条……直路和弯路是同一条路……对于神祇来说，万物皆美，皆善，皆正义；而人们则将一些东西看成不义的，而将另一些看成正义的……善与恶是一回事。"

但是，上述残篇中所表达的价值相对主义（它甚至可以被说成一种道德相对主义），并没有阻止赫拉克利特在其战争正义和历史审判理论的背景上发展出一种部落主义的浪漫伦理，其中名誉、命运和伟人至上等，十分令人惊诧地类似于某些十分现代的观念①："战死者将受到神祇和人们的赞美……战死得越伟大，命运也就越荣光……最优秀者追求一种超越于其他一切的东西：永恒的名誉……一个人如果伟大的话，就抵得上一万个人。"

令人吃惊的是，从这些公元前 500 年前后一直流传至今的早期残篇中，竟然能找到如此之多现代历史主义和反民主趋势的

"一条上坡路"和"一条下坡路"最初是否设想为一条普通的路，这路先上坡通向山顶，然后下坡通向山脚（也可能是先站在山下人的角度来看这条路；又站在山上人的角度看这条路）。这个比喻是否只是后来才应用于循环过程中，应用于那始于土、经过水（或许是碗中的液体燃料？）而归于火，又从火经过水（或许是雨水？）而归于土的路线中；或者，赫拉克利特是否原先就将这条有升有降的路线应用于物质循环过程中；当然，这一切无从断定。（我认为，从赫拉克利特的残篇中的大量类似观点看，第一种可能性更恰当：参阅正文。）

① 这四段文字是：（1）：B102，D⁵24……（2）：B101，D⁵25。（多少能保留赫拉克利特的双关意思的一种更准确的译法是："死得越伟大，得到的命运就越高尚。"）（也可参阅柏拉图：《法律篇》，903d/e；对照《理想国》，617d/e……）（3）：B111，D⁵29（前面引用了续文的一部分，参见第 33 页注②（3）……）（4）：B113，D⁵49。

特征。赫拉克利特是位才能和创造力无与伦比的思想家，因此，他的观念有许多（通过柏拉图的中介）已成为哲学传统的一个主要部分；但除了这个事实，学说上的相似性或许可以在某种程度上通过相关时期社会条件的相似性加以解释。似乎在社会大变动的时代里，各种历史主义很容易凸显出来，他们在希腊部落生活解体时出现过，在犹太人的部落生活为巴比伦征服的冲击所粉碎时也出现过。[①] 我相信，几乎不可能存在什么疑问，赫拉克利特的哲学表达了一种漂泊感；这种感觉似乎是对古代部落形式社会生活的解体产生的典型回应。在近代欧洲，在工业革命期间，尤其是通过美国和法国政治革命的冲击，各种历史主义观念又复兴起来[②]。黑格尔是对法国大革命所产生的回应的代言人，他从赫拉克利特思想中获益甚多，并把这些东西传输给所有历史主义运动；这似乎不仅仅是一种巧合。

---

① 似乎非常可能的是（参见迈耶《古代史》，尤其是 Vol. I），诸如上帝的选民这一类独具特色的教义起源于这个时期。在这个时期中，除犹太教外，还产生过其他的一些救世宗教。

② 孔德在法国所创立的历史主义哲学，与黑格尔的普鲁士模式大同小异。他也像黑格尔一样试图挡住革命潮流。（对照 F. A. 冯·哈耶克《科学的反革命：经济学》，N. S. Vol. 3，1941 年，第 119 页和第 281 页以下）。至于拉萨尔对赫拉克利特感兴趣的地方，参见第 28 页注①——在这方面，看一看历史主义的历史与进化论的历史的相似之处，是有意思的。它们与半赫拉克利特式的恩培多克勒一样，都发源于希腊（关于柏拉图的说法，参见第二卷第十一章第 4 页注①），并且在法国大革命时期在法国和英国复兴。

第三章　柏拉图的形式论或理念论

一

　　柏拉图生活在一个战乱和政治冲突的时期，据我们所知，这一时期甚至比困扰赫拉克利特的那个时期还要动荡不安。在他成长期间，希腊人部落生活的崩溃在其出生的城市雅典造成一个僭主制时期，后来又导致民主制的建立；这个民主制竭力保卫自身，提防任何重蹈僭主制或寡头制，即显赫贵族家族的统治的企图①。在其青年时期，民主制的雅典卷入一场反对伯罗奔尼撒半岛的首要城邦斯巴达的生死之战；斯巴达一直保留着许多古代部落贵族制的法律和习俗。伯罗奔尼撒战争持续了 18 年之久，其间仅中断一次（第十章更加详尽地重温这个历史背景，在这一章中人们将看到，这场战争并非像人们有时所力主的那样，随着公元前 404 年雅典的失败而结束。②）。柏拉图生于战争期间，而战争结束时他差不多 24 岁了。战争带来可怕的流行病，在其最后一年还造成饥馑、雅典城陷落、内战以及通常被称为三十僭主统治的恐怖统治；这些僭主由柏拉图的两个舅父领导，这两人在维护其统治、反对民主派的企图失败时丢掉了性命。民主制和和

---

① 　关于寡头政治一词的这种解释，还需参照第 287 页注①和 296 页注②。

② 　尤可参照第 367 页注②。

平的重建并非就意味着柏拉图的痛苦得到缓解。他所挚爱的老师苏格拉底被处以极刑；后来他使其成为他的大多数对话的主要发言人。柏拉图本人似乎也一直身处危险之中；他和其他苏格拉底派的同仁一起离开了雅典。

后来，当第一次访问西西里岛时，柏拉图卷入叙拉古僭主老狄奥尼修斯的宫廷政治阴谋中，甚至在返回雅典建立学园后，柏拉图和他的一些学生一起，继续积极并最终决定性地介入构成叙拉古政治的阴谋和革命之中①。

这个有关政治事件的概要或许有助于解释为什么在柏拉图著作中，如同在赫拉克利特著作中一样，可以找到他在政治上动荡不安时期备受苦难的痕迹。和赫拉克利特一样，柏拉图有王族血统；至少，传说声称其父亲的家族可溯源到阿提卡最后一个部落王科德鲁斯②。柏拉图对其母亲的家族颇为自豪，根据他在其对话（《卡尔米德篇》和《蒂迈欧篇》）中的说明，他母亲的家族与雅典立法者梭伦的家族有关。他的舅父，三十僭主的领袖人物克里底亚和卡尔米德，也属于其母的家族。由于这种家族传统，柏拉图理所当然地对公共事务深为关注；而事实上，他的大多数

---

① 参照第七章结尾部分，尤其是第 261 页注①，以及第十章，尤其是第 391 页注①。

② 参照狄奥根尼·拉尔修，Ⅲ，1——关于柏拉图的家庭关系，特别是关于其父亲家族有科德鲁斯血统，"甚至有海神波塞冬血缘"的说法，见 G. 格罗特著《柏拉图以及苏格拉底的其他伙伴》（1875），Vol. I 卷，114（有关克里底亚的家族，即柏拉图的母系家族的类似说明，参阅 E. 迈耶：《古代史》，Vol. 5 卷，1922 年，第 66 页）。柏拉图在《会饮篇》中谈及科德鲁斯（208d）时说："你以为阿尔克斯提斯……阿基琉斯……或者你自家的科德鲁斯若不是预料到他们的德行会获得永垂不朽的纪念，如同我们一直这样纪念着，他们还会为自己的子孙保持王权而寻死吗？"柏拉图在他早期的《卡尔米德篇》（157e 以下）和后期的《蒂迈欧篇》（20e）中称赞克里底亚的（即其母的）家族。这个家族的源流可以上溯到雅典统治者（执政官）梭伦的朋友德罗庇德斯。

著作都是对其期望的满足。他本人提到（如果《第七封信》真实的话），他"从一开始便极其渴望政治活动"①，但他青年时期的动荡经历阻止了他。"看到万物都毫无目标地摇来摆去，我感到眩晕和绝望。"我相信从社会、进而"万物"都在流变这种感觉中产生了他和赫拉克利特哲学的动因；正如他的历史主义前辈所为，柏拉图提出历史发展法则时对其社会经验进行了概括。这一法则，下一章更加充分地讨论。根据这一法则，所有社会变化都是腐败、退化或衰亡。

　　这一基本的历史法则，在柏拉图看来，是宇宙法则——对所有被创造物或生成物都适用的法则——的一部分。一切流变物，一切生成物注定要退化。和赫拉克利特一样，柏拉图意识到在历史上发挥作用的力量是宇宙力量。

　　然而，几乎可以肯定的是，柏拉图相信这个衰败法则并非全部实情。在赫拉克利特身上，我们已发现一种把发展法则设想为循环法则的倾向；这些法则是按照决定季节循环交替的法则设想的。同样，在柏拉图的某些著作中，我们也能发现大年的提法（其时间长短似乎是 36000 个普通年），其改进或生成时期，大

---

① 本段下面两段自传性引文引自《第七封信》(325)。一些著名学者对柏拉图是《信札集》的作者问题表示怀疑（也许缺乏充分根据。我认为菲尔德对这个问题的论述很有说服力；参照第 382 页注①；再者，我对《第七封信札》也有点怀疑——这封信过分重复我们从《申辩篇》中所知道的内容，过多地讲述当时的需要）。因此，我特别注意主要依据最著名的那几次对话录来解释柏拉图主义。这些解释大体与《信札集》一致。为方便读者起见，在这里开列了正文中一再提到的那些柏拉图对话录，按其大致的历史顺序排列。参照第 374 页注①(8)。《克里托篇》——《申辩篇》——《游叙弗伦篇》；《普罗塔哥拉篇》——；——《高尔吉亚篇》；《克拉底鲁篇》——《米纳塞努篇》——《斐多篇》；《理想国》；《巴门尼德篇》—《泰阿泰德篇》；《智者篇》——《政治家篇》——《斐里布篇》；《蒂迈欧篇》——《克里底亚篇》；《法律篇》。

概相当于春夏两季，蜕化或衰亡时期，相当于秋冬两季。根据柏拉图的对话中的一篇（《政治家篇》），黄金时代，即克罗诺斯时代——一个克罗诺斯本人统治世界，人们在地球上产生的时代——之后是我们自己的时代，即宙斯时代，这一时代中，众神抛弃了世界，任世界独立运转，因而这个时代顺理成章地是一个日益衰败的时代。而且《政治家篇》的叙述还示意，在彻底衰败到最低点之后，神将再度为宇宙这艘船掌舵，事情将开始改善。

柏拉图在多大程度上相信《政治家篇》中的这个故事，人们尚不能确定。他相当清楚地表明他不相信故事全然真实。另一方面，几乎毋庸置疑，他在宇宙背景中去想象历史；他相信他自己的时代是一个腐败深重——或许是所能达到的至深程度——的时代，先前的整个历史时期都受内在的衰败趋势支配，这一趋势是历史发展和宇宙发展二者共有的①。他是否相信一旦衰败达到

①　（1）柏拉图从来没有明晰地说过历史发展具有循环性质。然而，在至少四篇对话录中他提及此观点，这四篇对话录是《斐多篇》、《理想国》、《政治家篇》和《法律篇》。在所有这些地方，柏拉图的学说可能暗指赫拉克利特的"大年"（参照第35页注①）。不过，那些话并非直接指赫拉克利特，而是指恩培多克勒。柏拉图认为恩培多克勒的学说（参照亚里士多德《形而上学》，1000a25以下）不过是赫拉克利特的普遍流变说的婉转说法而已。柏拉图在《智者篇》（242e以下）的一个著名段落中阐述了这个观点。根据这段话以及亚里士多德所述（《论生灭》，B，6，334a6），有一个历史周期，其中包括一段由爱来统治的时期，以及一段由赫拉克利特的斗争来统治的时期；亚里士多德还告诉我们，据恩培多克勒的观点，当前的时期是"由斗争来统治的时期，因为在这之前是由爱来统治的时期"。认为我们自己的宇宙时期的流变是一种斗争，因此，不幸这种观点非常符合柏拉图的学说和他的经验。

"大年"的长度很可能是这样一段时期，在它以后，各个天体又回到计算大年伊始时各自相互对应的位置上（即可得出"七大行星"运行周期的最小公倍数）。

（2）在（1）中提到的《斐多篇》中那段话，首先提到赫拉克利特的变化学说，即从一种状态转变到与之对立的状态，或者从一种对立状态转变为另一种状态："现在变小了的，过去一定曾经是大的……"（70e/71a）。这

段话继而又提出发展的周期性规律："难道没有两个始终进行着的过程，从一个极端到相反的极端，然后又回去吗？"（见前引书）。在稍后的一段（72a/b），其论证是这样说的："如果发展仅仅是直线的，自然中就不会有补偿和循环……那么，最终万物会呈现同样的性质……也就不再发展了。"如此看来，《斐多篇》的一般倾向较之其后几篇对话录要乐观些（并且表明对人及人的理性有较大的信心）。不过，它没有直接提到人类的历史发展进程。

（3）然而，在《理想国》中提及这些，在该书第8、第9卷中，可以读到本书第四章所论及的关于历史衰败的精心描述。这个描述是由柏拉图笔下的人的堕落和数字的故事作为引言的，对此，在本书第五、第八章中将作较详尽的讨论。J. 亚当在他的《柏拉图的〈理想国〉》（1902年，1921年）中，恰当地把这个故事称为"柏拉图'历史哲学'的根基"，（Vol. Ⅱ，210）。这个故事虽然没有包含历史循环的明白论述，但其中倒有几处颇为神秘的暗示。据亚里士多德（和亚当的）有趣但并非可靠的解释，这些暗示可能指赫拉克利特的大年，即循环性发展〔参照第35页注①，以及亚当，前引书，Vol. Ⅱ，303；该处关于恩培多克勒的评论（303页）需作修正；详见本注（1）〕。

（4）另外，在《政治家篇》中（268e—274e）有一段神话，说是上帝亲自掌握世界大循环的半个周期，当上帝撒手不管时，本来向前转动的世界就又转回来了。因此可以说，一个整周期有两个半时期或半周期，即由上帝指导的前进运动，也就是没有战争或斗争的美好时期，以及被上帝遗弃的倒退运动时期，也就是混乱与纷争逐渐增多的时期。这当然就是我们生活在其中的这个时代。最后，局面糟得无可收拾时，上帝又会重操舵轮，改变运动方向，使世界免遭彻底毁灭。

这个神话与前面（1）提到的恩培多克勒的神话极其相似，和赫拉克利特的"大年"也很相似——亚当（前引书，Vol. Ⅱ，第296页）还指出，它与赫西奥德的故事亦有共同之处。*提到赫西奥德处之一是指克罗诺斯的黄金时代；值得注意的是，这个时期的人是大地出生的。这个说法与大地出生和人含金属的神话吻合，这个神话在《理想国》中都起作用（414b以下和546e以下），这种作用将在下文第八章中讨论。大地出生的神话在《会饮篇》（1916）中也提到过；这种说法可能是指一般人所说的雅典人"像蚂蚱"，是土生土长的〔参照第105页注①（1）及第269页注①（2）〕*。

然而，后来在《政治家篇》（302b以下）中，把这六种不完善的政体按其不完善的程度排列时就再没有历史循环论的迹象了。毋宁说，这六种不完善形式都是完善国家或最佳国家的退化摹本（《政治家篇》293d/e；297c；303b），表现为退化过程中的各个阶段；就是说，无论在此处，还是在《理想国》中，凡是涉及较为具体的历史问题时，柏拉图往往限于导致衰败的那个部分的循环。

（5）类似的话语对《法律篇》也是成立的。Ⅲ，676b/c－677b概述了类似循环论的某些论点，在那里柏拉图对其中一个循环的开始进行了更为详尽的分析，并且在678e和679c中，这个开始原来是一个黄金时代，这样，故事下一步发展就成了一个衰败的故事。可以说，柏拉图认为众行星就是诸神，并且认为

极点，这种趋势必然注定要终结，这一点我无法确定。但他肯定
相信通过人为的，或更确切地说是超人的努力，我们有可能克服
这个致命的历史趋势，终结衰败过程。

二

　　正如柏拉图和赫拉克利特之间存在很大的相似性，我们在此
还发现二者之间的一个重大差异。柏拉图相信，人的道德意志在
人类理性力量的支持下，可以违背历史命运法则——衰败法则。

　　柏拉图如何调和这种观点和命运法则信念，我们尚不很清
楚。但存在一些迹象，能够解释这个难题。

　　柏拉图相信衰败法则直接导致道德退化。至少在他看来，政
治腐败主要取决于道德退化（和知识贫乏）；而道德退化则主要

　　诸神影响人类生活（他还相信宇宙力量在历史中起作用），这些说法在新柏拉图
　　主义者的星占学式的思辨中扮演了重要角色。这三种说法在《法律篇》中均有
　　论述（如821b－d和899b；899d－905d；677a以下）。应当知道，星占学与历史
　　主义都相信可以预测的注定天命；星占学与一些重要的历史主义说法（尤其是
　　柏拉图主义与马克思主义）都相信我们可以预测未来，并对未来有所影响，尤
　　其是如果我们确实知道什么事情行将到来。

　　（6）除了这些不多的话语之外，就再没有任何资料说明柏拉图认真看待向
　　上或向前运动的那部分循环了。但是《理想国》中的细致描述和在（5）中所摘
　　引的话，表明柏拉图是当真相信向下运动和历史衰败的，除此之外还有许多话。
　　我们尤其要研究《蒂迈欧篇》和《法律篇》。

　　（7）在《蒂迈欧篇》（42b和90e以下，特别是91d以下，参照《斐德罗篇》
　　248df.），柏拉图描绘了大概应称之为由于退化而引起的物种起源（参照81页注
　　①及正文；第二卷第12页注②）：男人退化成女人，继而又退化成更低级的
　　动物。

　　（8）在《法律篇》第3卷（同时参照第4卷713a以下；并参见前面简要提
　　及的循环）中，我们可以读到一种相当细致的历史衰败论，与《理想国》所说
　　的大致相近。参阅下一章，尤其是第77页注①、83页注①、84页注①、96页
　　注①、103页注①及119页注①。

归咎于种族退化。正是通过这种方式，衰败这一普遍宇宙法则在
人类事物领域中体现自身。

因此，可以理解，重大的宇宙转折点会同人类事务领域——
道德和知识领域——的转折点同时出现，所以，对我们来说，它
可能是人类在道德和知识上的努力造成的。或许柏拉图完全相
信，正如衰败这一普遍法则在道德退化导致政治腐败过程中体现
自身，宇宙转折点同样通过一个立法者的出现体现出来，这个立
法者有能力以其推理能力和道德意志结束政治腐败时期。或许
《政治家篇》中回归黄金时代——新的千禧年的预言，是这样一
种信念的神话表达方式。不管这是否可能，他确确实实地对二者
都相信——既相信衰败这一普遍历史趋势，也相信我们或许会通
过抑制一切历史变化，进而阻止政治领域的腐败。因此，这是他
的奋斗目标。[①] 他实现这目标的方式，是建立一个没有其他所有
国家的邪恶的国家，因为它不衰败，它不变化。没有变化和腐败
之恶的国家是尽善尽美的。它是不知变化为何的黄金时代国家。
它是受到抑制的国家。

三

由于对这样一个不变的理想国的信念，柏拉图从根本上背离
了我们在赫拉克利特身上发现的历史主义信条。但与这种差异同
样重要的是，它造成柏拉图和赫拉克利特之间更多的相同点。

赫拉克利特尽管推论唐突，但似乎回避了以混沌取代宇宙的

---

① G. C. 菲尔德在《柏拉图及其同时代人物》，1930 年，第 91 页中，阐述了关
于柏拉图政治目的的类似看法："柏拉图哲学的主要目的可以被看作为了保
住一种似乎已濒临灭亡的文明而重建思想和行为的准则。"（详见第 180 页
注①及正文。）

观念。据我们揣摩，他似乎坚持变化由一个不变法则支配的观点，以自慰失去一个安定的世界。这种从历史主义最终后果回缩的趋向也许是历史主义者的典型特征。

在柏拉图身上，这种趋向至为重要（在此他受到赫拉克利特的伟大批判者巴门尼德的哲学的影响）。赫拉克利特将社会变动的经历扩及"万物"世界，以对其进行概括，而我也暗示过，柏拉图也是这样做的。但柏拉图还把他对一个不变的完美国家的信念扩大到"万物"领域。他相信对各种普通的或衰败的事物而言还存在一种不衰败的完美事物。这种对完美的不变事物的信念通常被称为形式论或理念论①，并成为柏拉图哲学的核心学说。

柏拉图相信，我们可能会违背必然进程的严格规律，并且由于阻止住一切变化而避免衰败。这表明他的历史主义倾向是有一定限度的。不妥协的和充分展开的历史主义不敢承认人们由于做出努力就能改变历史必然规律，尽管人们已经发现那些规律。它将坚持，人们不可能做出相反的事情，因为人们的全部计划和行动都是那条不可改变的发展规律用来实现人们的历史天命的手段而已；如同俄狄浦斯所遭到的命运是由于那个预言以及他父亲为了避免俄狄浦斯的命运而采取的措施，而不是与所有这些无关。为了对这种彻底的历史主义的态度有较好的理解，并且为了分析

---

① 我同意多数前辈和很多当代权威（如 G. C. 菲尔德、F. M. 康福德、A. K. 罗杰斯）的观点，而不同意 J. 伯内特和 A. E. 泰勒的观点。我认为形式论和理念论几乎完全是柏拉图的学说，而不是苏格拉底的学说，尽管柏拉图把苏格拉底当作他的主要发言人把它讲出来。虽然我们研究苏格拉底学说的最好资料来源只能是柏拉图的对话集，但我认为我们仍能从中分辨出"苏格拉底的"特征，即历史上真实的特征，与作为柏拉图发言人的"苏格拉底"的"柏拉图的"特征。（所谓苏格拉底问题在第六、七、八、十章中已予讨论，尤需参照第 374 页注①。）

在柏拉图的信念中所固有的相反倾向（他相信他能影响命运），我将把我们在柏拉图身上所发现的历史主义同一种与此截然相反的态度加以对比，这种态度也是在柏拉图身上发现的，可以称之为社会工程的态度①。

四

社会工程师并不关心历史趋势或人类命运。他相信人是历史的主宰，相信我们可以按照我们的目的来影响或改变人类历史，就像我们已经改变地球表层一样。他并不相信这些目的是我们的历史背景或历史趋势强加给我们的，而认为这是我们自己的选择或创造，就像我们创造新的思想、新的艺术作品、新的房子或新的机器一样。历史主义者则认为，只有首先判定历史的未来进程，才能有明智的政治行动。然而，与历史主义者相反，社会工程师认为，政治的科学基础将是完全不同的另一回事儿；它是按照我们的愿望和目的来创造和改变各种社会建构所必需的事实知

---

① "社会工程"一词好像是罗斯科·庞德在他的《法哲学引论》一书中首次使用的（1922 年，第 99 页；现在布赖恩·麦基告诉我，几乎可以肯定韦伯夫妇在 1922 年之前就使用过这个词）。他使用这个词的"零星的"含义，M. 伊斯特曼在《马克思主义：这是科学吗?》（1940 年）中，却在另一个意义上使用了这个词。我在本书正文完稿之后才读到伊斯特曼写的这本书；因此，我使用的"社会工程"一词无意暗指伊斯特曼的用语。据管见所及，他主张采用我在第九章中加以批判的那个被称为"乌托邦工程"的方法；参阅第 42 页注①；亦参阅第 147 页注②（3）。城市设计者米利都的希波达莫斯大概要算第一位社会工程师了（参照亚里士多德的《政治学》，1276b22，和 R. 艾斯勒的《耶稣王》，Ⅱ，第 754 页）。

"社会·工艺"一词是 C. C. F. 西姆金向我建议的——我想说明，在讨论方法问题时，我主要强调要获得实际的建构经验。参见第九章，特别是第 318 页注①。与社会工程和社会工艺相关联的方法问题的更详细的分析，请读我的《历史主义贫困论》（1960 年第 2 版）的第 3 部分。

识。这种科学必须告诉我们，比方说，如果我们希望避免经济衰退或出现经济衰退，或者如果我们希望财富分配较为平均或较为不平均，我们就要采取哪些步骤。换言之，社会工程师把社会工艺视为政治的科学基础。（我们将看到，柏拉图把它比作医学的科学背景。）而历史主义者则与此相反，他们认为政治的科学基础乃是不可改变的历史趋势的科学。

绝不能从我就社会工程师的态度所说的话得出结论说，在社会工程师的队伍中不存在重大分歧。恰恰相反，我们说的"零星社会工程"和"乌托邦社会工程"这二者之间的区别是本书的主要论题之一（参阅第九章，在那里我将提出我的理由来倡导前者和拒绝后者）。但在此刻，我只论及历史主义者和社会工程师这二者对社会建构，如保险公司、警察、政府或杂货铺等所采取的态度，这样它们之间的对立也许就会更清楚了。

历史主义者主要以社会建构的历史这个观点，即从它们的起源、发展以及现在和未来的作用，来观察各种社会建构。他也许坚持说，它们的起源是由于某个计划或设计，由于对某些目的（人的目的或神的目的）的追求；或者他会断言，它们不是为了达到任何明确拥有的目的而被设计出来的，而是某些本能和情欲的直接表现；或者说，它们曾一度作为某些目的的手段，但它们已经丧失这个性质了。然而，社会工程师和社会工艺师不大关心社会建构的起源或它们的缔造者的原意（虽然没有理由说他不应该承认"只有少数社会建构是有意识地被设计出来的，而大多数社会建构是'生长'出来的，是人类活动未经设计的结果"①）。他宁可这样提出他的问题：如果我们有某些目的，那么，这个建构是否设计得很好或组织得很好以服务于这些目的

---

① 引文摘自《历史主义贫困论》，第66页。"人类行为的无意结果"将在下文第二卷第十四章详细论述，尤其请注意该章第164页注①及正文。

呢？举例来说，我们可以考察保险公司这个建构。社会工程师或社会工艺师不大关心保险公司建构的起源是否作为一种谋划的事业；也不太关心它的历史使命是不是为公共福利服务。他可以对某些保险建构提出批评，或者表明如何可以增加利润，或者相反，表明如何使它们为公众带来好处；他也可以提出一些方法，使它们能够更有效地服务于某个目的。还可以再举一个社会建构的例子，让我们考察一下警察部队。有些历史主义者可能将其描述为保护自由和安全的工具，而另一些历史主义者则把它视为阶级压迫和阶级统治的工具。然而，社会工程师和社会工艺师也许会建议采取一些措施，使它成为保护自由和安全的合适工具，他还可以设计出一些措施使它转为阶级统治的有力武器。（由于他是一个追求他所信奉的目的的公民，他可以要求应该采取这些目的和适当的手段。然而，作为一个社会工艺师，他会仔细分清目的和选择的问题有别于事实问题，即所要采取的措施的社会效果问题[①]。）

　　稍加概括地说，我们可以说，工程师和工艺师理智地把建构视为服务于某些目的的手段，而且他作为一个工艺师完全按照它们的适当性、有效性、简单性等来评判它们。然而，历史主义者则试图发现这些建构的起源和历史必然性，以便估计它们在历史发展中所起的"真正作用"。例如，把它们评价为"上帝的意旨"、"历史必然的意旨"或"重要的历史趋势的工具"，等等。所有这些并不意味着，社会工程师或社会工艺师要断言建构就是达到目的的手段或工具；他知道得很清楚，社会建构在许多重要

---

　　①　我相信事实与决定或要求（或"是"与"应该"）的二元论。换言之，我认为我们不能把决定或要求归结为事实，尽管它们固然可以作为事实来讨论。这个问题将在第五章（第129页注①、132页注①）和第二十二、二十四章中讨论。

的方面和机械工具或机器是很不相同的。例如，他不会忘记，它们的"生长"和有机体的生长情形有所相似（虽然并非完全相同）；他知道这个事实对社会工程是很重要的。他不会赞成关于社会建构的"工具主义"哲学。（没有人会说，一个橙子是一个工具，或者是某个目的的手段；但我们常常把橙子看作某个目的的手段，比方说，如果我们想吃橙子，或者以卖橙子谋生。）

　　历史主义和社会工程这两种态度有时会出现特殊的结合。这种结合的最早也许最有影响的例子，就是柏拉图的社会政治哲学。例如，一方面在前景中有一些显然是属于技术方面的因素，同时在背景中又突出了精心展现的历史主义特色。这种结合是相当多的社会政治哲学家的代表，他们创造出我在下面所描述的乌托邦系统。所有这些系统都提倡某种社会工程，要求采取某种建构手段来达到他们的目的，但那些手段并不总是切合实际的。然而，我们着手考察这些目的时，往往发现它们是取决于历史主义的。尤其是，柏拉图的政治目的在很大程度上取决于他的历史主义学说。首先，他的目的在于逃避赫拉克利特所说的表现为社会革命和历史衰败的流变。其次，他相信，建立一个如此完善以致不参与历史发展趋势的国家，就能做到这一点。再次，他相信他的完善国家的模型或原型可以在遥远的过去中，在历史初期曾出现过的黄金时代中被发现；因为如果世界在时间上是逐渐衰败的，那么我们回到过去越远就一定会发现越为完善的状况。这个完善的国家有点像其后的国家的老祖宗，而其后的国家好比是这个完善的或美好的或"理想的"国家的没落子孙①；一个理想的国家不是一个幻想，不是一个梦，不是"我们心中的观念"，而

---

① 下面三章将提供证据，以支持我对柏拉图最佳国家学说的解释；与此同时，请读者参考《政治家篇》293d/e；297c；《法律篇》713b/c；739d/e；《蒂迈欧篇》22d 以下，特别是 25e 和 26d。

是由于它是恒定的，因而它比那些在流变中的并且容易在某个时候消失的衰败社会更为真实。

于是，甚至柏拉图的政治目的——最佳国家，基本上也是以他的历史主义为基础的。的确，他的国家哲学，正如我们已经表明的那样，可以扩大为关于"万物"的普遍哲学，扩大为他的形式论或理念论。

五

在流变中以及在衰败中的事物（例如国家）仿佛是完善事物的产物，是它们的子女。流变中的事物，像子女一样，是祖辈的摹本。它的父亲或原型就是柏拉图所说的"形式"或"模式"或"理念"。就像前文所说，我们必须表明，形式或理念，无论它被称作什么，都不是"我们心中的观念"，它不是一个幻想，不是一个梦，而是真实的事物。它确实比一切在流变中的一般事物更为真实，因为一般事物尽管看起来是实实在在的，但它们注定要衰亡，而形式和理念则是完善的，不会消失的。

不要认为形式或理念像可消失的事物那样存在于空间和时间之中。它们不但超越了空间，而且也超越了时间（因为它们是永恒的）。但它们又和空间和时间相联系。由于它们是那些被创造的并在空间和时间中发展的事物的先祖或模型，因此它们必须和空间有联系，并处在时间的起点。既然它们不是在我们的空间和时间中和我们在一起，因此它们不能通过我们的感官而被感知；而普通的、变化着的事物则同我们的感官有交互作用，因而被称为"可感知事物"。这些可感知事物是同一个模型或原型的摹本或子女，它们不仅和原型——它们的形式或理念——相似，而且它们彼此之间也相似，就像同一个家庭的子女彼此相似一样，就像子女用父亲的姓氏来称呼一样，所以可感知事物也采用它们的形式或理念的姓氏；正如亚里士多德说，"它们都是用它们的形式来称谓"①。

就像儿子抬头看他的父亲一样，他在父亲那里看到一个理想，一个独一无二的模型，看到他所渴望的神一般的人格；这是完善、智慧、稳定、荣耀和美德的化身；是在他来到世界之前把他创造出来的力量，现在保护和抚养他；并且他因此而存在。柏拉图就是如此看待形式或理念的。柏拉图的理念是事物的原型或起源，是事物之理，事物存在的理由——是事物得以存在的恒定而持久的原则。它是事物的品质、理想和完善。

柏拉图在他晚年的对话录之一《蒂迈欧篇》中，把一类可感知事物的形式或理念同子女的父亲相比。这个对话录和他的许多较早的著作十分相似②，并对此给予相当的解释。但是，在《蒂迈欧篇》中，柏拉图比他的先前著作越出了一步，因为他以一阵微笑来说明形式或理念与时空世界的联系。他把可感知事物在其中运动的那个抽象"空间"（起先是天堂和尘世之间的那个空间或区间）描述为一个容器，并把它比作事物的母亲，并且在时间的起点上，形式在这个窗口中把可感知事物创造出来，给纯粹的空间打上形式的印记，从而给予这些被创造出来的事物以形状。柏拉图写道："我们必须设想有三种东西。其一是经历生成的东西；其二是生成发生之处；其三是生成的事物与之相似的模型。我们可以把接收原则比作母亲，把模型比作父亲，把它们的产物比作子女。"他接着就更详尽地描述模型父亲，不变的形式或理念。他写道："首先有不变的形式，它不是被创造的，也不是可毁灭的……是不能为任何感官所看见和感到的，而只能由

---

① 参照亚里士多德的著名言论，在本章后面摘录其中一部分（尤其是参阅第63页注③及正文）。

② 详见格罗特的《柏拉图》，Vol. Ⅲ，注 u，第267页以下。

纯粹的思维来沉思到的。"某个形式或理念所产生的可感知事物，是属于该形式或理念的，"它们是另一种东西，有着其形式的称谓并与该形式相似，但它们是可以由感官来感知的，是被创造的，是永远在流变之中的，是在某个空间生成又在该空间消失的，并且是通过基于感知的意见而被认识的"。对于比作母亲的那个抽象空间则做出如下描述："第三种是空间，它是永恒的，不可毁坏的，它为一切被生成的事物提供住处……"①

---

①　引文摘自《蒂迈欧篇》，50c/d 及 51e－52b。把"形式"或"理念"比喻为可感知事物的父亲，把空间比喻为母亲。这种比喻不仅重要，而且具有影响深远的联系（参照第 59 页注①、59 页注③和第 383 页注②）。

（1）这段话与赫西奥德的《混沌的神话》相似，裂开的空隙（空间容器）相当于母亲，厄洛斯爱神相当于父亲或理念。混沌是起源，而因果解释的问题（混沌＝原因）长期以来都是起源、出生或发生的问题。

（2）母亲或空间相当于阿那克西曼德和毕达哥拉斯派的无限和无边。理念是男的，因它必定相当于毕达哥拉斯派的有限（或限定）。因为，与无限相对立的有限，与雌性相对立的雄性，与黑暗相对立的光明，与邪恶相对立的善良，在毕达哥拉斯的对立物表中都属同一个项（参照亚里士多德的《形而上学》，986a22 以下）。因此，我们可以看到理念是与光明和善良相联系的（参照第 278 页注③结尾部分）。

（3）理念是界限或限定，它们是有限的面与无限空间相对立；就像一枚橡皮图章，更像一个铸模留印痕于空间（不仅是空间，也是阿那克西曼德的无形物质——不具备特征的材料），从而产生出可感知事物。*承蒙 J. D. 马博特提醒我注意，据柏拉图所言，形式与理念不是自己留印痕于空间，而是造物主印下的。形式既是"存在，也是发生（或变化）的原因"，这种学说的形迹可以溯源到《斐多篇》，（100d），如亚里士多德所指出的（见《形而上学》，1080a2）。*

（4）由于发生作用的结果，空间（即容器）开始缓慢移动。赫拉克利特或恩培多克勒的流变无所不在，影响所及，这种运动或称流变竟能扩展到框架结构，即（无限的）空间自身（关于晚期赫拉克利特的容器说，参见《克拉底鲁篇》，412d）。

（5）这段描述使人联想起巴门尼德的"妄见状态"，在其中，经验与流变世界由两个对立面混合而成，即光明（热、光）与黑暗（冷、土）。显然，柏拉图的形式或理念与前者相适应，空间或无限则与后者相适应；尤其是，如果我们考虑到柏拉图的纯粹空间与不确定的物质极其相似的话。

（6）确定与不确定之间的对立似乎和理性与非理性相对应，特别是在 2 的平方根的无理性这一重要发现以后，这一点看得更清楚。由于巴门尼德认定理性即存在，从而导致把空间或非理性解释为非存在。换言之，毕达哥拉斯的对立物表予以扩充，把与非理性相对立的理性，以及与非存在相对立的存在包括进去。这与亚里士多德在《形而上学》（1004b27）中"一切对立都可以归结为存在与非存在的对立"的说法相一致；在 1072a31 中，对立物表的一项，即表示存在的那一项，被描述成（理性的）思想的对象；在 1093b13 中，一些数字的幂——假定与这些数字的根相对立——都被加进这一项中。以上进一步解释了亚里士多德在《形而上学》，986b27 中的观点；也许没有必要像 F. M. 康福德在其佳作"巴门尼德的两条路"（《古典季刊》，第 18 期，1933 年，第 108 页），那样去假定"亚里士多德和泰奥弗拉斯托斯误解了"巴门尼德的本意（残篇，8，53/54）。因为，如果我们按这种方式扩充对立物表，康福德在残篇 8 中的关键性段落中最具说服力的解释就与亚里士多德相符。

（7）康福德解释道（前引书，100），巴门尼德有三种"状态"：真理状态、非存在状态和假想状态（亦称"妄见状态"，如果我可以这样称呼它的话）。他（在 101）表明这种状态与《理想国》所讨论的三个领域相对应，即完全实在的和理性的理念世界，完全不实在的世界和意见世界（基于对流变中的事物的感知）。他还（在 102 中）表明，柏拉图在《智者篇》中修改了自己的立场。对此，可以根据《蒂迈欧篇》中的某些段落的观点作进一步的评论。本注就是为这些段落增添的。

（8）《理想国》中的形式和理念与《蒂迈欧篇》中的形式和理念的主要区别在于，在《理想国》中，形式（还有神；参照《理想国》，380d）可谓是僵化的，而在《蒂迈欧篇》中，形式或理念被神化了。与《蒂迈欧篇》相比，在《理想国》中，形式或理念较接近于巴门尼德（参照亚当为《理想国》，380d28，31 所做的注）。这种发展导致了《法律篇》，在那里，理念基本上为灵魂所取代。决定性的区别在于：理念越来越成为运动的起点和生成的动因，或者如《蒂迈欧篇》所述，成为运动着的事物的父亲。最大的差别也许是：在《斐多篇》，79e 写道："灵魂与不可变的东西极其相似，即使最愚蠢的人都不会加以否认"（参照《理想国》，585c，609b 以下），但在《法律篇》，895e/896a 则写道（参照《斐德罗篇》，245c 以下）："如何给被称之为'灵魂'的东西下定义呢？除了'自己运动的运动'之外，我们还能想出别的定义吗？……"这两种主张的转变，也许可以从《智者篇》（它介绍运动本身的形式或理念）和《蒂迈欧篇》，35a（其中描写"神圣的和不变的"形式和变化的、可腐败的物把柏拉图的形式论或理念论和古希腊的一些宗教信仰加以比较，对理解他这个学说可能有所帮助。在许多原始的宗教中，至少在一些希腊宗教中，诸神不过是理想化的部落的祖先和英雄——该部落的"品质"或"完善"的人格化。于是，一些部落和家族把他们的祖先追溯到某个神。（据说柏拉图自己的家族追溯到波塞冬神的后裔①。）要知道这些神与凡人之间的关系如同柏拉图

体）中看到。这似乎可以解释，为何在《法律篇》（参阅894d/e）中把灵魂的运动说成是"最早的起源和力量"，并且说灵魂是（966e）"在万物中最古老而又神圣的，其运动乃是真实存在的永流不息的源泉"。既然柏拉图认为一切生物都有灵魂，因此可以认为，柏拉图承认事物中有一个至少部分地属于形式的原则；这个观点与亚里士多德主义非常接近，特别是它提出了万物具有生命这一原始的和广泛流传的信念（参照第四章有关注释）。

（9）促使柏拉图思想发展的动力，乃是他借助理念来解释流变世界，即他使理性世界与意见世界的划分至少可以被人理解，尽管这二者是无法接连的。《智者篇》对柏拉图思想的这一发展似乎起了决定性的作用。正如康福德所说（前引书，102），除了给理念的多元性留有余地之外，《智者篇》与柏拉图自己的早期立场相反（248a以下），它把理念表述为：（a）积极的动因，它们可能与例如心灵之类的东西有相互作用；（b）尽管如此，理念是不变的，但现在有了一个运动的理念而为所有的运动物体所带有，同时该理念又不是静止的；（c）理念是可以彼此混合的。《智者篇》还引进"非存在"，这与《蒂迈欧篇》中的空间相同（参照康福德《柏拉图的认识论》，1935年，第247页的注释），从而使理念有可能与非存在相混合（参照《菲洛劳斯》残篇，2、3、5、D⁵），并且产生出流变世界，使流变世界具有介乎理念的存在与空间或物质的非存在之间的中间地位的性质。

（10）最后，我想维护我在正文中的论点，即我认为柏拉图的理念不仅在空间之外，而且也在时间之外，尽管理念在时间开始时接触世界。我相信，这就较容易理解它们不在运动中也起作用，因为所有的运动或流变是在空间和时间之中。我相信柏拉图是认为时间有其始端，我认为这是对《法律篇》（721c）的最直接的解释，他说："人类和全部时间是孪生的"，因为有许多迹象表明，柏拉图认为人是作为最早的创造物之一而被创造出来的〔在这一点上，我有点不赞同康福德的观点（《柏拉图的宇宙论》，1937年），第145页及第26页以下〕。

（11）总之，理念比它们那些不断变化和衰败的摹本要早和要好，而且理念自身并不处于流变之中（亦参照第77页注①）。

① 参照第43页注②。

的形式或理念与其摹本（可感知事物）之间的关系（或他的完善国家与各种实存的国家之间的关系），那么，我们只需想到这些神是不朽的或永恒的而且是完善的——或者几乎如此——而凡人则不免处在万物流变之中①。然而，希腊神话和柏拉图的形式论或理念论之间又有着重大的区别。希腊人把许多神奉为各个部落或家族的祖先，而理念论则要求人的形式或理念必须只有一个②；形式学说的一个核心观点，就是认为事物的每一个"种"或"类"只有一个形式。形式的单一性相应于祖先的单一性，这是这个学说的必要因素，因为它要履行它最重要的功能，即解释可感知事物的相似性，这就是说类似的事物是一个形式的摹本或复印了。如果有两个等同的或相似的形式，它们的相似性就迫使我们设想这二者是第三个原型的摹本，于是第三个原型成为唯一真实的独一形式了。或者正如柏拉图在《蒂迈欧篇》中所说："这样，相似性就得更精确地不解释为这二者之间的相似，而要以另一个更超级的东西为准，其余二者只是它的副本。"③ 在早

---

① （1）在《蒂迈欧篇》中，诸神的作用与正文所描述的作用相似。如同理念模印出万物一样，诸神造就人的身体。只有人的灵魂是由造物主亲自创造的，此外，他还创造出这个世界和诸神（关于诸神是祖先的另一暗示，见《法律篇》，713c/d）。因此，人作为诸神的孱弱和堕落了的子孙，仍会进一步堕落〔参照第45页注①（7）及164页注②—③、165页注①、169页注①、170页注①〕。

（2）在《法律篇》中饶有趣味的一段中〔681b；参照第105页注①（1）a〕，我们读到另一处理念和万物的关系同父母与子女的关系相类似的揭示。这一段用传统的影响，尤其是用从父母到子女这一严格次序的递嬗来解释法律的起源，其中有这样一段话："他们（父母）肯定在他们的子女中，并且在子女的子女中，印上他们自己的气质的模型。"

② 参照第291页注①。

③ 参照《蒂迈欧篇》，31a。被我意译为"作为它们原型的那个在上之物"的词是亚里士多德经常使用的。意指共相或"类词"。它含有"普遍"或"超越"或"包含"之意。我猜想这个词原有"包含"或"覆盖"之意，指一个模子包纳或覆盖它所模制的东西。

于《蒂迈欧篇》的《理想国》中，柏拉图更明确地说明了他的观点。他以"本质的床"，即床的形式或理念为例来说明："神……造了一张本质的床，而且只造一张；没有造两张或两张以上，永远也不会……因为……假使神造了两张床，而且只造了两张床，那么就会出现另一张床，即那两张床所显示的形式；于是，这张床而不是那两张床就是本质的床了。"①

这种议论表明，形式或理念不仅给柏拉图提供了在时间和空间中的各种发展的起源或始点（尤其是人类历史发展的起源或始点），而且给他提供了对同类事物之间的相似性的解释。如果事物之所以彼此相似是由于它们都有某个品质或性质（例如白、硬、善）的话，那么这个品质或性质就必定只有一个而且在该类一切事物中是同一个；否则它就不能使它们彼此相似了。按照柏拉图的说法，这些事物如果都是白色的，那么它们就都带有一个白的形式或理念；如果它们都是硬的，那么它们就都带有一个硬的形式或理念。说它们带有，其意思就像子女带有父亲的财产或天赋一样；就像一块刻画的复制品一样，它们都是从同一个刻板印出来的，因而彼此相似，它们可以带有原型的美。

这个理论是特意用来说明可感知事物的相似性的，乍看起来这似乎与历史主义毫无关系。但是，联系是有的；正如亚里士多德告诉我们的，正是这种联系才使柏拉图提出理念学说。我将对这个发展提出扼要的说明。我采用亚里士多德的评论以及在柏拉图自己的著作中的一些话。

如果万物是在不停在流变之中，那么，关于这些事物，就不

---

① 参照《理想国》，597c，亦见596a（亚当给596a5做的第二个注）："大家必定记得，我们习惯于假定某个形式或理念——即我们把同样的名称应用于众多特殊事物的每一集合。"

可能做出确定的表达。我们对它们不能有任何真实的知识，而充其量只有含糊的和虚妄的"意见"。我们从柏拉图和亚里士多德那里知道①，这一点曾使赫拉克利特的许多后继者感到为难。作为柏拉图的先辈之一并对柏拉图有很大影响的巴门尼德曾教导说，与经验的虚妄意见相反，纯粹的理性知识只能以一个不变世界作为它的对象，而且纯粹的理性知识事实上已揭开了这个世界。但是，巴门尼德认为他在可消灭的万物世界的背后已发现了不变的和不可分的实在②，它与我们生死于其中的这个世界不相干。所以它不能解释这个世界。

柏拉图对此感到不满意。不论柏拉图如何讨厌和轻视这个流变中的经验世界，但他在内心深处对它却是很感兴趣的。他想揭

① 在柏拉图著作中有无数段落；我只提出《斐多篇》（如：79a）、《理想国》（544a）、《泰阿泰德篇》（152d/e, 179d/e）、《蒂迈欧篇》（28b/c, 29c/d, 51df.）。亚里士多德在《形而上学》987a32、999a25－999b10、1010a6－15、1078b15 中提到它。也请参阅第 61 页注②和 63 页注①。

② 如伯内特所说的（见《早期希腊哲学》，第 208 页），巴门尼德教导说："大凡……都是有限的，球形的，静止的，物质的"意即世界是一个完整的球体，一个整体，没有部分之分，"在它以外，什么也没有"。我在此引用伯内特的话，乃是因为（a）他描绘得很好，（b）这段描绘否定了他自己对巴门尼德称之为"凡人的意见"（或妄见状态）的解释（《早期希腊哲学》，第208—211页）。因为伯内特把亚里士多德、泰奥弗拉斯托斯、辛普利修斯、冈珀茨和迈耶的解释一概斥之为"时代错误"或"明显的时代错误"等。伯内特所驳斥的解释其实与正文提出的解释相同，即：巴门尼德认为在现象世界之后存在着一个实在世界。这种二元论会承认巴门尼德对现象世界的描述至少在某种程度上是合适的，但伯内特斥之为令人绝望的时代错误。然而，我想指出，如果巴门尼德真的只相信他的不变世界，根本不相信变动的世界，那么，他一定是真的疯了（如恩培多克勒所暗示）。但是，实际上，如果对照色诺芬尼，残篇 34（特别是这句话："但是，一切都可能有自己的虚幻意见"），就可以看出，在残篇 23—26 中，已有类似的二元论，所以，我们不能说是时代错误。如第 56 页注①（6—7）所示，我同意康福德对巴门尼德的解释（也请参阅第 361 页注①）。

开它的衰败的秘密，揭开它的剧烈变化的和不幸的秘密。他希望能够发现拯救它的方法。巴门尼德认为，在他所经受的这个令人迷惘的世界背后有一个不变的、真实的、实实在在的和完善的世界；这个学说给柏拉图以深刻的印象；但巴门尼德的这个说法并不解决他的问题，因为它和可感知事物的世界不相干。他所寻求的知识不是意见，而是关于不变世界的纯粹理性的知识，并且能够用这种知识来研究这个变化世界尤其是探讨变化的社会政治变迁及其特有的历史规律。柏拉图的目的在于发现政治和统治艺术的高级知识的秘密。

然而，严格的政治科学就像关于流变中的世界的任何严格科学一样，似乎是不可能获得的。在政治领域中没有固定的对象。"政府"或"国家"或"城邦"这类词的意义随着历史发展的每一个新阶段而有所改变，这样，我们又如何讨论政治问题呢？在柏拉图看来，在他和赫拉克利特所处的年代里，政治学说似乎和政治实践一样不可捉摸、令人沮丧和深奥莫测。

在这种情况下，正如亚里士多德告诉我们，柏拉图从苏格拉底那里获得了一个极其重要的暗示。苏格拉底对伦理问题很感兴趣；他是一位伦理改革家，一位道德家；他找各种各样的人，要他们对自己的行为原则加以思考、解释和评论。他常常向他们提问，但对他们的回答不轻易表示满意。他所得到的典型回答——我们以一定的方式行事乃是因为如此行事是"明智的"或"有效的"或"正当的"或"虔诚的"，等等——这只是促使他接着提问：什么是明智、有效、正当或虔诚呢？换句话说，这引导他探讨某事的"品质"。于是，比方说，他讨论在各种买卖和行业中所表现的智慧，以便发现在各种不同的和变化的"明智"行为方式中的共同东西，进而发现智慧究竟是什么，或"智慧"究竟是什么意思，或者（用亚里士多德的话来说）它的本质是什么。亚里士多德说，"苏格拉底当然应该找寻本质"①，即找寻一物的品质或理由，以及找寻这个词的真正的、不变的或本质的意义。"在这方面，他成为提出全称定义问题的第一人。"

苏格拉底对"正义"或"谦虚"、"虔诚"这些伦理学名词的讨论已恰当地被拿来同近代关于自由的讨论（例如穆勒②），或对权威的讨论，或关于个人与社会的讨论（例如卡特林）相比较。我们没有必要做出假定，苏格拉底在寻求这些名词的不变的或本质的意义时，把这些名词人格化或把它们看作事物一样。亚里士多德的记载至少表明他没有这样做，而正是柏拉图把苏格拉底寻求意义或本质的方法发展为判定一物的真实本性或形式或理念的方法。柏拉图保留"赫拉克利特的学说，认为一切可感知事物永远都处在流变的状态中，并且认为对这些事物的认识是不存在的"。另一方面，柏拉图在苏格拉底的方法中找到了克服这个困难的办法。尽管"对任何可感知事物不可能有定义，因为它们老是变化的"，但可以有关于各类事物（可感知事物的品质）的定义和真知。亚里士多德说③："如果知识或思想要有一个对象的话，那么，除了可感知的东西之外，必须有不变的东西。"他在记述柏拉图时说："对这另一种东西，柏拉图称之为形式或理念，而可感知事物与它们不同，但都用形式来称谓。具有与某个形式或理念相同名称的许许多多事物因带有形式或理念而存在。"

亚里士多德的评述和柏拉图自己在《蒂迈欧篇》所提出的

---

① 参照亚里士多德《形而上学》，1078b23；下一段引文摘自：前引书，1078b19。
② 这一有价值的比较是出自 G. C. 菲尔德在《柏拉图及其同时代人物》（第211页）。
③ 前一段引文摘自亚里士多德《形而上学》，1078b15；下一段引文摘自前引书，987b7。

议论十分吻合①。这表明柏拉图的根本问题在于发现一个科学的

---

① 在亚里士多德对导致理念论的论证的分析中（《形而上学》，987a30—b18）
〔同时参阅第 374 页注①（6），可以分别出以下几个步骤：（a）赫拉克利特
的流变，（b）关于流变中的事物的真知的不可能性，（c）苏格拉底的伦理
学精髓的影响，（d）作为真知对象的理念，（e）毕达哥拉斯派的影响，（f）
作为中间对象的“数理”。在正文中我没有提及（e）和（f），而提到（g）
巴门尼德的影响。〕

也许值得说明的是，在柏拉图详细阐述他的学说的著作中，特别是在
《斐多篇》、《理想国》、《泰阿泰德篇》、《智者篇》和《蒂迈欧篇》中，可
以识别出这几个步骤。

（1）在《斐多篇》中，可以找到迄至（e）点和包括（e）点的所有步
骤。在 65a—66a 中，步骤（d）和（c）是显著的，同时也提到（b）。在
70e 步骤（a）中，出现了赫拉克利特的学说，以及毕达哥拉斯学说（e）的
一个成分。接着是 74a 以下步骤（d）的陈述。99—100 乃是经过（c）等而
达到（d）的。关于（a）至（d），参照《克拉底鲁篇》，439c 以下。

在《理想国》中，当然是第 6 卷最接近亚里士多德的报告。在第 6 卷
开头，485a/b（参照 527a/b），就提到（a）赫拉克利特的流变说（并与不
变的形式世界相对照）。柏拉图在此谈到一种“永存的、既不生成也不衰退
的实在”〔参照第 76 页注②（2）和第 281 页注①及正文〕。步骤（b）、
（d），尤其（f），在著名的直线的比喻中占显著地位（《理想国》，509c—
511e；参照亚当的注释及其给第 7 卷所加的附录 I）；当然苏格拉底的伦理
影响，即步骤（c），在《理想国》通篇中隐约可见。这影响在直线的比喻
中特别是在强调善的作用之前的那一段，即 508b 以下中，有着重要的地位
（见 508b/c）：“这就是我对善的产物的看法。善按其自己的模样所创造的东
西，在可理解的世界中与理性（及其对象）相关，同样，在太阳所创造的
可见世界中，则与视觉（及其对象）相关。”

步骤（e）暗含在（f）中，但第 7 卷著名的《生涯章》（尤请参阅
523a—527c）中发挥得较为详尽。《生涯章》主要以第 6 卷的直线的比喻为
依据。

（2）《泰阿泰德篇》广泛论述了（a）和（b）。在 174b 和 175c 中论及
了（c）。在《智者篇》中，除（c）、（f）之外，各个步骤，包括（g）都
提到了；尤请参阅 247a〔步骤（c）〕；249c〔步骤（b）〕；253d/e〔步骤
d〕。在《斐里布篇》中，我们发现除（f）以外各步骤的说明，在 59a—c
中，特别强调（a）—（d）这几个步骤。

（3）《蒂迈欧篇》论述了亚里士多德所提到的各个步骤，（c）可能除外，（c）只是在着重介绍《理想国》内容时以及在29d中才间接地提及。既然蒂迈欧是一位西方的哲学家，并受到毕达哥拉斯主义的深刻影响，可以说步骤（e）在该篇自始至终都有论述。其余步骤都出现过两次，其形式几乎与亚里士多德的陈述完全相同。第一次是在28a—29d中简要提及，其后在48e—55c中较详细地加以论述。紧接（a），即赫拉克利特对流变世界的描述（49a以下；参照康福德的《柏拉图的宇宙论》，178），提出了论证（b）（51c—e），即认为如果我们正确地把理性（即真知）与纯属意见区别开来，那么，我们必须承认有不变的形式。接着按步骤（d）介绍了这些（在51以后）。然后，再次提到赫拉克利特的流变说（称为生产的空间）。但这一次却被解释为生成作用的结果。作为下一个步骤，（f）出现在53c。（我认为亚里士多德在《形而上学》，992b13中提到的直线、平面和立体，即指53c以下。）

（4）至此，《蒂迈欧篇》与亚里士多德的言论的共同之处并没有得到充分重视。起码G. C. 菲尔德在他对亚里士多德报告所做的令人折服的杰出分析中，都没有用到这些材料（《柏拉图及其同时代人物》，202页以下）。这些共同之处本来可以用以加强菲尔德的论据（其实，既然这些论点无可争论，也就不需要加强），以便驳斥伯内特和泰勒的如下观点：理念论是苏格拉底的（参照第374页注①）。在《蒂迈欧篇》中，柏拉图没有通过苏格拉底之口说出这些观点，根据伯内特和泰勒的原则，这个事实足以证明理念论不是苏格拉底的（他们回避这样的推断，只是说蒂迈欧是毕达哥拉斯派，他发展的是自己的哲学而不是柏拉图的哲学。但是，亚里士多德与柏拉图私交有20年，应能对此做出判断，而且他写《形而上学》时，学园的成员完全可能对他关于柏拉图主义的论述给予批驳）。

（5）伯内特在《希腊哲学》，I, 155（亦请参照他们的《斐多篇》版本，第ⅩⅣ页，1911年）中写道：在《斐多篇》和《理想国》中所提出的形式论，在我们可以公允地视为最具有柏拉图特色的那几篇对话录中，即在苏格拉底已不再是主要讲述者的那些对话录中，已经完全找不到了。在这个意义上，在《巴门尼德篇》以后的任何对话录中，甚至从未提及形式论，仅《蒂迈欧篇》（51c）一处例外，在该篇中讲述者是一位毕达哥拉斯派。不过，如果该学说在《蒂迈欧篇》与在《理想国》中的提法含义相同，那么，可以肯定，它在以下几篇中的提法也是如此：《智者篇》，257d/e；《政治家篇》269c/d；286a；297b/c和c/d；301a和e；302e；303b；《斐里布篇》，15a以下和59a—d；《法律篇》713b，739d/e，962c以下，963c以及最重要的965c（参照《斐里布篇》16d），965d和966a；也请参阅下一个注。〔伯内特相信《信札集》，特别是《第七封信》的可靠性；但在342a以下中仍保持理念论；也请参阅第374页注①（5）d。〕

方法来研究可感知事物。他希望获得纯粹的理性知识，而不是仅仅获得意见；由于可感知事物的纯粹知识是不可能得到的，于是，正如上面所说的，他坚持至少要获得在某个方面与可感知事物相联系并能应用于它们的那种纯粹知识。关于形式或理念的知识能满足这个要求，因为形式与它的可感知事物有联系，就像父亲和他的未成年子女有联系一样。形式是可感知事物的当然代表。因此，在涉及流变世界的重大问题上，可以去请教它。

根据我们的分析，柏拉图关于形式中理念的学说在他的哲学中至少有三种不同的功能。（1）它是一个最重要的方法论设计，因为它使纯粹的科学知识成为可能，甚至使能够应用于变幻事物的世界的知识成为可能（对于变幻事物的世界，我们不能直接获得任何知识，而只能获得意见）。因此，探讨变动的社会的各种问题和建立政治科学就成为可能了。（2）它给迫切需要的变化学说和衰败学说以及生成和衰亡的学说提供线索，尤其是为研究历史提供线索。（3）它在社会的领域里打开了一条通向某种社会工程的道路；它使制造工具来阻止社会变化成为可能，因为它建议要设计一个"最美好的国家"，这个国家同国家的形式或理念如此相似，以致它不会衰败。

问题（2），即关于变化和历史的学说，将在下两章，即第四和第五章讨论。那两章将讨论柏拉图的描述性的社会学，即他对他所处的变动社会的描述和解释。问题（3），关于社会变化的阻止，将在第六至第九章论及，并讨论柏拉图的政治纲领。问题（1），关于柏拉图的方法论，已在本章借助亚里士多德对柏拉图学说的历史评论作了简要的概括。关于这个讨论，我想在这里再说一些话。

六

　　我用方法论本质主义这个名称来表示柏拉图和许多他的后继者所主张的观点。这种观点认为，纯粹知识或"科学"的任务是去发现和描述事物的真正本性，即隐藏在它们背后的那个实在或本质。柏拉图尤其相信，可感知事物的本质可以在较真实的其他事物中找到，即在它们的始祖或形式中找到。其后有许多方法论本质主义者，例如亚里士多德，在这一点上虽然和他并非完全相同，但是他们和他一样都认定纯粹知识的任务是要发现事物的隐藏本性、形式或本质。所有这些方法论本质主义者都和柏拉图一样认为，本质是可以借助智性直觉来发现并识别出来的；认为每一本质都有一个专门的名称，而可感知事物则按该名称来称谓；认为它是可以用语词来描述的。对事物本质的描述被称为"定义"。根据方法论本质主义，可以有三个方法来认识事物："我的意思是，我们能够认识事物的不变实在或本质；我们能够知道本质的定义；我们也能够知道它的名称。因此，关于任何实在的事物都可以提出两个问题……即：人们可以给出名称和寻求定义；或者可以给出定义和寻求名称。"柏拉图用"偶数"（与"奇数"相对立）的本质作为这种方法的一个例子。"数……可以是能分为相等部分的事物。如果它可以如此划分，那么该数被称为'偶数'；'偶数'这个名称的定义就是'可以分为相等部分的数'……当我们被给出这个名称并被问及定义时，或者当我们被给出定义而被问及名称时，在这两种情况下，我们都说及同一个本质，不管我们现在把它称为'偶数'或者把它称为'可分为相等部分的数'。"提出这个例子之后，柏拉图接着用这个方法来"证明"

灵魂的真正本性。关于这一点，我们在下面就知道了①。

　　方法论本质主义认为科学的目的在于揭示本质并且用定义加以描述。把这种学说与其对立面，即方法论唯名论相对照，就可以对它有较好的了解。方法论唯名论的目的不是要发现事物确实是什么，不是要给事物的真正本性下定义；它的目的在于描述事物在各种情况下的状态，尤其是在它的状态中是否有规律性。换句话说，方法论唯名论认为，科学的任务是描述经验中的事物和事件，是"解释"这些事件，即借助一些普遍规律来描述它们②。它在我们的语言中，尤其是在一些语言规则中找到科学描述的重要工具，而那些语言规则可分清什么是合适结构的语句和推理，什么是纯属一堆语词③。方法论唯名论把语词看作实现这个任务的辅助工具，而不是看作本质的名称。它不会认为"能是什么？"或"运动是什么？"或"原子是什么？"这类问题是物

---

① 参阅《法律篇》，895d—e。英格兰说"'本质'这个词对我们没有帮助"（详见他编的《法律篇》，Vol. Ⅱ，472），对此，我不敢苟同。诚然，若我们认为 essence（"本质"）指的是可感知事物中某一重要的可感知的部分（也许可以用某种提炼的办法使之净化并产生），那么，这可能引起误解。但是，essential（本质的）这个词使用得很广泛，用起来确实与我们在此所表达的十分吻合；也就是说，某种与该事物中那个偶然的，或者不重要的，或者不断变化的经验侧面相对立的东西，无论它是否被设想为寓于那个事物之中，还是寓于一个抽象的玄学世界之中。

　　凡是含义与"唯名论"（而不是与"唯心主义"）相对立之处，我一律使用与"唯名论"相对立的"本质主义"，以避免并替代容易引起误解的"实在论"这个传统名词（也请参阅第二卷第十一章第 21 页注①以下及正文，特别是 30 页注①）。

　　关于如本文提及的柏拉图的本质主义方法如何运用于灵魂学说，参见第56 页注①（8）摘引的《法律篇》895ef.，以及第五章，特别是第 152 页注②。也请参阅，如《论道德》86d/e，及《会饮篇》，199c/d。

② 关于因果解释的理论，参照拙著《研究的逻辑》，特别是其中第 12 节 26 页以下，并参阅后面第二卷第二十五章第 402 页注②。

③ 此处所指语言理论系指语义学理论，尤其是 A. 塔尔斯基和 R. 卡尔纳普所研究的语义学理论。参阅卡尔纳普《语义学导论》（1942 年）及第 275 页注①。

理学的重要问题；而认为"怎样利用太阳能？"或"某个行星是怎样运行的？"或"在什么条件下原子会辐射光？"等问题才是重要的问题。如果有些哲学家对方法论唯名论者说，在没有回答"是什么"的问题之前就无法精确解答"是怎样"的问题，那么，他若要回答的话，他就表明，他宁要他的方法所能达到的那种一般精度，也不要他们的方法所达到的那种狂妄的含糊。

正如我们的例子表明的，目前方法论唯名论在自然科学中已被广泛接受。然而，社会科学的问题大部分仍然用本质主义的方法来处理。我认为这是社会科学之所以落后的主要原因之一。现在已有许多人注意到这种状况①。但他们对此又有不同的看法。他们认为，方法上的不同是必要的，它反映了两个研究领域之间

---

①　K. 波拉尼曾向我讲述（于1928年）以下理论：当自然科学以方法论唯名论为基础时，社会科学就必定要使用本质主义的（"实在论的"）方法；那时他指出，可以想象，抛弃这种理论将会导致社会科学方法论上的革新——前述理论在一定程度上为大部分社会学家所共有，特别是 J. S. 穆勒（如《逻辑学》，第6卷，第6章，第2页；也请参阅他的历史主义的提法，如在第6卷第11章第2页最后一段这样写道："社会科学的根本问题在于发现一些规律，使任何社会状态可据以孕育出其后的社会状态……"）；K. 马克思（详见下文）；M. 韦伯［例如，可参照他在《社会学方法基础》（载于《经济与社会》以及《科学论文集》）开头所下的定义］，还有 G. 西梅尔、A. 菲尔坎特、R. M. 麦基弗等许多人。——所有这些倾向的哲学表述就是 E. 胡塞尔的"现象学"，它是柏拉图和亚里士多德的方法论本质主义的系统复活。（也请参阅第二卷第十一章，尤其是第34页注①。）

　　我认为，其对立面，即社会学中的唯名论态度，只能作为关于社会建构的一种工艺学理论来予以发展。在此，我想说明，我为什么会将历史主义追溯到柏拉图和赫拉克利特。在分析历史主义时，我发现需要我现在所说的方法论本质主义；就是说，我看到赞成本质主义的典型论点是与历史主义联系在一起的（参阅我的《历史主义贫困论》）。这使我思考本质主义的历史。亚里士多德的言论与我未参考柏拉图主义就独立做出的分析竟如此相似，这使我感到惊讶。因此，我不由得想到赫拉克利特和柏拉图在这一发展中所起的作用。

的"本质"差别。

　　通常用来支持这种看法的论点是强调社会变化的重要性，这显露出历史主义的其他方面。物理学家有着典型的论点。他所研究的对象，例如能量或原子，虽然是变化的，但保持一定程度恒定性。他可以描述这些相对不变的实体所出现的变化，而没有必要去构想或洞察本质或形式或类似的不变实体，来获得永久的东西，以便给予确定的陈述。然而，社会科学家的情况却完全不同。他的全部研究领域都是变化的。在社会领域里没有永久的实体，一切都处在历史河流的冲击之中。例如，我们怎么能够研究政府呢？如果不假定在各个历史时期出现的不同国家中的各种政制有着某种在本质上共同的东西，我们又怎么能够识别什么是政府呢？如果我们认为某个建构在本质上是政府，这就是说，它符合我们关于政府的直觉，并且我们能够给这个直觉下定义，那么，我们就把这个建构称为政府。对于别的社会学对象，例如"文明"也可以这样说。于是，历史主义者得出结论说，我们必须把握它们的本质，并以定义的形式把它写下来。

　　我认为，这些近代的论点同上面提到的、亚里士多德认为使柏拉图得出形式论或理念论的那些论点十分相似。唯一的区别在于：柏拉图（他不接受原子论也不知能量为何物）把他的学说也应用到物理学的领域里，因而应用到整个世界。我们在这里表明一个事实：在社会科学中，对柏拉图方法的讨论即使在今天也是有意思的。

　　在着手讨论柏拉图的社会学和他如何把他的方法论本质主义用于该领域之前，我想表明，我对柏拉图的评论只限于他的历史主义，限于他的"最佳国家"。因此，我们必须提醒读者，不要以为这是柏拉图全部哲学的表述，也不要以为这可以称之为对柏拉图主义的"公正而正当"的评论。我对历史主义的态度是公然敌对的，因为我深信历史主义是无用的，而且比这更糟。因此，我对柏拉图主义的历史主义性质的论述是强烈的批评。固然，我很敬佩柏拉图的哲学，即我认为绝不属于苏格拉底的那些部分，但现在我的任务并不包括对他的天才的无限称赞。我倒是要决心摧毁我认为的他哲学中的有害部分。柏拉图政治哲学的极权主义倾向，就是我将要加以分析和批判的。①

---

① R. H. S. 格罗斯曼著的《今日柏拉图》是我读到的第一本（G. 格罗特著的《柏拉图》一书除外）对柏拉图作出政治解释的书，这种解释与我自己的有相同之处。也参阅第 179 页注①和第 180 页注①及正文。*以后我又发现还有别的作者也发表过对柏拉图的类似观点。C. M. 鲍勒（《古希腊文学》，1933 年）可能是第一位；他对柏拉图所做的简洁而全面的批判（第 186—190 页）既公正又深刻。其他人还有 W. 法伊特（《柏拉图传说》，1934 年）；B. 法林顿（《古代世界中的科学和政治》，1939 年）；A. D. 温斯皮尔（《柏拉图思想的起源》，1940 年）；H. 凯尔森（《柏拉图的正义观》，1933 年，现收于《什么是正义?》，1957 年和《柏拉图的爱》，收于《美国意象》，Vol. 3，1942 年）。*

柏拉图的描述社会学

第四章　变化与静止

　　柏拉图是最早一批社会科学家中的一员，而且无疑是其中最有影响的一位。按照孔德、穆勒和斯宾塞对"社会学"这个术语的理解，他就是一名社会学家；也就是说，他成功地将他的唯心主义方法应用于分析人类的社会生活，并分析其发展规律及其稳定性的规律和条件。尽管柏拉图具有巨大的影响，但他在这方面的教导，人们却一直很少注意到。这似乎是由以下两个因素造成的。首先，柏拉图提出的许多社会学思想是与他的伦理和政治主张紧密相连的，以致那些描述性的成分大部分被忽视了。其次，他的许多思想被当作理所当然的东西，以致人们完全是不自觉地因而是未加批判地吸收了它们。恰恰主要是由于这个原因，他的社会学理论才如此有影响。

　　柏拉图的社会学是把思辨与对客观事实的敏锐观察融为一体的一种巧妙的混合体。其思辨的基础当然是形式论和关于普遍存在的流变与衰败、关于生成与退化的理论。但在这个唯心主义的基础之上，柏拉图却构造了一种惊人地切合实际的社会理论。这种理论能够解释希腊城邦国家历史发展中的主要趋势，也能解释在他所处的时代发挥着作用的社会与政治力量的历史发展趋势。

一

　　柏拉图的社会变化理论的思辨的或形而上学的基础，我已做过简要阐述。它是恒常不变的形式或理念的世界，在空间和时间上不断变化着的事物的世界是这个世界的产物。形式或理念不仅是恒久不变的、不可毁灭的和不会腐败的，而且是完美的、真实的、实在的和善的；事实上，在《理想国》① 中，"善"曾被解释为"能保存有助益的一切事物"，而"恶"则被解释为"能毁灭或能破坏的一切事物"。完美的善的形式或理念先于那些摹本、那些可感知的事物，而且它们是一些如同变动世界中的所有变化的始祖或是起点② 一样的东西。这种观点被用于评价可感知

---

① 参阅《理想国》，608e。也可参阅第 76 页注②（2）。

② 在《法律篇》中，灵魂——"运动着的万物之中最古老而神圣的事物"（966e）——被描述为"所有运动的起点"（895b）。

（1）亚里士多德把他自己的理论与柏拉图的理论做了对比，其区别在于，"善的"事物不是起点，而是变化的终点或目的，因为"善"意味着目标指向的某一事物——变化的终极动因。因此他提到，柏拉图主义者，即"那些信仰形式的人"，就他们"不说似乎某一事物是为这些之故而向前发展"（即因是"善的"事物之故），"而是似乎所有运动都肇始于它们"这一点而言，他们与恩培多克勒观点一致（他们和恩培多克勒采取了"同样的方式"来表达思想）。并且，他指出，"善"因而对于柏拉图主义者来说意味着并非是"某种作为善本身的动因"，即某种目的，而是"它仅仅是偶然地成为一种善"。参阅《形而上学》，988a35，尤其是 b8 以下以及 1075a，34/35。这种批评听起来似乎亚里士多德有时持有同斯彪西波相同的观点，这种观点实为策勒尔的看法；参见第二卷第十一章第 12 页注②。

（2）涉及本段正文中提及的趋于衰败的运动及其在柏拉图哲学中的一般意义时，我们必须牢记在恒久不变的事物或理念的世界与处于变动中的可感知事物的世界二者之间的普遍对立。柏拉图经常把这种对立表述为恒久不变的事物的世界与易衰败事物的世界二者之间的对立，或者是并非生成而来的事物与那些生成而来并且注定要退化的事物之间的对立，等等；例如可参见《理想国》，485a/b，第 63 页注②（1）及 281 页注①对应的正文中引述的内容；《理想国》，508d—e，527a/b 及《理想国》，546a，第 164 页注②对应的正文中引述的："所有生成而来的事物一定会退化（或衰亡）。"处于变动中的事物的世界，其生成和衰败的这个问题是柏拉图学派传统的一个重要组成部分，亚里士多德对此问题写有一篇专论，这个事实表明了这一

事物世界之中的所有变化的总体趋势和主要指向。因为假如所有
变化的起点是完美的和善的，那么变化只能是导向远离完美与善
的一种运动；它必定趋于不完美与恶，趋于衰败。

　　这种理论可以详加扩展。某种可感知事物越是近似于它的形
式或理念，它必定越不易衰败，因为形式本身是不会衰败的。但
是可感知的或生成而来的事物并不是完美的摹本；确实，没有任
何摹本可能是完美的，因为它只是对真正的实在的一种模拟，只
是现象和幻觉，并非真理。因此，没有任何可感知事物（或许
除了最为优秀的事物之外）同其形式的近似达到了足以恒久不
变的程度。柏拉图说："绝对而永存的永恒不变性仅仅归属于万
物之中最为神圣的事物，而肉体则不属此列。"① 某种可感知的

<hr>

　　点。另一个有趣的迹象是亚里士多德在其《政治学》一书的导论中谈论这
　　些问题的方式，这体现在《尼各马可伦理学》（1181b/15）的结束语之中：
　　"我们应当力求……弄清是什么使城邦得以保存或走向衰败。"这一段之所
　　以重要，不仅仅因为这是亚里士多德思考其《政治学》的主要问题的一般
　　性表述，而且是因为它与《法律篇》中的一个重要段落具有引人注目的相
　　似之处，也就是本章下面的有关注释对应的正文中引述的《法律篇》，676a
　　及 676b/c（也可参阅第 76 页注①、77 页注①、93 页注①和 94 页注①；参
　　见第 278 页注③及在第 299 页注①中引自《法律篇》的那个段落）。
①　这段引文出自《政治家篇》，269d。（也可参阅第 93 页注③）关于运动的等
　　级体系，参见《法律篇》，893c—895b。关于完美事物（崇高的"本性"；
　　参阅下一章）当其发生变化时，只能变得越发不完美的理论，尤可参阅
　　《理想国》，380e—381c——在很多方面，这一段类似于《法律篇》，797d
　　的内容。亚里士多德的引语出自《形而上学》，988b3 以及《论生灭》，
　　335b14。本段中最后四段引文引自柏拉图的《法律篇》，904c，f 及 797d。
　　也可参见第 93 页注①及正文。（也可能把有关邪恶对象的评论解释为对某
　　种循环发展的另一个影射说法，如同在第 35 页注①中讨论的那样，即暗指
　　这样一种信念——发展趋势一定会逆转，一旦世界已经达到邪恶的最深谷
　　底，事物一定会开始改善。）
　　＊因为我对柏拉图的变化理论以及引自《法律篇》中的几个段落的解
　　释已受到质疑，我愿意补充一些进一步的评论，特别是关于（1）《法律
　　篇》，904c，f 及（2）797d 这两段。

———————

（1）《法律篇》，904c 这一段，"他们的等级层面开始时的下降越不显著"可以直译为："开始时在地位等级层面上的向下运动越不显著。"从上下文来看，对我而言这一点是确定无疑的——即意思是"地位等级层面上的向下运动"，而不是"关于等级层次"，后者显然也是一种可能的译法。（我的理由不仅仅是自904a 以下全部给人以深刻印象的上下文，而且更在于特别是一组连续的词"kata…kata…katō"，在一个语气渐强的段落里，它必定使至少第二个"kata"的意思得到渲染。——关于我用"层面"来翻译这个词，无可否认，这可以不仅仅指"水平"，还意味着"表面"；而且，我用"等级"翻译这个词可以有"空间"的意思；但伯里的译文："特征的变化越微小，在空间表面上的运动就越小"，对我来说似乎没有传达出在这个语境中的许多意思。）

（2）这一段落（《法律篇》，789）的后续部分最有特色。它要求"立法者要采取由他支配的一切办法（伯里恰切地翻译为"by hook or by crook"），他必须想出一种办法来，为他的国家确保其每一个公民的整个灵魂都出于敬畏与恐惧，抵御很久以前即已确立起来的所有事物的任何变化"。（柏拉图毫不含糊地把其他立法者当作"仅是儿戏"的事物——例如孩子们的游戏的变化——包括在内。）

（3）总之，我对柏拉图的变化理论的解释，其主要依据——除了在这一章及前一章的各个不同的注释中的许许多多短小段落之外——当然能在包含这类段落的所有对话录的历史性的或演化性的段落当中找到，尤其是《理想国》（这个国家从其第 8 卷和第 9 卷的近乎完美的时代或黄金时代走向衰落和沦亡）、《政治家篇》（关于黄金时代及其衰落的理论）、《法律篇》（关于原始父权制社会及关于多利安人征服的记述，以及关于波斯帝国衰落与沦亡的描述）、《蒂迈欧篇》（关于两度出现的由衰退走向进化的叙述，以及关于雅典的黄金时代的记载，后者在《克里底亚篇》中又继续加以记述）。

这方面的证据还必须加上柏拉图经常提及赫西奥德以及如下确凿无疑的事实：柏拉图的综合性的头脑在构想处于宇宙背景之中的人类事务方面（《政治家篇》、《蒂迈欧篇》），其敏锐程度并不逊色于恩培多克勒（恩培多克勒的冲突时期是指现在居于统治地位的时期；参阅亚里士多德的《论生灭》，334a，b）。

（4）最后，我也许得提一下一般的心理学方面的因素。一方面是恐惧创新（《法律篇》中的许多段落即表明了这一点，如758c/d），另一方面把过去理想化（诸如在赫西奥德的作品或在失乐园的故事中发现的那样），这些都是频繁出现而又引人注目的现象。把后者或甚至是把二者与对一个人的童年——他的家园、父母的理想化联系在一起，与返回到一个人生命的这些早期阶段、返回到他的起源这种怀旧的愿望联系在一起，这或许并非牵强附会。在柏拉图的著作中有许多段落，他在这里面，理所当然认为事情的初始状态或原初本原，是一种幸福状态。我只提一下在《会饮篇》中阿里斯多芬的演讲；在这里，炽烈爱或生成而来的事物——诸如物体或是人的灵魂——如果它是好的摹本，则最初可能发生非常微小的变化；而最早的变化或运动——灵魂的运动——仍然是"神圣的"（与第二次和第三次的变化相对）。但是每一次变化，无论多么微小，都一定会使事物有所改变，并且降低了与其形式的近似性，因此愈加不完美。从这一点上看，随着每一步变化，该事物变得越是容易变化，且愈易腐坏，因为它变得距离亚里士多德所说的，作为其"固定不变和处于静止的原因"的形式愈发遥远。亚里士多德把柏拉图的信条解释为："事物因分有形式而创生出来，它们又因丧失形式而衰亡。"这种退化过程，开始来得缓慢而后更为迅速——这种削减与衰败的规律——在其最后一部对话体巨著《法律篇》中，柏拉图对这一点的描述给人留下了深刻印象。这部分内容主

情的驱策与伤痛，假如它显示出乃是源于这种怀旧思乡之情，它就可以得到充分的解释，而且同样地，性欲满足的种种感受也能像满足某种思乡怀旧情感的感受一样被解释明白，这些被当作理所当然的事情。因此柏拉图谈到厄洛斯（爱神）（《会饮篇》，139d）时说："他将使我们重新回到我们的原初本原状态（也见191d）并使我们痊愈，且让我们快乐而幸福。"同样的思想包含在诸如下述引自《斐里布篇》（16c）的许多段落："古人们……比我们现在要好，而且……生活得离诸神更为接近……"所有这种思想表明了这样一种观点，即我们的不快乐、不幸福的状态是那种使我们不同于我们的原初本原——我们的理念的发展的一个结果；而且它进而表明，发展是从一种良善与幸福的状态进入一种失落掉了良善与幸福的状态；但这意味着发展就是衰败程度不断地增长。柏拉图的回忆说——即认为所有知识都是我们在出生之前的过往之中拥有的知识的重新认识与重新收集，这种理论乃是同一种观点的一部分：在过去不仅存在着善、高贵与美，而且也存在着全部智慧。甚至最早的变化或运动也要优于次一级的运动；因为在《法律篇》中，灵魂据说是"所有运动的肇始之端，起源于静止之中的事物的首次出现的事物……最古老而又最强有力的运动"（895b），并且是"万物之中的最古老而又最神圣者"（966e）。〔参照第56页注①（8）〕

正如前面指明的那样（尤其可参阅第45页注①），在柏拉图那里，关于走向衰败的历史与宇宙趋势的学说，似乎和某种历史与宇宙的循环学说结合在了一起。（衰败时期可能是这种循环的一部分）*

要涉及人类灵魂的天命，但柏拉图清楚地说明，它适用于所有"分有灵魂"的事物；他用这个说法是指一切有生命的事物。"所有分有灵魂的事物都在变化"，他写道："……而它们变化之时，它们都受天命的秩序与规律的支配。其特征的变化越小，它们在等级层次上开始时的下降就越不显著。但是当变化增大时，邪恶也在增加，那么它们就坠入了深渊，进入人们所说的阴曹地府当中。"（在这一段接下去的文字里，柏拉图提到了这样一种可能性，即"赋有很多美德的灵魂，如果它与神圣的美德相通，它就可能凭借其自身的意志……成为具有最高美德者，并上升到尊贵的境界"。关于这种例外罕有的灵魂能够从天命的一般规律之中拯救自我——并且或许也能拯救其他人的问题，将在第八章中加以讨论。）在《法律篇》一书前面部分的内容里，柏拉图总结了他关于变化的信条："无论什么样的变化，除了某种邪恶事物的变化之外，都是可能降临某一事物的最严重的变化莫测的危险，这些危险或者是当下的季节更替，或是风向的变化，或是肉体日常饮食的改变，或是灵魂性质的改变。"而且，为了表示强调，他还补充道："这个判断适用于一切事物，只有一个例外，就是我刚才说的某种邪恶事物的变化。"简言之，柏拉图教导人们，变化是邪恶的，而静止是神圣的。

我们现在看到，柏拉图的形式论或理念论意味着流动的世界的发展有某种趋势。它导出了这样一条规律，即这个世界中一切事物的可衰败性一定会连续不断地增大。与其说它是有关普遍存在的不断增大的腐败的严格规律，不如说它是关于衰败性不断增大的规律；也就是说，衰败的危险或可能性在增大，但是作为例外的相反方向上的发展并未被排除在外。因此，正如上一段引文所表明的，一个非常好的灵魂可能不会变化与衰退，而且某种非常邪恶的事物，例如一个很坏的城邦，可能通过改变它而得到改善（为了这样一种改善具有价值，我们必须努力使之长期不变，即阻止所有进一步的变化）。

《蒂迈欧篇》中柏拉图关于物种起源的故事与这个普遍理论完全一致。按照这个故事，男人作为动物界中的最高等级，是由诸神创造出来的；其余物种是通过一种衰败和退化过程从他生发而来的。首先，某些种类的男人——懦夫与恶棍——退化而成为妇女。那些缺乏智慧的人一步步地退化成低等动物。我们听说，鸟类是从过分相信其感官的无害又过分懒散随便的人们转变而来的；"陆地动物是由对哲学不感兴趣的男人变来的"；而各种鱼类，包括有壳的水生动物，是从所有男人当中"最愚蠢、最迟钝和……最微不足道的人退化而成的"①。

很清楚这种理论可以应用于人类社会，并应用于其历史。接着它解释了赫西奥德②的悲观的发展规律，即历史衰败的规律。如果我们要是相信亚里士多德的转述（在前一章中概述了其内容），那么最初提出形式论或理念论，其目的就是为了满足某种方法论上的要求，即要求有纯粹的或理性的知识，在变动不定的可感知事物的情况下不可能有这种知识。现在我们看到，这种理论不只是做到了这一点。它不仅仅远远超出了满足方法论上的要求，还提供了一种关于变化的理论。它解释了所有可感知事物的变化的一般方向，从而解释了人和人类社会显示出的衰败的历史趋势。（而且它还在更多方面发挥了作用；我们将在第六章中看到，形式论还决定了柏拉图政治主张的倾向，甚至是实现这些主张所采取的手段。）假如，如同我认为的那样，柏拉图的哲学以

---

① 参阅《蒂迈欧篇》，91d—92b/c。也见第45页注①（7）及第二卷第十一章第12页注②。

② 参见前面第二章的开头，以及第45页注①（1）。柏拉图在解释他自己的关于历史衰败的理论时（《理想国》，546e/547a，特别是第165页注①和第169页注①），提及赫西奥德关于"金属"的记述，这不只是一个巧合；他显然希望表明，他的理论与赫西奥德的理论是多么契合，并能很好地解释后者。

及赫拉克利特的哲学乃是源于他们的社会经验，尤其是来自阶级斗争的经验，以及源于那种他们对其社会世界行将分崩离析的绝望无助之感，那么，我们就能理解为什么在柏拉图的哲学中，当他发现形式论能够解释导向衰败的趋势时，形式论开始具有如此重要的作用。他一定是高兴地接受了这个理论，把它作为一个最令人困惑的难解之谜的答案。赫拉克利特过去未能对政治发展趋势给予某种直接的伦理谴责，而柏拉图则在他的形式论中发现了某种赫西奥德风格的悲观主义判断的理论基础。

但是，柏拉图作为一名社会学家的伟大之处，并不在于他关于社会衰败规律的一般性的抽象思辨。确切而言，其伟大之处在于他的观察的丰富详尽，并在于他的社会学洞察力令人吃惊的敏锐性。他看到了前人一直没有看到，并且只是在我们自己所处时代才被重新发现的事物。举个例子来说，我可以提到他的关于社会原始阶段、关于部落的父权制社会的理论，以及从总体上看，他概括社会生活发展的几个典型阶段的尝试。另一个例子是柏拉图的社会学与经济学的历史主义，他强调政治生活与历史发展的经济背景；这是一种被马克思以"历史唯物主义"为名使之重新焕发活力的理论。第三个例子是柏拉图的最让人感兴趣的关于政治革命的规律，按照这条规律，所有革命都是以一个分裂的统治阶级（或"精英"）为先决条件；他以这条规律为基础分析阻止政治变化并创造社会均衡的方法，而且最近极权主义理论家特别是帕累托重新发现了这条规律。

现在我想开始对这些要点，特别是第三点，即关于革命和关于均衡的理论，做更为详细的讨论。

二

柏拉图讨论这些问题的对话录，按照时间顺序，依次是

《理想国》、被称为《政治家篇》的较晚期的一部对话录以及
《法律篇》① ——这是他最后的篇幅最长的著作。尽管确实存在
微小的差别，但这些对话录之间却是彼此一致的，在某些方面彼
此相同，在其他方面相互补充。例如，《法律篇》讲述了人类社
会衰败与沦亡的故事，作为对没有任何历史中断的逐步融合的希
腊史前史的记述；而《理想国》的类似段落，则以一种更为抽
象的方式，提出了对政府发展的一种系统概述；《政治家篇》仍
是更为抽象地给出了一种关于政府类型的逻辑分类，仅有几处涉
及历史事件。同样，《法律篇》非常明确地系统阐述了这项研究
的历史主义方面的内容。柏拉图在此问道："国家的范型或起源
是什么？"并把这个问题与另一个问题联系在一起："……把国
家的成长当作它们或是朝向善或是指向恶的变迁来思考，这种方
法不是寻找这个问题的答案的最佳办法吗？"但是在社会学学说
的范围之内，唯一一项重要区别似乎是由于看来使柏拉图感到为

---

① 《法律篇》中的历史部分在第 3 卷和第 4 卷中〔参见第 45 页注①（5）和
（8）〕。正文中的两段引文引自这个部分的开头，即《法律篇》676a。至于
提到的类似段落，参见《理想国》，369b, f.（"一座城邦的产生……"）及
545d（"我们的城邦将怎样被改变……"）。

人们经常说，《法律篇》（及《政治家篇》）与《理想国》相比，对民
主制的敌视程度要小，而且必须承认，柏拉图总体上的语气事实上较少敌意
（这或许是由于民主制不断增大的内在力量；参见第十章的开头部分）。但
是在《法律篇》中对民主制所做的唯一实际让步是，政府官员要由统治
（即军人）阶级的成员们来选举；而且，因为国家法律方面的所有重要变化
无论如何都是被禁止的（例如，可参阅第 77 页注①中的引文），所以这没
有多大意义。这种基本倾向仍是亲斯巴达的，而且这个倾向，从亚里士多德
的《政治学》11，6，17（1265b）中能够看出来，和某种所谓"混合"政
体是协调一致的。实际上，柏拉图在《法律篇》中，同他在《理想国》中
的情况相比，甚至恰好相反，他对民主精神，即对个人自由思想抱有更大的
敌意；尤其可参阅第 210 页注①和第 211 页注①对应的正文（即《法律篇》
739c 以下，以及 942a, f.）以及第 273 页注②、③和第 274 页注①、注②
（即《法律篇》903c—909a）——也见下一个注释。

难的纯粹思辨上的困难。假设作为发展的肇始之端的是一个完美的因而是不会衰败的国家，他发现难以解释第一次变化，即人的堕落，这个变化使万物运转起来①。在下一章中，我们将得知柏拉图是怎样尝试解决这个问题的；但是首先我将对他的社会发展理论进行总体考察。

　　根据《理想国》的论述，最初的或最原始的社会形式，与此同时也是最接近类似于国家的形式或理念的社会形态，是"最好的国家"，它是由最智慧且最神圣的人统治的君主政体。

---

① 如第 56 页注①（8）中提到的，看来可能恰恰主要是解释第一次变化（或人的堕落）的难题，导致柏拉图改变了其理念论；就是把理念转变成为起因和能动力量，能够与其余理念中的某一些结合在一起（参阅《智者篇》，252e 以下）并能摒弃剩下的别的理念（《智者篇》，223c），而且因此把它们转变成为像是诸神一样的东西，这和《理想国》（参阅 380d）中的情形正好相反，那里甚至把诸神也僵化为本身永远不动且永远无法被改变的巴门尼德类型的存在物。一个重要的转折点显然是《智者篇》248e—249c（特别要注意在这里运动的理念并非处于静止状态之中）。这个转变似乎同时解决了所谓的"第三人"的难题；因为假如各种形式，如在《蒂迈欧篇》中，是父亲，那么就没有必要用"第三人"解释他们与其后代的相似性。
　　至于《理想国》与《政治家篇》及其与《法律篇》的联系，我认为在后两部对话录中，柏拉图越来越往前回溯追寻人类社会起源的努力尝试，同样与第一次变化问题固有的困难之处联系在一起。很难设想突然降临于一个完美城邦的变化，这一点在《理想国》546a 中给予了清晰的说明；柏拉图在《理想国》中解决这个问题的尝试，我们将在下一章中予以讨论（参阅第 164 页注②、③，165 页注①，169 页注①对应的正文）。在《政治家篇》中，柏拉图采用了宇宙灾变理论，这种灾变引起从（恩培多克勒的）爱的半周期向现阶段的即冲突的半周期循环的变化。这种思想似乎在《蒂迈欧篇》中已经被舍弃了，目的是为了以某种更有限度的灾变理论（在《法律篇》中被保留下来）取而代之，更有限的灾变诸如洪水之类，可能会毁灭文明，但显然不影响宇宙的进程。（对该问题的这种解决办法可能是因为下述事实给了柏拉图以启示——在公元前 373—前 372 年，古城赫利斯被毁于地震和洪水。）在《理想国》中，与仍然存在着的斯巴达国家仅有一步之遥的最早的社会形态，要回溯延伸到越来越久远的过去。尽管柏拉图仍然认为，最早的定居地一定是最好的城邦，现在他却讨论起先于最早的定居地的社会，即各个游牧社会"山地牧羊者"（尤可参阅第 105 页注①）。

这种理想的城邦国家如此近乎完美，以致很难理解它怎么可能发生变化。不过，某种变化确实发生了；而且随着变化，引来了赫拉克利特的冲突，这是所有运动的驱动力量。按照柏拉图的观点，由利己心以及尤其是物质或经济上的利己心激起的内部冲突、阶级斗争，是"社会动力学"的主要力量。马克思主义的惯用语句"至今一切社会的历史都是阶级斗争的历史"①，几近符合柏拉图的历史主义，也符合马克思的历史主义。柏拉图以下列顺序描述四个最显著的阶段或"政治退化历史的里程碑"，而且，同时是"最重要的……几个实际存在的国家种类"②。完美国家之后出现的第一种是"荣誉政体"或"荣誉政制"，即追求荣誉与名声的贵族的统治；第二种，寡头政制，即富有家族的统治；"再其次是民主政制的产生"，这是自由的统治，这意味着不要法制；以及最后出现的"僭主政制……城邦的第四种也是最后一种疾病"③。

从最后的评论中可以看出，柏拉图把历史看作一种社会衰败的历史，似乎它是某种疾病的历史：患者是社会；而稍后我们将看到，政治家则应该成为一名医生（反之亦然）——是一位医治者，一位救世主。就像对某种疾病的典型过程的描述并非总是适合于每一个体患者一样，柏拉图关于社会衰败的历史理论也同样并不打算适用于每一个城邦的发展。但这种理论却想要描述几种主要的政体衰退形式最早由以产生的最初的发展进程，并描述

---

① 这段引文引自马克思和恩格斯《共产党宣言》；参阅《马克思主义手册》
（伯恩斯编，1935 年，第 22 页）。

② 这段引文引自亚当对《理想国》第 8 卷的评论，参见他编的书，第 2 卷，
198 页，对 544a3 的注释。

③ 参见《理想国》，544c。

社会变化的典型过程①。我们察觉到，柏拉图旨在设计一个由一

_____

①　（1）与我的论点——即柏拉图像自孔德以来的许多现代社会学家一样，试图勾画出社会发展的几个典型阶段——正好相反，大多数评论家仅仅把柏拉图的故事当作是对政治体制的纯粹逻辑分类的某种稍带些戏剧化的描述。但这不仅与柏拉图所说的内容（参阅亚当对《理想国》，544c19 的注释，前引书，第Ⅱ卷，第 199 页）相抵触，而且它还违背了柏拉图逻辑的整体实质。按照这种实质，某种事物的本质应该通过其原始本原，即通过其历史起源来加以理解。而且我们一定不要忘记，他使用"属"这同一个词，来指称逻辑意义上的等级和生物学意义上的族类。在"同样双亲的后代"的意义上，逻辑上的"属"仍等同于"族类"。（关于这一点，参阅第三章有关注释和正文，以及第五章的有关注释和正文，在那儿讨论了等式本原＝起源＝族类。）所以，有充分的理由在其字面含义上理解柏拉图所说的内容；因为即使当亚当说（同前引书）柏拉图意欲提出一种"逻辑顺序"时，他是正确的，那么这种顺序对他而言，将同时是一种典型的历史发展顺序。亚当的评论（同前引书）即该秩序"主要是由心理的而不是由历史的考虑决定的"，我以为，这是一种自相矛盾的说法。因为他本人指出（例如，同前引书，第Ⅱ卷，对 543a 以下的注释），柏拉图"自始至终坚持了……灵魂与城邦二者之间的类比"。根据柏拉图关于灵魂的政治理论（将在下一章中加以讨论），心理历史必定与社会历史对应并列而行，而且，所谓的心理的与历史的考虑二者之间的矛盾就消失了，变成了支持我们的解释的另一个论据。

　　（2）如果有人争辩说柏拉图的政制顺序基本上不是逻辑性的而是一种伦理性的次序，那么对此恰好能够做出同样的答复；因为在柏拉图的哲学中，伦理顺序（连同美学顺序）与历史顺序是无法区分开来的。在这种联系中，可以评论说，这种历史主义观点为柏拉图提供了一种苏格拉底的幸福论的理论根据，即是善行与幸福是同一的理论。在《理想国》中（尤其可参阅 580b），这种理论以善行与幸福、邪恶与不幸彼此相称这种学说的形式，而获得了发展；因而，如果善行的程度以及一个人的幸福的程度是由他近似于我们原初的神圣本原——人的完美理念的程度来衡量的话，那么它们必定是这样。（在这一点上，柏拉图的理论得出了显然是自相矛盾的苏格拉底信条的一种理论辩护，这一事实可能给柏拉图确信他自己仅仅是阐述了真正的苏格拉底信念，提供了相当大的帮助；参见第 374 页注①和 382 页注①对应的正文。）

　　（3）卢梭承袭了柏拉图的政制分类（《社会契约论》，第 2 卷，第 7 章，第 3 卷，第 3 章以下，也可参阅第 10 章）。然而当他使柏拉图哲学的原始社会理念重振活力（然而，可参阅第 177 页注①及第 326 页注①）之时，似乎他并不是直接受到柏拉图的影响；但是在意大利，柏拉图哲学复兴的一个直接产物是桑纳扎罗的最有影响的著作《阿卡狄亚》，它使柏拉图关于古希腊（多利斯地区）的山区游牧部落的神圣的原始社会的理念重新焕发出活力。（关于柏拉图理论的这种观念，参阅第 105 页注①对应的正文）故此，浪漫主义（也可参见第九章）从历史角度而言，的确是柏拉图主义的产物。

条进化规律支配的历史阶段体系；换言之，柏拉图的目的在于建立一种历史主义的社会理论。这个尝试经由卢梭而重振活力，并因孔德和穆勒，因黑格尔和马克思而风行于世；但是就那时可以获得的历史证据而论，柏拉图的历史阶段体系实际上与这些近代的历史主义者的任一体系几乎是一样的（其主要区别在于对历史过程的评价方面。贵族柏拉图谴责他所描述的发展，而这些近代著作家们则赞同这种发展，因为他们相信有一条历史进步规律。）

在详细全面地讨论柏拉图的完美国家之前，我将简要概述一下他关于在四种逐步衰退的国家形式之间的转变过程中，经济动机与阶级斗争所起作用的分析。完美国家退化而成的第一种形式，即荣誉政制，也就是雄心勃勃的贵族们的统治，被说成是几乎所有方面都近似于完美国家本身。必须注意，柏拉图明确地认为，在实际存在的国家中的这种最好的而又最古老的形式，等同于斯巴达和克里特的多利安人的政制，而且，这两个部落的贵族统治的确在实际上代表着希腊最古老的实存的政治生活形式。柏拉图关于他们的各种制度的精彩描述，绝大部分是在他叙述最好或完美国家的几个特定部分之中给出的，荣誉政制同完美国家非常相似（通过他的认定斯巴达与完美国家二者之间具有相似性的信条，柏拉图成为我想称之为"斯巴达的伟大神话"——至高无上的斯巴达政体与生活方式的历久不衰而又影响甚巨的神话的最为成功的宣传者之一）。

最好的或理想的国家与荣誉政制二者之间的主要区别是，后

（4）孔德和穆勒以及黑格尔和马克思的现代的历史主义在多大程度上受到维科的《新科学》（1725 年）中有神论的历史主义的影响，这一点很难说：维科本人无疑受到柏拉图的影响，也受到圣奥古斯丁的《上帝之城》以及马基雅维利的《论李维》的影响。跟柏拉图一样（参阅第 5 章），维科把事物的"本原"与其"起源"等同起来（参阅《文集》，费拉里，第 2 版，1852—1854 年，第 5 卷，第 99 页）；而且他相信，所有民族一定会按照一个普遍适用的规律，经过同样的发展过程。他所说的"民族"（如黑格尔所说的一样）因此可以说是柏拉图的"城邦"与汤因比的"文明"二者之间的联系纽带之一。

者包含着一种不稳定的因素；一度团结为一体的父权制统治阶级现在分崩离析了，而且就是这种分裂导致了下一步骤，导致向寡头政制的退化。分裂是野心带来的结果。"起初，"柏拉图提及热爱荣誉的年轻人时说道，"他听到他母亲抱怨说，她的丈夫不是统治者中的一员……"① 因此他变得野心勃勃，并渴望着获得荣誉。但是，在引发下一步变化方面具有决定性的则是竞争性的和贪婪的社会倾向。"我们必须说明，"柏拉图说道，"荣誉政制如何变化成为寡头政制……甚至是一个盲人也一定看得出它是怎样变化的……正是财库毁掉了这种政制。" 他们那些热衷荣誉的统治者们"开始想方设法炫耀和挥霍钱财，结果他们歪曲了法律，他们及其妻子违背法律……；而且他们力图在竞争中相互胜过对方"。以这种方式产生了最早的阶级冲突：在美德与金钱二者之间的冲突，或是在久已建立起来的采邑的简朴方式与新的财富聚敛方式二者之间的冲突。一旦富人们制订一种"取消所有那些其财产达不到规定数量者担任公职的资格"的法律时，向寡头政制的转变就完成了。"这种变化假如以恫吓和胁迫不能取得成功的话，就要由武力强制实施……"

随着寡头政制的建立，就形成了在寡头与较为贫穷的各个阶级之间存在潜在内战的一种状态："就像患病的身体……有时处于同它自身冲突的状态……，这种有病的城邦也是如此。无论何时当一方或另一方设法从外界获得了帮助，一方从一个寡头统治的城邦获得帮助，或另一方从某一民主城邦获得帮助，它就陷于病痛且以最微不足道的借口发起内战。而且即使没有任何这种外

---

① 参阅《理想国》，549c/d；下几段引文出自前引书，550d—e，以及稍后一段，见前引书，551a/b。

界援助，这个有病的城邦不也是有时爆发内战吗?"① 这种内战产生了民主政制："当贫民获得胜利，处死一些人……，把另一些人流放国外，而与其余的人按平等方式分享公民权和担任公职的权利，民主政制就产生了……"

柏拉图对民主政制的描述，是对雅典政治生活的一种生动逼真但又抱有极度的敌视态度，且极不公正的嘲讽，也是对大约在柏拉图出生的 3 年以前，伯里克利以一种至今从未有人超过的方式系统透彻阐述的民主信条的嘲弄。(伯里克利的纲领将在下面第十章中加以讨论②) 柏拉图的描述是一份精彩的政治宣传资料，而且，如果我们考虑到，例如，像亚当这样一个人，一位出色的学者和《理想国》的编辑者，未能抗拒柏拉图咒骂其母邦的言辞，我们就能够觉察到它已经造成了什么样的危害。"柏拉图对民主派人物的出现的描述，"亚当③写道，"是整个文学领域内，无论是古代的或是近代的文学中，最壮丽华美的篇章之一。"而且当同一位作者继续写道："把民主派人物刻画成人类社会的变色龙，这种描述成为这种人物的永久画像"时，于是我们看到，柏拉图至少成功地使这位思想家转而反对民主制，而且我们会产生疑问，当他的含有思想毒素的著作无人反对地呈现给那些资质较差的头脑时，已经造成了多么大的损害……

① 参阅《理想国》，556e。(这一段应当与第 344 页注①对应的正文中引用的修昔底德，Ⅲ，84—86 的内容相对照。)下一段引文出自前引书，577a。
② 关于伯里克利的民主政制纲领，参见第 355 页注②对应的正文、198 页注①及 357 页注①。
③ 亚当在其编辑的《柏拉图的〈理想国〉》，第Ⅱ卷，240 页，对 559d22 的注释(第二段引文中的着重号是我加的)中承认，"这个描述无疑有点夸张"；但他认为这基本上在"任何时候"都是正确的，他对此未加任何质疑。

　　似乎每当柏拉图的风格，若用亚当的话来说①，成为一种
"崇高的思想和形象与语言的高潮"时，他就急切需要一个幌子
遮盖住他的论证中的破绽和漏洞，或者甚至是理性论点的完全缺
失，就像目前这种情形一样。取而代之的情况是，他运用咒骂的
言辞，把自由与目无法纪、自由与放纵以及法律面前的人人平等
与秩序混乱混为一谈。民主派被描述为恣意挥霍而又悭吝、傲慢
无礼、无法无天而又鲜廉寡耻，他们被描述为残酷好斗而如同捕
获到的可怕野兽一般，耽于纵容一切异想天开的念头，仅仅为了
寻欢作乐和无谓而龌龊的欲望而生活。（"他们像禽兽一样满足
其口腹之欲"，这是赫拉克利特谈到这个问题时的说法。）他们
被指责为视"崇敬为愚行……；他们把克制说成怯懦……；节
制适度和有条不紊地安排用度，他们叫作吝啬和土气"②，等等。
"而且还有更多这类鸡毛蒜皮的琐事"，当柏拉图严词咒骂的潮

---

① 亚当，《柏拉图的〈理想国〉》，第Ⅱ卷。

② 这段引文引自《理想国》，560d（关于这一段引文与下一段引文，参照林赛
的译本）；下两段引文引自同一部著作，563a—b，及 d。（也见亚当对
563d23 所做注释）柏拉图在这里求助于在《理想国》的其余部里受到猛
烈抨击的私有财产制度，这一点意味深长，就好像它是一条毫无疑问的正义
原则一样。似乎是当买来的财产是一名奴隶时，诉诸买者的合法权利就是适
宜的。

　　针对民主政制的另一种抨击是，"它粗暴地践踏了"这样一条教育原
则，即"没有任何人能够成长为一个善人，除非从小就让他做高尚游戏"。
（《理想国》，558b；见林赛的译本；参照第 390 页注①，也见第 195 页注①
中引述的对平等主义的抨击。）

　　*关于苏格拉底对其年轻同伴们的态度，可参见绝大部分较早时期的
对话录，还可参见《斐多篇》，其中描述了苏格拉底"在他倾听年轻人的
批评意见时的和蔼可亲、宽容与尊重的态度"。关于柏拉图与之差别很大
的态度，见第 256 页注②—③、257 页注①及其对应的正文；也可参见 H.
彻尼斯的精彩演讲《早期学园之谜》（1945 年），尤其是第 71 和第 81 页
（关于《巴门尼德篇》，135c—d），并参照第 256 页注①—③、257 页注①
及正文。

水开始减退之时，他说道，"这位老师畏惧和讨好他的学生……而且老人迁就年轻人……以避免让人不快和显得霸道"。（是柏拉图这位学园老师把这些话假借苏格拉底之口说了出来，他忘记了后者从来没有当过老师，而且即使是作为一位长者，他也从来没有显得不得人心和专横霸道。他不是"迁就"年轻人，而总是充满慈爱之心地对待他们，例如对作为其伙伴和朋友的年轻的柏拉图就是这样。至于柏拉图本人，我们有理由相信，他不大愿意"迁就"他的学生们，并同他们一起讨论问题。）"但是一旦这种充分的自由达到顶点……"柏拉图继续说道，"在市场上买来的男女奴隶们，就完完全全地同那些拥有这些奴隶所有权的人们一样自由了……而所有这些情况的累积效果是什么呢？公民们的心肠变得如此柔软温情，以致他们仅仅是看见受奴役的状态，就会气愤，而且不让任何一个人遭受屈从于奴隶制之苦，即使是以其最温和的形式也不行。"在这里，柏拉图毕竟向其母邦表示了敬意，尽管他是在无意之中这么做的。雅典的民主政制以仁爱之心对待奴隶，这将永远是雅典民主政制的一项最伟大的胜利，而且，虽然有像柏拉图本人和亚里士多德这样的哲学家的没有人性的宣传，他也注意到，它非常接近于彻底废除奴隶制度。[①]

　　柏拉图更重大的贡献是他对僭主政治特别是对向僭主政治的转变的描述，尽管这是出于仇恨之心。他坚持说，他所描述的是

---

①　奴隶制（见前一注释）和雅典人反对奴隶制的运动将在第五章（第141页注②）、第十章和第十一章中做进一步的讨论；也见第99页注①。同柏拉图一样，亚里士多德［如在《政治学》，1313b11，1319b20；以及在其《雅典政制》（59，5）］证实了雅典人对奴隶们的宽阔胸怀；而伪色诺芬尼也是如此（参照其《雅典政制》，Ⅰ，第10页）。

他亲眼所见的那些事物①；无疑，这是影射他在老狄奥尼修斯，即叙拉古僭主的宫廷里的经历。柏拉图说，从民主政制向僭主政制的转变，是一位公众领袖极其容易地带来的，他知道怎样利用民主政制国家里富人与穷人二者之间的阶级对立，而且成功地建立起属于他自己的一支警卫队或一支私人军队。开始把他当作自由的捍卫者的人民，不久就会遭受奴役；而且接着他们必须为他而战斗，投入"他必定要煽动起来的接连不断的征战……，因为他使人民感到需要一位统帅"②。随着僭主政治的建立，就发展到了这种糟糕透顶的国家。

在《政治家篇》中，可以找到对于不同的政府形式的非常相似的概括论述，在那里柏拉图讨论"僭主和君主的起源，寡头政制与贵族政制的由来，以及民主政制的发轫"③。我们又一次发现各种不同的实际存在的政府形式被解释为国家的真正楷模或形式的降格的摹本，被解释为完美国家即所有摹本的标准——据说在克罗诺斯即宙斯之父的远古时代曾一度存在过——的降格的摹本。一个区别是柏拉图在这里区分了六种降格的国家类型；但是这一差别并不重要，尤其是倘若我们记得柏拉图在《理想国》④ 中说过，讨论到的四种类型并非详尽无遗，而且存在某些中间过渡阶段，就会清楚这一点。在《政治家篇》里，这六种类型是首先区分了三种政府形式，即一个人的统治、少数人的统治和多数人的

---

① 参阅《理想国》，577a, f.；参见亚当对 577a5 和 b12（前引书，第Ⅱ卷，332f.）的注释。
② 《理想国》，566e；参阅第 387 页注②。
③ 参照《政治家篇》，301c/d。尽管柏拉图区分了六种类型的被降格的国家，他并没有使用任何新的术语；"君主政体"（或"王权"）与"贵族政体"的称谓，在《理想国》（445d）中即被用来指称最好的国家本身，而不是如在《政治家篇》中那样指称被降格国家的相对最好的形式。
④ 参阅《理想国》，544d。

统治，而后得出来的。三种政体的每一种接着又被分为两种类型，按照它们是否通过仿效和维护其古代法律①，模拟"唯一真正的本原"，区分为其中一种是比较好的，另一种是比较坏的。以这种方式，三种保守的或合法的形式和三种腐败的或没有法律的形式就被区分开来；君主政体、贵族政体和保守形式的民主政体，按照其优劣次序，均属于合法的模仿。但是民主政体转变成为它的没有法制的形式，并进一步蜕化变质，经过寡头政体即少数人的没有法制的统治，变化而成一个人即僭主的没有法制的统治，后者就如柏拉图在《理想国》中说过的那样，最为糟糕透顶。

　　僭主政体即最邪恶的国家，不一定是发展的终结，《法律篇》中的一个段落里讲明了这一点，这部分地重复了《政治家篇》的故事，并部分地②与之联系在一起。"给我一个由一位年轻僭主统治着的国家"，柏拉图在那里大声疾呼，"……他有幸成为一位伟大立法者的同时代人，并因幸运的机遇与之相遇。神

---

　①　参阅《政治家篇》，297c/d："假如我已提及的政府是唯一真正的原型，那么其他政府"（即只是"这个政府的摹本"，参阅297b/e）"必须运用其法律，并把它们记录下来；这是它们能够得以保存的唯一途径"。（参阅第78页注①及第256页注①）"而且任何违反这些法律的行为，均应以死刑和最严厉的惩罚来惩处；而且这是非常公正的、善的，尽管，当然这仅仅是次优的事情。"〔关于法律的起源，参阅第105页注①（1）a及第59页注①（2）〕而在300e/301a以下，我们读到："这些较低级的政体形式达到真正的政体的最简捷的途径……是遵循这些成文法律和习惯……当富人们统治并模仿这种真正的形式时，那么该政体就被称为贵族政体；而当他们不遵从这些古代法律时，即称之为寡头政体"，等等。这种分类的标准，不是抽象意义上的合法性或非法性，而是是否保留原初或完美国家的古代制度，注意到这一点是很重要的（这与亚里士多德的《政治学》，1292a形成对照，在那里，主要的区别为是否"法律至上"，或者，例如，是否是暴民社会）。

　②　《法律篇》中的这一段709e—714a，包含几处对《政治家篇》的影射；例如，710d—e，遵循希罗多德第Ⅲ卷，第80—82页的内容，提出统治者的数目作为分类的准则；在712c和d处列举了各种政体形式；以及713b以下，即提到克罗诺斯时代的完美国家的神话，"我们现在的最好的国家是对它的模仿"。鉴于这些影射说法，我几乎一点也不怀疑，柏拉图倾向于把其美于僭主政体适合于进行乌托邦实验的理论，让人们当作是《政治家篇》的故事（且因也是《理想国》的故事）的某种继续加以理解。——这一段落中

为他想为之造福的城邦所做的事情，难道还会比这更多吗？"僭主政体，即最邪恶的国家，可以通过这种方式得以改革。（这一点可与上面引述的《法律篇》中的评论观点一致，即所有变化都是邪恶的，"除了邪恶事物的变化之外"。几乎没有什么疑问，柏拉图在谈及伟大立法者和年轻僭主时，一定想起了他自己及同年轻的僭主们进行的各种试验，而且特别是记起他对于改革小狄奥尼修斯对叙拉古的僭主统治的尝试。这些注定没有好结果的试验，将在后面加以讨论。）

柏拉图分析政治发展的主要目的之一是要弄清一切历史变化的推动力量。在《法律篇》中，对历史的全面研究就是明确考虑到这个目的而进行的："在这个时期里，不是有千千万万个城邦诞生出来……而且其中每一个不都是曾处于所有类型政体的统治之下吗？……假如能够做到的话，就让我们找出如此之大变化的原因。我希望因此我们可以揭示政制产生及其变化的奥秘。"①

的引文引自《法律篇》，709e 和 710c/d；"上面引述的《法律篇》中的评论"系 797d，在第 78 页注①对应的正文中引述到了。（我同意 E. B. 英格兰在其编辑的《柏拉图的〈法律篇〉》1921 年，第Ⅱ卷，第 258 页中对这一段的注释，即柏拉图的原则是"变化有害于任何事物的……权力"，而且因此不利于邪恶的权力；但是我不同意他所说的"从坏开始的变化"，即朝向善的变化，是太不言而喻了，以致不必作为例外提出来；从柏拉图关于变化的邪恶本质的学说的观点来看，它不是不言自明的。也可参见下一条注释。）

① 参照《法律篇》，676b/c（参照 676a，第 83 页注①对应的正文中被引用到）。尽管柏拉图抱着"变化是有害的"（参阅上一条注释的结尾部分）这个信条，E. B. 英格兰通过赋予其以一种乐观或进步的含义，来解释这些论述变化与革命的段落。他暗示，柏拉图探索的目标是"我们可以称之为'政治生命力之奥秘'的东西"。（参阅前引书，第Ⅰ卷，第 344 页。）而且他把探寻（有害的）变化的真正原因的这一段落，当作论述探寻"一个国家的真正发展即其朝向完美的进步的原因和性质"。（着重号为英格兰所加；参阅第Ⅰ卷，第 345 页。）这种解释不可能是正确的，因为谈到的这个段落介绍的是一则政治衰败的故事；但是它表明了把柏拉图理想化，并把他作为进步主义者的代表的倾向，在多么大的程度上使即使是这样一位出色的评论家，也对他自己的发现——即柏拉图相信变化是有害的——失去了判断力。

作为这些考察研究的结果，他发现了这样一条社会学规律，即内部的分裂，由经济性的阶级利益的对抗激起的阶级斗争，是一切政治革命的推动力量。但是柏拉图对这条基本规律的系统阐述甚至走得更远。他坚持认为，只有统治阶级本身内部的反叛能够极大地削弱它，以致可以推翻其统治。"任何一个政体内的变化，无一例外地产生于统治阶级本身内部，而且仅仅产生于这个阶级成为纷争的中心场所之时"①，这是在《理想国》中他的惯用语句；而且在《法律篇》中，他说道（可能是指《理想国》中的这一段话）："一个君主政体，或任何一种其他的政府形式，到底怎样才能被任何人而不是其统治者们本身摧毁掉呢？难道我们忘记了我们刚刚说过的话，即像前几天我们所做的一样，当我们谈论起这个问题时说过的话了吗？"这一条社会学规律，连同对经济利益是分裂的最可能原因的看法，成为柏拉图研究历史的线索。但是它还不止于此。它还是他分析建立政治均衡即抵御政治变化所需要的必备条件的线索。他假定，在古代最好或完美的国家里，这些条件都得到了实现。

---

① 参照《理想国》，545d（也见相似的段落645b）。下一段引文引自《法律篇》，683e。（亚当在其编辑的《理想国》，第Ⅱ卷，第203页对545d21的注释中，提到《法律篇》中的这一段。）英格兰在他编辑的《法律篇》，第Ⅰ卷，第360页以下，对683e5的注释中，提及《理想国》，609a，但既未提及545d，亦未提及465b，而且假定所提到的是"指某个前一次的讨论，或是在佚失的某个对话录中记载的一次讨论"。我不明白为什么柏拉图没有间接提到《理想国》，而是运用了虚构的说法，说在场的对话者已经讨论过其中一些话题。如康福德所言，在柏拉图的最后一组对话录里，"无意继续坚持对话都是确实发生过这个幻觉"，而且当他说柏拉图"不是他自己的虚构故事的奴隶"时，他也是正确的（参照康福德著《柏拉图的宇宙论》，第5页及第4页）。帕累托在没有参考柏拉图著作的情况下，重新发现了柏拉图关于革命的规律；参照他的《论普通社会学》，§2054，2057，2058。（§2055的结尾，也有关于阻止历史的理论。）卢梭也重新发现了这个规律（《社会契约论》，第3卷，第10章）。

三

　　柏拉图对完美或最好国家的描述通常被解释为一个进步主义者的乌托邦纲领。尽管他在《理想国》、《蒂迈欧篇》以及《克里底亚篇》中反复地坚持说，他是在描述遥远的过去，而且尽管在《法律篇》中的相似段落其历史含义明确无误，但人们还是经常假定，其意图是他要提供对未来的一种隐晦的描述。但我认为，柏拉图的用意就是他所讲的内容，而且，他的最好国家的许多特点，尤其是在《理想国》第2卷至第4卷中的描述，就是想要（同在《政治家篇》和《法律篇》中他对原始社会的记述一样）具有历史性①，或者也许具有史前史的性质。这可能并

---

　　①　（1）也许值得注意的是，关于最好国家的那些有意为之的非历史特征，特别是由哲学家来统治这一点，柏拉图在《蒂迈欧篇》开头的概述里并未提及，而且在《理想国》的第8卷里，他假定最好国家的统治者并不精通毕达哥拉斯学说的数—神秘主义；参照《理想国》，546c/d，在那里统治者据说对这些东西一无所知。（还可参照《理想国》543d/544a的说法，按照这个说法，第8卷中的最好国家仍能够被超越，即如亚当所言，被第5—7卷中的城邦——天堂中的理想城邦超越。）

　　康福德在他的书《柏拉图的宇宙论》第6页以后，重新构想出柏拉图未完成的三部曲，《蒂迈欧篇》——《克里底亚篇》——《赫莫克拉底篇》的轮廓和内容，并证明它们是怎样与《法律篇》（第3卷）的历史部分相关联的。我认为，这种重新构想是对我的理论——即柏拉图的世界观基本上是基于史实的，而且他在"它是如何产生"（以及它是如何衰退）方面的兴趣是和他的理念论联结在一起，并且的确是以之为基础的——的一个富有价值的进一步的确证。但是，假如乎如此的话，那么，我们就没有任何理由要假定《理想国》的稍后几卷"开始于它（即城邦）是怎样""会在未来得以实现的问题，并概述它可能发生的经由几种较低级的政体形式走向衰退的过程"（康福德，同前引书，第6页；着重号是我加的）；相反，我们应当考虑到《理想国》的第8卷和第9卷和《法律篇》第3卷的密切的相似性，把它看作是对过去的理想城邦的实际衰落过程的一种简化的历史概述，视为对现存国家起源的一种解释，这类似于柏拉图

不适用于最好国家的全部特点。例如，关于哲学家国王身份（在《理想国》第 5 卷至第 7 卷中描述的），柏拉图本人指明，它可能是一个仅仅属于永恒不变的形式或理念世界，属于"天堂中之城邦"的一个特点。在他的描述中，这些有意为之的非历史性的成分将在后面连同柏拉图的伦理—政治要求一起加以讨

在《蒂迈欧篇》中、在未完成的三部曲以及在《法律篇》中为他自己设定的更为艰巨的任务。

（2）关于在本段后面我的评论，即柏拉图"当然知道他并不占有必备材料"，如参见《法律篇》，683d，以及英格兰于 683d2 的注释。

（3）对于本段中稍后我的评论，即柏拉图把克里特人和斯巴达人的社会认作是被固化的或受抑制的形式（以及对于下一段落中的评论，即柏拉图的最好国家不仅仅是一种阶级国家，而且是一种等级制国家），可以增补下述内容。（也可参照第 92 页注②以及第 352 页注①）

在《法律篇》，797d（在这一章有关注释对应的正文中引用的对被英格兰称之为"重要声明"的介绍里），柏拉图极其透彻明晰地阐述了他的克里特和斯巴达的对话者们意识到了其社会制度的这种"受抑制的"特性；克列尼阿斯这位克里特的对话者强调他急于听到对一个国家的古老特性的辩护。稍后（799a），而且是在同样的上下文里，直接提到了埃及抑制制度发展的办法；这确切无疑地表明了，柏拉图认识到克里特和斯巴达同埃及的相似之处，即抑制阻止所有社会变化。

在这个语境当中，在《蒂迈欧篇》中（尤可参见 24a—b）的一个段落看起来很重要。在这个段落里，柏拉图试图说明（a）一种与《理想国》中的情况十分相近的阶级划分，在雅典处于一个非常古老的史前发展阶段时即已确立起来，并且（b）这些制度非常近似于埃及的等级制体制（他假定其受抑制的等级制度起源于他的古代雅典国家）。因此，柏拉图本人就隐含地承认了，《理想国》的理想的古代完美国家是一种等级制国家。有趣的是，《蒂迈欧篇》的第一位评注者，仅仅晚于柏拉图两代人的克兰特即指出，柏拉图因背离雅典人的传统，并成为埃及人的信徒而受到指责。（参照冈珀茨《希腊思想家》，德文版，第 II 卷，第 476 页。）克兰特也许是暗指在第十三章有关注释中引用的伊索克拉特所著的《布昔里斯》第 8 页。

关于《理想国》中的等级制度问题，此外可参阅第 103 页注①和 105 页注①（d）、第 215 页注②及第 269 页注①、270 页注①—③。泰勒著《柏拉图：生平及其著作》，第 269 页以下，有力地驳斥了认为柏拉图拥护某种等级制国家的观点。

论。当然必须承认，在他对原始的或古代的政体的描述中，他并不打算做出一种确凿无误的历史记述；他当然清楚，他不占有成功地做到这一点所需要的必备资料。然而，我想，他尽其所能地做出了重现描述古代部落社会生活形式的认真努力。没有理由怀疑这一点，特别是因为这个努力在大量的细节方面是非常成功的。几乎不可能是除此以外的其他情况，因为柏拉图通过对古代克里特和斯巴达部落贵族政体的理想化描述，完成了他的生动写照。以他的敏锐的社会学直觉，他看到这些形式不仅是古老的，也是凝固化的和受抑制的；它们是一种甚至更为古老形式的遗迹。而且他总结道，这种更为古老的形式甚至更加稳定、更为牢固地被抑制住了。这种非常古老因而更加美好而又更为稳定的国家，通过弄清它是怎样被保持免于分崩离析，弄清阶级斗争怎样得以避免，以及经济利益的影响怎样被降低到一个最小限度，并使之置于良好控制之下，他试图以这样一种途径，予以重现描述。这些是柏拉图重新构想最好国家的主要问题。

柏拉图是怎样解决避免阶级斗争这个难题的呢？如果他是一个进步主义者，他可能会想到某种没有阶级的、平等主义的社会的想法；因为，例如像我们可以从他自己对雅典的民主政制的嘲弄文字中看到的，在雅典实际上存在着强烈的平等主义倾向。但是，他并没有完全彻底地去构思一个可能到来的国家，而是构造了一个曾经存在过的国家——斯巴达国家的前身，它当然不是一个没有阶级的社会。它是一个奴隶制国家，而且因此，柏拉图的最好国家是以最为严格的阶级划分为基础的。它是一个等级制的国度。避免阶级斗争的难题被解决了，但不是通过彻底废除阶级，而是通过赋予统治阶级一种不可能受到挑战的优越地位这种方式实现的。正如在斯巴达，只有统治阶级才被允许随身携带武器，只有它才拥有一切政治或其他权利，而且只有它才接受教育，也就是在统御其人羊或其众牲的艺术方面的一种专门化训练。(实际上，其压倒一切的优越地位使柏拉图有一点不安；他担心其成员们"可能撕咬这些羊只"，不仅仅是修剪羊毛，而且"扮演狼而不是按照狗那样去行事"①。这个问题将在本章稍后予以讨论。)只要统治阶级是团结一致的，就不可能存在对他们的权威的挑战，于是，就不会有阶级斗争了。

柏拉图在其最好国家里区分了三个阶级，即保护者、他们的武装辅助者或武士，以及劳动阶级。但是实际上只存在两个等级，即军事集团——武装起来的受过教育的统治者——以及未被武装的没受过教育的被统治者，即人羊；因为保护者们并非单独的一个等级，而仅仅是从各个辅助者等级被提升起来的年长的智慧的武士。柏拉图把他的统治等级划分为两个阶级，即保护者及辅助者，而没有在一般劳动者阶级内详细地做出类似的再区分，这主要是缘于他仅仅对统治者感兴趣这个事实。一般劳动者、商人等等，丝毫引不起他的兴趣，他们只是其唯一功能是为统治阶级的物质需要提供供应的众牲而已。柏拉图甚至达到禁止其统治者为这个阶级的人们以及为他们的琐碎问题制定法律的地步。②

———————————

① 参照《理想国》，416a。这个问题在本章有关注释对应正文中得到了更充分的考察（关于在下一段落提及的等级制度的问题，参见第96页注①（3）和103页注①）。

② 关于柏拉图反对为普通大众就他们的"粗野的市井吵骂"制定法律的劝告等，可参见《理想国》，425b—427a/b；尤其是425d—e和427a。这些段落当然抨击了雅典的民主政制，以及所有在第九章意义上的"零星的"立法。＊这是正确的，为此也可参见康福德所著的《柏拉图的〈理想国〉》（1941年）；因为他在对柏拉图在其中建议实行乌托邦工程的一个段落里（它即是《理想国》500d以下，即"擦净画板"和一种浪漫主义的建议；参照第322页注①以及正文）的注释里写道："与在425e处讽刺的在改革中的零星修补形成对照……"康福德似乎不喜欢零星的改革，而且他似乎更喜欢柏拉图的方式；但是他和我对于柏拉图的意图的解释看来是彼此一致的。

　　这一段里接下去的四段引文引自《理想国》，371d/e；463a—b（"供应这就是我们关于这个低等阶级的情况如此匮乏的原因。但是柏拉图的缄默并非完全没有中断过。他有一次问道："没有一点智慧而且不值得允许其进入这个社会，但却拥有从事重体力劳动的强

者"和"雇佣者"）；549a；以及471b/c。亚当评论道（同前引书，第1卷，第97页，对371e32的注释）："柏拉图不允许奴隶在其城邦里劳动，或许蛮族除外。"我同意柏拉图在《理想国》（469b—c）中反对对希腊战俘的奴役；但是他继续（在471b—c）鼓励由希腊人而且特别是由他的最好国家的公民们奴役外邦蛮族人（这看起来也是塔恩的看法；参照第二卷第182页注①）。而且柏拉图猛烈抨击雅典人反对奴隶制的运动，并坚持当财产是奴隶时的法定财产权利（参照第90页注②及91页注①对应的正文）。也正如在本注释附注的那一段里的第三段引文〔引自《理想国》，548e/549a〕所显示的那样，在他的最好城邦里，他并没有彻底废除奴隶制。（也可参见《理想国》，590c/d，在那里他为粗鲁的人应当做最好的人的奴隶这项要求做了辩解。）因此当泰勒两次断言（在其《柏拉图》一书1908年和1914年版，第197和118页），柏拉图暗示着"在社会中不存在奴隶阶级"时，他就是搞错了。关于泰勒所著《柏拉图：生平及其著作》（1926年）中的类似观点，参照第96页注①的结尾部分。

我认为，在《法律篇》中柏拉图对奴隶制的论述，反映着有关他在《理想国》中的态度的许多观点。因为在这里他也没有多谈论奴隶们，尽管他明确地假定在其国家中存在奴隶。（参见他在289b/c的很有特色的话，即"除了奴隶之外，驯养动物方面的所有财产权"都已经论述过了；以及在309a的一处类似的富有特色的话，即真正的治御之术"使那些耽于无知和可鄙的谦卑之人成为奴隶"。）从289c以下特别是289d/e可以看出，柏拉图对奴隶没有多谈什么的原因是非常清楚的。他并没有在"奴隶和其他各种奴仆"——诸如劳动者、手艺人、商人（即所有挣钱"为了糊口"的人们；参照第二卷第8页注①）——二者之间看出有某种重要差别；奴隶仅仅是作为"通过购买得来的奴仆"才区别于其他各种人。换句话说，他是如此高居一出身微末者之上，以至于几乎不值得他花点时间费心去讨论那些细微的差别。所有这些与《理想国》都很类似，只是表达得更为清晰了一点儿〔也见第297页注①（2）〕。

关于在《法律篇》中柏拉图对奴隶制的论述，尤其可参见G. R.莫罗的《柏拉图与希腊奴隶制》（《心灵》，N. S.第48卷，第186—201页；也见第402页），这篇文章对这个主题做出了精彩严谨的概述，并得出了一个非常公正的结论，尽管在我看来，该作者仍有一点偏袒柏拉图。（这篇文章也许并没有足够充分地强调，在柏拉图时代，有一场反对奴隶制的运动方兴未艾；参照第141页注②）。

壮体魄，难道这样的做苦工的劳动者不存在吗？"既然这种让人难受的话引来了一种安慰性的评论，即认为柏拉图不允许奴隶进入其城邦，我在这里想要指出，这种观点乃是一种误解。确实，柏拉图在任何地方都没有清楚透彻地讨论在他的最好国家中的奴隶地位问题，而且，他说最好要避免采用"奴隶"这个说法，并且我们应该称一般劳动者为"供应者"或者甚至是"雇佣者"，这一点甚至也是属实的。但这却是出于政治宣传的目的。在任何地方都找不到有关应该彻底废除或减轻缓和奴隶制度的最轻微的暗示。恰恰相反，柏拉图只是对那些赞同废除奴隶制度运动的"心慈手软的"雅典民主主义者表示了鄙视的态度。而且，例如，在他描述荣誉政制这种第二好的和仅次于最好国家的国家时，他就把他的观点讲得很清楚。在那里，他谈及荣誉政体下的执政者："他将倾向于严酷对待奴隶们，因为他正如一个有教养的人一样鄙视他们。"但是，因为只有在最好城邦之中，才能找到优于荣誉政制的教育，我们必然会得出在柏拉图的最好城邦之中存在奴隶的结论，并且一定可以认为奴隶们并未被苛待，而是恰如其分地受到鄙视。在他对奴隶们的自以为公正善良的蔑视目光之中，柏拉图并没有详细阐述这个问题。这一结论得到如下事实的充分的进一步证实，在《理想国》中有一个批评当时希腊人奴役希腊人的实际情况的段落，最后是以明确地赞同奴役蛮族，而且甚至是向"我们的公民"——即最好城邦的那些公民——提出"像现在希腊人对希腊人所做的那样去对待异邦人"这样的建议而告终。并且，这一点可由《法律篇》中的内容以及在那里采取的对奴隶们的最不人道的态度，得到进一步的证实。

既然只有统治阶级才拥有政治权力，包括使众牲的数量保持在防止他们变成祸害的限度之内的权力，那么维护国家的整个问题就降低为保持统治阶级内部团结的问题。怎样使统治者

们的这种团结得以保持呢？要靠训练和其他心理影响的办法，
但除此之外主要是靠消除可能导致分裂的经济利益。这种经济
上的节制是通过实行共产主义来实现和控制的，即通过废除私
有财产权，尤其是废除贵重金属的私有制，来做到这一点。
（在斯巴达，占有贵重金属是被禁止的。）这种共产主义被局限
于统治阶级，只有这个阶级必须保持免于分裂；被统治者之间
的争执不值得予以考虑。既然所有财产都是共同财产，那么一
定也存在着对妇女和儿童的共同所有制。统治阶级的任何一个
成员都不能确认其子女或父母。家庭必须被废除，或者确切地
说，必须被扩展到覆盖整个武士阶级。不然的话，对家庭的忠
诚就可能成为一种可能引起纷争的根源；故此，"每个人应当
把所有人都看作如同属于一个家庭一样"①。（这种建议既不像
它听上去那么新颖，也不那么具有革命性；我们一定记得，斯
巴达人像对私自开伙的禁令——不断被柏拉图作为"公餐"制
度加以引用——一样，对家庭生活的私密性进行限制。）但是
甚至是对妇女和儿童的共同所有制也不足以保护统治阶级免受
一切经济危险的威胁。避免繁荣昌盛连同避免贫困都是很重要
的。两者都对团结构成威胁：贫困，是因为它驱使人们采取孤
注一掷的手段来满足其需要；至于繁荣，则是因为绝大多数的
变化起源于富足，起源于使危险的实验成为可能的财富积累。

---

① 这段引文出自在《蒂迈欧篇》中柏拉图对《理想国》的总结。——关于有
关所提建议的妇女和儿童的社会生活情况缺乏新意的评论，可比较亚当编辑
的《柏拉图的〈理想国〉》，第Ⅰ卷，第 292 页（对 457b 以下的注释）以及
第 308 页（对 463c17 的注释），连同第 345—355 页，特别是第 354 页；关
于在柏拉图的共产主义中的毕达哥拉斯学说的成分，参照前引书，第 199
页，对 416d22 的注释。〔至于贵重金属，参见第 352 页注①。关于公共伙
食，参见第 211 页注②；关于柏拉图及其后继者学说中的共产原则，参见第
157 页注②（2）和那里提到的各个段落。〕

只有一种既不为极度匮乏，也不为大量财富留有空间的共产主义体制，才能把经济利益降低到一个最低限度，并能确保统治阶级的团结。

因此，他的最好城邦的统治集团的共产主义可能起源于柏拉图的基本的社会学的变化规律；它是作为其基本特征的政治稳定性的一个必备条件。但是尽管它是一个重要条件，它却不是一个充分条件。为了使该统治阶级可以感受到真正的团结一致，为了它必须觉得如同一个部落即像是一个大家庭一样，来自这个阶级之外的压力如同该阶级的成员之间的联系纽带一样必要。这种压力可以通过强调和拓宽统治者与被统治者之间的鸿沟而得以确保。认为被统治者是一个不同的且是一个全然劣等之种族的这种感觉越是强烈，统治者之间的团结感就越强烈。这样我们就达到了这样一条基本原则，它是仅仅稍加犹豫之后被宣布出来的，即在不同阶级之间，不得存在相互混同的情况①。"从一个阶级到另一个阶级的任何胡乱安排或调换，"柏拉图说道，"都是一种背叛城邦的重罪，并应作为最卑劣的邪恶行径而理所当然地受到谴责。"但是必须证明这样一种严格的阶级划分是正当的，而且证明其正当的尝试只能从断言统治者优越于被统治者这一点来着手去做。于是，柏拉图试图通过三重主张，即统治者在种族、教育和他们的价值尺度这三个方面是极其优越的这一点，证明其阶

---

① 引用的这一段落引自《理想国》434b/c。在提出要求建立一种等级制国家这一点上，柏拉图犹豫了很长时间。这和讨论到的这个段落的"冗长引言"（将在第六章中加以讨论；参照第 204 页注①和 216 页注①）有相当大的差别；因为当他在 415a 以后第一次谈到这些问题时，他说到假如在低等阶级中"生来即掺有金和银的孩子"（415c），即具有上层阶级的血统和美德，那么似乎从低等阶级升到高等阶级是可以允许的。但在 434b—d，以及更明显地是在 547a，这个许可实际上被撤销了；而在 547a，则宣称不同种类金属的任何一种混杂都是注定危及国家的一桩罪恶。也见第 269 页注①和 270 页注①—③对应的正文〔以及第 96 页注①（3）〕。

级划分是正当的。关于柏拉图的道德评价——当然是与其最好国家的统治者们的道德评价相一致的——将在第六章至第八章中加以讨论；因此，在这里我把自己限定于描述他的某些有关其统治阶级的起源、生育和教育的思想观念。（在着手开始这种描述之前，我首先想表明我的信念，即人的优越性，无论是种族上的，或是智力上的，或是道德上的，或是教育上的优越性，都永远不能成为要求某种政治特权的理由，即使这样的优越性可能得到证实。在当今的文明国度里的绝大部分人承认种族优越性乃是一个神话；但是即使它是一个已被确认的事实，它也不应该产生特殊的政治权利，但是它却给优越者们带来了特殊的道德责任。应当对那些在智力上和道德上及教育方面具有优势的人们提出类似的要求；而且我不禁感到，某些理智主义者和道德主义者的相反主张，仅仅是显示了他们所受的教育是多么的不成功，因为这种教育没有使他们意识到他们自身的局限性，而且没有让他们意识到他们的伪善。）

四

如果我们想要理解柏拉图关于其统治阶级的起源、生育和教育的观点，我们就不能忽略我们的分析的两个要点。我们必须牢记，首先，柏拉图是在重现描述一个过去的城邦，尽管它与现在的国家联系在一起，其某些特征在现在的各种国家里，如在斯巴达，仍然可以辨别出来；其次，他是着眼于其稳定性的条件来重新构想其城邦的，而且他只是在其统治阶级本身内部，尤其是在其团结一致和力量方面，为这种稳定性寻求保证。

就统治阶级的起源而论，可以提到，柏拉图在《政治家篇》里谈到甚至先于他的最好国家的某个时代，在那个时候"上帝本身是人们的放牧者，统治着他们，就像人类……仍然统治着兽

类一样。那时不存在……对妇女和儿童的所有权"①。这不仅是

---

① 参照《政治家篇》，271e。《法律篇》中有关原始游牧部落及其族长们的段落是 677e—689e。这一段引自《法律篇》，680e。下面所引一段出自土生人的神话，《理想国》，415d/e。这一段落的结尾引文出自《理想国》，440d。——可能有必要增加对本注释所附注的该段落中某些话的一些说明。

（1）在正文中讲述了关于"定居"是如何而来的并未得到特别清楚的解释。在《法律篇》与《理想国》两者中，我们首先得知〔见（a）和（c），及以下〕有一种协议或社会契约（关于社会契约，参照第157页注②以及第222页注①至233页注②和正文），而后来〔见（b）及（c），以及以下内容〕则是一种武力征服。

（a）在《法律篇》中，山地游牧部落的不同部落汇合在一起，以形成规模更大的战团，其法律是经由某种协议或契约，由王权授权的仲裁者制定的〔681b 和 c/d；关于在 681b 所描述的法律的起源，参照第59页注①（2）〕，在此之后，这些部落定居于大片平原之上。但是现在柏拉图却变得含糊其辞了。不是描述这些家族群是怎样定居于希腊，以及希腊各城邦是怎样建立起来的，柏拉图转到了荷马关于特洛伊城建立的故事，以及特洛伊战争的故事。从那儿开始，柏拉图说道，亚加亚人重新被称为多利安人，而且，"该故事的剩余部分……成为斯巴达人历史的一部分"（682e）；"因为我们已经说到了斯巴达定居地"（682e/683a）。到此为止，我们没有获知关于这种定居方式的内容，而且接下去马上就是一种更离题的话了（柏拉图本人谈到了"兜圈子的论证"），直到最后（在 683c/d）我们获得了正文中提到的"暗示"；参见（b）。

（b）在正文中说到我们得到了一个暗示，就是说明多利安人"定居"于伯罗奔尼撒半岛实际上是一种武力征服，这引证了《法律篇》（683c/d），在那里柏拉图事实上提出了他对斯巴达的最初的历史评价。他说他的叙述开始于整个伯奔尼撒半岛被多利安人"实际征服"之时的时代。在《米纳塞努篇》里（其真实性几乎无可置疑；参照第357页注②），在 245c 有一处影射了伯罗奔尼撒人是"外来移民"这个事实（如格罗特所说；参照他的《柏拉图》一书，第Ⅲ卷，第5页）。

（c）在《理想国》（369b）中，该城邦是由工匠们根据契约理论，着眼于劳动分工与合作的好处而建立起来的。

（d）但是后来（在《理想国》，415d/e；见对应于这一段的正文中的这段引文），我们读到对一个具有神秘起源的武士阶级——"大地出生者"的成功入侵的描述。这个描述的关键一节说明了，大地之子孙必须四处找寻以

找到其扎营地，最合适于"制服那些城邦内的人"，即压服那些已经在该城邦内居住的人们，也就是说要压制这些居民。

（e）在《政治家篇》（271a，f.），这些"大地之子孙"就是定居前阶段的更早期的游牧山地部落。也可参照《会饮篇》191b处间接提到土生蚱蜢；参照第45页注①（1），以及第269页注①（2）。

（f）总而言之，看来柏拉图对多利安人的征服了解得相当清楚，由于显而易见的原因，他更喜欢把它遮掩于神秘面纱之中。当时似乎还存在一种传统说法，即发动征服战争的游牧部落都是山地游牧者的后裔。

（2）在这一段正文里稍后关于柏拉图对统治即是放牧羊群这个事实的"持续强调"的评论，例如可参阅下述几个段落：《理想国》，343b，在那里首次提出了这种想法；345c以后，在那里，以一种好牧人的明喻说法，它成为研究的中心话题之一；在375a—376b，404a，440d，451b—e，459a—460c，以及466c—d（在第159页注①里引用到），在那里辅助者被比作牧羊犬，并相应地讨论了他们的生育和教育；416a以下，在那儿首次提出了国家之内或国家之外的豺狼问题；进而可参阅《政治家篇》，特别是261d—276d，继续以许多页的篇幅阐述这种思想。至于《法律篇》，我可以指出这一段落（694e），其中柏拉图谈及居鲁士，即他为他的儿子们捕获了"牛、羊以及许许多多成群的牧人和其他动物"。（也可参阅《法律篇》，735和《泰阿泰德篇》，174d）

（3）关于全部这些内容，也可参阅汤因比的《历史研究》，特别是 Vol. Ⅲ，第32页（注①），在那里引用了 A. H. 利比耶的《奥斯曼帝国政府》等，第33页（注②），50—100；尤其更要参阅他关于"与……人交往"的获胜的游牧部落以及关于柏拉图的"人类看门狗"（第94页注②）的评论。我一直受到汤因比的精彩观点的激励，并受到他的许多评论的极大鼓舞，我把这些评论作为对我的解释的进一步证实，而且我对其评论的评价越高，汤因比的和我的基本假设看起来就越不一致。在我的引文中，我还从汤因比那里借用了大量的术语，特别是"众牲"、"群氓"和"人类看门狗"。

在我看来，汤因比的《历史研究》是我称之为历史主义的一个典范；我无须赘述以表明我同它的根本分歧；而且在不同地方将讨论到许多特别的分歧之处〔参阅第116页注①和119页注②（2），第336页注①、340页注①以及第二十四章；也见我在第二十四章，及《历史主义贫困论》（《经济学》，第12卷，1945年）第70页以下对汤因比的批评〕。

但是，汤因比的书包含着许多有趣的令人鼓舞的观点。关于柏拉图，汤因比强调的许多观点，我可以同意他，尤其是柏拉图的最好国家是受到他的社会革命的亲身经验以及他阻止一切变化的愿望的启发，而且它是一种受到抑制的斯巴达（其本身也是受到抑制的）。尽管有这些相同点，在解释柏拉图方面，在汤因比的观点与我自己的观点之间甚至还存在着某种根本性的分歧。汤因比视柏拉图的最好国家为一种典型的（反动）乌托邦，而我则联系我所认为的柏拉图关于变化的一般理论内容，把其主要部分解释成是重构某种原始社会形态的好的放牧者的明喻说法；按照柏拉图在《法律篇》中所说的，它必须以比那种方式更为遵照字面原义地加以解释。因为我们被告知，这种原始社会，甚至先于最早的且是最好的城邦，是一个由一名族长统领的游牧山地部落。柏拉图在那里谈及先于最初定居的阶段时说道："……作为从其父亲或母亲那里继承了其权威的最年长者的统治，政府产生了；所有其余的人像一群鸟儿那样追随他，由此形成了由父权制权威和所有君主政体之中最为公正的王权统治着的一个单一的游牧部落。"据说，这些游牧部落以"多利安人"的名义，定居于伯罗奔尼撒半岛的各个城邦，尤其是斯巴达。这是如何发生的，并未明确地加以解释，但当我们得到"定居"实际上乃是一种暴力征服的暗示时，我们就理解了柏拉图不愿解释的原因。众所周知，这是多利安人定居于伯罗奔尼撒半岛的真实故事。我们故此有充分理由相信，柏拉图意在使其故事作为对史前事件的一种如实的描述；作为一种不仅是对

一种尝试。我不认为汤因比会同意我在本注释及正文中简述的对柏拉图关于定居之前时期以及关于定居本身的故事所做的解释；因为汤因比说（前引书，第 3 卷，第 80 页），"斯巴达社会并非起源于游牧部落"。汤因比特别强调（同上书，第 3 卷，第 50 页以下）斯巴达社会的特殊性质，即如他所说的，因为有一种压制他们的"众牲"的超人的力量，而在其发展方面受到抑制。但是我认为，这种对于斯巴达特殊状况的强调使我们难于理解在斯巴达与克里特之间的，柏拉图所发现的如此引人注意（《理想国》，544c；《法律篇》，683a）的相似性。我相信，这些只有视为滞留的非常古老的部落制度形式才能得以解释，这些制度形式必须被视为要比斯巴达在第二次美塞尼亚战争（约公元前 650—620 年；参阅汤因比，同上书，第 3 卷，第 53 页）中的行动还要古老得多。既然这些制度存在的条件在两个地区是如此不同，那么它们的相似性就是一个有力证据，表明它们是原始性的，而不是应用仅仅影响其中一个地区的单一因素来加以解释。

　　关于多利安人定居的问题，也可参见 R. 艾斯勒的《高加索》，第 5 卷，1928 年，尤其是第 113 页，注释 84，在那里，术语"古希腊人"被翻译为"定居者"，而"希腊人"被译为"畜牧者"——也就是养牛人或游牧者。这位作者已证明了［《关于奥菲斯教及狂饮神秘仪式的思考》（1925 年），第 58 页，注释 2］，牧羊神的观念来源于奥菲斯教。在同一处，提到上帝的牧羊犬。

多利安人主人种族的起源，也是对其众牲即原住民的起源的描述。在《理想国》的一个类似段落里，在论述"从大地中出生者"，即最好城邦的统治阶级的起源时，柏拉图提供给我们关于征服本身的一个神话般的但却是非常直截了当的描述。（土生人的神话将在第八章中从某种不同的观点加以讨论。）他们向原先由商人和工匠们建立的城邦的胜利进军被描述如下："使这些从大地里出生的人们武装起来并使之受过训练之后，让我们现在令他们在保护者的指挥之下进军，直到他们抵达城邦。接着让他们四处查看以找到他们安营扎寨的最佳地点——即如果任何人表露出不愿遵守法律，以及阻挡可能如同群狼突然袭击关在羊栏中的羊群一样的外敌之时，最适合于控制居民们的地点。"这一则关于一个定栖人群被一个发动占领战争的游牧部落（在《政治家篇》中它等同于定居以前阶段上的游牧山地部落）征服的简短而得意的故事，当我们解释柏拉图反复重申的坚决主张，即好的统治者，无论是诸神或半神半人或保护者，都是父权制的牧人者，而且真正的政治艺术，即统治的艺术，是一种放牧，也就是管理和制服众牲的艺术，这时我们必须把那一则故事牢记在心。并且，我们必须从这个角度来考察他对"像牧羊犬受制于牧羊人一样，受制于国家统治者的辅助者"的生育与训练的描述。

　　辅助者的生育和教育以及由此而来的柏拉图的最好国家的统治阶级的生育和教育，如同他们随身携带武器一样，乃是一种阶级象征，因而是一种阶级特权①。而且生育和教育并不是空洞的符号，而是像武器一样，是阶级统治的工具，而且是确保这种统

---

①　在柏拉图的国家里，教育乃是一种阶级特权的事实一直被一些满腔热情的教育学家忽视，他们认为柏拉图有使教育独立于金钱财力的这种思想；他们没有看到罪恶之处恰恰在于阶级特权本身，而且，这种特权是以占有金钱为基础，或是以决定统治阶级成员身份的任何其他标准为基础，这相对而言并不重要。参阅第252页注①—②及正文。关于随身携带武器，也见《法律篇》，753b。

治的稳定性所必需的。柏拉图仅仅是从这个角度来论述的，即把它们作为有力的政治武器，作为有助于放牧众牲，并有助于使统治阶级结成一体的手段。

为了达到这个目的，重要的是，主人阶级必须感到他们是一个优越的主人种族。柏拉图（为杀婴辩护时）说道，"保护者的种族必须保持纯正"①，这时他首次提出种族主义的论点，即我们非常细心地饲养动物，反而忽视了我们自己的种族，这个论点他此后一直反复重申。（杀婴并不是雅典的制度；柏拉图了解到它曾在斯巴达出于优生的理由而实行过，就得出了结论，说它必定是古老的并因此就是好的做法。）他要求同样的规则应当应用于主人种族的繁衍，就如同由某个经验丰富的饲养者将它应用于狗、马和鸟身上一样。"如果你不按这种方式来繁殖它们，你不认为你的鸟和狗将很快地退化吗？"柏拉图辩诘道；而且他得出了"同样的原则适用于人的种族"这个结论。他所要求的保护者或辅助者的种族性质，更具体地说，就是一只牧羊狗所具有的那些特性。柏拉图要求："我们的健壮武士……必须像牧羊犬一样警觉"，并且他问道："就他们在天性上即适宜于保卫而言，在英勇的青年和良种狗二者之间，想必是不存在什么差异吧？"

---

① 参照《理想国》，460c。（也见第100页注①）关于柏拉图的杀婴建议，参见亚当，同前引书，第1卷，第299页对460c18的注释，以及第357页以下。尽管亚当正确地认为柏拉图赞成杀婴，而且尽管他反对"为柏拉图开脱支持"这样一种可怖习俗的责任的所有企图，认为它并非"无关紧要"，但是他试图以指明"这种习俗在古希腊是普遍盛行的"来原谅柏拉图。但在雅典，情况并非如此。柏拉图自始至终赞赏古代斯巴达的野蛮行为和种族主义，而不喜欢伯里克利统治下的雅典的开明；而因为这种选择，他必须承担责任。关于解释斯巴达风俗的假说，请参见第十章有关注释（及正文）；也见那里给出的交叉引证的说明。

这一段中支持把饲养动物的原则适用于人的后面几处引文，系引自《理想国》，459b（参照第285页注①及正文）；那些关于狗与武士之间类比等内容的引文，引自《理想国》404a；375a；376a/b；以及376b。也见第169页注①（2）以及这里的下一个注释。

在他对狗的热忱和赞赏之中，柏拉图甚至走得更远，以致在狗身上觉察出一种"真正的哲学的本性"；因为，"热爱学习不是和哲学的态度相一致的吗？"

困扰柏拉图的主要困难是，保护者与辅助者必须被赋予同时既凶猛残酷又温厚平和的一种性格。显而易见，必须培养他们要凶猛，因为他们必须"以一种无所畏惧和不可战胜的精神抵挡一切危险"。然而，"假如他们的本性应当像那么一种样子，怎么才能让他们避免彼此之间以及针对其余公民们的暴烈冲突呢？"① 的确，"假如牧人们养着……本应照看羊群的狗，而它们不像狗那样却像狼一样行事，这将是十分可怕的事情"。从政治均衡，或者不如说，从国家稳定的角度着眼，这个问题是很重要的，因为柏拉图并不依赖于不同阶级力量之间的均衡，因为那是不稳定的。主人阶级对于被统治者的敌对力量的某种控制，其专制权力以及其凶猛残酷，这是不必考虑的事情，因为主人阶级的优越地位必须保证不会受到挑战。唯一值得考虑的主人阶级的控制问题于是就是自我控制。就如同统治阶级必须实行经济上的节制，即克制对被统治者的过度的经济剥削，因此在对付被统治者时，还必须要能够抑制过度的凶残。但这只有在其本性之凶残被其温和中和的情况下，才能够实现。柏拉图发觉这是一个非常严峻的问题，因为"凶残本性恰恰是温和本性的对立面"。其代言人苏格拉底说他被搞糊涂了，直到他再次想到了狗。他说："训练有素的狗天性即是对其朋友及熟识者极为温和，而对陌生人刚

----

① 注释号之前两段引文均引自《理想国》，375b。接下来的一段引文出自416a（参照第99页注①）；其余各段引文引自375c—e。把相反的"性质"〔或者甚至是形式；参照第147页注②、151页注①、152页注①—②和169页注①（2），以及第八章的正文和第285页注①〕混杂在一起的问题，是柏拉图最感兴趣的话题之一。（在《政治家篇》，283e以下及后来在亚里士多德的著作中，它与关于中庸的学说融合为一体。）

好相反。"于是，这就证明了"我们试图赋予我们的保护者的这种性格并不同天性相抵触"。培养主人种族的目标就如此这般地确定下来，而且被证明是可以达到的。这种分析是从保持国家稳定所必需的条件中得出来的。

柏拉图的教育目的恰恰与此相同。它纯粹是政治的目的，即通过把凶猛成分和温和成分混合而成统治者的性格，以使国家稳定。教给希腊上层阶级的孩子们的两门科目，即体操和音乐（后者在这个词的更宽泛的含义上包括了所有文艺方面的学习），被柏拉图和性格中的凶狠和温和这两种成分联系在一起。柏拉图问道①："难道你没有观察到，没有音乐的单一的体操训练是怎样影响到性格，以及相反的训练又是怎样影响性格的吗？……专门只教体操会造就出过分凶猛的人，而与之类似仅以音乐作为先入之见，则会使他们心肠太过柔软……但我们要保证我们的保护者必须把这两种本性结合在一起……这就是为什么我说，某个神明一定是已经给了人这两种技艺，即音乐和体操；而且它们的目的与其说分别地服务于灵魂和肉体，不如说应把两根主弦协调定音"，也就是说，把灵魂的两种成分即温厚平和与凶猛残酷二者协调和谐起来。"这些就是我们的教育和训练体制的框架"，柏拉图这样总结了他的分析。

尽管事实上柏拉图把灵魂的温和成分同其哲学倾向等同起来，而且尽管事实上在《理想国》后面各部分里，哲学即将扮演这么一种占据支配地位的角色，但他一点也不偏向灵魂的温和成分，或音乐的即文艺的教育这一方。在平衡两种成分上不偏不倚，这导致了他对文艺教育施加了同当时雅典的习惯做法相比最为严厉的限制，这一点更加值得注意。这当然只是他偏爱斯巴达人的习俗而不喜欢雅典人习俗这个总倾向的一个组成部分。（他

---

① 这些引文出自《理想国》，410c；410d；410c；411e/412a 以及 412b。

的另一个模型克里特，甚至比斯巴达更加反对音乐教育①。）柏拉图关于文艺教育的各项政治原则是以简单的比较为基础的。他看到，斯巴达对待其众牲就有点过于严酷无情了；这是一种症候或者甚至是对某种懦弱情感的招认②，因而是主人阶级刚刚开始出现的退化的征兆。另一方面，雅典对待奴隶则是完全的自由而懈怠。柏拉图以此作为证据，即斯巴达有点过多地强调了体操，而雅典自然是过分重视了音乐。这种简单的估价使他能够得以重构在他看来在最好国家的教育当中两种成分的真正的适度分寸或真正的相互结合，并阐述了他的教育政策的原则。从雅典人的观点来判断，要求所有文艺教育都应以斯巴达针对一切文艺问题施行严格的国家控制的做法为楷模的主张③，这是没有任何意义的。不仅诗歌而且在普通意义上的音乐，都得由严格僵化的审查

---

① 在《法律篇》（680b以下）中，柏拉图本人以某种讽刺的笔调论及克里特，因为它对文学作品愚昧无知。这种无知甚至也涉及荷马的作品，克里特对话者并不知道荷马，而且他说道："克里特人很少读外国诗人的作品。"（"但是在斯巴达，人们却读这些作品"，斯巴达对话者回答说。）关于柏拉图对斯巴达习俗的偏爱，也见第211页注②及第209页注①对应的正文。

② 关于柏拉图有关斯巴达对待众牲的观点，参见第99页注②，《理想国》548e/549a，在其中把荣誉政制下的人同柏拉图的哥哥格劳孔作了比较："他将更坚强"（比格劳孔），"且较少音乐素养"；这一段接下来的内容在第71页注①对应的正文中引用到。——修昔底德披露了（第4卷，第80页）对2000名希洛人（奴隶）的奸诈的残杀；通过许诺自由把希洛人中最优秀者选出来，令其受死。几乎可以断定，柏拉图十分了解修昔底德，而且我们可以确信，他此外有更直接的信息来源。

　　关于柏拉图对雅典宽待奴隶的看法，参见第91页注①。

③ 就《理想国》的明显的反雅典及因此反文艺的倾向而论，要解释为什么如此之多的教育学家这么热衷于柏拉图的教育理论，是有一点困难。我只能看出三种可能的解释。他们或者没有一个理解《理想国》，尽管它对于那时既存的雅典文艺教育持最坦率的敌视态度；或者柏拉图对于教育的政治力量的辞藻华丽的强调非常简单地取悦了他们，就像如此之多的哲学家的情况一样，并且甚至是某些音乐家所表现的那样（参见第114页注①对应的正文）；或者两者兼而有之。

制度加以控制，而且二者都应当通过使年轻人更自觉于阶级纪律，并且因此更乐于服务于阶级利益，而完全用来服务于强化国家的稳定①。柏拉图甚至忘记了，是音乐的功能使年轻人更为温和，因为他所要求的音乐形式是使他们更勇敢，即更加凶悍。（鉴于柏拉图是一名雅典人，他关于真正的音乐的观点在我看来，

要弄明白古希腊艺术与文学的爱好者们怎么能够在柏拉图那里获得鼓舞，这也是困难的，柏拉图特别是在《理想国》的第 10 卷里，对所有诗人和悲剧作家，特别是荷马（甚至是赫西奥德），发起了最激烈的抨击。参见《理想国》，600a，在那里荷马被说成低于一个好的工匠或技师（他们一般被柏拉图鄙视为仅为赚钱糊口且道德败坏；参照《理想国》，495e 和 590c，以及第二卷第十一章第 8 节注①的水平；《理想国》600c，其中荷马被说成低于智者派的普罗塔哥拉和普罗狄科斯）；也见冈珀茨《希腊思想家》，德文版，Ⅱ，第 401 页）；以及《理想国》，605a/b，其中直言不讳地禁止诗人们进入任何一个治理有序的城邦。

然而，关于柏拉图态度的这些清晰表述，通常被评论家们有意忽略了，他们在另一方面则停留在像柏拉图在准备攻击荷马时所说的话（"……尽管对荷马的喜爱和钦佩几乎不允许我说我不得不说的话"；《理想国》，595b）。亚当对这一点的评论（对 595b11 的注释）是说"柏拉图是怀着真实的感情说这番话的"；但是我以为，柏拉图的说法只是表明了在《理想国》中相当常用的一种方法，也就是在对人道主义观念发起重要抨击之前，先对读者的感情做出某种让步（参照第十章，尤其是第 388 页注②对应的正文）。

① 关于旨在维护阶级纪律的严格的审查制度，参见《理想国》377e 以下，以及特别是 378c："那些将要做我们城邦的保护者的人应把相互之间动辄发生争吵视为最有害的犯罪。"有趣的是，当他在 376e 以下首次提出其审查制度理论时，柏拉图并没有立即阐明这条政治原则，而只是首先谈到了真理、美、等等。在 595a 以下，特别是 605a/b（参见前面的注释，以及第 256 页注①—③、257 页注①、258 页注①和正文），审查制度进一步被强化。关于在《法律篇》中审查制度的作用，参见 801c/d。——也见下一条注释。

关于柏拉图对其原则即音乐必须强化人身上与凶悍相对的温和成分的疏忽健忘（《理想国》，410c—412b，参见第 111 页注①），尤可参见 399a 以下，其中要求音乐的调式不要让人心肠柔软，而要"适合于做武士的人"。也可参照下一条注释（2）——必须搞清楚，柏拉图并没有"忘记"原先已宣布的原则，而只是"忘记"了他的论述将要逐渐迂回地引出的哪一条原则。

在其迷信的褊狭上，几乎是不可思议的，尤其是若要对比当时更有启发意义的评论的话，这一点就更明显了①。但即便是在今

---

① （1）关于柏拉图对于音乐特别是真正的音乐的态度，例如可参见《理想国》397b 以下；398e 以下；400a 以下；410b，424b 以下；546d。《法律篇》657e 以下；673a，700b 以下，798d 以下，801d 以下，802b 以下，816c。他的态度基本上是，一个人必须"当心向一种新调式音乐的变化；这会危及一切"，因为"在音乐风格上的任何一种变化，总是导致整个国家的最重要的制度的某种改变。达蒙是这么说的，而且我相信他"。（《理想国》，424c。）柏拉图像通常情况一样，遵循了斯巴达人的典范。亚当（同前引书，Vol. Ⅰ，第 216 页，对 424c20 的注释；着重号是我所加；也可参照他的参考文献）说："在音乐的变化与政治变化二者之间的联系……被认为在整个希腊，特别是在斯巴达被普遍承认，在斯巴达……提谟修斯因把他的里拉（古希腊一种弦乐器——译者）增加了四根新弦，其里拉即被没收充公。"斯巴达的惯例鼓舞了柏拉图，这无可置疑；在整个希腊以及特别是在伯里克利统治时期的雅典，它能得到普遍承认，则极不可信〔参照本条注释之（2）〕。

（2）在正文中，我把柏拉图对于音乐的态度（尤其可参阅《理想国》，398c 以下），如果将它同"一种更有启发性的同时代的批评"相比，称之为迷信的和落后的。我想到的这种批评是一位匿名作家的意见，他可能是一位五世纪（或四世纪早期）的一位音乐家，现在被作为格伦费尔和亨特的《希贝莎草纸文稿》（1906 年，第 45 页以下）中的第 13 篇而闻名的一篇演说（可能是一篇奥林匹亚演讲稿）的作者。似乎可能该作者是亚里士多德提到过的（在其《政治学》，1342b 的同样是迷信性的段落，其中他重述了柏拉图的大部分观点），"批评苏格拉底的不同音乐家"（即柏拉图的《理想国》中的"苏格拉底"）中的一位；但是这位匿名作者的批评比亚里士多德所说的更为深刻。柏拉图（及亚里士多德）认为，特定的音乐调式，例如"舒缓的"爱奥尼亚和利第亚调式，使人们心肠柔软并缺乏刚劲之气，而其他类型的特别是多利安调式，则使他们勇敢。这种观点受到这位匿名作者的抨击。"他们说，"他写道，"某些调式养成了自我克制的人，而其他调式养成了正直的人；又说，其他的造就了英雄，而其余的培养出了懦夫。"他指明，某些最好战的希腊部落使用的是被称为产生懦夫的音乐调式，而特定专业性（歌剧）演唱者习惯性地以"英雄式"的调式来演唱，却从来没有显示出有成为英雄的迹象。这个批评相当精辟透彻地揭穿了这种观点的愚蠢之处。这种批评可能是针对雅典音乐家达蒙的，他常被柏拉图当作一名权威加

天，仍有许多音乐家站在他一边，这可能是因为他关于音乐的重要性即其政治力量的宏论讨好了他们。教育学家的情况也是如此，而且哲学家们尤甚于此，因为柏拉图主张应由他们来统治；这种主张将在第八章中加以讨论。）

决定着灵魂教育的政治原则，即保持国家的稳定，也决定着对肉体的教育。其目标纯粹是斯巴达的教育。雅典的公民们要教育成具备通用性的多种才能，而柏拉图要求统治阶级应当训练成为一种专业性的武士阶级，以便随时抵抗来自国家之外或来自国家内部的敌人。我们两度被告知，对男孩子和女孩子们，"必须让他们骑上马看看真实的战争；而且如果能够保证安全，必须把他们带上战场，并让他们尝尝血腥味道；就像人们对那些小猎狗所做的一样"①。一位现代作家把当代极权主义教育的特征概括为"一种被强化的和连续性的动员形式"，他的描述的确非常符合柏拉图的整个教育体制。

这就是柏拉图关于最好的或最古老的国家的理想框架，该

以引证，他是伯里克利（他持有自由派的主张，足以容忍在艺术批评领域内亲斯巴达的态度）的一位朋友。但它也很可能是针对柏拉图本人的。关于达蒙，参见 D⁵；关于有关这位匿名作者的猜测，参见出处同上，第 2 卷，第 334 页注释。

（3）鉴于我正在抨击针对音乐的一种"反动"态度这个事实，我也许可以说，我的抨击决不是出于对音乐"进步"的个人同情之故。实际上，我恰恰喜欢古老的音乐（越古越好），而且极不喜欢现代音乐（尤其是自瓦格纳开始写音乐那一天以来的绝大部分作品）。我完全反对"未来主义"，无论是在艺术领域，或是在道德领域（参照第二卷第二十二章及第二十五章第 421 页注④）。但我也反对将一个人的好恶强加于他人，并反对在这类事情上的审查制度。我们可以有爱有恨，特别是在艺术方面，但不赞成制定法定的标准，压制我们所痛恨的，或是把我们所喜爱的树为典范。

① 参照《理想国》，537a；以及 466e—467e。

对现代极权主义教育之特征的这种概括应归功于 A. 科尔勒的《反对西方的战争》（1938 年），第 318 页。

城邦对待其众牲就像一个聪明而冷酷无情的牧人对待他的羊群一样；并非过分冷酷，只有真正的蔑视……作为既是对斯巴达的社会制度又是对它们的稳定性和不稳定性的条件的一种分析，并且作为重构更为严格而原始的部落生活形式的一种尝试，这种描述的确十分精彩。（在本章里只论述了其描述性的方面，其伦理方面将在稍后加以讨论。）我相信，在柏拉图的著作中，许多内容通常一直被视为神话或乌托邦思辨，但用这种方法可以解释为社会学的描述和分析。例如，如果我们考察他关于成功地发动战争的游牧部落征服定居人群的神话，那么我们就必须承认，从描述性社会学的观点来看，它是极其成功的。实际上，它甚至可以称作是一种有趣的（尽管可能过于全面）现代的国家起源理论的先驱。按照这种现代理论，中央集权的和组织化的政治权力一般是在这样一种征服当中产生的①。在柏拉图的著作中，可能存在着比我们现在所能估计到的更多

---

① 柏拉图的引人注目的理论，也就是国家即中央集权的和组织化的政治权力产生于一次征服（某一个定居的农业人群被游牧部落或狩猎者征服），据我所知，首先是被休谟在他对契约理论的历史学版本形式的批评中（参照他的《道德、政治与文学随笔集》，第 2 卷，1952 年）重新发现的（假如我们不考虑马基雅维利的某些说法的话）：——"几乎所有的政府，"休谟写道，"现存的或是在历史上留有记载的政府，最初的建立或者是通过夺权篡位，或是通过征服，或两种情况兼而有之……"并且他指明，对于"一个机智而勇敢的人来说……通常很容易……有时通过暴力，有时采用诓骗的矫饰手段，就可以建立起他对比其党徒数量要多过百倍的一个民族……许多政府正是运用类似这些手段建立起来的；并且这恰好是原始契约，他们必定以此为荣。"后来，勒南在《民族是什么？》（1882 年）中，以及尼采在他的《道德系谱学》（1887 年）中，重新提出了这种理论；参见 1894 年，德文第 3 版，第 98 页。后者论及"国家"的起源（没有参考休谟）："一群白肤金发碧眼的野兽，一个从事征战的拥有好战性组织的主人种族……伸出它们可怖的利爪，猛扑向一群也许在数量上占极大优势的人群……就这样，大地上开始出现'国家'；我认为想以某种'契约'而产生国家的柔情感伤终结了。"这种理论投合了尼采的喜好，因为他喜欢这些白肤金发碧眼的野兽。

但是，最近也有几个人提出了这种理论，如奥本海默（《国家》，吉特曼译，1914 年，第 68 页），一位马克思主义者 K. 考茨基（在其关于《历史的唯物主义解释》一书中）；以及麦克劳德（《政治的起源和历史》，1931 年）。我认为，柏拉图、休谟和尼采所描述的那类事情，很可能在许多情况下发生了，假如不是在所有情况下发生的话。我只是在谈论组织化的而且甚至是中央集权的政治权力这个意义上的"国家"。我可以说，汤因比持有一种非常不同的理论。但是在讨论之前，我愿首先说明，从反历史主义的观点来看，这个问题并不十分重要。也许研究"国家"是怎样产生的这个问题本身是很有意思的，但是它同国家社会学无论什么样的关联都没有，按照我对它的理解，即是同政治技术没有关联（参见第三、九和二十五章）。

汤因比的理论没有把它本身限定于组织化的和中央集权的政治权力这个意义上的"国家"。他讨论的，确切地说是"文明的起源"。但这样就开始有了困难；因为他的"文明"有些是国家（如这里所描述的），有些是国家集团或序列，而且有些是像因纽特人那样的社会，它们并不是国家；并且如果"国家"的起源是否遵循着某一个单一的规划方案这一点存在疑问的话，那么当我们把诸如古埃及和美索不达米亚国家及其制度和技术作为一极，而把因纽特生活方式作为另一极，对这样如此多样的社会现象加以考察时，这就必然甚至是更加含糊不清了。

但是我们可以集中考察汤因比对于埃及和美索不达米亚"文明"起源的描述（《历史研究》第 1 卷，第 305 页以下）。他的理论是，某种艰苦的丛林环境的挑战，从足智多谋且富于冒险精神的领导者身上唤醒了一种责任感；他们带领其追随者们进入谷地，在那里他们开始耕作，并建立了国家。这种把有创造性的天才作为某种文化和政治领袖的（黑格尔哲学的和柏格森主义的）理论，在我看来极其浪漫。假如我们考察埃及，那么我们必须首先寻找种姓等级制度的起源。我相信，这极可能是征服的结果，就像在印度，每一拨儿新的征服者都要把一个新的种姓强加给旧的征服者。但是还存在其他的论点。汤因比本人赞成一种可能是正确的理论，即饲养动物及特别是训练动物同单纯的农业相比，是一种更晚的、更高级的而且是更困难的发展阶段，并且这个高级阶段是由大草原上的游牧部落达到的。但是在埃及，我们发现既有农业也有畜牧业，而且在绝大多数早期"国家"（尽管我猜想不是所有的美洲国家），情况都是这样。这似乎是这些国家包含着某种游牧因素的迹象，而且提出下面的假说似乎也是自然的：游牧因素乃是源于游牧部落的侵略者把他们的统治，一种种姓等级统治，强加于原有的农业人群。这种理论不同于汤因比的观点（同前书，Ⅲ，23f.），即游牧者建立的国家通常很快消失的观点。但是很多早期的等级国家都从事动物饲养业这个事实，必须从某种角度加以解释。

的这类描述。

五

　　让我们做一下总结。为了力图理解并解释他所经历的变化着的社会世界，柏拉图为此提出了一种内容详尽的系统的历史主义社会学。他把现存的国家视为某种不变的形式或理念的走向衰退的摹本。他试图重现描述国家的这种形式或理念，或者至少是要描述与之尽可能贴近相似的某种社会。沿袭古代的传统，他把他对斯巴达和克里特的社会制度——在希腊他能够发现的最古老的社会生活形式——的分析结果，用作他的重现描述的材料，他在其中认识到了甚至是更为古老的部落社会的滞留形式。但是为了正确使用这种材料，他需要一条原则，用以区分现存制度的善的、原始的或古老的特征与它们的衰退症候。他在他的政治革命规律之中发现了这条原则，按照这条原则，统治阶级内部的纷争及其耽溺于经济事务，乃是所有社会变化的根源。因此重构他的最好国家就应当尽可能彻底地消灭所有纷争与衰退的病菌和要素；这就是说，它应当着眼于保持由它的经济克制、其生育训练保证的主人阶级牢不可破的团结所必需的条件，从斯巴达这个国

　　认为游牧者或者甚至是狩猎者构成了最初的上层阶级的想法，被由来已久且仍在存续的上层阶级的传统所证实，按照这种传统，战术、打猎和马匹都是有闲阶级的象征；这种传统也形成了亚里士多德的伦理学和政治学的基础，并且，如凡勃伦（《有闲阶级论》）和汤因比已经证明的，这个传统仍然存在；而且对于这条证据，我们也许能够加上动物饲养者对种族主义的信仰，而且尤其是对上层阶级的种族优越性的虔信。后一种信念在等级制国家以及在柏拉图和亚里士多德那里如此明确，汤因比认为这是"我们的……现今时代诸罪……之一"，而且是"同古希腊精神传统性质不同的某种东西"（同前书，Ⅲ，93）。但是尽管许多希腊人可能已经发展得超越了种族主义，但似乎柏拉图的和亚里士多德的理论可能是基于古老的传统；尤其是鉴于种族主义思想在斯巴达曾扮演这样一种角色这个事实。

家脱胎重建起来。

　　柏拉图把现存社会解释为理想国家的衰退摹本，这同时为赫西奥德关于人类历史的有些粗陋的观点，提供了理论背景和丰富的实际教益。他提出了一种非常现实的历史主义的理论，该理论在赫拉克利特的纷争中，以及在他从中认识到历史的推动力量及腐坏力量的阶级冲突之中，发现了社会变化的原因。他把这些历史主义的原则应用于讲述古希腊城邦的衰落和沦亡的故事，并且尤其是应用于对民主政制的批判，他把民主政制描述为软弱的和退化的。而且，我们可以补充说，在后来的《法律篇》[①] 中，他也把这些原则运用于讲述波斯帝国的衰退和沦亡的故事，由此开创了一大串对于各个帝国及文明历史的衰退与沦亡过程加以戏剧化呈现的先河。（斯宾格勒写的众所周知的《西方的没落》只是其中最糟糕的一本书，但它却不是最后一本[②]。）我认为，所

----

① 参照《法律篇》，694a—698a。

② （1）在我看来，对斯宾格勒的《西方的没落》不能当真。但它是一种征兆；它是一个相信上层阶级正面临失败的人提出的理论。像柏拉图一样，斯宾格勒力图证明"这个世界"连同它的衰落与灭亡的一般规律，应当受到谴责。而且，像柏拉图一样，他要求（在其续集《大普鲁士主义与社会主义》中）一种新的秩序，进行一次抑制历史力量的孤注一掷的试验，通过采用一种"社会主义"或共产主义，以及经济上的节制来重建普鲁士统治阶级。——至于斯宾格勒，我非常同意尼尔森，他用一个长长的讽刺性的题目发表了他的评论，其开头可译为："巫术：探索奥斯瓦尔德·斯宾格勒的命相术秘诀的入门，以及其占卜未来的无可辩驳的真理性最有说服力的证明"，等等。我认为这恰当地概括了斯宾格勒的特征。我可补充一点，尼尔森是第一个反对我称之为历史主义的人（这里对赫尔德的批判仿效了康德；参照第二卷第十二章第100页注②）。

　　（2）我说斯宾格勒的著作并不是最后一本衰亡史，这话尤其是有意暗指汤因比。汤因比的著作大大优越于斯宾格勒的书，以致要在同样的语境中提到它，我有些拿不定主意；但是其过人之处主要归功于汤因比的丰富思想和他的渊博知识（这本身表现在他并没有像斯宾格勒那样，同时论述目力所及的所有事物）。但是研究的目的和方法却是类似的。它极其明白无误地

具有着历史主义的性质。（参阅我在《历史主义贫困论》中的批评）而且它基本上是黑格尔哲学性质的（尽管我没有看出汤因比意识到了这个事实）。他所说的"走向自决的进步"的"文明成长的标准"足以清楚地证明这一点；因为从中恰恰能够轻易看出来黑格尔的走向"自觉"和"自由"的进步规律。（汤因比的黑格尔主义似乎是以某种方式得自于布拉德利，例如可以通过他对联系的论述看到这一点，同前书，第Ⅲ卷，第223页；"'事物'或'实在'之间的'联系'这个概念包含着"一种"逻辑上的矛盾……怎样才能超越这个矛盾呢？"（在这里我不能展开对联系问题的讨论。但是我可以肯定地说，所有关于联系的问题都能够通过某种简单的现代逻辑方法，简化为有关属性或类别的问题；换言之，关于联系的独特的哲学问题并不存在。这里所说的这种方法应归功于维纳和库拉托夫斯基；参见奎因著《符号逻辑体系》，1934，第16页以下）现在我不认为，把一部著作分类归属于某个特定学派就不必再认真考虑它了；但就黑格尔哲学的历史主义的情况而言，我认为可以这样做，其理由将在本书的下卷中加以讨论。

　　关于汤因比的历史主义，我愿特别说明，我确实非常怀疑文明是否是经历出生、成长、衰败和死亡的过程。我不得不强调这一点，因为就我提到社会的"衰竭"和"受抑制"来说，我本人使用了汤因比所使用的一些术语。但是我愿意阐明，我的术语"衰竭"不是指所有种类的文明，而是指一种特定类型的现象——同巫术的或部落的"封闭社会"的解体联系在一起的困惑，因此，我不认为，如同汤因比认识到的那样，古希腊社会在伯罗奔尼撒战争期间经受了"它的衰竭"的打击；而且我发现了汤因比所描述的衰竭症状出现得更早。（关于这一点参照第334页注①和340页注①以及正文。）至于"受抑制"的社会，我仅仅把这个术语，或者应用于使用武力封闭其自身，抵抗某种开放社会的影响，墨守于它的巫术（神秘）形式的一种社会，或者应用于试图重返部落囚笼的一种社会。

　　我也不认为我们的西方文明就是某一类中的一个成员。我认为存在着可能遭受各种各样命运的许多封闭社会；但我觉得，一个"开放社会"只能继续发展，或是受到抑制并被强制倒退而成为囚笼，即野兽的囚笼（也可参见第十章，尤其是最后一条注释）。

　　（3）关于各种衰落与沦亡历史的记述，我可以提一下，几乎所有这些叙述都是受到了赫拉克利特的说法的影响："他们像野兽一样满足口腹之欲"，并受到柏拉图关于低等动物本能的理论的影响。我想说，它们全都是力图证明这种衰落应当归因于（由统治阶级）采纳了这些据说对劳动阶级来说是很自然的"低级"标准。换句话说，并且把这件事粗鲁但直言不讳地说出来，这种理论就是，文明像波斯和罗马帝国一样，是因为吃得太多而衰落的（参照第347页注③）。

有这一切都可以被解释为一种尝试，而且是一种给人印象极深的尝试，就是要对他的有关部落社会瓦解的亲身经验做出解说和合理的阐释；柏拉图的经验同导致赫拉克利特提出最早的变化哲学的那种经验相类似。

　　但是我们对柏拉图的描述性社会学的分析仍然是不完全的。他关于衰落与沦亡的各个故事以及几乎全部后来的故事，显示出至少两项我们迄今未曾讨论到的特征。他把这些走向衰落的社会视为某种有机体，并把衰落看成是同年迈衰老近似的一个过程。而且，他相信这种衰落是理所当然的，因为道德退化、灵魂的堕落和衰败，同社会机体的衰落相伴而来。所有这一切在柏拉图关于最早的变化理论——在数的故事和人的衰落的故事中都扮演着一种重要角色。这个故事以及它和形式或理念的学说的联系，将在下一章中加以讨论。

第五章　自然与约定

　　柏拉图并不是第一个以科学研究的精神探究社会现象的人。社会科学的发轫至少可追溯至普罗塔哥拉一代，他是第一位把他们自己称为"智者派"的伟大的思想家。它是以认识到需要在人类环境方面的两个不同要素——自然环境与社会环境二者之间做出区分为标志。这是难于做出和把握的一种区分，即使是现在，我们的头脑中也不能够清楚地确立这种区分，由此就能够推知这一点。自从普罗塔哥拉的时代以来，人们就一直追问这个问题。似乎是我们绝大多数人都有一种强烈的倾向，即把我们社会环境的特殊属性当作它们是"自然的"来加以接受。

　　一个原始部落或"封闭"社会的神秘态度的特征之一是，它存在于一种拥有恒久不变的禁忌，拥有被当作如日东升或季节循环，或类似于自然界的明显规律一样不可避免的律法和习俗的巫术圈子①之中。而只有在这种神秘的"封闭社会"已确实瓦解

---

　　① "巫术圈子"一语出自伯内特的《希腊哲学》，第 I 卷，第 106 页，其中论述到了类似的问题。然而，我不同意伯内特的观点，他认为"在远古时代人类生活的规律性已经被认识得远比自然的确切进程更为清楚"。这是以确立了某种区分为先决条件的，我认为，这种分化的确是一个较晚时期的特征，也就是"法律与习俗的巫术圈子"瓦解时期的特征。进而，自然周期季节等；〔参照第 35 页注①，以及柏拉图（？）的《伊壁诺米篇》（978d 以下）一定是在十分远古的时代即已经被理解了，关于自然规律与规范性法则二者之间的区分，尤可参见第 147 页注②（4）〕。

之后，才能发展起来一种关于"自然"与"社会"二者之间差异的理论性认识。

一

我相信，对这种发展的分析要求明确把握一种重要的区分。它是在以下二者之间的区分：（a）自然法则，或自然的规律，诸如描述日、月、行星的运动，季节的更替等的规律，或万有引力定律，或者例如热力学定律；和另一方面，（b）规范性法则，或规范，或禁令和戒律，也就是诸如禁止或要求特定的行为模式这样的规则；例子有十诫或是规定了议会成员选举程序的法定规则，或是构成了雅典宪章的法则。

既然对这些问题的讨论经常因使这种区分模糊不清而被搞得没有说服力，就此可以多谈几句话。在（a）的意义上的法则——自然规律——描述了某种严格的、不会变更的规律性，它或者在自然状态下实际上是有效的（在这种情况下，这种法则就是一种正确的陈述），或者不成立（在这种情况下，它就是错误的）。假如我们不知道某一种自然法则是正还是误，而且如果我们愿意注意到我们对此并不确定，我们就常称它为"假说"。自然规律是不能被更改的；对它来说不存在例外。因为假如我们确信已经发生了某件与之相矛盾的事情，那么我们不说存在一个例外，或对这条规律有了某种改变，而是说我们的假设已经被反驳了，因为已证明了这条假设的严格的规律性并不成立，或者换言之，这条假设的自然法则并不是一条真正的自然规律，而是一个错误的陈述。既然自然规律是不可变更的，所以它们既不能被打破，也不能被强制施行。它们超越了人类的控制之外，尽管它们可能会被我们为技术目的而加以运用，并且尽管我们可能因不了解它们或忽视了它们而陷入困境之中。

假如我们转到类型（b）的法则即规范性的法则，所有这一切就是非常不同的了。规范性的法则，无论它是一项依法制定的法律，或者是某项道德戒律，都能够由人来强制执行。还有，它是能够改变的。它或许会被描述为是好的或坏的，正确的或错误的，可接受的或不可接受的；但是只有在某种比喻的意义上，才能称之为"正确的"或"错误的"，因为它并不描述某种事实，而是规定了我们行为的方向。假如它有某种道理或意义，那么它就能够被违背；而且假如它不能被违背，那么它就是多余的和没有意义的。"量入为出（不要花费超出你所拥有的更多的钱财）"是一条有意义的规范性法则；作为一条道德的或法定的规则，它可以是意义重大的，而且是有必要实行的规则，因为它是如此经常地被违背。"不要从你的钱袋里取出比其中所有的更多的钱财"从其讲话的方式上也可以被说成是一条规范性的法则；但是没有人会认真地把这样一条规则当作某个道德或法律体系的一个有意义的组成部分，因为它不可能被违反。假如某一项有意义的规范性法则得到人们的遵守，那么这总可以归因于人类控制——人类的行为和决定。通常它应归因于引入约束因素的决定——惩罚或制止那些违反这条法则的人。

同许许多多思想家而且特别是同许多社会科学家一样，我认为，在意义（a）上的法则，即描述自然规律性的陈述，与意义（b）上的法则，即诸如禁令或戒律之类的规范，这二者之间的区分是一种根本性的区分，而且这两种法则的共同之处几乎仅仅是具有同一个名称而已。但是这种观点决不是被人们普遍接受的；相反，许多思想家相信，存在着这样的规范——禁令或戒律——在它们是按照意义（a）上的自然法则而被制定出来的这种意义上，它们是"自然的"。例如，他们说某些法律规范是符合人性的，并且因此符合意义（a）上的心理学的自然法则，而其他的法律规范则可能与人性相反；并且他们补充说，那些能够被证明和人性相符的规范与意义（a）上的自然法则实际上并非十分不同。其他人说意义（a）上的自然法则实际上非常近似于规范性法则，因为它们是按照宇宙的造物主的意志或决定制定的——毫无疑问，这一种观点也隐藏在对于（a）种类的规律使用原本具有规范含义的"法则"一词这种做法的背后。所有这些观点可能都值得加以讨论。但是为了讨论它们，首先必须在（a）的意义上的法则和（b）的意义上的法则这二者之间做出区分，而不是因不当的术语而把问题弄混淆。因此，我们将仅仅对类型（a）的法则保留使用术语"自然规律"，而且我们拒绝把这一术语用于在某种意义或其他意义上被称为是"自然的"任何规范。这种混淆是极不必要的，因为假如我们希望强调类型（b）的法则的"自然"特征，很容易说成"自然的权利和义务"或是"自然的规范"。

二

　　我认为，为了理解柏拉图的社会学，有必要考察在自然法则与规范性法则二者之间的区分是怎样发展起来的。我想首先讨论这个发展的出发点和最后步骤是什么，接下来讨论三个中间步骤，它们全都构成了柏拉图的理论的组成部分。出发点可以描述为朴素的一元论。可把它说成是"封闭社会"的特征。最后一个步骤，我把它描述为批判的二元论（或批判的约定主义），这是"开放社会"的特征。仍然存在许多人力图避免迈出这一步骤的事实，可以视为我们仍置身于从封闭社会向开放社会的过渡之中的一个迹象。（关于这一问题，可参照第十章。）

　　我称之为"朴素一元论"的出发点是自然规律与规范性法则尚未做出区分的阶段。让人不愉快的经验是人类据以学习调整自身以适应其环境的途径。当触犯某种规范性的禁忌时，由其他人强加的惩罚，和在自然环境中遭受的不愉快经验，二者之间没有做出区分。在这个阶段之内，我们可以进一步区分两种可能性。一个可称为朴素的自然主义。在此阶段，无论是自然的或社会约定的规律性，都被认为不具有任何一种改变的可能性。但是我以为，这个阶段仅仅是一种可能从来没有变成现实的抽象的可能性。更重要的是我们可把它称为朴素的约定主义的一个阶段，在这个阶段上，人们把自然的和规范性的规律性统统作像人似的神或半神们的决定的表达方式，并依赖于他们的决定的东西来体验。故此，季节的循环往复，或日、月、星辰的运动特性，就会被解释为遵守着"统治着天与地"，并且是由"造物主在创世之初宣布"和制定的"法则"或"天意"或"决定"①。可以理解，那些按这种方式来思考的人会认为，即使是自然法则，在特定的例外情况下，也是为修改敞开门径的；在巫术活动的帮助下，人有时可以影响它们；而且自然的规律性可以由各种惩罚来维持，就像它们是规范性的规则一样。赫拉克利特的说法很好地证实了这一点："太阳将不会超出其运行轨迹的限度；否则命运女神和正义的女仆将会知道怎样找到他。"

① *参照艾斯勒著《王家占星术》。艾斯勒说，行星运行的特性被巴比伦城的"创立了亚述巴内帕尔图书馆的简牍作家们"（同前书，第288页）解释为，"是由掌管'天与地'的'法律'或'决定'发号施令地规定的，这是由创造万物的神灵在创世之初宣告的。"（同前书，第232页及下页）。并且他指明（同前书，第288页），关于（自然的）"普遍规律"的观念是同这种"……'天与地的旨意'……的神学……概念……"一起产生的。*
　　关于引自赫拉克利特的这一段话，参照D⁵，B29，以及第36页注①；还有第35页①及正文。也可参见提供了一种不同解释的伯内特的说法，同前引书，他认为"当人们开始观察自然的有规律的过程时，不会为它找到比正当或正义更好的名称，……这恰当地传达了指导人类生活的不变习俗的意思。"我不认为这个术语开始时就是指某种社会性的事物，而后才被扩展的，但我认为社会的和自然的规律性（"秩序"）两者原来是未被区分开来的，并被作为神秘性的东西来解释。

　　巫术的部落制度的崩溃，是和以下内容紧密联系在一起的，即认识到在不同的部落里禁忌是各不相同的，认识到不同的禁忌是由人来强加和强制执行的，而且假如一个人只要能够逃避他的同族人强加的惩罚，就可以违反它们，而没有任何不愉快的影响。当人们注意到法则是由人类的立法者更改和制定的，这种认识过程就会加快。我不仅想到了像梭伦这样的立法者，还想到了由实行民主政制的城邦的普通人们制定和实施的法则。这些经验会导致在以决定或社会约定为基础的由人强制执行的规范性法则，同超越了其力量范围之外的自然法则二者之间的一种有意识的区分。当这种区分被明确地理解之时，那么我们就可以把所达到的这种态度称为一种批判的二元论或批判的约定主义。在希腊哲学的发展当中，这种关于事实与规范的二元论本身是以自然与社会约定二者之间的对立来表述的①。

　　尽管事实上在很久以前，一位比苏格拉底年长的同时代人、

---

①　这种对立有时被表述为"自然"与"规律"（或"规范"或"约定"）之间的对立，有时被说成是"自然"与"假设"或"规定"（即规范性法则）二者间的对立，但有时被说成是"自然"与"人为"或"自然的"与"人为的"二者之间的对立。

　　　人们经常说（根据《狄奥根尼·拉尔修》，第Ⅱ卷，第16页与4页；《古希腊哲学家论述汇编》564b的权威论断），自然与社会约定二者之间的对立命题是由阿克劳提出来的，据说他是苏格拉底的老师。但是我认为，在《法律篇》，690b，柏拉图相当明确地说明，他认为"底比斯诗人品达"是这个反题的创立者（参阅第140页注①和157页注①）。除了品达的残存作品（被柏拉图引用了；也可参阅希罗多德，第Ⅲ卷，第38页），以及希罗多德（同前书）所做的一些评论，保存下来的最早的原始材料之一是智者安提芬的残篇《论真理》（参见第140页注②、141页注①）。根据柏拉图的《普罗塔哥拉篇》，智者希庇亚斯似乎是提出类似观点的一位先驱者（参见第142页注①）。但是关于该问题最有影响的早期论述是普罗塔哥拉本人的论述，尽管他可能使用了某个不同的术语（可以提到德谟克利特论述过他也运用到诸如语言这样的"制度"的对立论题；而且柏拉图在《克拉底鲁篇》中如384e，也做了同样的论述）。

智者普罗塔哥拉就已站到了这个立场上，人们仍然对它很少理解，以致似乎有必要对之详细加以解释。首先，我们必须认识到，批判的二元论并不隐含着关于规范的历史起源理论。它与断言规范最开始是由人有意识地制定或引进，而不是被人发现恰恰存在着规范（无论何时他首先能够发现任何这种类型的事物），这样的显而易见站不住脚的历史主张，没有一点关系。因此，它与断言规范是和人而不是和神一起产生出来的主张没有任何联系，它也并不低估规范性法则的重要性。更不必说它与断言规范由于它们是社会约定性的即人为的，因此就是"纯粹任意性的"的主张有什么关系了。批判的二元论仅仅是主张，规范与规范性法则可以由人来制定并改变，特别是由遵守它们或者变更它们的某项决定或社会约定来制定并改变，并且因此正是人在道德上对它们负有责任；也许不是对当他首先开始反省它们时，他发现存在于社会中的那些规范负责，而是对一旦他已查明他能够做些改变它们的事情时，他准备容忍的那些规范负有责任。规范在如下意义上是人为性的，即我们不可以为它们责怪任何人，既不能责怪自然，也不能责怪上帝；而只能责怪我们自己。如果我们发觉它们令人不快，我们的任务就是尽我们所能地改进它们。最后这句话意味着，把规范描述为社会约定，我不是说它们必定是任意性的，也不是说一系列规范性的法则将像另一组法则那样运行良好。说某些法则体系能够被改进，某些法则可能比其余的更好，我的确切的意思是说，我们能够把现存的规范性法则（或社会制度）同我们已决定值得加以实现的某些标准的规范相比较。但是，即使是这样，标准也是由我们制定的，因为我们赞同它们的决定是我们自己做出的，并且只有我们为采用它而承担责任。这些标准不会在自然中被发现。自然是由事实和规律性构成的，而且就其本身来说既不是道德的也不是不道德的。是我们不顾自己是这个世界之一部分的事实，把我们的标准强加于自然，并通过这种方式把道德引入了自然世界①。我们是自然的产物，但自然既创造出了我们，同时又赋予我们以改造世界的力量、预见和规划未来的力量，以及做出我们在道德上为之负有责任的广泛而影响深远的决定的力量。而责任、决定，恰恰是和我们一道才进入了自然的世界。

三

认识到这些决定从来不可能从事实（或从对事实的陈述）中得出，尽管它们涉及事实，这对于理解这种态度是很重要的。例如反对奴隶制的决定，并不依赖于所有人都生而自由且平等，以及没有人生来就戴着锁链这个事实。因为，即使所有人生而自由，一些人也许可能力图把其他人缚以锁链，而且他们可能甚至相信，他们理所当然应给他们戴上枷锁。而相反，纵然人们生来即戴着锁链，我们许多人也会要求除去这些锁链。或者把此事讲得更准确一些，假如我们认为，某个事实——诸如许多人正饱受病痛之苦这个事实，它是可以改变的——那么我们总是能够针对这一事实采取许多不同的态度：更特别之处在于，我们能够决定做出某种尝试以改变它；或者我们能够决定抗拒任何一种这样的尝试；或者我们可能决定一点也不采取任何行动。

从这个角度而言，所有道德决定都涉及某种或他种事实，特别是涉及某种社会生活事实，而且所有（可以改变的）社会生活事实都可能让我们做出许多不同的决定。这证明了，各种决定从来不可能从这些事实或是从对这些事实的某种描述当中推导出来。

---

① 在罗素所著"一个自由人的崇拜"（载《神秘主义与逻辑》），以及在谢灵顿所著的《本性的人》的最后一章中，可以发现一种非常类似的观点。

　　但是，它们也不能从另一类事实当中被推导出来；我是指那些我们借助自然法则描述的自然的规律性。我们的决定必须符合自然规律（包括有关人类生理与心理的自然规律），假如我们要让这些决定最终得到有效执行的话，这是完全正确的；因为假如它们与这些规律背道而驰的话，那么这些决定根本无法奏效。例如，所有人都应当多干活少吃饭这项决定，超过生理上的某个特定限度时就无法得以实现，也就是说，超过了一定限度，它就不符合生理学上的某一条自然规律了。同样，所有人都应当少干活多吃饭的决定，超过某个特定限度，也无法得以实现，这是由于多种多样的原因，包括经济学上的自然规律。（我们在下面本章的第四部分里将会看到，在社会科学里也存在自然规律；我们将称其为"社会学规律"。）

　　因此，某些决定因为违背了某些自然规律（或"不可改变的事实"）就可以作为不能执行的决定加以排除。但是这当然并不意味着，任何一项决定都能够在逻辑上从这样的"不可改变的事实"当中推导出来。确切地说，情况就是这样。就无论什么样的任何一种事实来说，不论它是可改变的或是不可改变的，我们可以采取不同的决定——诸如改变它；保护它以防想要改变它的那些人；不予干预，等等。但是，如果涉及的事实是不可改变的——或者因为鉴于既定的自然规律，某种改变是不可能的，或者因为对那些想要改变它的人来说因其他原因，某项改变过于艰难——那么某项改变它的决定就将是不切实际的；事实上，对于这样一种事实的任何一项决定都将是没有效果且没有意义的。

　　批判的二元论因此强调决定或规范不能归结为事实；它于是可以被描述为一种事实与决定的二元论。

　　但是这种二元论似乎容易让人抨击。可能有人会说，决定是事实。如果我们决定采用某一项规范，那么做出这个决定本身就是一件心理或社会的事实，而且要说在这样的事实和其他事实之间没有任何共同之处，这将是荒诞不经的。因此，毋庸置疑，我们关于规范的决定，即我们采纳的规范，明白无误地依赖于诸如我们教养的影响之类的特定的心理事实，所以假定某种事实与决定的二元论，或者说决定不能从事实当中被推导出来，这似乎是荒谬可笑的。对这种反驳可通过指明我们可以在两种不同的意义上谈及"决定"一词来予以回答。我们可以说已经提议或考虑，或达成，或作为决策依据的某一项特定的决定；或者是另一种情况，我们也可以提到某种做出决定的行为，并称之为"决定"。只有在第二种意义上，我们才能把一项决定描述为一个事实。这种情况与许许多多其他的表述方式相类似。在一种意义上，我们会谈起被提交给某个委员会的一项特定的决议，而在另一种意义上，该委员会处理这项决议的行为，会被说成是该委员会的决议。同样，我们可能谈起提交给我们的某项提议或建议，而在另一方面，提议或建议什么事情的行为，也会被称为"提议"或"建议"。一种类似的歧义现象在描述性命题领域内为人所熟知。让我们看一下命题："拿破仑死于圣赫勒纳"。把这个命题同它所描述的事实区分开来是有益处的，这个事实我们可称之为原有事实，即拿破仑死在圣赫勒纳的事实。现在某位历史学家，比如说A先生，在写拿破仑的传记时，可能写下所提到的命题。在这么做时，他是在描述我们所说的原有事实。但是还存在着一个从属的事实，它和原有事实是完全不同的，也就是他做出这个陈述的事实；而另一位历史学家B先生，在写A先生的传记时，可能会描述这第二个事实，写道："A先生讲到拿破仑死于圣赫勒纳。"以这种方式所描述的从属事实恰巧本身就是一种描述。但是，它是在必须与我们称命题"拿破仑死于圣赫勒纳"为一种描述的意义相区别的另一种意义上的一种描述。做出某种描述或某个判断，这是一种社会的或心理的事实。但是，所做的这个描述应当同已经被做出描述的那个事实区别开来。它甚至不能从

这个事实当中被推导出来；因为那将意味着，我们能够从"A
先生讲到拿破仑死于圣赫勒纳"确凿地推论出"拿破仑死于圣
赫勒纳"，而我们显然不能这么推论。

在决定领域内，情况是与此类似的。制定某项决定，采用某
种规范或标准，这是事实。但是已被采纳的这项规范或标准，并
不是一个事实。绝大多数人同意这条规范"你不可以偷窃"，这
是一个社会事实。但"你不可以偷窃"这条规范并非一个事实，
而且永远不能从描述事实的命题里推证出来。当我们记起，对于
某个特定的相关事实，总是存在着各种各样并且甚至截然相反的
可能决定之时，这一点将会看得最为清楚无误。例如，面对着绝
大多数人采纳了"你不可以偷窃"这条规范这个社会事实，仍
然可能要决定采纳这条规范，或是反对采取它；可能要鼓励那些
采取这条规范的人，或是阻止他们，并劝导他们采取另一条规
范。总而言之，不可能从陈述某一事实的句子之中推导出陈述某
一条规范或某项决定，或者说，某项政策建议的句子来；这只是
讲明不可能从事实中推论出规范或决定或建议的另一种方式①。

———————————

① （1）实证主义者自然会回答说，规范不能从事实的命题推论而来的理由是，
　　　规范是无意义的；但这只是说明了（连同维特根斯坦的《论文集》），他们
　　　随意地以这样一种方式来定义"意义"，即只有事实命题才被称为"有意义
　　　的"（关于这一点，也可参见我的《研究的逻辑》，第8页以下，以及21
　　　页）。"唯心理论"的追随者们在另一方面，力图把命令解释为感情的表达，
　　　把规范解释为习惯，把标准解释为观点。但是尽管不偷窃的习惯当然是一个
　　　事实，但如在正文中解释的那样，有必要把这个事实同相对应的规范区分开
　　　来。关于规范的逻辑问题，我完全同意门格尔在他的著作《道德、意志与
　　　世界形成》（1935）中所表述的绝大部分观点。我相信，他是最早提出规范
　　　逻辑的基础的人之一。我或许可以在这里表达我的意见，不情愿承认规范是
　　　主要的和不可归结为事实的事物，这是我们当今时代比较"进步的"的人
　　　士的思维能力上的和其他方面的弱点的主要根源之一。
　　　（2）关于我认为不可能从陈述某个事实的一个句子推论出陈述某项规
　　　范或决定的一个句子的观点，可以补充下面的内容。在分析判断与事实的关

　　规范是人为的（并不是说它们是被有意识地设计出来的，而是说有人能够评判和改变它们——也就是说完全是我们对它们负有责任，在这个意义上，它是人为的）这个陈述，一直经常被人曲解。几乎所有曲解都起源于一个根本性的误解，即认为

————————

系时，我们进入了 A. 塔尔斯基称为语义符号学的逻辑探索领域（参照第68页注③和第275页注①）。语义符号学的一个基本概念是真理概念。如塔尔斯基所证明的，可能（在卡尔纳普所说的语义符号体系之内）从陈述"A 先生说拿破仑死于圣赫勒纳"，连同进一步的陈述 A 先生所言是真的，可能推论出像"拿破仑死于圣赫勒纳"这样的一种描述性陈述。（而且假如我们在如此宽泛的意义上使用"事实"这个词，以致我们不仅谈到由一个句子描述的这个事实，而且谈到这个句子是正确的这个事实，那么我们甚至可以说，可以从两个"事实"即 A 先生这么说了，而且他说的是真理，推论出"拿破仑死于圣赫勒纳"。）现在我们没有理由不以规范领域内的一种确切的类比方式继续进行推理。我们接着可以引入同真理概念相对应的概念，即规范的有效性或正当性。这就意味着某一特定的规范 N 能够（以一种规范的语义符号解释）从陈述 N 是有效的或正确的语句推导而来；或者换言之，规范或禁令"你不可以偷窃"将被当作对等于"该规范'你不可以偷窃'是有效的或正确的"这个断言。［而且同样，假如我们在如此宽泛的意义上使用"事实"一词，以致我们谈到某项规范是有效（适用）的或正确的这个事实，那么我们甚至能够从事实推论出规范。然而，这无损于在正文中我们的分析观点的正确性，它们仅仅涉及从心理学的或社会学的或类似的，即非语义符号学的事实推导出规范的不可能性。］

　　＊（3）在我第一次讨论这些问题时，我谈到了规范或决定，但从未提到诸提议。说提议而不说"诸提议（复数）"，这应归功于罗素；参见他的论文"命题与提议"（载《第十届国际哲学大会论文集》1948年8月11—18日，第1卷，《大会会议录》）。在这篇重要论文中，把事实的陈述或"命题"同采取一系列行为方式（某种特定的政策，或特定的规范，或特定的目标或目的）的建议区分开来，并且后者被称为"提议"。这个术语的很大优点是，如众所周知，人们能够讨论某项提议，而在何种意义上，人们可否讨论某个决定或规范，却不是这么清楚的；因此，谈及"规范"或"决定"，人们就会倾向于支持那些说这些事情越出讨论范围之外的人（或者高于它，如某些教条的神学家或玄学家所说，或是——荒谬可笑地——低于它，如某些实证主义者所说）。

　　采用罗素的术语，我们能够说某个命题可以被断言或陈述（或是某个前提可被接受），而某个提议是被采纳的；而且我们应当区分采纳它这个事实与已经被采纳的提议。

　　于是我们的二元论的论题变成了这样的命题，即提议不能被归结为事实（或归结为对事实的陈述，或命题），即使它们涉及事实。＊

"约定"意味着"任意"的信念；即假如我们自由选择我们喜欢的任何一种体系的话，那么，这种体系就会和任何其他一种体系同样好。当然，必须承认认为规范是社会约定的或人为的这个观点表明，将存在着某种特定的涉及任意性的成分，即，可能存在不同的规范体系，但没有多少体系可供选择（普罗塔哥拉恰如其分地强调过这个事实）。但是人为性决不意味着完全的任意性。例如，数学演算，或交响乐，或戏剧，都是非常人工化的，但不能推论一种演算法或一首交响乐或一部戏剧就是和任意其他的一个同样好。人类已经创造了新的世界——语言的、音乐的、诗的、科学的新世界；这里面最为重要的是要求平等，要求自由，并要求扶助弱者的道德律令的世界①。在比较道德领域和音乐或数学领域时，我并不想把这些相似性延伸得太远。更为特殊

---

① 也可参阅第十章最后一条注释，第 392 页注②。

尽管我相信在正文中足够明确地表明了我自己的想法，我或许可以简明扼要地系统阐述一下在我看来最为重要的人道主义和平等主义伦理学的原则。

（1）对于不宽容和不宣传不宽容的所有人都给予宽容（关于这一个例外，参阅第 241 页注①和第 243 页注①的内容）。这尤其意味着其他人的道德决定应当受到尊重，只要这样的决定不与宽容原则冲突。

（2）承认所有道德紧迫感的基础在于对苦难或痛楚的紧迫感。为此之故，我建议，把功利主义的口号"目的在于为最大多数的人谋求最大的幸福"，或简单地说"最大化幸福"，替换为"让所有人遭受最少量的可以避免的痛苦"或者简单地说，"最小化苦难"。我相信，这样一个简单的口号可以成为公共政策的基本原则之一（应承认并非唯一的一条）。（与之形成对照的是，"最大化幸福"这条原则似乎易于产生某种仁慈的专制。）我们应当认识到，从道德观点来看，苦难与幸福不可以作为对称物来处理；那也就是说，幸福的增进在任何情况下都比不上那些受难者提供帮助和努力防止苦难更为紧迫（后一项任务与"趣味的问题"没有任何关系，而前者却有很大关系）。也可参阅第 304 页注①。

（3）同专制做斗争；或者换句话说，通过立法的制度手段，而不是靠掌权者的仁慈来捍卫其他几条原则（参照第七章第 2 部分）。

之处在于，在道德决定与艺术领域内的决定二者之间存在一种重大差别。许多道德决定涉及其他人的生与死。艺术领域内的决定并没有这么急切而重要。所以，说一个人决定支持或反对奴隶制就像他可以决定喜欢或不喜欢特定的音乐和文学作品一样，或者说道德决定仅仅是人的趣味问题，这是极具误导性的。它们也不仅仅是关于如何使这个世界更美丽，或是关于其他这类奢侈事物的决定；它们是具有非常重大的紧迫性的决定（关于所有这一切，也可参照第九章）。我们的比较仅仅意在证明，认为道德决定在于我们自己的观点，并不意味着它们是完全任意性的。

相当令人奇怪，认为规范是人为的这种观点还受到某些人的质疑，他们从这种态度中看出了对宗教的抨击。当然必须承认，这种观点是对特定形式的宗教，即对盲目信仰权威的宗教，对巫术和禁忌主义的一种批判。但我认为，它在任何意义上都不反对建立在个人责任感和良心自由基础之上的宗教。我当然想到了特别是基督教，至少像它在民主政制国家当中通常被解释的那样；基督教反对所有禁忌主义，它告诫道："汝等已听说过古时候他们说到它……但我要告诉你们……"这种良知的声音在任何情况下都反对仅仅是对法则的刻板的遵守和服从。

我不承认，在这种意义上把伦理法则看作是人为的这种观点，和它们是由上帝赐予我们的宗教观点是不相容的。从历史上看，所有伦理无疑都开始于宗教；但我现在不讨论历史问题。我不追问谁是第一位伦理上的立法者。我只是坚持认为，正是我们而且仅仅是我们，对采纳或拒绝某些被提议的道德法则负有责任；正是我们必须分清真正的先知与假冒的先知。所有种类的规范一直被宣称是上帝赐予的。如果你接受"基督教的"关于平等和宽容以及良心自由的伦理，仅仅是因为它宣称仰赖神授的权威，那么你所建基的基础就是薄弱的；因为恰恰有人经常地宣称不平等是由上帝规定的，而且我们不可以容忍不信基督教者。然而，假如你接受基督教的伦理不是因为你被命令这么做，而是因为你确信这是应该做出的正确决定，那么你就是决定这件事的人。我坚持是我们做出决定并承担责任，这不可以被当作意味着我们不能够或不可以获得信仰的帮助，以及受到传统或伟大榜样的激励。它也不意味着道德决定的产生，仅仅属于一种"自然的"过程，即物理和化学的过程的常规。实际上，普罗塔哥拉是第一位批判的二元论者，他教导说，自然并不知道规范，而且规范的引入应当归功于人，而且这是人类最重要的成就。正如伯内特①所说，普罗塔哥拉因此认为"制度与社会约定是使人超越于禽兽之处"。但是，尽管他坚持认为人创造了规范，正是人才是万物的尺度，但他认为，人只有借助超自然的帮助，才能完成

① 参阅伯内特著《希腊哲学》，Ⅰ，117。——在这一段里所提到的普罗塔哥拉的学说可在柏拉图的对话录《普罗塔哥拉篇》，322a 以下找到；也可参阅《泰阿泰德篇》，特别是 172b（也可参见第 156 页注①）。

柏拉图主义与普罗塔哥拉主义二者之间的差别或许可以表达如下：

（柏拉图主义）在世界上存在着一种固有的"自然的"正义秩序，也就是自然由以创生的最初或最早的秩序。因此过去是好的；而导致新规范的任何发展都是坏的。

（普罗塔哥拉主义）在这个世界上，人是道德存在物。自然既不是道德的，也不是不道德的。故此对人来说改进事物也是可能的。——普罗塔哥拉并非不可能受到色诺芬尼的影响，色诺芬尼是最早一位表达了开放社会的态度，并批评了赫西奥德的历史悲观主义的人："在创世之初，诸神显示给人所有他想要的东西；但是随着时间的延伸，人可以寻求更好的东西，并找到它。"（参阅 D⁵，第 18 页）似乎柏拉图的侄子及继承者斯彪西波回到了这种进步论的观点（参阅亚里士多德的《形而上学》1072b30，和第二卷第十一章第 13 页注①），而且似乎学园派和他一道在政治学领域也采取了一种更为自由的态度。

关于普罗塔哥拉的学说与宗教信条的关系，可以说他相信上帝是通过人起作用的。我没有看出来这个立场怎能和基督教的立场相冲突。例如可把它和巴思的陈述（《信经》，1936 年，第 188 页）相比较："圣经是一部人的文献"（即人是上帝的工具）。

规范的创造。他教导说，规范是由人加于事物的原始或自然状态之上的，但却是在宙斯的帮助下完成的。是在宙斯的命令之下，赫耳墨斯把对正义和荣誉的理解力赐予了人类；而且他把这个礼物平等地分配给所有人。关于批判的二元论的最早的清晰阐述，为对我们的责任感做出某种宗教性的解释留下了余地，这证明了批判的二元论同某种宗教态度的对立是多么微小。我以为，在历史上的苏格拉底身上，也能够觉察出一种类似的态度（参见第十章）。他由于他的良心以及他的宗教信仰，感到不得不质疑所有权威，并寻求他可以相信其正当性的规范。伦理的自主性学说独立于宗教问题，但是它符合或者也许甚至是必须要有某种尊重个人良心的宗教。

四

最早由普罗塔哥拉和苏格拉底倡导的关于事实与决定的二元论或者是伦理自主性的学说就是这样[①]。我相信，对于合理认识我们的社会环境来说，这是必不可少的。但是当然这并不意味着，所有的"社会法则"，即我们的社会生活的所有规律性，都是规范性的和由人强加的。相反，还存在着关于社会生活的重要的自然规律。关于这些，社会学规律似乎是合适的术语。在社会生活中，我们遇到两种法则，即自然的和规范性的法则，正是这个事实使明确地区分它们显得如此重要。

在谈到社会生活的社会学规律或自然规律时，我并没有太多

---

① 苏格拉底对伦理学的自主性的提倡（与他坚持自然的问题无关紧要的主张密切相连），尤其是在他关于"有德性的"个人的自给自足或经济上的独立的学说中被表达出来。这种理论同后面将会看到的柏拉图关于个人的观点形成强烈对比；尤其可参阅第 154 页注②和第 213 页注①及正文（也可参阅第 374 页注①）。

地考虑如柏拉图等历史主义者所感兴趣的所谓演化规律，尽管假如存在这样的历史发展规律，对它们的系统阐述肯定属于社会学规律这一类。我也没有太多地考虑"人性"的规律，即人类行为的心理学的和社会心理学的规律性。更确切地说，我想到了诸如现代经济理论（如国际贸易理论或商业周期理论）所系统阐述的规律。这些以及其他的重要的社会学规律是和社会制度的运作相关联的。（参阅第三章和第九章。）这些规律在我们的社会生活中发挥着作用，这相当于在机械工程中由比如说杠杆原理所起的作用。因为制度像杠杆一样，假如我们想要做成超出我们肌肉力量的某件事情时，它们就是必不可少的。像机器一样，制度使我们为善或作恶的力量成倍地增加。像机器一样，它们需要由理解它们的运作方式，以及最为重要的，理解它们的目的的人进行明智的监督，因为我们不能够建成了它们，就让它们完全自动地工作。进而，构建它们还需要某种关于社会的规律性的知识，这些规律性硬性地设定了运用制度所做事情能够达到的限度①（这些限制在某种程度上类似于比如能量守恒定律，该定律等于说我们不可能建成一台永动机）。但是从根本上说，制度的确立，总是遵循着某些规范，按照头脑中的某种目的设计的。这一点对于被有意识地创造出来的制度来讲尤为正确；但是即使是那些——绝大多数——作为人类行为的非设计的结果而产生出来的制度（参阅第十四章），也都是某种或他种有意识行为的间接结果；而且它们的运转主要依赖于对规范的遵守。（甚至机械工具可以说也不仅仅是由铁构成，而是把铁与规范合为一体而构成的；即机械的制造转变了物理性的东西，但却是根据特定的规范

---

① 例如，我们不能构建不依赖它们是如何"被人操纵"而运转的制度。关于这些问题，参阅第七章（第263页注①、248页注①及258页注①和259页注①对应的正文），以及尤其是第九章。

性规则，即它们的规划或设计而制造出来的。）在制度当中，规范性的法则和社会学规律，即自然规律紧密地结合在一起，而且因此，若不能够区分这两者，就不可能理解制度的运行（这些说法意在提出特定的问题，而不是给出答案。尤其要注意，所提到的制度与机器二者之间的类比不可以被解释为提出了这样一种理论，即在某种本质主义的意义上，制度是机器。它们当然不是机器，而且，尽管在这里提出了该命题，即假如我们自问，是否某项制度确实服务于某种目的，而且它可以服务于什么样的目的，我们就可以获得有益且有趣的结果，但并不是断言每一项制度都服务于某种特定的目的——可以说是其根本目的）。

五

如上所述，从某种朴素的或神秘的一元论到明确地认识到规范与自然规律二者之间的差别的批判的二元论，在这个发展过程中存在许多中间步骤。绝大多数这些中间立场产生于认为，如果某项规范是社会约定的或人为的，那么它就一定是完全任意性的这种曲解。为了理解柏拉图把所有中间阶段的成分结合在一起的立场，必须考察这些中间立场中最重要的三种。它们是（1）生物自然主义；（2）伦理或法律的实证主义，以及（3）心理或精神的自然主义。有趣的是，这些立场中的每一种都曾被用来为相互之间根本对立的伦理观点辩护；更为特别的是，为权力崇拜辩护，而且为弱者的权利辩护。

（1）生物自然主义，或者更确切地说，生物学形式的伦理自然主义，它是这样一种理论，尽管事实上道德法则和国家法律是任意性的，但还存在着某些恒久不变的自然规律，从中我们能够推出这样的规范。饮食习惯，即进餐次数以及所摄取食物的种类，就是社会约定的任意性的一个例子，生物自然主义者可以这样争辩；确实在这个领域内无疑存在某些自然规律。例如，如果一个人吃饭吃得不够或太多，他就将会死掉。故此，看起来就像在表面现象后面存在着事实真相一样，在我们任意性的社会约定背后，也存在着某些不变的自然规律，尤其是生物学规律。

生物自然主义不仅被用来为平等主义作辩护，也被用来为强者统治的反平等主义的学说辩解。最早提出这种自然主义的一个人是诗人品达，他用它来支持强者应当统治的理论。他宣称①，强者可以按照他喜欢的任何方式利用控制弱者，这是在整个自然界中都适用的一条规律。故此保护弱者的法律就不仅仅是专断随意而已，而是人为地扭曲了强者应当自由，且弱者应成为其奴隶的真正的自然规律。柏拉图对这种观点讨论了一番；在仍然受到苏格拉底很大影响的一部对话录《高尔吉亚篇》中批判了这种观点；在《理想国》中，这种观点是以色拉希马库斯之口讲出来的，而且与伦理个人主义等同起来（参见下一章）；在《法律篇》中，柏拉图对品达的观点较少敌对性；但他仍然把最智慧者的统治与之对比，他说，前者是一个较好的原则，而且正好充分遵循了自然（也可参见在这一章后面的引文）。

第一个提出人道主义或平等主义版本的生物自然主义的人是智者安提芬。他还把自然与真理，以及把社会约定与意见（或"虚妄的意见"②）等量齐观。安提芬是一个彻底的自然主义者。他认为，绝大多数规范不仅仅是任意的，而且是直接违反了自

---

① 关于柏拉图对品达的自然主义的讨论，尤可参见《高尔吉亚篇》，484b；488b；《法律篇》，690b（在本章下面被引用到；参照第157页注①）；714e/715a；也可参照890a/b（也可参见亚当对《理想国》，359c20的注释）。

② 安提芬使用的这个术语，我在前面提到巴门尼德和柏拉图时，我把它译为"虚妄的意见"（参阅56页注①）；而且他同样地使它与"真理"相对立。也可参照巴克在《希腊政治理论》，Ⅰ—《柏拉图及其前辈》（1918年），第83页的翻译。

然。他说，规范是从外部强加的，自然的规则则是不可避免的。如果这种违犯行为被那些强制施行它们的那些人发觉的话，违反由人强加的规范就是不利的而且甚至是危险的；但是并不存在与之相联系的内在的必然性，而且人们不必为违犯它们而羞耻；羞耻和惩罚仅仅是从外部任意武断地强加于人的惩处。安提芬把功利主义伦理学建立在对约定俗成的道德的这种批判的基础之上。"关于这里所提到的行动，人们会发现许多有悖自然之处。因为它们在应该较少苦难的地方引来了更多的苦难，使能够存在更多欢乐的地方只有更少的欢乐，在不必要的地方造成了伤害。"① 与此同时，他教导说需要自我控制。他把他的平等主义系统阐述如下："出身贵族者，我们敬畏崇拜；而出身卑微者，我们却不这样做。这些是愚昧无知的习惯。因为就我们自然的天赋来说，我们在所有品质上都是立足于一种平等的地位，无论我们现在碰巧是希腊人或异邦人……我们所有人全都是用我们的嘴和鼻孔呼吸空气。"

　　智者希庇亚斯也表达了一种类似的平等主义思想，柏拉图描述他向其听众发表演说："先生们，我相信如果不按社会约定的法律，而按照自然来说的话，我们都是同宗同族的亲属、朋友和同一城邦的子民。因为根据自然，外貌相像就是一种亲属关系的表现；但是社会约定的法律，即人类的暴君，却强迫我们去做许多违背自然的事情。"② 这种精神和雅典人反对奴隶制的运动

---

① 参见安提芬著《论真理》；参阅巴克，同前引书，第83—85页。也可参见下一条注释，（2）。

② 希庇亚斯的话在柏拉图的《普罗塔哥拉篇》，337e 中被引用到。至于下四句引语，参阅（1）欧里庇得斯著《爱奥尼亚诗集》，第854页以下；以及（2）他的《腓尼基少女》，538；也可参阅冈珀茨著《希腊思想家》（德文版，Ⅰ，第325页）；以及巴克，同前引书，75页；也可参阅柏拉图在《理想国》，568a—d 中对欧里庇得斯的猛烈抨击。进而（3）阿基达玛在《亚里士多德修辞学注疏》，Ⅰ，13，1373b18。（4）利科弗龙在亚里士多德的《残篇》，91 罗斯；也可参阅伪—普卢塔克著《论高贵》（关于雅典人反

（在第四章中所提到过的）结合在一起。欧里庇得斯把这一点说成是："仅仅是这个名字就使奴隶蒙羞，他们在各方面都可以是十分优秀的，而且同生而自由的人可以真正平等。"在别的地方，他说："人的自然规律是平等。"而且，高尔吉亚的一位门徒且是柏拉图同时代的人阿基达玛写道："上帝让所有人自由；

对奴隶制的运动，参阅 91 页注①对应的正文），以及第 99 页注②（有进一步的参考资料）；还有第 347 页注②。

（1）值得注意的是，绝大多数柏拉图主义者显示出对这种平等主义运动绝少同情。例如，巴克以"普通的打破旧传统的主张"为题讨论了它；参照同前引书，第 75 页。（也可参见在第 180 页注①对应的正文中引用到的引自菲尔德所著《柏拉图》一书的第二条引语。）这种缺乏同情心的情况无疑应归因于柏拉图的影响。

（2）关于在正文下一段里提到的柏拉图和亚里士多德的反平等主义，还可参阅特别是第 273 页注②（和正文）及第二卷第 6 页注①和 8 页注①（和正文）。

这种反平等主义及其破灭性极大的后果已经在塔恩在其出色的论文《亚历山大大帝与人类的统一》中清楚地描述过了。塔恩认识到，在第五世纪，可能已经有了争取"某种优于希腊人与异邦人之间不可改变的区分的情况"的运动；"但是，"他说道，"这对历史无重要性可言，因为任何属于此类的事情都被唯心主义的哲学扼杀了。柏拉图与亚里士多德未对他们的观点置疑。柏拉图说，所有异邦人天生都是敌人；对他们开始征战是合适的，甚至可以奴役……他们。亚里士多德说，所有异邦人天生即是奴隶……"（第 127 页，着重号是我加的）。我完全同意塔恩对唯心主义哲学家，即柏拉图与亚里士多德的恶劣的反人道主义影响的评价。我也同意塔恩对平等主义、对人类团结观念的巨大的重要意义的强调（参阅同前引书，第 147 页）。唯一一点我不能完全同意的地方是塔恩对第五世纪的平等主义运动以及对早期犬儒学派的信徒们的看法。我猜测，他认为这些运动的历史影响同亚历山大的影响相比要小的看法是正确的。但我相信，假如他只是深入研究世界主义和反奴隶运动二者之间的类似之处的话，他对这些运动的估价就会更高一些。在这里所引段落里，塔恩足够清晰地表明了在希腊人：异邦人以及自由人：奴隶的关系之间的平行对应；而假如我们考虑到反对奴隶运动的无可怀疑的力量（尤可参见第 90 页注①），那么反对在希腊人与异邦人之间的区分的分散开来的评论就会在重要性的评价上获得更高的地位。也可参阅亚里士多德《政治学》，Ⅲ，5，7（1278a），Ⅳ（Ⅵ），4，16（1319b）；以及Ⅲ，2，2（1275b）。也见第 273 页注①。

没有一个人生来即是奴隶。"高尔吉亚学派的另一位成员利科弗龙也表达了类似的观点："贵族出身的荣耀是虚构假想的，而且其特权所依据的只不过是一个词而已。"

　　针对这场伟大的人道主义运动——"伟大世代"的运动，我在后面（第十章）将这样称呼它——反其道而行之，柏拉图及其追随者亚里士多德提出了关于人的生物的和道德的不平等的理论。希腊人和异邦人天生就是不平等的；它们之间的对立对应于天生的主人与天生的奴隶二者间的对立。人们的天生的不平等是他们生活在一起的原因之一，因为他们生就的禀赋是互补的。社会生活开始于天赋的不平等，而且它必然在那种基础上持续下去。我将在后面更详细地讨论这些学说。眼下，它们可以用于证明，生物自然主义能够怎样地被用来支持最为歧见纷呈的伦理信条。鉴于我们先前对于以事实不可能作为规范之基础所做的分析，这个结果并非出乎意料。

　　然而，这样的理由也许不足以击败像生物自然主义这样流行的理论；因此我提出两条更为直截了当的批评意见。首先，必须承认特定形式的行为可以被描述为比其他形式更为"自然"；例如，裸身或只吃生的食物；而且某些人认为，这本身证明了选择这些行为方式是正确的。但是，在这种意义上，人们对艺术或科学，或者甚至是对支持自然主义的论点感兴趣，这肯定不是自然的。把符合"自然"作为一条最高标准的选择，最终导致了很少有人愿意面对的结局；它并没有导致一种更为自然的文明形式，而是导致了野蛮[①]。第二条批评意见更加重要。生物自然主义者假定，他能够从决定健康条件等等的自然规律中推导出他的规范，如果他不是天真地相信我们不必采用任何规范，只需简单地按照"自然的规律"生活的话。他忽视了事实上他做出了一

---

　　① 关于"退化到野兽"的主题，参阅第392页注②及正文。

个选择、一项决定；他忽视了可能有某些其他人比他们的健康更加珍视特定的事物（例如，许多人有意地冒生命危险从事医学研究）。而且因此，假如他以为他未做出某项决定，或者他是从生物学规律中推出其规范来的，那么他就是完全弄错了。

（2）伦理实证主义同生物学形式的伦理自然主义一样共同拥有这种信念，即我们必须力图把规范归结为事实。但是这些事实这一次是社会事实，即实际存在的既定规范。实证主义坚持认为，除了实际上已建立起来（或"已经订立"）并且因此具有某种实际的存在形式的法律之外，并不存在其他的规范。其他的标准被认为是不真实的想象。既定的法律是唯一可能的善的标准：凡是存在的，都是好的。（强权即真理。）根据这种理论的某些形式，认为个人能够评判社会的规范是一种严重的误解；确切而言，是社会提供了个人必须接受的评判所依据的准则。

在历史事实上，伦理的（或道德的、或法律的）实证主义通常是保守的，或者甚至是权威主义的；而且它经常乞灵于上帝的权威。我相信其论点依赖于所谓的规范的任意性。它断言我们必须信赖现存规范，因为并不存在我们可以为自己找到的更好的规范。要回答这一点，可以这样追问：关于"我们必须信赖云云"这个规范又是如何呢？假如这只是一条现存的规范，那么作为支持这些规范的一个论点，它并无重要意义；但是假如它是吁请我们运用洞察力，那么它就承认了，我们毕竟能够由我们自己来发现规范。而且假如我们被告知须接受权威性的规范，因为我们不能够评判它们，那么我们就既不能够评判权威的要求是否有正当的理由，也不能评判我们会不会是在尊奉一位假先知。而且，因为法律无论从什么角度来说都是任意性的，因而就不存在假先知，所以重要的事情是拥有某些法律，假如这一点成立，那么，我们就可以自问拥有法律究竟为什么如此重要；因为假如没有进一步的标准，那么为什么我们不应选择不要法律？（这些话或许说明了，我为什么相信权威主义或保守主义原则，通常是伦理学上的虚无主义的表现；这也就是说，是一种极端的道德怀疑主义的表现，或是对人以及对人的可能性的不信任的表现。）

在历史进程中，自然权利——理论经常被提出来支持平等主义和人道主义思想，而实证主义学派通常站到相反的阵营。但这只不过是事出偶然。正如已证明的，伦理自然主义可以带着非常不同的意图而加以运用（最近它被用以通过宣传某些所谓的"自然的"权利和义务是"自然规律"，而混淆了这整个问题）。相反，也存在着人道主义和进步的实证主义者。因为假如所有规范都是任意性的，那么为什么不能容忍一切呢？这是按照实证主义的思路证明某种人道主义态度的正确性的一个典型说法。

（3）心理或精神的自然主义在某种程度上是两种原先观点的结合，而且它能够用反对这些观点的片面性的某种论点得到极好的解释。伦理学的实证主义者是正确的，假如他强调所有规范都是社会约定的，即都是人和人类社会的产物，那么，这个论点是成立的；但是他忽视了这一事实，即它们因此是人的以及人类社会的本质的心理或精神表现。生物自然主义者是正确的，假设存在着我们能够从中推导出自然的规范的某些自然的目的或目标；但是他忽视了这一事实，即我们的自然的目的并非必须是诸如健康、快乐，或饮食、蔽身之所或繁衍子孙这样的目的。人类的本性是这样的，即人或者至少某些人，并不仅仅为了吃，他们追求更高的目的，精神性的目的。故此，我们可以从人本身的真正本性，即精神的和社会的本质中，推导出他的真正自然的目的。而且我们可以进一步从他的自然目的中推导出生活的自然规范。

我认为，这种貌似有理的立场，是由柏拉图最早系统阐述的，他在这个问题上受到了苏格拉底关于灵魂的学说，即苏格拉

底的精神比肉体更重要的教导的影响①。它对我们的思想感情的
吸引力无疑比其余两种态度强烈得多。然而，它像这些立场一
样，可以同任何一种伦理决定结合在一起；既能同人道主义态度
结合，也能同权力崇拜结合。因为，例如我们可以决定把所有人
当作他们都具有这种精神性的人类本性；或者我们可以像赫拉克
利特一样坚持认为，许多人"像禽兽一样满足口腹之欲"，并且
因而具有一种卑劣的本性，而只有少数一些卓越者才配拥有人的
精神上的共同点。相应地，精神的自然主义就被较多地而且特别
是被柏拉图用于证明"贵族"或"蒙上帝挑选者"或"智者"
或者"天然领袖"的天然特权的正当性。（柏拉图的态度将在随
后各章中加以讨论）在另一方面，它被基督教和其他②人道主义
形式的伦理学，例如被潘恩和康德运用，用来要求人们承认每一
个人类个体的"自然权利"。很明显，精神的自然主义可以被用
于为任何一种"有事实根据的"，即现存的规范辩护。因为它总
可以论证说，这些规范如果没有表现人性的某些特征，那么它们
就不可能是有效的。从这个角度来看，精神的自然主义在现实问
题上就可以成为实证主义的自然主义，尽管它们之间存在传统上
的对立。实际上，这种形式的自然主义是如此宽泛和如此含糊不
清，以致它可被用来为任何态度辩护。任何曾被人们想到过的事
情，没有不可以称之为"自然的"；因为假如它不存在于他的本
性之中，它又怎么可能被他想到呢？

---

① 有关苏格拉底关于灵魂的信条，参见第 362 页注①对应的正文。

② 在平等主义意义上的术语"自然权利"是经由斯多葛派（存在着安提西尼
的影响应当考虑；参阅第 289 页注①）传入罗马的，罗马法又使之传布于世
（参照《法学阶梯》，Ⅱ，1，2；Ⅰ，2，2）。它也被托马斯·阿奎那使用过
（《神学大学》，Ⅱ，91，2）。现代托马斯主义对术语"自然法"而不是
"自然权利"的混乱用法，还有他们很少强调平等主义，这些是令人遗
憾的。

　　回顾这段简要概念，我们或许可以觉察到阻碍我们采取批判的二元论的两种主要思想倾向。第一种是指向一元论的一般倾向①，也就是说倾向于把规范归结为事实。第二种存在于更深的层次上，而且它可能构成了第一种倾向的背景。它植根于我们害怕向我们自己承认，对于我们的伦理决定的责任完全是属于我们的，而且不能转嫁到任何别人身上；既不能托付给上帝，亦不能交给自然，也不能转交于社会，且不能转给历史。所有这些伦理理论都试图找到某个人，或者也许是某个论点，以从我们身上卸去负担②。但是我们不能逃避这个责任。不论我们接受了什么样

① 最初导致人们把规范解释为自然的一元论倾向，最近导致了相反的倾向，即把自然规律解释为约定。这种（物理学）类型的约定主义是由彭加勒第 2 卷建立在对定义的约定性或言辞性特征的承认这个基础之上。彭加勒以及更晚近的艾丁顿指出我们是按照它们遵循的规律来定义自然实体的。从这一点可以得出结论，这些规律即自然规律都是定义，即言辞性的约定。参见艾丁顿在《自然》，148，（1941），141 中的信："（物理学理论的）要素""……只能按它们遵循的规律……来下定义；因此，我们发现自己是在一个纯粹形式上的体系中追逐着我们自己的尾巴。"——对于这种形式的约定主义的分析和批评可在我的《研究的逻辑》，尤其是第 40 页以下中找到。

② （1）希望用某个论点或理论来分担我们的责任，我相信这是"科学的"伦理学的基本动机之一。"科学的"伦理学在其绝对无益方面，是最令人吃惊的社会现象之一。其目标是什么？是在于告诉我们应该做什么，即在于在某种科学基础上建构某种规范的法典，以便如果我们面临着某个困难的道德决定时，我们只需查一下该法典的索引吗？这显然是荒谬可笑的；不消说它是否能做成此事这个事实，这种做法会毁掉所有个人责任，并因此毁掉所有伦理学。或者它会提供关于道德判断，即涉及"好"或"坏"的判断之正确和虚妄的科学标准吗？但是，显然道德判断是绝对不重要的。只有散布恶意中伤之言者才会对评判人们或他们的行为感兴趣；"不加评判"对我们一些人来说，是人道主义伦理学基本的一条而且是很少被人欣赏的一条准则。（我们不得不解除一名罪犯的武装并把他投入监狱，以防止他重犯其罪行，但是过多的道德评判以及特别是过多的道德义愤总是矫饰和伪善的一种标志。）故此，一种关于道德评判的伦理学不仅是无意义的，而且的确是一件不道德的事情。道德问题的全部重要性当然在于这样一个事实，即我们能

够以聪颖明智的先见之明来行事，而且我们能够反躬自问，我们的目标应该是什么，即我们应当怎样行动。

几乎所有论述过我们应该怎么做的道德哲学家（康德可能是个例外），都试图或者借助"人的本性"（甚至康德也这么做，这里他指的是人的理性）或者借助"善"的本性来回答这个问题。这些途径中的第一种毫无结果，因为我们所有可能的行动都是植根于"人性"，所以伦理学的问题也可以说成是，提问我应该遵循和发展人性中的哪些要素，以及我应该压抑或控制哪些方面。但是这些途径中的第二种也是毫无结果的；因为假定有某种对"善"的分析是以这样的句子表述的："善是如此这般这般"（或"如此这般这般是善的"），那么我们总是不得不问：那又怎么样？这跟我有什么关系？只有当"善的"这个词是在一种伦理学的意义上被使用的，仅当它被用来指称"我应该做什么"时，我才能够从"X是善的"这条信息中推论出我应该做 X 的结论。换言之，假如善一词要是多少具备伦理学的意义的话，那么它一定是被定义为"我（或我们）应该做（或促进）什么"。但是如果它是这样被界定的，那么其全部意义就由这个定义短语终结了，而且它能够在所有的上下文当中被这个短语取代，即引出术语"善"实质上不能对解决我们的问题有所助益〔也可参阅第二卷第十一章第40 页注①（3）〕。

所有关于善的定义，或是关于定义它的可能性的讨论，因此都是毫无价值的。它们只是证明了"科学的"伦理学距离道德生活的紧迫问题有多么遥远。而且它们因此表明了"科学的"伦理学是一种逃避形式，而且它逃避了道德生活的现实，即逃避了我们的道德责行。（鉴于这些考虑，发现"科学的"伦理学以伦理自然主义形式出现，恰与可被称为个人责任的发现在时间上重合在一起，就不足为怪了。参阅第 353 页注②至 359 页注①、372 页注①、374 页注①和 382 页注①对应的正文中关于开放社会及伟大世代所讲的内容。）

（2）在这一点上，指出这里讨论的逃避责任的一种特殊形式或许是合适的，即特别是由黑格尔学派的法律实证主义连同一种密切关联的精神的自然主义所展示的形式。这个问题仍有意义，这一点可以从以下事实看出来：像卡特林这位优秀作者在这个重要问题上（也在许多其他问题上）仍然依赖黑格尔；而且我的分析将采取的方式是批判卡特林赞同精神的自然主义并反对在自然规律与规范性法则二者之间做出区分的观点（参阅卡特林著《政治学原理研究》，1930年，第 96—99 页）。

卡特林首先在自然规律与"人类立法者制定的……法律"之间做出了明确的划分；而且他承认，"自然规律"看起来，如果应用于规范的话，"似乎明显是不科学的，因为它似乎没有区分要求强制执行的人类法律与不可能违犯的自然规律"。但他力图证明它仅仅是看起来是这样，而且"我们批评"这种使用

―――――――――――

"自然规律"一词的方式，"过于轻率"了。并且他开始进行清晰明确的关于精神的自然主义的阐述，即着手在"根据自然"的"健全的规律"和其他规律二者间做出区分："健全规律，于是，涉及对人类倾向的某种系统阐述，或者，简言之，是要由政治科学'发现'的'自然的'规律的摹本。健全的规律在这种意义上明显地是被发现而不是被制定的。它是自然的社会规律的摹本"（即我所说的"社会学的规律"；参阅第 137 页注①对应的正文）。而且他在做总结时坚持认为迄今为止法律体制变得更为理性了，其规则"不再带有专断命令的特征，而且变成仅仅是从最重要的社会规律推导出的演绎结论"（即从我所说的"社会学规律"中推导而来的结论）。

（3）这是一种关于精神的自然主义的非常有力的阐述。对它的批评更为重要，因为卡特林把他的学说与这里所提倡的乍看起来似乎与这里所倡导的"社会工程"相像的理论结合在一起（参照第 50 页注①对应的正文以及第 303 页注①至 305 页注①、289 页注①至 294 页注②对应的正文）。在对它进行讨论之前，我想解释一下为什么我认为卡特林的观点依赖于黑格尔的实证主义。这样一种解释是必需的，因为卡特林运用其自然主义，目的是要区分"健全的"法律和其他法律；换言之，他运用它是为了区分"正义"的和"非正义"的法律，而且这种区分肯定看上去不像实证主义，因为实证主义把现存法律视为正义的唯一标准。尽管如此，我相信，卡特林的观点非常接近于实证主义；我的理由是，他确信只有"健全的"法律才能是有效的，并且在明白无误的黑格尔的意义上是"实存的"。因为卡特林说，当我们的法典不是"健全的"，即并不符合人性规律时，那么"我们的条文就是一纸空文"。这个陈述是最纯粹的实证主义；因为它允许我们从这一事实，即某项特定的法律条文不仅仅是"纸面上的"，而且成功地被实施了，演绎推论出它是"健全的"，或者换言之，即推论出所有证明不仅仅是纸面上的立法，都是人类本性的摹本，并且因此是正义的。

（4）我现在开始着手简要地批评由卡特林提出的论点，其论点反对在下述二者之间做出区分：（a）不能被违犯的自然规律，以及（b）人为的，即由惩罚强制实施的规范性的法则；这是他本人起初做出的非常清楚明确的区分。卡特林的论点是双重的。他证明（a¹）自然规律在某种特定意义上也是人为的，而且它们在某种意义上也能被违反；以及（b¹）在某种特定的意义上，规范性的法则不能被违反。我是谈（a¹），"物理学家的自然规律，"卡特林写道，"并不是没有理性的事实，它们是物质世界的理性化，或者是由人附加上去的，或是由人证明了其正确性的，因为这个世界本来是理性而有秩序的。"并且他开始证明，当"新事实"迫使我们改写规律时，自然规律"可以被废弃"。我对这种观点的答复是这样的。一个意在作为某一条自然规律的系统阐述的陈述当然是人为的。我们提出了这条假定，即存在着某种特定的不变的规律性，即我们借的权威，都正是我们自己接受了它。假如我们认识不到这个简单的事实，那么我们就是在欺骗自己。

六

我们现在转而对柏拉图的自然主义及其与他的历史主义的关系进行更为细致的分析。当然，柏拉图并非总是在同一种意义上

助一个陈述描述了假定的规律性，即自然规律。但是，作为科学家，我们准备着从自然中获知我们是错的，我们准备着改写规律，假如与我们的假说矛盾的新事实证明了，我们假定的规律不是规律，因为它已经被打破了。换句话说，通过接受自然的否决，科学家证明，只要一条假说尚未被证伪，他就接受它；这就等于说，他把自然规律视为不能被打破的法则，因为他把打破其法则作为其法则并未正确阐述某条自然规律的证据来接受。进而，尽管这个假说是人为的，我们也不能阻止它的证伪。这证明了，通过创立假说，我们并没有创造出它想要描述的规律性（尽管我们确实提出了一组新的问题，而且或许可以提议做出新的观察和解释）。（b^1）"以下说法并不是真的，"卡特林说，"即当罪犯做了被禁止去做的行为时，他'违犯'了法律……法律条文并不说'你不能够'；它只说，'你不得，或将处以这种惩罚。'""'作为禁令'"，卡特林继续写道，"'它可以被违反，但是作为法律，在一种非常现实的意义上，它只是当没有处以惩罚时才被违反……就法律是完善的而且其惩罚得以实施来说，……它接近于物理学的规律。"对这一点的答复很简单。在无论何种意义上，我们谈及"违犯"法律，这种司法上的法律能够被违犯；没有任何言辞上的调整能够改变这一点。让我们接受卡特林的观点，即罪犯不可能"违犯"法律，而且，只有当该罪犯未受到法律所规定的惩罚时，它才被"违犯"了。但是，即使是从这种观点来看，法律也是能够被违犯的；例如，由拒绝惩罚罪犯的国家官员违犯。而且即使在一个在事实上执行所有惩处的国度里，官员们如果他们选择这样做的话，也能够阻止这样的执行，并且因此在卡特林的意义上，"违犯"法律。（他们也会在一般意义上"违犯法律"，即他们会成为罪犯，而且他们最终可能会受到惩处，这完全是另外一个问题了。）换言之，某种规范性的法制总是由人并由他们的惩处来强制实施的，而且它因此同假说有根本差别。在法律上，我们可以强制执行对杀人行为或仁慈行为的镇压；实施对谬误或对真理的压制；实施对正义或对非正义的压制。但是我们不能够强迫太阳改变其运行轨道。即使再多的论证也不能跨越这条鸿沟。

使用"自然"一词。我相信，他赋予它的最重要的含义，实际上等同于他赋予"本质"一词的含义。使用术语"自然"一词的这种方式仍存在于甚至在我们的时代里的本质主义者中间；例如，他们仍然提到数学的本性，或归纳性推论的本性或"幸福与苦难的自然本质"①。当柏拉图以这种方式使用这个词时，"自然"的意思几乎与"形式"或"理念"一样，因为某事物的形式或理念，如前面所证明的，也就是它的本质。自然与形式或理念两者之间的主要区别似乎是这样的。某种可感知事物的形式或理念，正如我们已经看到的那样，并非处于那个事物之中，而是同它分离开来；它是它的祖先，它的始祖；但是，这个形式或祖先把某种东西传递给作为它的子孙或属于其族类的这种可感知事物，即它们的本性。这种"自然"因此是某事物的天生的或原有的品质，而且在这种程度上说，这是它的固有本质；它是某个事物原有的力量或原始天命，而且它决定着那些作为其近似于其形式或理念之基础的，或作为其对形式或理念固有的分享之基础的非本质属性。

"自然的"因此是某事物中内在的或原有的或天赐的东西，而"人为的"则是后来被人改变或由他通过外部的强制添加或强加的。柏拉图常常坚持说，所有人类"技艺"的产品充其量都仅仅是"自然的"可感知事物的摹本。但是反过来，因为这

---

① 在《泰阿泰德篇》175c 处提到"幸福和苦难的本质"。关于"自然"与"形式"或"理念"之间的密切联系，尤可参阅《理想国》，597a—d，在那里柏拉图第一次讨论了床的形式或理念，而且接着把它指称为"天然即存在的，由上帝制造的床"（597b）。在同一处，他提出了在"人造物"（或"被创造"的东西，它是一种"仿制物"）与"真实物"二者之间的相应的区分。也可参阅亚当对《理想国》597b10 的注释（还有那里给出的引自伯内特的引文），以及对476b13、501b9、525c15 的注释；还有《泰阿泰德篇》，174b（以及康福德在其《柏拉图的知识论》第85 页的注释。也可参见亚里士多德的《形而上学》，1015a14）。

些只是天赐的形式或理念的摹本，加倍地远离实在，且因此甚至比变动之中的（自然的）事物更不好，更不现实，且更不真实①。从这一点我们看出，柏拉图至少在一点上同意安提芬的观点②，即假定自然与约定或人工二者之间的矛盾对立相当于真理与谬误、实在与现象、最初的或原始的事物与从属或人为的事物之间的对立，并且相当于理性知识的对象与虚妄意见的对象之间的对立。根据柏拉图所言，这种对立还相当于"天赐的工艺的产物"或"神授艺术的产品"与"人用它们制成的什么东西，即人类技艺的产品"之间的对立。③ 所有柏拉图想要强调其内在价值的那些事物，他于是都称其为自然的，以和人为的东西相对立。故此，在《法律篇》中他坚持认为灵魂必须被看作先于所有物质的事物，而且因此它必须被说成天然即存在的："几乎每一个人……都不知道灵魂的力量，而且特别是不知道它的起源。他们不知道，它跻身于最早的事物之列，而且先于所有肉体……在使用'自然'一词时，人们想要描述最早被创造出来的事物；但是，假如证明正是灵魂优先于其他事物（而或许不

---

① 关于柏拉图对艺术的抨击，参见《理想国》最后一卷；以及特别是在第 112 页注③里提到的《理想国》600a—605b 几个段落。

② 参阅第 140 页注②至 141 页注②及正文。我的论点，即柏拉图至少部分地同意安提芬的自然主义理论（尽管他当然不同意安提芬的平等主义），对许多人特别是对巴克（同前引书）的读者来说，似乎是令人奇怪的。而且听到下面的意见，他们可能会更为惊奇，即主要的歧见与其说是一种理论上的分歧，不如说是道德实践上的分歧，而且在道德上，就平等主义的实际问题而论，是安提芬而不是柏拉图站在正确的一边。（关于柏拉图同意安提芬有关自然是真实和正确的这条原则，也可参见第 153 页注①、157 页注①和 159 页注①及对应的正文）。

③ 这些引文引自《智者篇》，266b 和 265e。但是这一段也含有（265c）一种批评（近似于《法律篇》，在第 153 页注①和第 159 页注①对应的正文中引用到），它可被描述为诸如或许是安提芬所持有的这样的自然主义的唯物主义的解释；我指的是"认为自然……的产生与智性无关……的信念"。

是先于火或空气），……那么灵魂而不是其他事物在自然这个词最真切的含义上，就可以坚定地断言灵魂天然即存在着。"① （柏拉图在这里重申了他关于灵魂比肉体更密切地近似于形式或理念的旧理论；这个理论也是他关于不朽的学说的基础。）

但是柏拉图不仅教导说灵魂先于其他事物，并且因此"自然"即存在；他使用的"自然"一词，假如适用到人身上，还常常作为对精神力量或天赋或天生的才能的一种称谓，所以我们可以说人的"自然"几乎与他的"灵魂"是等同的；它是他由以分享形式或理念，分有他的种族的天赐始祖的神授原则。并且，"种族"一词常常在非常类似的意义上被使用。因为某个种族是因作为同一始祖后裔而团结在一起的，它也必须由一个共同的自然团结于一道。这样，术语"自然"和"种族"就常常被柏拉图作为同义词来使用，例如，当他谈到"哲学家的种族"

---

① 参阅《法律篇》，892a 和 c。关于灵魂与理念之间的类同性的学说，也可参见第三章和第 56 页注①（8）。关于"自然"与"灵魂"之间的类同，参见亚里士多德的《形而上学》1015a14，连同所引用的《法律篇》的段落，以及 896d/e："灵魂存在于运动着……的一切事物之中。"

特别是可进一步参照下述几个段落，其中以明显的同义性的方式使用"自然"和"灵魂"；《理想国》，485a/b，485e/491a 和 b（"自然"）；486b和 d（"灵魂"），490e/491a（二者），491b（二者），以及许多其他地方（也可参照亚当对 370a7 的注释）。在 490b（10）直接说到这种类同性。关于"自然"与"灵魂"和"种族"之间的类同性，可参照 501e，在那里在类似段落里找到的短语"哲学的本性"或"灵魂"被"哲学家的种族"代替。

在"灵魂"或"自然"与社会阶级或种姓二者之间也存在某种类同性；例如可参见《理想国》，435b。种姓与种族二者之间的这种联系是根本性的，因为从一开始（415a），种姓就是等同于种族的。

《法律篇》648d，650b，655e，710b，766a，875c 是在"天赋"或"灵魂的状态"的意义上运用"自然的"。在《法律篇》，889a 以下，讲到了自然超出艺术的优先权和优越性。关于在"正确的"或"真正的"意义上的"自然的"，可分别见《法律篇》686d 和 818e。

以及谈到那些具有"哲学家自然本性"的人时，就是这样；因此这两个术语都十分近似于术语"本质"和"灵魂"。

柏拉图的"本原（自然）"论打开了通向他的历史主义的方法论的另一条门径。既然考察其研究对象的真正本质似乎是一般而言的科学的任务，那么考察人类社会及国家的本质就是社会科学或政治科学的任务。但是，根据柏拉图的观点，一个事物的本质是它的起源；或者至少它是由其起源决定的。因此，任何一门科学的方法就将是探究事物的起源（它们的"起因"）。这个原则，当应用到社会科学和政治学时，就导致了这样的主张，即要求人们必须考察社会和国家的起源。历史学因此不是为了历史本身来研究，而是作为各门社会科学的方法。这就是历史主义的方法论。

人类社会的和国家的本质是什么？按照历史主义的方法，社会学的这个基本问题必须以这种方式重新阐述：社会和国家的起源是什么？柏拉图在《理想国》以及《法律篇》中提供的答复①，与前面被描述为精神的自然主义的态度观点相同。社会的起源是一种约定，一种社会契约。但是它还不仅止于此，更确切地说，它是一种自然的约定，即一种建立在人性的基础之上，并且更准确的说，建立在人的社会本性基础上的约定。

人的这种社会本性植根于人类个体的不完善性。与苏格拉底观点相左②，柏拉图教导说，由于人类本性中固有的局限，人类

---

① 参阅在第 105 页注①（1）（a）和（c）中所引用的几个段落。
② 苏格拉底在《理想国》，387d/e 中提到经济独立性的学说（参阅《申辩篇》，41c 以下，以及亚当对《理想国》，387d25 的注释）。这只是对苏格拉底的教导的回忆性的几个散见段落中的一段；但是它和《理想国》的主要信条直接相矛盾，如同在正文中对它的阐述一样（也见第 213 页注①及正文）；通过对比所引段落和369c 以下以及许多非常相近的段落，可以看到这一点。

个体不可能是自给自足的。尽管柏拉图坚持认为存在着十分不同的人类完善程度，但最后证明甚至是极少数相对完善的人仍然依赖他人（较不完善者）；如果不是为了别的事情，那么就是为了让他们来做肮脏的工作，做体力劳动①。从这个角度而言，即使是近乎完美的具有"罕见的非比寻常的本性"的人，也依赖社会，依赖国家。他们只有通过国家并处在国家之中，才能达到完善；完美国家必须为他们提供适宜的"社会栖息环境"，没有这种环境，他们必定变得腐坏并走向退化。因此，国家必须被置于比个体更高的地位上，仅仅因为国家才可以成为自给自足的（"经济独立的"）、完美的，而且能够使个人的不可避免的不完善之处得以改善。

因此社会与个人是互相依赖的。其中一方应把它的存在归因于另一方。社会应把它的存在归因于人类本性，而且尤其应归因于它缺少自给自足性；而个人应把他的存在归因于社会，因为他不是自给自足的。但是在这种相互依赖关系里，国家超越于个人的优越性以各种不同的方式显示出来；例如，以这样一种事实来表现，即一个完美国家的衰落和瓦解的开端，并不是在国家本身之内产生的，而更确切地说是产生于其个体身上；它植根于人类灵魂、人类本性的不完善；或者更准确地说，它表现为这样一种事实，即人的种族有退化的倾向。我想现在回到这一

---

① 例如可参阅在第 99 页注②对应的正文中所引用的段落。关于"具有罕见的且非同寻常的本性"的人，参阅《理想国》，491a/b，以及许多其他段落，例如《蒂迈欧篇》，51e："理性由诸神和极少数人共同拥有。"关于"社会栖息环境"，参见491d（也可参阅二十三章）。

柏拉图（以及亚里士多德，尤其可参阅第二卷十一章第8页注①以及正文）坚持认为，体力劳动地位卑微，而苏格拉底似乎采取了一种十分不同的态度（参阅色诺芬，《回忆录》，II，7；7—10）；色诺芬的故事在某种程度上得到安提斯泰尼和狄奥根尼对待体力劳动的态度的进一步的证实；也可参阅第 374 页注①。

点，即政治衰败的根源，及其对人类本性退化的依赖关系；但我愿意首先对柏拉图的社会学的某些特征做一些评论，特别是关于他的版本的社会契约理论，以及关于他对国家具有某种超个性人的观点，即他的版本的关于国家的生物学或有机体的理论，做一些评论。

是普罗塔哥拉首先提出了关于法律产生于社会契约的理论，或是，利科弗龙（其理论将在下一章中加以讨论）是这样做的第一人，这并不确定。不管怎样，这种思想与普罗塔哥拉的约定主义有密切联系。柏拉图有意地把某些约定主义的思想甚至是契约理论的某种形式同他的自然主义结合在一起，这一事实本身就证明了，约定主义在其最原始的形式上，并不认为法律是完全任意性的；而且，柏拉图对普罗塔哥拉的评论证实了这一点①。柏拉图是怎样意识到他的版本的自然主义中的约定主义成分，这可以从《法律篇》中的一个段落里看出来。柏拉图在那里提供了政治权威可能依据的一系列各种不同原则，其中提到了品达的生物学自然主义（参见前文），即"强者应当统治而弱者应当被统治的原则"，他把它描述为"遵循自然"的一条原则，"正如底比斯诗人品达有一次说过的那样"。柏拉图把这条原则同他通过证明其结合了约定主义和自然主义而推荐的另一条原则相比较："但是还存在着……一种主张，它是所有原则中最伟大的一条，即智慧者应当领导和统治，而无知者应当服从；而这一点，啊，品达，最智慧的诗人，无疑并不违反自然，而是遵循了自然；因

---

① 尤可参见《泰阿泰德篇》，172b（也可参阅康福德在《柏拉图的知识论》中对这一段落的评论）。也见第136页注①。在柏拉图的教导中的约定主义要素或许可以解释，为什么一些仍掌握普罗塔哥拉著作的人说《理想国》同这些著作相似。（参阅《狄奥根尼·拉尔修》，第Ⅲ卷，第37页。）关于利科弗龙的契约理论，参见第222页注①、第234页注①（尤其是第227页注①）以及正文。

为它所要求的，并不是外部强制，而是以双方同意为基础的法律的真正自然的统治。"①

在《理想国》中，我们发现约定主义的契约理论的成分，以类似的方式和自然主义（以及功利主义）成分结合在一起。"城邦的形成"，我们在那里听到，"是因为我们不是自给自足的……或者有另外一种城邦中定居的起源吗？人们在一处定居地里聚集了……许多帮手，因为他们需要许多东西……而且当他们相互之间分享他们的物品时，一方提供而另一方分享，每一个人不都是希望以这种途径增进他自己的利益吗？"② 这样，居民们

---

① 参阅《法律篇》，690b/c；参见第 140 页注①。柏拉图也在《高尔吉亚篇》，484b，488b 和《法律篇》714c，890a 中提及品达的自然主义。关于作为一个极端的"外部强制"与作为另一个极端的（a）"自由行动"，（b）"自然"，二者之间的对立，也可参阅《理想国》，603c 和《蒂迈欧篇》，64d。（也可参阅第 159 页注①中引用到的《理想国》，466c—d。）

② 参阅《理想国》，369b—c。这在某种程度上属于契约理论。下一句引文，即关于在完美国家之中的自然主义原则的第一次陈述是 370a/b—c。（自然主义在《理想国》中最早是由格劳孔在 358e 以下提到的；但这当然不是柏拉图自己的自然主义学说。）

（1）关于劳动分工的自然主义原则的进一步发展及这个原则在柏拉图正义学说中所起的作用，尤其可参阅第 183 页注②、202 页注②和 215 页注②对应的正文。

（2）关于一种现代的极端激进版本的自然主义原则，可参见马克思关于共产主义社会的口号："各尽所能；按需分配！"（例如可参阅《马克思主义手册》，E. 伯恩斯，1935 年，第 752 页，以及第二卷第十三章第 148 页注①、145 页注①及第二十四章第 390 页注①及正文。）

关于这一条"共产主义原则"的历史根源，参见柏拉图的格言"朋友分享他们所拥有的一切"（参阅第 213 页注①及正文；关于柏拉图的共产主义，也可参见第 211 页注①和 102 页注①及正文），并可把这些段落同《使徒行传》做比较："而且信任者全都相聚一堂，并分享所有一切；……按照每个人的需要把它们分给所有人。"（2，44—45）——"他们中没有任何一人匮乏：因为……是按照每个人的需要分配给他的"（4，34—35）。

为了每个人都可以增进他自己的利益而聚集起来；这是契约理论的成分。但是在这一点背后，存在着他们不是自给自足的这个事实，一种人性的事实；这是自然主义的成分。而且这种成分被进一步发展了。"天生而来，我们中没有任何两个人是完全一样的。每个人都有他独特的本性，一些人适于一种类型的工作，而一些人适合另一种……一个人在许多行当里工作或是他仅在一个行当里干，哪一个更好呢？……无疑，假如每个人根据他的自然天赋，只从事一种职业，那么将生产得更多、更好且更容易。"

以这种方式，劳动分工的经济原则被引入进来（令我们想起在柏拉图的历史主义与对历史的唯物主义解释二者之间的相似性）。但是这条原则在这里是以生物自然主义成分，即以人生来不平等为基础的。起初，提出这种观念是不引人注目，而且可以说是没有恶意的。但是我们在下一章中将看到它具有影响深远的后果；确实，唯一真正重要的劳动分工最终将是统治者与被统治者二者之间的分工，它被宣称是以主人与奴隶、智慧者与无知者之间天然的不平等为基础的。

我们已经看到，在柏拉图的态度中存在着一种值得注意的约定主义以及生物自然主义的成分，如果我们考虑到这种态度从整体上看属于精神的自然主义的立场，因其模棱两可，很容易容许所有这样的结合，那么这种说法就不令人奇怪了。这种精神版本的自然主义也许在《法律篇》中得到了最好的阐述。"人们说，"柏拉图说道，"最伟大和最美好的事物是自然的……而较次要的事物则是人为的。"到此为止，他同意这种说法；但是他接着抨击说下述话的唯物主义者："火与水，以及土壤和空气，都是天然即存在的……而且，所有规范性的法则全部都是非自然的和人为的，并且是以不真实的迷信为基础的。"同这种观点相左，他首先证明，不是肉体，也不是各种要素，而是灵魂才是真正地

"自然即存在"①（前面我已引用过这一段）；而且从这一点他总结道，秩序，以及法律，也一定是自然就有的，因为它是从灵魂生发出来的："假如灵魂先于肉体，那么依赖于灵魂的事物"（即精神性的东西）"也先于那些依赖于肉体的事物……而且灵魂命令并指挥着一切事物。"这为下面的学说提供了理论基础，即"法律和有意义的制度自然即存在着，而且不因任何低于自然的东西而存在，因为它们来源于理性和真正的思想"。这是一种明白无误的精神的自然主义的说法；而且它还同一种保守类型的实证主义观念结合在一起："思考缜密且深谋远虑的立法将发现一种极其有力的帮助，因为法律一旦以书面形式制定出来，就将保持不变。"

　　从所有这一切可以看到，源于柏拉图的精神的自然主义的论点非常没有能力帮助解答可能提出来的关于某一具体法律的"公正"或"自然"特征的任何一个问题。精神的自然主义实际上过于含糊，以致不能被应用于任何一个现实问题。除了提供支持保守主义的某些一般性论点之外，它不能提供更多的东西。在实践当中，一切事情都交付给了这位伟大的立法者的智慧（一

①　参见第152页注③及正文。在这一段中的引文全部出自《法律篇》：（1）889，a—d（参阅《泰阿泰德篇》中非常相近的段落，172b）；（2）896c—e；（3）890e/891a。

　　关于正文中的下一个段落（即关于我认为柏拉图的自然主义对于解决实际问题无能为力的观点），下述内容也许可作为一个例证。许多自然主义者争辩说，男人和女人在身体上和精神上两方面都是"天生"不同的，而且因此他们应当在社会生活中发挥不同的作用。然而，柏拉图运用同样的自然主义的论点来证明相反的观点；因为，他辩论说，两种不同性别的狗不是都可用于看门和狩猎吗？"你同意，"他写道（《理想国》，466c—d），"女人……必须同男人一道参加保卫以及狩猎活动，就像狗的情形一样；……而且在这样做时，她们将以最可取的方式行动，因为这不是违反自然，而是遵循了两性之间的自然的关系，是吗？"〔也见第157页注①对应的正文；关于狗作为理想的护卫者，参阅第四章，尤其是第105页注①（2）和正文。〕

位神一样的哲学家，其形象，特别是在《法律篇》中，无疑是
一幅自画像；也可参见第八章）。然而，与他的精神的自然主义
相对立，柏拉图关于社会与个人相互依存的理论则提供了更为具
体的结果；而且他的反平等主义的生物自然主义也是如此。

七

　　上面已经简要地陈述了，因为其自给自足性，理想国家据柏
拉图看来是完善的个体，而相应地，公民个人是国家的不完善摹
本。这种把国家理解成为一种超个体或利维坦式政体的观点，为
西方引入了一种所谓有机体的或生物学的国家理论。这种理论的
原则将在后面加以批判①。这里我首先想要提请注意这一事实，
即柏拉图并没有为这个理论辩护，而且确实几乎没有明确地系统
阐述它。但它却是清楚无误地隐含其中；事实上，在国家与人类
个体二者之间的基本类比是《理想国》的一个标准话题。在这
一点上，值得提到，这个类比乃是服务于深化对个人的分析而不
是对国家的分析。有人或许可能为这样一种观点辩护，即柏拉图
（也许是在阿尔克迈昂的影响下）与其说是提供了一种关于国家
的生物学理论，不如说提供了关于人类个人的政治学理论②。我
认为，这个观点与他的信条，即个人低于国家并且是它的一种不
完善的摹本，是完全一致的。正是在柏拉图在其中提出其基本类
比的地方，是以这种方式运用它的，那也就是说，把它作为解释

---

①　关于国家生物学理论的简短批评，参见第336页注①及正文。*关于这种理
　　论的东方起源，参见 R. 艾斯勒《历史综论杂志》，第41卷，第15页。*
②　关于柏拉图的灵魂政治理论的某些应用，以及从它推出的推论，参见第383
　　页注①—②及正文。关于在城邦与个人二者之间的基本方法论上的类比，尤
　　其可参见《理想国》，368e，445c，577c。关于阿尔克迈昂的个人或人类生
　　理学的政治理论，参阅第194页注②。

和阐明个人的一种方法。城邦被说成比个人更大，且因此更容易考察。柏拉图把这一点作为他提出如下建议的理由：“我们应当在城邦里开始我们的探究”（即探究正义的本质），“并随后继续在个人中探究，总是密切注意相似点……我们不是期望通过这个途径更容易地辨明我们正在寻找的东西吗？”

从他提出的方式，我们能够看到，柏拉图把他的基本的类比视为理所当然。我相信，这个事实是他渴望某种统一而和谐的、一个“有机的”国家，渴望一种更为原始的社会的表现。（参见第十章）他说，城邦国家应该维持在小规模上，并且只有在其规模的扩大不危及其团结时，它才应该扩大。整个城邦天然就应是一，而不是多①。柏拉图因此强调其城邦的“一”或“个体性”。但是他还强调了人类个人的“多”。在他对个体灵魂的分析，以及对同其城邦的保护者、武士与劳动者（他们仍然继续“像禽兽一样满足口腹之欲”，如赫拉克利特所言）三个阶级相当地，把它分为理性、体力和动物本能三个部分的分析里，柏拉图使这些组成部分彼此对立，仿佛它们是“独立的且相互冲突的人”一样②。“尽管人显然是一，而他在实际上是多……尽管完善的政治实体显然是多，而在实际上它是一。”显然这符合国家的理念特征，个人是国家的一种不完善的摹本。如此这般对同一性与整体性——特别是对国家的，或者也许是对世界的同一性与整体性的强调，可以描述为“整体论”。我相信，柏拉图的整

---

①　参阅《理想国》，423，b 与 d。

②　这段引语以及下一段引自格罗特著《柏拉图及苏格拉底的其他同伴》（1875），vol. Ⅲ卷，第 124 页——《理想国》的主要几个段落是 439c 及下页（莱昂提乌斯的故事）；571c 及下页（兽性部分与理性部分的对比）；588c（预示大动乱的怪物；参见《启示录》13，17 及 18 中，拥有柏拉图哲学的数的“野兽”）；603d 和 604b（处于同自己争战之中的人）。也见《法律篇》，689a—b，以及第 383 页注①—②。

体论与在前面几章里提到的部落的集体主义联系密切。柏拉图渴望着失落掉的部落生活的团结。在某种社会革命之中的变动的生活，在他看来是不真实的。只有一种稳定的整体、永恒的集体生活才具有真实性，而短暂易逝的个人则没有真实性。个人从属于全体是"自然的"，而全体不仅仅是诸多个人的组合体，而且是具有某种更高秩序的一个"自然"单位。

　　柏拉图对这种"自然的"，即部落的和集体主义的社会生活模式做出了精彩的社会学描述："法律，"他在《理想国》中写道，"……是设计用以带来国家整体的福利，借助劝告与强迫，使公民们成为一个统一体。它使他们全都分享他们中每个人能够贡献给社会共同体的任何利益。而且，实际上正是法律为这个国家造就了具有良好心情的人们；不是为了使他们不受约束之故，以致每个人都能各行其是，而是为了利用他们所有的人以使城邦结合成一个整体。"① 在这种整体论中存在着一种感情强烈的唯美主义，一种对美的渴求，这一点例如可从《法律篇》中的一句话里看出来："每一个艺术家……为了整体而牺牲局部，而不

---

　　① 　参阅《理想国》519e 以下（也可参阅第 267 页注①）；下面两段引文均引自《法律篇》，903c。（我颠倒了它们的次序）可以提一下，在这两个段落中"整体"（整体"pan"和子整体"holon"）并不是国家而是世界；而毫无疑问，这种宇宙论的整体论的潜在倾向是一种政治学的整体论；参阅《法律篇》，903d—e（在其中医生和手艺人同政治家联系在一起），以及柏拉图经常使用"holon"（尤其是它的复数形式）事实上意指"国家"及"世界"。此外，这两个段落中的第一段（按照我引用的顺序）是《理想国》，420b—421c 的一个较简短的缩写；第二段是《理想国》，520b 以下的缩写（"我们为了国家也是为了你们自己而创造了你们"）。更多的关于整体论和集体主义的段落是：《理想国》，424a，449e，462a 及下页，《法律篇》715b，739c，875a 及下页，903b，923b，942a 及下页（也见第209 页注②和 210 页注①）。关于在这一段中，柏拉图把国家说成一个有机体的论述，参阅《理想国》，462c，及《法律篇》964e，在那里国家甚至和人的肉体相比较。

是为了局部牺牲整体。"在同一处，我还找到一句政治学整体论的堪称经典的口号："你们是为了整体而存在，而不是整体为了你们而存在。"在这种整体之内，不同的个人，以及不同的个人集团，因具有他们天然的不平等性，必须提供他们具体的而且是非常不平等的服务。

所有这一切都表明了，柏拉图的理论是一种国家有机体理论，虽然他有时并没有把国家说成是一个有机体。但是既然他这样说了，就不会有任何疑问，应把他说成是这种理论的一位阐述者，或者确切地说，他是创始人之一。他的这种理论，其特征可概括为乃是一种人格主义的或心理学的理论，因为他并没有以一般性的方式把国家作为类似于某种或他种生物体来描述，而是和人类个人，而且更具体地说是同人类灵魂相类比。尤其是，国家的疾病，其统一的瓦解，相当于人类灵魂的、人类本性的疾病。事实上，国家的疾病不仅仅是相关于，而且是直接地产生于人类本性，尤其是由于统治阶级成员们的堕落。在国家退化过程中的每一个典型阶段都是由在人类灵魂的、人类本性的、人种的退化过程中相对应的一个阶段带来的结果。而且既然这种道德的蜕化被解释为以种族的退化为基础，我们就可以说，在柏拉图的自然主义中的生物学成分，最终证明在他的历史主义的基础之中具有极其重要的作用。因为最早的或完美国家的衰落的历史，不过是生物学上的人种退化的历史。

八

在上一章中提到，变化与衰退的起始问题是柏拉图的历史主义的社会理论的主要难题之一。最早的、自然的和完善的城邦，不能假定为在其自身之内即携带着瓦解的病菌，"因为若在其自身之内即携带着瓦解的病菌，那么因为这个原因它就是不完善的"①。柏拉图试图把过错归咎于他的普遍适用的历史的、生物学的，或许甚至还有宇宙论的关于退化的演变规律，而不是归咎于最早的或完美城邦的特定政体②："已被创生出来的每一个事物都必定要衰亡。"但是这种一般性的理论并没有提供一个完全令人满意的答案，因为它没有解释为什么即使是一个足够完善的国家也不能逃避衰亡的规律。而且确实，柏拉图暗示历史性的衰亡本来是可以避免的③，假如最早的或自然的国家的统治者们被训练成为哲学家的话。但是，他们不是哲学家。他们在数学和辩证法方面没有受到训练（他主张他的天堂般的城邦的统治者们应受到这样的训练）；而且为了避免退化，本来需要传授给他们优生学，即"保持保护者的血统之纯正"的科学，以及避免他们脉管中的贵金属同劳动者的贱金属相混杂的更高深的奥秘。但是，这些更为高深的奥秘是难于揭示的。柏拉图在数学、声学和

---

① 参阅亚当编辑的《理想国》，第 2 卷，第 303 页；也见第 77 页注①及正文。

② 亚当强调了这一点，同前引书，注释 546a，b7，以及 pp. 288 和 307。在这一段落中的下一段引文是《理想国》，546a；参阅《理想国》485a/b，在第 64 页注①（1）和第 281 页注①对应的正文中引用到。

③ 这是我必须偏离亚当的解释的主要一点，我相信柏拉图要表明，第 6—7 卷的哲学中，其主要兴趣在于不生不灭的事物（《理想国》，485b；参见上一条注释以及那里提及的几个段落），以其数学和辩证法的训练获得关于柏拉图哲学的数的知识，并以此拥有了阻止社会退化，并因此抑制国家衰亡的手段，尤其参见第 165 页注①对应的正文。

　　在这一段落中随后的引文是："保持保护者的血统的纯正"；参阅《理想国》，460c，以及第 109 页注①对应的正文。"城邦因此建立起来，等等。"：546a。

　　关于柏拉图在数学、声学和天文学领域中，在理性知识和以经验或知觉为基础的虚妄意见二者之间的区分，是参照了《理想国》，523a 以下，525d 以下（在那里讨论了"计算"；尤其可参见 526a）；527d 以下，529b 及下页，531a 以下（向下到 534a 和 537d）；也见 509d—511e。

天文学领域里，在虚妄的意见和纯粹的理性知识二者之间，做出了界限分明的区分，前者受到经验的玷污，而且不能够达到准确，并且全部处于一种低水平之上，后者则未受官能经验的影响，而且是准确的。他还把这种区分应用到优生领域。一种纯粹经验性的繁殖方法不可能是准确的，即它不能够保持种族血统的绝对纯正。这解释了如此之好，即如此近似于其形式或理念，以至于"如此构建而成的城邦几乎不可能被动摇"的原始城邦的衰落。"但是，"柏拉图继续说道，"这是它瓦解的方式"。并且他开始着手规划他的关于生育、关于数，以及关于人的堕落的理论。

他告诉我们，所有植物和动物假如要避免不育和退化的话，都必须按照特定的时间段来繁殖。关于这些时间段的一些知识，是与种族的寿命长度相联系的。应该使最好国家的统治者们能够获得这种知识，并且他们将把它运用于主人种族的繁育。然而，它不会是理性的知识，而仅仅是经验性的知识；它将是"借助或基于感知的计算"（参阅下一条引文）。但是如我们刚刚看到的那样，感知和经验从来不可能是准确可靠的，因为其对象不是纯粹的形式或理念，而是处于变动之中的事物世界；而且既然保护者没有更好类型的知识供其使用，其血统就不可能保持纯正，并且种族的退化必定不知不觉地出现了。这就是柏拉图如此解释这件事情的原因："关于你们自己的种族"（即人的种族，与动物相对），"你们所训练的城邦的统治者们或许足够智慧；但因为他们正在运用借助感知的计算，他们将不会碰巧发现获得优良后代的方法，或者根本找不到"。由于缺少一种纯粹理性的方法，①

---

①　＊我已因"添加"了"缺少一种纯粹的理性方法"几个词（我从未把它们放在引号之内）而受到指摘；但鉴于《理想国》，523a 到 537d，在我看来，显然柏拉图提到"知觉"时，恰恰意味着这种对比。＊

———————————

这个段落里的引文出自《理想国》，546b 以下。

我在对关于堕落和数的故事的解释中，小心地回避了数本身的计算这个困难、悬而未决而且或许是无法明确的问题（因为柏拉图或许没有完全揭示他的秘诀，因此它也许是无法明确的）。我把我的解释完全限定于描述数本身的一个段落紧靠其前后的几段话；我相信这些段落是足够清晰明确的。尽管这样，就我所知，我的解释仍不同于原有的想法。

（1）我把下面这条重要陈述作为我的解释的基础：（A）保护者们通过"借助感知的计算"来工作。紧接着这一点，我运用了以下几条陈述句：（B）他们将不会"偶然地发现获得优良后代的（正确方法）"；（C）他们将"犯下大错，并以错误的方式生育孩子"；（D）他们"不懂得"这样的事情（如数）。

关于（A），对于柏拉图著作的每一位细心的读者来说，应该很清楚，这样提到感知是意在表达对所谈论的这种方法的批评。关于我们考察的这一段（546a 及下页）的这种观点得到如下事实的支持，即它是在 523a—537d 几段之后很快即出现的（见上一条注释的结尾），在那几段里，纯粹的理性知识和基于感知的意见，二者之间的对立是一个主要的主题，而且其中，更为特别的是，"计算"一词是被运用于强调理性知识与经验二者之间的对立的语境之中，而"感知"一词（也见 511c/d）则被赋予了一种确定的技术性的和不以为然的意义。（例如，也可参阅普卢塔克在其《马塞卢斯生平》第 306 页中在他讨论这一对立时的措辞。）我因此持有这种意见，这种意见由于这个上下文，特别是因（B）、（C）、（D）而得到强化，即柏拉图的说法（A）意味着（a）"基于感知的计算"是一个不好的方法，以及（b）存在着更好的方法，即数学和辩证法的方法，它们可获得纯粹的理性知识。我正在试图详尽阐述的这一点确实如此清楚，如果不是因为甚至是亚当都遗漏了它这个事实，我本应该没有关于它的这么多麻烦。在对 546a，b7 的注释中，他把"计算"解释为是指统治者们决定他们须允许的婚事数目的任务，而"感知"被解释为他们借以"决定什么样的夫妇应当结合，什么样的孩子应该生养出来，等等"的手段。那也就是说，亚当把柏拉图的说法当成了一种简单的描述，而不是作为针对这种经验性方法的弱点的争辩。所以，他既没有把陈述（C）即统治者们将"犯下大错"，也没把说法（D）即他们"不懂得"（"无知"），同他们使用经验性方式的这个事实联系在一起。如果我们遵循亚当的说法，那么说法（B）即他们将不会"偶然地""发现"正确的方法，就可以简单地搁置一边，不必翻译了。

在解释我们的段落时，我们必须牢记，在第 8 卷中，就在讨论的这个段落之前，柏拉图回到了第 2 卷到第 4 卷的关于最早城邦的问题。（参见亚当对第 449a 以下，以及 543a 以下的注释。）但是这个城邦的保护者们，既不是数学家，也不是辩证法家。因此他们不了解第 7 卷 525—534 页如此多地强调的纯粹的理性方法。在这一点上，提出关于感知，即关于经验性方法的贫乏，以及关于由此导致的保护者们的无知的评论，就不易被误解了。

陈述（B）即统治者们将不会"偶然地发现""获得优良后代的"（正确方法），"或者根本就找不到"，在我的解释里是完全清楚的。既然统治者们只有经验性的方法可供其使用，假如他们碰巧偶然碰上了需要数学的或其他的理性方法做出决定的某种方法，那也仅仅是一种幸运的巧合。亚当提出（对546a，b7的注释）这样一种译法："他们还是将要依靠计算连同感知获得优良的后代"；而且只在括号内，他补充道："直译是，偶然获得。"我认为，他没有弄懂"偶然碰上"的意思，这是因为他不明白（A）的含义。

这里提议的这种解释使（C）和（D）完全易于理解；而且和柏拉图的说法——即他的数"控制着生育的好坏"——意义完全相符。也许可以评论说，亚当并没有就（D）即无知加以评论，尽管从他的理论（对546d22的注释），即"数并不是同结婚相关的数"，而且它没有技术上的优生意义——来看，这样一种评论是极其必要的。

数的含义确实是技术性和优生性的，我认为这一点是清楚的，假如我们考虑到包含数的内容的段落包含在提及优生学知识，或者更确切地说，提到缺少优生学的知识的几个段落之中。紧接着数之前，（A）、（B）、（C）出现了，而且紧接其后，出现了（D），以及关于新娘和新郎以及他们退化的后代的故事。此外，数之前的（C）与数之后的（D）相互提及；至于（C），"犯下大错"，与提及"以错误的方法生育"之处有关联，而（D），"无知"，则与一个非常类似的提法相关联，即"以错误的方式使新婚与新郎相结合"。（也见下一条注释）

我必须为我的解释做辩解的最后一点是，我的论点，即那些知道数的人因此拥有了"影响生育好坏"的力量。这当然不是从柏拉图有关数本身具有这种力量的说法得出来的；因为，如果亚当的解释是正确的，那么数就调节着生育，因为它决定着一个不可改变的时间阶段，在这个阶段之后，退化必然要出现。但是我肯定地认为，柏拉图提及"感知"、"大错"和"无知"，作为优生上的错误的直接原因，假如他不是意指下面这一点，就毫无意义。即如果他们拥有关于合适的数学的和纯粹理性方法的足够知识，保护者们就不会犯下大错了。但是这得出了不可避免的推论，即数具有一种技术性的优生意义，而且这种知识是阻止退化的力量的关键。（只有这个推论在我看来同我们了解的关于这种迷信的全部内容相符；例如所有的占星学，都包含着明显的有些矛盾的观念，即关于我们命运的知识可以帮助我们影响这种命运。）

我认为，不把数解释为秘密的生殖禁忌，而把它解释成别的什么东西，这些尝试乃是根源于不愿认为柏拉图有如此粗鄙的观念，纵然他明确地表述了它们。换句话说，它们产生于把柏拉图理想化的倾向。

（2）在这方面，我必须提及泰勒写的文章，"《理想国》第8卷中国家的衰落与沦亡"《精神》，N. S. 48，1939年，第23页以下。在这篇文章里，泰勒批评了亚当（在我看来并不公正），并针对他争辩道："下面的说法当然是正确的，即理想国家的衰亡在546b明确地被说成是开始于统治阶级'在不适宜的时节生育孩子'……但这不一定意味着,而且在我看来这不意味着,柏拉图在这里关心着生殖卫生的各种问题。其主要思想是一种简单的想法,即如果像人制成的任何一件东西一样,国家内部即携带着它自己崩溃瓦解的种子,这当然必定意味着控制最高权力的人们迟早会次于他们的前任者。"(第25页以下)但是鉴于柏拉图的阐述相当明确,这种解释在我看来不仅是站不住脚,而且也是企图从柏拉图的著作中去掉诸如种族主义或迷信这样令人难堪的内容的一个典型的例子。亚当一开始就否认数是有技术上的优生学的重要性,而且断言它不是"婚配的数",而仅仅是一种宇宙时间阶段。现在泰勒接着否认柏拉图在这里对"生殖卫生问题"感兴趣。但是柏拉图的段落里频频提到这些问题,而泰勒本人在两页之前(第23页)就承认,"在任何地方都没有暗示",数"不是'决定生育好坏'的决定因素"。此外,不仅所讨论的这个段落,而且整部《理想国》(以及类似的《政治家篇》,尤其是310b,310e)完全都是在强调"生殖卫生问题"。泰勒的理论,即柏拉图当提及"人类创造物"时(或,如泰勒的说法,谈及某种"人类创生的事物"时),意指国家,而且柏拉图想要提到这个事实,即国家是人类立法者创造的,这在我看来没有柏拉图的文本中的证据。整个段落开始时提到处于变动中的可感知世界的事物,提及被创生出来并会衰亡的事物(参见第164页注②—③),而特别是,提到有生命的事物、植物及动物,并提到它们的种族问题。此外,"人造的"事物,如果在这样一种语境之中由柏拉图加以强调的话,将是意指一种低劣的"人为的"事物,因为它"双倍地远离"现实。(参阅第152页注①至153页注①对应的正文,以及《理想国》的整个第10卷至608b的结尾。)柏拉图从来不会希望任何人把短语"某种人造的事物"解释为指完美的、"自然的"国家;相反,他会希望他们想到某种非常低劣的事物(像诗;参阅第112页注③)。泰勒译为"人类创生的事物"的短语通常被简单地翻译为"人类创造物",这样就消除了所有困难。

(3)假定我对所讨论的这一段落的解释是正确的,也许可以提出一条建议,即把柏拉图对于种族退化的重要性的信念,和他反复提出的统治阶级成员的数量应当保持不变的劝告(这显示了社会学家柏拉图懂得人口增长会带来令人不安的后果)联系起来。在这一章的结尾所描述的柏拉图的思想方法(参阅第172页注①对应的正文;以及第284页注②),特别是他用一个人的君主政体、少数人的荣誉政制和只不过是一群暴民的多数人对立起来的方式,也许已经使他想到了这样一种信念,即数目的增加等同于品质上的下降。(关于这些话的某种内容确实在《法律篇》710d有所暗示)假如这个假说是正确的,那么他可以容易地得出结论,人口的增加与种族的退化是相互依赖的,或者也许前者是由后者导致的。因为人口的增长实际上是古希腊部落社会不稳定和解体的主要原因(参阅第334页注①、336页注①和387页注②及正文),这个假说可以解释为什么柏拉图相信"真正的"原因是种族的退化(与他的关于"自然"和关于"变化"的一般理论保持一致)。

"他们将犯下大错，并且有一天他们将以错误的方法生出孩子来"。在下面接着讲的话里，柏拉图相当神秘地暗示，现在有一种通过纯粹理性和数学科学的发现避免这一点的方法，这种发现在"柏拉图哲学的数"（某种决定人类种族的真正阶段的数）的方面掌握着更为高深的优生学支配规律的关键。但是，因为古代的保护者们不懂得毕达哥拉斯的数神秘主义，而且因为这一点，他们不懂得更高级的生育知识这个关键，在其他方面完善的自然国家未能避免衰亡。部分地揭示了其神秘的数的秘诀之后，柏拉图继续说："这种……数控制着生育的好坏；而无论何时保护者们因不懂得（你一定要记住）这些事情，而以错误的方式把新娘和新郎结合在一起①，生出来的孩子将既无好的品性，也无好运。即便是其中最优秀者……当继承了其父辈的权力时，也将证明一无是处；而且他们一成为保护者，

① （1）或者是"在错误的时间"。亚当坚持认为（对546d22的注释），我们不必译为"在错误的时间"，而可译为"不合时宜（不凑巧）地"。我可以评论说，我们的解释完全与这个问题无关；它和"不合时宜地"或"错误地"或"在错误的时间"或"在不适宜的时节"完全相融。（讨论的这个短语原来指像是"与适当的标准相反"的意思；它通常意思是"在错误的时间"）

　　* （2）关于柏拉图对"混杂"与"混合"的评论，也可以观察到，柏拉图似乎持有一种原始的但很流行的遗传理论（显然种马繁育论者仍持此理论），按照这种理论，后代是其双亲的性格特征或"本性"的均等的混合物或融合体，而其父母的性格特征或本性，或"美德"（耐力、速度等，或者，根据《理想国》、《政治家篇》和《法律篇》来说是温文尔雅、凶猛残酷、英勇无畏、自我克制等），则是与拥有这些特征的祖先（祖辈、曾祖辈等）的人数成正比例地混合在他的身上。因此，生育的艺术就是一种明智审慎而科学的——数学的或音乐般音调和谐的——把各种本性的交融或混合起来的艺术。尤其可参见《政治家篇》，在那里政治家才能或牧人技艺的高贵手艺被比作织布手艺，其中贵为人君的织工必须把英勇无畏同自我克制混合在一起（也见《理想国》，375c—e和410c以下；《法律篇》，731b，以及第109页注①及下页，第270页注②和285页注①及下页，以及正文）。*

就将不再听从我们了"——即，在音乐和体操教育的事情上，以及，柏拉图特别强调的在生育的监控方面。"从此以后，完全不能胜任其作为保护者的任务的人将被任命为统治者；即不能胜任考察和检验血统（是赫西奥德的血统，也是你们的血统）中的金银铜铁四种金属。所以铁将同银混杂，而铜和金相混，并且从这种混杂之中，将产生出变异的和荒谬的不规则的人来；而且无论何时产生这些人，他们都将招致冲突和对抗。并且这就是我们必须描述的在任何地方出现意见分歧的祖先和产生方式。"

这就是柏拉图关于数的和关于人的衰落的故事。这是他的历史主义的社会学，尤其是在上一章中讨论过的他的关于社会革命的基本规律的基础。① 因为种族的退化解释了在统治阶级内发生纷争的起源，而且运用它解释了一切历史发展的起源。人类本性的内部纷争、灵魂的分裂，导致了统治阶级的分裂。而在赫拉克利特看来，战争、阶级斗争是一切变化、以及只不过是社会崩溃史的人类历史的根源和促进剂。我们看到，柏拉图的唯心主义历史主义最终不是依赖于精神的基础，而是依赖于生物学的基础，它依赖于一种关于人的种族的后设生物学（建筑在生物学上的认识论）。② 柏拉图不仅是提出了国家的生物学理论和是一位自然主义者，他还最先提出了社会动力学的、政治史学的生物和种族理论。"柏拉图的数"，亚当说③，"因此成为柏拉图的'历史哲学'得以构建起来的支撑物"。

我想，不妨以一个总结和评价来结束对柏拉图的描述性社会

---

① 关于柏拉图的社会革命规律，尤其可参见第 95 页注①以及正文。
② 术语"后设生物学"在萧伯纳的用法中，是指一种宗教（参阅《千岁人》的前言，也见第二卷第十二章第 114 页注①）。
③ 参阅亚当对《理想国》，547a3 的注释。

学的这项概述。

柏拉图成功地对与斯巴达社会类似的古希腊部落集体主义社会，做出了一种极为真实的、尽管当然有些理想化的重现描述。对于各种力量的分析，特别是对于威胁这样一个社会的稳定性的经济力量的分析，使他能够描述为阻止它而必需的一般政策连同各种社会制度。而且他进而给出了对各希腊城邦的经济和历史发展的一种理性的重现描述。

这些成就受到他对他生活于其中的社会痛恨，以及他对古代部落形式的社会生活的浪漫爱恋的损害。正是这种态度，导致他构想了一种站不住脚的历史发展规律，即普遍的退化或衰亡的规律，而且，同样的立场也对他的在其他方面十分出色的分析当中的非理性的、异想天开的和浪漫的成分负有责任。另一方面，恰恰是他的个人兴趣和偏颇，使他的目光变得敏锐，并因此使其成就成为可能。他从认为变化着的看得见的世界仅仅是不变的看不见的世界的一种衰落摹本这个想象出来的哲学信条当中，推导出了他的历史主义理论。但是这种把历史主义的悲观主义与本体论的乐观主义结合起来的巧妙尝试，在详尽阐述时却导致了许多困难。这些困难使他采纳了生物自然主义，导致了（连同"唯心理论"①，即社会依赖于其成员的"人性"的理论）神秘主义和迷信，最后以一种关于生育的伪理性的数学理论告终。它们甚至危及了他的理论大厦的令人钦佩的统一性。

---

① 关于对我称之为社会学方法中"唯心理论"的批评，参阅第二卷第十三章第156页注③对应的正文及第十四章，在那里讨论了穆勒仍然流行着的方法论上的唯心理论。

九

　　回顾这座大厦，我们可以简要考察一下它的设计方略。[①] 由一位伟大的建筑师构想出来的这个设计方略，表现了柏拉图思想中的基本原理上的形而上学的二元论。在逻辑领域，这种二元论呈现为普遍与特殊二者之间的对立。在数学思辨领域，它呈现为一与多二者之间的对立。在认识论领域，它是以纯粹的思想为基础的理性知识与以具体经验为基础的意见二者之间的对立。在本体论领域，它是一、本原、不变与真、实在和多、变与虚妄、现象二者之间的对立；是纯粹的存在与生成，或者更准确而言，与变化二者之间的对立。在宇宙论领域，它是生成者与被生成且必定衰亡者二者之间的对立。在伦理学上，它是善即保存者和恶即

---

① 人们经常说不可以把柏拉图的思想压缩成一个"体系"；所以，在这一段（且不仅在这一段）中说明柏拉图思想的体系上的统一性的尝试，显而易见是以毕达哥拉斯哲学的对立物表为基础的，这可能会遭到批评。但我相信这样的系统化是对任何一种解释非做不可的检验。那些相信他们不需要某种解释，相信他们能够"理解"某位哲学家或其作品，而且把他仅仅作为"他本来就是"的那种样子，或将其作品当作"它本来就是"的那种样子的人们，是错误的。除了解释其人及其著作，他们不可能做到那一点；但是因为没有意识到他们事实上做出了解释（他们的观点受到传统、性格等的影响），所以他们的解释势必一定是天真的且不符合批评原则的。（也可参阅第 329 页注②至 331 页注①和 63 页注③以及第二十五章）然而，一种一丝不苟的解释必然采取一种理性的重现描述的形式，并且必然是成体系的；它必定试图把该哲学家的思想作为一种前后一致的精神创造物进行重现描述。也可参阅 A. C. 尤因就康德所说的话（《简评康德的纯粹理性批判》，1938 年，第 4 页）："……开始时我们应该假定一位伟大的哲学家不可能总是自相矛盾，并且因此，无论何处只要存在两种解释，其中一种使康德具有一贯性，另一种使他前后不一致，那么，假如在道理上可以讲得通的话，就应该选择前者而不是选定后者。"这无疑也适用于柏拉图，而且甚至适用于所有解释。

腐坏者二者之间的对立。在政治学上，它是一个集体主义的国家，和数目巨大的人民——众多的个人二者之间的对立；前者可以达到完美和自给自足，后者其具体的人们必定保持着不完善和依赖性，而且为了国家的团结统一，其特殊性应受到压制。而且我相信，这种完全的二元论的哲学是出于要解释对理想社会的想象和社会领域中实际情况之间的悬殊差别——稳定的社会和处于革命过程中的社会之间的悬殊差别的迫切愿望。

柏拉图的政治纲领

第六章　极权主义的正义

分析了柏拉图的社会学后，使得介绍他的政治纲领容易起来。可以用两个方案中的任何一个来表述他的最基本的要求：第一个跟他的理想主义的变化和静止观有关；第二个则关乎他的自然主义。理想主义的方案是：阻止所有的政治变革！变化是邪恶的，静止是神圣的。① 如果国家是照它最初的样子——即城邦的形式和理念制作而成的精准的复制品，则所有的变化都可被阻止。若要质问这样做的可行性，我们可用自然主义的方案作答：回到自然中去！回到我们祖先时代的最初的国家，原始国家的建立与人类的本性相适应，因而也是稳定的；回到人类堕落之前的部落父权制时代，回到那个聪明的少数人统治无知的多数人的天

---

① 参阅第 77 页注①及正文，尤其是该段末尾部分。此外还有第 76 页注②（2）。关于回归自然的方案，我提醒大家注意卢梭受到柏拉图深刻影响这一事实。确实，只需扫一眼《社会契约论》将会发现有很多的相似之处，特别是和在上一章加以评论的那些柏拉图自然主义段落之间。应参考第二卷第十四章第 162 页注①。在《理想国》591a 以下（及《高尔吉亚篇》472e 以下，这里在一种个人主义的语境里产生了类似的理想）和卢梭（及黑格尔的）著名的惩罚理论之间，存有令人感兴趣的相似性（巴克：《希腊政治理论》，第 I 卷，第 388 页及其后），正确地强调了柏拉图对卢梭的影响。但他没有看到柏拉图那里强烈的浪漫主义情绪。同样没能普遍地认识到，既影响了法国也影响了莎士比亚的英格兰农业浪漫主义，起源于柏拉图多利安人的牧羊人。参阅第 86 页注①（3）、第 95 页注①、第 105 页注①以及第 326 页注①。

然的阶级统治时代。

我相信事实上柏拉图政治纲领中的所有要素都可导源于这些政治要求。而这些要求又皆次第植根于其历史主义；而且它们必须跟他的与阶级统治稳定性条件之有关的社会学说联系起来。在我看来，最主要的要素是：

（A）严格的阶级区别，也即，组成统治阶级的牧人和看家狗必须严格地和人类的家畜区分开来。

（B）国家和统治阶级共命运；该阶级的独特利益，即是（国家）整体的利益；要服从这个整体，对这个阶级的生育和教育的严格规定，对其成员的利益的严格监督和集体化。

从这些最基本的要素出发，可以推得其他要素，例如：

（C）统治阶级对军队的品行、军训、带兵权、接受各种类型教育权等方面享有垄断权，但统治阶级被排除在任何形式的经济活动之外，尤其是经商。

（D）针对统治阶级的智力活动，必须有一套相应的检查制度，必须进行持续的宣传以造就他们统一的思想。在教育、法律、宗教方面所出现的一切革新必须进行阻止甚至镇压。

（E）国家必须自给自足。它必须以经济的自给自足为目的，否则统治阶级要么得依赖商人，要么自己就变成商人。第一种后果将削弱其权力基础，第二种后果将有损国家的团结与稳定。

这样的纲领，我想，描述为极权主义是颇为公允的。当然，它是以一定的历史主义社会学为基础的。

但这就是其全部吗？柏拉图的纲领里再没有其他既不是属于极权主义，也不是以历史主义为基础的特征、要素了吗？柏拉图对善与美的渴望，或者说他对智慧与真理的爱到底是怎么回事？他的聪明人即哲学家应当统治的主张是怎么回事？如何认识他所希求的要使其国家的公民视品德为幸福？以及如何认识他所主张的国家应当建立在正义的基础之上的主张？即便是那些批评柏拉图的作家也相信，柏拉图的政治学说，尽管与当代的极权主义有某些相似之处，但就他的目标、公民的幸福、正义的统治论来说，二者之间仍然是泾渭分明。比如像格罗斯曼，他的批判性态度可从下述言论中窥得，"柏拉图的哲学是对自由主义思想最猛烈也最深刻的打击，这点历史可以证明"①，即使他也相信柏拉图的计划是"创制一个最美好的国家，在那里每个公民都真正幸福"。另一个例子是乔德，他详细地探讨了柏拉图纲领和法西斯主义政纲之间的类似点，但他最后断言二者有着根本性的区别，因为，在柏拉图的理想国里，"普通人……依自己的本性而取得相应的成就"，并且这个国家是建立在"绝对的善和绝对的正义"理念基础之上的。

　　除却上述的纷争，我相信柏拉图的政治纲领在道德上远非优越于极权主义，二者本质上是一致的。我深知对我这一观点的反驳乃是基于一种古老而又根深蒂固的偏见——对柏拉图理想化的倾向。格罗斯曼已做了大量工作来指出并制止这一倾向，这可从下述论点看出："在第一次世界大战之前……柏拉图……很少被明确地认为是坚决地反对自由主义信仰的诸条原则。相反，他被拔高为显赫的阶层……脱离开实际的生活，梦

---

① 参阅 R. H. 格罗斯曼《今日柏拉图》（1937 年），第 132 页；下面的引语出自第 111 页。这本有趣的书（和格罗特、冈珀茨的作品一样）极大鼓舞了我发展自己对柏拉图很不正统的观点，并且循着它们得出不太令人愉快的结论。引用 C. E. 乔德的话，参阅他的《道德哲学和政治哲学指南》（1938年）一书第 661、660 页。这里我还要提到在《有说服力的定义》一文中（《精神》N. S.，第 47 卷，1938 年，第 331 页以下）C. L. 斯蒂芬逊对柏拉图的正义观引人入胜的评论。

想着超常的上帝之城。"① 然而，格罗斯曼本人也并没有彻底摆脱这种他揭示得已很清楚的倾向。令人感兴趣的是，虽然格罗特和冈珀茨已经指出了《理想国》和《法律篇》中某些学说的反动特征，这种倾向仍然延续如此之长的时间。不过他们并没有完全理解这些学说的全部含义，他们从未对柏拉图本质上是个人文主义者的说法进行过怀疑。对跟他们观点相左的批评不是置之不理，就是认为其没能正确理解估价柏拉图这位被基督徒视为"基督降生前的基督徒"、被革命者们视为革命者的人物。毫无疑问，对柏拉图毫无保留的忠诚今天仍然占据统治地位，例如菲尔德认为，有必要警告他的读者："如果我们把柏拉图当成一位革命的思想家，那我们就大错特错了。"的确，此说言之成理；但假如视柏拉图为革命的思想家，或至少是位进步主义者的倾向没有广为流传，则此说就显得毫无意义可言。然而菲尔德本人对柏拉图怀有同样的忠诚；因为当他接下来说柏拉图对他的时代"新的破坏性的趋势持强烈的反对态度"时，他确实过于轻易地接受了关于柏拉图破坏这些新趋势的证据。自由的敌人通常假颠覆之名来指控自由的捍卫者，而且，他们几乎常常能成功地让憨

---

① 参阅格罗斯曼前引书，第 132 页。下面两句引语出自菲尔德《柏拉图及其他》，第 91 页，也参阅巴克《希腊政治理论》等书中类似的评论（参阅第141 页注②）。在就以柏拉图的名字流传下来的大量作品的真实性进行的争论中，对柏拉图的理想化倾向起了相当重要的作用。其中的许多作品一些批评家们不承认，原因很简单，因为它们中间的某些段落跟他们对柏拉图理想化的认识不相符合。还有一种更为幼稚、更具典型性的表述，可以在达维兹和沃恩《开场简评》里找到（参阅黄金文库版《理想国》第 6 节）："格罗特先生，由于他迫切地想把柏拉图从超人的宝座上拉下来，也许把有损于一位神圣哲学家形象的一些作品加到他头上。"这样的事情应该不会发生在那些依据他所写的东西作出判断而不是与此相反的人身上。倘使这些作品虽真实可靠却没有什么价值，那么柏拉图就不成其为他们所推定的那位神圣的哲学家。

直善良之辈信服他们。

　　对这位伟大的理想主义者的理想化，不仅渗透进对柏拉图原著的阐释上，而且也包括它的译著。在翻译者看来，柏拉图的激烈的言论中那些不是一位人文主义者所应该陈述的内容，经常不是被变换了腔调，就是被误解歪曲了。这种倾向从对柏拉图的所谓"共和国"一文书名的翻译就开始了。听到这个书名的第一感觉是，该文的作者即便算不上个革命者，至少也是个自由主义者。然而"共和国"这一称呼仅仅不过是一个希腊词语的拉丁译法的英文形式，这个词跟上面的那种感觉毫无关联，其正确的英译应当是"宪章"或"城市国家"或"国家"。"共和国"这一传统译法毫无疑问有助于人们普遍深信柏拉图不曾是个反动分子。

　　考虑到柏拉图对善、正义及前面提到的其他理念的言论，我必须维护我提出的他的政治期望是地道的极权主义和反人文主义这一论点。为了从事这项辩护工作，下面四章中，我将不再进行历史主义的分析，而是集中力量对所提到的道德理念及其在柏拉图政治要求中的分量进行批判性的检讨。在本章中间，我将首先考察正义理念，接下来的三章则是关于智者与能人应当统治的学说及真理、智慧、善和美诸理念。

一

　　当我们言及"正义"时，我们究竟意指什么？我不觉得这一口头上的问题无足轻重，也不认为有可能给它以明确的答案，因为类似这样的术语通常在多重意义上使用。不过，我认为对我们中间的大多数，特别是其哲学观点属人文主义的，该问题可能意味着诸如此类的东西：

　　（a）公民的责任，也即社会生活中所必需的对自由的那些限制，应当均等分配；① （b）在法律面前所有公民一视同仁；由此自然有了（c）法律既不偏袒也不歧视任何单个公民或集团或阶级；（d）正义法庭的公正无偏见；以及（e）国家的全体成员给其公民提供的利益（不光是负担）的均等分配。假如柏拉图的"正义"果真意指这类东西的话，我所声称的他的纲领是十足的极权主义显然就是错误的，而所有那些相信柏拉图的政治学是建立在一种可以接受的人文主义基础之上的人则将是正确的。然而，事实上他的"正义"所指的完全是另外一码事。

柏拉图的"正义"到底意味着什么？我断言在《理想国》中，他用"公正"这一术语作为"为了最完美国家的利益的一切"之同义语。而什么才维护这一最完美国家的利益？用保持严格的阶级差别和阶级统治的方法，来遏止一切变化。如果在这一解释中我是正确的，那么我们就不得不说柏拉图在正义方面的要求使其政治纲领停留在极权主义层次上；而且我们理应进一步得出结论，我们必须提高警惕，防止被只言片语所影

---

① 提法（a）模仿了康德。康德把正义的宪政描述为实现最大可能的人类个体自由的宪政，其实现的方式是制定出能使每个人的自由同其余所有人的自由共存的法律。（《纯粹理性批判》第2版，第373页）同时参阅他的《权利的理论》，在那里他说："权利（或正义）是依据自由的普遍法则，每个人的自由选择能与其他人的自由选择共存所必需的条件的总和。"康德相信这就是柏拉图在《理想国》中所追求的目标。由此我们可以看出康德是为数众多的这样一类哲学家中的一个：要么他们被柏拉图蒙骗，要么他们把自己的人道主义观点归于柏拉图从而使柏拉图理想化。就此我想指出的是，康德热烈的自由主义在英美政治哲学著作中并不被欣赏（尽管黑斯蒂写了一本《康德的政治原则》）。他经常被认为是黑格尔的先驱；然而他认识到赫尔德和费希特两人的浪漫主义和他自己的学说截然相反，基于这一事实，这种断言对康德显然是不公正的，毫无疑问，他本人对此一定极为愤怒。这一根本站不住脚的断言所以能被广泛接受，我认为，是黑格尔主义的巨大影响所致。

响的危险。

在《理想国》中，正义是中心话题。事实上，"论正义"是它传统的副标题。在深入考察正义的本质时，柏拉图运用了上一章所提到的方法；[①] 他首先努力寻找国家中的理念，然后竭力把这一结果运用于个人。谁也不会说柏拉图的问题"什么是正义"很快就能找到一个答案，因为它只在"第四章"里给出。得出这一结论的诸思考将在本文下面的部分进行更充分的分析。简单地说，它们就是这些。

城市建立在人类的本性、需要及局限性基础之上。[②] "我们一再重申，而且你应当记住，在我们的城邦里每个人只能干一项工作，也即，干那项最适合他的本性的工作。"在这里柏拉图得出结论：每个人应当牢记自己的职责；木匠就应该本本分分干木活，鞋匠就该老老实实做他的鞋。当然，就算两个工人对调他们天生的位置，带来的伤害也并不很大。"但如果任何一位从本性上看是工人（或者是赚钱阶级中的一员）……想办法进入战士阶级，或者一位战士想进入自己并不配的护卫者阶级……那么，这种变化或秘密谋划将意味着城市的陷落。"部队的调遣应当是一个阶级的特权从跟这一原则紧密相关的论据出发，柏拉图得出了他的最终结论：三个阶级之间的任何改变或混合一定是非正义的，反之，则是正义："当城市中的任何一个阶级、赚钱阶级、辅助阶级和护卫阶级牢记他们的职责，那么这一切将是正义。"

---

① 参阅第 160 页注②、第 161 页注①对应的正文。

② 参阅第 154 页注①至 157 页注②对应的正文。本段引文出自（1）《理想国》，433a；（2）《理想国》434a/b；（3）《理想国》441d。有关第一条引文中柏拉图的陈述，"我一再重申"，尤要参阅《理想国》，397e，这里为正文理论作了细致周到的准备。当然还请参阅第 157 页注②对应的正文引用的《理想国》，369b—c。也参阅第 202 页注②、第 216 页注①。

随后这一结论被再次肯定并被总结为："如果城邦三个阶级的任何一个都能各司其职，各尽其责……城邦就是公正的。"但是这一陈述意味着柏拉图把正义与阶级统治和阶级特权原则等同了起来。因为各个阶级各司其职、各尽其责的原则，简洁明白地说就意味着：只要统治者统治，工人们工作，而奴隶们被奴役，国家就是正义的。①

由上述分析可见，柏拉图的正义概念与我们通常的见解大相径庭。柏拉图称阶级特权为"公正"，而我们通常所说的公正指的恰恰是不具备这种特权。但是二者之间的差别远不止这些。我们用正义意指对待个人的某种平等；而柏拉图不把正义看作是个人之间的一种关系，而是视为以阶级关系为基础的整个国家的一种性能。只有具备了健全、强大、统一——稳定，国家才是正义的。

二

但是柏拉图可能是对的吗？难道"正义"也许真如他所说的那样？我并不打算讨论这个问题。如果谁愿坚持认为"正义"意味着没有遇到挑战的一个阶级统治，那么我最简单的回答是，我完全拥护非正义。换言之，我相信没有什么取决于口头上的语言，而一切都视我们的实际需要或者制定我们将要采纳的政策和建议而定。在柏拉图对正义的定义后面，呈现出他的极权主义阶级统治的需要，以及他要使之变为现实的决心。

---

① 如第四章（第91页注①及对应正文和第99页注②）所指出的，在《理想国》里对奴隶的谈论并不多，但相当地重要。不过，在《法律篇》中，他打消了人们对他的态度的所有疑虑（特别参阅 G. R. 莫罗在《精神》里的文章，第99页注②涉及了）。

　　但是，在另外一种意味上，难道他不对吗？其正义的理念（正义观）难道符合希腊语中该词的用法吗？希腊人可能用"正义"意指某种整体性的东西，例如"国家的健全"，那么，假如我们期望从柏拉图那里得到公民在法律面前一律平等这样的现代正义观就是不公正的、非历史的了吗？这个问题确已得到了明确的答复，曾有论称柏拉图"社会正义"的整体观是传统希腊观念的特征，这位"希腊天才""不像罗马人那样严格地讲求法度（合法性）"，而是"特别地形而上学"①。但是这一论断是站不住脚的。事实上，希腊人那里"正义"一词的用法跟我们今天个人主义和平等主义的用法有惊人的相似。

　　为了说明这一点，我得首先涉及柏拉图本人，在《高尔吉亚篇》中（早于《理想国》），他谈到"正义即平等"的观点，受到绝大多数人的赞赏，这个观点不仅合乎"约定"，而且合乎"人类本性"。我还可以进一步引证亚里士多德——又一位平等主义的反对者，他在柏拉图自然主义的影响下，在其他的事务当中，精心提出有些人就本性看是天生的奴隶的理

---

① 引语出自巴克《希腊政治理论》，第Ⅰ卷，第180、176页。巴克认为（第176页）"柏拉图的正义"是"社会正义"，并且正确地强调了其整体主义的性质。他提到（第178页），可能会有批评认为这种说法"没有……触及人们通常所说的正义的本质"，即"处理各项冲突的一项原则"，也就是把正义看成是跟个人有关。但他又认为"这样的反对意见偏离了主题"，而且柏拉图的理念"不是一个法律问题"，而是"一个社会道德观念"（第179页）；接着他又断言，在某种程度上，对正义的这种对待跟当时希腊的政治理念相一致："不能说柏拉图这样理解正义，他就远离了当时希腊的（正义）理念。"他甚至没有提到还有相反的证据存在，以下几个注释及相应正文将讨论这个问题。

论。① 要展开对"正义"这一术语的平等主义和个人主义的解

---

① 参阅《高尔吉亚篇》，488e 以下；在后面第 8 节将更完整地引用这一段落并加以讨论（参阅第 230 页注①及相应正文）。有关亚里士多德的奴隶制理论，参阅第二卷第十一章第 6 页注①及正文。本段亚里士多德的引语：（1）和（2）出自《尼各马可伦理学》，Ⅴ，417 和 8；（3）见《政治学》，Ⅲ，12，1C 1282b；也参本章第 200 页注①和 209 页注①。本段有一处引用了《尼各马可伦理学》，Ⅴ，4，9；（5）《政治学》，Ⅳ，2，1（1371b）——在《尼各马可伦理学》，Ⅴ，3，7（也参见《政治学》，Ⅲ，9，1；1280a）；亚里士多德也提到，在民主、寡头及贵族国家里，对"功过是非"的理解不同，正义的意义也各不相同。

　　* 至于柏拉图的观点，《法律篇》中有论正义与平等，特别参阅下文（1）中所引用的关于两种平等的段落。有关此处原文里提到的事实：荣誉与官爵的分配不仅要依照德行和教养，还要顾及财富（甚至身材和容貌），参阅《法律篇》744c、本章所引用的第 200 页注①（1），这里还讨论了其他有关段落。

　　（1）在《法律篇》757b—d 中，柏拉图探讨了"两类平等"。"其一……是尺寸、重量或数目（即数字或者算术平等）；但最真实且最好的平等……把较多的分给较伟大的，把较少的分给较微小的，给每人以他应得的份额……这符合本性……授予德行较高的以较大的荣誉，德行少的和修养较差的以较少的荣誉，根据（合理）分配原则，人人分到自己所应得。"这正是我们所称的"政治正义"，无论谁创建国家，必须将此作为立法的唯一宗旨……只有这种正义，如前所述，才是自然的平等，它根据情势的需要而分配给不平等者。两种平等中的第二种构成了柏拉图这里所称的"政治正义"（亚里士多德则称之为"分配正义"），而它又被柏拉图（和亚里士多德）描述为比例平等——最真实、最好、最自然的平等——后来又被称为"几何平等"（《高尔吉亚篇》508a；也参见 465b/c，及普卢塔克：《道德论》719b，f.），从而与较低级的民主的"算术的"平等相对立。下面（2）里的话可能有助于认识这种鉴别。

　　（2）按照传统（见《亚里士多德评论》，parsXV，柏林，1897，p. 117，29，及 pars XⅧ，1900，柏林，p. 118，18），柏拉图学园的大门刻着这样的话："未受几何学训练者莫入我们！"我猜测这句话的用意不仅在于强调数学研究的重要性，而且更要表明："仅有算术（更确切地说，是毕达哥拉斯的数目理论）是不够的；你还必须懂得几何学！"我应想办法找出使我相信正是这后一句话充分地概括了柏拉图对科学最重要的贡献之一的理由。也参

阅《附录》，p. 319。

　　如今天人们普遍相信的那样，早期毕达哥拉斯学派研究几何学时，采用了一种有些类似我们现在所说的"算术化"的方法。几何学被当作是关于整数（或"自然"数，即由"单个或不可整除的单位"；参阅《理想国》，525e。）及其逻辑理论的一部分。例如，毕达哥拉斯直角三角形就是各边线成合理比例的三角形。例如：3∶4∶5；或5∶12∶13。归于毕达哥拉斯名下的普遍公式是：$[2n+1]$∶$[2n(n+1)]$∶$[2n(n+1)+1]$。但是如8∶15∶17这个例子表明，从磬折形推出的这个公式还不够普遍。真正普遍的公式是：令 m = n + 1，则 $[m2 - n2]$∶$2mn$∶$[m2 + n2]$（式中 m > n），从这个公式中可推得毕达哥拉斯公式。由于这个公式是所谓"毕达哥拉斯定理"的一个严密推论（再考虑到早期毕达哥拉斯学派可能对代数有所了解），再者，这个公式显然不仅不为毕达哥拉斯，甚至也不为柏拉图所知（据普罗克罗斯说，柏拉图曾提出过另一个普遍的公式），那么"毕达哥拉斯定理"的普遍形式就既不为毕达哥拉斯、也不为柏拉图所知。（有关此问题的一种不太极端的观点，可参阅 T. 希思的《希腊数学史》，1921 年，第 I 卷，第 80—82 页）我描述为"普遍的"那个公式基本上是欧几里德的。在希思的那个没有必要那么复杂的公式中（见该书第 82 页）可以导出普遍的公式：先求出三角形的三条边，再乘以 2/mm，然后在结果中用 m 和 n 代 p 和 q。

　　2 的平方根的无理性的发现（柏拉图在《大希庇亚斯篇》及《论道德》中曾提及；参阅第 267 页注①；也请参阅亚里士多德：《分析前篇》，41a26f.），推翻了毕达哥拉斯几何学"算术化"的方案，而且似乎也因此摧毁了毕达哥拉斯序列本身的生命力。柏拉图最初仍称这种无理性为"arrhetos"，即秘密，难以言说的奥秘，这一事实佐证了这个发现最初是保密的这一传统说法；参阅《大希庇亚斯篇》，303b/c；《理想国》，546c（后来用的术语是"不可通约性"）；参阅《泰阿泰德篇》147c 及《法律篇》，820c。"alogos"一词似乎最先由德谟克里特使用，他写的两本书《论无理性和原子》（或者和立体）已经失传；从《理想国》534d 柏拉图多少有失尊重地提到德谟克里特的书名可见，柏拉图是知道这个术语的，但从不把它当"arrhetos"的同义词来使用。该词在这种意义上使用有据可查的第一个确凿无疑的例子见于亚里士多德《分析后篇》，76b9。也可参阅 T. 希思前引书，第 I 卷，第 84、156 页）。

　　毕达哥拉斯方案，即几何学算术方法的危机，看来导致了欧几里德公理化方法的发展，也就是说，这种新的方法一方面企图挽救该方案所遇的危机（包括理性证明方法）；另一方面又承认几何不可还原为算术。假如这些说法成立，那么在从古老的毕达哥拉斯的方法向欧几里德的方法过渡中，柏拉图有可能起了极为重要的作用——事实上，柏拉图是最早提出独特的几何学方法，以挽救毕达哥拉斯方案，减少该方案破产所带来的损失的人之一。这种说法中多半应視为极不可靠的历史假说，但在亚里士多德《分析后篇》，76b9 中（前已提及）可以得到某些证实，特别是，当拿这一段跟《法律篇》，818c、895e（奇数与偶数），以及 819e/820a，820c（不可通约数）相对照时。该段说："算术假定数有'奇偶'，几何认为数有'无理'……"（或"不可通约"；参见《分析前篇》，41a26f.，50a37。也参阅《形而上学》983a20、1061b1—3，这里讨论无理性问题时，似乎把它当成几何学不可分割的属性，再参阅 1089a，如同《分析后篇》，76b40 一样，其中提到了《泰阿泰德篇》，147d 中的"平方根"方法。）柏拉图对无理性问题的极大兴趣特别反映在前面提到的这个段落中：《泰阿泰德篇》147c—148a 及《法律篇》，819d—822d，在这里柏拉图宣称他为希腊人不了解不可通约性这么重要的问题而感到羞愧。

现在我觉得"原始物体论"（见《蒂迈欧篇》53c—62c，甚至可能一直到 64a；也参阅《理想国》528b—d）是柏拉图对这种挑战的部分回答。柏拉图一方面保留了毕达哥拉斯学派的原子论——不可分的单位（"单元"），它在原子主义学派中也起了重要作用；另一方面引进无理数 2 和 3 的平方根，无理数被世界接受已不可避免。它的做法是这样的：把两个令人不快的直角三角形——一个是正方形的一半，构成 2 的平方根；另一个是等边三角形的一半，构成了 3 的平方根——作为组成其他一切事物的单位。确实，认为这两个无理三角形是所有基本物体的基限（参阅《论道德》，75—76a）或形式的学说，可以说是《蒂迈欧篇》里主要的物质学说之一。

所有这些表明，对未受几何学训练的人的警告（似乎在《蒂迈欧篇》54a 中有所提及），也许具有比以前所说的更强的针对性，这可能跟认为几何比算术更重要的信仰有关（参阅《蒂迈欧篇》31c）。反过来，这又可以解释为什么柏拉图认为的比民主的数学平等更高贵的比例平等到后来又"几何平等"等同起来（柏拉图在《高尔吉亚篇》，508a 中谈到，参阅第 232 页注②）；同时它还可以解释为什么事实上（当然显然遗忘了）毕达哥拉斯学派和柏拉图本人都具有贵族心态，他们的纲领都强调算术，在他们的语言中，"几何的"就是某种数目的（即算术的）比例的名称，可是（以普卢塔克为例，参前引书）算术和几何又分别与民主制度和斯巴达贵族制度相结合。

（3）在《蒂迈欧篇》中，柏拉图需要一个基本正方形和一个基本等边三角形以建构"原始物体"。这二者又依次组成两种不同类型的亚基本三角形——形成根号 2 的半个正方形和形成根号 3 的半个等边三角形。第一个问题，为何他不是直接选择正方形和等边三角形而是选择了这两个亚基本三角形，已多有探讨；与此类似的第二个问题——见下文，（4）——为何他不用两个亚基本的半个正方形而是用四个来构建他的基本正方形，而且不用两个亚基本的半个等边三角形而是用六个来构建基本等边三角形。（请看下文三个图形中的前两个）

　　就这两个问题中的第一个而言，人们似乎普遍忽视了柏拉图对无理性问题的强烈兴趣，如果他不是急着想把这些无理数当作不可再化简的元素引入他的世界，那么他就不会引入$\sqrt{2}$和$\sqrt{3}$这两个无理数（这一点在54b中他明确指出）。（康福德：《柏拉图的宇宙学》，第214页和第231页以下对这两个问题进行了详尽的讨论，但是他对这两个问题进行了共同解答——他在第234页称其为"假设"——在我看来根本不能接受，假如柏拉图真如康福德所认为的那样想达到某种"分级"的目的——注意到柏拉图从未暗示过还有比康福德所谓的"B级"更小的东西——那么，把康福德所说的B级的基本正方形和等边三角形的各边分成两半，就足可以从并不包括任何无理数的四个基本图形来构成每一个等级。）但是，假如柏拉图真把无理数引入世界，他肯定相信他用这样的方法可以解决一个问题，我认为就是"（可通约和）不可通约性"问题（《法律篇》，820c）。既然无理数不是任何可以度量无理数的单元的倍数，那么以利用原子论之类观念为基础的宇宙学就显然很难解决这个问题；不过，假如度量单元本身包含"无理比数"的边线，则这个大矛盾就可得到解决；因为那样的话它们就可以度量两者，而无理数的存在就不再是不可理解的或"无理"的了。

　　但是，柏拉图知道，除$\sqrt{2}$和$\sqrt{3}$外，还有许许多多别的无理数，因为他在《泰阿泰德篇》中提到对无理平方根的无限系列的发现（在148b他还提到"对立体的类似思索"，但这未必就指立方根，也可能指立体对角线，即$\sqrt{3}$）；在《大希庇亚斯篇》里（303b—c；参阅希思前引书，304），他还提到这样的事实：加上（或者构成）无理数，就可得到其他的无理数（也可以得到有理数——可能暗指2减$\sqrt{2}$是无理数，加$\sqrt{2}$当然是有理数这类的例子）。由此看来，假如柏拉图想通过引入他的基本三角形来解决无理性问题，他肯定会想到所有的无理数（或至少它们的倍数）可以通过把（a）基数、（b）$\sqrt{2}$、（c）$\sqrt{3}$及它们的倍数加起来而得到。这种想法当然是错误的，但是我们完全有理由相信在当时没有反证；只有两种原子无理数，即正方形和立方体的对角线，并且所有其他无理数与（a）基数、（b）$\sqrt{2}$和（c）$\sqrt{3}$，均可通约——如果我们考虑到无理数的相关特征的话，这个命题有一定的可信度。（我意在让大家注意这一事实：我有同样的理由说，具有基数边的正方形的对角线是无理的，或者具有基数对角线的正方形的边是无理的。我们还应当记得，欧几里德在第十卷的定义2中仍声称一切不可通约的平方根"可被它们的平方通约"。）这样，柏拉图对这个命题看来深信不疑，虽然他不可能给其假说以有效的证明。（显然欧几里德最先给出反证）现在看来不容置疑的是，在《蒂迈欧篇》里有一处提到某个未经证明的假说，也就在该段中，柏拉图谈到了他选择亚基本三角形的理由，因为他写道（《蒂迈欧篇》，53c/d）："所有的三角形都出自两个三角形，每一个都有一个直角……这些三角形中，一个〔半个正方形〕两个边上有半个直角……和相等的边；另一个（不等边的）……有不等的边。根据把可能性（或可能的猜想）与必然性（证明）相结合的说法，我们推定这两者是首要的原则。比这两个更深远的原则，只有上帝和它的宠儿知道。"接下来，他解释说，有无数的不等边三角形，但必须从里面挑选"最好的"，然后他解释说他认为半个等边三角形是"最好的"，接着，柏拉图说（《蒂迈欧篇》，54a/b，康福德对这段做了改动以适应他的解释，参阅 p.214 注 3）："这个原因说来话长；但如果谁要对此事进行检验并证明它具有这种特性，他将得到奖赏和我们的良好祝愿。"柏拉图没有说清楚"这种特性"到底指的什么，它指的肯定是一种（可证明的或可反驳的）数学特性，从而选择形成 $\sqrt{2}$ 的三角形之后，形成 $\sqrt{3}$ 的那个三角形就成"最好的"选择了。我认为，基于前面的种种考虑，柏拉图心目中的特性就是猜测跟基数 $\sqrt{2}$、$\sqrt{3}$ 有关的其他无理数的相对有理性。

（4）关于我们的解释，尽管我在柏拉图的文本里找不出任何其他的证据，但也许可以从下面的思忖中得出一条。$\sqrt{2}+\sqrt{3}$ 非常近似 π，这是个很奇妙的事实。（由于 W. 马林耐利的另一文本，我的注意力被吸引到这一事实上）相加超过 π 的值不到 0.0047，即小于 π 的千分之 $1\frac{1}{2}$，而且我们有理由相信在当时还没有证明有更接近 π 的数字存在。对这一奇妙事实的一种解释乃是根据这一事实，即外接六边形和内接八边形面积的算术平均数很接近圆的面积（参见希思前引书第 224 页），我们还知道，在另一方面（从《大希庇亚斯篇》知），柏拉图对无理数的相加很感兴趣，所以他肯定加上了 $\sqrt{2}+\sqrt{3}$。因此柏拉图很可能通过两种途径发现了近似等式 $\sqrt{2}+\sqrt{3}\approx\pi$，其中的第二种几乎是不可避免的。柏拉图知道这个等式的假设看来是可信的，但无从证明它到底是严格的相等，还是仅仅是个近似值。

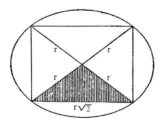

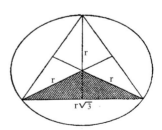

柏拉图的基本正方形，包含 $\sqrt{2}$ 个   柏拉图的基本等边三角形，包含
亚基本等腰直角三角形   6 个亚基本不等边直角三角形

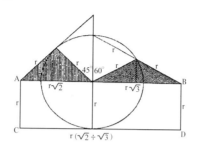

矩形 ABCD 的面积超过圆的面积不到千分之 11—12

　　但如果情况真是这样，那么，我们也许就能回答前面（3）下所提到的"第二个问题"，即，为什么柏拉图用 4 个而不是 2 个亚基本三角形（半个正方形）来构建他的基本正方形，用 6 个而不是 2 个基本三角形（半个等边三角形）来组成他的基本等边三角形。我们如果看一下上图前两个图形，就可以看到这种构建图形的方式强调了外接圆和内接圆的圆心，同时两种构图都强调了外接圆的半径。（在等边三角形中，也有内接圆的半径；但看起来柏拉图心中也有外接圆的半径，因在他描述等边三角形的构成方法时，他称它为"对角线"；参阅《蒂迈欧篇》，54d/e；及 54 b）

　　如果我们现在画这两个外接圆，说得更确切些，如果我们用半径 r 把基本正方形和等边三角形内接于一个圆，那么我们就会发现，这两个图形各边的总和近似于 rπ，换言之，如上面三图所示，柏拉图的构图方式为变圆为正方形提示了一种最简便的近似解答。有鉴于此，情况极有可能是，前面（3）下所引用的柏拉图的假说及他要颁赐"带着我们所有美好祝愿的奖赏"，不仅包括了无理数通约的一般问题，而且包括了 $\sqrt{2}+\sqrt{3}$ 能否求出单位圆的面积这样的特殊问题。

　　我必须再次强调，我没有任何直接的证据以证明柏拉图有这样的想法，但是，如果我们考虑到手头掌握的间接证据，则这假设也许不会显得太过牵强。我不认为这比康福德的假说更牵强；而如果真是如此，它就可以给相关段落以更好的解释。

　　（5）在本注（2）中，我们认为柏拉图的题词意思是"仅有算术是不够的；你必须得懂得几何"，同时我们认为这种强调跟发现 2 和 3 的平方根的无理性有关，如果我们的这些论点能够成立，将有助于理解理念论及亚里士多德颇多争议的记述。结合这一发现，我们可以解释为什么毕达哥拉斯认为事物（形式、形状）都是数、道德理念是数字的比例的观点最终不得不消逝——也许是被别的观点所取代，如在《蒂迈欧篇》中就被事物的基本形式或者极限（参阅前面

释，没有人会对此兴趣稍减。至于法官——柏拉图把法官描述为
"公正事物的人格化"，亚里士多德则认为"重建平等"是法官的
职责。他告诉我们"人皆以为正义是一种平等"，也即"关乎众
人"的平等。他甚至认为（但这里他错了），希腊的"正义"一
词是由意为"均等的分配"的某个词根派生而来的。（"正义"意
味着"官爵与荣誉均等分配给公民"的观点，跟柏拉图《法律
篇》中的观点相一致，在那里，官爵和荣誉分配中的两类平
等——"数字的"或"算术的"平等和"比例的"平等；其中的
第二种用以说明议论中的人所拥有的品德、教养、财富的程
度——在这里这一成比例的平等被说成是构成了"政治正义"。）
而当亚里士多德讨论民主的原则时，他说"民主的正义是数字的
平等（以区别于比例的平等）原则的运用"。所有这些当然不仅仅
是他对正义之意义的个人理解；也不可能仅仅是在柏拉图之后，
受《高尔吉亚篇》和《法律篇》的影响，对该词用法的一种描
述；而是，表达了"正义"一词普遍古老而且流行的一种用法。①

提到的《论道德》75d—76a 中的一段）或者形状或者理念都是三角形的观
点所取代。它还可以解释为什么一代人之后，柏拉图学园又回到毕达哥拉
斯学说的路子上。一旦无理性的发现所引发的震撼逐渐消失，数学家们就
开始对无理数也是数感到习惯，因为无论如何它们跟其他的（有理）数或
多或少有根本的联系。到达这个阶段后，反对毕达哥拉斯主义的理由就不
复存在，虽然在承认无理数之后，认为形状是数或数的比例的理论的意义
跟以前有所不同（这一点，新理论的支持者可能并没有充分认识到）。*

① 著名的特弥斯神像，双眼紧闭以示无视祈求者的身份，手持天平以示分配
平等或者平衡互相竞争的个人的要求和利益，它是平等主义正义观的象征
形式。然而，这里并不能用这个象征形式作为论据来证明这种观念在柏拉
图时代已流行开来；因为，正如 E. H. 贡布里希教授友好地告诉我的，这种
观念始于文艺复兴，并受到普卢塔克《论伊西斯和奥里西斯》中一段话的
鼓舞，并没有受鼓舞于古典希腊。

*另一方面，手持天平的狄刻神像却是古典的［这样的艺术品由提谟
卡勒斯所作，他比柏拉图晚一辈，参阅 R. 艾斯勒《王家占星术》（1946
年）第 100、266 页，及图 5］，这甚至可以追溯到赫西奥德把室女星座等同
于狄刻（在它附近看到了天秤）。

再考虑到这里还有其他证据可以表明正义或者狄刻与平等的分配相联
系，则天秤的用意可能和特弥斯的情形相同。

由于这一证据，我们必须说，我认为，在《理想国》中对正义整体性的反平等主义的解释是一种创新，柏拉图力陈其极权主义的阶级统治是"公正的"，而这与现代人对"正义"的通常理解正好相反。

这就带来了一系列触目惊心的难题：如果正义最普遍的意思是平等的话，那么，为何在《理想国》中，柏拉图声称所谓正义就意味着不平等？在我看来唯一可能的答复似乎是，他通过说服人们相信他的极权主义的国家是"公正的"而替它做宣传。但是他的这种努力值得吗？如果考虑到它们并不是字面上而是我们从中体味到的东西时。当然这是值得的，这可以从他成功地说服了他的读者——直到我们所处的今天——这一事实中看得出来，他坦率地倡导正义，倡导他们正孜孜以求的正义。因而，他事实上在平等主义者和个人主义者心中布满疑虑和困惑，在柏拉图权威的影响下，他们开始扪心自问，是不是柏拉图的正义理念要比他们的更真实、更优秀？既然"正义"一词对我们而言象征着如此至关重要的目标，既然有那么多人准备着为之而忍受一切，为了它的实现而尽力所为，那么，征召这些人文主义的力量入伍，或至少使平等主义者麻痹无力，当然是值得一位极权主义的信徒从事的目标了。但是柏拉图意识到正义对人类意味着这么多吗？他当然知道，因为他在《理想国》中写道："假定有一个人认为自己是非正义的……他的勇气拒绝被激发出来是对的吗？……但是，假如一个人认为自己受到了不公正的待遇，他的力量和愤怒会不马上激发出来吗？他不会加入到他认为是正义的那方面作战，并且忍受饥、寒以及其他诸如此类的苦楚吗？他直到杀死对方或者被对方杀死，否则不会罢手，是这样吗？"①

---

① 《理想国》，440 c—d。本段以一头有特色的牧羊狗为喻结束："要不然，直到被他自己理智的声音唤回并平静下来，就像牧羊人唤回他的狗一样？"参阅第105页注①（2）。

　　读到这些话，我们就不会怀疑柏拉图是知道信仰的力量的，尤其是对正义的信仰，我们不会怀疑的是《理想国》肯定倾向于违背这一信仰，而代之以截然相反的信仰。而根据可得到的证据，在我看来柏拉图对他的所作所为很有可能一清二楚。平等主义是他的头号敌人，他将倾力摧毁它，毫无疑问就他的真实信仰看，平等主义是最大的邪恶、最大的危险。但他对平等主义的攻击并不足信。柏拉图不敢公开地直面这位敌人。

　　我将提出支持这一论点的证据。

三

　　《理想国》可能是关于正义有史以来最为精致的专著。它考察了关于正义的种种观点，这样做在某种程度上诱使我们相信柏拉图对他所了解的比较重要的理论一个也没有疏漏。事实上柏拉图曾明确地暗示过，[①] 由于要对当时的所有观点作归根究底的努力徒劳无用，对正义进行新的研究是必须的。然而，在他对当时的理论进行考察和探讨时，正义即在法律面前平等（"政治平等"）的观点从未提及。对这一忽略只能有两种解释：或者是他忽略了平等主义理论；[②] 或者是他有目的地逃避它。如果我们考

────────────

① 事实上，当柏拉图说苏格拉底满怀犹豫不知从何处寻找正义时，他就是这种意思。

② 在《理想国》，331e 以下的注里，亚当显然（受柏拉图的影响）忽略了这个平等主义理论，在这里他说："与友为善、与敌为恶的观点忠实地反映了希腊流行的道德观。"他这么说可能是对的。但当他接着又说这是"唯一普通的观点"时，他错了。因为他忘了他自己的证据（561 e 28 注），该论据表明政治平等"是民主引以为自豪的"。也参阅第 195 页注①和 198 页注①。

　　最早提到"政治平等"的地方之一（如果不是唯一），见阿尔克迈昂医生的一段残篇（五世纪早期；见迪尔斯，第 24 章残篇 4）；他认为"政治平等"是健全的条件，与之相对的是"君主政治"，即一人对众人的统治。这里我们有了一种政治体格理论，说得更确切些，是生理政治学理论。也参阅第 160 页注②和第 383 页注②。

虑到《理想国》布局谋篇的审慎仔细，以及如果他想把自己的
论点有力地陈述出来，他必然要分析其对手的理论，那么第一种
可能性似乎是不大可能。当我们再考虑到平等主义理论的广泛流
行时，这种可能性就显得更加不可能了。然而我们不需要依靠只
具有可能性的论据，因为可以很轻易地被揭示出来，在写《理
想国》时，柏拉图不仅知道平等主义理论，而且还深知其重要
性。如本章已提到的（第二节），以及将在下面（第八节）更为
详尽地展示的，在稍早的《高尔吉亚篇》中，平等主义扮演了
相当重要的角色，并且甚至得到了维护；在《理想国》的任何
地方，柏拉图都没有对平等主义的优点和缺点进行严肃认真的探
讨确属事实，柏拉图没有改变想法来思考它的影响，因为《理
想国》本身的名声正在得到证明。在那里平等主义被暗指为一
种非常流行的民主信仰；但它却遭到了蔑视，关于平等主义我们
所能听到的就是一些嘲笑和刺耳之语①——这跟对雅典民主的猛

---

① 在《理想国》，395c，格劳孔的演讲中提到了平等（类似《高尔吉亚篇》
483c/d 中提到的平等；也参见本注以下的部分及第 229 页注①）；但这个问
题没有解决（关于本段，参阅第 232 页注①）。
    柏拉图在恶意攻击民主（见第 89 页注②至 92 页注①的对应正文）时，
曾有三次轻蔑而戏谑地提到平等主义。第一次是对民主"对平等者和不平
等者都平等分配"后果的评论（558c；参阅亚当对 558c16 做的注；也参阅
第 201 页注①）；这次旨在讽刺批评。（以前，在对民主革命的描述中，平
等与民主联系在一起，参阅第 89 页注①对应正文中引用的《理想国》，
557a）第二次把"民主派"的特征归结为对他人的一切意愿，无论好坏，
一视同仁地满足；因此，民主派被称为"平等主义者"（"政治平等主义
者"），一语双关地暗示了"对所有的人的平等法律"或"法律面前人人平
等"的观点；（参阅第 194 页注②和 198 页注①）这种双关语出现在《理想
国》，561e 中。由于"平等"一词已三次（《理想国》，561b 和 e）用来标
志对所有意愿和怪诞念头都平等对待的那些人的态度，柏拉图就为他的恶意
攻击铺平了道路。第三个这类低级的讥讽是想求助于读者的想象力，甚至在
今天这一类宣传中仍具有典型性："我几乎忘记提及这些著名的'平等法
律'和这种著名的'自由'在男女关系中所起的巨大作用……"（《理想
国》，563b）。除了这里（及本章第 186 页注①、192 页注①的对应正文）
提及关于平等主义重要性的论据外，我们还必须特别考察柏拉图自己的证

烈抨击正相配套。因此，就应当排除柏拉图没有注意到平等主义正义理论的可能性。这就剩下另外一种可能性，他没有认识到探讨一种跟自己截然相反的有影响的理论是必不可少的。在《理想国》中，他的沉默只有偶被几例滑稽的言论所打破（显然他认为平等主义的观点很容易就可被压制下去①），对此事实我们只有认为他是有意识地拒绝探讨平等主义才能得到解释。有鉴于此，柏拉图给读者施加影响以使他们相信他已把所有重要的理论都考察过了的做法，我难以理解怎么能跟知识分子的诚实准则相一致。虽然我们肯定得接着说，他的失败毫无疑问可归因于他对其深信不疑的善的事业的毫无保留的奉献。

为了能彻底了解在这个问题上柏拉图实际上并未打破沉默的个中意味，我们首先必须得清楚地知道，他所理解的平等主义运动代表了所有他仇恨的东西，在《理想国》以及后来的所有著作中，他自己的理论，主要是对新的平等主义和人文主义的强有力挑战的回击。为了表明这个观点，我将讨论人文主义运动的三项主要原则，并跟相应的柏拉图极权主义的原则进行对比：

人文主义的正义理论提出了三项主要的要求或建议，即（a）彻底的均等原则，也即，建议根除"自然的"（天生的）特权，（b）普遍的个人主义原则，以及（c）这一原则认为，保护其公民的自由应当是国家的任务和目的。对这些政治要求或建议中的每一条而言，在柏拉图那里都有与其截然相反的相对应

据：（1）见于《高尔吉亚篇》，他写道（488e/489a；也可参阅第 229 页注①、230 页注①、232 页注①）："难道普通民众（此处指人民的大多数）不相信正义即平等吗？"（2）在《米纳塞努篇》（238e—239a；见第 192 页注①及正文），《法律篇》中有关平等的段落晚于《理想国》，不能当作柏拉图在写《理想国》时已意识到这个问题；但可参阅第 186 页注①、200 页注①、201 页注①的正文。

① 关于第三个评论（563b；参阅上注），柏拉图本人说："我们可以把嘴边的一切都说出来吗？"他这样说显然想表示他看不出任何压制这种玩笑的理由。

的原则，即（a_1）自然特权原则，（b_1）普遍的整体主义或集体主义原则，以及（c_1）这个原则认为，保持并加强国家的稳定应当是个人的任务和目的——我将依次探讨这三点，其中的每点我分别在本章第四、第五和第六节中探讨。

四

地道的平等主义要求国家的公民应当受到公正无偏见的待遇。这就要求出身、家庭关系或者财富绝不能影响那些对公民执法的人。换句话说，它不承认任何的"自然"特权，尽管某些特权可能会被公民授予他们所信任的人。

在柏拉图诞生前几十年，在修昔底德所保留下来的一篇演说中，伯里克利已经把平等主义的这一原则令人尊敬地阐述出来。[①] 在第十章中我将更完整地引用这一演说，但在这里有必要先把其中的两句话给出："我们的法律"，伯里克利说道，"在私人争端中，将一视同仁地为所有人提供均等的正义，但是我们不会无视优秀人物的要求。如果一位公民卓尔不群，那么他更喜欢从事公共事务，不把它作为一种特权，而是视为对其品行的一种嘉奖；贫穷并不是一种障碍……"这些句子表达了伟大的平等主义运动的一些基本目标，如我们已经看到的，平等主义甚至没

---

① 我相信修昔底德（第Ⅱ卷，第37页以下）记述的伯里克利演说可以认为是确实可信的。伯里克利演讲时他极可能在场；无论如何，他尽可能忠实地重述。还有更多理由相信，当时一个人用心记住一个人的演讲并不稀奇（参阅柏拉图的《斐多篇》），要忠实地重述这样一篇演讲确实不像人们想象的那样困难。柏拉图知道这篇演说，他把修昔底德的版本，或另一个肯定与此有极为相似出处的版本，看成是真实的。也参阅第356页注①至357页注②（在这里也许可以提及，在伯里克利的早期生涯中，他曾对人们普遍的部落本能及同样普遍的集团利己主义做过相当可疑的让步；我心中想指的是公元前451年有关公民权利的立法。然而，后来他修正了自己对这些事情的态度，可能是受到像普罗塔哥拉之类人物的影响）。

有回避对奴隶制的攻击。在伯里克利那一代，这一运动以欧里庇得斯、安提芬及庇亚斯为代表，在上一章中他们都被提到过，而且也被希罗多德引用过。① 在柏拉图的年代，则以阿基达玛、利科弗龙为代表，两人前面皆已提到；另一位倡导者是安提斯泰尼，他曾是苏格拉底最亲近的朋友之一。

柏拉图的正义原则，当然是和所有这些人的截然对立。他为天生的领袖要求自然的特权，那么他究竟是如何与平等主义原则相较量的？他又是如何确立自己的主张的？

从上一章开始就应当记住，平等主义主张的一些最为人熟知的公式是用虽给人印象深刻但却留有疑问的"自然的权利"语言表达出来。而它的一些代表人物通过强调指出"自然的"也即生物的，人类的平等来替这些主张辩护。我们已经看到这一论点并不切题；在某些重要的方面，人是平等的，但在其他的方面，人又是不平等的；而且，从这一事实或者其他任何事实不可能得出合乎规范的主张。因此很有意思的是，我们注意到自然主义的论点并没有被所有的平等主义者运用，像伯里克利就是这样一位，他甚至连提都没有提到。②

柏拉图马上发现自然主义是平等主义学说里的薄弱点，他充分地利用了这一弱点。告诉人们你们是平等的肯定会得到一些道义上的欢迎，但如果比起告诉他们你们比其他人优秀、而其他人比你们低贱这样的宣传来，这种欢迎的程度就小多了。你生来就

---

① 参阅《希罗多德》，Ⅲ，80，特别是对"政治平等"，即在法律面前平等的颂扬（Ⅲ，80，6）；也参阅第 194 页注②、195 页注①。引自希罗多德的那个段落，对柏拉图还有其他方面的影响（参阅第 93 页注②），那段话柏拉图在《理想国》中嘲讽过，正如他嘲讽伯里克利的演说一样。

② 即便自然主义者亚里士多德也不常提到这种自然主义的平等观；比如，在《政治学》，1317b（参阅第 186 页注①及正文）中，他对民主原则的提法就与这种平等观无关。在自然和约定的对立占重要位置的《高尔吉亚篇》的情形也许更为有趣，柏拉图在提出平等主义时并没有给它加上所有人生来平等这一模糊的学说（见第 195 页注①引用的 488e/489a 及 483d，484a 和 508a）。

跟你的仆役、你的奴隶、你的那些不比动物更强的手工工人平
等？这个问题本身就是滑稽可笑的！柏拉图曾经似乎是第一个理
解这种不同反应、反对歧视、讽刺和讥笑自然平等要求的人。这
就解释了他为何急着要把自然主义的论点归咎于那些甚至并不倡
导自然主义的他的对手。在《米纳塞努篇》——一篇模仿伯里
克利的演讲中，他因此把平等法则和自然平等两个主张联结在一
起："我们宪政的基础是生而平等"，他讽刺道，"我们都是兄
弟，都是同一个母亲的孩子……出身的自然平等引导我们为在法
律面前的平等而奋斗。"①

---

① 参阅《米纳塞努篇》，238e/239a。这一段紧接在明确提及伯里克利的演讲（即指
第 198 页注①对应正文中引用的第二句）的后面——该段反复提到的"生而平
等"一词，就算用以蔑视伯里克利和阿斯帕西娅子女们的"低贱"出身，也不
是不可能，公元前 429 年特别立法通过后他们才被承认是雅典公民。（参阅 E. 迈
耶：《古代史》，vol，Ⅳ，p. 14，No. 392 的注及第 323 页，No 558）

有人认为（甚至包括格罗特；参阅他的《柏拉图》，第Ⅲ卷，第 11 页），柏
拉图在《米纳塞努篇》中，"在他自己讲究修辞的言论中……舍弃了讥讽的语
气"，正文中的引文摘引自《米纳塞努篇》中间部分。并非意欲讽刺，但考虑到
前引关于平等的言论，考虑到柏拉图在《理想国》中论及这一点时的公然讥讽，
我认为这种观点站不住脚。同时，在我看来，正文中紧接柏拉图谈到雅典之处的
引文之前那一段的讽刺意味，同样是不容怀疑的（参阅 238c/d）："当时乃至现
在……我们的政府一直是贵族政体……虽然有时也称其为民主政体，但它的确是
贵族政体，也即，由许多人都赞成的最好的人实施的统治……"鉴于柏拉图仇视
民主政体，无需对这段描述做进一步评论。＊另一不容置疑地具有讽刺性的段落
在 245c—d（参阅第 289 页注①），其中"苏格拉底"因雅典一贯仇恨外邦人和
野蛮人而颂扬雅典。由于柏拉图在别处（《理想国》，562e, f，引用于第 289 页
注①）攻击了民主——此处指雅典民主——柏拉图嘲讽雅典对外邦人的宽容，
所以他在《米纳塞努篇》中的赞扬就只能是讽刺；雅典的宽容还曾被一位亲斯
巴达的党羽嘲笑过。（据莱科古的法律，陌生人禁止在斯巴达居留；参阅阿里斯
多芬的《鸟》，第 1012 页）关于此有意思的是，在《米纳塞努篇》中〔236a；
参阅第 345 页注①（2）〕，"苏格拉底"是一位攻击雅典的演说家，柏拉图在谈
到"苏格拉底"时，说他是寡头派的领袖，演说家安提芬的弟子（此处指拉姆
努斯的安提芬；不要与智者雅典人安提芬混淆）；尤其是考虑到"苏格拉底"仿
制了一篇由修昔底德记录下来的演讲，修昔底德可能实际上是他所十分敬仰的安
提芬的学生。＊关于《米纳塞努篇》的真实性，还可参阅第 357 页注②。

　　后来，在《法律篇》中，柏拉图用一个公式总结了他对平等主义的回答："对不平等的公平对待必定导致不平等。"① 亚里

---

① 《法律篇》，757a；参阅757a—e整段，其中的主要部分前文已引用，见于第186页注①（1）。

　　（1）关于我称的对平等主义的典型反驳，也参阅《法律篇》，744b以下。"若人人能在一切事情上平等当然最好不过，可是，既然这是不可能的……"等许多作者仅凭《理想国》就评判柏拉图而且常把柏拉图描述成贵族政治的敌人，鉴于此，该段就显得更有意思。但在《法律篇》（即744b以下）的这一重要段落中，柏拉图提出"政治服务、赋税及分配应与公民财富的价值成比例。它们不应仅仅取决于一个他或他祖先的品德或本人的身材与长相，还应取决于他的贫富状况。一个人应该按这种方法，即按他的财富，尽量公平地获得荣誉和职务，虽然这是按不平等分配原则"。＊这种不平等地按财富和身材状况分配荣誉，我们不妨设想，可能还包括分配战利品的原则，大概是英雄征战时代的遗迹。因为那些全副武装的富人和那些身强力壮的人，他们对胜利的贡献要比其他人大。（荷马时代也采用这个原则，而且正如 R. 艾斯勒给我证实的，实际上在一切已知的从事征战的游牧部落中均可发现这一原则。）＊这种态度的基本观点是，平等地对待不平等者是非正义的，早在《普罗塔哥拉篇》，337a，就曾顺便提到（也可参阅《高尔吉亚篇》，508a，f.，第186页注①和230页注①曾提到过），但是，在写《法律篇》以前，柏拉图没有过多地运用这个观点。

　　（2）关于亚里士多德对这些观点的阐述，尤应参阅他的《政治学》，Ⅲ，9，1，1280a（可参阅1282b—1284b 和1301b29），在那里他写道："所有的人都坚持某种正义，但是，他们的概念并不完美，没有含括整个观念。比如，正义被（民主派）理解为平等；而它确乎如此，虽然它不是对所有的人都平等，而只是对不平等的人的平等。正义被（寡头政治家）理解为不平等；而它的确如此，虽然它不是对所有的人不平等，而只是对不平等的人的不平等。"也可参阅《尼各马可伦理学》，1131b27，1158b30以下。

　　（3）与所有的这些反平等主义观念不同，我赞同康德的观点，即谁也不能自以为比别的任何人更有价值，必须是一切道德的原则。众所周知，人不可能客观公正地评价自己。我断定这个原则是唯一可以接受的。因此，当看到一位像卡特林这样的优秀作者的下述言论（《原则》，14）时，我感到困惑不解。他说："在康德的道德观中，有极不道德的成分，它竭力把各层次人物都拉平……而无视亚里士多德要把平等给平等者，把不平等给不平等者的教导。在社会上一个人并不具有与另一个人同样的权利……笔者绝无意否认……'血统'的重要性。"现在，我要问：如果有"血统"的差异或"才能"的不平等；而且即使值得花费时间估量这些差异；即使人们能够估量出这些差异，那么，为什么它们只应成为更大权利的根据，而不应成为更重责任的理由呢？（参阅第103页注①、105页注①及相应正文）我没能发

士多德用另一个公式对此作了发展："平等对待平等、不平等对
待不平等。"这个公式表明了什么是对平等主义最恰当的反驳。
这一反驳认为，只有人是平等的，平等才是最好的，但这却是不
可能的，因为人不会生而平等。这一看起来很现实的反驳事实上
是很不现实的，因为政治特权从来没有建立在自然禀赋的差异性
之上。而且，的确，在写作《思想国》时，柏拉图对他的这一
反驳似乎并没有太多的信心，因为在那里谈到民主制度时他只用
了个嘲笑："把平等给予平等者和不平等者。"①除了这些话外，
他宁愿忘掉平等主义而不去攻击它。

　　总而言之，可以说柏拉图从来没有低估过平等主义理论的重

现康德平等主义有什么极不道德的地方。既然卡特林认为道德是个品味问
题，我看不出，他是根据什么做出其道德判断的，为什么康德的"品味"
就很不道德呢？（这也是基督教的"品味"）对这个问题我能想到的唯一答
案是，卡特林从其实证主义观点出发做出判断〔参阅第147页注②（2）〕，
他之所以认为基督教和康德派的要求不道德，是因为它们与我们当前社会
实际施行的道德评价标准相抵触。

　　（4）对所有这些反平等主义者最好的回答之一出自卢梭。尽管我认为
他的浪漫主义（参阅第177页注①）在社会哲学史上曾造成最恶劣的影响，
我还是要这么说。因为，他也是这一领域少数真正杰出的作者之一。我引
用他在《不平等的起源》中一段精彩的论述（比如，参阅《社会契约》，
人人丛书版，第174页；着重点是我加的）；我希望能引起读者注意本段最
后一句的高贵的提法："我认为人类有两种不平等；一种我称之为自然的或
身体的不平等，因为它是自然原因形成的，构成了人们在年龄、健康、体
力、心智或灵魂素质上的差异性；另一种可称为道德或政治的不平等，因
为它取决于一种约定，必须经由人们的同意或至少是认可才可确立。后一
种构成了由某些人享有的各种各样的特权……比如更富有，更显贵，更有
权力……等特权。要问自然不平等的起源是没有用处的，因为这个词简单
的界定已回答了这个问题。而且，要问这两种不平等之间是否有某些本质
联系则更没有用处；因为这等于在问，那些施令的人是否必然就比那些服
从的人优秀，体力、脑力、智慧、品德的形成，是否总是与一个人的权力
和财富成正比；这个问题也许适合奴隶在其主人的听距内讨论，但却很不
该由有理性的自由人在追求真理时讨论。"

① 《理想国》，588c；参阅第195页注①（攻击民主的第一段文字）。

要性——它受到了伯里克利之流的支持。但是，在《理想国》里，他根本没有探讨平等主义；他对它进行了攻击，但并不是光明正大。

　　那么他又是如何确立自己的反自然主义，他的自然特权原则的呢？在《理想国》中，他提出了三个不同的论证，然而其中的两个名不副实。第一个论证①发出惊人之语：既然国家的其他三个品质都已考察过了，剩下的第四个，即"牢记自己的职业"，必须是"正义的"。我很不情愿相信这就是一个论点，但它肯定是，因为柏拉图最主要的代言人——"苏格拉底"——通过发问"你知道我是怎么得出这个结论的？"来引出这个论证。第二个论证更为有趣，因为它努力想表明他的反平等主义可以从正义即无偏见这一平庸的（即平等主义的）观点推出。我充分地引用了该段落。谈到城市的统治者也应当是城市的法官时，"苏格拉底"说②："每个人都不拿别人的东西，也不让别人占有自己的东西，除此而外，司法还有别的目的吗？"——"说得对，"格劳孔插话道，"这是它们的唯一目的。"——"这是个正义的目的吗？"——"是的。"——"因此，我们大概也可以根据这一点达到意见一致了：正义就是有自己的东西和干自己的事情。"根据我们通常的正义观念，这就是司法公正原则。这里，第二个论证结束，第三个论证出现（下面将要分析）并得

---

①　《理想国》，433b。亚当也认识到该段旨在作为一条论据，他试图重现这场论辩（对433b11的注）；但他承认，"柏拉图论理时很少留下这么多处让人费脑筋去补充"。

②　《理想国》，433e/43a——对该段的补充，参阅第216页注①的相应正文；有关在《理想国》前面部分为此所做的准备，见第183页注②——亚当对我所谓的"第二个论证"那一段的评论如下（对433e35的注）："柏拉图是寻求在他自己的正义观与该词流行的法律含义之间的契合点……"（见正文中下一段所用的话）亚当力图维护柏拉图的论点，而反对一位批评家（克罗恩），他看出柏拉图论点中有一些错误，虽然可能不很清楚。

出结论：诸阶级或阶层各尽其责、各司其职，即是正义。
　　第二个论证的唯一目的就是要迫使读者相信，"正义"一词通常的意思，就是要求我们恪守自己的岗位，因为我们应当一直保有属于自己的东西。也就是说，柏拉图希望他的读者可以从中得出推论："保有自己的东西，干自己的事情就是正义。我的岗位（或我的职责）是我自己的。因此坚守我的岗位（或干我的本职工作）就是公正的。"这就跟另一论断异曲同工："保有自己的东西，干自己的事情是公正的。偷你的钱是我自己的计划，因此对我而言执行我的计划是公正的，要具体付诸实施，也就是去偷你的钱。"很显然柏拉图希望我们得出的推论不过是就"某人自己的"这一术语玩了个蹩脚的把戏而已。（因为问题在于，正义是否要求在某种意义上"我们自己的"一切，如"我们自己的"阶级，都应当不仅作为我们的财产，而是要作为我们不可剥夺的财产来对待。但柏拉图本身并不信仰这一原则，因为显然它将使向共产主义的过渡不可能。而且抚养我们自己的孩子又是怎样的情形？）这一蹩脚的把戏是柏拉图在亚当所说的"他自己的正义观跟该词流行的……意义之间"建立"契合点"的方法。这就是这位有史以来最伟大的哲学家是如何竭力使我们相信他发现了正义的真正本质。
　　柏拉图所提出的第三个也即最后一个论证更为严肃认真。它呼吁整体主义或集体主义原则，以及与个人的目的是保持国家的稳定这一原则之间的联系。所以，在下面的第五、第六节，对此进行分析讨论。
　　但在探讨这些论证之前，我希望大家把注意力放在"序言"上——柏拉图把它放在我们现在正在审查的"发现"之前。我们必须依靠我们已经做出的观察来考虑问题。从此观点出发，那篇"冗长的序言"——柏拉图本人就是这么描述的——看来是在"发现正义"之前为读者所做的准备中聪明的一着，要使读者相信争论仍在进行，而实际上，读者所面临的只是一幕旨在软化其批判能力的戏剧表演。

发现智慧是护卫者特有的品德、勇气是辅助者特有的品德后，"苏格拉底"表明了为发现正义而做最后努力的意图。"还剩下两种东西"，[①] 他说，"我们要在这个国家里寻求，就是节制以及我们整个的研究对象——正义。"——"正是"，格劳孔回答说。于是苏格拉底建议把节制搁在一边，但格劳孔就对苏格拉底让步了。他说，拒绝讨论"可能是错误的"。这一小小的争辩为给读者重新介绍正义做了铺垫，向他们表明苏格拉底已拥有了它的"发现"手段，向他们重新肯定格劳孔在论辩过程中正在仔细地审视柏拉图知识分子的诚实，而读者们自己因此就根本用不着考察。[②]

苏格拉底接下来讨论节制，他发现这是劳动者所唯一特有的品德。（顺便提一下，柏拉图的"正义"是否区别于他的"节制"这一不断争论的问题可以很容易回答。正义意味着保持自己的地位；节制意味着知道自己的地位——说得更准确一点，就是为自己的地位感到满足。像野兽一样只知填饱肚子的工人还能

---

① 本段引语出自《理想国》，430b 以下。

② 这种策略甚至在冈珀茨这样敏锐的评论家看起来似乎也是成功的，他在其简短的评论（《希腊思想家》，第 5 卷，第 2 章，第 10 节；德文版，第 2 卷，第 378/379 页）中没有提到这个论证的弱点；在评论前两本书时（Ⅴ，Ⅱ，5，第 368 页）他甚至说："随后的说明，堪称是清楚的、准确的和真正科学性的奇迹……"还说，柏拉图的对话者格劳孔和阿代曼图斯，"受他们的狂热所驱使……置之不理或抢先阻止了所有肤浅的结论。"

　　关于我在正文中下一段有关节制的论述，参见引自达维兹和沃恩的《分析》一书的如下段落（参阅《理想国》，黄金文库版 p. xviii；着重号是我加的）："节制的本质是制止。政治节制的本质在于承认政府机构有取得被统治者的效忠和服从的权利。"这就表明，我对柏拉图的节制观的解释与柏拉图的追随者一致（尽管用不同的术语表达）。我还可以补充一点，"节制"，即满足于自己的地位，是三个阶级共具的品德，虽然这是劳动者唯一具有的品德。因此，劳动者或赚钱的人可以获得的品德就是节制；辅助者可以获得的品德是节制和勇气；护卫者的品德则是节制、勇气和智慧。

　　那个"冗长的序言"下一段中也引用到，摘自《理想国》，432d 以下。

有什么特有品德呢?)当发现节制后,苏格拉底问道:"剩下的那个能让我们国家再具备一种美德的东西还能是什么呢?显然就是正义了。"——"显然是的",格劳孔答道。

"我亲爱的格劳孔啊",苏格拉底说,"现在正是要我们像猎人包围野兽的藏身处一样密切注意的时候了。注意别让正义漏了过去,别让它从我们身边跑掉,在不知不觉中消失了。它显然在附近的某个地方。把你的眼睛睁大些,努力去发现它。如果你先看见了,请你赶快告诉我!"格劳孔,如读者一样,当然是不能做到这种事的,于是请求苏格拉底带头。"既然如此",苏格拉底说,"为了胜利,就请你跟我前进吧"。但即使是苏格拉底也发现这块所在地"难以穿越,因为布满林木;它一片黑暗,难以寻找……但",他说,"不管怎样,我们总得前进"。格劳孔并没有这么反抗:"怎么前进?靠我们的探索,也即我们的论证?可是我们甚至还没有开始。在你已说过的话中连一点道理(感觉)也没有。"他和天真的读者一样顺从地答道:"是的,我们得前进。"现在苏格拉底告知他已经"隐约看见了"(我们没有)并且变得兴奋起来,"喂!喂!"他喊道,"格劳孔!这看来是它的踪迹了!我相信猎物是不会从我们这里逃掉的!"——"这是个好消息",格劳孔答道。"哎呀,"苏格拉底说,"我们的确太愚蠢了,我们在远处寻找的东西一直就在我们眼前!我们却总是看不到它!"苏格拉底的呼喊和这样的主张重复了一段时间后,被格劳孔打断了,他表达了读者们的情感并问苏格拉底发现了什么。但苏格拉底说:"我们一直以某种方式在谈论这个东西,但是我们却始终不知道我们是在谈论它。"格劳孔表达了读者们的不耐烦情绪并说道:"你这篇序言太长了,你赶快言归正传吧。"就在那里,柏拉图才开始提出我已经略述过的那两个"论证"。

格劳孔最后的话可以认为表明了柏拉图意识到了他在"冗长的序言"里干什么。我难以对它做出解释,除了认为它是一种企图——被证明是非常成功的——欺骗读者批判性的能力，以及对语言愤怒的戏剧化的表演，把读者的注意力从他们这篇辉煌的对话所表现的智慧的贫乏上转移开来。它诱使人们认为，柏拉图知道它的弱点，以及如何把它隐藏起来。

五

个人主义与集体主义这一问题跟平等与不平等密切相关。在开始探讨这一问题之前，应当有必要就专门用语作些议论。

"个人主义"这一术语（据《牛津字典》）有两种不同的用法：（a）与集体主义相反，及（b）与利他主义相反。前一种意义再没有其他的词来表达，但后者则有数个同义词，例如"利己主义"和"自私"。这就是为何在下文中我将用"个人主义"一词专指（a）意，用"利己主义"或"自私"这样的字眼来表达（b）意。列一个小表可能是有用的：

（a）个人主义　　　相对于　　　（a′）集体主义
（b）利己主义　　　相对于　　　（b′）利他主义

现在这四个词描述了对规范的法律准则的某种态度、主张、决心或者建议。尽管它们必然是含糊的，我相信它们可以很容易用例子来说明，因此为我们当前的目的足可以放心地来运用。让我们先从集体主义开始，[①] 由于我们对柏拉图整体主义的讨论，

---

① 此处可就"集体主义"一词做些术语学上的评论。H. G. 威尔斯所说的"集体主义"与我所说的"集体主义"毫不相关。威尔斯是位个人主义者（按我对这个词的理解），尤其在他的《人的权利》和《战争与和平的常识》中表现出来，两书包含的平等派个人主义要求很值得接受。但，他也肯定相信政治制度的合理规划旨在促进人类个体的自由和幸福，他把这称为"集体主义"；我想用"争取自由的合理制度规划"这一词组来描述那些我认为与他的"集体主义"相同的东西。这种表述虽略显赘冗，但却避免了用反个人主义的情绪去解释"集体主义"的危险，人们常这么做，不仅在本书中如此。

我们对这一态度已熟悉了。他的主张是个体应当推进整体——无论是全人类、国家、家庭、种族还是任何其他的集体机构——的利益，在上一章的几个段落里，已对此做了解释。这里再援引其中的一段，但更为完整①："部分为了整体而存在，但整体并不为部分而存在……你是因整体而被创造，而整体的被创造并非为了你。"这段引文不只解释了整体主义和集体主义，同时也传达了柏拉图对此强烈的有意识的情感要求（正如我们可在此段前的序文中所见到的）。这一吁求援引有多种情感，比如，渴望归属于一集团或家庭。其中的一个因素是对利他主义的道德上的要求及反对自私。柏拉图认为，如果你不能为了整体而牺牲自己的利益，那么你就是自私的。

　　现在我们稍稍注意一下上面的小表就会发现事实并非如此。集体主义并不反对利己主义，而它也并不跟利他主义或无私相同一。集体或集团利己主义，例如阶级利己主义，是十分常见的事（柏拉图对此深有了解②），这就相当清楚地表明这样的集体主义并不反对自私。一位反集体主义者，即一位个体主义者，能够同时是一位利他主义者。为了帮助其他的个体，他也可以情愿地做出牺牲。这种态度最好的例子可能是狄更斯，很难说他对自私的强烈憎恨与他对个体所具有的人性的弱点的强烈兴趣二者之间，到底哪个更强烈。而这种态度跟一种厌恶——不只是对我们所称

---

① 　《法律篇》，903c；参阅第162页注①的正文。正文中提到的"序言"（"但是他需要……一些对他起符咒般作用的忠言"等）是《法律篇》，903b。

② 　在《理想国》和《法律篇》中，在无数地方柏拉图警告，要提防猖獗的集团利己主义；可参阅，比如《理想国》，519e，以及第218页注①中提到的段落。
　　　关于经常所说的在集体主义和利他主义之间的同一性，我要请参阅谢灵顿在《人及其本性》中提出的那个很恰当的问题（第348页）："鱼群和畜群有利他主义吗？"

的集体机构或集体①，而且也包括对一种真正的利他主义——相
联系，如果针对的是不知名的集体而不是具体的个人的话。（我
提请读者注意《荒凉的家庭》里杰里贝太太，"一位全心全意为
公共事业服务的女士"。）这些例证，我认为，有力而且清楚地
解释了我们这四个词的意义，而且它还表明表中的任何一个词都
可以和另一边两个词中的任何一个相结合（这就产生了四种可
能的组合）。

　　现在很有趣的是，对柏拉图及大多数柏拉图主义者而言，一
种利他的个人主义（如狄更斯的例子）不可能存在。根据柏拉
图的观点，集体主义唯一的替代物是利己主义。他简单地把所有
的利他主义跟集体主义等同起来，把所有的个人主义和利己主义
中间画上了等号。这不仅仅是个术语问题，或者咬文嚼字，因为
柏拉图只承认两种可能性而不是四种。这就给道德问题的思辨带
来了相当的困惑，甚至一直延续到我们今天。

　　柏拉图把个人主义等同于利己主义，不光为他捍卫集体主义
而且为他攻击个人主义配备了有力的武器。为了捍卫集体主义，
他可以利用我们无私的人道主义情感；为了进行攻击，他可以给
所有的人文主义者打上自私的标记，因他们只会对自己付出。这
一攻击，尽管柏拉图是对准我们意义上的个人主义，例如对人类
个体的权利的反对，但理所当然地通向了另一个不同的目标——
利己主义。但是这种区别一直遭到柏拉图及大多数柏拉图主义者
的忽视。

　　为何柏拉图竭力攻击个人主义？我想当他把枪口瞄准这种主
义时，他很清楚自己在做什么，因为个人主义，也许比平等主义
更像是维护新的人文主义信念的桥头堡。个体的解放的确是一场
伟大的思想革命，它导致了部落制度的解体和民主制度的兴起。

———————

　　①　关于狄更斯对英国议会的错误轻蔑，也可参阅第244页注①。

柏拉图不可思议的社会学直觉表明，无论在哪里相遇，他都能辨认出他的敌人。

个人主义是古老的关于正义直觉理念的一部分。正义并不是——如柏拉图可能会认为的那样——国家的健全与和谐，而是一种对待个体的方式。亚里士多德对正义所做过的强调应当记住，他说："正义是跟人有关的某种东西。"① 这种个人主义的要素已经被伯里克利一代的人重点强调过。伯里克利本人清楚地表达过，法律应当为"私人争辩中的所有人"保证平等的正义，但他又前进了一步。"我们觉得不应该"，他说，"对我们的邻居走自己选择的道路说三道四。"（把此跟柏拉图相比较，柏拉图说，② 国家孕育人的目的，不是"让他们轻松自在各走各的路……"）伯里克利坚持认为，这种个人主义肯定与利他主义有联系："我们被教导……永远不要忘记保护受伤的人"；在描述年轻的雅典人成长为幸福而又多才多艺自力更生的人时，他的演说达到了高潮。

这与利他主义相结合的个人主义，已经成为我们西方文明的根基。它是基督教的核心教义（"爱你的邻人"，《圣经》上说，不要"爱你的部落"）；而且它是诞生于我们的文明并促进我们的文明的一切道德学说的核心。它也是，例如，康德实践学说的中心（"要时刻认识到人类个体是目的，而不要把他们仅仅作为达到目的的工具"）。在人类道德的发展历程中，还没有其他跟它一样如此有力的思想。

---

① 亚里士多德：《政治学》，Ⅲ，12，1（1282b）；参阅第 186 页注①、第 200 页注①的对应正文。（也参阅亚里士多德在《政治学》，Ⅲ，9，3，1280a 中的评述。大意是正义关乎人，也关乎物。）本段后面出自伯里克利的引语，参阅本章第 197 页注①的正文及第 356 页注①的对应正文。

② 这些话摘自第 162 页注①的对应正文中所引用的一段（《理想国》，519e，f）。

当柏拉图在这种学说中看到他的等级制国家的敌人时，他是正确的。他对它的仇恨胜过了他那个时代所有"破坏性的"学说。为了更清楚地表明这点，我想从《法律篇》[①] 中引用两段，它对个人的真真确确令人吃惊的敌意我觉得一点没有被意识到。其中的第一段因是《理想国》的一条注释而知名，它探讨了"妇女孩子及财产的社会共同体"。在这里柏拉图把《理想国》中的政体描述为"国家的最高形式"。在这种最高形式的国家里，"妻子们、孩子们及所有的奴隶们都有他们的一份共有财产。在我们的生活当中要尽可能地根除各种形式的私人或个人行为。只要这点能做到，即便是自然造化为私人或个人的，也可以在某种程度上成为大家共有的财产。就像我们的眼睛、耳朵和手或可以视、听和行动——好似它们不是属于个人而是属于社会一样。所有的人都被格式化，让他们能最大限度地全体一致地嬉笑怒骂，让他们甚至能在相同的时间对相同的事情感到欣喜或悲伤。所有这些法律因把国家最大限度地团结起来而更加完善。"柏拉图继续说道："没有人能发现比刚刚解释过的原则更好的关于国家最优化标尺了"，他把这样的国家描述为"神圣的"、是国家的"雏形"或"模型"或"原型"，也即描述为它的形式或理念。这是《理想国》中柏拉图自己的观点，当他放弃实现他的宏伟的政治理想时，就表达出来。

第二段也出自《法律篇》，只要可能，就更为坦率无保留。

---

① 在本段（1）及下段（2）中引用的重要段落出自《法律篇》：

（1）《法律篇》，739c 以下，柏拉图这里指的是《理想国》，显然尤其是指《理想国》，462a 以下，424a，和449e（在第 162 页注①中可以找到一系列论述集体主义和整体主义的段落。有关他的共产主义，参阅第157 页注②，以及那里提到的其他地方）。此处引用的这一段独具特色地以毕达哥拉斯的一句格言开头："朋友共享他们所拥有的一切。"参阅第 213 页注①及正文；并参阅第 211 页注②中提到的"共同饮食"。

（2）《法律篇》，942a, f；见下注，冈珀茨认为这两段都是反个人主义的（前引书，Vol，Ⅱ，406）。也可参阅《法律篇》，807d/e。

应当强调的是，这一段首要解决的是军事远征与军事纪律问题，但柏拉图不加疑虑地认为，同样，不仅在战时军事领袖应当整肃纪律，而且"在和平时期同样应当如此——从孩提时代开始"。像其他极权主义军事家和斯巴达的崇拜者一样，柏拉图极力认为对军事纪律的强烈需要是至关重要的，即使是在和平时期。必须由它们制约全体公民的整个生活。因为不仅全体公民（他们全是战士）和孩子们，而且也包括那些地道的牲畜，必须在持续总动员的国家里度过其一生。[①] "一切当中最为重要的原则是"，他写道，"任何人，无论男女，一刻也不能没有领袖。也根本不能允许任何人的心灵习惯于凡事凭自己的直觉做，不管它是出于热情，还是开玩笑。但在战时或和平时期——他应当眼观领袖，忠诚地跟随他。即便是在最细小的问题上，也应当听从领袖。譬如，他可以起床、活动、洗脸、吃饭[②]……只要他被告知这么去

---

① 参阅第 115 页注①及正文——本段接下去的引文，见《法律篇》，942a，f.（参阅前注）。

　　我们一定不能忘记，《法律篇》中（在《理想国》中也如此），军事教育对于所有获准携带武器的人，即所有公民——对于所有享有类似民权的人，都是义务性的（参阅《法律篇》，753b）所有其他人，如果不是奴隶，就是"手工艺人"（参阅《法律篇》，741e 和 743d，及第二卷第十一章第 82 页注①）。

　　有趣的是，仇视军国主义的巴克认为，柏拉图也持类似的观点（《希腊政治理论》，第 298—301 页）。柏拉图确实不颂扬战争，他甚至有反战言论。但是，许多军国主义言的是和平，行的却是战争，柏拉图的国家由军人阶级即聪明的退役军人统治。以上所述忠实于《法律篇》（参阅 753b），也忠实于《理想国》。

② 关于饮食——特别是"共同饮食"——还有饮酒习惯的严格法律，在柏拉图著作中分量相当重；比如参阅《理想国》416e，458c，547d/e；《法律篇》，625e，633a（在其中把必须实行的共同饮食说成是出于战争需要而规定的），762b，780—783，806c，f.，839c，842b。柏拉图还强调共同伙食的重要性，这符合克里特和斯巴达的习俗。同样有趣的是，柏拉图的舅父克里底亚对这些事情的关注。（参阅迪尔斯的书，第 2 版，克里底亚，残篇 33）

　　至于在本引文结尾处提到"兽类"的无秩序，也参阅《理想国》，563c。

做……一言以蔽之，他应当告诫自己，经过长时间的习惯，从来（永远）不能妄想独立行动，变得绝对不能这么做。这样大家的生活将在整个共同体中度过。没有法律或意愿比这更出色，能在确保战时救助与战争胜利方面比这更优秀，更有效果。在和平时期，从孩提时代开始就应当加以强化——统治别人及被别人的统治的习惯。无政府主义的一点踪迹都应当彻底地从所有人的生活当中除去，甚至包括那些受人类支配的牲畜。"

这些言辞铿锵有力。从未有人比他对个人主义怀有更强烈的敌意。这种怨恨深深地植根于柏拉图哲学本质上的二元论。他对个人及个人自由的憎恨正如他对不断变化的特别经历、对变动不居的可感知事物的世界的多样性的仇恨。在政治学领域，个体在柏拉图看来就是魔鬼本身。

这种态度，既反人文主义又反基督教，一直被理想化了。它被看作是人道的、无私的、利他的、基督教的。例如 E. B. 英格兰声称《法律篇》那两段中的第一段是"对自私的强烈谴责"。① 在探讨柏拉图的正义理论时，伯克说了类似的话，他说柏拉图的目的是"用和谐来取代自私和公民的不睦"，因而"国家和个人利益往日的和谐……就在柏拉图的教导之下被恢复了，但却是在一个新的更高的层次上的恢复，因为它已被提升为有意识的和谐"。只要我们记住柏拉图把个人主义等同于利己主义，那么，这样的以及数不胜数的与此相类似的论点就都可以很容易被解释了。因为所有这些柏拉图主义者相信反对个人主义就如同反对自私。这就说明了我的论点，这种同一产生的效果使反人文

---

① 　参阅 E. B. 英格兰编的《法律篇》，Vol. I，p. 514，739b8 以下的注。伯克的引文摘自前引书；第 153 页和 152 页。在大多数柏拉图主义者的著作中，可以找到无数类似的段落。还得参看谢灵顿的评论（参阅第 207 页注②）。说一群鱼或一群兽不可能受到利他主义驱使是正确的。畜群的本能与部落的自我主义，及诉诸这些本能，不能与无私相混同。

主义成功地得到了推波助澜。而且直到今天它仍然困扰着我们对道德问题的思索。但我们也应当认识到，那些被这种同一和高调话语所欺骗的人，把柏拉图当作道德的导师来赞扬其声誉，并且向全世界宣告他的伦理学是基督降生之前通向基督者的最捷途径，这样一来就为极权主义，尤其是对基督教进行反基督教解释的极权主义者，铺平了道路。这是一桩危险事，因为基督教曾一度受极权主义思想的支配。过去曾有宗教裁判所，今天它可能以另一种形式回来。

所以就值得提到一些更深刻的原因，说明为何心地单纯的人仍要说服自己相信柏拉图意愿的人道主义性质。一个原因是，当为他的集体主义学说准备依据时，柏拉图时常以一句格言或谚语开头（这似乎是毕达哥拉斯最先说过的）"朋友们共享他们所拥有的一切"①，这毫无疑问是一种无私、高尚、优秀的品格。谁会怀疑用如此值得称赞的假定开头的论题最终会得出一个彻头彻尾的反人文主义的结论？更为重要的另一点是，在柏拉图的对话中，有许多处表达了真正的人文主义情感，尤其是在《理想国》之前，他仍处在苏格拉底影响之下所写的那些对话。我特意提到了苏格拉底的学说：在《高尔吉亚篇》中谈到，做事的不正义比忍受不正义更糟糕。很显然这一学说不仅是利他主义的，同时

---

① 参阅《理想国》，424a，449c；《斐德罗篇》，279c；《法律篇》，739c；参阅第210页注①（1），（并参阅《论友谊》，207c，和欧里庇得斯：《奥瑞斯忒斯》，725）关于这个原则与早期基督教和马克思的共产主义之间可能存在的联系，参见第157页注②。

关于《高尔吉亚篇》中个人主义的正义和非正义理论，不妨参阅《高尔吉亚篇》468b以下，508d/e中所举的例子。这些段落可能仍体现出苏格拉底的影响（参阅第374页注①）。苏格拉底的个人主义在他著名的善者自给自足的学说中表达得最为清楚；柏拉图在《理想国》（387d/e）中提到该学说。尽管事实上这个学说完全与《理想国》的一个主要论点，即认为只有国家才可以自给自足相冲突。

也是个人主义的。因为在集体主义的正义理论里，比如像《理想国》，非正义是一种反对国家而不是反对某个特定个人的行为，尽管一个人可以控诉非正义的行为，但只有集体才能不断经受非正义的磨难。但在《高尔吉亚篇》中，我们丝毫未能发现这类情况。正义理论是相当规范的，"苏格拉底"（这里的他可能有更多的苏格拉底的成分）给出的非正义的例子，譬如捆某人的耳光，打伤或杀害某人。苏格拉底教导说，忍受这样的行为比做出这样的行为更好一些，这样的训导的确跟基督教的教义很相似，他的正义学说与伯里克利的精神极其吻合（第十章将努力对此做出解释）。

现在，在《理想国》中一种新的正义学说出现了，它不但不与这样的个人主义相容，甚至干脆是对它充满敌意，但作为读者可能很容易相信，柏拉图仍然牢牢坚持《高尔吉亚篇》里的学说。因为在《理想国》里，柏拉图不断地提出忍受非正义比行为的非正义更好的论点，尽管从本书所提出的集体主义正义理论的观点看，这样的话毫无意义。而且，在《理想国》中，我们听到了"苏格拉底"的反对者相反的声音：导致非正义是舒心愉快的，而忍受正义则糟糕透顶。当然，每个人道主义者都受到这样的犬儒哲学排拒，当柏拉图借苏格拉底之口提出自己的目标时："如果正义遭人诽谤，而我一息尚存有口能辩，却袖手旁观不上来帮忙，这对我来说恐怕是一种罪恶，是奇耻大辱"①，这时，诚信的读者确信了柏拉图的良好愿望，无论他走到哪里，都时刻准备着跟随。

由于随后又与色拉希马库斯（他被描述为最可恶的政治暴徒）玩世不恭自私自利的演说②进行了比较，这一事实使得对柏

---

① 《理想国》，368b/c。
② 尤其参阅《理想国》，344a 以下。

拉图的这种深信不疑的后果进一步加深，与此同时，读者们就被引导到认为个人主义跟色拉希马库斯的观点是一回事，并认为柏拉图既然反对个人主义，也就必然反对他那个时代的一切破坏性的虚无主义倾向。但是我们不应当让自己被色拉希马库斯的画像跟当代集体主义的妖魔（"布尔什维克主义"有很大的相似性）这样的个人主义妖魔吓倒以至于接受另一种更为现实也更加危险（因为没有那么明显）的野蛮形式。因色拉希马库斯的个人的力量是正确的学说，被柏拉图用同样残暴野蛮的学说——只要是增进国家的稳定与力量的东西就是正确的——所取代。

　　总之，由于其极端的集体主义，柏拉图对大家通常所称的正义问题，也即，对有争议的个人要求一视同仁，甚至没有兴趣。同时，他对调适个人的要求使之适应国家的要求也没有兴趣。因为个人终归是次要的。"我立法时以什么对整个国家最为有利为依据"，柏拉图说道，"……因为我公正地把个人的利益置于稍次的价值水平上。"[1] 他唯一关心的正是诸如此类的集团整体，而正义对他来说，不过只是集体机体的健康、团结与稳定而已。

六

　　至此，我们已经看到，人文主义伦理学要求对正义作平等主义和个人主义的解释；而我们还没有把这种人文主义的国家观勾勒出来。另一方面，我们已经看到柏拉图的国家理论是极权主义的；但我们还没有解释这一理论是如何运用到个人伦理中去的。现在让我们开始从事这两项任务，先从第二个开始。首先我要分析柏拉图正义的"发现"中的第三个论证——该论证至今只是

---

　　① 　参阅《法律篇》，923b。

被粗粗地勾画出来。柏拉图的第三个论证是[①]：

"现在请你考虑一下"，苏格拉底说，"你是不是同意我的下述看法：假定一个木匠做鞋匠的事，或者一个鞋匠做木匠的事，你认为这将会给城邦造成很大的危害吗?"——"不会太大的危害"——"但是我想，如果一个人天生是一个手艺人或者是生意人中的一员……企图爬上军人等级；或者一个军人企图爬上他们不配的护卫者等级，那么这种交换和密谋是否意味着国家的毁灭呢?"——"绝对是的"——"我们的国家有三个等级，我认为任何这样的企图从一个等级变为另一个等级的交换或干涉对于国家是有最大害处的，那么，可不可以把这称为最坏的事情?"——"确乎是这样的"——"但你肯定认为对自己国家最大的危害不就是不正义吗?"——"当然是的"——"那么这就是不正义。相反，我们说，当生意人、辅助者和护国者这三个等级各做各的事时，便有了正义。"

现在如果我们看看这个论点，就能得出：（a）社会学上的假定：这种严格的等级制度的任何削弱，都将导致国家的毁灭；（b）继续对第一个论证坚定的重申：危害国家的是不正义的；及（c）由此推出与此相反的就是正义。现在我们可以（姑且）承认下面这些社会学上的假定：（a）既然柏拉图的理想是阻止社会变化，既然他用"危害"来意指所有可能导致变化的东西，那么，阻止社会变化只能靠严格的等级制度就可能是相当正确的了。而且我们还可以进一步承认推论（c），不正义的对立面是正义，然而最有意思的是（b）；扫一眼柏拉图的论点便知道他的整个思想倾向由一个问题支配：这件事危害国家吗？它的危害大还是小？他不断地重申，所有威胁要危害国家的东西在道义上

---

① 《理想国》，434a—c。参阅第 183 页注②和 202 页注②的正文以及第 96 页注①（3）和 103 页注①。

既邪恶也不正当。

这里我们看到了，柏拉图承认的首要准则是国家利益。只要是推进国家利益的都是好的、善良的、公正的。只要是威胁国家利益的就是坏的、邪恶的、不公正的。服务于它的行为是道德的；威胁它的行为是不道德的。换言之，柏拉图的道德准则是严格的实用主义；它是集体主义或政治实用主义的准则。道德的标尺是国家利益。道德不过是政治的保健术。

这是集体主义的、部落主义的、极权主义的道德理论："善就是为我们的集团、我们的部落、我们的国家利益服务。"很容易明白这种道德在国际关系中的意味：国家自身的任何行为永远不会错，只要它是强大的；国家不仅有权力给它的公民施以暴力，来加强自己的力量，而且也可以进攻别国，假如这么做不会削弱自身的话。（这个由黑格尔导出的推论，明确地承认了国家的非道德性，并随后维护了国际关系中的道德虚无主义。）

从极权主义伦理学的观点以及集体效用论的观点看，柏拉图的正义理论完全正确。保持自己的职位是一种美德，公民的德行就相当于军队的纪律。而且这种道德所起的作用正如同"正义"在柏拉图的品德体系里所起的作用。在国家这面大钟里，齿轮用两种方式来体现其"品德"。第一种，它们的尺寸、形状、力量等必须符合自己的工作；其次，每一个都必须安装在恰当的位置并且必须固守这一位置。第一种类型的品德，对一项特定工作的符合性，将带来一种差异性，这跟齿轮的特殊任务有关。（各干各的，即差异）有些齿轮（因其本性）大而派上用场，所以是道德的；有些因其坚固；有些则因其光滑。但是固守岗位的美德则是它们共同具有的；而且同时它们对整体而言也是一种美德：被恰当地安装到一起——处于融洽协调的状态。对于这种普遍的美德，柏拉图给它命名为"正义"。这一程序极其连贯，而且被极权主义的道德观证明是正当的。假如个人不过是一个齿轮，那么伦理学的任务就只剩下研究他怎样才能符合整体了。

　　我希望清楚地表明，我对柏拉图的极权主义深信不疑。他的主张，即一个阶级对其他阶级的不受挑战的统治没有商量的余地。但是他的初衷并不是上层阶级对劳动阶级的最大限度的剥削，而是整体的稳定性，然而，他为保持有限剥削的必要性所给的理由，又一次是纯粹的实用主义。这是稳定阶级统治的需要。护卫者是不是应当想办法得到更多，他争辩说，然而最终他们却一无所有。"假如他们对稳定安全的生活不满意⋯⋯以致受自身权力的诱惑，损公肥私侵富，那么他们肯定会发现赫西奥德说的：'一半多于全'这句话是何等的聪明。"[①] 但我们一定要认识到，即便是这种对阶级特权的剥削加以限制的倾向，也依旧是极权主义一般的组成部分。不能简单地说极权主义是非道德的，它是封闭社会——集团式部落的道德；它不是个人主义的自私，而是集体主义的自私。

　　考虑到柏拉图第三个论点的明确性和一致性，就应当发出疑问，为什么他既需要那个"冗长的序言"，又需要前面的两个论证？为什么所有这些都显得那么不自然？（柏拉图主义者当然会回答说这一不自然只存在于我的想象中，也许真是如此。但那些段落的不合理性很难解释清楚。）对这一问题的答案我相信是，假如把论证的意思直截了当而又枯燥乏味地端给读者，那么，柏拉图的集体的钟表就几乎不可能对他的读者产生吸引力。柏拉图显得局促不安，因为他不但知道而且害怕那种他竭力与之决裂的力量以及它的道德感染力。他不敢向它们发起挑战，但又要为了自己的目标而战胜它们。无论我们在柏拉图的著作中是否目睹到

----

① 《理想国》，466b/c。也可参阅《法律篇》，715b/c，以及针对反整体主义者误用阶级特权的许多其他段落，同时参阅第 207 页注②和第 261 页注①（4）。

一种讥讽式的有意识的企图——为了他自己的目的而运用新兴的人文主义的道德情绪；也无论我们是否目睹到另一种悲剧式的企图——说明自由对人文主义的邪恶有更好的意识，我们无从知道。我个人的印象是，后者是实际情况，这一内在的冲突是柏拉图魅力的最大秘密。我认为在心灵的深处，柏拉图被新的观念，尤其是最伟大的个人主义者苏格拉底及他的殉难所感动。而且我认为，他用他那无与伦比的智慧的力量来跟这种对他、对别人都起作用的影响战斗，尽管并不总是公开的。这也说明了为何我们仍在他的极权主义当中，时不时地可以发现一些人文主义的思想。这同样说明了为什么哲学家们把柏拉图描绘为一位人文主义者是可能的。

这种解释的一个强有力的论据是柏拉图对待（不如说是虐待）人文主义和理性主义的国家理论——一种在他那一代刚刚发展起来的理论——的方式。

要清楚地描述这个理论，应当采用政治要求或政治见解的语言（见第五章第三节）；也就是说，我们不应去回答这一根本性的问题：什么是国家、它的本质、它的真正意义是什么？我们也不应力图回答这样一个历史学问题：国家是如何起源的、什么是政治义务的起源？我们毋宁用这种方式提出我们的问题：我们应当从国家要求什么？我们打算把什么当成是国家行动的合法的目的？而为了找到我们基本的政治需要是什么，我们可以问：为什么我们宁愿生活在没有国家却安排得很好的状态，如无政府状态中？这是一种理性的提问方式。这是一位工艺学家开始构建或重建任何政治制度之前必须想办法回答的问题。因为只有当他知道了自己的需要，他才能确定某种制度是否很适合它的功用。

现在如果我们用这种方式提问，人文主义的回答将是：我从国家那里要求的是得到保护；不光为我，而且也为别人。我需要对我及别人的自由加以保护。我不希望自己的生活被那些拥有铁拳和大炮的人支配。换言之，我希望得到保护不被别人侵犯。我希求侵犯与防卫二者的差别被承认，而防卫受到有组织的国家权力的支持。（防卫是一种维持现状的举措，这个原则被认为是等同于另一个——现状不应通过暴力方式而改变，而只能根据法律，以妥协、仲裁的方式，除非那里没有供它的更改的法律程序。）我做了充分的准备，虽然我的行动自由受到国家某种程度的限制，但我剩下的自由却能得到保护，因为我知道对我的自由做些限制是必要的；譬如说，如果我需要国家支持防卫以反对任何进攻的话，那么我必须放弃进攻的"自由"。但我认为国家不应当对其最基本的目的视而不见，我的意思是指给不会伤害其他公民的自由提供保护。因此，我要求国家必须尽可能平等地限制公民的自由，使其不要超过达到均等的有限度的自由之所需。

这类主张也将是人文主义、平等主义、个人主义的要求。这一主张容许社会工程学家理性地看待政治问题，也即，从具有相当清楚确定的目标这样的视角出发。

与认为这样的目标可以十分清楚确定地表达出来的观点相左的许多反对意见已经出现。据说一旦承认自由必须加以限制，整个自由原则将被毁掉，而且，哪些限制是必需的，哪些则是不负责任的？这一问题难以理性地把握，只能靠权威。但这一反对意见源于认识上的含糊不清。它把我们希望从国家那里得到什么这一根本问题同实现我们的目标过程中出现的某些技术性难题混为一谈。当然很难精致地确定留给公民的自由度，使它不会危及国家保卫自由的任务。但是近似地确定其自由度却是可能的，这可由经验，例如民主国家的存在保证。事实上，大致确定（自由度）的过程是民主政治立法的主要任务。这是个艰难的过程，但出现的困难还不足以迫使我们改变我们的基本主张。简而言之，这些就是说，国家应当被当成是阻止犯罪即侵犯的一种团体。整个反对意见所认为的，很难确定哪里是自由的终结罪行的开始，原则上被一著名的故事回答了：流氓抗议说，作为一个自由的公民，他的拳头可以挥向他喜欢的任何方向；于是法官聪明地答道："你的拳头运动的自由受到邻人鼻子位置的限制。"

我在这里所勾画出的国家观可以称之为"保护主义"。"保护主义"一词常被用来指称反对自由的倾向。因此经济学家用保护主义表示反对竞争，保护某些产业利益的政策；道德家们用它表示国家官员应当建立针对全体民众的道德监护制度的主张。尽管我称之为保护主义的政治理论跟这些倾向毫不沾边，尽管它在本质上是一种自由主义的理论，我认为这一名称也可以用来指称那些倾向，虽然它是自由主义的，但是它跟严格的不干预（经常，但不十分恰当地被称为"放任主义"）政策沾不上边。自由主义与国家干涉互不排斥。与之相反，除非得到国家的保证，①任何形式的自由都显然是不可能的。只要年轻人拥有捍卫他们自由的能力，那么一定程度的国家控制，比如在教育上，是必需的；国家应当确保所有的教育设施应让每个人都能得到。但国家对教育问题太多的控制则是对自由致命的威胁，因这样就导致灌输。如已经揭示的，自由的限度这一重要而又困难的问题，不可能用一刀切或一枯燥的公式就会解决。常常那些难以确定的两可情况受到人们的欢迎，这是事实。因为假如没有这类政治问题政治斗争的刺激，公民为他们的自由而战斗的准备工作很快就将消失；反之，有了它们，也就有了自由。（有鉴于此，在自由和安全，也即，由国家所保证的安全之间所谓的冲突变成了一个神秘的怪物。因为如果没有国家作保证，就没有自由；与此相反，只有由自由公民所控制的国家才能根本上给他们提供一切合理的安全。）

---

① 此处提及的问题是"自由的悖论问题"，参阅第 241 页注①——关于教育的国家控制问题，见第 252 页注②。

如此说来，保护主义者的国家理论没有受历史主义或实在论的任何因素的影响。这并不是说国家起源于怀有保护主义目标的个体的联合，或者历史上的一切现实的国家从来没有有意识地依据这一目标而统治。它丝毫没有提及国家的根本属性，或者天赋的自由权；也根本没有谈到国家实际运行的方式。它提出了一项政治主张，或者更确切地说，一项要求采纳某一种政策的建议。然而，我怀疑，那些认为国家起源于保护自己成员的联合体的众多的因循守旧者们，曾试图表述过这项政治主张，尽管他们用的是一种使人误入歧途的笨拙的语言——历史主义的语言。另一种同样使人误入歧途的表述这种主张的途径是，断言保护自己的成员本质上是国家的功能；或者断言国家应当被界定为一个互相保护的联盟。在对所有这些理论进行严肃认真的讨论之前，必须把它们转译为——原封不动地——关于政治行为的主张或见解的语言。否则，将要不可避免地就字面上的特征进行没完没了的辩论。

这样转译可以举出一个例子。对我所称的保护主义的批判已由亚里士多德提出，[①] 而伯克及许多当代的柏拉图主义者跟着做

---

① 参阅亚里士多德《政治学》，Ⅲ 9，6 以下，（1280a）。参阅伯克《法国革命》（1815 年；第 Ⅴ 卷，第 184 页）；乔伊特在给亚里士多德的原文所做的注释中恰当地引用本段；参阅他编的亚里士多德的《政治学》，Vol. Ⅱ，126。

　　本段后面摘自亚里士多德的引文，见前引书 Ⅱ，9，8（1280b）。

　　例如，菲尔德提出一种类似的批评（在他的《柏拉图及其同时代人物》第 117 页中）：“毋庸置疑，城邦及其法律对其公民的道德品性起着教育的作用。”然而，格林曾清楚地指出（在他的《政治义务演说》中），国家不可能用法律来强加道德。他当然会同意这样的说法：“我们需要道德化的政治，而不是政治化的道德。”（详见正文中本段结尾处）斯宾诺莎预见了格林的观点（《神学政治论》，第 20 章）：“企图用法律来规范一切的人，与其说是抑制邪恶，不如说是鼓励邪恶。”

了。这种批评声称，保护主义把国家的任务看得太低贱了，认为国家的任务是（用伯克的话说）"要用别的威严来看待，因为凡是只服务于昙花一现的自然界世俗动物生存的，国家都不参与"。换言之，国家是某种比有着理性目的联盟更高级更尊贵的东西；它是崇拜的对象。它有着比保护人类及其权利更崇高的任务。它有道德任务，"爱护美德是使国家名实相副的事务"，亚里士多德说。假如我们一定要把这种批评用政治主张的语言表达出来，那么我们发现对保守主义的批判需要两样东西。首先，保护主义者希望使国家成为一种崇拜的对象。从我们的观点看，这个愿望无可指责。它是个宗教问题；如何协调自己的信念和其他的宗教信仰，例如，第一戒的信仰，国家的崇拜者们必须靠自己来解决。第二种需要是政治性的。在实践当中，这种要求仅仅意味着国家的官员应当关心公民的道德，他们应把更多的力量用于控制公民的道德生活而不是保护公民的自由上。换句话说，这就要求：法律即国家实行规范领导的领域的扩大应当以牺牲道德合理性为代价，这一道德合理性不是由国家而是由我们自己的良心道德所实施的规范领域为代价。对这样的要求或建议可以进行理性讨论；对此也可以有不同的说法：提出这种要求的人显然没有看到这将是个人的道德责任的终结，而且它不仅不能改善反而将破坏道德。它将用部落的禁忌及极权主义的个人不负责任来取代个人的责任。与这种整体的态度相悖，个人主义者肯定坚持认为，国家的道德（如果真有此事的话）倾向于被认为是低于一般公民的道德，所以国家的道德应称公民控制（而不是相反）就更具有吸引力（更合乎需要）。我们必需的而且也想得到的是政治的道德化而不是道德的政治化。

应该说，从保护主义的观点出发，现有的民主制度尽管远非完美，但在相当程度上达到了正确的社会工程。有许多种犯罪行为，如一些人类个体对另一些个体权利的侵犯，已经事实上得到了压制或者已有了相当程度的减少，在利益发生严重冲突时法庭的执法相当地成功，许多人认为运用①这些方法于国际罪行和目标冲突只是个乌托邦式的幻想。但是，建立一种行之有效的执行制度以保护国内和平，对那些经受犯罪威胁的人来说，在不久以

---

① 我认为，国内和平与国际和平之间，以及普通犯罪与国际犯罪之间的类似性，对一切企图控制国际犯罪的努力至为重要，关于这种类似及其限度，以及历史主义方法在这类问题上的贫困，参阅第 312 页注①。

　　* 在那些把建立国际和平的理性方法视为乌托邦梦想的人当中，应该提到 H. J. 摩根索（参阅他的著作《科学的人对抗权力政治》，英文版，1947年）。摩根索的观点可归结为绝望的历史主义。他认识到历史预测是不可能的；但由于他认为（例如，与马克思主义者一道）理性（或科学方法）的适用范围局限于可预测性领域，因此，他就从历史事件的不可预测性中得出结论，理性不可能适用于国际事务领域。

　　不能推出这样的结论，因为科学预测跟历史预言意义上的预测不一样。（除太阳系理论这个实际上唯一的例外以外，没有一种自然科学试图做出类似于历史预言的事情。）社会科学的任务不是预测发展的"趋势"或"倾向"，这也不是自然科学的任务。摩根索写道："（第 123 页以下，着重点是我加的）所谓'社会规律'能够做得最好的，正是所谓'自然规律'能够做得最好的，也即表明某种趋势……无论是自然科学还是社会科学，都无法预知究竟会有哪种情况真要发生并促成某种特定趋势变为现实。它们也不能够以非常高的概率预测，当某种情况出现时某一趋势将会变为现实。"但是，自然科学并不试图预测趋势，只有历史主义者相信它们，以及社会科学具有这种目标。因此，承认这些目标是不可能实现的，只会令历史主义者失望。摩根索写道："然而，许多……政治科学家声称，他们确实能够预测社会事件的发生。实际上，他们……是妄念……的牺牲品。"我当然同意他的看法，但这仅仅表明，历史主义应予以抛弃。然而，若认为抛弃历史主义就意味着政治中理性主义的抛弃，反映出的基本上就是一种历史主义的偏见，即认为历史预言是一切理性政治的基础。（在第一章的开头我曾想到这种观点具有历史主义的特征）

　　摩根索嘲笑所有把权力置于理性控制之下以制止战争的尝试，认为这些尝试源于本质上不适用于社会的那种理性主义或科学主义。显然他证明得太多了。然而，国内和平已经在许多社会建立起来。尽管按摩根索的理论，对权力的本质欲求会阻碍国内和平，他当然承认这个事实，但他没看到这一个事实破坏了他的浪漫主义论点的理论基础。

前还认为是乌托邦，而现在在众多国家当中，国内的和平极成功地得到了维持。而且，我认为一旦它们能公正理性地面对，控制国际罪行的工程问题就绝不是那么艰难。如果问题清楚地提出了，那么就不难让大家同意，无论是地区性的，还是世界范围的保护性制度是必需的。让国家的崇拜者继续去崇拜国家，但要让制度技术专家们不仅要提高制度的内部机制，同时还要建造一个阻止国际罪行的组织。

七

现在我们回到这些运动的历史上，似乎保护主义的国家理论最早是由高尔吉亚的学生诡辩家利科弗龙提出来的。我们已经提到他是（就像阿基达玛，也是高尔吉亚的学生）最先攻击天赋特权理论的人之一。他所坚持的理论（我称之为"保护主义"）由亚里士多德记录下来，亚里士多德谈论他的方式很容易使人认为是他最先提出这一理论的。从同样的资料我们了解到，他清晰地把它表达了出来，而这点他的前辈几乎没有人做到过。

亚里士多德告诉我们，利科弗龙把国家的法律视为"人们互相确保正义的契约"（它没有使公民善或公正的权力）。他进一步告诉我们，[①] 利科弗龙把国家当成是保护其成员免遭非正义

---

① 引语摘自亚里士多德的《政治学》，Ⅲ，9，8（1280）。

　　（1）我在正文中用了"进一步"一词，是因为我认为正文中提到的段落，即《政治学》，Ⅲ，9，6 和 Ⅲ，9，12，可能也体现了利科弗龙的观点。我的理由如下，从Ⅲ，9，6，至Ⅲ，9，12，亚里士多德从事对我称为保护主义的那种学说的批判。在正文中引用的Ⅲ，9，8，他把这个学说的一种简洁而又极清晰的表述直接归于利科弗龙。从亚里士多德提到利科弗龙的其他地方〔见本注（2）〕，及利科弗龙的年龄看，他很可能是最早提出保护主义的人之一，即便不是第一个。因此，似乎有理由断定（虽然并非十分有把握），对保护主义的全部攻击，即Ⅲ，9，6 和 Ⅲ，9，12，是针对利科弗龙的，

行为的一种工具（准许他们和平交往，特别是交易），要求国家应当是一个"阻止罪行的合作联盟"。很有意思的是，在亚里士多德对利科弗龙的表述中，看不出利科弗龙是用一种历史主义的形式即认为国家历史起源于一种社会契约的理论来表达他的理论。相反，从亚里士多德的上下文中清晰地表现出来，利科弗龙的理论唯一关心的是国家的目的，因为亚里士多德认为，利科弗龙没有看到国家的终极目的是使它的公民有德行。这就表明利科弗龙理性地解释了国家的目的，并从技术的角度采纳了平等主义、个人主义及保护主义的主张。

拥有这样的形式，利科弗龙的理论就断不会招致传统的历史

而且保护主义各种相同的提法，全部是利科弗龙的。（还应提到，柏拉图把保护主义描述为一种"普遍看法"，见《理想国》，358c。）

亚里士多德的反驳用意在于表明，保护主义理论不能解释地区的和国家内部的团结，他认为（Ⅲ，9，6）该理论忽略了这一事实，即，国家的存在是为了维护奴隶和野兽都不能分享的那种幸福生活（即维护有道德的地主的幸福生活，因为赚钱的人都因其"手艺人"职业而被禁止获得公民身份）。这个理论还忽视"真正"国家的部落团结，这种国家即是（Ⅲ，9，12）"家庭幸福的共同体，是家庭的集合体，它是为了一种全面且自给自足的生活而由居住在同一地区并互相通婚的人们中间建立起来的"。

（2）关于利科弗龙的平等主义，参阅第141页注②——乔伊特（在《亚里士多德的政治学》，Ⅲ，126中）将利科弗龙描绘成"一位寂寂无闻的修辞学家"；但亚里士多德一定不这样认为，因为在他留传下来的作品中有6本曾提到利科弗龙（在《政治学》、《修辞学》、《残篇》、《形而上学》、《物理学》、《智者的篇》等中）。

利科弗龙不可能比他在高尔吉亚学派的同事阿基达玛年轻很多，因为假如在阿基达玛继高尔吉亚成为学派的首领之后，利科弗龙的平等主义才为人们所知，那么，它也就不可能引起人们这么多的注意。利科弗龙对认识论的兴趣（亚里士多德在《形而上学》，1045b9和《物理学》，185b27中提及）也是一条依据，因为这可能使他成为高尔吉亚早期，即在高尔吉亚真正专心研究修辞学之前的弟子。当然，由于我们资料的不足，对利科弗龙的各种看法必定有很多是推测性的。

主义社会契约理论所遭遇的反对。常有人说，比如巴克，[①] 契约理论是"由近代的思想家们一点一点发掘出来的"，情况可能如此，但考察一下巴克的观点将表明他们肯定没有理解利科弗龙的理论，在利科弗龙那里巴克看到的是（在这点上我倾向于同意他）一种理论（后来被称为契约理论）最初形式的可能的奠基人。对巴克的观点可做如下理解：（a）在历史上，从未有过一份契约；（b）历史上，国家从未制度化过；（c）法律不是传统，但出自传统、高于武力，也许是天生的直觉之类；在成为准则之前，它们是习俗；（d）法律的威力不在于制裁，不在于颁行法律的国家所拥有的保护性力量，而在于个人守法的禀性，也即个人的道德意愿。

马上就能看得出来，（a）、（b）、（c）三条反对意见，仅就其理论的历史形式而言，本身已被公认为很正确（尽管曾有过一些契约），但却与利科弗龙的看法无关。因此我们无须考虑它们。然而（d）条反对意见却值得进一步探讨。我们能用它指称什么呢？受到攻击的理论比其他任何理论都更强烈地强调了"意志"或者改善个人的决心；事实上，"契约"一词指的是通过"自由意志"结成的协定；契约理论，也许比其他任何理论都更强调法律的力量在于个人依法守法的禀性。那么，（d）又

---

① 巴克：《希腊政治理论》，第Ⅰ卷，第160页。关于休谟对历史上契约论诸形式的批判，参见第116页注①。巴克进一步的论点（第165页）认为柏拉图的正义与契约论的正义相反，说它不是"在灵魂之外的东西"，而是在灵魂之内。我要提醒读者注意，柏拉图屡次建议最严格的制裁，使正义得以实现；他经常提倡使用"说服加强迫"（参阅第264页注①、267页注①和273页注①）。另一方面，一些现代民主国家已经表明，实行自由和宽容的同时而不增加犯罪是可能做得到的。

关于我所说的，巴克把利科弗龙视为（我也如此）契约理论的创始人。参阅巴克，前引书，第63页："普罗塔哥拉没有在智者利科弗龙之前建立契约理论。"（此外，再参阅第156页注①的正文）。

怎么能成为对契约理论的反驳呢？唯一可能的解释是，巴克并不认为契约诞生于"自私的愿望"。联系到柏拉图的批判，这种解释是最像模像样的。但要成为保护主义者，并不需要自私。保护并不意味着自我保护；许多人给自己的生活定下了保护别人而不是自己的目标，同理，他们可能主张国家的保护主要是为别人，在更小的程度上（或者干脆不）保护自己。保护主义的基本观点是：保护弱者免受强者的欺凌。这一主张不仅弱者提出，而且强者也时常提出。至少可以说，认为它是一项自私或不道德主张的说法是欺人之语。

利科弗龙的保护主义，我认为跟所有这些反对意见挂不上钩。它是伯里克利时代人文主义和平等主义运动最恰当的表现形式。然而，它却从我们身上被非法剥夺走了。它以一种歪曲的形式代代相传，或被当成是国家起源于社会契约的历史主义理论；或被当成是声称国家真正的本质是习俗的实在论；或被当成是一种以承认人根本上的非道德性为基础的自私的理论。所有这一切都是由于柏拉图权威无与伦比的影响力。

八

几乎不容怀疑，柏拉图熟知利科弗龙的理论，因为他（八九不离十）是利科弗龙稍年轻的同代人，而且，这个理论确实和先出现在《高尔吉亚篇》、后又出现在《理想国》中的一个论点颇为吻合。（在两处柏拉图都没有提及它的作者；当他的对手仍在世时，这是他惯常采取的措施。）在《高尔吉亚篇》里，这个理论是由卡利克勒斯——一位和《理想国》里的色拉希马库斯一样的道德虚无主义者来阐释的。在《理想国》里则是通过格劳孔。两种情形下，说话者都没有把提出来的理论当成是自己的。

　　两个段落在许多方面有类似性：二者都用历史主义的形式提出理论，也即，把它当成是一种关于"正义"起源的理论；二者提出理论时都假定其逻辑前提必然是自私乃至虚无主义，也就是说，好像保护主义的国家观只被这样的人拥护：他们也乐意攻击不正义，但太孱弱而做不到，因此他们就主张强有力的人也不要这么去做；这样的描述显然公正，因为该理论唯一必备的前提是：主张镇压罪行或不正义。

　　至此，《高尔吉亚篇》和《理想国》中两处文字的相似已经提出，这种类似经常被人评论。但是，两者之间存在着巨大的差异，就我所知，这种差异一直被评论家们忽视了。情况确实这样。在《高尔吉亚篇》里，该理论是作为卡利克勒斯所反对的理论而由他提出的；因此既然他也反对苏格拉底，那么其言外之意是，柏拉图不但没有攻击保护主义的理论，而且还持赞成态度。而且，确实，更进一步考察将显示出来，苏格拉底支持该理论反对虚无主义者卡利克勒斯的若干特征，但在《理想国》里，该理论由格劳孔提出，作为对色拉希马库斯——这里他成了顶替卡利克勒斯的虚无主义者——观点的注解和发展。换句话说，这一理论被当成虚无主义的，而苏格拉底成了摧毁这一邪恶自私学说的英雄。

　　这样一来，大多数评论家所发现的在《高尔吉亚篇》和《理想国》之间思想倾向的相似性，事实上是针锋相对的。尽管卡利克勒斯是含着敌意提出的，而《高尔吉亚篇》的态度是赞成保护主义；而《理想国》则激烈地加以攻击。

　　这里从《高尔吉亚篇》① 中摘录了卡利克勒斯的一段话："法律由人民的大多数制定，他们主要是弱者。而他们制定法律……是为了保护他们自身及他们的利益。因此，这么一来，他

---

　　① 参阅《高尔吉亚篇》，483b，f。

们就可以威慑强者……以及其他所有可能打败他们的人。……他们用'不正义'一词来指一个人想打败他的邻人的企图。由于知道自身的低贱，我想说，只要他们能获得平等就已经喜出望外了。如果我们考虑到这层原因并抛开卡利克勒斯的公开嘲讽和敌意，那么，我们将发现利科弗龙理论的所有成因：平等主义、个人主义以及对不正义的保护。"即使提及"强者"和自知自己低贱的"弱者"很适合保护主义的观点，但却提供了可供拙劣模仿的因子。说利科弗龙的学说明确地主张，国家应当保护弱者，这一主张当然很不体面，但很难说他不可能提出。（基督教的教义表达了这一主张终有一天会实现的愿望："温顺者应继承土地。"）

卡利克勒斯本人并不喜欢保护主义，他偏爱强者"天生的"权利。苏格拉底在与卡利克勒斯的辩论中，别有意味地求助于保护主义，因为他把它跟自己的中心论点——做不正义的事比遭受不正义的事更好——联系了起来。比如，他说①："许多议论，如你后来所说，不是认为正义即平等吗？而且做不正义的事比遭

---

① 参阅《高尔吉亚篇》，488e—489b；及52b。

　　从苏格拉底在这里回答卡利克勒斯的方式看，历史上的苏格拉底（参阅第374页注①）可能反驳过这些论点以支持品达式的生物自然主义。他争辩道：如果强者应该统治是自然的，那么，平等应该统治也是自然的，因为以执行统治这一事实显示其力量的人民大众要求平等。换言之，他可能已经证明了自然主义要求空洞含糊的特征。他的成功可以激励柏拉图提出他自己的自然主义版本。

　　我并不想断定，苏格拉底后来对"几何平等"所做的评论（508a）应必须被解释为反平等主义的，也即，它为什么肯定与《法律篇》，744b以下和757a—e中的"比例平等"意思相同〔参阅第186页注①和200页注①(1)〕。这是亚当在他给《理想国》558c15的第二条注释中提议的，但也许他的提议确有些道理，因为《高尔吉亚篇》508a中的"几何"平等似乎指的是毕达哥拉斯的问题（参阅第374页注①；并参阅该注中关于《克拉底鲁篇》的评论），也可能是指"几何比例"。

受不正义的事不更让人丢脸吗?"后来他又说:"……自然本身,不光是习俗,确认做不正义的事比遭受不正义的事更让人丢脸,而且正义就是平等。"(姑且不论其个人主义、平等主义和保护主义的倾向,《高尔吉亚篇》也表现出了某些强烈反民主的倾向。不妨这么解释,在写作《高尔吉亚篇》时,柏拉图的极权主义理论还没有形成,尽管他的同情已具有反民主的情绪,但他仍然处在苏格拉底的影响之下。怎么有人竟认为《高尔吉亚篇》和《理想国》同时对苏格拉底的观点作了真正的阐发,我难以理解。)

现在让我们回到《理想国》,在这里格劳孔提出的保护主义虽然在逻辑上更加严谨,但在伦理上却是色拉希马库斯虚无主义的翻版。"我的话题",格劳孔说,[①] "是正义的起源,以及它的本质。人们说,做不正义事是利,遭受不正义事是害。但他们坚持认为遭受不正义所受的害超过干不正义所得的利。所以人们在彼此交往中既尝到过干不正义的甜头,又吃过遭受不正义的苦头。两种味道都尝到了之后,那些不能专尝甜头不吃苦头的人,觉得最好大家订立契约,彼此确保既不得不正义之惠,也不吃不正义之亏。这就是法律创立的途径……按照该理论,这就是正义的本质与起源。"

只要其内容合理地发展,则显然是同一个理论。况且该理论

---

① 《理想国》,358e、358c 中,格劳孔否认他是作者。在读这段话时,读者的注意力很容易被"自然和约定"的问题所分散,在本段中及卡利克勒斯在《高尔吉亚篇》的发言中,这个问题占有重要位置。然而,柏拉图在《理想国》中所最关切的,不是击败约定论,而是斥责理性的保护主义观点为自私。(从第156页注①、157页注①及对应正文可见,约定论者的契约理论不是柏拉图的主要敌人。)

的提出方式也在细节上①跟卡利克勒斯在《高尔吉亚篇》里的演说相类似。然而，柏拉图的看法已经完全改变了。在这里保护主义的理论不再抵御建立在愤世嫉俗的利己主义之上的那个主张。相反，我们的人文主义情绪，我们的道德义愤已经被色拉希马库斯的虚无主义唤醒，并被利用来把我们变成保护主义的敌人。这个理论，它的人文主义特征已在《高尔吉亚篇》中指出了；现在柏拉图却使它表现为反人文主义的，而且的确看作是那种令人反感且极不令人信服的理论——不正义对那些可以逃脱惩罚的人来说是一件非常好的事情——的结果，而且他毫不犹豫地反复强调。在所引用的该段文字后面很长的范围内，格劳孔非常详细地阐述了保护主义的据称是必备的假定或前提。其中他提到的观点有，譬如，做不正义之事是"所有事中最好的"②；正义的确立只是因为许多人太软弱而不能犯罪；对单个公民而言，一种罪恶的

①　如果我们将柏拉图在《理想国》中与在《高尔吉亚篇》中对保护主义的陈述两相比较，就会发现二者确是同一个理论。虽然在《理想国》中对平等的强调要少得多。但是，即便在《理想国》359c 中提到平等时也仅仅是一带而过："自然……被约定的法律所扭曲，受暴力强迫去崇尚平等。"这些言论与卡利克勒斯的演讲更加类似（参阅《高尔吉亚篇》，特别是483c/d）。但与《高尔吉亚篇》不同，柏拉图立即就放弃了平等（或毋宁说，他甚至还没有考虑这个问题），并且再也没有回到平等上来；这只能更明确地表明，他在着力回避这个问题。柏拉图兴高采烈地描述犬儒主义的自我主义，把它作为保护主义产生的唯一根源（关于柏拉图对平等主义的保持缄默，特别参阅第195页注①及对应原文）。在《柏拉图其人其著》（1926 年）第268 页中，A. E. 泰勒争论说，格劳孔从"约定"出发，而卡利克勒斯从"自然"出发。

②　参阅《理想国》，359a；我在正文中所做的进一步论述指 359b, 360d 以下；358c。关于"反复强调"，参阅 359a—362c；对它的解释可参阅至 367e。柏拉图保护主义的虚无主义倾向的描写，在《人人丛书》的《理想国》中，总共占 9 页；足见柏拉图对它的重视。（在《法律篇》，890af. 有一类似的段落）

生活是最有益的。"苏格拉底"，即柏拉图，又明确①断定了格劳孔对所提出的理论所作解释的真实性。用这种方式，柏拉图看来成功地说服了他的大多数读者，无论如何，所有的柏拉图主义者没有例外，这里所叙述的保护主义的理论跟色拉希马库斯所说的冷酷无情玩世不恭的自私自利完全是一回事。② 而且，尤为重要

① 格劳孔陈述完后，阿代曼图斯接替了他，批判功利主义对苏格拉底来说确实是一项十分有趣且最为恰当的挑战。然而是在苏格拉底已经表示他认为格劳孔说得最出色之后（362d）。阿代曼图斯的讲话是对格劳孔讲话的修正，它重申我所称的保护主义源自色拉希马库斯的虚无主义（尤应参阅367a以下）。阿代曼图斯发言之后，苏格拉底本人说他对格劳孔和阿代曼图斯充满敬意。因为他们对正义的信念坚定不移，尽管他们如此精彩地为非正义提出了一个例证，即在"不受非正义之苦"的情况下行不正义之事是好的理论。通过强调格劳孔和阿代曼图斯提出的论据的优越性，"苏格拉底"（即柏拉图）暗示，这些论证真正体现了所讨论的观点；最后他陈述自己的理论，不是为了表示格劳孔的陈述需要修正，而是，如他所强调的那样，为了表明，与保护主义者观点相反，正义是善的，而非正义是邪恶的〔不应忘记——参阅第231页注①——柏拉图的攻击不是针对契约理论本身，而仅仅是针对保护主义；因为契约理论很快就（在《理想国》，369b—c；参阅第157页注②的对应正文）被柏拉图自己接受了，起码部分地接受了；包括这一理论，即人们"聚集定居"是因为"每个人都期望这种方式可以促进自己的利益"〕。

　　还必须指出，"苏格拉底"给人印象深刻的那番话，在第213页注①的对应正文中被引用，使该段达到高潮。由此可见柏拉图把保护主义只当成是自我主义的一种不道德的而且确实邪恶的形式进行攻击。最后，当我们对柏拉图的行为做出评断时，我们绝不能忘记柏拉图论辩中喜欢反对修辞与诡辩，而且确实由于他对"智者"进行攻击，而使这个词有了恶名。因此我相信我们完全有理由在他本人使用修辞和诡辩进行辩论时责备他（并参阅第267页注①）。

② 我们还可以把亚当和巴克为这里提到的柏拉图主义者的代表人物。亚当谈到格劳孔（358e以下的注）时说他的理论与"后来由（在358e以下）格劳孔所代表的是同一理论"。巴克谈到（前引书，159）我所称的保护主义而他称为"实用主义"的理论时，说它"与色拉希马库斯"的精神一样。

的是，个人主义的所有形式万变不离其宗，那就是自私，但问题在于他不光说服了他的崇拜者，甚至也成功地说服了他的反对者，特别是那些契约理论的拥护者。从卡尼蒂斯①到霍布斯，他们接受的不仅有柏拉图危险的历史主义的陈述，而且还有柏拉图所确信的他们的理论基础是道德虚无主义。

　　现在我们必须认识到，对所谓自私的基础进行的详尽阐述，是柏拉图反对保护主义的全部理由。考虑到这一描述所占据的篇幅，我们可以放心地假定，柏拉图没有提出更好的理由，不是因为他保持沉默，有话没说，而事实上是他根本没有更好的理由。因此不得不求助于我们的道德情感来打发保护主义——认为它公然冒犯了正义的理念，冒犯了我们一本正经的情感。

　　这就是柏拉图对付保护主义理论的方法：该理论不仅是他自己学说的危险的敌手，而且也代表了新兴人文主义和个人主义信念，是柏拉图所珍视的一切之最大的敌人。这个方法很聪明，它惊人的成功已经证明了这一点。但我必须坦率地说，在我看来柏拉图的方法不诚实，否则我将是不公正的。因为他们攻击的理论并不需要任何比非正义即邪恶——即那种非正义是必须避免的，并且必须加以控制——更不道德的假设了。而且柏拉图深知该理

---

①　可以从西塞罗（《论理想图》，Ⅱ，8，13，23）看出，伟大的怀疑论者卡尼蒂斯相信柏拉图的说法，事实上，西塞罗把格劳孔的说法原版不动地被当作卡尼蒂斯所接受的学说（同时参阅第 388 页注②和注③的正文及第 374 页注①）。

　　　　就此我想表达自己的看法，我们可以得到极大安慰的是：事实上反人道主义者经常发现有必要求助于我们的人道主义情感；而且事实上他们也曾常常成功地说服我们相信他们的诚心实意，这表明他们很清楚，这些情感已深深扎根于我们大部分人之中，还表明，那些受鄙视的"多数人"太好、太坦率、太单纯，而不是太坏；同时，他们甚至乐于去听取那些往往是无耻的"较优秀者"的话，他们是没有价值、满脑物欲的自我主义者，只想着"像野兽一样填饱自己的肚子"。

论并没有建立在自私这一基础之上，因为在《高尔吉亚篇》中他提出（说明）该理论时，并没有把它跟虚无主义理论当成一码事；可在《理想国》中，该理论"源自"虚无主义理论，但作为它的对立面出现。

总之，我们可以这么说，柏拉图的正义理论，如在《理想国》及以后的著作中所倡导的，是有意识地企图战胜他那个时代的平等主义、个人主义及保护主义思想倾向，并通过形成一种极权主义的道德理论来重申部落制度。同时他又受到新兴人文主义道德观的强烈影响；但他没有跟平等主义论战，而是连讨论这个问题也逃避了。在他天生优等的精英种族的极权主义阶级统治这项事业当中，他成功地获得了人文主义情绪（他深知它的力量）的同情。

这些阶级特权，他声称，对于维持国家的稳定是必不可少的。因此它们就构成了正义的本质。归根到底，这一主张基于此论点：正义对于国家的力量、健康和稳定大有助益；这个论点与近现代极权主义的界定再相像不过了：一切对我的国家，或我的，或者我的政党的力量有用的就是正确的。

但这还不是故事的全部。通过对阶级特权的强调，柏拉图的正义理论把"谁应当统治"这一问题置于政治理论的中心。他对此问题的回答是，应当由最聪明最优秀的人统治。这一冠冕堂皇的回答难道没有更改他的理论的特征？

第七章　领导的原则

聪明人应当领导和统治，而无知者则应当服从。

——柏拉图[*]

我们对柏拉图政治纲领的解释遭到的某些反驳[①]迫使我们对柏拉图政治纲领中的一些道德理念进行考察，如：正义、善、美、智慧、真理，以及幸福。本章及以下两章将对它们进行分析，下面我们首先来探讨柏拉图政治哲学中的智慧理念所扮演的角色。

我们已经看到，柏拉图的正义理念最根本的要求是，天生的统治者就该统治，天生的奴隶就该被奴役。这是下述历史主义要求的一部分：为了阻止所有的变化，国家应当是它的理念的复制，或者是它的真正的"本性"的复制。这一正义理论非常清楚地表明，柏拉图用一个问题揭示了政治学的基本问题：谁应当统治国家？

一

我深信柏拉图用"谁应当统治？"或者"谁的意志是至高无

---

[*]　本章开头语录出自《法律篇》690b（参阅第 157 页注①）。

[①]　参阅第 179 页注①和 180 页注①的正文。

上的?"等形式表达出政治学问题的同时，给政治哲学带来了持久的困惑。这跟他在道德哲学领域内把集体主义和利他主义的混同确有类似之处，这在上一章讨论过了。很清楚，一旦问及"谁应当统治?"很难避免诸如"最好的人"，或"最聪明的人"，或"天生的统治者"，或"那些精通统治艺术的人"一类的回答（也许还有"普遍的意志"，或"统治的种族"，或"产业工人"，或"人民"）。这样的回答，对于那些宁愿倡导"最坏的人者"，或者"最大的笨蛋"不统治的人来说，也可能是正确的，但我将尽力表明，这是毫无用处的。

首先，这样的回答倾向于让我们相信我们政治理论的一些基本问题已经解决。但如果我们从另一个不同的角度审视政治理论，那么我们将会发现任何基本问题都远未解决，我们只不过是通过假定"谁应当统治?"是最基本的问题而跳过去了。甚至对那些也持有柏拉图所认为的政治统治者并不是十足的"善"和"智"的观点的人来说，要想得到其"善"与"智"（我们用不着对它们的精确含义担忧）足可依赖的政府也十分不易。如果同意这点，那么我们就必须发问，难道政治思想不应该从一开始就面对恶政府出现的可能性？难道我们就不应当在为最差领袖作准备的同时期待最优秀的领袖？但这就把我们带到了政治学问题的另一新途径，因为这使得我们用"我们怎样组织政治机构才能避免无能力的糟糕的统治者带来太多的损害?"这一新[1]问题

---

[1]　J. S. 穆勒曾表达过类似观点；因此，在《逻辑学》（第一版，第557页）中他写道："虽然统治者的行为并不全由他们的私利决定，但为防范那些私利，宪政制约还是需要的。"在《妇女的屈从》中，他写下类似的话（《人人丛书》版第251页；着重号是我加的）："谁怀疑在一个好人的专制统治下，可能会有最大的善，最大的福，最大的爱呢？同时，要求法律和制度去适应的不是好人，而是坏人。"我非常同意加了着重号的句子的含义，但我感到并不真正需要确认句中第一部分〔参阅第261页注①（3）〕。在他的《代议制政

取代了原先的"谁应当统治?"的问题。
    相信先前的问题是根本性的人,心照不宣地假定政治力量"根本上"是不受限制的。他们设想某些人拥有权力——或者是

  府》里,一精彩的段落包含有类似的承认(1861 年;特别参阅第 49 页)。在其中穆勒驳斥了柏拉图的哲学王理念,因为,特别是当他的统治仁慈的话,普通公民判断一项政策的意愿和能力将随之被"舍弃"。

    应该指出,J. S. 穆勒的这种承认乃是他设法解决詹姆士·穆勒的《论政府》与"麦考利的著名抨击"之间的冲突所做努力的一部分。(J. S. 穆勒这样来称呼;参阅他的《自传》,第 5 章"前进一个阶段",1873 年,第 1 版,第 157—161 页;麦考利的批判最初发表在《爱丁堡评论》,1829 年 3 月号,1829 年 6 月号,及 1829 年 10 月号)。这个冲突在 J. S. 穆勒的成长中起过重要作用;正如我们从他《自传》中得知,他想解决这个冲突的打算确实决定了他的《逻辑学》(即,"我后来发表在《道德科学的逻辑》中的几个原则性篇章")的最终目的和特征。

    就解决他父亲与麦考利之间的冲突,J. S. 穆勒的见解是:当他父亲认为政治学是一种推理科学时他是正确的,但他认为"这种推理是纯几何的推理"时,他是错误的;而当麦考利认为政治学比推理更具经验性时,他是正确的,但他认为它就像是"化学上的纯经验方法"时,他是错误的;根据 J. S. 穆勒,正确的解释(《自传》第 159 页以下)是:政治学适宜的方法是一种动力学的演绎法,他认为这种方法的特征就是在力的构成原则中已举例说明的效应总和。

    我并不认为这分析有多么重要(这个分析不是基于别的,而是基于对动力学和化学的误解),然而其中似乎仍有许多东西需要维护。

    如麦考利(在他的第一篇论文的结尾处)所说,詹姆斯·穆勒,像他之前和之后许多人那样,试图"从人性原则中演绎出统治科学",麦考利形容这种企图为"根本不可能"。我认为他是对的。而且,他的方法可被认为更富有经验性,因为麦考利为驳斥 J. S. 穆勒的教条理论充分利用了历史事实。但是,他使用的方法与化学方法,或者 J. S. 穆勒所认为的化学方法(或者被 J. S. 穆勒的三段论所激怒,麦考利加以称赞的培根归纳法)没有关系。这个方法就是,在一个无法用逻辑来证明一切所关心事物的领域内,舍弃无效的逻辑证明,同时根据不同的可供选择的理论和可供选择的可能性以及事实的历史证据,去讨论各种理论和各种可能情形。争论的核心之一是,J. S. 穆勒认为,他已证明君主政治和贵族政治实施恐怖统治——该论点可轻而易举地用例子驳斥。本注开头引用的 J. S. 穆勒的两段文字表明了这些辩驳的影响。

    麦考利经常强调他只想反驳 J. S. 穆勒的论证,并不想付诸对他提出的结论的真伪表示意见。仅此似已清楚地表明,他并不想付诸实践自己所称赞的归纳法。

个体，或者是集体，如一个阶级。而且他们假定，谁拥有了权力，一般就会为所欲为，尤其会强化自己的权力，这样就几乎达到了无极限的、无限制的权力。他们假定政治权力本质上是统治权。如果这一假定成立，那么所剩下的唯一重要的问题就确实是"谁应当是统治者？"

我将称这一假定为（不受制约的）统治权理论，这样表述的目的，并不是指深受波丹、卢梭或黑格尔之流青睐的诸种统治理论中的某一个；而是指那个更加一般的假定——政治权力在实践中是受限制的，也可以说这是行文发展的要求。再加上这个暗示，即所留下的主要问题是使这种权力掌握在最优秀者的手上。这一统治权理论在柏拉图的方法中被暗中承认，且自古以来发挥着其作用。现代有些作家也含蓄地承认了这一理论，比如，他们相信主要的问题是：谁应当统治？资本家还是工人？

无须进行详细的批评，我想指出的是，对上述理论草率而含混的接受应遭到严厉的反驳。无论它表现出何等的思辨品格，它依旧是一个很不现实的假定。从未有过不受制约的政治权力，只要人仍保有人性（只要"美丽的新世界"* 还没有变为现实），就不会有绝对的不受限制的政治权力。只要一个人手中不能积聚统治所有其他人的足够的物质力量，仅此他就必须依赖其助手。即便是最有权力的专制君主，也须依赖秘密警察、仆从和刽子手。这种依赖性意味着，他的权力可能异常巨大，但决非不受制约，他不得不有所让步，使一个集团对抗另一集团。这意味着还有其他的政治力量，除他的力量之外的力量存在，他只有利用或抚慰它们才可行使其统治权。这些例子就表明，即使是极端的统治权，也根本不是绝对的统治权。这些例子根本没有证明一个人

---

* 美丽的新世界：出自 1932 年奥尔德斯·赫克斯利的同名乌托邦小说，这个社会的特征是高度发达的技术以及极权主义的政治制度。

（或者一个集团）在不放弃部分意愿或利益以谋取他征服不了的势力的支持的情况下，能直接地达到其目的，倒有不胜枚举的例子比这更深刻地证明了政治权力的有限性。

　　我所以强调这些经验主义的观点，并不是因为我想把它们作为一个论据，而仅仅是想避免反驳。我的看法是，各种统治权理论都没能直接面对一个更根本性的问题，这个问题就是，我们是否不应当努力奋斗，通过权力之间的彼此平衡来对统治者实行制度控制？这种制衡理论至少值得仔细考虑。就我所知，对这种看法的仅有的反驳是：（a）这样的控制实际上是不可能的，或者（b）既然政治权力本质上是统治权，^① 那么这种控制根本上就是不可思议的。两种教条式的反对意见，我相信可以用事实来反驳；并由此派生出一系列其他有影响的观点（例如，认为取代一个阶级独裁统治的唯一途径是另外一个阶级独裁统治的理论）。

　　为了提出对统治者进行制度控制这一问题，我们只需假定政府并不总是好的或聪明的就够了。但既然我已谈到了历史事实，我觉得我应当承认，我感觉上倾向于稍稍超越这个假定。我倾向于认为统治者很少在中等人之上，无论是在道德上还是在智慧上，而且常常是在中等人之下。我认为在政府生活中接受这一原则是合情合理的，即我们要尽可能地为最差的统治者做好准备，当然，同时我们理应想办法得到最好的。在我看来，把我们所有的政治努力都寄托在我们将成功地得到优秀的甚至是有能力的统治者这一微弱的希望之上是荒唐的。然而，从中我强烈地感到，我必须坚持，我对统治权理论的批判并不是以个人的好恶为依据的。

　　除了这些个人的看法，除了前面提到的针对统治权一般理论的经验性论据，还有一种逻辑性的论据可以用来揭示统治权理论

---

① 例如参考 E. 迈耶所说（《古代史》，V.5，p.4），"权力，就其本质而言，是不可分的"。

的任何特殊形式的非一致性；说得更准确些，该论据可以用不同却又类似的形式来反驳最聪明的人应当统治的理论，以及认为最优秀的人，或者法律，或者大多数人应当统治的其他理论。这种逻辑论据的一种特殊形式是针对关于自由主义、民主制度，及多数人应当统治原则的一种极天真的说法；它有点类似众所周知的"自由的悖论"——由柏拉图最先使用，并且获得了成功。在批判民主、倡导专制统治的过程中，他明确地提出了这样的问题：假如人民的意愿是他们不应当统治，而应由专制君主来统治，将会怎么样？自由的人，柏拉图表示，可以行使其绝对的自由，先是蔑视法律、最终蔑视自由本身并叫嚷着要求有一位专制君主，①

---

① 参阅《理想国》，562b—565e。在正文中，我特别要指出的是562c："难道极端"（的自由）"竟使得人们急切地要求僭主政治吗？"请进一步参阅563d/e；"如你所知道的，最后，由于他们不想有任何暴君在他们头上，他们竟连法律也不放在心上。不管是成文的，还是不成文的。因此，这就是僭主政治产生的根源。"（关于本段开头，见第92页注①）

　　柏拉图关于自由和民主的悖论的其他论述有：《理想国》，564a，"因此，无论在个人方面还是在国家方面，极端的自由结果不可能变为其他什么，只能变为极端的奴役。因此，有理由设想僭主政治不是从别的而只能从民主政治而来。由此，我认为，从极端的自由最有可能产生极端可怕的奴役。"参阅《理想国》565c/d："平民不是惯于推出一个人来做他们的斗士或者做他们党派的首领，并且提高他的地位使他伟大吗？"——"这是他们的习惯。"——"那么似乎很明白，只要僭主政治发展起来，其产生根源便是民主的党派首领。"

　　所谓自由的悖论是这样一个论点：在不受任何约束控制这个意义上的自由必定导致极端严厉的约束，因为它使恶霸得以任意奴役顺从的人。柏拉图明确地表述了这个观点，但其形式稍有不同，而趋向则尤其不同。

　　不太知名的是宽容的悖论：无限的宽容必定导致宽忍的消失，假如我们把无限的宽容甚至扩及那些不宽容者，假如我们不准备维护一个宽容的社会，使其免遭不宽容者的攻击，那么，宽容者连同宽容将一道被消灭——在这个提法中，我的意思并不是，比方说，我们该永远压制不宽容哲学的意见；只要我们能用理性论争和公共舆论来制约他们，那么压制肯定是最不明智的。但是，我们应当声称有压制他们的权利，必要时甚至可以采用武力；

这并不只具有牵强的可能性，它发生过许多次；而每当此种情况发生时，都使那些视多数人统治或类似的统治原则为政治信条的基础的民主主义者处于尴尬的境地。一方面，他们所采纳的这个原则要求他们只能赞成多数人统治而反对其他形式的统治，因而赞成新的专制君主，在另一方面，这一原则又要求他们应当接受一切由多数人达成的协定，因此（多数人提出的）新的专制统治也不例外。他们理论的非一致性，必然使他们的行动苍白无力①。我们这些要求由被统治者对统治者实行制度上的、特别是通

因为，它们很显然本来就不准备在理性论辩的高度上同我们较量，而是一上来就指责一切论辩；它们可以禁止他们的追随者去听取理性论辩，其理由是它们是欺骗性的，并且可以教他们用拳头和枪来回应论辩。因此，我们应以宽容的名义要求享有对不宽容者不宽容的权利。因而我们应该主张，一切声明任何不容忍的运动都将自绝于法律，我们应把煽动不宽容和迫害的行为视为犯罪，这跟我们应把煽动凶杀、绑架或恢复奴隶贸易视为犯罪一样。

另一个不太知名的悖论是民主的悖论，或者更确切地说，多数人统治的悖论，它指的是这么一种可能性：多数人可能决定应由一个专制君主的统治。据我所知，伦纳德·尼尔森［参阅第 261 页注①（2）］最先提出，柏拉图对民主制的批评可以按此处勾画的方式予以解释，而且多数人统治的原则会导致自相矛盾。虽然尼尔森对人道主义满怀热情，并且热心为自由奋斗，然而，他却采纳柏拉图的政治学说的很多东西，特别是柏拉图的领导的原则。我并不认为他知道事实上可以提出类似的论据来反驳统治权理论的各种不同的特殊形式。

如果我们按本章第二节提出的方法，或其他类似的方法，拟定我们的政治要求，则上述所有悖论都可轻而易举避免。我们要求依照平等主义和保护主义的原则实行统治的政府，它宽容所有愿意给予回报的人，即宽容者；它受公众控制并对公众负责。我们还可以加上某种形式的多数选举制，以及使公众充分知情的制度，当然是最好不过的，尽管还不是控制这种政府的完美无缺的手段（不存在完美无缺的手段）。也可参阅第 221 页注①前面的正文最后 4 段；第二卷第十七章第 206 页注①的正文、第二十四章第 361 页注①（4）以及本卷第 243 页注①。

①　在下文的第十九章中将对这个问题做进一步论述。

过多数人的投票推翻政府的权利的民主主义者，因此就必须把这些要求建立在比任何相矛盾的统治权理论更有说服力的理论之上。（本章下面的部分将简明地揭示这种可能性）

我们已经看到，柏拉图已几近发现自由和民主的悖论。但柏拉图和他的追随者们所忽略了的一点是，统治权理论的所有的其他形式都会产生类似的不一致性。一切统治权理论都是自相矛盾的。比如说，我们可以选择"最聪明的"或"最好的"作为统治者。但"最聪明的人"因其智可能会觉得不是他而是该由"最好的人"来统治；"最好的人"因其善可能会做出应由"多数人"统治的决定。即便是统治权理论的"法治"形式也为同样的批评敞开大门，认识到这一点相当重要。其实这一点早已有人清楚地认识到了，如赫拉克利特的话①所表明的："法律同样

---

① 参阅第 33 页注②（7）。

以下关于自由和统治权的悖论的论述，可能显得离题太远；不过，由于在此讨论的论点多少有些形式的性质，也就不妨把论点叙述得更严密，即使这样做有些琐碎。此外，我进行这种论战的经验使我预感到领导原则的捍卫者们，即最优秀者或最智慧者统治的捍卫者们会提出下列的反论：（a）如果"最智慧者"做出应该由多数人统治的决定，那么，他就不是真正的智慧者。再进一步考虑，他们会提出断言（b）以支持这种论点，即一个智慧的人绝不会确立将导致矛盾的原则，像多数统治原则那样。我对（b）的回答是，我们只需改变这个"聪明"人的决定而使之摆脱矛盾就行。（比如他可以决定赞成一个必将按平等主义和保护主义的原则进行统治，并受多数选票控制的政府。）这位聪明人的这个决定就放弃了统治权原则，而且，既然这个决定会因此而摆脱矛盾，它就可以由"聪明的"人来做出。但这并不能使最聪明的人应该统治这个原则因此而免除它的矛盾。另一个论点，即（a），则是另一个问题。它几近危险地要用下面的方式对政治家的"智"或"善"做出判定：只有政治家决心不放弃他的权力，他才被称为"聪明的"或"善的"。事实上，唯一能够免除矛盾的统治权理论将是，主张由一个坚决把持权力的人来统治的那种理论。

那些相信领导原则的人应正视他们信念的这一逻辑结果。如果没有矛盾，那就意味着强人的统治，握有权力的人的统治，而不是最优秀的人或最智慧的人的统治（并参阅第二卷第二十四章第 352 页注①）。

可以规定，独裁者的意志必须遵从。"

　　总结这一简略的批判，我相信，人们可以断言，统治权理论无论在经验上还是在逻辑上，其地位都是脆弱的。至少我们可以要求，如果没有仔细地考虑其他的可能性，就千万不要采纳这种理论。

<h2 style="text-align:center">二</h2>

　　要表明一种民主的控制理论可以不受统治权悖论的束缚而发展确非难事。我心里以为，该理论与其说理所应当地出自多数人统治的善与正直的学说，不如说恰恰出自专制统治的卑鄙。说得更精确些，它依靠的是决定，或者对建议的采纳来避免或抵御专制。

　　我们可以对政府的两种主要类型作一区分。第一种形式组成的政府我们可以通过不流血的方式推翻——例如，通过普选；也就是说，该社会制度提供了被统治者可能推翻统治者的方式，而该社会条件①也确保这些制度不会轻易地被那些握有权力的人破坏。第二种形式组成的政府，被统治者除了举行成功的革命外，无别的推翻政府的出路——也就是说，在多数情况下，但非所有情况。我认为"民主"一词是对第一种类型政府的最简便的标签，而"专制"或"独裁"两词则适合第二种类型，我相信，这也基本符合传统用法。但我想明确提出，我们观点的任何部分都不取决于对这些标签的选择。假如有人想颠倒用法（如今天经常所做的那样），那么，我只想说，我喜欢他所称的"专制"，

---

①　参阅我的演讲《面向一种传统的合理理论》（最初发表在《理性主义者年刊》，1949 年，现收集在我的《猜想与反驳》一书中），我在其中尽力说明传统在人（和人的决定）与制度之间起着中介的和媒介的作用。

反对他所称的"民主";一切想发现"民主""真正"或"根本上"意味着什么的企图,比如说,把这个术语转译成"人民的统治",我会认为它们与主题无关而拒绝接受。(尽管"人民"可能会以推翻相威胁从而影响他们的统治者的行为,但在任何具体的实践的意义上,他们从未统治过他们自己。)

如果我们照我的建议运用这两个标签,那么我们现在就可以把这个建议,即为了避免专制去创设、发展、保护政治制度,看作是一项民主政策的原则。这项原则并不意味着我们就可以发展出这样的制度,它要不完善无缺,要不完全可靠,要不就能确保民主政府采纳的政策优秀而明智——甚至必然要比一个仁慈专制统治者所采纳的政策更好更明智。(既然没有做出这样的判断,民主的悖论就可以避免。)不过,就采纳民主原则所隐含的意味我们可以说的是,可以肯定接受民主制度下的哪怕是一项坏政策(只要我们能为和平演变工作)要比服从哪怕是何等明智何等仁慈的专制制度更加可取。由此看来,民主理论并非建立在多数人应当统治这一原则之上;不如说,诸如普选和代议制政府等各种各样的民主控制的平等主义方法,应当被视为经过斟酌后,在普遍存在着的对专制统治的不信任传统中的一项合理而有效的制度,防止专制的制度。这些制度永远需要改善,并且要为它们自身的改善提供诸种渠道。

所以只要谁接受了这种意义上的民主原则,他就不一定认为民主选举的结果是对正确的事物之权威的反映。尽管他将接受多数人的决定,因他想使民主制度运转下去,但他觉得,只有用民主的方式反对它,并为它的修正做工作,他才是自由的。难道他应当亲眼目睹多数人通过投票毁坏民主制度那一天的到来,然后这段悲伤的经历将告诫他,还不可能有避免专制统治的安全可靠的办法。但这没有削弱他跟专制统治战斗的决心,也没有暴露出他的理论的非一致性。

三

回到柏拉图那里，我们发现，他通过对"谁应当统治"这一问题的强调，不言自明地承认了统治权的一般理论。对统治者的制度控制和对他们之间权力的制衡这个问题还没有等到提出来就已经被消灭了。兴趣已由制度转向全体成员，现在最迫切的问题成了挑选出那些天生的领袖，并训练他们的领导才能。

有些人认为在柏拉图的理论里，国家的福祉归根结底是个道德和精神问题，取决于个人及个人的责任，而不是非人格的制度结构。我相信柏拉图主义的这种观点是肤浅的。一切长期的政治活动都是制度性的。没有人可以例外，即便是柏拉图。领导的原则并没有用个人问题取代制度问题，它不过带来新的制度问题罢了。如我们将要看到的，制度甚至肩负起了这样一项任务，即挑选未来领袖的任务，这就超出了我们对一种制度的合理要求。因此，认为制衡理论与统治权理论之间的对立对应于制度主义与人格主义是一个错误。柏拉图的领导原则远离纯粹的人格主义，因为它包括了制度的运作，确实可以说，一种纯粹的人格主义是不可能的。但也必须说，一种纯粹的制度主义同样不可能。不仅制度的结构包含有重要的人格决定，而且即使是最好的制度，如民主制衡，它的功用也常常在很大程度上依赖于相关的人。制度好似堡垒，它们得由人来精心设计并操纵。

个人因素与制度因素在一种社会境遇中的区别常常被民主批判者忽略。他们大多数对民主制度不满意，因为他们发现，它们并不必定能确保一个国家或一项政策达到那些既迫切又可敬的道德标准或政治要求。但是这些批判瞄错了攻击方向；它们不懂我们应当企求民主制度干些什么，也不了解民主制度的代替物会是什么。民主（照上面所建议的来运用这个标签）给政治制度的改革提供了基本架构，从而有可能不使用暴力，而用理性来设计新制度改造旧制度。民主并没有提供理性。公民的心智和道德标准问题在很大程度上属于个人问题。（认为这个问题可以渐次通过一种制度化优生学和教育控制来解决的观点，我相信是搞错了。下面我将给出我的一些理由。）因为一个民主国家的政治缺陷就责备民主制度是大错特错。我们更应责备我们自己，即该民主国家的公民。在一个不民主的国家里，完成合理改革的唯一途径是通过暴力推翻政府，然后引进一套民主的理论体系。那些以任何"道德的"理由来批判民主制度的人，没能分清个人问题与制度问题之间的不同。这就要由我们来使局面有所改观。民主制度不会自我改进。改进民主制度的问题通常是个针对人而非针对制度的问题。但假如我们想有所改进，我们必须搞清楚，哪些制度我们需要改进。

在政治问题领域内，个人和制度之间还有另外一点不同。这是当前的问题与将来的问题之间的区别。当前的问题主要是个人的，而构造未来的问题又必然是制度性的。如果说通过"谁应当统治？"而解决了政治问题，如果柏拉图的原则——也即最优秀者应当统治的原则——被采纳，那么未来的问题就必定以为将来领袖的选举设计制度的形式而出现。

这是柏拉图教育理论中一个极其重要的问题。关于这一问题，我毫不犹豫地说，当柏拉图把教育的理论和实践同领导的理论联系在一起时，他使其（教育的理论和实践）变得彻底地讹误和迷乱。它所导致的损害，如果有的话，甚至比把集体主义等同于利他主义而使伦理学遭受的危害以及引入统治权原则而使政治理论所遭受的危害更大。柏拉图的假定：选择未来的领袖，训练他们的领导才能应当是教育（说得更准确些，是教育制度）的任务，迄今仍多被认为是理所当然。让教育制度承载起超出一切制度范围的任务，柏拉图就得为他们那悲惨的国家负部分责任。但在对他的教育的任务观进行一般讨论之前，我愿意详细地展开他的领导权理论和智者领导理论。

四

我认为柏拉图的这一理论的许多要素极有可能是受到了苏格拉底的影响。苏格拉底的基本信条之一，我相信，是他的道德（唯）理智论。对此我的理解是：（a）他认为，善和智慧同一，没有谁的行为会悖于他出色的知识，知识的缺乏应当为所有道德错误负责；（b）认为道德的高尚可以被教导，有人类普通的智慧就够了，用不着其他特殊的道德官能。

苏格拉底是位道德家又是个热心人。他是这样一种类型的人：因为他们自身的缺憾而批判任何形式的政府，的确，对任何政府而言，这样的批评既是必需的也是有用的，尽管它只在民主制度下才有可能做到，同时又认识到忠实于国家法律的重要性。正如所发生的那样，他的大半生是在民主的政府形式下度过的，作为一名优秀的民主主义者，他感到揭露他时代的一些民主领袖的无能与空论是他的义务。与此同时，他反对任何形式的专制；如果我们联想到他在三十僭主统治时期的勇敢行为，那么我们就没有理由来假设他对民主领袖的批判是受到诸如反民主倾向[①]之

---

① 关于苏格拉底在三十僭主统治时期的行为，见《申辩篇》，32c。三十僭主竭力让苏格拉底牵连到他们的罪行中，但他拒绝了。如果三十僭主的统治持续得稍为长一些，它对苏格拉底就意味着死亡。同时参阅第370页注①、374页注①。

关于这一段稍后部分中的论点，即认为智慧意即知道自己知识的限度，参阅《卡尔米德篇》167a、170a，其中"认识你自己"的含义就是这样解释的；《申辩篇》（特别参阅23a—b）表现出类似的倾向（在《蒂迈欧篇》72a中仍有对此的回应）。关于对《斐里布篇》中"认识你自己"的解释的重要修正，参阅第262页注①（也参阅第271页注①）。

类东西的激励。他未必没有像柏拉图那样主张，最优秀的人在他看来就是最聪明的人，或者那些对正义有所了解的人应当统治。但我们必须记住，他的"正义"指的是平等主义的正义（正如在上一章引用的《高尔吉亚篇》的章节所表明的那样），他不独是位平等主义者，同时也是位个人主义者——也许是一切时代个人主义伦理观最伟大的倡导者。我们应当认识到，假如他主张，最聪明的人应当统治的话，他明确强调他指的并不是最有学问的人；事实上，他怀疑一切职业学术，无论它属于过去的哲学家，还是他同时代博学的大家，如诡辩家。他所说的智慧意思与众不同，所谓智慧仅仅是认识到：我所知道的何其少！那些没有认识到的人，他告诉说，简直一无所知。（这是真正的科学精神。仍然有人认为，就像柏拉图那样，既然他已经把自己确立为一位博学的毕达格拉斯哲学的圣人，[1] 那么苏格拉底的不可知论态度必须用他那个时代科学的不昌明来解释。但这只能表明他们并没有理解这种精神，仍然受前苏格拉底魔术式观念的支配，科学家们被认为是聪明、博学、有专长并受到别人一些崇拜的萨满巫师。他们所拥有的是知识的量，而不是像苏格拉底那样以对自己无知的自省，作为对科学水平及心智诚实性的量度。）

---

① 参阅柏拉图的《斐多篇》96—99 页。我认为《斐多篇》虽然部分地是苏格拉底式的，但更多的是柏拉图式的。《斐多篇》中的苏格拉底叙述他的哲学的发展历史引起了很多的讨论。我认为它既不是苏格拉底，也不是柏拉图真正的自传。我觉得它只不过是柏拉图对苏格拉底发展历程的解释。苏格拉底对科学的态度（这种态度是对理性论争的热切兴趣和适度不可知论的结合），是柏拉图所不可理解的。他试图用苏格拉底时代雅典科学落后来加以解释，这与毕达哥拉斯主义时代正相反。于是，柏拉图这种表述不可知论态度的方式，从他新近获得的毕达哥拉斯主义的立场来看，就不再是正当的了。（他尽力表明，新的形而上学灵魂学说多么能迎合苏格拉底对个人所怀有的强烈兴趣；参阅第 364 页注①、第 298 页注①。）

认识到苏格拉底的唯理智论明显地是平等主义的，这点是重要的。苏格拉底相信人人都能接受教育。在《论道德》中，我们知道他教一位年轻的奴隶学习现在所称的毕达哥拉斯定理，①以期证明哪怕未受过教育的奴隶都有理解即便是抽象事物的能力。他的唯理智主义也是反极权主义。在苏格拉底看来，一门技巧，比方说修辞说，也许可以由一位专家教条化地教给别人；但真正的知识、智慧以及德行，只能通过一种他所称的助产术的形式才能教给别人。那些渴求学习的人可能会受到帮助使自己从偏见中解脱出来；这样他们就学会了自我批评，知道了获取真知的不易。但是他们也能学会下定决心，批判性地依靠他们的决定，他们的洞察力。考虑到这种教学工作，那么柏拉图的最优秀的人、也即心智上诚实的人应当统治的主张（如果他曾提出过这样的主张的话），同权威主义的最博学的人或者贵族主义的最优秀的人即大多数贵族应当统治的观点之间区别之大是显而易见的（我认为，即使是苏格拉底的勇气即智慧的信条，也可以诠释为对英雄本天生这一贵族式信念的一种直接批判）。

但是苏格拉底的道德理智论是把双刃剑。它具有平等主义和民主的一面，这一面后来被安提斯泰尼所发展；但它还具有另一面，这一面可能导致强烈反民主倾向的出现。它对启蒙及教育之必要性的强调，很容易被错误地解释为反映了对权威主义的需要。这看起来跟一个似乎极大地困扰着苏格拉底的问题有关：那些没有受到充分的教育因而就不够聪明、难以认识到他们的缺

---

① 这种说法涉及 2 的平方根和无理性问题；即认为正是这个问题加速了毕达哥拉斯主义的瓦解。通过反驳毕达哥拉斯的几何算术化，从而产生出一种特殊的几何推理法，这种方法我们从欧几里德那里得知。〔参阅第 186 页注①(2)〕在《论道德》中对这个问题的运用或许得跟这一事实，即这篇对话的某些地方有一种倾向——就是想"炫耀"作者（几乎不会是苏格拉底）了解"最新的"哲学发展和方法——联系起来。

陷的人，正是那些最需要受到教育的人。好学本身就表明拥有
了智慧，事实上所有的智慧都是苏格拉底要求占有的；因为他
准备着学会知道自己知道的何其少。未受教育者好似在一间小
屋呼呼大睡，需要一个权威来唤醒他们，因为不指望他能自我
批判。但由于强调权威的作用仅此而已，所以在苏格拉底的教
育中，这种权威主义的东西得到了极大的平衡。真正的老师只
有通过展示未受教育者所缺乏的自我批判精神才能证明自己。
"我的权威仅在于我知道我的无知"：或许苏格拉底用这种方式
来为他的使命辩护，即惊醒沉睡在教条主义大梦中的人。他相
信这种教育的使命也是一种政治使命。他感到改进国家政治生
活的途径是教育公民做自我批评。在这种意义上他声称是"他
那个时代唯一的政治家"①，反对别的那些讨好人民但却不真正
推进他们利益的人。

　　苏格拉底对政治与道德生活的等同很容易被曲解为柏拉图主
义和亚里士多德主义的要求，即认为国家理应监护其公民的道德
生活。而且它也很容易被用来作为一条合理而有说服力的证据，
即一切民主控制都是危险的。这是因为，以教育为己任的人怎么
能由未受教育的人做出评判呢？比较优秀的人怎么能由不太优秀
的人来控制呢？然而，这个论点确实是非苏格拉底的。它假设了
一位聪明博学的权威，这远不同于苏格拉底平和的观点，即教师
权威性的树立仅在于他知道自己的不足。这样的权威，事实上所
达到的目标很容易跟苏格拉底的全然相反。易于滋生教条化的自
足及心智上的自大自满；而不是批判性的不满足和提高的热望。
我不认为强调这一很少清楚认识到的危险是没有必要的。即便是
格罗斯曼这样的作者，我相信他理解了苏格拉底精神的精髓，在

---

① 《高尔吉亚篇》521d, f.

他所称的柏拉图对雅典的第三批判中，他同意了①柏拉图的说法："教育，本该是国家的主要职责，却交由个人的任性与怪想……这是又一项应当委托给被证明是正直诚实的人的任务。任何一个国家的未来在年轻一代的身上，所以让孩子们的心灵由个人品位、由环境的力量来塑造是何等可怕的事。考虑到教师、校长及博学的演说家②，国家的放任政策同样是灾难性的。"但是，雅典的放任政策，虽受到格罗斯曼和柏拉图的批判，由于允许某些博学的演说家去教学，特别是他们中间最伟大的一位，苏格拉底，所以具有不可估量的结果。当这一政策后来被取消时，其结果就是苏格拉底之死。这确实应当是个警示，国家对这类事务的控制是危险的，对"被证明是诚实正直的人"的呼唤很容易导致对最优秀的人的镇压（对贝特兰·罗素最近的镇压便是恰当的例子）。但就最基本的原则而言，我们这里有一种根深蒂固的偏见，认为放任主义唯一的代替物是完全的国家责任。我当然相信，国家应当明白，让它的公民接受教育从而能够参加社区生活，并且利用一切机会来发展他们特殊的（各自的）兴趣和才

---

① 参阅格罗斯曼《今日柏拉图》，第 118 页："面对雅典民主的这三个主要错误……"——格罗斯曼对苏格拉底理解得有多么透彻，可以从前引书，第 93 页中看出："我们西方文化中所有优秀的东西，无论体现在科学家、僧侣、政治家身上或者体现在宁要简明的真理而不要政治的谎言的普通男女身上，都源自这种精神……最终，他们的榜样才是能摧毁暴力和贪婪专制的惟一力量……苏格拉底表示，哲学无非是本着良心反对偏见与愚蠢。"

② 参阅格罗斯曼前引书，第 117 页（第一组重点号是我加的）。格罗斯曼当时似乎忘了，在柏拉图的国家里，教育是一项阶级垄断事业。诚然，在《理想国》里，有钱并不是高等教育的关键，甚至它一点也不重要。最关键的一点是，只有统治阶级的成员才能接受教育（参阅第 108 页注①）。另外，至少在晚年，柏拉图绝不是富豪政治的反对者，与一个无阶级或平等的社会相比较，他更青睐的是贵族政治：参阅《法律篇》744 页 b 以下中的一段，第 200 页注①（1）中引用。关于教育的国家控制问题，也参阅第 221 页注①，及第 112 页注③、113 页注①、114 页注①。

智；国家当然也应当明白（如格罗斯曼正确强调的），"个人偿付能力"的缺乏不应当妨碍他接受更高层次的教育。这一点，我相信属于国家的保护功能。然而，认为"国家的未来在年轻一代的身上，因而让孩子们的心灵由个人品位影响是可怕的事"的说法，在我看来为极权主义大开了方便之门。国家的注意力丝毫不能放到维护可能威胁最可宝贵的自由形式，即心智自由的措施上来。虽然我不提倡对"教师和校长的放任主义"，但我相信，这个政策较权威主义的政策无比高明，权威主义政策给国家官员充分的影响人们心智、控制科学传授的权力，从而，由国家的权威来支持专家令人怀疑的权威、并且由于千篇一律习以为常地把科学视为权威学说的习惯性教学实践，以致毁坏了科学，破坏了科学的精神——即追求真理的精神，而不是认为自己占有的真理。

　　我已经努力表明，苏格拉底的唯理智论根本上是平等主义和个人主义的，由于苏格拉底心智的谦和及他的科学精神，其中所包含的极权主义成分已被减到最低限度。柏拉图的唯理智论与此大为不同。《理想国》中的柏拉图的"苏格拉底"[1] 是极权主义不折不扣的化身。（即使是当中他的一些自责性的言论，也不是由于对缺点的自省，而不过是维护他的优越性的一种讽刺性的方式。）一般来说，他的教育的目的不是为了唤醒批判和自我批判的思维，而毋宁说是灌输——如对大脑和灵魂

---

[1]　伯内特认为（《希腊哲学》第 I 卷，第 178 页），《理想国》是纯粹苏格拉底式的（或者甚至是前苏格拉底式的——这个观点可能更接近真情。尤其参阅 A. D. 温斯皮尔《柏拉图思想的起源》，1940 年）。但他甚至没有试图认真地把这一观点跟摘自他认为真实的柏拉图的《第七封信》（326a，参阅《希腊哲学》第 I 卷，第 218 页）中的一个重要论点统一起来。参阅第 374 页注①（5）d。

进行塑造（重复《法律篇》中的一段引文①），使它们"经过长时期的习惯，变得根本不能独立地做任何事情"。苏格拉底伟大的平等主义和自由主义的思想，如，有可能与奴隶坐而论理、人与人之间有心智上的联结、普遍理解的中介即理性等，被主张统治阶级的教育垄断及严格的检查制度（甚至口头辩论也不例外）所取代。

苏格拉底已经强调过，他不聪明；他不是真理的占有者，而是真理的追求者、探究者、热爱者。他解释道，"哲学家"一词，即智慧的热爱者、追求者，表达的就是这种意思，这与"诡辩家"相反，它指的是职业性的聪明人，即便他曾经声称过政治家应当是哲学家，他的意思只能是，由于承担了一项额外的责任，他们就应当是真理的追求者，并且得有自知之明。

柏拉图是如何改变这种学说的？乍看起来，他没能改变这种学说，因为他主张国家的统治权应当赋予哲学家，尤其是当他像苏格拉底一样，把哲学家定义为智慧的热爱者时。但是，在柏拉图那里的转变的确是巨大的。他的热爱者不再是谦逊的追求者，而是骄傲的真理的占有者，一位训练有素的辨证学家，他具有心智上的直觉力，也即，可以看到永恒神圣的形式和理念并能够与之交流。他被置于所有的普通人之上，不论是他的智慧还是他的权力，即使"不是……神的，也似是神的"。② 柏拉图理想的哲学家接近全知全能，他是哲学王。我认为，很难想到有比苏格拉底和柏拉图关于哲学的理念更大的差异。这是两个世界的差异——一个是谦逊理性的人的世界；另一个是极权主义的半神半人的世界。

---

① 《法律篇》，942c，第211页注①引用得更为完整。
② 《理想国》，540c。

柏拉图要求聪明的人应当统治——真理的占有者，"完全合格的哲学家"①——当然引出了选择并教育统治者的问题。在一种纯粹人格主义（作为制度主义的对立面）理论里，这个问题很容易就解决了，只需宣称聪明的统治者足以聪明到凭其聪明来选择最优秀的人作他的继承者。然而，这并不是对该问题很令人满意的回答。许许多多还将依赖不能控制的环境；一起偶发事件就有可能破坏国家未来的稳定。但是企图控制环境、预见未来并为之做出准备，在这里，如在其他地方一样，肯定将导致对纯粹人格主义解决办法的摒弃，及用制度化的方法取而代之。如已经表达过的，为未来勾画的努力将肯定经常导致制度主义。

五

柏拉图所认为的监护未来领袖的机构可称为国家的教育部门。从纯粹政治的视角看，在柏拉图的社会里，它是最最重要的机构。它握有权力的钥匙。仅凭这点理由就很清楚了，统治者至少应当直接控制高年级教育。当然还有其他一些原因，最为重要的一条是，只有"专家跟……被证明是正直诚实的人"——如格罗斯曼所表述的，在柏拉图看来它只指那些非常聪明的能手，也就是统治者本人，才可以委托他们最终把更高级的智慧奥秘传授给未来的贤哲。它坚持认为，其中最重要的就是辩证法，即智性知觉的艺术，设想神圣的本源、形式或理念的艺术，揭示潜藏在普通人日常的现象世界背后那个最大秘密的艺术。

关于这种最高级的教育形式，柏拉图的制度要求是什么？它

---

① 参阅《理想国》，473c—e，引用于第 287 页注①的对应正文中。

们值得一提。他主张只有那些韶华已逝的人才应当被接受。当他们的体质开始衰退，他们已过了公共与军事服务的年龄时，那时，也只有到那时，他们才可准许随意进入这神圣的领域……①即最高层次的辩证法研究的园地。柏拉图这条奇特规则的理由相当清楚。他害怕思想的力量。"一切伟大的事情都是有危险的"②这句话道出了柏拉图的坦白，他担心哲学思想对那些还没有迈向年老的大脑的影响。（所有这些都借苏格拉底之口说出，他为了维护自己与青年自由讨论的权利而死。）只要我们还记得柏拉图最根本的目的是阻止政治变化，那么这正是我们所应期待的。年轻的时候，上层阶级的成员将战斗。当他们年龄太大而不能独立思考时，他们将成为充满智慧和权威的教条主义的学生，以使他们自己能成为贤哲圣明，把他们的智慧以及集体主义和极权主义的教育传递给子孙后代。

很有意思的是，在后面更为精致的一段里，柏拉图试图给统治者染上最明亮的色彩，他修正了自己的意见。在这里③他准许未来的贤哲可以在 30 岁时开始其初步的辩证法研究，当然，强调了"高度谨慎的必要"和"灌输的危险性……它使那么多的辩证法者腐化"；同时他要求"那些可能准许运用辩论的人肯定具有训练有素神志健全的本性"。这一转变当然有助于增强该图

---

① 《理想国》，498b/c。参阅《法律篇》，634d/e，柏拉图赞扬了多里安法律的规定："禁止一切年轻人质问哪些法律是正确的、哪些法律是错误的，要让他们全体一致地公开赞扬，所有的法律都是好的。"只有老人才可以批评法律，那位老作者又写道；但即便是老人也只能在年轻人听不到他的话时才能这么做。也参阅第 257 页注①的对应正文，及第 83 页注①、第 93 页注①、第 113 页注①。

② 《理想国》，497d。

③ 前引书，537c。下面引文出自 537d—e 及 539d。"本段后面的内容"是 540b—c。另一最为有趣的评论是 536c—d，其中柏拉图说，选中（在前面一段中）进行辩证法研究的人肯定太年老而难以学会新的学科。

景的亮度，但其基本的倾向仍原模原样。因为，在该段的下文里，我们得知，在50岁以前，在他们经受许多次考验和诱惑之前，未来的领袖绝不能被引入更高级的哲学研究——进入对善的本质的辩证思考领域。

《理想国》就是这么教导的。看起来似乎《巴门尼德篇》①包含有一个类似的段落，在这里苏格拉底被描绘为一位杰出的年轻人，他成功地涉猎于纯粹哲学当中。当被要求给更精致的理念问题一个解释时，他陷入了严重的麻烦之中。他被老年的巴门尼德开除，并得到忠告，在再次于更高层次的哲学研究领域冒险之前，他应当更加彻底地训练自己的抽象思维能力。看起来好像我们这里（在其他事情当中）有了柏拉图的回答——"即使是苏格拉底也曾太年轻而不适合辩证法研究"——他的学生们缠着要他传授知识，而他则认为时机还欠成熟。

为什么柏拉图不期望他的领袖有创造力和独创性？我看，答案显而易见。他仇恨变化且不愿看到重新调整势在必行。但对柏拉图态度的这种解释还不够深刻。事实上，这里我们面对的是领导原则的一项基本困难。选择或教育未来领袖这一思想本身是自相矛盾的。在体格的健壮方面，某种程度上你可以解决问题。肉体的创造性和身体的勇气也许并不很难断定，然而

---

① 参阅 H. 彻尼斯《早期学园之谜》，p. 79；以及《巴门尼德篇》，135c—d。

格罗特，伟大的民主主义者，就这一点即《理想国》537c—540 中"更为明快"的几个段落，措辞激烈地评论道："禁止与青年人辩论的观点……肯定是反苏格拉底的……它确实属于米列图斯和安尼图斯起诉苏格拉底案件一类……这跟他们以毒害青年罪指控苏格拉底是相一致的。同时，当我们发现他（即柏拉图）在30岁之前的青年时期就禁止一切这样的言论时——我们的看法是，这仅仅是一种巧合，这正是克里底亚和卡利克勒斯在三十僭主对雅典的短暂统治时期专门强加给苏格拉底的禁令。"（格罗特：《柏拉图及苏格拉底的其他同事》，1875 年，第Ⅲ卷，第 239 页）

心智超群的秘密是批判精神，是心智的独立性，这就导致了任何种类的权威主义也难以克服的困难。一般而言，独裁主义者将选择那些服从、相信并响应他的权威的人。但在这么做时，他必定要选择平庸之辈。因为他要排除那些反叛、怀疑、敢于抵制他的权威的人。从来没有一个权威承认过，思想上大无畏的人，即那些敢于蔑视他的权威的人，可能是最宝贵的一类人。当然，权威们总是对他们鉴别创造性的能力保持自信。但他们所指的创造性仅仅是快速领会他们的意图，他们永远不可能明白到两者之间的不同。（在这里我们也许可能窥视到选择有能力的军事领袖时遇到的特殊困难的秘密。军事纪律的需要增加了我们所讨论问题的难度，军事擢升的方法通常是把那些敢于替自己考虑的人清理出去。就思想的创造性而言，没有比认为优秀的服从者同时也是优秀的指挥者①更为不真实的观点了，极为类似的困难也出现在政党中：党的领袖的"忠实助手"很少成为有能力的继任者。）

我相信，这里我们得出了一个可以加以概括的有一定重要性的结论，这一结论可以通过归纳而得到。很难设计出选拔杰出人才的制度。制度选举对柏拉图心中的目标，即阻止变化，相当奏效。但如果我们的要求不止于此，则它很难发挥作用，因为它经常倾向于革除创造性的原创力，而且，更为普遍的是除掉不同寻常始料未及的品质。这并不是对政治制度主义的批判。它只是重申了对我们前面已说过的话，我们要经常为最坏的领袖做好准

---

① 正文中被反驳的观点，即善于服从的人同样善于指挥，是柏拉图的。（参阅《法律篇》，762e）

汤因比曾令人敬佩地指出，在一个静止不变的社会里，柏拉图教育统治者的制度何等成功地运行；参阅《历史研究》，第Ⅲ卷，特别是第33页以下；参阅第105页注①（3）及119页注②（2）。

备，尽管我们应当尽量想办法，理应如此，得到最好的领袖。但它批判了给制度，尤其是教育制度委以选择最优秀者这一不可能（完成）的任务的倾向。制度永远不能承载这样的任务。这种倾向把我们的教育制度变成了赛马场，把一门研究的课程变成了跨栏跑。它没有鼓励学生为了研究而把精力集中到研究上，它没有鼓励学生真正热爱他的学科和调查①，而是鼓励他为他个人的前途而研究；他被引导为只获取对他跨过栏有所用处的知识，为了自己的升迁，他必须跨越这个栏。换句话说，即使在科学的领域，我们的选拔方法也是依靠迎合某些粗鄙的个人野心（如果热心的学生被他的同学们用怀疑的眼光打量，那就是迎合个人野心的本能的自然反应）。对思想领袖的制度选择这一不可能做到的要求，不仅危及精神科学，而且危及心智的第一生命，真正生命。

　　曾有人说过，柏拉图是我们的中学、大学的发明人。这话说得太对了。然而他的破坏性的教育体制并没能彻底毁灭人类，我不知道还有没有别的比这一事实更好的论据证明对人类的乐观，

---

① 有人或许要问，一位个人主义者怎么可能要求为事业而奉献，特别是像科学研究这样无实际意义的事业。然而，这样的问题仅仅是显露了过去的错误（前面一章已讨论过了），即把个人主义和自我主义等同起来。一位个人主义者可以是无私的，而且他可能不光致力于帮助其他个人，而且致力于对他人有所助益的制度设施的发展。（除此而外，我不认为奉献应当被要求，而只应被鼓励。）我认为，献身于某些制度，比如献身于一民主国家的制度乃至某些传统，也是个人主义的分内事，只要这些制度并不忽视其人文主义目的的话。个人主义绝不能跟反制度的人格主义等同起来，而这正是个人主义者常犯的错误。他们对集体主义充满敌意是对的，但他们误把制度当成集体成员（集体声称本身就是目的），因而他们就成为反制度的人格主义者；这就使他们危险地亲近了领导的原则（我认为这就部分地解释了狄更斯对议会的敌意）。至于我所用的术语（"个人主义"和"集体主义"），参阅第206页注①至208页注①对应的正文。

更能表达人们对真理和正直的难以割舍的爱，以及他们的创造性，他们的不屈不挠和健康成长。尽管有那么多他们的领袖背信弃义，仍然有相当数量的人，有老有少，他们正派、理智、热爱本职工作。"我有时感到惊讶，怎么没能更清楚地感觉到那些恶劣行径"，塞缪尔·巴特勒说①，"尽管有善意阻止诱惑他们成长的图谋，青年男女仍然明智可爱地长大成人。有些无疑遭到了损害，并且终生为之忍受；但是许多人看起来很少是或根本不是最坏的人，而有些差不多是更优秀的人。原因似乎是，少年的本能在许多情况下绝对地反叛他们所受的训练，而去做老师们不可能让他们集中注意力去做的事。"

　　这里应当提及，在实践中，柏拉图没能证明自己是个特别成功的政治领袖的选拔者。我所在意的并不是他跟狄奥尼修二世——叙拉古的僭主——那番交往的令人失望的后果，而是柏拉图学园参与了戴奥对抗狄奥尼修的成功的远征。在这次冒险行动中，柏拉图著名的朋友获得了柏拉图学园的众多成员的支持，其中之一是卡里普斯，他成了戴奥最可靠的同僚。在戴奥自立为叙拉古的僭主后，他下命令谋杀了他的盟友（也许是他的对手）赫拉克里特。没过多久他本人被夺取僭主地位的卡里普斯谋杀，在僭主位上仅待了 13 个月。（卡里普斯又转而被毕达哥拉斯学派的哲学家莱普蒂尼斯谋害。）但这些经历不是柏拉图教师生涯的唯一一面。克里尔休斯，柏拉图的（也是伊索克拉特的一位学生）朋友，先以民主领袖之姿出现，接着自立为赫拉克里的僭主。他被他的亲戚，柏拉图学园的又一成员芝奥谋杀。（我们无从知晓芝奥——他被有些人当作是一位理想主义者——如何施

---

①　参阅塞缪尔·巴特勒《埃瑞洪》（1872 年），第 135 页，人人丛书版。

展才能的，因他很快也被杀死）柏拉图的这些及许多类似的经历①——他可以吹嘘至少有 9 个僭主出自他同一时期的学生和同事——这就使将赋予他们以绝对权力的人选问题产生的特殊困难

① 关于这些事件，请参阅迈耶《古代史》，第 5 卷，第 522—525 页，及第 488 页；也参阅第 391 页注①。学园因培养僭主而臭名昭著。柏拉图的学生中，凯伦后来成了佩伦尼的僭主；尤拉斯图斯和科里斯库斯是斯克普西斯（靠近阿塔纽斯）的僭主；赫米亚斯后来也成了阿塔纽斯和阿索斯僭主。（参阅《阿泰奥拉斯》，XI，508 及《斯特拉波》，XIII，610。）根据某些史料，赫米亚斯是柏拉图的嫡传弟子，据真实性受到怀疑的所谓《柏拉图的第六封信》，他可能只是柏拉图的一位崇拜者，乐于接受柏拉图的意见。赫米亚斯后来成了亚里士多德及学园三任领袖柏拉图的弟子色诺克拉底的赞助者。

关于佩狄卡斯三世及他跟柏拉图的学生尤法库斯的关系，参阅《阿泰奥拉斯》，XI，508 页以下，其中也认为卡里普斯是柏拉图的学生。

（1）如果我们看一看在《法律篇》第 1 卷中（从 637d，特别是 643a，"让我来给教育的本质和意义下定义"到 650b 的结尾）逐步展开的教育和选择的原则，就不会为作为教育家柏拉图没能成功感到太惊讶。在这一长段中他告诉我们，在教育或毋宁说是选择可资信赖的人方面，有一样好的工具，它就是酒，酒后吐真言，让你知道他的本来面目。"还有什么能比酒更管用的，首先可以检测一个人的品性，其次还可以训练他？还有更廉价更少招致反对的方式吗？"（649d/e），到目前为止，我还没有看到哪位推崇柏拉图的教育家探讨过这种饮酒方法，让人奇怪的是，这种方法今天仍在广泛运用，尽管也许不再那么廉价，特别是在大学里。

（2）然而为了公正对待领导的原则，我们必须承认，在柏拉图的选择中，别人比他更幸运。比如伦纳德·尼尔森（参阅第 241 页注①），对这一原则深信不疑，他好像具有一种独特的力量，既能吸引又能挑选那些即便在最艰难最诱人的环境中仍然对他们的事业忠贞不渝的男男女女。不过，他们的事业属于人道主义的自由观和平等主义的正义观，要好于柏拉图的事业。（尼尔森一些论文的英文版刚由耶鲁大学出版社出版，题目是《苏格拉底的方法与批判的哲学》，1949年。很有趣味的导言由朱利叶斯·克拉夫特所写。）

（3）仁慈独裁者的理论甚至在一些民主主义者当中也大行其道，然而，这个理论有根本的弱点。我想起的是，认为领袖人物可资信赖，其意愿是为人民谋福利的理论。就算这种理论头头是道；就算我们相信一个人能不受控制不受约束地继续保持这种态度；然而，我们怎能断定他能找到具有同样难能可贵品格的继任者呢？（也参阅第 305 页注①和 306 页注①及第 391 页注①）

清楚地凸现出来。很难找到其品格不被绝对权力腐蚀的人。诚如阿克顿爵士所言——一切权力都要导致腐败，而绝对的权力绝对地腐败。

总而言之，柏拉图的政治纲领更多地是制度的而不是个人主义的；他想通过对领导权继承的制度控制来阻止政治变化。这种控制将是教育方面的，依靠权威主义的认知观——依靠博学专家的权威，以及"被证明是正直诚实的人"。这就是柏拉图对苏格拉底下述主张的理解：一位负责任的政治家应当是一位真理和智慧的热爱者而不是一位占有者，他之所以聪明①仅在于他有自知之明。

（4）就正义中提到的权力问题而言，把《高尔吉亚篇》（532e, f.）和《理想国》（615d, f.）作一比较是很有意思的。两段话非常相似。但在《高尔吉亚篇》中作者坚持认为最大的罪犯通常"来自占有权力的阶级"；该段说平民百姓可能是坏人，但不至于不可救药。在《理想国》里，看不到明确地警示人们提防权力的腐败作用。最穷凶极恶的罪人仍然是僭主；但它说"其中也有平民百姓"（在《理想国》里，柏拉图笃信自我利益，他相信自我利益将阻止护卫者滥用其权力；参阅《理想国》，466b/c，第218页注①的正文中引用。至于为何自我利益对护卫者、而不是对僭主有所助益，并不是很清楚）。

① 在早期（苏格拉底的）对话录中〔比如，在《申辩篇》和《卡尔米德篇》中；参阅第248页注①、第271页注①和374页注①（5）〕，格言"认识自我"被解释为"知道自己知道的何其少"。然而，后期（柏拉图的）对话录《斐里布篇》却发生了微妙且重要的变化。起初（48c/d, f.），对这个格言用含蓄的方式作了同样的解释；那些许许多多不了解自己的人"荒称他们是聪明人"。但是，这种解释后又有如下的演变：柏拉图把人分为两个阶级，弱者和强者。弱者的无知与愚蠢被描述为可笑，而"强者的无知"被"恰当地称为'可恶'和'可憎'……"但这里就蕴含着柏拉图的学说：行使权力的人应该聪明而不该无知（或者只有聪明的人应该行使权力）；这就与先前苏格拉底的学说相对立：（每个人，特别是）行使权力的人应当知道自己的无知（当然在《斐里布篇》中并没有谈及"智慧"及智慧应被解释为"有自知之明"；相反，如在《智者篇》中阐发的一样，这里的"智慧"包含有关于毕达哥拉斯的训导及柏拉图的理念论的专门知识）。

第八章 哲学王

国家将竖立纪念碑……来纪念他们。要把他们作为
受崇拜的人……作为神一样的受神的圣宠保佑的人，祭
品应当献给他们。

——柏拉图*

柏拉图和苏格拉底之间信念的差别甚至比我已揭示过的还要
大。我说过，柏拉图效仿了苏格拉底对哲学家的界定。我们在
《理想国》里读到"你称谁为真正的哲学家？——那些热爱真理
的人"①。但当他做出这一论断时，他本人并不十分诚实。他并
不真正相信这个论断，因为在别的地方他直截了当地宣称，充分
地利用谎言和蒙骗是王家统治特权的一种："它是城邦统治者的
事，如果说它属于谁的话，去撒谎，为了城邦的利益欺骗他的敌
人和他的公民。其他人绝不能沾染这种特权。"②

"为了城邦的利益"，柏拉图说。我们再次发现，诉诸集体
功利原则是终极的道德思考。极权主义的道德支配着一切，甚至
包括对哲学家的界定及其理念。几乎用不着提及，用同样的政治

---

* 本章警句摘自《理想国》540c—d，参阅第 284 页注②，也参阅第 322 页注
    ②，此处更详尽地引用了这段话。
① 《理想国》，475e；也参阅，如 485b，f.，510c。
② 前引书，389b，f.

技术原则，逼迫被统治者说出真相。"如果统治者发现其他人对他撒谎……那么他将以有了损害威胁城邦的举动为由惩罚他们……"①只有在这种毫无指望的意义上，柏拉图的统治者——哲学王——才是爱真理者。

一

柏拉图以医生为例，描述了把他的这一集体效用原则适用到真实性问题上的情况。该例子系精心选择，因为柏拉图喜欢视自己的政治使命为社会病体的一位医治者或救星。除此而外，柏拉图给医学分配的任务也使柏拉图城邦国家的极权主义特征清楚地显现出来，在那里国家的利益支配着公民从摇篮直到坟墓的生活。柏拉图把医学看作是政治的一种形式，或者如他自己所说，他"把医神阿斯克勒比斯看作是一位政治家"。② 医术，他解释说，绝不能把延长生命，而只应当把国家的利益视为目的。"在一切合理地统治的社会里，每个人有国家所安排给他的特殊工作。他必须做这些工作。没有人会把一生的时间花在生病和治病上。"相应地，医生"没有权利护理每个不能行其职责的人；因为这样的人对己对国都没有用处"。对此还应当进一步思考，这样的人也许有"同样病重的孩子"，他们也将成为国家的负担（年老之后，柏拉图提到医学时带有更强烈的个人情绪，尽管他对个人主义的仇恨有增无减，他抱怨医生甚至把自由公民也当奴隶一样医治，"像个人意愿即为法律的独裁者一样发号命令，然

① 前引书，389c/d；也参阅《法律篇》，730b 以下。
② 关于这一条及其后三条引语，参阅《理想国》，407e 和 406c。也可参阅《政治家篇》，293a, f., 295b—296e，等。

后匆匆忙忙地奔向下一个病奴。"① 他恳求医生在医疗上更仁慈更有耐心，至少对那些不是奴隶的病人）。关于说谎和欺骗，柏拉图主张它们"只当作一种药物还是有用的"②；但国家的统治者，柏拉图坚持认为，其行为绝不能像某些"普通的医生"一样没有施猛药的勇气。哲学王，作为哲学家他是爱真理者，作为国王他必须是"更有勇气的人"，因为他注定要"处理众多的谎言和骗局"——这是为了统治者的利益，柏拉图赶紧接着说。这就意味着，如我们已经知道的，而且我们在这里从柏拉图论及医学时又一次了解到的，"为了国家的利益"。（康德曾用另一种截然不同的态度评论说，"真诚是最好的政策"这个论断大可值得质疑，与此同时，"诚实比政策更好"的论断则无可辩驳。③）

当柏拉图鼓励他的统治者施猛药时，他心中的谎言是哪种类型的呢？格罗斯曼正确地指出，柏拉图指的是"宣传，一门控制……被统治的大多数人行为的技术"④。当然，柏拉图心目中

---

① 参阅《法律篇》，720c。指出这段话（718c—722b）是用来引出这一观点，即政治家应当说服和暴力一起使用，是很有意思的；而且，既然所谓"说服"大众柏拉图主要是指宣传的谎言——参阅第 266 页注①和 267 页注①及摘自《理想国》，414b/c，正文中的引语——这就表明在我们所谈论的《法律篇》的段落中，柏拉图的思想虽然带有新鲜的温和味，然而仍充满了老一套的联想——运用谎言的医生—政治家，后来，柏拉图又抱怨另一种相反类型的医生；过多地给病人谈论哲学，而不集中精力治病。看起来柏拉图在这里记录的极有可能是在写《法律篇》时他患病的一些个人经历。

② 《理想国》，389b——后面几段简短引文参阅《理想国》，459c。

③ 参阅康德《论永久和平》，附录。（《文集》，卡西勒编，1914 年，第Ⅵ卷，第 4 章，第 57 页。）参阅 M. 坎贝尔·史密斯的译本（1903 年），第 162 页以下。

④ 参阅格罗斯曼《今日柏拉图》（1937），第 130 页；并参阅前面的几页。看来格罗斯曼仍然相信宣传的谎言的对象是被统治者，同时柏拉图旨在教育统治者充分利用他们批判性的官能；因为我发现在这里（在《听众》，第 27 卷，第 750 页）他写道："柏拉图深信只有选中的少数人才可以自由演讲、自由言论。"然而事实上柏拉图根本不相信这一套。无论在《理想国》还是在《法律篇》（参阅第 256 页注①至 257 页注①引用的话及对应正文），他都表示了他的担心，唯恐有任何人在尚未年迈就想独立思考、自由言论，因这样就会危害到阻止学说的严密性，从而受到阻止的社会也止步不前。也请参阅下面两条注释。

把它们放在第一位；但格罗斯曼认为宣传谎言的唯一意图是为了麻痹统治者，而统治者应当是充分启蒙了的知识分子，我对此不敢苟同。我倒认为，柏拉图跟一切类似苏格拉底唯理智论的东西的彻底决裂没有比这里更显而易见的了，在这里他两次表达了他的希望，即使统治阶级自身，至少在数代以后，也一定要被引导去相信他伟大的宣传谎言。我指的是他的种族主义，他的"血统与土地的神话"，被认为是这里我们看到柏拉图的功利主义和极权主义原则支配了一切，即使是统治者认知以及要求被告知真理的特权。柏拉图愿望的动机是，统治者自己应当相信，宣传的谎言是增加他的健康功效的希望，也即是加强对精英种族的统治、最终阻止一切政治变化的希望所在。

二

柏拉图引入他的"血液跟土地的神话"时，坦承这是个骗局。"那么好吧"，《理想国》里的苏格拉底说，"我们现在也许能用什么方法顺手编造一谎言，我们刚才谈到过使用谎言问题。我们只用一个高贵的谎言，如果我们很幸运的话，甚至可能说服统治者——但至少可以说服城邦里的其他人"。[①] 很耐人寻味的

---

① 《理想国》，414b/c。在414d 中，他重申了他的希望，说服"统治者本人和军人阶级，然后是城邦的其他人"，相信他的谎言的真实性。后来他似乎又对自己的坦率感到后悔，因为在《政治家篇》269b 以下〔尤应参阅271b；也参阅第 45 页注①（4）〕中，他的言论似乎是相信大地生人的神话，而在《理想国》（见第 269 页注①）里，他甚至连把它作一个高傲的"谎言"加以介绍也不太情愿。

　　*我所译作"高傲的谎言"的术语，通常被译作"崇高的谎言"或者"崇高的假话"甚至译作"神圣的虚构"。

　　gennaios 一词我现在译为"高傲的"，直译就是"出身高贵的"或者"血统高贵的"。因此，"高傲的谎言"至少字面上就含有"崇高的谎言"的意思，但它却避免了跟"崇高的谎言"联想到一起，即，一个人在并非

是注意到使用了"说服"一词。说服某人相信谎言，意思说得
更准确些，就是误导或欺骗他；把这段话加以转译，将更符合直
言不讳的犬儒主义。"我们可以，如果我们幸运的话，甚至能欺
骗统治阶级自身。"但柏拉图频繁地使用"说服"一词，该词在
这里的出现使其他的段落意思更加明显。可以以此为警告，在类
似的篇章中，他的心中可能有宣传的谎言；尤其是在有些地方他
倡导政治家应当"用说服和强制两种手段"①来统治时。

　　不得已的情况下，用撒谎的形式把有损于己的事高尚地承担下来——如汤姆
·索亚的谎言，他把贝奇的罪过承担到自己头上，撒切尔法官（在第35章
中）就这个谎言描述为"一个崇高的、慷慨的、宽宏的谎言"。没有任何理
由对"高傲的谎言"作这种理解；因而译为"崇高的谎言"不过是对柏拉图
理想化的诸典型努力之一罢了——康福德译为"一次奇特大胆的虚构"，并
在一个脚注里反驳"崇高的谎言"的译法；他给出数段，里面 gennaios 意指
"在慷慨大方的意味上"；的确"弥天大谎"或者"宏大的谎言"应是最为恰
当的译法。但是康福德同时又反对使用"谎言"一词；他把那个神话描述为
"柏拉图无恶意的寓言"，他反对那种认为柏拉图"会鼓励谎言，其中大部分
是不体面的，现在称为'宣传'的观点"；在下一个脚注里他说道："要注意
到只要有可能的话护卫者自己也准备接受这个寓言。这并不是统治者强加给
大众的'宣传'。"但所有这些理想化的努力都失败了。柏拉图自己清楚地表
明，人们应为说谎感到羞愧；见下面第269页注①的最后一段引文。（在本书
第一版中，我译为"富有灵感的谎言"来暗示其"高贵的出身"，并且提出
也可译为"精巧的谎言"；然而，却遭到了我的一些研究柏拉图的朋友们的批
评，认为这样的译法意译成分过多，且又带有倾向性。但是康福德"奇特大
胆的虚构"的译法也完全是在这种意义上理解的。）
　　也参阅第267页注①和273页注①。＊

①　参阅《理想国》，519e, f.，引用于第162页注①对应正文里；关于说服加
　　强制的论述，也参阅本注后面将讨论到的《理想国》，366d，及第265页注
　　①和273页注①提到的段落。
　　　通常译为说服的希腊词（peithō，它的化身是位美丽的女神，阿弗洛狄忒
　　的侍从之一）可以意指（a）"用正当方式说服"及（b）"用不正当方式说
　　服"，即"使相信"（见后面D项，即《理想国》，414c），有时甚至可以指
　　"以礼服人"，即贿赂（见后面D项，即《理想国》，390e）。特别是在"说
　　服加强制"这个短语中，"说服"一词通常解释为（a）意，而这个短语又

在宣告其"高傲的谎言"之后，柏拉图没有直接开始叙述其神话，而是先来了一段冗长的序言，有点类似于他发现正义之前的那个冗长的序言。我认为，这就显出了他内心的不安。看起来他似乎并不指望后面所得出的建议能多么地适合他的读者。该神话本身导引出两个观点。第一个是加强对祖国的护卫；这种思想认为，他的城邦的战士是土生土长的本地人，"诞生在祖国的土地上"，时刻准备着保卫祖国，他们的母亲。这一古老而尽人

常（有时恰当地）译为"用正当或不正当手段"〔参阅下面所引用的《理想国》356d，(c)段中达维兹和沃恩译为"用正当或不正当手段"〕。然而我认为，当柏拉图把"说服加强制"作为一项政治技巧的工具加以引荐时，他主要是按字面意思来使用这个词的；同时他还推荐使用口头宣传和暴力。（参阅《法律篇》，753a）。下面的段落对于柏拉图在（b）的意义上使用"说服"一词，特别是跟政治宣传相关时，其意味深远。（A）《高尔吉亚篇》，453a 至 466a，特别是454b—455a；《斐德罗篇》，260b 以下，《泰阿泰德篇》201a；《智者篇》，222c；《政治家篇》，296b 以下，304c/d；《斐里布篇》，58a. 在所有这些段落里，说服（作为"传授真正对立"对立面的"说服的艺术"）与辩术、虚构、宣传相联系。在《理想国》中，364b 以下，特别是 364e—365d（参阅《法律篇》909b）值得注意。(B) 在 364e（"他们说服"，也即误导人们相信，"不仅个人，而且整个城邦"）中，该词所用的含义非常近似 414b/c（引用于本章有关注释的对应正文中"高傲的谎言"那一段）。(C) 365d 很有意思，因其中运用了一个术语，林赛非常恰当地译为"欺骗"，这算是对"说服"的一种注解。（"为了不致被发觉……我们要控制游说的能人……这样，运用说服和强迫，我们就能逃脱惩罚。但也许会遭到反对，说谁也不能欺骗或强迫神……"）以及（D）在《理想国》，390e，f. 中，"说服"一词作为贿赂的同义语而使用。（这肯定是一种古老的用法；该段应是引自赫西奥德。有意思的是柏拉图本人经常反驳人可以"说服"或"贿赂"神的观点，然而在接下来的段落，399a/b 中，他做出了某些让步。）下面我们看看 414b/c，即"高傲的谎言"一段；紧跟在此段的后面，在 414c（也请参阅本章下一个注），"苏格拉底"讥讽式地评论道（E）："要说服每个人都相信这个故事，就必须费一番力气。"最后我还要提到（F）《理想国》，511d 和 533e，其中柏拉图认为说服或者信仰或者信念（希腊语中"说服"和"信念"的词根一样）是灵魂的一种较低认知官能，跟关于变动不居的万物的（虚妄的）见解之形成相一致（参阅第 60 页注①，特别是《蒂迈欧篇》，51e"说服"一词的用法），它有别于关于不变形式的理性知识。关于"道德的"说服问题，也请参阅第六章，特别是第 233 页注①、234 页注①及正文，以及第十章，特别是第 374 页注①、388 页注②和 391 页注①的对应正文。

皆知的观念当然不是柏拉图犹犹豫豫的原因（尽管对话的措辞聪明地暗示了这一点）。可是，第二个观点，"故事的其余部分"，是种族主义的神话。"神……在有能力统治的人身上加入了黄金，在辅助者身上加入了白银，在农民及其他生产阶级身上加入了铁和钢。"① 这些金属世袭遗传，他们是种族主义的特征。

---

① 《理想国》，415a。下一引文出自415c（也参阅《克拉底鲁篇》，398a）。参阅第270页注①—③及对应正文、第96页注①（3）、99页注②和102页注①。

　　（1）有关正文里这段前面的部分我对柏拉图局促不安的评论，参见《理想国》，414c—d，及上注（E）："要说服每个人都相信这个故事，就必须费一番气力"，苏格拉底说——"你似乎很不情愿把它说出来"，格劳孔说。——"你将会明白我的不情愿"，苏格拉底说，"当我把它讲出来时"。——"不要怕，说出来吧"，格劳孔说。该对话引出了我所称的神话的第一观念（在《政治家篇》中，柏拉图把它作为一个真实的故事而提出；参阅第266页注①，也见《法律篇》，740a）。如正文中所提到的，柏拉图暗示正是这"第一观念"才是他犹豫不决的原因，因格劳孔对这一观念的回答是："你这么长时间为讲述出你的谎言感到羞答答，肯定别有隐情。"当苏格拉底讲述完"故事的其余部分"，即种族主义的神话后，再没有类似的矫饰言论。

　　＊（2）关于土生土长的战士，我们必须记住，雅典的贵族（为反对多利安人）声称他们是土著居民，"像蝗虫一样"诞生在这片土地上（如柏拉图在《会饮篇》，191b中所说的；并参阅第294页注①末）。一位友好的批评家给我提议说，此处（1）中提到的苏格拉底的局促不安，以及格劳孔认为的苏格拉底有理由感到羞愧的评论，应理解为柏拉图的一种讽喻式的暗示"尽管雅典人声称是土生土长的，却并没有像保卫母亲一样保卫他们的国家，然而，这种有独创性的见解在我看来是站不住脚的"。柏拉图既公开承认偏爱斯巴达，就绝不会去指控雅典人缺乏爱国主义；而且这样的指控也是不公正的，因为在伯罗奔尼撒战争期间，雅典的民主派从未向斯巴达屈服（如第十章将要表明的），而柏拉图本人所挚爱的舅父克里底亚又真真确确投降了，并成为在斯巴达人庇护下的傀儡政府的领袖。假如柏拉图意在讥讽雅典人卫国不力，那么他暗示的只可能是伯罗奔尼撒战争，这样一来他就成了克里底亚的批评者——而这个人是柏拉图最不可能用这种方式加以批评的。＊

　　（3）柏拉图称他的神话是"腓尼基谎言"。R. 艾斯勒的见解或可解释这种说法。他指出，埃塞俄比亚人、希腊人（银矿）、苏丹人和叙利亚人（大马士革），在东方分别被描述为金的、银的、铜的和铁的种族，而且埃及为了政治宣传的目的利用了这种描述（也参阅《但以理书》，ii，31—45）。同时，他提出，这四个种族的故事在赫西奥德时代由腓尼基人传到希腊（我们但愿如此），而柏拉图是了解这一事实的。

在这一段里，柏拉图羞答答地第一次推出了他的种族主义，这种可能性的存在，即孩子生下来时可能会掺和有其父母亲并不具有的金属；我们必须承认，在这里他宣告了下面的规则：假如在较低的阶级里"发现他们一生下来就带有金银的混合物，他们应当……被任命为护卫者，和……辅助者"。但是这一让步，在《理想国》后面的章节（《法律篇》也如此），尤其是在讲到人类的堕落及数的故事时①，（前面第五章曾引用了一部分）又被宣告无效。从这段中我们得知，低贱金属的任何混合种都必须从高等阶级当中排除出去。那么（金属的）混合及相应地位的变化只有一种可能性：生来高贵但却退化了的孩子可以被降下去，但任何生来低贱的都不能提升上来。在人类堕落故事的结论性段落里，柏拉图描述了任何金属的混合将导致毁灭的诸情形："铁和银、铜和金一旦混合起来，将产生变种和荒唐的不一致（的事物）；只要哪里有变种和不一致，就在那里引起战争和仇恨。不论冲突发生在何地，我们必须认为这就是血统和出身的冲突"②。有鉴于此，我们必须认为，那个人类的故事最后得出的结论是构造了犬儒主义的预言，神谕说："铜铁护卫，国家必亡。"③柏拉图不愿马上用更极端的形式来提出他的种族主义，我猜想是因为他知道要反对他那时民主的和人文主义的倾向是何其艰难。

如果我们考虑到柏拉图明确地承认了他的血统与土地的神话

---

① 该段出自《理想国》，546a 以下；参阅第 164 页注①至 165 页注①、169 页注①的对应正文。在 434c 中严格禁止了阶级的混同；参阅第 96 页注①（3）、103 页注①和 109 页注①及 216 页注①。

出自《法律篇》（930d—e）的一段包含有这样一条原则：混合型婚姻所生的孩子继承其双亲中年龄较轻一方的等级。

② 《理想国》，547a（有关等级混同理论，也参阅第 165 页注①、169 页注①，特别是第 285 页注①至 286 页注①、294 页注②）。

③ 前引书，415c。

是个宣传的谎言，那么评论家们对这个神话的态度就有些令人费解了。例如亚当写道："没有它（神话），一个国家现在的图景就不完整。我们需要为城邦的永存做出保证……最符合柏拉图的……教育的道德和宗教精神，最好的办法是他能发现对信仰甚于理智所做的保证。"① 我同意（虽然不完全合亚当之意），没有什么能比他对宣传谎言的倡导更能与柏拉图的极权主义伦理观保持一致的了。但我不甚明白的是，何以宗教的唯心的评论家们竟能宣称，通过暗示，宗教和信仰也不过是机会主义者的谎言而已。事实上，亚当的评论是对霍布斯约定论老调的重弹，认为宗教信条虽然不真实，却是一种最原则最必不可少的政治设施。这种思考就昭示我们，无论如何，柏拉图比我们所能想到的更是一位约定论者。只要没能"通过约定"（我们必须相信承认这只不过是一种伪造的）建立一种宗教式的信仰，他决不罢休。而那位著名的约定论者普罗塔哥拉至少相信法律由人来制造，仅靠了神圣心感的帮助。为何那些柏拉图的评论家们②更称赞他跟智者

---

① 参阅亚当对《理想国》，414b 以下所做的注，着重号是我加的。最显著的例外是格罗特（《柏拉图及苏格拉底的其他同事》，伦敦，1875 年，第Ⅲ卷，第240 页），他总结出了《理想国》的精神，它和《申辩篇》的精神背道而驰："在……《申辩篇》中，我们发现苏格拉底坦承了他自己的无知……而《理想国》中的他又以一种新的姿态出现……他本人坐在诺莫斯王的宝座上：一贯正确的世俗和精神权威，由他衍生出公众舆论，由他判决什么是正统观念……现在他希望每个人都能按权威指定的那样各就各位，交换意见；包括对那些有意所为的道德和政治构想的看法，例如关于……大地生人……的构想。无论是苏格拉底的《申辩篇》，还是他的否定性辩证法，都不容许柏拉图理想国的存在。"（着重号是我加的；也参阅格罗特，前引书，第 188 页）
　　宗教是人们的鸦片的学说，尽管不具有这种特定的意义，然而它看来仍然是柏拉图和柏拉图主义者的信条之一（也参阅第 272 页注①及正文，尤其是第 273 页注①），显然它是这个学说最隐秘的学说之一，也即，只有上流阶级中上了年纪的成员才可以讨论它（参阅第 256 页注①）。不过那些泄露机密的人将会被唯心主义者们以不信神的名义起诉。
② 例如亚当、巴克、菲尔德。

学派破坏性的约定论所做的斗争，称赞他建立在宗教基础上的终
极的精神自然主义的努力，却没能考察他创制一种习俗，或者不
如说是一种发明，作为宗教的终极基础？要理解这些问题的确不
易。事实上，他对已被他的"富有灵感的谎言"所揭示清楚了
的宗教的态度，在实践当中跟他热爱的舅父克里底亚的态度保持
了一致，他的这位叔叔是三十僭主时代的风云人物，伯罗奔尼撒
战争后在雅典建立了不很光彩的血腥统治。克里底亚也是一位诗
人，他第一个美化宣传的谎言用铿锵有力的诗句，赞美了聪明机
智者们的发明，为了"说服"人民，也即为了使他们俯首听命，
他们构造了宗教。①

> 那时出现了聪明机智的人
> 他第一个发明了神的敬畏
> 他编造了一个故事，一套昭人耳目的学说
> 他把虚假故事的面纱蒙在真理头上
> 他把神威严的住所传了出去
> 在那惊雷滚滚的九重天上
> 电闪的光芒使眼睛失明
> 就这样他用恐惧的枷锁把人类禁锢
> 居住在公平之地的神包围着他们
> 他用他的符咒惑众——唬人

---

① 参阅迪尔斯《前苏格拉底派》，克里底亚残篇 25。（我从 40 余行中挑选出有
特征的 11 行）——也许会有人认为本段的开头勾画出了一幅社会契约论
（这甚至有点类似利科弗龙的平等主义；参阅第 225 页注①）。有关克里底
亚的评论，要特别参阅第 346 页注①。既然伯内特已经提出克里底亚名义下
的充满诗意和戏剧化残篇应是三十僭主领袖的祖父所为，那么就应该注意到
柏拉图在《卡尔米德篇》，157e 中所认为的后者具有诗人天赋；而在 162d
中，他甚至提到克里底亚事实上还是位戏剧家（也参阅色诺芬的《回忆
录》，Ⅰ，Ⅳ，18）。

法律和秩序取代了无法无天

在克里底亚看来，宗教不过是一位伟大而机敏的政治家高傲的谎言而已。柏拉图的观点与之惊人地相似，不论是《理想国》里提到的那个神话的介绍（在那里，他明确承认这个神话是个谎言），还是《法律篇》中他所说的仪式或神的设置安排乃是"一位伟大的思想家的事"① ——但这就是柏拉图宗教态度的全部真相吗？难道在这方面柏拉图仅仅是个机会主义者，其早期著作中截然不同的思想仅仅是苏格拉底式的吗？当然难以有把握地解答这一问题，尽管我感到，凭着直觉，即使是以后的著作有时候中间流露着一种颇为真实的宗教感情。但我相信，只要柏拉图考虑到宗教事务跟政治的关系，他的政治机会主义就置其他的感情而不顾。因此，在《法律篇》中柏拉图要求对那些对神的观念偏离了国家的观点的人，② 哪怕他的诚实可敬，也要施行严厉的惩罚。他们的灵魂要被由调查者组成的一晚间委员会③处置，如果他们不改悔甚至重犯的话，将以"不敬神"的名义而判处死罪。难道他已经忘了苏格拉底成了这种审判的一个牺牲品？

刺激这些需要的主要是国家利益，而不是这类宗教信仰的利益，可以用柏拉图主要的宗教信条来衡量判断。在《法律篇》中他告诫道，他把善与恶之间的冲突解释为集体主义与个人主义

---

① 参阅《法律篇》，909e。如引自亚里士多德的《形而上学》（1074b3）的下段文字所显示的，克里底亚的观点后来似乎成了柏拉图学派传统的一部分，同时该段又为把"说服"当作"宣传"用提供了一例证（参阅第 264 页注①和 257 页注①）。"为了说服民众，以及为了法律的和一般的（政治的）便宜，其他内容……以神话的形式增加进来……"并参阅在《政治家篇》，271a, f. 中，柏拉图为了论证他肯定不相信的一个神话的真实性所做的努力（参见第 266 页注①和 271 页注①）。

② 《法律篇》，908b。

③ 前引书，909a。

之间的冲突①，神将严厉惩罚所有那些站在错误一边的人。神，他坚持说，对人类极感兴趣，他们不仅仅是旁观者。要平息他们的怒火是不可能的，无论是通过祈祷还是奉献祭品都不能逃脱惩罚。② 在这些告诫的后面，政治意图是明显的，并且由于柏拉图下面的主张而更为明显，就这种政治宗教信条的任何部分，尤其是神从不免除惩戒的信念，所提出的疑问都必须加以打消。

　　柏拉图的机会主义及他的谎言理论自然给解释他所说过的话带来了困难。他到底在多大程度上相信他的正义理论？他到底在多大程度上相信他所鼓吹的宗教教义的真理性？虽然他主张对其他的（较少的）无神论者加以惩罚，但他本人有可能是个无神论者？尽管我们不指望明确地回答当中的任何问题，但我相信，如果连假设柏拉图是无辜的也不做，将不但要面临困难，而且在方法论上也不正确。尤其是对他的信仰，即阻止一切变化已是当务之急的忠心耿耿，我认为是几乎不容置疑的。（在第十章中，我将回头再讨论这个问题。另一方面，我们不能怀疑柏拉图使苏格拉底对智慧的爱从属于更为重要的原则，即必须加强精英阶级的统治。）

　　然而引起人们兴趣的是，我们注意到柏拉图的真理理论略微不如他的正义理论激进。正义，我们已经看到，在实践当中，被界定为为他的极权国家的利益服务。要用同样的功利主义或实用主义方式来界定真理概念当然也是有可能的。那个神话是真实的，柏拉图可能会说，因为凡是服务于我们的国家利益的事物都必须相信，那么就必须称它们是"真实的"；除此再没有其他的真理标准。在理论上，黑格尔实用主义的后继者们确实也采取了类似

---

① 有关善与恶之间的冲突，参见前引书，904—906，尤其参阅906a/b（正义与非正义相对；"正义"在这里仍然指《理想国》里集体主义的正义）。前面一段是903c，已在第162页注①对应正文和第207页注①对应正文中引用过了。也参阅第278页注②。

② 前引书，905d—907b。

的步骤；在实践上，黑格尔本人及他的种族主义的后继者们采取了类似的步骤。但是，柏拉图怀有足够的苏格拉底的精神来坦率地承认他在撒谎。黑格尔派所采取的步骤，我认为，永远也不可能发生在苏格拉底的任何一位同事身上。[①]

三

关于真理理念在柏拉图最好国家中所起的作用，我们的探讨到此为止。但是，如果我们想消除在第六章中所出现的不同意见，反对我把柏拉图的政纲解释为以历史主义为基础的纯粹极权主义，那么，除了正义和真理以外，我们还须进一步思考其他一些理念，如善、美及幸福。通过对我们关于真理理念的探讨所带来的某种否定性后果的思考，我们可以达到探讨上述这些理念，也包括智慧（我们在上一章中已有所涉及）理念的目的。因为这一后果提出了一个新问题：倘若他把哲学家界定为真理的热爱者，却又在另一方面坚持王必须"更有勇气"，并且运用谎言，

[①] 给本段增加这个注释以表明我坚持的是和大众共识一致的"绝对的"真理观，也即一个陈述有（也只有）符合它所描述的事实时才是真实的。这一真理的"绝对"或者"一致"理论（它回到了亚里士多德）最先由 A. 塔尔斯基明确提出（《形式化语言中的真理概念》，波兰版1933年，德文译本1936年），是他所称的语义学逻辑理论的基础（参阅第68页注③及第132页注①（2）；也见卡尔纳普：《语义学导论》，1942年，它更详尽地发展了该真理理论，这是我摘自第28页："特别要注意到，我们刚解释过的这种意义上的真理概念——我们也可以称它为真理的语义学概念——跟'相信的'、'证实了的'、'高度确定的'等等之类的概念有根本的不同。"）在我的《研究的逻辑》，第84章，论"真理"和"确定性"（第203页以下）中可以发现一个类似的，虽然未经发展的观点；这本书是在我开始了解塔尔斯基语义学之前写的，这就是为何我的理论仍是初步性的原因。早在1907年，实用主义的真理理论（源于黑格尔主义）就被贝特兰·罗素从绝对主义真理理论的视角出发进行了批判；近来他又揭示了相对主义的真理理论同法西斯主义信条之间的关联。见罗素《让人民思考》，第77页，79页。

那么为什么柏拉图主张哲学家为王或王为哲学家呢？

对这一问题的唯一回答是，也只能是，事实上，当柏拉图运用"哲学家"这一词时，他心中别有意思。的确，我们在上一章已经看到柏拉图的哲学家并不是热心的真理的追求者，相反却以真理的占有者自居。他是有学问的人，是个圣者。这样一来，柏拉图所主张的就是学问的统治——智慧统治——如果我可以这么称呼的话。为了理解这一主张，我们必须想方设法搞清楚是什么原因使得柏拉图的国家的统治者应当是知识的占有者，如柏拉图所说，是一位"名副其实的哲学家"。其原因可分为两大类，即跟国家基础有关的功能，及跟国家的保护有关的功能。

四

哲学王首要的也是最重要的功用是建立城邦并制定法律，柏拉图需要一位哲学家肩负这项任务的原因是清楚的。要使国家稳定，它就必须是国家神圣形式或理念的真实仿制品。然而，只有一位哲学家彻底精通最高层次的科学，即辩证法，他能够看见，并仿制神圣的原物。在《理想国》里这一点得到了更多的强调，柏拉图发展了哲学家的统治权论点。[①] 哲学家们"热衷于看到真理"，而一个真正的热爱者常常喜欢看到全部，不仅仅是部分。因此，他的行为与普通人不同，他不爱可感知的事物以及它们"美丽的声音、色彩和形体"，但他想"看到，并且崇尚美的真正本质"——美的形式或理念。用这样一种方式，柏拉图给"哲学家"这一术语赋予了新的含义，他是神圣的形式或理念世界的热爱者和见证者。如此一来，哲学家就有可能成为一个有德

---

① 我着重指的是《理想国》，474c—502，下面的引文出自前引书，475e。

行的城邦的建立者①："和神意有着交往的哲学家"可能是由于
实现他理想的城邦和其理想的公民这个神圣的梦压倒了一切，他
像一位制图员或者一位画家，把"神意作为自己的模特"。只有
真正的哲学家才能"描绘出城邦的平面图"，因为只有他们能看
见原型并加以仿制，他们"让自己的眼睛来回移动，从模特移
到画像，再从画像移到模特"。

作为"制度的画家"②，哲学家必须借助于善和智慧的光芒。
关于这两个理念，以及它们对哲学家作为城邦建立者所起的显著
作用，我们将再进行一些评论。

柏拉图善的理念是最高级的形式。它是神圣的形式中理念世
界的太阳，不仅把光芒洒播在所有其他成员身上，同时还是它们
存在的根源③。它也是一切知识和真理的源泉或依据④。因此，
对辩证法家来说，发现、鉴赏并认识善的能力是不可或缺的⑤。
既然它是形式世界的太阳，是光的源泉，它就使哲学画家能辨别

---

① 本段接下来的七段引文是：（1）和（2），《理想国》，476b；（3）、（4）、
（5）前引书，500d—e；（6）和（7）：前引书，501a/b；有关（7）也参阅
前引书，484c 中类似的一段文字。还请见《智者篇》，253d/e；《法律篇》，
946a—966a（尤其是 965b/c）。

② 参阅前引书，501c。

③ 尤其参阅《理想国》，509a，f.——见 509b："可感知事物的生长辈的是太
阳。"（尽管他本身并未包括到这一生长过程中）与此相类似，"你应当说理
性知识的对象能被认知有赖于善，而且它们的现实性乃至本质是善的结果；
虽然善本身并非是本质，但它的身份和力量甚至超越了本质"。（关于 509b，
参阅亚里士多德：《论生灭》，336a 15，31，及《物理学》，1946，
13.）——在 510b，善被描述为绝对的本源（不仅仅是假定的或设想的），
而在 511b 中，善又被描述为"万物的第一本源"。

④ 尤其参阅《理想国》，508b 以下——参阅 508b/c："善之为善（即真理）
者""在于它是智力世界中理性与其对象（即观念）之间的纽带"，这正如
同在可视世界当中，这种事物（即太阳发射出的光芒）"是视力和它的目标
（即可感知事物）之间的纽带"。

⑤ 参阅前引书，505a；534b 以下。

他的目标，因此，对城邦的缔造者而言，它的功用是至关重要的。但我们所得到的仅是纯粹形式的信息。柏拉图善的理念在这里起了更为直接的伦理的或政治的作用；我们从未听到何种行为是善，或产生了善，除了众所周知的集体主义道德规范，没有借助善的理念，它的规则就被引介进来。善是目标，每个人都在追求，① 这样的话语并没有丰富我们的信息。这种空洞的形式主义在《斐里布篇》中仍然很明显，在这里善跟"方法"或"手段"的理念同一。② 在他著名的演讲《论善》当中，由于柏拉图把善定义为"被明确地看成是一个整体的类别"，从而使一位未受过教育的听众感到沮丧。当我读到这里时，我同情那位听众。在《理想国》中，柏拉图坦言③他不想解释他的"善"到底意

---

① 参阅前引书，505d。

② 《斐里布篇》，66a。

③ 《理想国》，506d 以下及 509—511。

　　这里所引用的善被定义为"构成一个整体的确定性，（或者有限性的，或者有限的）类别"，我认为这并不难理解，它和柏拉图的其他言论如出一辙。"确定性的类"即是形式或理念的类，被认为是雄性原则或原本，以对立于雌性的、无限的或不确定的空间〔参阅第 56 页注①（2）〕。这些形式或始基当然是善的，因为它们是古老而又不变的本源，它们中间的每一个都是对立于由它们生成的众多可感事物。如果我们想到原来的族类的众多，则他们就不是绝对的善；因而只有当我们认为它们是一个整体，是一个始基，则绝对的善才是有可能的（想象得到的）。（也参阅亚里士多德，《形而上学》，988a10）

　　柏拉图善的理念实际上空洞无物。在道德的意义上，也即我们该如何做上，它没有就善是什么给我们以启示。如同我们可从本章特别是第 277 页注③、④中看到的，我们所听到的一切是善处于形式或理念王国里的最高层次，是一种超理念，理念起源于它，又赖它而存在，我们由此得出的一切只可能是：善是不变的，优先的或基本的，因而是古老的（参阅第 77 页注①），也就是整体一；因而善即是那些与善有关的不变的事物，即善就是持久（参阅第 76 页注②、77 页注①）的东西，是古老的东西，特别是古代的法律（参阅第 93 页注①、136 页注①中论述柏拉图主义的文字，及第 256 页注①），同时整体主义是善（参阅第 273 页注④）；也即，我们事实上重又回到了极权主义道德上（参阅第 216 页注①、218 页注①之对应正文）。

味着什么。我们实际上所得到的唯一见解是我们在第四章开头所提到的——一切持久的事物都是善，而一切导致腐化与堕落的东西都是恶。（然而，看起来在这里"善"并不是善的理念，而是事物所具有的一种使其类似与善的理念的性质。）因而，善指的就是事物静止不变的一种状况；是事物保持静止的状态。

但这并不能使我们远离柏拉图的政治极权主义；对柏拉图智慧理念的分析带来的结果同样令人失望。智慧，我们已经看到，对柏拉图而言并不意味着苏格拉底式的自知之明；也不是如我们多数人所期盼的那样，意味着对人类和人类事务的浓厚兴趣及有益的理解。柏拉图笔下的智者，全神贯注于较高世界的问题，

假如《第七封信》是真实的，那么我们就有了柏拉图的另一命题，他关于善的学说是不能进行系统表达的；因他说这一学说"不像其他的学科部门一样可以进行表达"（也参阅第382页注①）。

又是格罗特，他清楚地看到并批评了柏拉图善的形式或理念的空洞。提问什么是善后，他说道（《柏拉图》，Ⅲ，241f.）："问题提出了……但不幸的是仍未回答……要描述其他人的精神状况……他们推测有一种真正的善……所做的一切都是为了能得到它，但当他们理解判断它是什么的努力徒劳无用时，他们迷惘了"——"他（柏拉图）已经无意识地描述了他自己的处境。"可叹的是当代竟没有几个作者留意到格罗特对柏拉图的精彩批判。

关于正文里下一段的引文，参见（1）《理想国》500b—c；（2）前引书，485a/b。这里的第二段相当有趣。如亚当强调指出的（485b9注），就是在这一段中，"繁殖"和"退化"第一次在半技术意义上运用。它提到了流变，提到了巴门尼德不变的实在。它还引介了偏爱哲学家统治的主要论据。也参阅第63页注②（1）和第76页注②（2）。在《法律篇》（688c）时，提出了"最糟的无知"（这种无知，就是不知道如何遵从那些天生的统治者；见689b），柏拉图解释了他所说的智慧指的是什么：只有以最大的整体或者"同一体"为目的一类的智慧才使得某个人有资格成为权威。《理想国》，591b和d中，"同一体"一词被解释为正义（即保持某人的位置）理念和节制（知足）理念的和谐融洽。这样我们就又回到了我们的出发点。

"他们没有时间俯察人类的事务，他们目不转睛地仰视那个有秩序的整齐的世界"。正是这种学问使人聪明："哲学家的禀性是热爱这样一门学问，它给他们展示了一种亘古永存，不受生育与退化困扰的真实世界。"看来柏拉图对智慧的态度并不能使我们超越他的阻止社会变化的观点。

五

尽管对城邦奠基者作用的分析并没能揭示出柏拉图学说中任何新的道德因子，但它已经表明城邦的奠基者必须是哲学家有一条确切的理由。但这依旧不能充分证明为何需要哲学家的持久统治权。它只是解释了哲学家为何必须是第一位立法者，但没能解释为何需要他作永久的统治者，尤其考虑到后继的统治者中没有一位肯定带来任何的变化。要使哲学家应当统治获得充分的证明，我们就必须得接着分析关于维系城邦的任务。

从柏拉图的社会学理论中我们了解到，只要统治阶级的联合体不出现分裂，国家一旦建立，将长治久安。所以，这个阶级的引出，乃因统治权巨大的维系功能，只要国家存在，这一功能就必须存在。这到底在多大程度上证明了国家必须由哲学家来统治的主张？要回答这个问题，我们得再次区分这一功能里面的两类不同活动：教育的督导及优生的督导。

为什么教育的领导者应当是一位哲学家？为什么国家和教育制度建立后，让一位有经验的将军，一位武士王来管理是不够的？如果说，教育制度不仅要培养出战士，还得有哲学家，因而就认为哲学家跟战士一样可以作监管人，这样的回答显然不能令人满意。因为，假使不需要哲学家作教育的督导者和持久的统治者，那就没有必要让教育制度提供新的哲学家。对教育制度的需要并不能就此证明柏拉图的国家里有对哲学家的需要，或者就能

从中假定统治者必须是哲学家。如果柏拉图的教育除了为国家的
利益服务外还有一个人主义的目标，例如为了自己的缘故而发展
哲学才智，情况将有所不同。但当我们看到，如我们在前面一章
所看到的，柏拉图对允许独立思考一类的东西是何等的恐慌①；
当我们现在看到这种哲学教育终极的理论目标只不过是一种
"关于善的理念的了解"，这种知识对于清晰地说明该理念是必
不可少的，那么我们就开始认识到这并不是应有的理解。如果我
们还记得第四章，在那里我们也看到主张对雅典的"音乐"教
育以限制时，这种印象就得以加深。柏拉图之所以赋予统治者的
哲学教育以最大的重要性，只能通过其他原因——必须从纯粹政
治上——来解释。

　　我们能发现的主要原因是，最大程度增加统治者权威的需
要。如果对辅助者合适地施行教育，就会有一大批优秀的战
士。因此，对于树立一位未遇挑战也不可挑战的权威而言，仅
有杰出的军事才能是不够的。它的树立必须依赖更高的要求，
柏拉图依靠的是超自然的要求，是他的领袖所展示的神秘的力
量。他们属于另一个世界，他们与神意往来。因此，哲学王有
几分部落牧师之王（这种制度我们曾经提到过，跟赫拉克利特
有关）复制品的味道。（这种部落牧师之王或者巫医或者巫师
制度，它们令人惊讶而又朴素的部落禁忌似乎也曾影响过老毕
达哥拉斯学派。显然，这些禁忌当中的大多数甚至在柏拉图之
前已经不复存在，但毕达哥拉斯学派给权威以超自然的根据的
主张依然流行。）因此柏拉图的哲学教育就有一种明确的政治

---

①　一位本段文字的批评者声称，他在柏拉图那里没能发现任何惧怕独立思考的
　　迹象。但我们应当记住，在《理想国》中（见第 256 页注②至 257 页注
　　①），柏拉图坚持检查（制度），并禁止任何不到 50 岁的人进行高级辩证法
　　研究。更不用提《法律篇》了（见第 256 页注①，及许多别的段落）。

功用，它给统治者打上了印记，在统治者与被统治者之间构筑了障碍。（直到我们的时代，它依然是"高等"教育的主要功能。）获取柏拉图式的智慧主要是为了建立一种持久的政治阶级的统治。它可以被描述为政治"医药"，把神秘的力量给予它的占有者——巫医。①

　　然而，对于我们的国家里政治家的功用问题而言，这并不是满意的答案。毋宁说这样一来意味着为何需要哲学家的问题已经发生了转移，我们现在可以提出类似巫医或巫师实际的政治功能问题。当柏拉图设计他的专门的哲学训练时，他肯定已有了一些明确的目标。我们必须为统治者寻求一项持久的功能，类似于今天立法者的功能。发现这样一项功能的唯一希望似乎在培养统治种族领域内。

六

　　要找出为何哲学家有必要成为一位持久的统治者的原因，最好的办法是提这样一个问题：按照柏拉图的意思，假如国家没有持续地由一位哲学家统治，那么将会发生什么情况？柏拉图已经给这个问题以明确的答复。如果国家的护卫者，哪怕出类拔萃，却不知道毕达哥拉斯的神话和柏拉图的数，那么该护卫者种族，以及由此导致整个国家肯定要退化。

----

　　①　关于祭司阶级问题，参见《蒂迈欧篇》，24a。其中有一段显然是指《理想国》里最好的或"古老的"国家，这里祭司阶级取代了《理想国》中的"哲学家种族"。也参阅《政治家篇》，290c，f.，对教士（甚至包括埃及教士）、占卜者、巫师的攻击；也参阅第297页注①（2），以及第99页注②。

　　　　下一段的正文中引用的亚当的话，出自他给《理想国》，547a3（前面第170页注③的相应正文中引用过）所做的注。

　　因而种族论在柏拉图政治纲领中所占据的核心地位超过了我们的第一感觉。正如柏拉图的种族或婚姻的数目为他的描述性社会学提供了场所，"柏拉图的历史哲学也是在该场所中构造的"（亚当这么说），它因而也为柏拉图哲学家的统治权这一政治主张提供了场所。在第四章中，我们已经谈过柏拉图国家的放牧人或者牲畜饲养者的背景后，我们就不至于在发现他的王是饲养者之王时连一点准备也没有。但是，可能仍有一些人对他的哲学家变为哲学的培养者而感到吃惊。对科学、数理辩证法及哲学的培养教育的需要并不是要求哲学家统治权后面最终的论据。

　　在第四章中已经表明了在《理想国》里，怎样来强调并阐明获得纯粹的人类监督者的种的问题。但到目前为止，还没有任何可信的理由来解释为何只有一位聪明且完全合格的哲学家才应当是一位老练成功的政治培养者。然而，狗、马或鸟的饲养者都知道，没有一套规范，没有一个目标指导他的工作，没有一种想法以使他可以通过淘汰和筛选来达到目标，合理的饲养是不可想象的。没有这样一套标准，他甚至确定不下来哪位子孙"足够的好"；他根本不可能辨别"好的子孙"与"不好的子孙"。但这个标准恰好跟柏拉图计划培养的种的理念有关。

　　根据柏拉图的观点，正如同只有真正的哲学家、辩证法家能够看到城邦的神圣原型，也只有辩证法家才能看到其他的神圣起源——人类的形式或理念。只有他才能够照原型复制，把它从天国唤回人间，[①]并且在这里获得实现。它是个高贵的理念，关于人的理念。它不是，如一些人所想的，代表人类共享的东西；它不是一般概念上的"人"。相反，它是人类神圣的原型，是不发生变化的超人；它是位超级希腊人，是位特级大师。哲学家们必

---

　　① 参阅，如《理想国》，484c，500e 以下。

须想办法在人世间实现柏拉图描绘的"最坚定、最勇敢、同时
在可能的范围内最有风度的人……出身高贵，性格严肃"① 的人
的种族。它将是男人和女人当中"塑造得相当俊美，就算不是
神圣的，也和神有类似之处的"种族②——一种高贵的种族，其
本性注定它要拥有王位和统治权。

我们看到哲学王的两种功用有类似之处：他要复制城邦的神
圣原型，同时还得复制人类的神圣原型。他是唯一能够、并且拥
有这种欲望，"在单个人身上，以及在城邦里实现他的神圣的原
版本"③。

现在我们就能明白为什么他放弃了原先的暗示：他所需要的
统治者须有中人之上的才能，在同一个地方，他第一次声称动物
繁衍的原则必须运用于人类。我们，他说道，在繁殖动物时，尤
为慎重，"如果不这样来繁殖它们，难道你不觉得你的鸟和你的
狗的种很快将要退化吗？"当从这里推出必须用同样谨慎的方法

---

① 《理想国》，535a/b。亚当就我译为"使人敬畏的"一词所说的一切支持了
通常的看法，即，这一术语意思是"冷酷的"、"严厉的"或者"威严的"，
特别是含有"煽动性的惊恐"的意思。亚当认为，我们译成"阳刚的"或
"强有力的"，是顺应了减弱柏拉图言语的语气的一般倾向。林赛译为"固
执道德的……"

② 前引书，540c；也见500c—d："哲学家本人……变得跟神差不多，"及第
333页注①，那里更完整地引用了540c, f.——最让人感兴趣的是注意到在
为贵族等级制度辩护时柏拉图是如何来改变巴门尼德的。一与多的对立没有
坚持，而是产生了一种等级制度：一个观念——较少的人接近它——更多的
人是他们的助手——多数人，即民众（在《政治家篇》中这一区分是根本
性的）。与此相反，安提斯泰尼的一神论保持了最初埃勒阿提学派的一
（神）与多（他可能认为他们是兄弟，因为他们跟神的距离均等）——通过
芝奥对高尔吉亚的影响，安提斯泰尼受到了巴门尼德的影响。也可能还受到
了德谟克里特的影响，他曾教导说"聪明人属于所有国家，因为一颗伟大
灵魂的家园是整个世界"。

③ 《理想国》，500d。

来繁殖人类时，"苏格拉底"惊呼道："天哪！……如果同样的原则运用于人类，我们该要求我们的统治者具有何等高超的才干啊！"① 这声惊呼引人注目；它第一次暗示了统治者应当组成一个有地位、受过训练、具有"高超才能"的阶级；这就使我们相信他们应当是哲学家乃势所必然。然而，当念及该段落直接导出柏拉图的政治主张：作人类的医生，运用谎言和欺骗是统治者的职责时，那么该段落就更显意味深长。谎言是必需的，柏拉图断言："要让你们的种尽善尽美"；因此，"为了使护卫者种族免于不和"，就必须"除统治者外谨守秘密，不让他们知道这种安排"。与此相关，为使统治者把谎言当医药用时更有勇气，他的确向他们提出了呼吁（前面所引）；这也给读者们预备好了下一个主张，柏拉图认为它尤其重要。他宣称②，为了与年轻的辅助者配对成婚，统治者应当设计"一套巧妙的抽签办法，以使求偶受挫者只能怨自己运气不好而不怪统治者"，统治者们秘密地行使抽签权。想出这项卑劣的建议后，为了搪塞承担责任（把它通过苏格拉底之口表达出来，柏拉图谤污了他伟大的老师），"苏格拉底"很快提出了一项建议③，马上就被格劳孔采纳并加以详尽阐发，因此我们可称之为格劳孔敕令。我指的是那项残忍的法令④，它要求男女长幼一律依从勇敢者的意愿，理由是战争在继续。"只要战争还在进行，没有人可以对他说'不'。相应

---

① 引文出自《理想国》，459b 以下；也参阅第 109 页注①，尤其还应参阅第 169 页注①（2）。一并参阅《政治家篇》中的三个隐喻，那里政治家和它们进行了比较：（1）牧羊人、（2）医生、（3）织工，并解释说，其机能如同一个人用巧妙的教养之道来陶冶性情（310b, f.）。

② 前引书，460a。我说柏拉图认为这种法律至关重要的论点，乃基于这一事实：在《理想国》和《蒂迈欧篇》，18d/e 中，柏拉图为它勾画了轮廓。

③ 前引书，460b。"该建议马上被采纳"，即 468c；参阅下注。

④ 前引书，468c。

地，假如一个战士想向别人（男的或女的）表示爱意，那么这项法令将使他更热切地赢得光荣。"这里谨慎地指出，国家因而将得到两点明确的好处——更多的英雄，因激励所致；其二，还是更多的英雄，因英雄的孩子们数目的增加（这后一个好处，从长远的种族政策的角度看更为重要，它是通过"苏格拉底"之口表达出来的）。

七

这种素养的获得并不需要特殊的哲学训练，然而，哲学素养在抵制退化的危险上起着重要的作用。要跟这些危险做斗争，就需要一位完全合格的哲学家，也即，一位在纯粹数学（包括立体几何）、纯粹天文学、纯粹教育学以及在辩证法中取得至高无上成就的人。只有他，才了解数学优生学和柏拉图数的奥秘，才能让他们享受人类堕落之前所享受的幸福和欢愉，并替他们保持。① 所有这些都应该牢记心间，格劳孔敕令颁布后（随后有一幕小插曲，是探讨希腊人和野蛮人天生的差别，据柏拉图讲，这就相当于主人跟奴隶之间的差别），该学说就已被清晰地阐明，并且柏拉图审慎地把它视为最让人激动的政治要求的核心——哲学王的统治。仅这一项要求，他教导说，就足以终结社会生活中的邪恶；终结国家中蔓延的邪恶，也即政治不稳定性及其潜在的根源，人类种族的成员里蔓延的邪恶，也即种族退化。该段就是

---

① 关于数与堕落的故事，参阅第 270 页注②和 294 页注②及第 165 页注①和169 页注①及正文。

这样表述的。①

　　"啊"，苏格拉底说，"现在我正在接近此前我所比拟为滔天大浪的那个主题了。然而我还要继续说下去，尽管我已预见到这将招致铺天盖地的讥笑。确实，我现在已能看到了，就这股浪潮，把我的头淹没在嘲笑和贬损的汪洋大海里……"——"不要纠缠你这个故事了！"格老孔说。"除非，"苏格拉底说道，"除非，在他们的城邦里，哲学家们被授予王权，或者我们现在称为国王和寡头的人成为名副其实的哲学家；除非政治权力和哲学二者合二为一（而现在许多顺乎自然、得此失彼的人应由暴力加以镇压），除非这样的事发生，我亲爱的格劳孔，否则的话，将永无宁日；邪恶将继续蔓延于城邦——以及，我相信全人类。"（就此，康德聪明地回答道："国王成为哲学家，或者哲学家成为国

---

① 《理想国》，473c—e。注意（神圣的）静止和邪恶，即腐化或者衰败形式的变化。关于这里译成"僭主"的那个词，参阅第297页注①末。它等同于"世袭贵族"。

　　为了行文之便，我括在括号里的短语是重要的，因为其中柏拉图要求压制所有"纯粹的"哲学家（和非哲学的政治家）。该短语直译过来将是这样："而（具有）放任自流""本性"（赋予的或者天生的）"多数人"，"现在只在这二者之一当中，被强迫排除在外"。亚当承认柏拉图这个短语的意思是"柏拉图拒不承认对追求知识的垄断"；他建议说应当译为："也被强行阻止排他性的追求"，从而弱化该段语后几个词的意义（着重号是我加的。参阅他编辑的《理想国》，Vol，I，330，473d24的注），但他的建议原文中找不到依据——他只是在一厢情愿地把柏拉图理想化。林赛的译法同样如此（"被强行阻止有这种行为"）——柏拉图究竟想压制谁？我相信柏拉图在这里所谴责的才智或"本性"有限或不完善的"多数人"和他在《理想国》495d里提到的"许多本性不完善的人"就哲学家而言是一回事；跟489e（也参阅490e/491a）中提到的"其邪恶是不可避免的""许多人"（自封的哲学家）也是一回事；参阅第288页注③、296页注④和299页注①（和第153页注①）。因而，这场攻击一方面就对准了"未受教育的"民主派政治家，另一方面可能主要针对那位"未受教育的杂种"，平等主义哲学家、半色雷斯人安提斯泰尼；参阅后面第288页注③。

王，似乎是不可能发生的，也不需要发生，因为权力之位将不可避免地降低理智及独立的判断力。然而，一位国王或是如国王般的人，也即自我管治的人及人民，不应压制哲学家，而应留给他们公开言论的权利，这一点无论如何是不可或缺的。"①)

柏拉图这段重要的话被公允地称为整部作品的核心。该段最后的几个词："以及，我相信，全人类"，我认为相比较在这里是次要的余论，然而，有必要对它们作一番评论，因为把柏拉图理想化的习惯导致了这样一种解释：② 柏拉图在这里谈论的是"人道"，把他的谎言从拯救国家扩及拯救"全人类"。就此必须指出，超越了民族、种族、阶级差别的伦理学范畴"人道"，对柏拉图而言是极为陌生的。事实上，我们有充分的证据表明柏拉图对平等主义信念的敌意，从他对安提斯泰尼——苏格拉底的一位老学生兼朋友的态度就可见一斑。③ 和阿基达玛、利科弗龙

---

① 康德：《论永久和平》，增补版（《文集》卡西勒编，1914 年，第Ⅵ卷，第456 页。着重号是我加的）；我也把康德漫长的日期做了某些压缩；参阅 M. 坎贝尔·斯密斯的译本（1903 年），第 160 页。

② 参阅，例如冈珀茨《希腊思想家》，V，12，2（德文版，Vol. Ⅱ 2，382）；或者《理想国》的林赛译本（关于对这一解释的批评，参阅下面第 291 页注②）。

③ 必须承认，柏拉图对待安提斯泰尼的态度引出一个高度思辨性的问题；当然这跟很少有人通过第一手资料了解安提斯泰尼这一事实有关系。甚至连斯多葛学派古老的传统，即犬儒学派或犬儒主义运动可追溯到安提斯泰尼，今天也时常受到质疑（参阅，例如，G. C. 菲尔德的《柏拉图》，1930 年，或 D. R. 杜德利：《犬儒主义的历史》，1937 年），尽管其理由也许并不充分（参阅在《精神》，vol. 47，p. 390，弗雷兹对后一本书的评论）。就我们对安提斯泰尼的了解，特别是通过亚里士多德，在我看来柏拉图的作品当中有许多处极可能隐指他；要寻求柏拉图为何工于此类隐指的证据，其实有一件事实就足够了：在苏格拉底亲近的小圈子里，除柏拉图外安提斯泰尼是唯一在雅典讲授哲学的人。现在，在我看来由达姆勒（特别是《理想国》，495d/e，本章下面第 296 页注④提及；《理想国》，535e，f.，《智者篇》，251b—e）率先指出的柏拉图作品中的一系列攻击极有可能体现了这些隐指。这几

一样，安提斯泰尼也属于高尔吉亚派，他把他们平等主义的思想融入全人类兄弟一家、人类大一统帝国①的学说里。在《理想

段和亚里士多德对安提斯泰尼讥讽式的攻击之间存在有确凿无疑的相似性（至少在我看来）。亚里士多德提到安提斯泰尼的名字时，说他是个笨蛋，他还说道"未受教育者如安提斯泰尼"（参阅第二卷第十一章第50页注②），柏拉图在上述段落中用了类似的口吻，但更加尖锐。我记得第一段是出自《智者篇》，251b，f.，它跟亚里士多德的第一段确实有很强的一致性。鉴于《理想国》中的两段，我们必须记住，根据传统说法，安提斯泰尼是个"杂种"（他的母亲来自野蛮的特雷西），而他在雅典专为"杂种们"设的大学预科任教。现在我们发现，在《理想国》，535e，f.（参阅第294页注②末），有一处攻击是那么醒目，它肯定是针对某个人的。柏拉图说"要涉猎于哲学者，不受其个人卑微情感的束缚，"同时他辩解道，"出自低贱的人应被禁止"从事哲学。他说这些人对工作和对休息的热爱是"不平衡的"（或"偏颇的"或"跛足的"）；从而就演变成对个人的攻击，他提到某些具有一个"残缺的灵魂"的人，尽管他热爱真理（如一位苏格拉底主义者那样），却没有获得真理，因为他"沉迷于无知之中"（也许是由于他没有接受形式理论的缘故）；他还警告城邦不要信任这种跛足的"杂种"。我认为安提斯泰尼是这一毫无疑问的人身攻击的对象；我的一条强有力的证据是，承认敌人热爱真理。它的确存在于极端粗暴的攻击之中。但假如这段是指安提斯泰尼，则很有可能另一颇为相似的段落，即《理想国》，496d/e，指的也是他，那里他又一次成了柏拉图笔下的牺牲品，把他描述成灵魂和肉体都"毁坏了的"或"偏颇了的"人。在本段中，他坚持认为，他鄙视的对象，尽管妄图成为哲学家，却堕落到这种地步以至于不以屈尊（"手艺的"，参阅第二卷第十一章第8页注①）体力劳动为耻。现在我们知道安提斯泰尼建议进行体力劳动，他十分尊崇体力劳动（有关苏格拉底的态度，参阅色诺芬《回忆录》，Ⅱ，7，10），并且言传身教，付诸实践；这是证明拥有偏颇灵魂的人就是安蒂斯内森的又一条有力证据。

就在同一段中，《理想国》，495d，针对"那些许多本性不完善的"，然而却又渴求哲学的人也有一番评论。这应当是指具有"许多本性"的同一团体（亚里士多德的"安提斯泰尼"），在《理想国》，473c—e中要求对它们进行压制，本章第287页注①已讨论过了。——也参阅《理想国》，489e。本章第299页注①和296页注④要提到。

① 从西塞罗的《论神的本性》和菲洛德摩斯的《论虔诚》中我们知道安提斯泰尼是一神论者；从他表述他的一神论（"根据自然"，即真理，只有一个神，尽管"依据约定"有许多神）的形式就看得出在他心中自然—约定是

对立的，这种对立也存在于从前的高尔吉亚学派的成员和同时代阿基达玛及利科弗龙的心中（参阅第 141 页注②），且必然跟平等主义有关。

从这一点并不能理所当然地得出半野蛮人的安提斯泰尼相信希腊人和野蛮人兄弟一家的结论，然而在我看来他极有可能这么认为。

W. W. 塔恩〔《亚历山大大帝和人类的一统》，参阅第 141 页注②（2）〕曾试图表明——我认为成功了——人类一统的观念至少可以追溯到亚历山大大帝。我认为用一种颇为类似的推理方式，我们可以追溯得更远；直到狄奥根尼、安提斯泰尼，以至到苏格拉底和伯里克利时代（参阅第 353 页注②及正文）"伟大的一代"。即便没有更翔实的证据，这一点也是很有可能的；因为世界主义的观念只可能是伯里克利时代那种帝国主义倾向产生的必然结果〔参阅《理想国》，494c/d，第 290 页注②（5）里提及，以及《第一阿基比德篇》，105b 以下；并参阅第 340 页注②至 349 页注②、357 页注③和 366 页注①的及对应正文〕。如果存在其他平等主义倾向，则这就是很有可能的。我并不想低估亚历山大信念的重要性，但是他的观念在我看来，在某种意义上是五世纪雅典帝国主义的一些精华思想的复兴。

至于细节方面，我首先要说的是有有力证据表明，至少在柏拉图（和亚里士多德的）时代，平等主义问题显然跟两个十分相似的区别有关：一方面是希腊人和野蛮人之间的，另一方面是主人（或自由人）同奴隶之间的；参阅第 141 页注②。现在我们有有力证据，五世纪时雅典反奴隶制运动并未局限于像欧里庇得斯、阿基达玛、利科弗龙、安提芬、希庇亚斯之类的少数知识分子中间，但现实中它获得了相当的成功。在雅典民主制敌人（特别是"老僭主"、柏拉图、亚里士多德；参阅第 90 页注②、91 页注①和 99 页注②及第 357 页注③）全体一致的记录中保留了这一证据。

如果我们从公认的证明了世界主义之存在的贫乏却极其有效的证据出发，那么，我相信它极为合理地给我们提出，在这些证据当中同样包括了对这一运动敌人的攻击。换言之，如果我们想如实评价其重要性，我们就必须充分利用老僭主、柏拉图及亚里士多德对人文主义运动的攻击。因此老僭主（2，7）攻击了雅典人折中式的世界主义生活方式。柏拉图对世界主义及类似倾向的攻击，尽管并不常见，却有独特的价值（我记得的段落如《理想国》，562e/563a——"公民、居留的异乡人、外邦的陌生人，都以平等为基础"——这一段应和《米纳塞努篇》245c—d 中讽刺性的描述进行比较，后文中柏拉图讽刺式地赞美了雅典人对野蛮人持之以恒的仇恨；《理想国》，494c/d；当然《理想国》，469b—471c 一段文字必须从这一语境出发思考一番。也参阅第 199 页注①末）。我尊敬塔恩的分析，但我不认为他十分公正地对待五世纪这一运动中的各种各样的知名政治家，如安提芬（参阅第 149 页，他的书之注 29）或者欧里庇得斯或者希庇亚国》里，作者拿希腊人和野蛮人天生的不平等与主人和奴仆的关系相比照，从而攻击了平等主义信念，碰巧就在我们时下正谈论的这个重要段落之前，发动了攻击。①由于这些及其他的理由，②我们似乎可以放心地断定，当柏拉图谈到人类蔓延的邪恶

斯，或者德谟克利特（参阅第354页注②），或者狄奥根尼（第150页，注12）和安提斯泰尼。我不认为安提芬只想强调人们之间的生物学关系，因他毫无疑问是位社会改革家；而且对他来说"依据本性"就是"依据真理"。因而在我看来就很难确定他曾抨击说希腊人和野蛮人之间的差别是虚构的。欧里庇得斯的残篇上陈述说，一个高贵的人就像鹰击长空一样能在世界上闲庭信步，对此塞恩评论道，"他知道鹰有一个固定的巢穴"；但这一评论对残篇并不完全公正；因为要成为一个世界主义者，他并不需要放弃自己持久的家庭。藉于这一切，当狄奥根尼用我是位世界主义者，是整个世界的公民来回答"你从哪儿来"时，我不明白为什么他的意思纯粹是"否定性的"；特别是如果考虑到记录下来的苏格拉底的类似回答（"我是这个世界上的人"），以及德谟克利特的另一回答（"聪明人属于一切国家，因为一颗伟大灵魂的家园属于全世界"；参阅迪尔斯，残篇247；其真实性受到塔恩和迪尔斯的怀疑）。

也必须从这一证据出发来思考安提斯泰尼的一神论。毫无疑问这种一神论不是犹太教型的，也即不是部落或排他型的（假使真的如狄奥根尼·拉尔修，Ⅵ，13所载，安提斯泰尼在西诺萨基斯"杂种们"的大学预科任都，那么他肯定在有意突出他自己混合的蛮族血统）。当塔恩指出（第149页）亚历山大的一神论和他的人类一家观念相关联时，他当然是正确的。但这些也适用于犬儒主义的观念，因为，我相信（见上注）它受到安提斯泰尼以及苏格拉底的影响。（扼要参阅西塞罗《图斯库卢姆谈话录》，Ⅱ，37和爱比克泰德，Ⅰ，9，Ⅰ，以及狄奥根尼·拉尔修，Ⅵ，2，63—71的证据；也参《高尔吉亚篇》，492e，及狄奥根尼·拉尔修；Ⅵ，105。也参阅爱比克泰德，Ⅲ，22和24。）

综上所述，如传统的记载那样，亚历山大（他，像塔恩暗示的，并没有受到他的老师亚里士多德的特殊影响）受到狄奥根尼观念的激励并不是完全没有可能；影响他的观念肯定存在于平等主义传统中。

① 参阅《理想国》，496b—471c，尤其是470b—d，及469b/c。这里我们得到的（参阅下注）确似在介绍一套新的伦理体系，包含的内容比城邦更广泛；也即希腊优越论。如所预料的〔见下注（1）（b）〕，柏拉图详细地阐述了这一点。（康福德公正地概括了这一段，他说，柏拉图的"人文主义关怀没有超出希腊边界"；参阅《柏拉图的理想国》，1941年，第165页。）

② 本注汇集了进一步解释《理想国》473e及柏拉图的人文主义问题的论证。我要向我的同事 H. D. 布罗德赫德教授表达我的感激之情，他的批评极大地帮助我完善并明确了我的论证。

————————

(1) 柏拉图的基本论题（参阅《理想国》，368e，445c，577c，及第160页注②，方法论方面的评论）之一，是个人与整体也即城邦之间的比较和对立。引入甚至比城邦更广泛的新的整体，即人类，对一位整体主义者来说，这是需要采取的至关重要的一个步骤；它将需要（a）准备和（b）阐述。（a）并不是我们在前面讨论希腊人和野蛮人的对立一段里所见到的那样的准备。我们发现（《理想国》，469b—471c）没有阐述，如果有的话，那就是取消了"人类种族"这一模糊性的表述。首先，紧接着我们思考的关键段落，即哲学王（《理想国》，473d/e）一段的后面，是对那令人生疑的表述的解释，采取的是总结或结束整个演讲的形式。这一阐述就是柏拉图一般的对立，城邦——个人，代替了城邦——人类的对立。该阐述的大意是："其他任何宪政都不能建立国家的幸福，无论是在私人还是在城邦事务当中。"其次，如果我们分析思考中的关键段落的6次重复或变种（即，487e，499b，500e，501e，536a—b，下面第294页注②，将得到类似的结果）。其中的两种（487e，500e）只提到城邦，其他几处柏拉图一般的对立，城邦——个人，又一次取代了城邦——人类的对立。其他任何地方都没有进一步提及柏拉图所谓的观念，即仅智慧的统治就不仅能拯救苦难的城邦，还能拯救苦难的全人类——由此出发，显然在所有这些地方，萦绕在柏拉图心头的只有他的一般的对立（然而，并不想就此做出任何允诺），或许其意思是仅智慧的统治就能使任何国家——获得稳定与幸福——神圣的静止，国家里所有个体公民和他们的后代也是如此（否则邪恶——即退化的邪恶将蔓延）。

(2) "人类"一词，柏拉图把它当作一种规则来使用，要么作为"神圣的"的对立面（于是，有时就带有一种轻微的贬义，尤其当强调人类知识或人类艺术的限度时，参阅《蒂迈欧篇》，29e/d，77a，或《智者篇》266c，268d或《法律篇》，691e，f.，854a），要么在动物学意义上使用，相对于或比照于动物，例如鹰。除苏格拉底早期对话篇外〔有关另一例外，参见下面本注（6）〕，别的地方我没有发现该词（或"人"一词）在人文主义意味上使用，即指某种超越民族、种族或阶级差别的东西。"人类"一词甚至鲜有用于"精神"方面（我记得《法律篇》，737b中有这样的用法："一种人不可能做的傻事"）。事实上，在第二卷第十二章第79页注①对应正文中引用的费希特和斯宾格勒的极端民族主义观点，是对柏拉图"人类"一词用法恰当的表述，表示的是一种动物学而非伦理学范畴。应当指出柏拉图段落中大量的这样及其他类似的用法：《理想国》，365d；486a；459b/c；514b；522c；606e，f.（其中，作为人类事务指导者的荷马和给神颂唱赞歌的创作者相对立）；620b.——《斐多篇》，82b——《克拉底鲁篇》，107b.——《巴门尼德篇》，134e.——《泰阿泰德篇》，107b.——《克里托篇》，46e.——《普罗塔哥拉篇》，344c.——《政治家篇》，

274d（人类畜群的牧人是神而非人）——《法律篇》，673d；688d；737b（890b可能是歧视性用法的又一例——"人类"在这里几近等同于"多数人"）。

（3）确实是真实的，柏拉图设定了人类的形式或理念；但如果认为这表明所有的人都有共同的方面就错了；相反，它是一种骄傲的上流希腊人的贵族观念；它不是基于人类兄弟一家信仰，而是（人类）"本性"的等级制信仰，是贵族还是奴隶，这跟其与起源，与人类种族古老祖先的相似度相一致（希腊人比其他任何种族更接近他）。因而"神只同极少数人分享智慧"（《蒂迈欧篇》51e；参阅亚里士多德，第二卷第十一章第6页注①对应正文）。

（4）"天国之城"（《理想国》，592b）及其公民，如亚当正确指出的，并不是希腊人；但这并不等于他们就是他所认为（470e30的注及其他）的"人类"；他们是绝无仅有的超级——希腊人（他们在470e以下里的希腊城邦"之上"）——比任何时候都更远离野蛮人（这些评论并不意味天国之城的观念——例如天国的狮座及其他的星座——不具有东方起源）。

（5）最后应当提到，499c/d一段排除了希腊人和野蛮人之间的差别，认为它不过如同过去、现在、未来之间的差别一样：这里柏拉图力图有力地对时空范围的无所不包做一概括：他无非是想说："无论何时，也无论何地"（我们不妨加上：即便在最不可能的地方，如蛮族的国家）"的确发生过这样的事，那么……"《理想国》，494c/d中的话语表达了当面临着处理某些不敬的荒唐行为时类似的然而更为强烈的情感，这种情感由于阿基达玛对希腊人和外邦人大一统帝国的希冀而被激发出来。〔我同意菲尔德：《柏拉图及其同时代人物》，第130页，注1，及塔恩表达的观点；参阅第141页注②（2）〕。

总之，除了对超越种族阶级的人类一统的人文主义观念的敌意外，我什么也没能发现，而且我认为那些发现了与此相反的理想化的柏拉图的人，同时没能看到其贵族的和反人文主义的排他主义跟他的理念论之间的联系。也见本章第294页注①—②、297页注①及以下。

＊（6）据我所知，真正的例外只有一处，有一段的立场与所有这些形成鲜明的对照。这一段（《泰阿泰德篇》，174e, f.）设计好来说明哲学家宽广的胸怀和全球性的视野，我们读到："每个人都有无数的祖先，无论如何他们中间肯定有富人、也有贫者，有国王、也有奴隶，有野蛮人、也有希腊人。"这一段很有意思而且确实是人文主义的——它强调了主人与奴隶、希腊人与野蛮人之间的呼应，使人联想到柏拉图所反对的所有其他理论——我不知道它是如何跟柏拉图自己的观点调和的。也许它也跟《高尔吉亚篇》中的许多处一样，是苏格拉底式的；也许《泰阿泰德篇》（跟通常的推测不同）早于《理想国》。＊

时，他在暗示一种理论，一种此时他的读者非常熟知的理论，也即，国家的福祉最终取决于统治阶级诸位成员的"本性"；他们、他们的种族乃至子孙后代的"本性"反过来又受到个人主义教育的邪恶及更为重要的种族退化的威胁。柏拉图的话语，清晰地道出了神圣的静止和邪恶的变化衰退之间的对立，预示着"数目与人类堕落的故事"。①

在阐释他最重要的政治要求的段落里暗示出其种族主义是最合适不过的了。如果没有那些在对优生学至关重要的学科里受过训练的"名副其实的哲学家"，国家将迷失方向。在"数目与人类堕落"的故事里，柏拉图告诉我们，退化了的护卫者所犯的最大也最致命的过失之一，就是失去了对优生学，对监管、检验、提纯人种的兴趣："这样一来统治者们将被告知，他们不再适合护卫者的任务；也即，监管、检测、提纯金属种（这即是赫西奥德的种族，也是你的种族）金、银、铜、铁的任务。"②

---

① 我认为暗示的是数目故事里的两个地方，在那里柏拉图（通过说"你们的种族"）来指人类种族："关注你们的种族"（546a/b；参阅第165页注①及正文）并且"检验你们种族里的金属"（546d/e, f.；参阅第159页注①、169页注①及下一段）。也参阅本章第294页注②中，就这两段，即哲学王的关键段落数目故事一段之间的"桥梁"所做的论证。

② 《理想国》，546d/e, f. 此处引用的一段是数目和人类堕落故事的一部分，546a—547a，引用于第165页注①、169页注①的对应正文里。也见本章第270页注②、286页注①——我的论点（参阅上注对应正文），即《理想国》，473e（参阅本章第287页注①和291页注②），哲学王的关键段落里的言语预示着数目的故事，由于观察到两个段落之间存在着一条桥梁而变得更加坚定。毫无疑问《理想国》，536a/b，预示着数目的故事，另一方面，可以认为该段是哲学王关键段落的倒置（因而可认为是一变种）；因为实际上它的意思是，假如不合适的人被选作统治者，那么肯定要发生糟糕透顶的事，该段甚至以直接联想到巨浪而结束："假如我们选择了另一类人……那么我们将给哲学招来另一类嘲笑的浪潮。"这一明确的联想，我相信，表明柏拉图意识到了这一段的特性（从473e的末尾到开头都可看出），它表明如果我们忽视了哲学王一段提的建议，将会发生什么样的后果。现在，倒置（536a/b）一段

这一切都源于对神秘的婚姻数目的无知。但毫无疑问数目并不是柏拉图自己的发明。（数以纯粹的和声学为前提，而和声学反过来又以立体几何——写作《理想国》时的一门新兴学科——为条件。）因此我们就发现，通晓真正的护卫职位的奥秘、掌握破解其钥匙的，除柏拉图外别无他人。这就只意味着一件事：哲学王就是柏拉图自己，而《理想国》就是柏拉图本人对神圣权力的要求——他认为这种权力非己莫属。如他所做的，哲学家要求和殉道者科德鲁斯（最后一位雅典国王，据柏拉图讲，他"为了给他的孩子们保全王国"而牺牲了自己）后嗣及法定继承人的要求在他身上有机地结合起来。

八

得出此结论后，许多问题豁然开朗。比如，在柏拉图的作品里，到处是对当代问题及其特征的暗示，我们几乎用不着怀疑，作者的用意并不仅是一篇理论长文，而是一份针砭时弊的政治宣言。"我们将彻底误解柏拉图，"，A. E. 泰勒说，"如果我们忘了《理想国》不仅仅是探讨政府的理论文汇……而是一部由一位雅

可被描述为"关键段落"（473e）和"数目段落"（546a以下）之间的桥梁；因为它明确提到了种族主义，预示了关于同一主题的另（546d, f.）一段，本注即为该段所加。（这可以当成柏拉图种族主义，并且在写作哲学王一段时，他有所表露的又一证据。）这里我引用"倒置"段落（536a/b）的开头："我们必须仔细分辨嫡种和杂种。因为假如个人或城邦不知道如何看待这类事务，他们将极其天真地认可任何地位的不平衡，或（跛足的）杂种们的服务；可能当成朋友，或甚至当成领导。"（也参阅本章第288页注③）

要对柏拉图沉浸在种族退化和种族培养的之类问题进行某些解释，参阅第334页注①、336页注①和387页注②，并联系第165页注①（3）和169页注①（2）。

关于下段正文中引用的殉道者科德鲁斯一段，见《会饮篇》，208d，第43页注②有更完整的引用——R. 艾斯勒（《高加索》，5，1928，p. 129，注237）断言"科德鲁斯"是前希腊语中的"国王"。这就给认为雅典贵族是土生土长的传统说法涂上更浓的色彩〔见本章第269页注①（2）〕。

典人提出的严肃认真的现实改革方案……像雪莱一样，燃烧着
'改造世界的热情'"①。这一点毫无疑问是真实的，仅从这种考
虑出发，我们就该得出结论：在描绘他的哲学王时，柏拉图肯定
想到了同时代的一些哲学家。而在写作《理想国》时，全雅典
称得上哲学家的只有三位知名人物：安提斯泰尼、伊索克拉特及
柏拉图本人。如果我们带着这些思考来解读《理想国》，那么，
我们马上就可发现，在探讨哲学王的过程中有一冗长的段落，因
其中蕴含了柏拉图的个人意向而格外醒目。在开头，②它确凿无
疑地在暗示一个广为人知的人物，即阿基达玛，结尾时，它坦白
地提到了泰阿格斯的大名，而苏格拉底指的就是他自己。③这样
就只有极少数人能称得上真正的哲学家，能胜任哲学王之职。阿
基达玛出身高贵，属于合适人选；但他抛弃了哲学，尽管苏格拉
底曾试图挽救他。哲学一方面被一些人轻视、抛弃；另一方面又
被一些根本不配此道者宣称对其拥有所有权。最终的情况是，
"有资格和哲学相连的人只剩下为数不多的几个人了"。从我们
业已论及的观点出发，我们不得不猜测"根本不配此道者"是
安提斯泰尼、伊索克拉特及其他们那一学派（他们也是柏拉图
在论及哲学王时的关键段落中要求对之予以"武力镇压"的那
种人）。事实上还有一些别的论据能印证这种猜测。④ 与此相似，
我们不妨猜测"有资格的少数人"中包括柏拉图，还可能包括

---

① A. E. 泰勒：《柏拉图》（1908 年，1914 年），第 122 页，我赞同该段引用于
　　正文中的部分。然而，我在"雅典人"后面省略了"爱国者"一词，因为
　　我不完全同意泰勒那里为柏拉图描绘的特征。有关柏拉图的"爱国主义"，
　　参阅第 89 页注②、③和 90 页注①，关于"爱国主义"一词和"父邦"，参
　　阅第 351 页注①至 352 页注②、353 页注①和 364 页注①。

② 《理想国》，494b："那么这种类型的人从童年起不会样样第一吗？"

③ 前引书，496c："我个人的精神轨迹，不需要我说。"

④ 参阅亚当在他编辑的《理想国》注 495d23 和 495e31 中的言论，以及第 288
　　页注③（也参见第 299 页注①）。

他的一些朋友（戴奥很可能被包括）。实际上这段文字几乎令人确切无疑地相信柏拉图在此说的正是他自己："这个小圈子里的人……能看清多数人的疯狂和所有公共事务的普遍腐化。哲学家……就像一个身居野兽笼中的人。他不具备许多人都有的非正义，但是他个人的力量还未强大到靠他一个人的力量来战斗的地步，因为他被困于一个野兽的世界之中。就在他能够做一些有益于他的国家或朋友的事之前，他自己就可能被害……已充分地考虑过这些，他保持平静，只局限于做自己的工作……"① 这些尖

① 《理想国》，496c—d；参阅《第七封信》，325d.（巴克在《希腊政治理论》），I，107，n.2，中就引用的段落说"有可能……柏拉图正在想着犬儒派的人"，我不认为此时他的猜测是明智的。该段当然没有指安提斯泰尼；而狄奥根尼、巴克心中肯定想到他，在著述时他还远未出名，这就离事实太远，柏拉图是不可能用这样的方式来指他的。

　　（1）《理想国》中还是这一段的前面，另有话语可能在指柏拉图自己。谈到相称的小团体及从属于他们的人时，他说："一位出身高贵受过良好教养的人因逃跑（或者'放逐'）而得救。"（得救，也就是避免了阿基达玛的下场，他成了奉承谄媚的牺牲品并且疏远了苏格拉底哲学）。亚当认为（496b9 的注）"柏拉图不可能被放逐"；但老师死后苏格拉底的弟子们大批逃往梅加腊的一幕深深地留在了柏拉图的记忆中，并且成为他人生的转折点之一。那一段几乎不可能指戴奥，因为身遭放逐时，戴奥已 40 岁左右，韶华已逝；而且没有如柏拉图的情形，与苏格拉底的同事阿基达玛相对照（这与柏拉图曾抵制戴奥的放逐，并试图取消它的事实大有出入）。如果我们承认该段指柏拉图，那么我们就不得不承认 502a 也指柏拉图："谁会怀疑国王或君主的子孙有可能是天生的哲学家？"；该段的后面与该段的前面太相似了，以至于它们好像是在指同一个"出身高贵的人物"。对 502a 的解释可能就在本身，因为我们必须记得柏拉图时常因他的家族表露出自豪感，比如，颂扬他的父亲和兄弟们，称他们是"神圣的"（《理想国》，368a）；我不同意亚当，他认为这些话是讥讽式的；也参阅《会饮篇》208d 对柏拉图所称的祖先科德鲁斯的评论，再联系他说自己是阿提卡部落王的后代。如果同意这个解释，499b—c 中提到的"统治者，国王或他们的子孙"，极符合柏拉图，将不得不从同样的立场出发来思考，也即，把它看成是对 502a 的准备。但这将解开另一个谜。我心里指的是 499b 和 502a，要把这些段落解释为企图奉承小狄奥尼修斯，就算不是不可能，也绝非易事，因为这样的解释几乎不能跟柏拉图攻击（572—580）老狄奥尼修斯时的纯粹的狂暴及公认的（576a）个人经历相一致。柏拉图在这三段中（473d，499b，502a）

酸且极非苏格拉底式①的词句中所表露的强烈的憎恶之情，表明这是柏拉图自己的意思。然而为充分理解之见，这段个人坦白应和下面的词句相对照："经验丰富的航海家乞求无技术经验的水

都谈到了世袭王国（他把其与僭主制严格区别来开）和"王朝"，注意到这一点是重要的；然而我们从亚里士多德《政治学》，1292b2（参阅迈耶《古代史》，第Ⅴ卷，第56页）和1293a11中获知，"王朝"是世袭寡头家族，因而与狄奥尼修斯式的僭主家族颇为不同，它反倒像柏拉图自己的家族，我们现在称之为贵族家族。修昔底德，Ⅳ，78，和色诺芬：《希腊史》，Ⅴ，4；46支持亚里士多德的观点（这些论点是针对亚当给499b13做的第二个注）。也见第43页注②。

　　（2）在《政治家篇》中发现了含有明确地提及自我的又一重要的段落。这里正统的政治家的本质特征被认为（258b，292c）是他的学问或知识；其结果是再次吁求智慧统治："唯一合适的政府是在其中统治者是真正的知识大师（293c）。"而且柏拉图证明道，"占有正宗知识的人，无论统治与否，如我们的论点所示，肯定会被宣称是王室的"（292e/293a）。柏拉图当然声称占有了正宗的学识，于是该段清楚地暗示他认为他自己是一位"必须被宣称为王室的人"。想试图解释《理想国》，就绝不能忽视这段启发性的文字。〔当然，这门正宗的科学又成为培养精英阶级的浪漫主义教学法，它必须为维护和团结其他阶级——奴隶、劳动者、职员等的机构提供指导，在289c以下中讨论到。这样正宗科学的任务就被描述为：当这些节制且有勇气的人被君王的权术聚集在一个和谐友爱的共同体中生活时，把他们的性格"交织"在一起。也见第169页注①（2）、99页注②及282页注①〕

① 在《斐多篇》著名的一段（89d）里，苏格拉底警告不要厌恶人类或仇恨人类（他把此与厌恶议论和不相信理性论辩进行了比较）。也见第354页注①及245页注②。

　　本段下一引语出自《理想国》，489b/c——如果考虑到整个488和489，特别是在489e中对"众多的"哲学家的抨击，说他们的弱点总是不可避免的，也即有同样"众多的"和"不完善的本性"，第287页注①和288页注③讨论了对他们的压制——那么它与前一段的关联就更为明显。

　　我认为，在《法律篇》，704a—707c中可以找到一条柏拉图梦想成为哲学王和雅典拯救者的证据，其中柏拉图力图指出海洋、航海、贸易和帝国主义的道德危险性（参阅亚里士多德：《政治学》，1326b—1327a，以及第340页注②至349页注②及357页注③及其正文）。

　　特别参阅《法律篇》，704a："如果国家建立在海边，并且拥有天然的港湾……那么她将需要一位强有力的勇士，一位超人的立法者，以使她免于变异和退化。"难道我们不能把此理解为柏拉图把他在雅典的失败归因于地理位置所带来的超越人类的困难？（尽管有这些失望——参阅第261页注①——柏拉图仍然相信说服僭主所用的方法；参阅《法律篇》，710c/d，第93页注②对应正文中引用）。

手接受其命令，这和聪明的人趋附富人一样都是违反自然的事情……而真实且自然的过程应当是不管富人还是穷人，只要他生了病就应该对医生趋之若鹜。同理，那些被统治的人应围在有能力统治者的家门周围。如果一位统治者有真本事，他就根本用不着乞求他们接受他的统治。"谁还听不出该段所洋溢的个人自傲感？我来了，柏拉图说，我是你们天生的统治者，是知道怎样统治的哲学王。如果你们需要我，你们就必须得想到我，如果你们再坚持，我也许会成为你们的统治者，但我不会乞求你们的。

他相信他们会来吗？跟许多伟大的文学作品一样，《理想国》里也有证据表明，作者经历了对成功的极度渴望①及与此相伴的失望和悲伤。至少，有时柏拉图希望他们能来；希望他的著作获得成功，他的智慧的名声能把他们吸引过来，然后他又感到，他们只会受到刺激而进行恶意进攻；他能给自己带来的只是"嘲笑和诽谤的浪潮"——也许还有死亡。

他雄心勃勃吗？他已触及了天上的星星——接近了神圣。我有时纳闷，人们对柏拉图的热情为何不部分地归于他曾表述过许多神秘梦想这一事件。② 即使在那些驳斥野心的地方，我们也只

---

①　在一段文字里（《理想国》，498d/e，的开头；参阅第322页注②），柏拉图甚至这样表达了他的希望：一旦"多数人"学会（也许是从《理想国》里？）分辨名副其实的哲学家和浪得虚名的哲学家，他们就有可能改变观念并接受哲学家为统治者。

　　正文中该段的最后两行，参阅《理想国》，473e—474a，及517a/b。

②　有时候会公开承认这类梦想。F. 尼采：《权力意志》（1911 年版，V，4，格言，958，此处指《泰阿格斯篇》，125e/126a）写道："在柏拉图的《泰阿格斯篇》中写道：'只要有可能性，我们中间的每个人都想成为他所有人的君主——而且他最想成为上帝本人。'这是必然回归的精神。"我不打算评论尼采的政治观点；但另一些哲学家，柏拉图主义者，他们天真地暗示说，如果一位柏拉图主义者，因某些偶然的机遇和运气，在一个现代国家里取得了权力，他将朝着柏拉图的理想奋斗，至少会使事情比他原来看到的要

能感到他受到了野心的刺激。他给我们保证，①哲学家不能有野心，"尽管注定要统治，他却是最不想统治的人"。但所给的理由却是——他的地位太高了，他只要已跟神意有过沟通，就有可能从自己的高位降到凡人的位置，为了国家的利益而牺牲他自己。他并不渴求，但作为一个天生的统治者和拯救者，他随时准备着出马。可怜的平民百姓们需要他。如果没有他，国家必将毁灭，因为只有他才知道怎样维系它——即知道防止退化的秘密。

我认为我们必须正视这一事实，即在哲学王统治背后隐藏的是对权力的追求，给最高统治者的画像就是一幅自画像。我们从这一令人震惊的发现中平静过来后，就该重新审视这幅令人敬畏的画像。而且，如果我们勇于正视苏格拉底讽刺式的药剂，那么我们或许将不再觉得它有多么可怕。我们也许将开始了解它的人性、确实是它的富有人性的特征。我们可能甚至会为柏拉图感到一丝惋惜。他感到满足的只能是建立了第一个哲学教授职位，而不是哲学王位。他永远不可能实现他的梦想，照他自己的形象构建的国王理念。靠着讽刺式的药剂坚强起来后，我们可能还会发现，柏拉图故事中的忧郁，类似于《丑陋的猎狗》的故事里对柏拉图主义单纯无意识的小小讽刺，其中那只名叫托诺的丹麦大

更接近完善，"诞生于'君主制'或'民主制'中的人……"我们读到（我怀疑，这是在暗指 1939 年的英格兰）"有了柏拉图式哲学家的理念并能发现自我，靠着环境因素的时来运转，占有最高的政治权力，将理所当然地要努力使柏拉图的国家变为现实，而且即便他们没有大获成功，至少会使整个国家比原来更像那个模型"。（引自 A. E. 泰勒《理想国》，第 Ⅷ 卷中"国家的衰退与堕落"，《精神》，N. S. 48，1939，p. 31.）下一章的论证部分地是针对这样的浪漫主义梦想。

　　在 H. 凯尔森精辟的论文《柏拉图的爱》（《美国意象》，第 Ⅲ 卷，1942 年，第 1 页以下）中对柏拉图的权力欲进行了分析。

①　前引书，520a—521c，引文出自 520d。

狗凭它自己的想象形成了他的"大狗"之王的理念（只是最终它愉快地发现他自己就是大狗）[1]。

　　柏拉图的哲学王理念到底是怎样一座关于人类渺小的丰碑！它跟苏格拉底的相互比较与人道形成了多大的反差！苏格拉底警告政治家防范因其权力、才能、智慧而忘乎所以的危险，并且力图教导我们，最为要紧的是——我们都是脆弱渺小的人类，从（苏格拉底）讽喻、理性、真实的世界到柏拉图因其具有魔幻般的权力而使他凌驾于普通人之上（尽管还没有高到无须运用谎言或者无视每个巫师的卑鄙交易——他们兜售咒符，兜售生育的咒符，以换取凌驾于同行之上的权力——的地步）的哲人王国，这是何等的退步！

---

[1]　参阅 G. B. 斯特恩《丑陋的猎狗》，1938 年。

第九章 唯美主义、完善主义、乌托邦主义

> 为了从头开始，一切事物都须加以摧毁。我们整个糟糕透顶的文明必须先垮掉，然后我们才能使这个世界合乎情理。
>
> ——"穆尔朗"① （杜·加尔：《蒂博一家》）

在柏拉图的纲领中内在地存在着我认为极其危险的关于政治学的研究方法。从理性的社会工程的观点来看，其分析具有重大的现实意义。我想到的柏拉图哲学的研究方法可以描述为乌托邦工程，它和另一种类型的、我认为是唯一一种理性的社会工程相对立，而后者可以命名为零星工程。乌托邦的方法更为危险，因为它似乎可以成为一种彻头彻尾的历史主义——意味着我们不能够改变历史进程的极端历史主义方法的显而易见的替代方法；与此同时，它似乎成为对像柏拉图的理论那样允许人类干预的不那么极端的历史主义的必要补充。

乌托邦方法可描述如下：任何一种理性行动必定具有特定目的。它有意识地且一以贯之地追求其目的，并且根据其目的决定所采取的手段，这同样是理性的。因此，假如我们想要理性地行动，那么选择这个目的就是我们必须做的第一件事情；而且我们

---

① 题记格言出自《蒂博一家》，罗热·马丁·杜·加尔著，引自英文版第575页（《1914年夏》，伦敦1940年）。

必须小心谨慎地决定我们真正的或最终的目的，我们必须把它们同那些实际上仅仅作为达到最终目的的手段或中间步骤的中间的或局部的目的明确区分开来。假如我们忽略了这个区别，那么我们也一定会忽略了追问这些局部的目的是否可能促进最终目的的实现。而相应地，我们必定无法理性地行动。假如应用于政治活动领域，这些原则要求我们在采取任何一种实际行动之前，必须决定我们最终的政治目标，或理想国家。只有当这个终极目的确定之后，至少是要有粗略的大纲，只有当我们拥有了像是我们目标所系的社会蓝图一样的某种东西，只有那时，我们才能开始考虑实现它的最佳途径和手段，并制订实际行动的计划。这些是能够称得上是理性的、特别是社会工程的任何实际政治行动必需的基本条件。

　　简言之，这是我称之为乌托邦工程的方法论上的研究方法①。它让人确信无疑且富有吸引力。实际上，这种方法论上的研究方法吸引了所有既未受到历史主义偏见影响，也没有反对这些偏见的那些人们。这恰恰使它更具有危险性，并使对它的批判更为紧要。

　　在着手开始详细批评乌托邦工程之前，我想先概述一下另一种社会工程即零星工程的思考方法。我认为这种思考方法在方法论上具有合理性。采用这种方法的政治家在其头脑之中，可以有或者可以没有一个社会蓝图，他可以拥有或者也可以不拥有人类有一天将实现某种理想国家、并在人世间达到幸福与完善的希

----

　　① 我对乌托邦社会工程的描述似乎与伊斯特曼在《马克思主义：它是科学吗？》一书中所倡导的那种社会工程一致；尤可参见该书第22页以下。我有这样一种印象，伊斯特曼的观点表现了从历史主义到乌托邦工程摇摆不定态度的来回摆动的变化。但是也许我弄错了，而且伊斯特曼真正想到的也许更倾向于我称之为零星工程的想法。罗斯科·庞德的"社会工程"概念明显是"零星的"；参阅第50页注①，也见第147页注②（3）。

望。但是他会明白，假如至善至美在任何程度上可以实现的话，那么它也是极其遥远的，而且每一代人，并且因此也包括所有在世者就拥有了一种权利；或许不是一种要求获得幸福快乐的权利，因为并不存在使一个人幸福快乐的制度手段，而是一种在能够避免的情况下要求不被造成不幸的权利。假如他们遭受苦难，他们有权利要求给予所有可能的帮助。因此，零星工程将采取找寻社会上最重大最紧迫的恶行并与之斗争的方法，而不是追求其最大的终极的善，并为之奋斗的方法①。这种区别远远超过单纯的字面上的差异。实际上，这是极其重要的。它是一种改善人类命运遭际的明智的方法与另一种方法之间的区别，后者假如真的加以尝试，会很容易地导致不可容忍地加剧人类苦难。其区别在于，前者可以在任何时间加以运用，而后者的主张会容易成为持

---

① 我认为，从伦理学的观点来看，在苦难与幸福，或痛苦与快乐之间并不存在着对称关系。功利主义者的最大幸福原则和康德的"增进他人幸福……"的原则，在我看来（至少在它们的表述上），二者在这一点上都是根本错误的。然而这一点并不是理性论证的观点（关于伦理信仰的非理性方面，参见这一章的有关注释，而关于理性方面，参见第二十四章的第二节以及特别是第三节）。在我看来〔参阅第134页注①（2）〕，人类的苦难提出了一种直接的道德诉求，即获得帮助的诉求，而无论如何不存在增进一个处境不错的人的幸福的类似要求（对功利主义的口号"最大化快乐"的进一步的批评是，它在原则上假定了一种连续的快乐——痛苦标度，这种标度允许我们把痛苦的程度作为负的快乐的程度。但是，从道德观点来看，痛苦在重要性方面不能被快乐抵消，而且尤其是一个人的痛苦不能被另一个人的快乐抵消。不是要求最大多数人的最大限度的幸福，人们应当更为适度地要求所有人只承受最小限度的可避免的苦难；而且进一步说，不可避免的苦难——诸如在不可避免的食物短缺时代的饥荒——应该尽可能平等地分摊开来）。我发现在这种伦理学观点和我在我的《研究的逻辑》一书中倡导的科学方法论的观点之间存在某种相似之处。如果我们消极地阐述我们的主张，即假如我们要求减少苦难而不是增进幸福，那么在伦理学领域中，这就会更加清晰。同样，把科学方法的任务阐述为（从尝试提出的各种不同的理论当中）消除错误的理论而不是获得既定真理，这也是有益的。

续的拖延行动的手段，把行动拖延到以后各种条件更为有利的时候。其区别还在于，前者是迄今为止在任何时候、任何地点（我们将看到，包括苏俄在内）唯一真正取得成功的改善事物状况的方法；而后者，无论在哪里，只要加以采用，就会导致采用暴力而不是采用理性，如果不是导致放弃这个方法本身，至少也得导致放弃原来的蓝图。

为了支持他的方法，零星工程的管理者可能断言，针对苦难、不公正和战争的有系统的斗争比为了实现某种理想而战，更能获得广大人民的认可和赞同。社会恶行的存在，也就是说许多人遭受苦难的社会条件的存在，比较而言能够较好地予以确认。那些受苦的人自己就能够判断，而其他人几乎不可能否认，他们不愿意互换位置。就某种理想社会作推论则更加无限地困难。社会生活如此复杂，以致很少有人或者根本无人能够在总体的规模上评价某项社会工程的蓝图；评判它是否可行；它是否会带来真正的改善；它可能引起何种苦难；以及什么是保证其实现的手段。与此相反，零星工程的蓝图相对而言比较简单。它们是关于单项制度的蓝图，例如关于健康和失业保险，或关于仲裁法庭，或是关于编制反萧条的预算①，或是关于教育改革的蓝图。如果它们出了错，损害不会很大，而重新调整并不非常困难。它们风险较小，且正是由于这个原因，较少引起争议。但是，如果就现

---

① 这种类型的零星工程，或者相应的零星技术的一个非常好的例子是在澳大利亚的《经济纪录》（1941年，第192页以下，以及1942年，第16页以下）上的西姆金所著关于"预算改革"的两篇论文。我很高兴能够提及这两篇论文，因为它们有意识地运用了我倡导的方法论原则；它们因此证明了这些原则在技术研究实践中是有用的。

我并未暗示零星工程不可能是无拘无束的，或者它必须被限定到"较小的问题"上。但是我认为我们能够对付的复杂程度，是由我们在有意识的和系统性的零星工程中获得的经验的程度决定的。

存的恶行和与之斗争的手段达成某种合乎情理的一致意见，比就
某种理想的善行及其实现的手段达成协议更为容易的话，那么，
通过使用零星的方法，我们可以克服所有合乎情理的政治改革遇
到的极其重大的现实困难，即在实施这项纲领时，运用理性，而
不是运用激情和暴力，这也就有着更大的希望。这将存在一种达
成合乎情理的妥协，并且因此通过各种民主的方法实现改善的可
能性。（"妥协"是一个难听的词，但对我们来说，学会适当
地使用它是十分重要的。各种制度必然是同各种境遇状况、各
种利益等达成妥协的结果，尽管作为人，我们必须抵制这种
影响。）

与之相反，乌托邦主义者试图实现一种理想的国家，他使用
作为一个整体的社会蓝图，这就要求一种少数人的强有力的集权
统治，因而可能导致独裁①。我认为这是对乌托邦的思考方法的

---

① 最近哈耶克在几篇不同的有趣的论文中（例如可参阅他的《自由与经济体
　制》，公共政策活页文选，芝加哥 1939 年）强调了这个观点。我认为我所
　称的"乌托邦工程"大部分与哈耶克所称的"中央集权的"或"集体主义
　的"计划相符。哈耶克本人推荐他所称的"为自由而计划"。我猜测他会同
　意这将带有"零星工程"的特征。我相信，人们在某种程度上可以把哈耶
　克对集体主义计划的反对意见阐述如下。假如我们试图按照某个蓝图来构造
　社会，那么我们会发现我们不能把个人自由包含在我们的蓝图之中，或者如
　果我们这么做，我们就无法实现它。原因是中央集权的经济计划从经济生活
　中消除了个人的一项最重要的职能，即他作为产品的选择者、作为自由的消
　费者的功能。换言之，哈耶克的批评属于技术领域。他指出了一种技术上的
　不可能性，即为一个社会起草一份同时在经济上是中央集权的而且又是个人
　主义的计划，这是不可能的。

　　　＊哈耶克所著《通往奴役之路》（1944 年）一书的读者们可能对这条注
　释感到迷惑；因为哈耶克在这本书中的立场是如此明确，以致没有为我的注
　释的有些含糊不清的评论留下任何余地。但我的注释是在哈耶克的著作出版
　之前付印的；而且尽管他的许多最重要的思想在其早期作品中已有所预示，
　但它们还不像在《通往奴役之路》中那样明确。而且我们现在作为理所当然
　之事，将其同哈耶克的名字联系在一起的许多思想，在我写下我的注释时，

批评；因为我在"领导原则"一章里已力图证明了，权威式的统治是一种最为令人不快的政府形式。在那一章里未触及的某些

我还不了解。

按照我现在了解的有关哈耶克的立场的内容，我对它的总结在我看来并没有弄错，尽管毫无疑问，它是对其看法的不完全的陈述。下述几条修正或许可以弥补这个不足。

哈耶克本人不会将"社会工程"一词用于任何一种他预备提倡的政治活动。他反对这个术语，因为它与被他称为"唯科学主义"的一种一般倾向联系在一起——唯科学主义即是这样一种天真的信念，认为自然科学的方法（或者，确切来说，许多人以为是自然科学方法的方法）在社会领域中必然产生类似的引人注目的结果〔参阅哈耶克两部系列论文《唯科学主义与社会研究》，《经济学》，Ⅸ－Ⅺ，1942—1944，以及《科学的反革命》（出处同上，Ⅷ，1941）。

假如我们用"唯科学主义"指称社会科学领域中模仿被认为是自然科学的方法的倾向，那么历史主义可以被描述为唯科学主义的一种形式。一种典型的且很有影响的支持历史主义的唯科学主义论点，简单来说，就是："我们能够预测日食月食；为什么我们不能预测革命呢？"或者，以一种更精巧的形式说："科学的任务是预测；如此来说，社会科学的任务必然是做出社会即历史的预测。"我已尝试驳斥这种论点〔参阅我的《历史主义贫困论》《经济学》，1944—1945 年，尤其是第三部分）（1945 年），以及《预测与预言，及其对社会理论的重要意义》，《第十届国际哲学大会论文集》（阿姆斯特丹，1948 年）；而且在这种意义上，我反对唯科学主义。

但是，假如我们竟然用"唯科学主义"来指认为社会科学的方法在很大程度上与自然科学的方法相同这样的观点，那么我将不得不承认作为一名"唯科学主义"的追随者的"罪过"；确实，我相信社会科学与自然科学二者之间的相似性，甚至可以用以修正关于自然科学的错误观念，因为可以证明自然科学比通常所认为的更加近似于社会科学。

正是由于这个原因，我继续在罗斯科·庞德的意义上使用他自己的术语"社会工程"，就我所知来看，这个术语与我认为必须摒弃的那种"唯科学主义"无关。

除了术语之外，我仍然认为可以把哈耶克的观点解释为支持了我所称的"零星工程"。另一方面，哈耶克已经提供了关于其观点的比我原来的概述所表明的更为清楚的系统阐述。他的观点与我所称的"社会工程"（在庞德的意义上）相对应的部分，是他提出的建议，即在一个自由社会里，存在着重建他所描述的"法制框架"的一种迫切需要。

内容为我们提供了甚至更为直接的反对乌托邦思考方法的论据。仁慈的独裁者面临的一个困难是弄清他的措施的效果是否与其良好的意愿相符。这个困难来源于权威主义必定阻止批评这个事实；于是，这位仁慈的独裁者就不容易听到人们对他已采取的各项措施的抱怨。但是没有某种这样的检验，他几乎不可能查明其措施是否达到了预期的仁慈目标。这个形势对乌托邦工程者来说一定变得甚至更加糟糕。社会的重建是一项巨大的事业，它必然给许多人造成相当程度的不便，而且会持续相当长的时间阶段。故此，乌托邦工程的管理者将不得不对许许多多的抱怨置若罔闻，事实上，压制超越情理的反对将会是他的一部分工作内容。但是这么做时，他也必然一律地压制合乎情理的批评。乌托邦工程的另一个困难与独裁者的继承者问题有关。在第七章中，我已提到这个问题的几个特定方面。同试图找到一个同样仁慈的继任者的仁慈的僭主面临的困难相比[1]，乌托邦工程产生了一个与此类似的、但甚至更为严重的困难。这样一种乌托邦事业的名副其实的扫荡，使在一个或一组社会工程管理者的有生之年之内不可能实现其目的。而且假如继任者们并不追求同一个理想，那么，其人民为了这个理想而遭受的所有苦难将全都是徒然无功的。

对这个论据的概括导致了对乌托邦思考方法的进一步的批评。显然只有当我们假定原来的蓝图，也许加以某些调整，一直保持作为这项工作的基础直至完成。那么这种方法才可能具有实际价值。但是那将用去相当长的时间，在这段时间里，将在政治上和精神上两个方面都进行革命，而且在政治领域里将经历新的实验和经验。因此可以预料，思想观念和理想将发生变化。在制定原有蓝图的人们看来属于理想国家的状态，可能在他们的继任

---

[1]　参阅第 261 页注[1]。

者们看来并非如此。假如承认这一点，那么整个这种方法就破产了。首先确定一个终极政治目标，然后朝着这个目标推进的方法，假如我们承认在其实现过程期间，这个目标也许会有相当大的改变，那么这种方法就是徒劳无益的。在任何时候均可证明，迄今为止所采取的步骤实际上引导人们背离了新目标的实现。而且假如我们按照这个新的目标改变我们的方向，那么我们就会再次陷入同样一种危险之中。尽管付出一切牺牲，我们也永远根本达不到任何地方。那些喜欢一步即实现遥远理想而不喜欢实现零星妥协的人，应当永远记住，如果这个理想非常遥远，那么要说清该步骤是迈向它还是远离它，甚至都会变得困难。如果这个过程是以曲折的步骤或者用黑格尔的莫名其妙的话来说，"辩证地"来推进的话，或者假如它根本没有明确清楚地计划好的话，情况就更糟糕了。（这与关于目的在多大程度上能证明手段的正确性这个古老而有些幼稚的问题有关。除了断言从来没有任何一个目的能够证明所有手段的正确性之外，我认为相当具体而能够实现的目的可以证明更为遥远的理想永远也不能证明的当前措施的正确性。[①]）

[①] 是否某个良好的目的能够证明不好的手段的正确性，这个问题似乎是由于下述这样的情况而产生的：是否应该对一名病人说谎，以使其心灵处于安宁状态；或者应否保持一个民族处于愚昧无知的状态，以使他们幸福；或者，为建立一个安宁而美好的世界，是否应当发动一场持久而血腥的内战。

在所有这些情况下，打算采取的行动都是为了可能带来的认为是善的一个间接的结果（被称为"目的"），而首先要导致被认为是恶的一个更为直接的结果（被称为"手段"）。

我认为在所有这样的情形下，产生了三个不同种类的问题。

（a）我们在多大程度上有资格假定这种手段将会在实际上导致预期的结果？因为这种手段是更为直接的结果，在多数情况下，它们将是打算采取的行为的更为确定的结果，而更为遥远的目的则将是较不确定的。

这里提出的问题是一种根据事实而来的问题，而不是道德评价问题。事实上，它是这种手段与这个目的二者之间假定的因果关系是否可靠的问题；而有人可能说，假如假定的因果关系并不成立，那么这个情况就不是关于手段与目的的问题，并且因此实际上不应当在这个题目下予以讨论。

这也许是对的。但在实践中，这里考虑的这个内容包含着也许是最为重要的道德问题。因为尽管该问题（打算采取的手段是否将导致预计的目的）是一个事实性的问题，但是我们对于这个问题的态度提出了某些最根本的道德问题——这个问题是，在这样的情况下，我们应否依赖于我们对这样一种因果关系成立的确信无疑的信念；或者换句话说，我们应否教条主义地信赖各种因果理论，或者我们是否应当对它们采取一种怀疑的态度，特别是在我们行动的直接后果本身被认为是恶的情况下。

这个问题在我们的三个例子中的第一个里或许并非那么重要，但它在另外两个例子里却是非常重要的。一些人可能认为，在这两种情形中所假定的因果关系的成立是非常有把握的；但是这种因果联系却是非常疏远的关系；而且甚至是在感情上确定他们的信念，这也许本身就是试图消除他们的疑虑的结果。（这个问题，换句话说，是狂热者与苏格拉底意义上的理性主义者二者之间的争论的问题；苏格拉底意义上的理性主义者试图了解其智力的局限性。）"手段"的罪恶程度越大，这个问题就越发重要。然而，进行自我教育，以便对于他的各种因果理论采取一种怀疑主义的态度，并采取一种理智谦虚的态度，这毫无疑问是一种最为重要的道德责任。

但是，让我们假定，这种假想的因果关系成立，或者换言之，存在着人们可以适当地谈论手段与目的的一种情形。于是，我们必须划分出两个进一步的问题：（b）和（c）。

（b）假设这种因果关系成立，而且我们能够合理地确定这一点，那么这个问题主要地变成了在两害——打算采取的手段造成的恶与假如不采取这些手段必然带来的结果造成的恶——二者之中选择较轻者的问题。换言之，最好的目的就其本身而论并不能证明坏的手段的正确性，但是避免产生结果的尝试可以证明其本身将造成不好结果的行动的正当性（我们大多数人并不怀疑，为了保住某人的性命而截取其一肢是正确的）。

在这一点上，事实上我们无法估价所讨论的各种坏处，这也许变得非常之重要。例如，一些马克思主义者（参阅第二卷第十九章第244页注②）相信，在一场暴力的社会革命中所带来的苦难要远远小于在他们所称的"资本主义"中固有的慢性祸害中造成的苦难。但是，即使假定这场革命导致了一种更好形势的后果——他们又如何评价一种状态下与另一种状态下的苦难呢？这里再次出现了一种事实性的问题，而且不过高估计我们的实际知识再次成为我们的责任。

现在我们看到了，乌托邦方法只有靠柏拉图哲学的对于一个绝对的且不变的理想的信仰，加上两条进一步的假定，才能得以拯救。这两条假定是：（a）存在着一劳永逸地决定这种理想是什么的理性方法，以及（b）决定实现这个理想的最佳手段是什么。只有这样，具有深远影响的假设才能阻止我们宣布乌托邦方法论是完全无效的。但是，即使是柏拉图本人以及大多数忠诚的柏拉图主义者也承认，（a）肯定是不正确的；并不存在决定最终目标的理性方法，但是，假如说有的话，也只是某种直觉。乌托邦工程管理者们之间的任何一种意见分歧，在不存在理性方法的情况下，因此必然导致运用权力而不是运用理性，即导致暴力。假如在任何程度上在任何一个确定的方向上取得了任何进步的话，那么，尽管采用了这种方法，这个进步也不是由于采用这个方法取得的。例如这种成功也许可以归功于领导者们的英明；

此外，就算是打算采取的手段总的说来将改善形势——我们是否弄清了有没有其他的手段将以更小的代价达到更好的结果呢？

但是，同一个例子提出了另一个非常重要的问题。再次假定"资本主义"制度下苦难的全部总和，假如它持续了几代人的话，超过了内战的苦难——我们能够为了后几代人的利益而迫使一代人遭受苦难吗？（为了他人的利益而牺牲自己与为了某种这样的目的而牺牲他人——或者牺牲自己和他人，这二者之间存在着巨大的差异）。

（c）第三个重要内容是，我们不可以认为，所谓的"目的"，作为一个最终的结果，比中间结果即"手段"更为重要。通过诸如"结局好，一切都好"这样的说法提倡的这种思想，极具误导性。首先，所谓"目的"几乎从来不是该事件的结果。第二，这种手段可以说一旦实现了该目的，并不会被取代。例如，"不好的"手段，诸如为了胜利而在战争中使用的某种杀伤力强的新式武器，在这个"目的"实现以后，也许会产生新的麻烦。换言之，纵然某种事物能够被正确地描述为达到某种目的的手段，它也十分经常地远远超过这一点。除了所讨论的这个目的之外，它还产生了其他的后果；而且我们不得不权衡的不是这种（过去的或现在的）手段与（未来的）目的的比较，而是一个行动过程的在其能被预见的程度上的全部结果，同另一个行动过程的全部结果的比较。包括中间结果在内的这些结果会延续一个时间阶段；而且打算实现的"目的"将不是需要考虑的最后的结果。

但是我们永远不要忘记，英明的领导者们不可能通过理性的方法产生出来，而只能靠运气侥幸获得。

　　恰当地理解这种批评十分重要；我并不是以断言某种理想永远不能实现、它必定总是保持为一种乌托邦来批评这种理想的。这不是一种逻辑上正确的批评，因为许多曾一度被教条主义地宣布为不可能实现的事情已经实现了，例如保障国内和平，即防止国家内部的犯罪的制度的确立；而且我认为，例如对应的防止国际犯罪即武装侵略或讹诈的制度的确立，尽管经常被冠以乌托邦的污名，甚至也不是一个非常困难的问题①。我在乌托邦工程名

────────────

① （1）我相信在国内和平的制度问题和国际和平的制度问题二者之间的相似性是极其重要的。任何一个拥有立法、行政和司法机构，连同随时准备采取行动的一个武装执行机构的国际组织，在维护国际和平方面应该像国家内部的类似机构一样地成功。但在我看来，并不寄予过高期望是很重要的。我们已经能够在各个国家之内把犯罪降低到相对而言并不重要的程度，但是我们还没能完全消灭它。因此，在未来的很长一段时间内，我们需要随时准备用来实施打击，而且有时的确实施打击的一支警察部队。同样，我认为，我们必须为我们也许不能消灭国际犯罪这个可能性做好准备。假如我们宣布我们的目标是一劳永逸地使战争不再可能爆发，那么我们也许承诺得太多了，这会带来当这些希望破灭之时，我们也许没有一支可用于实施打击的部队这样的灾难性后果。（国际联盟未能针对侵略者采取行动，至少就对满洲国的攻击来说，主要应归咎于这样一种普遍的感觉，即认为联盟是为了结束所有战争而且不进行战争而建立起来。这证明了旨在结束所有战争的宣传是在自拆台脚。）我们必须结束国际上的无政府状态，并准备进行反对任何国际犯罪的战争。〔尤可参阅曼海姆著《战争与犯罪》，（1941年）；以及林赛的"结束战争之战"，载《背景与问题》（1940年）。〕

　　但是，同样重要的是，寻找在国内和平与国际和平二者之间相似性的不周密的方面，即寻找这种相似性不成立的方面。就由国家维护的国内和平来说，存在着由国家保护的公民个人。公民可以说是一种"自然的"单位或原子（尽管即使在公民权的条件方面存在着某种特定的"约定性"的成分）。另一方面，我们的国际秩序的成员或单位或原子，将是各个国家。但是，一个国家从来不可能是一个像公民一样的"自然的"单位；并不存在一个国家的自然的疆界。一个国家的疆界是变化的，而且只能应用原来状况

的规则加以界定；而且，既然每一种原来状况必定是指一个任意选定的日期，所以一国疆界的决定就纯粹是约定性的。

试图寻找某种"自然的"国家疆界，并相应地把国家视为一种"自然的"单位，这导致了民族国家的原则和民族主义、种族主义和部落主义的不切实际的虚构想象。但是，这个原则并非"自然的"，而且，认为存在着像民族或语言或种族集团的思想观念，这完全是虚构的。这里，如果有什么地方可据以考证的话，那么我们就必须向历史学习；因为自有史以来，人们不断地混合、融汇、消散，并再一次地混合在一起；而这无法被取消，纵然人们想这样去做。

在国内和平和国际和平二者之间的类比，还存在第二点无效的地方，国家必须保护公民个人，即其单位或原子；但是，国际组织最终也必须保护人类个体，而不是它的单位或原子，即国家或民族。

完全抛弃民族国家原则（这种原则之所以流行，完全应归因于以下事实，即它诉诸部落本能，而且它是没有更好的东西可以提供的政治家借以飞黄腾达的最为廉价而又最有把握的方法），并认识到所有国家之间的界限都不可避免地是约定性的，以及更深刻地洞察，即使是国际组织的终极关怀，也必须是人类个体而不是国家或民族，这将帮助我们清晰透彻地认识到并克服我们的基本类比无效所带来的难题（也可参阅第二卷第十二章第 96 页注②至 108 页注①及正文及第十三章第 142 页注②）。

（2）在我看来，必须承认人类个体不仅是国际组织的终极关怀，而且是国际的以及"国内的"或地方的所有政治事务的终极关怀，这个观点具有重要的用途。我们必须认识到我们能够不带偏见地对待个人，即使我们决定粉碎一个侵略成性的国家或这些个人所属的"民族"的权力组织。认为破坏和控制一个国家或"民族"的军事的、政治的以及甚至是经济的权力意味着对其公民个人的苦难和征服，这是一种为人们广泛持有的偏见。但是这种偏见无法证明其正当性，而且它是危险的。

假如某个国际组织保护了因此被削弱的国家的公民们免受他们的政治和军事弱点的剥削，那么这种偏见就无法证明其正当性。唯一不可避免地有损于公民个人的是对其民族自豪感的伤害。而且如果我们假定他是侵略国的一名公民，那么，若是这场侵略已经被扼制的话，这就是一种在任何情况下都不可避免的伤害。

认为我们不能区别对待一个国家与其公民个人的这个成见也是非常危险的，因为当它涉及惩处某个侵略国的问题时，它不可避免地会在各个战胜国之中产生两个派别，即主张严厉惩处的那些国家一派与主张宽大处理的一派。作为一种规则，二者都忽视了严厉地惩处一个国家而与此同时宽大地对待其公民的可能性。

　　但是，如果忽视了这种可能性，那么就可能将发生下述事情。紧随胜利之后，侵略国及其公民将受到严厉的惩处。但是该国家、该权力组织将可能不会受到理应受到的那样严厉的惩处，这是因为不情愿无情地惩处无辜的个人，也就是说，由于宽大派的影响将使它自身从某种角度感到不情愿这么做。尽管不情愿这么做，个人也可能将遭受到比他们应受的更大的痛苦。因此，短时间之后，在各个战胜国之内就可能出现一种反应。平等主义和人道主义倾向可能将加强宽大派的力量，直至使严厉政策发生逆转。但是，这样的发展不仅仅可能给该侵略国提供了进行一场新的侵略的机会，这还将给原侵略国提供了受不公正对待者的道德义愤的武器，而各个战胜国则可能变得为那些觉得他们也许做了错事的人们的畏缩情绪而苦恼。

　　这种对社会有危害的事态发展必然会导致一场新的侵略而告终。当且仅当从一开始就把一方面是侵略国（及对其行为负有责任的那些人）和另一方面是其公民这二者做出明确的区分，这样，这种有害后果才能够得以避免。对于侵略国严酷无情，甚至是彻底地摧毁其权力工具，假如同对于其公民个人的公正政策相结合，就将不会在各个战胜国之中引起这种人道主义情感的道德反应。

　　但是，摧毁一国的政治权力，而又不任意地伤害其公民，这有没有可能呢？为了证明这是可能的，我要构造一个破坏了一个侵略国的政治和军事权力，而又没有违背其公民个人利益的政策范例。

　　侵略国的边界，包括其海岸及其主要（而非全部）的水力、煤炭和钢铁资源，可以从其国家分离出来，并被作为永不归还的国际疆域加以掌管。在它们请求各个国际委员会控制这些设施的适当使用的条件下，港口以及原材料可以被该国公民用于他们从事合法的经济活动，而不对他们强加任何经济上的不利条件。任何一种可能帮助逐步积聚新的战争潜力的使用都是被禁止的，而且，假如存在怀疑这些国际化的设施和原材料可能被如此使用的理由，就必须立即中止使用。然后，就要由受到怀疑的一方请求并协助进行一次全面彻底的调查，并做出适当使用其资源的令人满意的保证。

　　这样一种程序虽然不会消除发生新的攻击的可能性，但它会迫使侵略国在逐步积聚新的战争潜力之前，针对国际化的领地发起进攻。假如其他各国已经保存并发展了它们的战争潜力，那么这样的攻击就不会有成功的希望。面对这个局势，原来的侵略国会被迫彻底改变其态度，并采取一种合作态度。它会被迫请求对其工业的国际控制，并协助国际管制机构的调查（而不是妨碍它们），因为只有这样一种态度，才能保证其可以使用它的工业所必需的设施；而且，这样一种事态发展可以在没有任何对于该国内部政治事务的干涉的情况下出现。

　　这些设施的国际化可能有为了剥削或羞辱战败国的人民的目的而被滥用的危险，但这种危险可以通过提供上诉法院等国际法制措施加以消除。

　　这个例子证明了，严厉惩处一个国家而又宽大地对待其公民，这并不是不可能的。

　　〔我按照在1942年所写的原样保留了本注释的第（1）和（2）部分。只有在没有主题的第（3）部分里，我才在前两面之后做了一个补充。〕

　　（3）但是这样一种解决和平问题的工程方法是科学的吗？我确信，许多人将认为，解决战争与和平问题的真正的科学态度必然是另外一种。他们会说，我们必须首先研究战争的原因。我们必须研究导致战争的各种力量，并且还必须研究可能带来和平的那些力量。例如，最近有人宣称，只有当我们充分地考虑了社会中可能产生战争或和平的"各种潜在的动态力量"，"持久的和平"才能够到来。为了弄清这些力量，我们当然必须研究历史。换言之，我们必须用一种历史主义的方法而不是用一种技术性的方法，来研究和平问题。据称，这是唯一科学的研究方法。

　　历史主义者在历史的帮助下可以证明，能够从以下各方面找到战争的起因：经济利益的冲突；或阶级冲突；或意识形态如自由与专制的冲突；或是种族，或民族，或各帝国主义，或各个军国主义体制的冲突；或仇恨；或恐惧；或妒忌；或复仇的愿望；或是全部这些事情纠结在一起，以及无穷无尽的其他的原因。而且因此他将证明，消除这些原因的任务是极端困难的。而且他将证明，只要我们没有消除战争的起因，例如经济原因等，构建一种国际性的组织就是毫无意义的。

　　类似地，唯心理论也许争辩说，战争的起因应当在"人性"中来寻找，更为特别的是在于人性的攻击性，并且获得和平的途径就是为攻击准备其他的发泄途径。（有人十分认真地建议阅读惊险读物——尽管事实上我们已故的独裁者们读这类书上瘾。）

　　我认为，处理这种重要问题的这些方法并不是很有希望解决问题。而且尤其是，我不相信认为为了确保和平，我们必须弄清战争的某个原因或各种原因这个貌似有理的论点。

　　无可否认，存在着这样一些情况，运用找寻某种祸害的原因并消除它们的方法，可能获得成功。假如我感到脚疼，我可能会发现它是由一粒石子造成的，并把它除去。但是我们不可以从这个例子进行过度的概括。除去石子的办法甚至没有包括我脚部疼痛的所有情况。在某些这类情形下，我可能找不到"原因"；而在其他情况下，我可能无法消除它。

　　总的来说，消除某种不希望发生事件的原因的办法，仅当我们知道短短的一系列必要条件时（就是这样一系列条件，除非该系列中至少一个条件存在，否则所讨论的事件永远不会发生），而且当所有这些条件都能够加以控制，或者准确地说，都能够加以预防时，才是适用的。（也许可以评论说，必要条件几乎不是人们用含糊的术语"原因"来描述的什么东西；确切而言，它们通常被称为"成因"；作为一种规则，在我们提到"原因"的地方，我们是指一组充分条件。）

义下所批评的内容是建议从整体上重建社会，即名副其实的扫荡性的变革，其实际后果由于我们有限的经验而很难加以计算。它要求理性地为全社会制订计划，尽管我们并不拥有为了使这样一种雄心勃勃的要求取得良好效果所必需的确凿可靠的知识。我们不可能拥有这样的知识，因为我们在这种类型的计划活动方面没有足够的实践经验，而实际知识必须以经验为基础。目前，进行大规模的工程必需的社会学知识恰恰并不存在。

鉴于这个批评，乌托邦工程管理者可能承认需要实践经验，并需要以实践经验为基础的社会工艺。但是他将争辩说，如果我们畏畏缩缩而不去进行唯一能提供给我们所需要的实践经验的社会实验，我们就永远不会更多地了解这些事情。而且他也许会补

但是我认为，我们不可能指望排列出这样一个战争的必要条件的清单来。战争是在极其多样化的情形下爆发的。战争并不是诸如或许是雷暴之类的简单的现象。没有理由相信，把非常多样的现象称为"战争"，我们就保证了它们全都是"起因"于同样一种方式。

所有这一切表明了，这种貌似不带偏见的而且确实可信的科学方法，对于"战争起因"的研究，实际上不仅是怀有偏见的，而且会阻挡通向一种合乎情理的解决办法的道路；它实际上是伪科学的。

假如我们不是采用法律以及建立一支警察部队，而是"科学地"研究犯罪问题，即试图查明准确地说什么是犯罪的起因，那么我们会进展到什么程度呢？我并不是意味着，我们有时不能发现促成犯罪或战争的重要因素，以及我们不能以这种方式避免恶行；但在我们把犯罪置于控制之下以后，即我们已建立了我们的警察部队之后，这才能够做好。另一方面，对于犯罪的经济的、心理的、遗传的、道德的等"原因"的研究，以及消除这些原因的尝试，几乎都没有让我们证明，警察部队（并没有消除起因）能够把犯罪置于控制之下。确实除了诸如"战争的起因"这样的短语的模糊不清之外，整个这种方法也不是科学的。它就像是一个人坚持认为，当天冷时穿大衣是不科学的；以及我们最好应当研究寒冷天气的起因，并消除它们。也许或是，有人认为润滑是不科学的，因为我们最好应当查明摩擦的原因并予以消除。我相信后一个例子证明了这种貌似科学的批评的荒谬；因为正如润滑肯定减少了摩擦的"起因"一样，一支国际维和部队（或另一支这种类型的部队）同样可以减少战争的一个重要的"原因"，即"打成战争"而不受惩罚的希望。

充说，乌托邦工程只不过是把实验方法应用于社会。若没有扫荡性的变革，就不可能进行实验。实验必然是规模宏大的，这是由于现代社会具有众多人口的特殊性质决定的。例如，社会主义实验如果限定在一个工厂，或一个村庄，或者即使是一个地区，都永远不可能给我们提供那种我们如此迫切需要的现实信息。

支持乌托邦工程的这类论点表现了一种被广泛持有的但却站不住脚的偏见，即认为如果要在现实环境下实施社会实验，必须是在"大规模"上进行，它们必然涉及整个社会。但零星社会实验却能在现实环境下，在社会之中加以实施，尽管是在一种"小规模"上进行的，也就是说，不使整个社会发生革命性剧变。实际上，我们一直都在进行这样的实验。采用一种新的人寿保险，实行一个新的税种，进行一项新的刑罚改革，这些都是具有遍及整体社会的影响而又不是从整个上重新改造社会的社会实验。即使一个人开了一家新商店，或是预订一张戏票，他也是在小规模上进行了一种实验；并且我们关于社会环境的所有知识，都是以进行这种类型的实验所获得的经验为基础的。我们反对的乌托邦工程管理者，当他强调社会主义实验如果是在实验室的条件下进行的，例如在一个孤立的村庄之中进行，它就会毫无价值时，他在这一点上是正确的，因为我们想要知道的是，各种事物在正常的社会环境条件下的社会之中是怎样被证明是切实可行的。但恰恰是这个例子表明了乌托邦工程管理者的偏见之所在。他确信当我们对社会进行实验时，我们必须重新塑造整个社会结构；并且他可能因此确信一种更为适度的实验仅仅是重塑一个小社会的整个结构的实验。但是我们能够从中学得最多的那种类型的实验，是一次改变一项社会制度的实验。因为只有通过这个途径，我们才能得知怎样使各种制度适应于其他制度的框架，以及怎样调整它们，以便它们按照我们的意图来运作。而且只有通过这个途径，我们才可以犯错误，并从错误之中学习，而不是冒着造成必然危及未来改革意愿的严峻形势的危险。进而，乌托邦方法必然导致对于以往造成了无数牺牲的某个蓝图的危险的教条主义的忠诚。强大的利益必定与这项实验的成功联系在一起。所有这一切都无助于这项实验的理性行动或科学价值。但是零星的方法却允许反复的实验和连续的调整。实际上，它可以导致这样一种让人满意的形势，在这个形势下，政治家们开始注意他们自身的过错，而不是试图为自己辩解，并证明他们总是正确的。这种方法——而不是乌托邦计划或历史预言——将意味着把科学方法引入政治事务当中，因为科学方法的全部奥秘是一种愿意从错误中学习的态度①。

我相信，通过比较社会工程与比如说机械工程，能够进一步证明这些观点。乌托邦工程管理者当然会宣称，机械工程师们有时甚至从整体上设计非常复杂的机器，而且他们的蓝图可以预先处理和设计，不仅是某种特定类型的机器，而且甚至是生产这种机器的整个工厂。我的回答是，机械工程师能够做到所有这一切，是因为他拥有充分的经验即由试错法发展而来的各种理论供他运用。但这意味着，因为他已经犯过了所有类型的错误，所以他能够设计；或者换句话说，因为他依赖于他通过采用零星的方法已经获得的经验。他的新机器是许许多多小的改进的结果。他通常先有一件模型，而且只有在对它的不同零部件进行了大量的零星调整之后，他才开始进入能够拟定他对该产品的最终设计计

---

① 我在我的《研究的逻辑》一书中已尝试证明了这一点。我相信，按照所概括的这种方法论，系统性的零星工程将帮助我们逐步建立一种通过试错法得出的经验性的社会工艺。我相信，只有通过这个途径，我们才能开始逐步建立一种经验性的社会科学。迄今为止几乎还没有这样一种社会科学，而且历史方法也没有能力促进它更好地发展，这个事实是否定大规模的或乌托邦社会工程的可能性的最有力的证据。也可参见我的《历史主义贫困论》（《经济学》，1944—1945）。

划的阶段。类似地，他的机器生产计划也吸收了大量的经验，即在旧工厂里进行的大量的零星改进。一扫无遗的或大规模的方法，只有在零星的方法已经提供给我们许许多多的详尽经验的情况下，并且甚至仅仅在这些经验的范围之内，才是有效的。几乎没有制造商只是在一张蓝图的基础上，没有首先制作模型，并且没有经过一点尽可能的调整加以"发展"，就会准备着手生产一种新发动机，纵然蓝图是由最了不起的专家拟就的。

把对于柏拉图在政治学上的唯心主义的这种批评和马克思对他所称的"乌托邦主义"的批评加以对照，也许是有益处的。马克思的批评和我的批评的共同之处在于，我们都更加主张实在主义。我们两人都相信，乌托邦计划永远不可能按照它们被构想的方式得以实现，因为几乎没有任何一个社会行动曾准确无误地产生出期望的结果（在我看来，这并未使零星的方法失效，因为在这里我们可以学习——或者确切地说，我们应该学习——并在行动中改变我们的观点）。但是存在许多不同点。在批驳乌托邦主义时，马克思实际上谴责一切社会工程——这一点很少被人理解。他指责说，对社会制度进行理性计划的信念完全是不现实的，因为社会必然按照历史规律而不是按我们的理性计划来发展。他断言，我们所能做到的一切，只是减轻历史进程中的阵痛。换言之，他采取了一种彻底的历史主义的立场，反对一切社会工程。但存在着乌托邦主义之内的一个因素，它是柏拉图的方法的专有特征，而马克思并未反对，尽管它也许是我作为不具有现实性加以抨击的那些要素之中最为重要的一个。它是乌托邦主义的扫荡性，它千方百计地试图把社会视为一个整体。它是这样一种坚定的信仰，即必须找到社会罪恶的真正根源，假如我们希望"使这个世界合乎情理"（如杜·加尔所言），就要做把这个可恶的社会体制彻底消除的事情。简言之，它是毫不妥协的激进主义（读者将会注意到，我是在其原来的和字面的意义上使用这个术语的——而不是在现在习惯上的某种"自由主义的进步论"的意义上使用它，只是为了概括"追溯事物的根源"的态度的特征）。柏拉图和马克思两个人都梦想着决定性的革命，它将使社会世界发生翻天覆地的变化。

　　我相信，柏拉图的方法（以及马克思的方法）的这种扫荡性，这种极端的激进主义，是同它的唯美主义联系在一起的，即希望建立一个不仅比我们的世界好一点且更为理性的世界，而且是完全消除它的所有丑恶的世界：不是一条百衲被、一件胡乱拼制的旧衣服，而是一件完全崭新的外衣，一个真正美丽的新世界①。这种唯美主义是一种非常可以理解的态度；实际上，我相信我们大多数人都有一点承受着这样的追求完美梦想之苦。（我

---

　　①　关于一种非常类似的系统阐述，参见约翰·卡鲁瑟的演讲《社会主义与激进主义》（由海默史密斯社会主义者协会作为小册子出版，伦敦，1894 年）。他以一种典型的反对零星改革的方式争辩说："每一种治标的措施都随之带来它自身的祸害，而且这种祸害一般比它意欲整治的祸害还要严重。除非我们下定决心要拥有一件完全崭新的衣服，否则我们必须准备好变得衣衫褴褛，因为缝缝补补不会改善旧衣服。"（应该注意到，卡鲁瑟在其讲演的题目中所使用的"激进主义"，其含义同这里的意思相反。卡鲁瑟提倡一种毫不让步的擦净画布的纲领，并抨击"激进主义"，即由"激进的自由主义者们"倡导的"进步性的"改革规划。对术语"激进主义的"这种用法，当然比我的用法更符合惯例，不过，这个词原来意味着"追溯根源"——例如追溯罪恶的根源——或者"根除罪恶"；而且对于这个词没有合适的替代词。）

　　关于正文中下一段里的几段引文（艺术家—政治家必须"描摹"的"神圣的原型"），参见《理想国》，500e/501a。也可参见第 277 页注①、②。

　　我认为，在柏拉图的形式论里，有些内容对于理解艺术和艺术理论具有很大的重要意义。关于柏拉图哲学的这个方面，斯图尔特在其著作《柏拉图的理念论》（1909 年）第 128 页以下有所论述。然而，我认为，他过多强调了纯粹沉思的客体对象（与艺术家不仅使之形象化，而且他经过精心劳作在其画布上再现出来的"图案"相对）。

希望，我们所以如此的某些原因，将在下一章中揭示出来。）但是这种审美的热情，仅当它受到理性、受到责任感以及受到帮助他人的人道主义的迫切要求的约束时，它才会变得有价值。否则，它就是一种危险的热情，有发展成为一种神经官能症或歇斯底里的危险。

我们在任何地方都找不到比在柏拉图那里表达的更强烈的这种唯美主义。柏拉图是一个艺术家；而且像许多第一流的艺术家一样，他企图使某个模型、他的作品的"神圣的原型"形象化，并忠实地"描摹"它。在上一章中给出的大量引文证实了这一点。柏拉图作为辩证法加以描述的内容，主要是对纯粹美的世界的知性直觉。他的受过训练的哲学家们是"已经看见过美者、正义者和善者的真实"①，而且能够把它从天国带到人间的人。政治对柏拉图而言，是最高的艺术。它是一种艺术——并不是在我们可能谈论操纵人的艺术或做事情的艺术的一种比喻的意义上，而是在这个词本来的意义上的艺术。它是一种创作的艺术，像音乐、绘画或建筑一样。柏拉图的政治家为了美而创作城邦。

但是在这里我必须提出异议。我认为，人类生活不能用作满足艺术家进行自我表现愿望的工具。恰恰相反，我们必须主张，每一个人，如果他愿意，都应该被赋予由他本人塑造他的生活的权利，只要这样做不过分干预他人。实际上，因为我同情这种唯美主义的冲动，我建议这样的艺术家寻求以另一种材料来表现。我主张，政治必须维护平等主义和个人主义的原则，追求美的梦想必须服从于帮助处于危难之中的人们以及遭受不公正之苦的人们的迫切需要；并服从于构造服务于这样的目的的各种制度的迫

---

① 《理想国》，520c。关于"最高艺术"，尤其可参见《政治家篇》；参阅第297页注①。

切需要①。

　　注意到柏拉图的彻底的激进主义，即实行大扫荡式的措施的主张，同他的唯美主义二者之间的密切联系，是很有趣的。下述几段话最具有特色。柏拉图在论及"同神密切交流的哲学家"时，首先提到他将"被在个人连同城邦实现他的无比美好的想象的……强烈欲望征服"——这个城邦，"如果其起草人不是把神作为他们的楷模的艺术家，就永远不会懂得幸福。"当被问到他们的制图术的细节时，柏拉图的"苏格拉底"做出了如下引人注意的答复："他们将把城邦和人们的品性作为他们的画布，而且他们将首先把他们的画布擦净——这绝非易事。但是，你知道，这正是他们与所有其他人的区别所在。除非给他们一张干净的画布，或者自己动手擦净它，否则他们将既不对城邦也不对个人开始动手工作，他们也不会制定法律。"②

──────────

①　人们一直以来常说，伦理学只是美学的一个组成部分，因为伦理问题归根结底是一种趣味问题（例如可参阅卡特林著《政治科学与方法》，第315页以下）。假如这么说，仅仅意味着伦理问题不能用科学的理性方法加以解决，那么我是同意的。但是，我们绝不能忽略道德的"趣味问题"与美学上的趣味问题二者之间存在着巨大差别。假如我不喜欢一篇小说、一支乐曲，或者也许是一幅画，那么我不必阅读它、听它，或看它。审美问题（建筑可能是个例外）主要具有一种私人的性质，但是伦理问题都牵涉到人以及他们的生活。在这个意义上，它们之间存在着根本差别。

②　关于这一段与前面的引文，参阅《理想国》，500d—501a（着重号是我加的）；也可参阅第99页注②结尾，以及第276页注①、277页注②、284注②、③（尤其是277页注①或284页注③）。

　　下一段中的两段引文出自《理想国》，541a，以及《政治家篇》，293c—e。

　　《理想国》的两节——500d以下关于擦净画布一段，以及541a善于清洗的一段——两者之前都提到哲学家像神一样，看到这一点很有意思（我相信，因为它傲睨神明——它像神一样野心勃勃傲慢自大，这是浪漫的激进主义的歇斯底里的特征）；参阅500c—d，"哲学家本人变得……如同神明一样"，以及540c—d（参阅第284页注②及正文），"并且国家将由公众负担费用，为纪念他们而竖立纪念碑；而且像半神……或者至少像受上帝恩典的

　　当柏拉图读到擦净画布时他想到的那种类型的事物，稍后做了解释。"怎样能做到那一点呢？"格劳孔问道。"所有十岁以上的公民"，苏格拉底答道，"必须把他们从城邦里赶出来并流放到乡村某地。而且必须把这些现在免受其父母的平庸性格的影响的孩子们接管下来。他们必须以真正的哲学家的方式，并按照我们已描述过的法律接受教育。"以同样的态度，在《政治家篇》

神圣的人们一样供奉他们。"

　　同样也很有趣的是（由于同样的原因），在这些段落的第一段之前是这样一段（498d/e，f；参见第299页注①），其中柏拉图表达了他的希望，即作为统治者，哲学家甚至可以为"多数人"接受。

　　*关于术语"清洗"，可以引用下述现代的激进主义的激烈言论："难道不是显而易见吗？如果我们要实行社会主义——真正而永久的主义——那么，就必须'清洗'所有根本对立面（即通过剥夺公民权，以及必要时以监禁手段，使其在政治上失去活力）。"这个引人注目的设问句印在还要更为引人注目的小册子，即吉尔伯特·科普所著，由布雷德福特主教作序的《阶级斗争中的基督徒》一书的第18页上（1942年；关于这本小册子的历史主义，参见第27页注②）。该主教在其序言中谴责说："我们现在的经济体制"是"不道德的和反基督教的"，而且他说，"当某种事物如此显见乃是魔鬼所为时……教堂牧师们没有任何理由不去为毁灭它而劳作。"相应地，他把这本小册子"作为一种明了易懂且鞭辟入里的分析"加以推荐。

　　可以从这本小册子中多引用几句话。"两个政党可以保证部分民主，但是一种完全的民主只能由一个单一的政党建立起来……"（第17页）——"在过渡阶段内……工人们……必须由一个不容忍其他同它根本对立的政派存在的政党领导和组织起来……"（第19页）——"社会主义国家中的自由意味着不允许任何人抨击财产公共所有制的原则，但是鼓励每个人为了它更有效的实现和运作而工作……如何废除反对党这个重要问题，取决于反对党本身所运用的方法"（第18页）。

　　最有趣的也许是下述值得仔细阅读的论点（也可在第18页上找到）："如果在社会主义国家中不可能有资产阶级政党，那么为什么在资本主义国家中却可能有社会主义政党呢？答案很简单，因为一个是以绝大多数人的全部生产力反抗极少数人的运动，而另一个是少数人企图通过重新对多数人进行剥削来恢复他们的权力和特权地位。"换言之，一个居于统治地位的"极少数人"能够宽容，而"绝大多数人"却不能容忍"极少数人"。这个简单的答案确实如该主教所称，乃是"一种明了易懂且鞭辟入里的分析"之典范。

中，柏拉图谈到按照政治家的最高科学实行统治的最高统治者们："无论他们碰巧依法或不依法统治那些愿意或不愿意的庶民……以及无论他们为了国家的利益，通过杀戮或流放某些公民来清洗国家——只要他们按照科学与正义行事，并维护了……国家，而且使之比过去更好，那么这种政府形式必然被描述为唯一正确的形式。"

这就是艺术家——政治家开始进行工作时必须采取的方式。这是擦净画布的含义所在。他必须根除现存的各种制度和传统。他必须采取净化、清洗、流放、驱逐和杀戮的手段（"清算"是其恐怖的现代术语）。柏拉图的陈述确实是对所有各种形式的彻头彻尾的激进主义的决不妥协态度——对唯美主义者拒绝妥协态度的真实描述。认为社会应当像一件艺术品一样美丽的观点只是太容易导致采取暴力措施，但是这种激进主义和暴力二者全都是不切实际而没有用处的。（苏俄发展的实例已经证明了这一点，在所谓的"战时共产主义"的擦净画布导致了经济上的崩溃之后，列宁提出了他的"新经济政策"，实际上这是一种零星工程，尽管没有有意识地系统阐述其原则或某种技术。他开始恢复伴以如此之多的人类苦难而被清除的那幅画面的绝大部分特征。货币、市场、收入分化以及私有财产——一度甚至是生产领域的私人企业——被重新采用，而且恰恰在重新建立起这个基础之后，才开创了一个新的改革时期①。）

为了批判柏拉图的唯美主义的激进主义的基础，我们可以区分两个不同的要点。

第一点如下所述。谈到我们的"社会体制"，并谈及需要用另一种"体制"来取而代之的一些人，他们头脑中想到的非常类似于画在画布上的一幅画，在画一幅新画之前，必须把画布擦

---

① 关于这种发展，也可参照第二卷第十三章，尤其是第 147 页注①及正文。

干净。但是存在某些重要差别。其中一个差别是，画家和同他合作的那些人连同使他们的生活成为可能的各种制度、他的建立一个更美好世界的梦想和规划，以及他的行为准则和道德规范的标准，全部都是该社会体制即要被擦掉的那幅画面的组成部分。假如他们真的要把这块画布擦净，他们必将自我毁灭，并摧毁他们的乌托邦计划（而且随之而来的可能将不是一种柏拉图式的理念的美丽摹本，而是一团混乱）。政治艺术家如阿基米德大声疾呼，为了用杠杆把世界撬离它的中心点，要在社会世界之外找到一个他能够立足的地方。但是这样一个地方并不存在，而且在任何一种重建过程期间，这个社会世界必须连续不断地运转。这就是在社会工程方面拥有更多经验之前，我们为什么必须一点一点地改革它的各项制度的简单原因。

这一点把我们引向了更为重要的第二个要点，即激进主义中固有的非理性主义。在所有事物方面，我们只能通过试错法，通过犯错误和改进来学习，我们永远不能依靠灵感，尽管灵感只要能够经过经验的检验，也许极有价值。因此，假定彻底重建我们的社会世界将会立即带来一种可行的体制，这是不合理的。相反，我们应当预料到，由于缺乏经验，我们会犯很多错误，只有通过一种持久而勤勉的小幅度调整过程，才可能消除这些错误；换句话说，只有运用我们倡导使用的零星工程的理性方法，才能做到这一点。但是，那些因其不够彻底而不喜欢这种方法的人们，为了用一张干净的画布重新开始，必将再次擦掉他们刚刚建构起来的社会；而且，既然因为同样的原因，这一次重新开始也不会带来至善至美，他们将不得不重复这种过程，而永远取得不了任何进展。那些承认这一点并准备采纳我们的更为适中的零星改进方法，但只是在第一次彻底擦净画布之后这样去做的人们，几乎不可能逃避认为他们最初的扫荡和暴力措施完全没有必要的批评。

　　唯美主义和激进主义必然引导我们放弃理性，而代之以对政治奇迹的孤注一掷的希望。这种非理性的态度源于迷恋建立一个美好世界的梦想，我把这种态度称为浪漫主义①。它也许在过去或在未来之中寻找它的天堂般的城邦，它也许竭力鼓吹"回归自然"或"迈向一个充满爱和美的世界"；但它总是诉诸我们的情感而不是理性。即使怀抱着建立人间天堂的最美好的愿望，但它只是成功地制造了人间地狱——人以其自身的力量为自己的同胞们准备的地狱。

---

　　①　似乎在文学上以及哲学上的浪漫主义，可以追溯到柏拉图。卢梭受到他的直接影响（参阅第 177 页注①），这一点广为人知。卢梭也了解柏拉图的《政治家篇》（参阅《社会契约论》，第二卷，第七章以及第三卷，第六章）以及它对古代山地游牧部落的赞颂。但除了这种直接影响之外，可能卢梭间接地从柏拉图的思想中产生了他的田园牧歌式的浪漫主义和对原始状态的钟爱；因为他肯定受到了意大利文艺复兴的影响，后者重新发现了柏拉图，尤其是他的自然主义和他对某种完善的原始游牧部落社会的梦想〔参阅第 86 页注①（3）和第 105 页注①以及第 177 页注①〕——有趣的是，伏尔泰马上认识到了卢梭的浪漫蒙昧主义的危险；就像当康德面对赫尔德的"理念"中的这种成分时一样，并没有因为他对卢梭的钦佩而妨碍他认识到这种危险（也可参阅第二卷第十二章第 100 页注②，以及正文）。

柏拉图攻击的背景

第十章　开放社会及其敌人

他将使我们恢复最初的本性，治疗我们，使我们快乐和幸福。

——柏拉图①

我们的分析仍有一些疏漏之处。认为柏拉图的政治纲领纯属极权主义的看法，以及第六章对这个看法所提出的异议，引导我们去考察正义、智慧、真理和美之类的道德观念在这个纲领所发挥的作用。这个考察结果一直是没有什么区别的。我们发现这些观念的作用是重要的，但它们不能促使柏拉图超越极权主义和种族主义。这些观念中有一个还有待继续考察，即幸福的观念。人们可能会记得，我们引用过格罗斯曼的话，他坚信柏拉图的政治纲领基本上是一个"建立一个每个公民都真正幸福的完善国家的计划"，我将这一信念描述为将柏拉图理想化倾向的遗风。如果要论证我的看法，我不会费太大的劲便能指出，柏拉图对幸福的论述与其对正义的论述极其相似，尤其是，这个论述是基于同一信念，即社会"天然地"分为各个阶级或等级。柏拉图力主，真正的幸福②只有通过正义，即安于本分，才能实现。统治者只

---

① 本章开头的语录摘自《会饮篇》，193d。

② 参阅《理想国》，419a 以下，421b，465c 以下，和 519e；并参阅第六章，特别是第二和第四节。

有在进行统治时才能找到幸福，武士只有在进行战争时才能找到幸福。而我们还可以推论，奴隶只有在被奴役时才能找到幸福。除此之外，柏拉图常常说起，他的目标既不在于个人的幸福，也不在于国家中任何特定阶级的幸福，而仅在于整个国家的幸福。他还申辩道，这只不过是正义统治的结果。我已指出，这种正义统治就其性质而言是极权主义的。《理想国》的主要论题之一便是只有这种正义才能带来真正的幸福。

从这一切来看，把柏拉图视为一个极权主义党派政治家，就其直接的实践工作而论是不成功的，但从长远来看，他所做的阻止和摧毁他所憎恨的文明的宣传却十分成功。[1] 这似乎自圆其说、难以反驳地解释了这些材料。然而，若要使人们感到这种解释有重大错误，就得以这种率直的方式来谈论这些材料。不管怎样，当我这样表达时，我感觉就是如此。我所感到的似乎是，并非不真实，而是有缺陷。于是，我开始寻找有可能驳斥这种解释的证据[2]。然而，除了一点以外，在每一点上试图反驳我的解释都是十分不成功的。新的材料只能使柏拉图主义和极权主义之间的一致性更为明显。

使我感到我在寻求反驳中获得成功的那一点，是关于柏拉图对僭主政治的憎恨。当然，把它解释为并无其事总是可能的。人们会很容易说柏拉图对僭主政治的控诉不过是宣传而已。极权主义往往宣称热爱"真正的"自由，而柏拉图歌颂自由而反对僭主政治听起来与这种所谓的热爱十分相像。尽管如此，我还是感到他对僭主政治的某些看法[3]是真诚的，这将在这一章的其后部分谈到。显然，在柏拉图的时代里，"僭主政治"通常指的是以群众支

---

[1]　我考虑的不仅是中世纪的抑制社会的企图，即以柏拉图的统治者对灵魂——被统治者的精神福祉——负责的理论（以及被柏拉图在《理想国》和《法律篇》中发展了的许多实用手段）为基础的企图，而且还考虑了许多以后的发展。

[2]　换句话说，我一直力图尽可能地运用我在《研究的逻辑》中描述的方法。

[3]　特别参阅《理想国》，566e；并参阅第387页注[2]。

持为基础的一种统治形式，这一事实使我能够说柏拉图之憎恨僭主政治与我原先的解释相一致。但我感到这并不能消除要修正我的解释的必要。我还感到，仅仅强调柏拉图的根本真诚，对完成这种修正是很不够的。无论怎样强调也不能抵消这幅画像的总印象。一幅新的画像是需要的，它必须包括柏拉图相信他是一个医生，负有医治有病的社会的使命，同时还必须包括事实上他对在他之前和之后的希腊社会所发生的事情都比任何别人看得更清楚。既然试图否认柏拉图主义与极权主义之间的雷同无助于改进这幅画像，所以我终于不得不修正我对极权主义本身的解释。换句话说，对照现代极权主义来理解柏拉图，竟然使我修正我对极权主义的看法，我自己也感到惊讶。我并不改变我对极权主义的敌视，但这终于使我看到，老的和新的极权主义运动的力量都在于它们要回答一个极其实在的需要，尽管这种回答可能被认为不妥。

　　按照我的新解释，我觉得柏拉图宣称他希望使国家及其公民幸福，并非纯属宣传。我原意承认他的根本善意①。我也承认他在一定的限度内，在他的幸福许诺所根据的社会学分析上是对的。把这一点说得更确切些，那就是：我相信柏拉图以其社会学的深刻见识，发现了他那个时代的人正处在以民主主义和个人主义的兴起为开端的社会革命所引起的严重压力之下。他成功地发现他们的严重不幸的主要原因——社会的变化和分裂——他并且极力加以反对。没有理由怀疑，他的极其强烈的动机之一就是为公民夺回幸福。出于在这一章稍后部分所讨论的理由，我相信他所推荐的医疗——政治学的处方，以阻止变化并回到部落社会

---

　①　在我的故事中，应该"没有恶棍……犯罪没有意思……只有人们满怀美好的愿望，在最佳状态时所做的事情，才真正使我们感兴趣"。我曾设法尽量将这种方法论的原因运用于对柏拉图的分析。（本注中引用的对这条原则的陈述，摘自萧伯纳为《圣女贞德》写的序；详见"悲剧，并非闹剧"一节中的头几句。）

去，是完全错误的。这个建议作为一种治疗是行不通的，但它却证明了柏拉图的诊断能力。它表明，柏拉图是知道毛病出在哪里，知道人们所经受的压力和不幸，尽管他错误地声称他要引导人们回到部落社会去，以减轻这个压力和恢复他们的幸福。

我想在这一章里对促使我持有这些看法的历史材料作一番简略的考察。在本书的最后一章里，将会看到，我对所采取的方法，即历史解释的方法提出一些评论。所以，在这里我只说，我并不宣称这种方法具有科学的地位就够了，因为，对一种历史解释进行检验是不可能像通常的假说检验做得那么严格。历史解释主要是一种观点，其价值在于它是否富有成效，在于它对历史材料的解释力，能否引导我们发现新材料，并帮助我们把材料条理化和连贯化。所以，我在这里所要说的话，并不意味着作为一种教条式的断言，尽管我有时也许会大胆表达我的看法。

一

我们的西方文明起源于希腊。看来希腊人最早从部落主义过渡到人道主义。让我们考虑一下这意味着什么。

早期希腊部落社会在许多方面同波利尼西亚人，例如毛利人的部落社会相似。通常住在设防的居住地的各个战斗者小集团，在部落首领或王或贵族家庭的统治下，在海上和陆地上彼此进行战争。当然，在希腊人和波利尼西亚人的生活方式之间存在着许多区别，因为部落社会当然不是千篇一律的。没有标准的"部落生活方式"。然而，在我看来，在这些部落社会中，如果不是全部，至少在大部分，都可以发现某些典型特征。我指的是他们对社会生活习惯那种神秘的或非理性的态度，以及与这些习惯相应的严格性。

对社会习惯的这种神秘态度在上面已经讨论过了。它的主要因素就是未能把社会生活中的习惯的或约定的规律性同在"自然"中所发现的规律性区别开来；而这种情况又往往兼有如下的信念，以为这二者都是由超自然的意志来执行的。社会习惯的严格性在大多数情况下也许只是这种态度的另一个方面。（有理由相信，这个方面甚至更为原始，而且超自然的信念又是害怕改变常规的一种合理化而已——我可以在每一个幼小儿童中发现这种畏惧。）当我谈到部落社会的严格性时，我并不是说部落的生活方式不会发生变化。我指的却是，相当罕有的变化都具有宗教改变的性质，或引进新的神秘禁忌的性质。这些变化并非基于要改进社会状况的理性目的。除了这些变化之外——这是极其罕见的——禁忌严格地规定和支配生活的一切方面。它们不会留下许多空白。在这种生活形式中很少出现问题，而且没有出现事实上与道德问题相同的问题。我的意思并不是说，部落的成员为了按禁忌行事有时不十分需要英雄气概和坚韧不拔的精神。我的意思是，他难得发现自己正处在怀疑他应如何行动的状况中。对的做法总是已被决定了的，虽然要遵循它就得克服困难。它是由禁忌所决定的，由神秘的部落建构所决定的，而不可能成为批判性思考的对象。甚至赫拉克利特也不能明确地把部落生活的建构性规律与自然规律区分开来，二者都被视为具有同样的神秘性质。以集体部落传统为基础的建构，没有个人责任的余地。禁忌确立了某种集团责任形式，因而它们可以是我们所说的个人责任的先驱，但它们同个人责任毫无共同之处。禁忌并非基于理性评价的可能性原则，而是基于诸如祈求命运权力之类的神秘观念。

大家知道这种情况至今仍然存在。我们自己的生活方式仍然带有禁忌；饮食的禁忌、礼仪的禁忌以及其他许多禁忌。但其间有着一些重大区别。在我们的生活方式中，在国家的法律与我们在习惯上遵从的禁忌之间有着越来越广大的个人决定的领域及其问题和责任；我们也知道这个领域的重要性。个人决定可以导致禁忌的改变，甚至导致已不再是禁忌的政治法律的改变。重大的

区别在于对这些问题的理性反思的可能性。理性反思在某种程度
上开始于赫拉克利特①，至于阿尔克迈昂、法列亚斯和希波达莫

① 关于赫拉克利特，详见第二章。关于阿尔克迈昂和希罗多德的法律平等学
说，详见第 194 页注②、195 页注①和 198 页注①。关于卡尔克东的法列亚
斯的经济平等主义，详见亚里士多德的《政治学》，1266a 和 D^5，第 39 章
（也论述了希波达莫斯）。关于米利都的希波达莫斯，详见亚里士多德的
《政治学》，1267b22，及第 50 页注①。当然，我们还必须把那些智者、普
罗塔哥拉斯、安提芬、希庇亚斯、阿基达马、利科弗龙；克里底亚（参阅
D^5，残篇 6，30—38，以及第 272 页注①），和老寡头（如果克里底亚与老
寡头是两个）；以及德谟克利特都包括在最早的政治理论家之中。

关于"封闭社会"和"开放社会"两词，以及柏格森对这个词在多少
相似意义上的使用，参阅本书导言的注释。我把封闭社会描述为巫术的社
会，而把开放社会描述为理性的和批判性的社会，因此，若不将讨论中的社
会理想化，就无法使用这两个词。这种神秘态度根本没有从我们的生活中消
逝，即使在至今已经实现的最"开放"的社会中，也没有消逝，我认为完
全消逝是不大可能的。尽管如此，给从封闭社会到开放社会的过渡规定某些
切实可行的标准，似乎还是可能的。当社会建构首次被有意识地认识到是人
为的产物时，当从它们是否适合人类用来达到自己的目标或宗旨出发，讨论
到有意识地改变它们时，这种过渡就发生了。或者，在比较具体地讨论这个
问题时，当主动地进行干预和有意识地追求个人或集团利益代替了人们在考
察社会秩序时所具有的超自然的敬畏心理的时候，封闭社会就解体了。显
然，通过文明教化进行的文化接触可以促使这种解体发生，甚至可以促使统
治阶级中产生贫穷的即无土地的成员。

我应该在此指出，我不愿意笼统地谈"社会解体"。我认为，这里描述
的封闭社会的解体是一件很清楚的事情，但是，我觉得，一般说来，这个字
眼不外乎暗示观察这个解体过程的人不喜欢看到他所描绘的发展过程。我
看，这个字眼用得很不恰当。但是，我承认，无论是否确有理由，某一个社
会的成员大约都感到"一切都在瓦解"。对于一个法国旧制度或俄国贵族的
成员，法国革命或俄国革命无疑都是彻底的社会解体；但是，对于新统治
者，那就截然不同了。

汤因比（参阅《历史研究》，V，23—25；338）把"社会整体的分裂
现象的出现"描述成衡量一个已经解体的社会的标准。既然毫无疑问，早
在伯罗奔尼撒战争之前，在希腊社会中，分裂就以阶级倾轧的形式出现了，
为什么他还认为这次战争（而不是部落制的瓦解）标志着他所说的古希腊
文明的衰败，这一点不太清楚〔参阅第 119 页注②（2）和第 340 页注①〕。

关于希腊人和毛利人之间的相似点，可在伯内特的《早期希腊哲学》，
特别是第 2、9 页中，找到一些论述。

斯及智者们，由于探求，"最好政制"从而在不同程度上假定某个问题具有可以进行理性讨论的性质。在我们的时代里，我们许多人对新的立法以及别的建构改革是否可取都可以做出理性的决定；就是说，做出一些以对可能的后果的估计为根据的决定，做出对其中一些改革的有意识的赞成为根据的决定。我们承认理性的个人责任。

结论是，神秘的或部落的或集体主义的社会也可以称为封闭社会，而每个人都面临个人决定的社会则称为开放社会。

一个封闭社会在其最好的情况下也只能恰当地比作一个有机体。所谓国家有机体学说或国家生物学说可以在相当范围内适用于它。一个封闭社会相似于一群羊或一个部落，因为它是一个半有机的单位，其中各个成员由于有着半生物学的联系——同类、共同生活、分担共同的工作、共同的危险、共同的欢乐和灾难——而结合在一起。它又是各个具体的个人的一个具体的集团，不仅由于分工和商品交换等抽象的社会关系，而且由于触觉、味觉和视觉等具体的生理关系而彼此联结起来。虽然这种社会可以建立在奴隶制的基础上，但奴隶的存在不一定产生与家畜根本不同的问题。因此，使有机体学说不能应用于开放社会的那些方面是不存在的。

我所想到的那些方面与如下事实相联系：在一个开放社会里，许多成员都力图在社会上出人头地和取代别的成员的位置。这就会导致，比方说，阶级斗争这类重要的社会现象。我们不能在一个有机体里面发现类似阶级斗争的情况。一个有机体的细胞或组织（有时被说成与国家的成员相当）也许会争夺养分；但并不存在大腿变成大脑，或者身体的另一些部分变成腹腔的内在倾向。既然在有机体中不存在相当于开放社会的一个最重要的特征——成员间对地位的竞争，因此，所谓国家有机体学说所根据的是一种错误的类比。在另一方面，封闭社会是不怎么知道这些倾向的。它的各种建构，包括它的等级制度，都是神圣不可侵犯的禁忌。有机体学说在那里并非那么不适合。所以，无怪乎我们看到，把有机体学说应用于我们的社会的种种做法，多半都是为了回到部落社会所做的伪装宣传罢了①。

---

① 这里对国家有机体学说的批判，以及许多其他揭示，我均得自 J. 波普尔—林科斯；他写道（《普遍的养育义务》，第 2 版，1923 年，第 71 页）："杰出的米涅纽斯·阿格利巴在劝反叛的平民返回（罗马）时，打了一个关于四肢背叛肚子的比喻……为什么他们中间没有一个喊：'对呀，阿格利巴！如果一定需要一个肚子，那么，我们平民原意从现在起就做肚子；而你们……可以充当四肢！'"（关于这个比喻，参阅李维，第 II 卷，第 32 页，和莎士比亚的《科里奥拉努斯》，第 1 幕，第 1 场）注意到一场像"民意观察"那样显然是进步的现代运动也在宣传社会有机体学说（在其小册子《第一年的工作，1937—1938 年》的封面上），也许是很有趣的。并请参阅第 160 页注①。

　　另一方面，必须承认，恰恰由于缺乏社会压力，部落的"封闭社会"多少带有"有机体的"特征。这样的社会可能以奴隶制为基础（希腊人的情况就是如此），这一现象本身并不会产生社会压力，因为有时奴隶和牲口一样，只是社会的一部分；他们的志气和困难不一定会产生什么影响，从而使统治者感到这是社会内部的问题。不过，人口的增加确实会成为这样一个问题。在并不向外移民的斯巴达，人口增长首先导致征服相邻部落，以便取得他们的领土，然后通过各种手段，包括杀婴、节育、同性恋等习俗，控制人口增加，有意识地努力阻止各种变革。柏拉图很清楚地看到这一切，他一贯坚持（也许受到希波达莫斯的影响），居民的数量需要保持不变。他在《法律篇》中建议实行殖民和节育，正如他早些时候把同性恋（在亚里士多德的《政治学》，1272a23 中，也作了同样解释）作为保持人口数量稳定的手段；参阅《法律篇》，740d—741a，和 838e。〔关于柏拉图在《理想国》中杀婴的建议以及类似问题，尤应参阅第 109 页注①，再进而参阅第 349 页注②、387 页注②，以及第 165 页注①（3）〕。

　　当然，所有这些做法远不能用理性的语言给予完整的解释；尤其是，多利安人的同性恋与战争的实践联系在一起，与想在作战士兵生活中重新得到感情上的满足的企图联系在一起，由于部落制解体，感情上的满足大致不可能了：尤应参阅柏拉图在《会饮篇》，178e 中所称赞的"由恋人组成的作战士兵"。在《法律篇》，636b, f, 836b/c 中，柏拉图对同性恋表示蔑视（不过，还要参阅 838e）。

开放社会由于丧失了有机体的性质，所以在不同程度上，可以变成我称之为"抽象社会"的那种样子。它可以在相当程度上失去作为一个具体的或实在的人的集团或这些实在的集团系统的性质。这种很少被人理解的情况会被夸大解释。我们可以设想这样的一个社会，在这个社会里人们实际上从不直接接触——那里的一切事情都是各个孤独的个人，通过打字的信件或电报互通消息，出门都坐封闭的汽车（人工授精甚至会出现没有个人因素的生殖）。这种虚构的社会可以称之为"完全抽象的或非个人化的社会"。有趣的是，我们的现代社会在许多方面与这种完全抽象的社会颇为相似。虽然我们并不经常在封闭的汽车上独自驱车（只是沿路看见街上来来往往的人群），但其结果与此差不多——我们同街上的行人通常没有建立任何个人关系。同样，加入工会不过是持有会员证和向一个不认识的秘书交纳会费而已。在现代社会中生活的有许多人都没有或极少有亲密的个人接触，他们生活在默默无闻和孤独的状态之中，因而是在不愉快之中。因为社会已变得抽象，而人的生物性质却没有多大改变，人有社会需要，但在一个抽象的社会中这些需要是不能得到满足的。

当然，我们的描述即使采取这种形式也是极其夸大的。完全抽象的甚或以抽象为主的社会是永远不会或不可能存在的，就像完全理性的甚或以理性为主的社会永远不会或不可能存在的一样。人们仍然形成各种实在的集团和进入各种实在的社会接触，并力图尽可能满足他们在情欲上的社会需要。然而，现代开放社会中大多数的社会集团（有些幸运的家庭集团除外）都是不好的替代者，因为它们对共同生活并无帮助。其中许多社会集团在社会生活中基本上不起作用。

这个被夸大的描述的另一种情况，就是至今还没有包括有利的方面——而只包括不利的方面。但事实是存在着有利的方

面的。新型的个人关系是会出现的，人们可以自由地加入这些
个人关系，而不被出身的偶然性所决定；此外还产生新的个人
主义。同样，精神的联系可以扮演主要的角色，而生物的或生
理的联系则会减弱；如此等等。然而，尽管如此，我希望我们
的例子将阐明一个较为抽象的社会与一个较为具体的或较为实
在的社会集团之间的区别究竟意味着什么；它将表明我们的现
代开放社会基本上是通过抽象关系，例如交换或合作来运行
的。（现代社会理论，例如经济学理论主要是关于这些抽象关
系的分析。许多社会学家，例如杜克凯姆，还没有理解这一
点，而不去放弃教条主义的信念，以为社会分析必须以实在的
社会集团为根据。）

　　从上面所说的话看来，从封闭社会到开放社会的过渡显然可
以被描述为人类所经历的一场最深刻的革命。由于封闭社会具有
我们所说的生物性质，所以这个过渡必定为人们深深感到。因
此，当我们说我们的西方文明源于希腊时，我们应当明白这是什
么意思。这指的是，希腊人为我们开始了这场伟大的革命，而现
在这场革命似乎仍然处于开始阶段——从封闭社会到开放社会的
过渡。

二

　　当然，这场革命不是人们有意识地发动的。希腊的部落封闭
社会的瓦解可以追溯到占有土地的统治阶级开始感到人口增长之
时。这意味着"有机的"部落社会的结束。因为它使这个统治
阶级的封闭社会出现了社会冲突。在开始时，在这个问题上似乎
有某种"有机的"解决办法，即创造一些子城邦（这种解决办
法的"有机"性质由于在送出殖民者之后所采取的神秘程序而
被破坏了）。然而，这种殖民仪式只是延缓其瓦解而已。它甚至

产生了导致文化接触的新危险区；而这些接触又造成了也许对封闭社会来说更为危险的事情——商业以及从事贸易和航海的新阶级。到了公元前 6 世纪，这种发展已导致旧有生活方式的部分解体，甚至导致一系列的政治革命和反动。它不但导致用暴力来保存和保住部落社会——在斯巴达就是这样，而且还导致伟大的精神革命，出现了批判性的讨论，以及随之出现了从神秘的迷信中解放出来的思想。与此同时，我们发现新的不安的第一征象。文明的胁变开始被人们感觉到。

这种胁变和不安乃是封闭社会解体的一种结果。甚至在我们这个时代也是被感到的，尤其是在社会变化的时候。这种胁变之所以产生，乃是由于生活在一个开放的、部分抽象的社会中，就要求我们进行不断的努力之故——是由于人们力求合乎理性，至少要放弃某些情欲的社会需要，要照顾自己和承担责任。我相信，我们必须承受住这个胁变，作为促进知识、理性、合作和相互帮助所要付出的代价，并终于作为增进我们的生存机会、人口数量所要付出的代价。为了人类，这个代价是必须付出的。

这个胁变与封闭社会解体时第一次出现的阶级冲突问题是密切相关的。封闭社会本身并不知道这个问题。至少对它的统治者来说，奴隶制、等级制和阶级统治是"自然的"，意思是不容置疑的。然而，随着封闭社会的解体，这种信念就消失了，随之一切安全感也消失了。部落社会（以及其后的"城邦"）是部落成员感到安全的地方，尽管周围有敌人和危险的甚至敌对的神秘力量，他对部落社会的体验就像儿童对其家庭和住家的体验一样，在那里他有确定的任务；他对任务知道得很清楚，而且干得很好。封闭社会的解体确实引起了阶级问题和其他的社会地位问题，这对公民必定产生影响，就像家庭的严重争吵和破裂对儿童容易产生影响一样①。当然，这种胁变是特权阶级所感到的，现在他们所感到的威胁，较之从前受压迫的那些人更甚；但甚至后者也感到了不安。他们也因为他们的"自然"世界的解体而惊恐不安。虽然他们继续进行斗争，但他们往往不愿利用在反对他们的阶级敌人时所取得的胜利。他们的阶级敌人是由传统、既得地位、较高的教育水平以及自然权威感所支持的。

这样看来，我们必须试图理解成功地阻止住这些发展的斯巴达的历史以及导致民主政治的雅典的历史。

封闭社会解体最有作用的原因，也许是海上交通和商业的发展，与别的部落有密切的接触就容易破除人们对部落制的必然感；贸易和商业中的首创精神，看来是个人首创精神②和独立精神的几种形式之一，它们能够表现自己，甚至在部落制仍然盛行的社会中也是如此。航海和商业这二者已成为雅典帝国

---

① 我估计，我所谓的"文明的胁变"类似弗洛伊德写《文明及其缺憾》时心中想到的那种现象。汤因比说到一种茫然所失感（《历史的研究》，第Ⅴ卷，第 412 页），但是，他将其局限于"离析的时代"，而我发现赫拉克利特已把我的胁变一词表述得很清楚（事实上，可以追溯到赫西奥德）——早在据汤因比所说他的"古希腊社会"开始"离析"之前。迈耶说到家世门第的消失，家世门第曾决定每一个人在生活中的地位、他的公民的和社会的权利和义务，以及谋生的保障（《古代史》，第Ⅲ卷，第 542 页）。这是对公元前 5 世纪希腊社会中的胁变所做的恰当描述。

② 另一种这类职业可以有比较多的思想自由，就是行吟诗人的职业。我现在主要想到进步主义者色诺芬尼；参阅第 136 页注①中论"普罗塔哥拉主义"的段落（荷马也可算作与此有关的一个例子）。显然，可以从事这种工作的人不多。

刚巧我个人对商业或一心搞商业的人不感兴趣。不过，商人的进取精神的影响对我好像相当重要。据我们所知，已知的最古老文明，即苏美尔文明，是带有强烈民主特色的商业文明；书写和算术的技巧、科学的发端，都和它的商业生活有联系，这一切恐怕很难说是巧合（并请参阅第 352 页注①对应正文）。

主义的主要特征，公元前 5 世纪雅典的发展就是如此。事实上，雅典的寡头们、特权阶级分子或先前的特权阶级分子把所有这些都视为最危险的发展。他们已经明白，雅典的贸易、雅典的金融商业主义、雅典的海军政策以及雅典的民主趋势，都是这个运动的一部分，而且，如果不深挖这个祸害的根源并摧毁这个海军政策和帝国，那么，要挫败民主是不可能的。但是，雅典的海军政策依靠它的多个海港，特别是比雷埃夫斯港——它是商业的中心和民主政党的堡垒，而且在战略上，雅典的海军政策也依靠那些保卫雅典的城墙，其后依靠延长到比雷埃夫斯港和法勒伦湾的那道长城。因此，我们发现，雅典的寡头党派在一个多世纪中十分憎恨这个帝国，憎恨这支舰队、海港和城墙，并把它们视为民主的象征，视为民主势力的源泉，并希望有朝一日把它们摧毁。

在修昔底德的《伯罗奔尼撒战争史》中，或者更确切地说，在公元前 432—前 421 年和公元前 419—前 403 年，在雅典的民主政府和斯巴达受阻的寡头部落政府之间的两次大战中，我们可以发现这个发展的许多证据。当我们阅读修昔底德的著作时，我们一定不会忘记他心底里并不同情他自己的城邦雅典。尽管他显然并不属于在战争中通敌的雅典寡头俱乐部的极端派别，但他肯定是寡头党的成员，既不是曾把他放逐的雅典人民、雅典民主派的朋友，也不是雅典帝国主义政策的拥护者。（我并非有意贬低修昔底德这位也许有史以来最伟大的历史学家。然而，尽管他在确认他所收集的事实方面是很成功的，而且他力求公允的精神是真诚的，但他的评论和道德判断代表着一种解释、一种观点，而在这种解释和观点上，我们不一定要赞同他。）我首先从他描述公元前 482 年伯罗奔尼撒战争前半个世纪时特米斯托克利的政策那段话中摘引一段："特米斯托克利也劝说雅典人完成比雷埃

夫斯港……因为雅典人现在已从事航海了，他认为他们有很好的
机会来建立一个帝国。他是最早敢于说他们应该使海洋成为他们
有很好的机会来建立一个帝国的人。他是最早敢于说他们应该使
海洋成为他们的管辖领域的人……"① 25 年之后，"雅典人开始
建造延伸到海边的长城，一端达到巴拉萨姆港，另一端达到比雷
埃夫斯港"②。这是在伯罗奔撒尼战争爆发前 26 年之事，那时寡
头党完全知道这些发展的意义。修昔底德告诉我们，他们并没有
从极其明显的叛变行为有所退缩。在寡头们中，阶级利益有时取
代了他们的爱国主义。一支有敌意的斯巴达远征军侵犯雅典北部
而为此提供了机会，他们就决定同斯巴达勾结来反对自己的国
家。修昔底德写道："有一些雅典人私自对他们（即斯巴达人）
表态，'希望他们会消灭民主政府和停止建造长城。但其他的雅
典人……不大相信他们有反对民主政府的计划。"因此，忠诚的
雅典公民们开赴前线与斯巴达人作战，但被打败了。但是，看来
他们也大大削弱了敌人，足以防止敌人与他们城邦内的第五纵队
分子联合。几个月之后，长城建成了，这意味着，民主政府只要
保持其海军优势就能获得安全。

　　这个事件表明，甚至在伯罗奔尼撒战争爆发前 26 年之时，
雅典的阶级形势是何等紧张，而在战争期间，阶级形势就变得
坏得多了。它还表明，反叛的、亲斯巴达的寡头党所采用的是

① 修昔底德，Ⅰ，93（我主要按照乔伊特译本）。关于修昔底德的偏见，参阅
第 345 页注①（1）。
② 这一段及下一段引文：前引书，Ⅰ，107。尽管迈耶没有更可靠的来源，在
他的辩护性的译文中，修昔底德关于奸诈的寡头的陈述几乎看不出来，简直
歪曲得无从辨认。〔关于迈耶的偏袒，参阅第 345 页注①（2）〕——关于另
一类似的奸诈行为（在公元前 479 年，在普拉太亚之战前夕），参阅普卢塔
克的《阿里斯蒂德》，13。

什么方法。我们必须注意，修昔底德只是顺便提到他们的叛变，而且没有谴责他们，但在别的地方，他极其强烈地反对阶级斗争和党派思想。所引用的下一段话，是作为对公元前427年科西拉革命的一般感想而写的，确实耐人寻味。首先因为这是阶级形势的精彩描述；其次由于这是修昔底德每当他要描述科西拉民主派类似趋势时所具有的强烈措辞的一个例证。（为了判明他不够公允，我们必须记住，在战争开始时，科西拉曾经是雅典民主联盟的一员，而那次叛逆又是寡头们发动的。）还有，那段话是社会总崩溃感的精彩表达。修昔底德写道："几乎整个希腊世界都在动乱之中，在每一个城邦里，民主派的领袖们和寡头派的领袖们都在做出艰苦努力，其一是为了使雅典人有利，另一是为了使拉西第孟人有利……党派联系胜于血统联系……双方的领袖们都采用好听的名称，一方自称主张多数人的政治平等，而另一方则自称主张贵族的智慧；他们固然声称致力于公众利益，但事实上他们只不过是用公众利益来标榜自己罢了。他们用尽一切可以设想到的手段使一方压倒另一方，并且采用最严重的罪恶方法……这个革命在希腊人中产生了各种弊病……背信弃义的敌对态度到处可见。没有任何语言有足够的约束力，也没有任何誓言足以令人畏惧而使敌对双方言归于好。每个人都深信没有安全。"①

只要我们认识到这种阴谋背叛的态度在一个多世纪之后，亚

① 修昔底德，Ⅲ，82—84。下面是这一段的结尾，它说明修昔底德身上有个人主义和人道主义的因素，他是伟大世代中的一员（详见下文，以及本章第353页注②），而且，如前所述，也是一个温和派："人们在进行报复时是无所顾忌的；他们不考虑将来，毫不犹豫地否定人道的习惯法，这些法律正是每一个人一旦陷于灾难之中都要赖以获救的；他们忘记了，等到需要这些法律时才去找，已经无济于事。"关于修昔底德偏见的进一步讨论，见第345页注①（1）。

里士多德写他的《政治学》时还没有改变的话，我们就可以估量到雅典寡头们接受斯巴达的帮助并阻止建造长城的全部意义。我们在《政治学》中听到亚里士多德说到有一个寡头誓言"现在是很时髦的"。这个誓言是这样说的："我承诺成为人民的敌人，并尽力给人民出坏主意。"① 很明显，倘若我们忘记这种态度，我们就无法理解那个时代。

　　我在上面说过，修昔底德本人就是一个反民主主义者。如果我们考虑到如何描述雅典帝国以及各个希腊城邦对它的憎恨，这一点就很清楚了。他告诉我们，人们感到雅典人对其帝国的统治并不比僭主政治好些，而且所有的希腊部落都害怕它。修昔底德在描述公众在伯罗奔尼撒战争爆发的意见时，他对斯巴达的批评是很温和的。而对雅典帝国主义的批评则是严厉的。"人们的一般感情都强烈地倾向于拉西第孟人；因为他们认为拉西第孟人是希腊的解放者。各个城邦和个人都热情帮助他们……而反对雅典人的普遍愤怒是强烈的。有些人盼望从雅典人中解放出来，另一些人害怕落入它的支配之下。"② 最有趣的是，对雅典帝国的这个评判或多或少地已成为对"历史"的官方评判，即已成为大多数历史学家的评判。正如哲学家们难以摆脱柏拉图的观点一样，历史学家们也被束缚于修昔底德的观点。作为一个例子，我可以引用迈耶的话（他是研究那个时代的最优秀的德国权威）。他简直是重复修昔底德的话，他说："希腊中有教养的人都……

---

① 亚里士多德：《政治学》，Ⅷ，（Ⅴ），9，10/11，1310a。亚里士多德不赞成这样公开的敌视；他认为，真正的寡头假装是人民事业的拥护者，这样似乎更明智；他急于告诉他们："他们应该采取，起码假装采取相反的方针，在自己的誓言中提出保证：'我不会做出危害人民的事情。'"

② 修昔底德，Ⅱ，9。

讨厌雅典人。"①

---

① 参阅 E. 迈耶《古代史》，IV（1915 年），368。

（1）要想评判修昔底德的未经证实的公允，或不如说是无意的偏袒，我们必须将他对于标志着伯罗奔尼撒战争的第一阶段（迈耶按吕西亚斯的榜样，把这一阶段叫作阿基达莫斯战争；参阅迈耶：《古代史》，Ⅳ，307，和 V，p. 7）开始的最重要的普拉太亚事件的处理，与他对于米洛斯事件，即雅典在第二阶段（阿基比德战争）中采取的第一个侵略步骤的处理，做一番比较。阿基达莫斯战争以进攻民主的普拉太亚开始——这次闪电式的袭击是底比斯并未宣战就发动的，底比斯是极权主义的斯巴达的一个伙伴，其隐藏于普拉太亚内部的朋友，即寡头的第五纵队，乘着夜色给敌人打开了普拉太亚的大门。虽然作为战争的直接原因，这个事件很重要，但是修昔底德叙述得很简单（Ⅱ，1—7）；他没有对其道德方面做出评价，只是称"普拉太亚事情是对三十年休战的明显破坏"；但是，他责怪（Ⅱ，5）普拉太亚的民主派残酷对待入侵者，甚至怀疑他们是否违背了誓言。这种表述方法与著名的和最费苦心的、尽管当然是虚构的米洛斯对话（修昔底德，V，85—113）形成强烈的对比，修昔底德在对话中企图谴责雅典帝国主义。尽管米洛斯事件似乎使人感到震惊（阿基比德似应对此负责；参阅普卢塔克的《阿基比德》，16），雅典人并非未发出警告就发起进攻，他们在使用武力前曾试图进行谈判。

与修昔底德的态度有关的另一件事，是他（在第Ⅷ卷，第 68 页中）对寡头党的领袖、演讲家安提芬的颂扬（在柏拉图的《米纳塞努篇》中，安提芬被说成是苏格拉底的老师；参阅第 199 页注①结尾）。

（2）E. 迈耶是现代关于这一个时期的最大权威之一。不过，要评价他的观点，人们必须读一读以下对民主政体的轻蔑评论（这一类的段落非常多）："（比武装起来）更重要得多的是，继续进行有趣的政党争吵游戏，以获取那种无限制的、每个人都根据自己的特殊利益加以解释的自由。"（第 V 卷，第 61 页）但是，迈耶写道："民主的以及它的领袖的绝妙自由已经确凿地证明它们的无用。"（第 V 卷，第 69 页）我要问，这不仅是"根据自己的特殊利益而做出的解释"吧。关于在公元前 403 年拒绝向斯巴达投降的希腊民主派领袖（后来的成功证明这次拒绝是正确的——尽管这种证明并不需要），迈耶写道："有些这样的领袖可能是诚实的狂徒……由于他们可能根本不会做出任何合乎情理的判断，所以，他们真的相信"（他们所说的，即：）"雅典人绝对不会投降。"（第Ⅳ卷，第 659 页）迈耶用最强烈的措辞责怪别的历史学家的不公正。（比如，可参阅第 V 卷，第 89 页和 102 页中的注释，他在其中捍卫了僭主老狄奥尼修斯，替他反驳了所谓不公正的攻击。在第 113 页末尾和 114 页开头，他对某些反狄奥尼修斯的"鹦鹉学舌般的历史学家"表示愤慨。）所以，他称格罗特为"一个英国的急进领袖"，说他的著作"不是历史，而是替雅典人申辩"，他自豪地将自己与这样的人

　　然而，这些话只不过是反民主观点的表达而已。修昔底德所记载的许多事实——例如，我们曾引用的描述民主派和寡头派的领袖们的那段话——表明斯巴达只是在寡头们中间，用迈耶那句说得好听的话来说，在"有教养的人"中间是受欢迎的，而在希腊人民中间则不是受欢迎。甚至迈耶也承认，"有民主思想的人民大众在许多场合下都希望它胜利"[1]，即希望雅典胜利；而且在修昔底德的叙述中也有许多情况证明雅典受到民主派和受压迫者的欢迎。但是有谁关心这些没有受过教育的人民大众的意见呢？如果修昔底德和"有教养的人"断言雅典人是暴君，那么雅典人就是暴君了。

　　最有趣的是，为罗马的成就欢呼、为罗马建立一个世界帝国欢呼的同一些历史学家们，竟然谴责雅典人企图取得更大的成就。罗马的成功而雅典的失败，这个事实是不足以解释这种态度的。因为他们实际上并不因雅典的失败而谴责雅典，因为他们一想到雅典，本来会成功就生厌。他们认为雅典是残酷的民主，是由没有教养的人来统治的去处。这些人憎恨和压迫有教养的人，

做对比："几乎无法否认，我们在历史问题上已经变得比较公正，而且我们已经做出比较正确和比较全面的判断。"（以上均出自第Ⅲ卷，第239页）。

　　支持迈耶观点的是黑格尔。这就把一切都解释明白了（我希望读过第十二章的人会明白这一点）。迈耶的黑格尔主义观点在下列陈述中变得很明显，虽然不是有意的，但是这些陈述差不多等于逐字逐句引自黑格尔；这些话出现在第Ⅲ卷，第256页，那时，迈耶谈到"直率的道德评价，即用公民道德的尺度衡量伟大的政治行动"，（黑格尔谈到"个人美德的连祷"），"而忽视更深刻的、国家和历史责任的真正道德因素"。（这些与后面第十二章所引用的黑格尔的话全相一致；参阅第十二章有关注释）我愿意借此机会再次重申，我在做出历史评价时，并不装作不偏不倚。当然，我要尽量把有关事实弄准确。但是，我知道我的评价（如同任何人的评价一样）必然完全取决于自己的观点。我承认这一点，虽然我完全相信我的观点，即相信我的评价是正确的。

[1]　参阅迈耶，前引书，第Ⅳ卷，第367页。

而有教养的人又憎恨他们。但是，这个观点（关于民主的雅典人在文化上的不容忍态度这个神话）抹杀了众所周知的事实，尤其是抹杀了在那个特定的时期中雅典人令人刮目相看的精神创造性。甚至迈耶也不得不承认这种创造性。他以特有的谦逊说："雅典在这十年中的创造同德国文学在极盛时期的创造相媲美。"① 作为那个时期的民主派领袖，伯里克利更为公正，他把雅典称为"希腊的学校"。

我绝不是为雅典在建立其帝国中所做的一切事情辩护，我也肯定不愿为它的蛮横攻击（如果有这类事的话）或残暴行为辩护；我也没有忘记雅典的民主仍然是建立在奴隶制基础上的②。但是，我认为有必要看到，部落制的闭关自守和自给自足只能由某种帝国主义形式来取代。必须说，雅典实行的某些帝国主义措施是相当宽容的。一个十分有趣的事例就是：在公元前405年，雅典在爱奥尼亚的萨摩岛向它的盟邦提出，"从今后萨摩人民都应当是雅典人；这两个城邦应当成为一个国家；萨摩人应当按他们的意愿来管理他们的内部事务并保留他们的法律"。③ 另一个

---

① 参阅迈耶，前引书，第Ⅳ卷，第464页。

② 然而，必须牢记，正如反动分子诉说的那样，雅典在解体前夕存在着奴隶制。参阅第90页注②、91页注①和99页注②提到的证据；此外，还可参阅第141页注②、第289页注①以及第353页注②至358页注①。

③ 参阅迈耶，前引书，第Ⅳ卷，第659页。

　　迈耶评论雅典民主派的这一行动说："他们到为时已晚时才采取行动，建立政制，这种政制后来帮助罗马……奠定它的崇高伟大。"换句话说，他没有因雅典人最先创制了第一流的政制而赞颂他们，而是谴责了他们；他颂扬了罗马，罗马的保守主义更合迈耶的口味。

　　迈耶提到的罗马史上的事件，指的是罗马与加比伊的结盟或联合。但是，就在这之前，在迈耶描述该联盟的同一页上（在第Ⅴ卷，第135页），我们还可以读到："所有这些城镇，在与罗马合并时，连阿尔卡的'镇'级的政治组织都没有得到，就已不复存在。"稍后，在第Ⅴ卷，第147页中，又提到加比伊，"宽厚"大度的罗马再一次与雅典形成对照；但是，在同一

实例是，雅典在其帝国所实行的赋税措施。人们对这些赋税或纳贡说得很多，并描述为剥削小城邦的无耻而残暴的方法（我认为这是很不公正的）。为了评价这些赋税的意义，我们当然要把它同雅典舰队所保护的大量贸易相比较。修昔底德对此提出了必要的信息，使我们从那里知道，在公元前413年，雅典要求其盟邦"以海上进出口的所有物品的百分之五的税率作为纳贡；它们也认为收益会更多"①。我认为，在极其严酷的战斗中采取这种措施，要优于罗马集中的方法。雅典人采取这种赋税方法是

页的结尾处，迈耶不加批评地记述了罗马对维伊城的掠夺和破坏，这意味着伊达拉里亚文化的结束。

罗马破坏得最严重的可能是迦太基。事件发生在迦太基对罗马已不构成任何威胁的时候。这次破坏使罗马和我们失去了迦太基对文化可能做出的最有价值的贡献。我仅仅提及在那里遭到毁坏的大量珍贵地理资料（迦太基衰落的经过与本章下面讨论的公元前404年雅典的灭亡相似；详见第367页注①。迦太基的寡头宁愿让自己的城邦毁灭，也不让民主取胜）。

后来，在间接溯源于安提斯泰尼的斯多葛学派影响之下，罗马开始形成一种相当自由的人道主义观点。在奥古斯都之后几百年的太平盛世中，这种发展达到了顶峰（比如，可参阅汤因比《历史研究》，第Ⅴ卷，第343—346页），但是，正是在这个顶点上，一些浪漫的历史学家看到了罗马衰亡的开端。

关于这次衰亡本身，如果像许多人依然相信的那样，认为衰亡应归咎于长期和平所造成的堕落，或伤风败俗，或年轻的蛮族的优越性，等等；简言之，归咎于饮食过量，就未免过于天真和浪漫〔参阅第119页注②（3）〕了。严重时疫的毁灭性结果（参阅H. 秦塞尔的《老鼠、虱子和历史》，1937年，第131页以下）和地力的持续而无节制的消耗，以及随之而来的罗马经济体系的农业基础的崩溃〔参阅V. G. 辛姆科维奇著《为了理解耶稣》（1927年）中的"干草与历史"和"罗马衰亡的反思"章，似乎是其中的一些主要原因。同时参阅W. 赫格曼《被揭露的历史》（1934年）〕。

① 修昔底德，第Ⅶ卷，第28页；参阅迈耶，前引书，第Ⅳ卷，第535页。"这会生产得更多"，这一重要说法当然使我们有可能定出一个以前征收的税额和贸易量之间的比率的大致最高限额。

有利于盟邦之间贸易发展的，也有利于帝国中各个成员国的创造性和独立性。开始时，雅典帝国是从一个相互平等的联盟发展起来的。尽管雅典暂时占支配地位，并受到一些公民的公开批评（参阅阿里斯多芬写的《论友谊》），但它在贸易发展上的好处本来会及时导致某种联邦体制。至少，我们知道，在雅典的情况中不存在像罗马那样把文化所有物从帝国"转移到"，即掠夺到占统治地位的城邦中去的那种做法。不论人们如何反对贵族政治，但它总比掠夺者的统治要好些①。

把雅典的帝国主义同斯巴达处理对外事务的做法相比较，就可以支持对它予以赞许的这个观点。斯巴达的做法取决于支配斯巴达政策的那个最终目的，取决于斯巴达要阻止一切变化并恢复部落制的企图。（这是不可能的，我将在后面论及。幼稚一旦失去，不可能复得，而一个被人为地阻止住的封闭社会，或者一个人工栽培的部落社会，绝不等于真实之物。）斯巴达政策的原则如下：（1）保住它那个被阻止的部落社会：排斥可能危及部落禁忌严格性的一切外来影响——（2）反人道主义：尤其是排斥一切平等主义的、民主主义的和个人主义的意识形态——（3）自给自足：不依赖贸易——（4）反世界主义或地区主义：坚持你的部落和一切其他的部落的区分；不同下等人混合——（5）主宰、统治和奴役你的邻邦——（6）但不要变得太大："城邦的扩大只限于不致损及其统一，"②尤其是只限于不去冒引进世界主义趋势的危险——如果我们把这六个主要倾向同现代极权主义倾向相比较，那么，我们就发现它们基本上是相吻合的，唯一的例外是最后一条。这个区别可以

---

① 此处指的是我得自 P. 米尔福德的一个短小而无情的双关语："贵族政治总比掠夺政治可取。"
② 柏拉图的《理想国》，423b。关于稳定人口的问题，参阅第 306 页注①。

用如下的话来描述：现代极权主义似乎是具有帝国主义倾向的。但是，这种帝国主义并不具有宽容的世界主义因素，而且现代极权主义者对全世界的野心是违反人们的意志而强加于人的。有两个因素可以说明这一点。其一是一切专制政治的普遍倾向都是以抵御敌人拯救国家（或人民）为理由来证明其存在的——每当原有的敌人被制服时，这个倾向又必定导致新的敌人的产生或发明。第二个因素就是力图把极权主义纲领中有密切联系的（2）和（5）两条付诸实现。按照（2），人道主义是必须加以清除的，但人道主义已十分普遍，要在国内对它进行有效的斗争，就必须在全世界把它摧毁。但是我们的世界已经变小了，以致每个人现在都是邻人，所以，为了实现（5），就必须支配和奴役每一个人。然而，在古代，对于采取斯巴达那样的地区主义的人来说，最危险的事情莫过于雅典的帝国主义以及它发展为各希腊城邦共同体或者甚至发展为世界帝国这个固有趋势了。

把我们迄今的分析加以概括，可以说，开始于希腊部落瓦解的这场政治的和精神的革命，在第五世纪达到其极盛时期，并爆发了伯罗奔尼撒战争。这场革命已经发展为暴力的阶级战争，同时也发展为希腊两个主要城邦之间的战争。

三

那么，像修昔底德那样杰出的雅典人竟然站在反对这些新发展的一边，又作何解释呢？我相信，阶级利益乃是一个不充足的解释；因为我们要加以解释的事实是，有许多雄心勃勃的青年贵族成为积极的、尽管并非总是可靠的民主派成员，同时又有一些很有思想和天赋的人没有为革命所吸引。主要之点似乎是，虽然开放社会已经存在，虽然它事实上已开始提出新的价值观念、新

的平等主义生活标准，但仍然存在着一些缺陷，尤其是对"有
教养的人"来说。开放社会的新信念，它的唯一可能的信念乃
是人道主义，它正开始表现它自己，但还没有明确地提出来。在
当时人们所看到的只是阶级战争、民主派害怕寡头的反动，以及
对进一步的革命发展的恐惧。所以，不少人站在反对这些发展的
反动的一边，即站在传统的一边，要求维护原先的价值观念和宗
教。这些倾向迎合许多人的感情，而且由于它们受欢迎而出现了
一个运动，尽管这个运动是由斯巴达人和它们的寡头盟友出于他
们自己的目的来领导和利用的，但必定甚至在雅典也有许多正直
的人归属于这个运动。从这个运动的口号"回到我们祖先的国
家"或"回到以前的父道国家"而引申出"爱国者"这个名词。
反对民主派的寡头们希望获得支持，以反对民主派，他们毫不犹
疑地把他们的城邦交给敌人，但是，我们并非必须坚持说，这些
寡头们大大歪曲了支持"爱国"运动的人普遍抱有的信念。修
昔底德就是"父道国家"运动的有代表性的领导人之一[①]，但他
大概并不支持极端的反民主派的阴谋背叛行为。固然他并不掩饰
他对他们的根本目的的同情。这个根本目的就是要阻止社会的变
化，要对雅典民主的世界帝国主义，对其权力的工具和象征，即
海军、长城和商业进行斗争。（我们不妨指出，在柏拉图的商业
学看来，商业是很可怕的。当斯巴达王来山得在公元前 404 年战
胜雅典并缴获大量战利品归来之后，斯巴达的"爱国者"即
"父道国家"运动的成员们力图阻止黄金进口；虽然后来终于被
允许，但那些黄金只限于国家所有，而且任何公民一旦被发现占
有贵重金属都得处死。在柏拉图的《法律篇》中，也提倡极其

---

① 参阅迈耶的《古代史》，第 Ⅳ 卷，第 577 页。

相似的做法。①）

　　虽然这个"爱国"运动部分地是盼望恢复较稳定的生活，恢复宗教、规矩、法律和秩序的表现，但它本身在道德上是腐朽的。它的古时信念已经消失，而基本上代之以对宗教感情的伪善甚至冷酷的利用。② 就像柏拉图所绘画的卡利克勒斯和色拉希马库斯的画像一样，在年轻的"爱国"贵族们当中到处可以发现虚无主义；只要有机会，他们就变成民主派的领袖。这种虚无主义的最显赫的代表人物，也许就是为彻底打败雅典效劳的寡头领

----

　　①　　前引书，第 V 卷，第 27 页。并参阅第 340 页注②和 102 页注①的对应正文。
　　　　＊关于摘自《法律篇》的段落，详见 742a—c。柏拉图在此详尽说明了斯巴达的态度。他订出一条"禁止普通公民拥有金、银的法律……我们的公民只拥有在我们中间才能合法流通，而在其他地方无用的钱币……为了远征部队，或者官方的出国访问，如大使或其他必要的使团……的需要，国家应该经常备有古希腊的金币。如果个人必须出国，他得到地方行政官正式批准后，也可以这样做。他回国后，若还剩余外国钱币，必须上交国家，拿回等值的国内货币，如果有人保存外国货币，一经发现必须充公，带进外国货币的人和知情不报者应受咒骂和谴责，并且被判不少于有关款项的罚款"。读了这一段后，我们真不知道，如果把柏拉图描述成一个抄袭斯巴达极权主义城市法律的反动分子是否冤枉了他；因为他至少在两千多年前就提出了当今最先进的西欧民主政府几乎一致认为正确的原则和做法（这些政府，像柏拉图一样，希望其他国家会负责照管"万国通用的古希腊 1 金币"）。
　　　　然而，稍后的一段（《法律篇》，950d）西方自由主义色彩较少。"首先，40 岁以下的人不会获准到国外任何地方去。其次，没有人会以私人身份获得这样的批准；以公务的身份，这样的批准也只是给使者、大使和某些考察使团……而这些人在返回后总是要告诉年轻人，别的国家的政治体制不如他们的优越。"
　　②　　这点得到迈耶的承认（前引书，第 IV 卷，第 433 页），他在一段很有意思的文字中说到这两党："他们各自都声称自己保卫了'父道国家'……而对方则受到现代自私精神和革命暴力的影响。实际上，两党都受到影响……传统的习俗和宗教更深地植根于民主党；它那些战斗在复古旗帜下的贵族敌人，则已完全现代化。"也请参阅前引书，第 V 卷，第 4 页，以及下条注。

袖，即柏拉图的舅父克里底亚，三十僭主的头头。①

　　然而，在那个时候，在修昔底德所处的同一代人之中，掀起了对理性、自由和博爱的新信念——我认为这个新信念就是开放社会唯一可能的信念。

四

　　标志着人类历史转折点的这个时期，我乐意称之为伟大的世代；这个时期是雅典人处在伯罗奔尼撒战争之前不久战争之中的那个时期。② 在他们之中有伟大的保守主义者，例如索福克勒斯或修昔底德。在他们之中也有代表这个转变时期的人物；他们是动摇的，例如欧里庇得斯，或者是怀疑的，例如阿里斯多芬。但是，还有伟大的民主领袖伯里克利，他提出在法律面前人人平等和政治个人主义的原则；有希罗多德，他在伯里克利的城邦中获得人们的欢迎和称赞，说他是一部为这些原则增光的著作的作者。普罗塔哥拉（他原籍阿布德拉，但在雅典很有影响）以及他的同乡德谟克利特也必须被视为这个伟大世代的人物。他们形

---

　　① 从亚里士多德的《雅典政制》，第34章第3节中我们得知，三十僭主原来声称赞同那个在亚里士多德看来是很"稳健的"计划，即"父道国家"的计划——关于克里底亚的虚无主义和现代性，参阅第八章中论及的他的宗教理论，以及本章第367页注①。

　　② 把索福克勒斯和欧里庇得斯对新信仰的态度作一番对比，是极其有意思的。欧里庇得斯埋怨道（参阅迈耶，前引书 IV，III）："出身低微的人应该兴旺发达，而出身高贵的勇士都命运欠佳，这是错误的。"欧里庇得斯答辩道（安提芬抱有同赞；参阅第141页注②），出身高贵与出身低贱（特别是奴隶）的差异仅仅是文字上的："光是这个名称就让奴隶蒙受耻辱。"关于修昔底德的人道成分，参阅本章第343页注①引文。关于伟大世代与世界主义倾向之间的联系究竟如何的问题，详见列举在第289页注①中的证据——特别是敌对的证人，即老寡头、柏拉图和亚里士多德。

成一种学说，认为语言、风俗习惯和法律这些人类建构并不具有禁忌的神秘性质，而是人的创造，不是自然的而是约定俗成的。他们还坚持说，我们对这些人类建构是负有责任的。那时有高尔吉亚学派——其中有阿基达玛、利科弗龙和安提斯泰尼，他们提出了反奴隶制、理性保护主义和反民族主义（即人类世界帝国的信念）的基本教义。此外还有也许是其中最伟大的人物苏格拉底，他教导这样的学问：我们必须相信人类理性，同时又要提防教条主义；我们必须抛弃厌恶理论①（即对理论和理性的不信任），也要抛弃制造智慧偶像的那些人所采取的神秘态度；换句话说，他教导我们说，科学的精神就是批评。

至今我对伯里克利谈得不多，而对德谟克利特则完全没有谈到，所以我不妨引用他自己的一些话来阐明这个新信念。首先，德谟克利特说："我们之所以不应该做坏事，不是出于恐惧而是出于正义感……美德主要在于对别人的尊重……每一个人都是他自己的小世界……我们应当尽力帮助那些受到不公平待遇的人……善就是不做坏事；而且不想做坏事……善的行为不是说好话就算数……民主政治的贫困比贵族政治或君主政治据说所具有的繁荣要好，就像自由比奴役要好……有智慧的人属于所有的国家，因为伟大灵魂之家是整个世界。"一句真正科学家的谈话也出自他。他说："我要发现的是一条因果规律而不是一位波斯国王！"②

---

① 苏格拉底把"厌恶理论的人"（或称理性论证的仇视者）比作"厌世者"或称仇视人类者；参阅《斐多篇》，89c。作为对照，请参阅柏拉图在《理想国》，496c—d 中有关厌世的论述（参阅第 297 页注①、298 页注①）。

② 本段引文引自德谟克利特的残篇，迪尔斯：《前苏格拉底派》第 5 版，残篇第 41 号；179；34；261；62；55；251；247（迪尔斯和塔恩对其真伪的质疑，参阅第 289 页注①）；118。

　　在他们的人道主义和大同主义的言论中，德谟克利特的一些残篇听起来好像是直接反对柏拉图的，虽然在时间上先于柏拉图。伯里克利的著名的葬礼演说至少在柏拉图写《理想国》之前半个世纪，给我们以同样的印象，只是更为强烈得多。我在第六章中讨论平等主义时曾引用过这篇演说词的两句话①，但在这里不妨再引用一些话，以便更清楚地表明它的精神。"我们的政治体制与别处实行的制度不同。我们并不照搬我们的邻国，而是要成为一个榜样。我们的政府是使多数人得益：这就是为什么它被称为民主政府之故。法律为所有的人在他们的私人争议中提供平等的裁判，但我们并没有忽视优秀者应有的权利。当一个才华出众的公民都会被召请去为国家效劳，待遇比别人优厚，但这不是特权，而是对着贡献的奖赏；贫穷不是障碍……我们所享有的自由扩及日常生活；我们并不彼此猜疑，而且当别人选择他自己的道路时，我们也不会横加指责……但是这种自由不会使我们无法无天。我们被教导要尊重行政长官和法律，绝不忘记我们必须保护受害者。我们也被教导要服从完全基于普遍的正义感来施行的那些不成文法……"

　　"我们的城邦是向世界开放的；我们绝不驱逐一个外国人……我们完全按自己的意愿去生活，但我们永远准备面临各种危险……我们爱美，但不沉醉于幻想，而且，我们力图增进我们的理智，但这并不减弱我们的意志……承认自己贫穷并不使我们感到丢脸，但我们认为，不去努力避免贫穷才是丢脸的事。一个雅典公民在干他自己的私事时不会漠视公众事务……我们不是把那些对国家漠不关心的人看作无害，而是看作无用；而且，尽管只有少数几个人可以制定政策，但我们所有的人都可以评论它。我们并不认为讨论有碍于政治行动，而

————————

① 参阅第 197 页注①对应正文。

是认为这是明智行动的不可缺少的首要条件……我们相信，幸福是自由的果实，而自由则是勇气的果实，我们也不会害怕战争的危险……总而言之，我认为雅典是希腊的学校，各个雅典在其成长中发展多方面的优秀才能，对突然事件有思想准备，有自力更生的精神。"①

这些话语不仅仅是对雅典人的赞扬，而是表达了这个伟大世代的真正精神。这些话表明了一位伟大的平等主义的个人主义者，一位民主派的政治纲领，他十分理解民主是不可能用"人民应当统治"这个没有意义的原则来说清楚的，民主的基础必须在于对理性的信念，在于人道主义。同时，这表达了真正的爱国主义，表达了使一个城邦负起责任做出榜样的正义自豪感；这个城邦不但已成为希腊的学校，而且，我们知道，它已成为人类的学校，不但对于遥远的过去，而且对于未来都是如此。

伯里克利的演说不仅是一个纲领，它也是一个辩护，或许甚至是一个抨击。我曾提到，它读起来好像是对柏拉图的直接抨击。我毫不怀疑，它不但直接反对斯巴达的停滞的部落制，而且也直接反对国内的极权主义的集团或"派系"；直接反对父道国家的运动，即雅典的"拉科尼亚联谊会"（T. 冈珀茨在 1902 年时是这样来称呼他们的②）。这个演说是反对这种运动的最早的③同时也许是从未有过的最强烈的言论。其重要性已被柏拉图发

---

① 参阅修昔底德，第 Ⅱ 卷，第 37—41 页。也请参阅第 197 页注①中的叙述。

② 参阅 T. 冈珀茨的《希腊思想家》，第 5 卷第 13 章第 3 页（德文版，Ⅱ，407）。

③ 希罗多德的带有亲民主倾向的著作（比如，可参阅第 Ⅲ 卷，第 80 页），发表在伯里克利演讲后一两年（参阅迈耶《古代史》，第 Ⅳ 卷，第 369 页）。

现，他于半个世纪之后在《理想国》的一些话中①讥讽伯里克利
的演说。在那里以及在那篇赤裸裸的讽刺文即称为《米纳塞努
篇》或《葬礼演说》②中对民主加以抨击。但是，伯里克利所抨
击的拉科尼亚拥护者，在柏拉图之前很久就进行还击了。在伯里
克利的演说发表之后只有五年或六年的时候，一个无名作者
（可能是克里底亚）发表了《雅典政制》③，即现在通常被称为
《老寡头》的那本小册子。这个有独创性的小册子，政治学说中
最古老的尚存论文，或许也是人类被其有知识的领袖们所抛弃的
最古老碑文。它对雅典进行粗暴的攻击，无疑是雅典中最有头脑
的人之一写的。它的中心思想成为修昔底德和柏拉图的信条，认
为海上帝国主义与民主是密切联系的。它力图表明，在民主世界

---

① 这一点已指出，例如 T. 冈珀茨在《希腊思想家》，第 V 页，第 13 页，第 2
页（德文版，第 Ⅱ 页，第 406 页）中；他提请注意《理想国》中的几段是：
557d 和 561c 以下。相似之处无疑是故意的。也请参阅亚当编的《理想国》，
第 Ⅱ 页，第 235 页，557d26 的注释。并参阅《法律篇》，669d/e 以下及
704d—707d。关于对希罗多德，第 Ⅲ 卷，第 80 页一个类似的评论，详见第
198 页注①。

② 有人认为《米纳塞努篇》是伪造的，但我认为，这样看只能表明这些人有
意将柏拉图理想化。《米纳塞努篇》是亚里士多德保证过的，他从中引用一
段话，认为它源自《葬礼对话的苏格拉底》（《修辞学》，Ⅰ，9，30 =
1367b8；Ⅲ，14，11 = 1415b30）。也请参阅第 199 页注①结尾；还有第 242
页注①和第 345 页注①（1）和 386 页注①。

③ 老寡头政治的（或伪色诺芬尼的）《雅典政制》出版于公元前 424 年（据基
希霍夫的说法，他引自冈珀茨的《希腊思想家》，德文版，第 Ⅰ 卷，第 477
页）。关于把它归于克里底亚名下一事，参阅 J. E. 桑迪兹的《亚里士多德
的雅典政制》，导言 Ⅸ，特别是注 3。并请参阅第 347 页注②和 367 页注①。
我认为，该书对修昔底德的影响，在第 342 页注①、②引用的片段中是很显
著的。关于它对柏拉图的影响，尤其要参阅第 299 页注①和《法律篇》，
704a—707d。（参阅亚里士多德《政治学》，1326b—1327a；西塞罗：《论国
家》，Ⅱ，3 和 4。）

和寡头世界这二者之间的冲突没有妥协的余地①；认为只有采取无情的暴力，采取全面的措施，包括国外盟友（斯巴达人）的干预，才能消灭这个邪恶的自由政治。这个著名的小册子已成为一系列实际上是无穷连续的政治哲学著作的首篇，这些著作不过是或多或少，或公开或隐蔽地重复同一个论调，直到我们这个时代。有些"有教养的人"由于他们不愿意而且也不能够帮助人类沿着艰难的道路走而只能由自己来创造的未知未来，他们就力图使人类回到过去。既然他们不能引导人们走向新的道路，他们就只能使自己成为持续不断的反自由运动的领袖。他们更有必要反对平等以表明他们的高人一等，因为他们是（用苏格拉底的语言来说）愤世嫉俗和厌恶逻辑的人——不可能持有可以引发对人、对人的理性和自由的信念的那种单纯朴素的宽容精神。这个判断听起来是奇刻的，但是如果把它应用到那个伟大世代之后，尤其是在苏格拉底之后出现的那些反自由的知识界领袖们身上，我看这倒是合适的。现在我们可以对照我们的历史解释的背景来观察他们。

　　我认为，哲学的兴起本身是可以解释为封闭社会及其神秘信仰的衰落的一种反应。它力图用理性的信念来取代已经丧失的神秘信念；它建立新的传统——向各种学说和神话挑战，并对它们

---

① 我指的是 M. M. 雷德的书《没有妥协——两个世界的冲突》（1939 年），对法西斯主义意识形态的极好批判。
　　关于本段稍后提到苏格拉底要人们提防厌恶人类和厌恶推理之处，参阅第 354 页注①。

加以批判性讨论，以改造传授某个学说或神话的旧传统①。（有一点是很重要的，这就是，这种做法与所谓的奥菲克教派的传播是同时发生的，这个教派的成员力图以一种新的神秘宗教来取代已丧失的团结感。）最早的哲学家们，那三个伟大的爱奥尼亚人和毕达哥拉斯，可能根本没有察觉到他们正在对那个动因做出反应。他们既是社会革命的代表又是它的不自觉的反对者。他们建立了学派或集团或秩序，即新的社会建构，或者更确切地说，建立了有着共同生活和共同功能并且基本上按照一个理想化的部落来模造的具体集团。这些事实表明，他们是社会领域中的改革者，因而是在对某些社会需要做出反应。他们对这些需要和他们自己的那种茫然若失之感所做出的反应，并不是仿效赫西奥德那

---

① （1）所谓"批判思想的发明"这种理论，指奠定一个新传统，即批判地评论世代相传的神话和理论的传统。关于这种理论，详见拙著《关于传统的理性学说》，载《理性主义年鉴》，1949 年；现收于《猜想和反驳》中。（只有这种传统能够解释，为什么在爱奥尼亚学派中，头三代人产生了三种不同的哲学。）

（2）学校（特别是大学）一直保留了部落制的某些方面的特点。但是，我们绝不能仅仅想到它们的校徽或校友领带连同它的所有等级等方面的社会含义，还要想到那么多学校所盛行的家长式的威严这个特点。当柏拉图没有能够重建部落文化时，他创立了一个学园，这不是偶然的；而且学园往往是反动的堡垒，学园的教师充当小范围内的专制者，这也绝非偶然。

作为这些早期学校的部落文化的一个例证，我在此列出一套毕达哥拉斯学派的禁忌（这套禁忌摘自伯内特的《早期希腊哲学》第 2 版，第 106 页，伯内特取自迪尔斯；参阅《前苏格拉底派》第 5 版，第 I 卷，第 97 页以下；但还要参阅阿里斯多塞诺斯在前引书第 101 页中的论据）。伯内特说到"一种完全原始类型的真正禁忌"——不要吃豆子——不捡已经落地的东西——不要碰白公鸡——不要掰开面包——不要跨过横木——不要用铁器拨火——不要吃整个的面包——不要掐花环——不要坐在斗器上——不要吃心。不要在大路上行走——不要让燕子共用自己的屋顶——把锅从火上拿开以后，不要在灰烬上留下锅的痕迹，而要把灰拢拢——不要在亮光旁照镜子——起身后，把辅盖卷好，磨平身体印下的印迹。

样，去发明一个关于天命和衰败的历史主义神话①，而是发明了
批判和讨论的传统以及理性思维的艺术。这就是在我们的文明开
始时出现的一个难以解释的事实。然而，甚至这些理性主义者对
部落统一的丧失的反应基本上是感情上的。他们的理论表达出他
们那种茫然若失之感，表达出行将创造我们的个人主义文明的那
个胁变。对这个压力的最早表达可以追溯到阿那克西曼德②，他
是第二位爱奥尼亚哲学家。他认为个人的存在是高傲自大，是非
正义的不虔诚行为，是错误的侵占行为，个人必须为此受难，并
以苦行赎罪。最早察觉到这个社会革命和阶级斗争的人是赫拉克

---

① 堪与这种发展相比的有趣事例是，由于波斯的征服，部落制被破坏。正如迈
耶指出的（《古代史》，第Ⅲ卷，第167页），社会革命导致一些宗教的出
现，如关于命运堕落和得救的预言性宗教，用我们的术语说，即历史主义宗
教，其中包括"选民"的即犹太人宗教在内（参阅第一章）。
　　其中有些宗教也带有创世尚未完结而仍在继续这种学说的特征。这一点
必须对照第二章中描述的早期希腊人认为世界是一幢大厦的概念和赫拉克利
特对这种概念的否定（参阅第30页注①）。在此应指出，连阿那克西曼德
对于这幢大厦也感忧虑。他强调建筑材料的无边、不定或非限定的特点，可
能正是表达出一种感觉，即这栋建筑物大概没有一定的框架，可能处于流变
之中（参阅下注）。
　　狄奥尼西和奥菲斯的神话在希腊的发展，很可能取决于东方的宗教发展
（参阅希罗多德，第Ⅱ卷，第81页）。众所周知，毕达哥拉斯主义与奥菲斯
学说有很多共同之处，尤其是关于灵魂的学说（也请参阅第362页注②）。
但是，毕达哥拉斯主义带有明确的贵族色彩，奥菲斯学说与此相反，它代表
"无产者"对这个运动的一种解释。迈耶把哲学的开端描述成一种反对这些
神秘运动的理性逆流，大概是正确的（前引书，第Ⅲ卷，第428页）；参阅
赫拉克利特对这些问题的态度（残篇5，14，15；和40，129，迪尔斯，D⁵；
124—129；和16—17，拜沃特）。他讨厌神话和毕达哥拉斯，毕达哥拉斯主
义者柏拉图蔑视这些神话。（《理想国》364e，f.；然而，还要参阅亚当对所
编《理想国》，第9卷，Vol.Ⅱ，378f 的附录Ⅳ。）
② 关于阿那克西曼德（参阅前注），详见迪尔斯，D⁵，残篇9："万物的本
源……有些不确定的（或无限的）性质……源自那些产生现存物的事物，
必要时，它们又融化于这些事物之中。因为他们为了自己的恶行（或非正
义），按时间顺序彼此忏悔。"在阿那克西曼德看来，个体存在是非正义的，
这是冈珀茨的解释（《希腊思想家》，德文版，第Ⅰ卷，第46页；请注意与
柏拉图的正义学说的相似处）；但是这种解释已受到严厉的批判。

利特。关于他提出第一个反民主的意识形态和第一个关于变化和天命的历史主义哲学，用以把他的茫然若失之感加以合理化，已在本书第二章论述过。赫拉克利特是开放社会的第一个有意识的敌人。

几乎所有这些早期思想家们都在悲剧性的和绝望的胁变之下挣扎①。唯一例外也许是一神论的色诺芬尼②。他勇敢地担当起责任。我们不能因为他们对那个新发展的敌视态度而谴责他们，但在某种程度上我们倒可以责怪他们的后继者。开放社会的新信念，即对人、对平等主义的正义及对人的理性的信念，也许正在形成，只是还没有明确地被提出来罢了。

五

对这个信念做出最伟大贡献的人乃是为此而死的苏格拉底。苏格拉底与伯里克利不同，因为他不是雅典民主的领袖；他与普罗塔哥拉也不同，他不是开放社会的理论家。他毋宁是雅典和雅典民主制度的评论家，而且在这方面他可能在表面上有与某些反对开放社会的领袖人物相似之处。然而，批评民主和民主制的人不一定是民主的敌人，尽管他所批评的民主主义者以及希望从民主阵营的分裂中获益的极权主义者都有可能污辱他。对民主政治给予民主批评与给予极权的批评之间有着根本的区别。苏格拉底的批评是民主的批评，而且确实是属于民主生活本身。（没有看到对民主的善意批评和敌意批评之间的区别的那些民主派就带有

---

① 巴门尼德最先把他梦见被阻止的世界解释为真实世界的再现，把他生活在其中的流变世界解释为梦，以便从这种重压中寻求解脱。"真正的存在是不可分割的。它总是一个永远不会脱离本身轨道的和谐的整体；它永远不会消散，因此，无须再结合。"（第5版，残篇，4）关于巴门尼德，也请参阅第61页注②及正文。

② 参阅第340页注②（及第136页注①）。

极权主义的气质。极权主义当然不会认为批评可以是善意的，因为对这种权威的任何批评都必然是对权威原则本身的挑战。）

我已经谈及苏格拉底教义的一些方面：他的智性主义，即认为人类理性是普遍的交流媒介这个平等主义学说；他强调智性诚实和自我批评；他关于正义的平等主义学说；以及他关于与其损害别人不如成为不正义的牺牲者的学说。我想，正是最后提到的这个学说最能帮助我们理解他的教义的核心思想，理解他的个人主义信条，理解他把人类个人看作目的这个信念。

封闭社会及其信条（认为部落是一切，个人什么都不是）已经衰落。个人的创造性和自我表现已经成为事实。把人作为个人而不是作为部落英雄和救世者的这种想法已被唤发出来①。但是，使人成为哲学关注的中心的那种哲学，只是到普罗塔哥拉才开始。认为在生活中以个人最为重要这个信念，以及互相尊重和尊重自己的主张，看来是出自苏格拉底。

伯内特强调指出②，正是苏格拉底创造了我们文明有着巨大

---

① 参阅迈耶《古代史》，Ⅲ，443，及Ⅳ，120f。

② J. 伯内特："苏格拉底的灵魂学说"，《不列颠学会会刊》，第Ⅷ卷（1915/16），第 235 页以下，既然我不能同意伯内特的其他大部分理论，尤其是涉及苏格拉底与柏拉图关系的部分，我更急于强调我同意的这一部分；特别是他认为，在政治上，苏格拉底在这两者中更为保守的观点（《希腊哲学》，第Ⅰ卷，第 210 页），我看这个意见是站不住的。参阅第 374 页注①。

关于苏格拉底的灵魂学说，我相信伯内特是正确的，他坚决认为，"留意你的灵魂"是苏格拉底的箴言；因为这种箴言表现出苏格拉底的道德感。但是，我认为苏格拉底极不可能持任何形而上学的灵魂学说。在我看来，《斐多篇》、《理想国》等学说无疑是毕达哥拉斯的〔关于肉体是灵魂的坟墓这一奥菲斯—毕达哥拉斯学说，参阅亚当编的《理想国》第 9 卷的附录Ⅳ，也请参阅第 360 页注①。考虑到苏格拉底在《申辩篇》，19c 中明白表示，我与"这些事情毫无关系"（即，关于本性的思辨）；详见第 374 页注①（5）〕，我强烈反对伯内特关于苏格拉底属毕达哥拉斯派的见解；我也不同意关于他对灵魂的"本性"持有任何确定的形而上学的见解。

我认为，苏格拉底的"留意你的灵魂"这个箴言是他的道德的（和智性的）个人主义的表现。在他的学说中，似乎没有几个能像他的"有德者在道德上必自

足"的个人主义学说那样充分地得到证实（详见在第 154 页注②和 213 页注①中提到的证据）。但是，这与"留意你的灵魂"这句话表达的意思联系得很密切。苏格拉底强调自足，他想要说的是：他们可以摧毁你的肉体，但是，他们无法摧毁你的骨气。若后者是你主要关心的事，那么，他们是不能真正伤害你的。

当柏拉图熟悉毕达哥拉斯的形而上学时，他好像感到苏格拉底的道德态度需要一个形而上学的基础，特别是一种生存学说。因此，他以灵魂不灭的观念代替了"他们无法损害你的道德完整"（还请参阅第 249 页注①）。

对于我的解释，形而上学者和实证主义者都可能争辩说，既然任何谈论灵魂的方式都是形而上学的，那么，就不存在我认为应归属于苏格拉底的那种道德的而又非形而上学的灵魂观。我并不觉得，我对说服柏拉图式的形而上学者们有多大希望；但是，我会试图向实证主义者（或唯物主义者，等等）表明，他们也相信"灵魂"，此处的含义极类似我认为是苏格拉底所说的含义，而且，他们中的多数人把"灵魂"估价得高于肉体。

首先，即使实证主义者也会承认，我们还是可以完全凭经验并"富有意义地"区别"肉体的"和"精神的"疾病，虽然不太精确。事实上，这种区别对于筹办医院等机构具有非常实际的重要意义。（很可能，有一天它会由某些更精确的东西所代替，但那又当别论了。）如果我们必须做出抉择，那么，我们中大部分人，包括实证主义者，总是宁可身体有些小毛病，也不愿意神经有一点错乱。而且，实证主义者十之八九也宁可长期患一种最终无法医治的沉疴（只要不过于痛苦等），也不愿患同样长期无法医治的神经错乱，也许连可以医治的暂时神经错乱也不愿意。如此说来，我认为，不用任何形而上学的字眼，我们就可以说，比起"肉体"来，他们更关心他们的"灵魂"。（参阅《斐多篇》，82d：他们"留意他们的灵魂，他们不是自己肉体的奴仆"；也请参阅《申辩篇》，29d—30b。）这种说法可能独立于他们所持的任何关于"灵魂"的学说；即使他们认为，归根结底，这只是身体的一部分，一切神经错乱不过是肉体上的疾病，我们的结论也是站得住脚的（结果会是类似如下的说法：他们把他们的脑子看得高于身体的其他部分）。

我们现在可以对一种更接近于苏格拉底思想的"灵魂"进行类似的思考。我们有许多人纯粹为了求知的目的，准备在肉体上经受相当大的磨难。比如，为了发展科学知识；还有，为了进一步提高我们自己的智能，即，为了得到"智慧"，我们随时准备吃苦。（关于苏格拉底的智性主义，可以参阅如《克里托篇》，44d/c，和 47b。）对于促进道义目标，如，平等主义的正义、和平，等等，也可以这样说。（参阅《克里托篇》，47e/48a，在该处苏格拉底解释道，他所谓的"灵魂"，指在我们身上"通过正义得到发展，由于非正义而遭到败坏"的那一部分。）我们中不少人会同苏格拉底一起说，这些东西对于我们，比健康这类东西更重要，虽然我们愿意身体健康，很多人会同意苏格拉底的观点，说能够采取这样的态度，正是我们作为人类，而不是作为动物，引以为自豪的。

我认为，这一切都可以说得通，而不必参考形而上学的"灵魂本质"的学说。我不明白，为什么在苏格拉底明确表示他与那类臆测毫不相干以后，还要将这样一种学说归于他。

影响的灵魂概念。我认为这个看法有着丰富的内容，尽管我感到它的表述可能有错误，尤其是关于"灵魂"这个词的用法；因为苏格拉底似乎已尽力抛弃形而上学。他的主张是道德的主张，而且我认为，他关于个性的学说（或者关于"灵魂"的学说，如果愿意采用这个词的话）是道德的学说，而不是形而上学的学说。他经常借助这个学说来反对自满。他要求个人主义不应仅仅是部落社会的解体，而是个人应当表明其解放是有价值的。所以他坚持认为，人不仅仅是一块肉——一个肉体。人还有更多的东西，有神圣的闪光、理性；以及对真理、仁慈、人道的热爱，对美和善的热爱。这就是使人的生活有价值之所在。然而，如果我不仅仅是一个"肉体"，那么我又是什么呢？你首先是智慧，这是苏格拉底的回答。正是你的理性使你成为人；使你不仅仅是一堆情欲和愿望；使你成为自足的个人，同时使你能够宣称你就是目的。苏格拉底说"关照你的灵魂"这句话，基本上是要求智性诚实，正如"认识你自己"这句话是他用来提醒我们知识的限度一样。

苏格拉底的这些话是很重要的。他对民主政治家的批评；在于批评他们对这些问题缺乏充分的认识。他正确地批评他们，说他们缺乏智性诚实和着迷于强权政治。① 由于他在政治问题上强调人的方面，他不会对制度改革有很大兴趣。他感兴趣的乃是开放社会的直接方面，即个人的方面。他把自己视为一个政治家是

---

① 在那篇我认为能部分代表苏格拉底的《高尔吉亚篇》中（虽然在我看来那些已为冈珀茨注意到的毕达哥拉斯成分表明了《高尔吉亚篇》绝大部分代表柏拉图的观点；参阅第 374 页注①），柏拉图通过苏格拉底之口，抨击雅典的"港口、船和城墙"，以及强加于其盟友身上的贡品或税收。正如这些抨击所表现的，它们确实是柏拉图的抨击，这就清楚地说明，它们为什么很像寡头们的抨击。但是，我认为，因为苏格拉底急于强调他觉得是关系最重大的那些事情。他可能做过类似的论述。不过，我想，他可能讨厌这样的想法：他的道德批判会变成叛国投敌的寡头反对开放社会的宣传，特别是反对开放社会的代表——雅典（关于苏格拉底的忠诚问题，尤应参阅第 370 页注①及正文）。

不对的；他实际上是一位教师。

　　然而，如果苏格拉底从根本上是开放社会的战士，是民主的朋友，那么，人们就会问，为什么他同反民主的人混在一起呢？我们知道，在他的同伴中不但有曾一度投奔斯巴达的阿基比德，而且还有柏拉图的两个舅父，即后来成为三十僭主的残暴领袖克里底亚和成为克里底亚的将军的卡尔米德。

　　对这个问题的回答不止一个。首先我们听柏拉图说，苏格拉底对当时的民主派政治家的批评部分地带有揭露那些讨好人民的伪善者们的自私和权力欲，尤其是对那些装作民主派的年轻贵族，他们把人民仅仅当作满足其权力欲的工具①。他的做法使他一方面至少受到一些民主的敌人的欢迎；另一方面也使他同这类野心勃勃的贵族发生接触。但这又进入到第二层考虑。苏格拉底是道德家和个人主义者，他是不会只抨击这些人。他反而对他们确实感兴趣，他是不会不做出认真的努力去改变他们就把他们抛弃的。在柏拉图的对话集中，有多处提到他的这种努力。还有第三层考虑，我们有理由相信，作为教师—政治家的苏格拉底，他甚至不辞劳苦亲自去吸引年轻人，对他们施加影响，尤其是当他认为他们有悔改之意，认为他们在某一天很可能在他们的城邦里担任负责的公职时，突出的例子显然就是阿基比德，他在少年时期就很突出而被视为雅典帝国未来的伟大领袖。克里底亚才华横溢，又有雄心和勇气，而成为阿基比德的几个可能的竞争者之一。（他一度同阿基比德合作但后来转而反对他。因苏格拉底的影响而暂时合作，这并非根本不可能。）从我们对柏拉图自己早年和晚年的政治愿望中所知道的一切，他同苏格拉底的关系更有

————————————

①　在柏拉图的著作中，典型人物是卡利克勒斯和色拉希马库斯。从历史上看，最接近的认识也许是塞拉门尼斯和克里底亚；还有阿基比德，不过，此人的性格和行为都难于判断。

可能是这种情况①。虽然苏格拉底是开放社会的主要人物之一，但他不是一个有党派的人。只要他的工作对城邦会有所帮助，他就会在任何圈子里做工作。如果他对一个有前途的青年感兴趣，他是不会因为与寡头家庭有联系而有所畏缩的。

　　然而，这些联系却导致他被处死。当这场大战失败的时候，苏格拉底被指控为曾教授背叛民主并与敌人勾结而使雅典陷落的那类人。

　　至于伯罗奔尼撒战争的历史以及雅典的陷落，由于修昔底德的权威的影响，我们至今仍常常听说雅典的失败是民主制度的道德缺陷的终极证明。但是，这个观点只不过是一种有倾向性的曲解罢了。众所周知的事实告诉我们，事情绝非如此。战争失败的主要责任在于不断勾结斯巴达的卖国寡头们。在这些人当中，以苏格拉底三个先前的学生，即阿基比德、克里底亚和卡尔米德最为重要。公元前404年雅典陷落之后，后两个人成为三十僭主的头头，实际上他们不过是在斯巴达保护之下的傀儡政府而已。雅

----

① 以下陈述多出于猜想，并不影响我的论点。

　　我觉得，《阿基比德篇（上）》的基础可能是柏拉图自己受到苏格拉底影响而发生的转变，即，在这篇对话中，柏拉图可能选择了阿基比德这个人物来遮掩自己。大约有很强烈的诱惑力在怂恿他讲出自己转变的经过；因为，苏格拉底被指控应对阿基比德、克里底亚和卡尔米德的错误行为负责时，他在法庭上为自己辩解，提出柏拉图是他的正确教育影响的一个活样板和见证人。看来可能柏拉图怀着以书面作证的强烈愿望，感到他不得不讲出他本人与苏格拉底的关系，这是他无法在法庭上讲述的（参阅泰勒《苏格拉底》，第105页的注1）。利用阿基比德的名字和他周围的特殊环境（如雄心勃勃的政治梦想，这些很可能像转变前的柏拉图），他可以达到其辩解的目的（参阅第368页注①和369页注①的对应正文），借以表明苏格拉底的一般道德影响，特别是对阿基比德的道德影响，与他的原告们所一口咬定的非常不同。我看很有可能，也许《卡尔米德篇》主要也是自我写照。（指出以下一点并非没有意义：柏拉图本人也经历了相似的转变，但是，据我们看来，只是方式不同；主要不是由于直接的个人道德心，倒是由于毕达哥拉斯数学的规定教育，后者乃是辩证地直觉理解善的概念的首要条件。参阅他试图使小狄奥尼修斯转变的故事。）关于《阿基比德篇（上）》和有关问题，也请参阅格罗特的《柏拉图》，第Ⅰ卷，尤其是第351—355页。

典的陷落和长城的拆毁往往被视为开始于公元前431年的这场大战的最后结果。但是，这种说法有着一个重大歪曲；因为民主派仍在继续战斗。开始时人数只有70人，他们在色拉西布洛斯和安尼图斯领导下为雅典的解放作准备，那时克里底亚正在雅典杀死大量公民；在他的八个月的恐怖统治中，被处死的人"比最后10年的战争中被伯罗奔尼撒人杀死的雅典人还多得多"①。但是，在

---

① 参阅迈耶《古代史》，第 V 卷，第 38 页（及色诺芬的《希腊志》，第 II 卷，第 4 页，第 22 页）。在同一卷第 12—23 页和第 36—44 页，可以读到为证实正文中列出的解释所需要的全部证据，《剑桥古代史》（1927 年，第 V 卷；尤应参阅第 369 页以下）对于这些事件也给予颇为相似的解释。

　　应该补充指出，在为期八个月的恐怖统治中遭三十僭主杀害的正式公民将近1500人之多。据我们了解，这个数字比战争后幸存的合法公民总数的十分之一少不了多少（可能约百分之八），或者说每个月的百分之一——即使在当代也难以做到。

　　泰勒写到三十僭主（《苏格拉底》，传略，1937 年，第 100 页，注 1）时说："不应忘记这些人很可能为处境所诱而'丢掉了脑袋'。克里底亚过去以知识渊博地去称，他的政治倾向肯定是民主的。"这种设法缩小傀儡政府的责任，特别是缩小柏拉图敬爱的舅父的责任的企图，我相信必然要失败。对于青年贵族当时在适当的场合下短暂地表露出来的民主情绪应如何看待，我们非常清楚。另外，克里底亚的父亲（参阅迈耶，第 IV 卷，第 579 页，和《论友谊》，第 12 章、第 43 页和第 66 页），可能连克里底亚本人，原来都是四百人会议的寡头；克里底亚的现存著作表明他具有背信弃义的亲斯巴达倾向，还有寡头政治观点（比如，参阅迪尔斯，第 5 版，第 45 页）、坦率的虚无主义（参阅第 272 页注①）及他的野心（参阅迪尔斯有关注释，15；也请参阅色诺芬的《回忆录》，第 1、2、24 页；及其《希腊志》，第 II 卷，第 3、36 和 47 页）。关键的一点是，他只想始终如一地将"老寡头"，即伪色诺芬尼的《雅典政制》一书的作者的计划付诸实现（参阅第 357 页注③）；还试图消灭民主，并决断地去试图这样做，如果雅典人被击败，就借助斯巴达的援助。使用暴力到了那种程度，就是这种形势的合乎逻辑的后果。这并非表示克里底亚已经晕头转向；而是表明他十分知晓困难何在，知晓民主派的阻力仍然很可怕。

　　迈耶对狄奥尼修斯一世深表同情，这证明他对僭主至少没有偏见。迈耶在对克里底亚的惊人的机会主义的政治生涯概述以后，这样议论他（前引书，第 V 卷，第 17 页），"他就像来山得一样寡廉鲜耻"，来山得是斯巴达征服者，所以，他就相当于来山得的傀儡政府的头目。

　　我看，军人、唯美主义者、诗人和苏格拉底的多疑伙伴克里底亚，与有

8个月之后（公元前403年）民主派向克里底亚和斯巴达的驻军发动进攻并取得了胜利，他们在比雷埃夫斯建立了自己的政权，柏拉图的两个舅父都在战斗中丧命。他们的寡头追随者们有一段时间在雅典城邦中继续实行恐怖统治，但其实力已处于混乱和瓦解的状态中。当他们确实难以统治下去时，他们的斯巴达保护人就把他们赶走，并与民主派达成一个条约。这次和平使雅典重新建立了民主政治。这样，民主政体在这次最严格的检验中表明其优越力量，甚至它的敌人也开始认为它是不可战胜的。（过了9年，在奈达斯战役之后，雅典人就能重新建造他们的长城。民主政治从失败转为胜利。）重新恢复的民主政府一旦重建正常的法律状况[1]，指控苏格拉底的案件便提了出来。它的意义是够清楚的。他被指控曾插手教导这个国家罪恶滔天的敌人——阿基比德、克里底亚和卡尔米德。由于对重建民主政府之前的政治犯实行大赦，这就使这次起诉有了一定的困难。所以，这次指控不能公开涉及那些众人皆知的事情。原告可能并非为了过去的不幸政治事件而要严厉惩罚苏格拉底，因为他们也很清楚那些事情的发生是违反苏格拉底的原意的；他们的意图毋宁说是要禁止苏格拉底继续他的教学，因为从其结果来看，他们难以认为这对国家没有什么危险。由于所有这些缘故，对苏格拉底的指控就带有含

"腓特烈大帝"之称的普鲁士腓特烈二世有惊人相似之处，后者也是一名军人、唯美主义者、诗人和伏尔泰的多疑弟子，也是近代史上最恶劣的暴君和最残忍的压迫者之一（关于腓特烈，参阅赫格曼的《被揭露的历史》，1934年，尤可参阅第90页所述他对宗教的态度，这使人想起克里底亚对宗教的态度）。

[1] 泰勒对这一点作了很好的说明，见《苏格拉底》，《传略丛书》，1937年，第103页，他在此因循了伯内特对柏拉图的《游叙弗伦篇》，4c，4所做的注释。我觉得唯一可以稍微偏离泰勒对苏格拉底受审所作的绝妙写法之处，乃是对罪名的意向，尤其是对于引进"新宗教仪式"这一罪名的意向所做的解释（前引书，第109及111页）。

糊不清的方式，说苏格拉底败坏青年，说他不敬神，说他给国家引进新的宗教。（最后两条罪状无疑表达了正确的感觉，尽管用语笨拙，即认为苏格拉底在伦理宗教的领域中是一个革命者。）由于对政治犯实行大赦，"败坏青年"这条罪状不可能更精确地点名道姓，但人们都知道这指的是谁①。苏格拉底在辩护中坚持说，他并不同情三十僭主，而且他事实上曾冒生命危险，而不顾及三十僭主把他同他们的一个罪犯牵连在一起。他提醒法官说，在他最亲密的伙伴和最热心的学生中，至少有一位是反对三十僭主的热烈的民主派凯勒芬（他大概是在战争中阵亡的）②。

现在人们一般都承认这次起诉的幕后人物，民主派的领袖安尼图斯其实无意处死苏格拉底。他的目的是把苏格拉底放逐。可是由于苏格拉底拒绝与自己的原则妥协，致使这个计划没有实现。我不相信他想死，或者喜欢充当殉难者的角色③。他只是为他自己认为铁的事情而斗争，为他的毕生工作而斗争。他无意推翻民主政府。事实上，他要给予民主以必须具有的信念。这就是他毕生的工作。他自己也感到这是极其危险的事。他从前的同伴

① 这一点的证据可在泰勒的《苏格拉底》第113—115页中读到；尤应参阅第115页，注1，在其中引用了《埃斯基尼斯》，第Ⅰ卷，第173页："你将智者苏格拉底处死，因为有人说他曾教过克里底亚。"

② 三十僭主的策略是，将尽可能多的人株连到他们的恐怖行为之中；参阅泰勒在《苏格拉底》，第101页（尤其是第101页的注）中所做的绝妙论述。关于凯勒芬，详见第374页注①（5）e6。

③ 如格罗斯曼等人所做的；参阅格罗斯曼的《今日柏拉图》，91/92。我在这一点上同意泰勒《苏格拉底》，第116页；也请参阅他对该页所做的注1和注2。

起诉的目的不是要让苏格拉底成为殉难者，如果苏格拉底打算妥协，即离开雅典，哪怕只答应保持缄默，那么，审讯本来是可以避免的，或按不同方式进行，考虑到柏拉图（或苏格拉底）在《申辩篇》及《克里托篇》中所做的暗示，这一切似乎就相当清楚了。（参阅《克里托篇》，45e，尤其是52b/c，在其中苏格拉底曾说，如果他在审讯时提出要求移居国外，他会获准的。）

的背叛行为使他为他的工作和他自己深感不安。他甚至可能欢迎那次审判，使他有机会证明他对他的城邦是无限忠诚的。

当苏格拉底有机会逃跑时，他极其仔细地说明了他的态度。如果他抓住这个机会逃到国外去，那么人们就会认为他是民主政府的反对者。所以他宁愿留下来并说明他的理由。这个说明，他这个最后的遗言可以在柏拉图的《克里托篇》看到①。它是简单明了的。苏格拉底说，如果我出走，那我就会违背国家的法律。这样的行为会使我处在法律的对立面，并且表明我是不忠诚的。这对国家将是有害的。我只有留下来，才能排除人们对我是否忠于国家和忠于它的民主法律的怀疑，同时证明我从来就不是国家的敌人。对我的忠诚的最好证明莫过于我愿意为国捐躯。

---

① 尤应参阅《克里托篇》，53b/c，在其中，苏格拉底解释道，如果他接受逃跑的机会，他会使审讯他的法官们更坚信他们的看法；因为亵渎法律的人们也可能会败坏年轻人。

《申辩篇》和《克里托篇》，很可能写于苏格拉底死后不久。《克里托篇》（可能是两篇中较早的一篇）大概是应苏格拉底请求披露他拒绝逃跑的动机而写的。的确，这种愿望可能是促使写苏格拉底对话的最初因素。T. 冈珀茨（《希腊思想家》，V，11，1，德文版，Ⅱ，358）则认为，《克里托篇》写于稍后，他推测柏拉图急于表白自己的忠贞不贰，并以此解释《克里托篇》的意图。冈珀茨写道："我们不清楚这篇短小的对话产生的直接背景；但是，很难拒不接受这样一种印象，即，柏拉图对此最关心的是，为他本人及他那伙人辩护，怕别人怀疑他们有革命观点。"虽然冈珀茨的提法更易于适合我对柏拉图观点所做的一般解释，我还是觉得《克里托篇》更像在维护苏格拉底，而不是柏拉图。但是，我同意冈珀茨对《克里托篇》的宗旨所做的解释。苏格拉底最感兴趣的肯定是为自己辩护，免得别人怀疑，这种怀疑已经危及他的毕生事业——关于对《克里托篇》之内容的这种解释，我再次完全同意泰勒的观点（《苏格拉底》，第124页）。但是《克里托篇》的忠实及其与《理想国》的显然不忠形成对照，后者相当公开地支持斯巴达，反对雅典，两篇的迥然不同似乎在反驳伯内特和泰勒的观点，即《理想国》是维护苏格拉底的，而且苏格拉底比柏拉图更强烈地反对民主（参阅第374页注①）。

苏格拉底之死乃是他的真诚的最终证明。他毕生无所畏惧，光明磊落，虚怀若谷，公允而幽默。他在他的《申辩篇》中说道："我是上帝带给这个城邦的牛虻，我随时随地都盯住你们，唤醒、劝导和责备你们。你们将不容易再找到像我那样的另一个人，所以我劝你们不要置我于死地……如果你们攻击我，像安尼图斯劝说你们的那样，并轻率地把我处死，那么，你们在今后的生活中将永远沉睡不醒了，除非上帝关怀，给你们送来另一只牛虻。"①他表明，人之死，不只是由于命运，不只是为了名誉和别的这类光彩的事情，而且也为了批判思想的自由，为了自尊；而自尊则与以我为重或伤感毫无共同之处。

关于苏格拉底断言自己忠于民主一事，尤应参阅《克里托篇》中的以下段落：51d/e，该段强调了法律的民主特征，即，公民通过说理争论（如苏格拉底所说，可以设法说服法律），而不诉诸暴力，就可以改变法律——52b，f，在其中，苏格拉底强调他对雅典法制没有意见——53c/d，在其中，他不仅把美德与正义，而且特别把（雅典的）建构和法律描绘成人间最美好的东西——54c，在其中，他说他可能是人的牺牲品，但是他强调他不是法律的牺牲品。

有鉴于所有这些段落（尤其是关于《申辩篇》，32c；参阅第250页注①），其中有一段读起来很不相同，我认为，我们不能全信这一段，即，52e，在其中，苏格拉底含蓄地赞扬了斯巴达和克里特的政制。在52b/c，苏格拉底说，他对了解其他国家或其法律不感兴趣，尤其是这一段使我们不由得想到52e中关于斯巴达和克里特的议论是硬塞进去的，有人企图使《克里托篇》与以后的著作，尤其与《理想国》相协调。无论情况是否如此，或这一段是否柏拉图所加，反正它极不像苏格拉底的话。我们只需记住，苏格拉底渴望不要做任何可能被理解为亲斯巴达的事情，这是我们从色诺芬的《长征记》，Ⅲ，1，5中了解到的。在那里，我们读到，"苏格拉底担心他"（即，他的朋友，年轻的色诺芬——也是一个不中用的青年人）可能被人谴责为不忠；因为据说居鲁士在对雅典的战争中支持过斯巴达人。（这一段肯定比《回忆录》可信得多；这里没有柏拉图的影响，而且，在前引书，Ⅴ，3，7，和Ⅶ，7，57中，色诺芬确实含蓄地责备自己太不重视对国家的义务，还认为他自己应受到放逐。）

① 《申辩篇》，30e/31a。

六

苏格拉底只有一个配得上的后继人，那就是他的老朋友安提斯泰尼，是伟大世代的最后一人。柏拉图是苏格拉底最具天赋的学生，但他很快就显出不怎么忠心。他像他的舅父那样背叛了苏格拉底。这些，除了背叛苏格拉底之外，还试图使苏格拉底卷入他们的恐怖活动中，只是因苏格拉底拒绝而没有成功。柏拉图力图使苏格拉底参与建立他那个关于被束缚的社会的学说的宏伟工作；而且他毫不困难地做成了，因为苏格拉底已经死了。

我当然知道这个判断似乎过于严厉，甚至对于批评柏拉图的人来说①。然而，如果我们把《申辩篇》和《克里托篇》看作

---

① 柏拉图主义者当然全都会赞成泰勒。泰勒在所著《苏格拉底》一书的最后一句中说道："苏格拉底只有一个'继承人'，就是柏拉图。"只有格罗特有时似乎持有正文中所阐述的那些观点；比如，本书第257页注①所引的一段他所说的话（也请参阅第271页注①），至少可以理解为，他对柏拉图是否背叛了苏格拉底表示了怀疑。格罗特说得很清楚，《理想国》（不仅仅是《法律篇》）可以为责难《申辩篇》中的苏格拉底提供理论根据，而这个苏格拉底在柏拉图的最好国家中是绝对不能容忍的。他甚至还指出，柏拉图的学说与三十僭主实际对待苏格拉底的态度是一致的。（表明甚至在他的老师们还活着又很有名望，而且公开抗议的情况下，弟子仍然可以篡改老师的教导的一个例子，可以在第二卷第十二章第103页注①中读到。）

　　关于本段稍后对《法律篇》的论述，尤可参阅第273页注②至275页注①中提到的《法律篇》的一些段落。泰勒对这些问题的见解与这里提出的完全相反（也请参阅下注），连他也承认：柏拉图本人"最先提议把神学中的伪观点看作是对国家犯罪，见于《法律篇》的第10卷中"。（泰勒，前引书，第108页，注1）

　　在正文中，我特别将柏拉图的《申辩篇》和《克里托篇》与他的《法律篇》进行了对照，我之所以这样选择，是因为几乎所有的人，甚至伯内特和泰勒（详见下注），都会认为《申辩篇》和《克里托篇》代表苏格拉底的学说，而《法律篇》可以说是柏拉图的见解。因此，我觉得好像很难

苏格拉底的遗言，并且，如果我们把他老年时的这些遗言同柏拉图的遗言《法律篇》加以对照的话，那么，我们就很难做出别的判断了。苏格拉底已被判罪，但他的死并不是提出这次审判的人的本意。柏拉图的《法律篇》却补救了这种无意。在那里，他冷酷和细心地制造了宗教审判学说。自由思想、对政治制度的批评、给青年讲授新观念、引进新的宗教行为甚或新的宗教观点，全都被判了极刑。在柏拉图的国家里，苏格拉底是不会有机会公开为自己辩护的；他肯定会被提交给秘密的夜间会议，以"照料"他有病的灵魂，并终于惩罚它。

我对柏拉图背叛苏格拉底一事并不怀疑，我也不怀疑他利用苏格拉底作为《理想国》的主要发言人从而把苏格拉底牵连进去的做法是非常成功的。然而，他这种做法是否是有意识的则是另一个问题。

理解的是，伯内特和泰勒怎能维护他们认为苏格拉底比柏拉图更敌视民主这个观点。（这个观点写在伯内特的《希腊哲学》，第Ⅰ卷，第209页和泰勒的《苏格拉底》，第150页和170页中）我看不出任何想维护这种苏格拉底观和柏拉图观的企图，前者为自由而战（尤其要参阅第370页注①）并为自由而死，后者则写过《法律篇》。

伯内特和泰勒之所以持这种古怪的看法，是因为他们坚持认为《理想国》是属于苏格拉底的，而不是柏拉图的；还因为可以这样说，《理想国》不像柏拉图观点的《政治家篇》和《法律篇》那样明显地反对民主。但是，《理想国》与《政治家篇》和《法律篇》之间的差别的确微乎其微，尤其是，如果不仅仅研究《法律篇》的开头几卷，还研究其最后一卷的话；实际上，这两本书相距起码10年，可能30年，或更长时间，书中学说的一致性比想的更密切，但气质和风格则迥然不同（详见第四章有关注释，以及本书中其他许多论述《法律篇》和《理想国》在学说上相似，虽然并非全相一致之处）。设想《理想国》和《法律篇》都是柏拉图的观点，丝毫没有任何内在的困难；但是，伯内特和泰勒自己承认，他们的理论会导致苏格拉底不仅仇视民主，甚至仇视得比柏拉图更甚的结论，这就使他们的观点，即，不仅《申辩篇》和《克里托篇》是苏格拉底的言论，《法律篇》也是苏格拉底的言论，难以成立，如果不是暴露了其荒谬的话。关于以上这些问题，也请参阅下注，以及附录，Ⅲ，B（2），f。

为了理解柏拉图，我们必须审察当时的全部情况。在伯罗奔尼撒战争之后，文明的胁变从来没有那么强烈地被人感觉到。老寡头的希望仍然很活跃，而雅典的失败对他们又是一种鼓励。阶级斗争仍在进行。克里底亚企图实行老寡头的纲领以便摧毁民主，但已告失败。其失败不是由于缺乏决心；最残酷的暴力使用没有获得成功，尽管处在胜利的斯巴达有力支持的有利情况下。柏拉图感到，对这个纲领进行彻底的改造是必要的。三十僭主在权力政治中已被击败，主要是因为他们冒犯了公民的正义意识。其失败主要是道德上的失败。伟大世代的信念已显示了它的力量。三十僭主对此没有做出任何贡献；他们是道德虚无主义者。柏拉图感到，老寡头的纲领要重新恢复，就必须建立在另一种信念之上，即建立在重申旧有的部落价值观念的说教之上，而与开放社会的信念相对立。人们必须被教导说，正义就是不平等，而且，部族、集体高于个人①。但是，苏格拉底的信念又太

① 我几乎无须说，这句话是试图总结我对柏拉图的正义学说的历史作用所做的解释（关于三十僭主在道德上的失败，参阅色诺芬尼的《希腊志》，Ⅱ，4，40—42）；特别是关于《理想国》的主要政治学说的历史作用所做的解释；这个解释力图把早期几篇对话，尤其是把《高尔吉亚篇》和《理想国》之间的矛盾解释为，在于苏格拉底的观点和其后的柏拉图观点之间的分歧。这个问题一般称之为苏格拉底问题，其极端重要性可以说明我为什么在此进行一次冗长的，部分地也可说是方法论上的辩论。

（1）对苏格拉底问题较早做出的一种解释认为，有几篇柏拉图的对话，尤其是《申辩篇》和《克里托篇》，是苏格拉底的（即，从历史上讲大体正确，并且其原意也是如此），而大多数对话录，包括很多以苏格拉底为主要发言人的对话录，如《斐多篇》和《理想国》，都是柏拉图的。较早的典籍肯定了这种见解，它们往往引用"独立的证人"，即色诺芬，并指出色诺芬的苏格拉底和"苏格拉底的"对话录中的苏格拉底之间的相似，以及色诺芬的苏格拉底和柏拉图的对话录中的苏格拉底之间的不同。更具体地说，形式或理念的形而上学的学说，通常被视为柏拉图的。

（2）针对这种观点，J. 伯内特在 A. E. 泰勒的支持下，掀起了一场攻势。伯内特抨击"较早的解释"（我这样称呼它）所依据的论点是在绕圈子，

而且没有说服力。他认为，挑选出一组对话录仅仅因为其中的形式学说不太突出，说这些对话是苏格拉底的，进而又说形式学说不是苏格拉底的，而是柏拉图的创造，这种做法不妥。既然我们没有任何理由肯定色诺芬是独立的见证人，也没有充分理由相信他着手写《回忆录》时一定读过几篇柏拉图的对话，那么，称色诺芬为独立的证人也不妥。伯内特要求我们从如下的设想出发，即柏拉图的话是当真说的，他让苏格拉底宣布某一学说时，他相信，并且希望他的读者也相信，这种学说具有苏格拉底教导的特征。

（3）虽然伯内特关于苏格拉底问题的观点，在我看来，难于得到支持，但却极有价值又富有激励性。这类大胆的理论，即或它是错误的，也总意味着前进；伯内特的书就他的论题发表了许多大胆而又非常不落俗套的观点。这是更值得推崇的，因为历史题材往往容易表现出陈腐倾向。尽管我钦佩伯内特那些精辟而大胆的理论，尽管我认为这些理论有着良好的作用，但是，从我开始考虑到看到论据，我不能认为这些理论是站得住的。我认为，伯内特对自己的观点不够严谨。因此，别人就有必要对这些观点进行批评。

关于苏格拉底问题，我与其他许多人一样认为，我称之为"较早的解释"的观点是基本正确的。近来有人，尤其是 G. C. 菲尔德（《柏拉图及其同时代的人》，1930 年）和 A. K. 罗杰斯（《苏格拉底问题》，1933 年），积极维护这种观点，而反对伯内特和泰勒；其他许多学者似乎也支持这种观点。尽管迄今提供的论点在我看来具有说服力，我仍想利用某些成果，对它们做些补充。在批判伯内特之前，我要指出，我们之所以能够深入理解下列方法的原则应归功于伯内特。柏拉图的证据只是我们可以得到的第一流证据；所有其他证据都是第二流的；［伯内特将这个原则应用于色诺芬；但是，我们还必须将其应用于阿里斯多芬，他的证据在《申辩篇》中受到苏格拉底本人反驳；详见下面（5）项下。］

（4）伯内特解释道，他的方法就是假定"柏拉图说过的话是当真的"。根据这种方法论原则，柏拉图的"苏格拉底"必定被设想成历史的苏格拉底的写照。（参阅《希腊哲学》，第 I 卷，第 128 页和 212 页，以及第 349/350 页注释；参阅泰勒：《苏格拉底》，第 14、32、153 页。）我承认伯内特的方法论原则是一个稳妥的起点。但是，在（5）项下，我要力图证明，其实如此确凿，它们很快就迫使所有的人，包括伯内特和泰勒，放弃了这个原则。他们像所有其他人一样，不得不解释柏拉图的言论。但是，别人意识到了这个事实，因此在解释时，持审慎的批判态度，但是相信自己没有作任何解释而只是接受柏拉图言论的那些人，就必定不可能批判性地审查他们自己的解释了。

（5）伯内特的方法之不适用而迫使他和所有其他人去解释柏拉图言论，这当然是由于柏拉图所塑的苏格拉底形象包含着矛盾之故。即使我们承认我们没有比柏拉图更好的证据证明这个原则，但是，由于他的著作中的内在矛盾，我们就不能按字面意思去理解他，并且舍弃如下的设想：他的"话是当真说的"。如果一个证人把自己牵涉到矛盾之中，那么，我们对他的证言不进行论证，就不能接受它,虽然他是一个可能得到的最好证人。我先只举出这种内在矛盾的三个例子。

(a) 《申辩篇》中的苏格拉底非常令人注目地三次重复表示(18b—c;19c—d;23d)他对自然哲学不感兴趣(所以不是毕达哥拉斯派),他说(19c):"我对这类事情一无所知,既非了解很多,亦非了解甚少";"我,雅典的人们,与这类事情毫不相干"(指关于自然的思辨)。苏格拉底断言,很多列席审判的人可以证实他的话;他们听过他说话,但是没有人听到他用寥寥数语或长篇大论讲过有关自然哲学的问题(《申辩篇》,19c—d)。另一方面,我们有(a′)《斐多篇》(尤其可以将108d,f.,同提及的《申辩篇》中的几段作比较)和《理想国》。在这些对话录中,苏格拉底似乎是一位毕达哥拉斯派的"自然"哲学家;这就使伯内特和泰勒有理由说,他实际上是毕达哥拉斯思想学派的主要成员。(参阅亚里士多德,他说起毕达哥拉斯派时说过,"他们的讨论……都是关于自然的";详见《形而上学》,9891结尾部分。)

因此,我认为,(a) 和 (a′) 是绝对互相矛盾的;而且,由于《理想国》在日期上显然早于《申辩篇》,而《斐多篇》则晚于《申辩篇》,这就使情况变得更糟。假设苏格拉底在他的晚年,即在《理想国》和《申辩篇》之间,放弃了毕达哥拉斯主义,或者他生命的最后几个月改信毕达哥拉斯主义,都无法使 (a) 和 (a′) 相调和。

我不敢说,我们无法使用假设或解释来消除这种矛盾。伯内特和泰勒可能有理由也许甚至有充足的理由相信《斐多篇》和《理想国》,而不相信《申辩篇》。(但是,他们应该认识到,假定柏拉图的画像是正确的,那么,怀疑《申辩篇》中的苏格拉底没有讲真话就使苏格拉底成为一个为了保全皮肉而不惜说谎的人。)不过,目前这类问题与我无关。确切地说,我的观点是,如果接受论据 (a′),拒绝论据 (a),伯内特和泰勒就只好放弃他们的基本方法论假设,即"柏拉图的话是当真说的";他们必须做出解释。

但是,无意中做出的解释必然是不加鉴别的;伯内特和泰勒援引阿里斯多芬的证据就是一例。他们认为,如果苏格拉底不是自然哲学家,阿里斯多芬的玩笑就没有意思了。但是,很凑巧,苏格拉底(我总是和伯内特和泰勒一样设想,《申辩篇》是历史著作)竟然预见到了这个论点。在他的申辩中,他要他的法官们提防的正是阿里斯多芬的这种解释,他非常认真地坚持说(《申辩篇》,19c 以下;也请参阅20c—e),他与自然哲学既不是关系密切,也不是关系松散,而是毫不相干。苏格拉底感到,他好像在与这个问题中的阴霾做斗争,与过去的阴霾做斗争(《申辩篇》,18d—e);但是,我们现在还可以说,他也在与未来的阴霾做斗争。因为当他要求他的公民同胞挺身而出时——那些相信阿里斯多芬、敢于称苏格拉底为谎言家的人们,没有一个人站出来。过了 2300 年以后,才有些柏拉图主义者决心响应他。

顺便提一下,阿里斯多芬,一个稳健的反民主派,曾攻击苏格拉底为"智者"，而且，大部分智者都是民主派。

（b）在《申辩篇》中（40c 以下），苏格拉底对生存问题持不可知论的态度；（b′）《斐多篇》主要详尽地论证了灵魂的不朽性。伯内特以一种丝毫不能说服我的方式探讨了这个困难（在他编的《斐多篇》，1911 年，pp. XIviii 以下）。参阅第 249 页注①，和第 362 页注②。但是，无论他正确与否，他自己的讨论证明，他被迫舍弃他的方法论原则，并被迫对柏拉图的言论做出解释。

（c）《申辩篇》中的苏格拉底认为，甚至最聪明者的智慧也在于认识到自己所知甚少，所以，德尔斐格言"认识你自己"应解释为"认识你的限度"；他暗示，统治者应比任何其他人都更清楚地认识自己的限度。在其他的早期对话录中，也可以读到类似观点。但是，《政治家篇》和《法律篇》的主要说话人提出一种学说，认为有权势的人应该有智慧；他们使用智慧一词，不再指认识自己的限度，而是指了解深一层的辩证哲学的奥秘——关于形式和理念世界的直觉知识，或王者政治学训练。在《斐里布篇》中，对这个学说作了解释，甚至将其作为讨论德尔斐格言的一部分予以解释（参阅第 262 页注①）。

（d）除这三处明显的矛盾以外，我可再指出两处矛盾，它们容易为那些不相信《第七封信》的真实性的人所忽略，而我认为，这两处矛盾对于确信《第七封信》真实性的伯内特却至关重要。按伯内特的观点〔即使不考虑这封信，也难于站得住脚；关于整个问题，参阅第 63 页注②（5）〕，主张形式学说的是苏格拉底，而不是柏拉图，这一观点在这封信的 342a 以下处受到反驳；还有，他认为《理想国》尤其可以说是苏格拉底的，在 326a 处受到反驳（参阅第 253 页注①）。当然，所有这些困难都是可以消除的，但只能通过解释。

（e）在前面几章，特别是第六、七和八章中相当详尽地讨论过多个类似的矛盾，这些矛盾虽然更微妙些，但也更重要些。我将要概述其中最重要的。

（e₁）关于对待人，尤其是对待年轻人的态度，在柏拉图的描述中发生了变化，描述的方式决非苏格拉底式的发展。苏格拉底是为了争取与他所热爱的青年人自由讲话的权利而献出生命。但在《理想国》中，我们却看到他采取一种屈尊和不信任的态度，颇类似《法律篇》中雅典的异邦人（很明显，即柏拉图本人）那种不满态度，在该篇中经常表现出对人类的普遍不信任感（参阅第 90 页注②和 91 页注①、第 256 页注①至 257 页注①以及第 297 页注①和 298 页注①）。

（e₂）关于苏格拉底对真理和言论自由的态度也可以这样论述。他是为此而死的。但在《理想国》中，"苏格拉底"鼓吹说谎；在公认为柏拉图的《政治家篇》中，一则谎言被当作真理提出，在《法律篇》中，自由思想由于宗教裁判的建立而受到压制（参阅前面相同地方，进而参阅第 263 页注①至 275 页注①和第 285 页注②、③及 372 页注①）。

（e₃）在《申辩篇》和其他几篇对话中，苏格拉底在智性上是谦虚的；在《斐多篇》中他却变成一个把自己的形而上学思辨视为真理的人。在《理想国》中，他是一个固执的人，他所采取的态度与《理想国》中和《法律篇》中那种

4

僵化的极权主义相去不远〔参阅第 248 页注①至 253 页注①、第 271 页注①和 281 页注①及本注（c）〕。

（e₄）《申辩篇》中的苏格拉底是一位个人主义者；他笃信个人的自足。在《高尔吉亚篇》中，他仍然是一个个人主义者。在《理想国》中，他是位激进的集体主义者，非常类似柏拉图在《法律篇》中的立场（参阅第 154 页注②和 162 页注①、第 206 页注①、209 页注③、213 页注①和 230 页注①至 234 页注①对应原文，以及 364 页注①）。

（e₅）对于苏格拉底的平等主义，我们仍然可以做类似的论述。在《论道德》中，他认为奴隶也有常人的一般智慧，他们甚至可以学习纯粹的数学；在《高尔吉亚篇》中，他维护平等主义的正义学说。但在《理想国》中，他却蔑视劳动者和奴隶，并且像《蒂迈欧篇》和《法律篇》中的柏拉图一样，强烈地反对平等主义〔参阅（e₄）中提及的各段；再有，第 91 页注①和 99 页注②、第 250 页注①，以及第 291 页注②（3），其中引用了《蒂迈欧篇》，51e〕。

（e₆）《申辩篇》和《克里托篇》中的苏格拉底忠实于雅典的民主。在《论道德》和《高尔吉亚篇》中（参阅第 364 页注①），隐约含有敌意的批评；在《理想国》中（我相信，同时在《米纳塞努篇》中），他是民主的公开敌人；虽然在《政治家篇》和《法律篇》的开头，柏拉图很谨慎地表达自己的意思，但是，必须承认，他在《法律篇》的稍后部分的政治倾向（参阅第 210 页注①）与《理想国》中的"苏格拉底"的政治倾向是一致的（参阅第 370 页注①和 350 页注①以及第 84 页注①和 89 页注②至 91 页注①）。

最后这一点在下文中将进一步得到肯定。在《申辩篇》中，苏格拉底似乎不仅忠实于雅典民主，并且还直接求助于民主派，指出凯勒芬，他的最热情的弟子之一，就属于他们的行列。因为凯勒芬祈求过神谕，因而有助于苏格拉底认识自己的人生使命，从而使他最后不愿与民众妥协，所以，在《申辩篇》中，凯勒芬起了决定性作用。苏格拉底在介绍这个重要人物时强调下述事实（《申辩篇》，20e/21a），即，凯勒芬不仅是他的朋友，也是人民的朋友，他与他同遭流放，又与他一同返回（大概指他参与反对三十僭主的斗争）；也就是说，苏格拉底挑选一位热烈的民主派作为他维护的见证人。（关于凯勒芬的同情，还有些独立证据，如在阿里斯多芬的《云》，第 104、501 页以下中。凯勒芬在《卡尔米德篇》中出现，可能意在求得某种平衡；否则，突出克里底亚和卡尔米德会产生一种亲三十僭主宣言的印象。）为什么苏格拉底要强调他与民主派的一个积极分子关系密切呢？我们不能设想，这仅仅是一种特别央求，意在感动他的法官，使他们仁慈一些，因此他的申辩的全部精神都与这种设想相抵触。最可能成立的假设是，苏格拉底指出民主阵营里有他的弟子，意在含蓄地否认他是贵族派的追随者和僭主的导师这个指控（这也仅仅是暗示）。《申辩篇》的主旨排除了如下设想：苏格拉底祈求与一位民主派领袖建立友谊，骨子里丝毫没有对民主事业的真正同情心。从他强调对民主法制的信心，并用毫不含糊的言辞指责三十僭主的那一段文字（《申辩篇》32b—d）中，也可以得出相同的结论。

（6）仅仅柏拉图对话录中的证据，就迫使我们设想这些对话录并非完全讲的历史。因此，我们必须试图对此证据做出解释，即提出一些理论，并采用尝试消错法把这些理论同证据加以批判性的比较。现在我们有充分理由相信，《申辩篇》大体上是讲历史的，因为只有这一篇对话录描述了一次为许多人所熟知的颇重要的公开事件。另一方面，我们知道，《法律篇》是柏拉图的最后著作（有疑问的《伊壁诺米篇》除外），该篇显然是"柏拉图"。因此，最简易的设想是，如果这些对话与《申辩篇》的倾向一致，它们就是历史的，或苏格拉底的，当它们与这些倾向相矛盾时，它们就是柏拉图的。（这种设想使我们又回到我在上文叙述过的那种立场，即苏格拉底问题的"早期解释"）。

如果我们研究一下上面在（e_1）至（e_6）中提到的那些倾向，就会发现，我们可以很容易按如下方式依次把最重要的对话录排列出来，即，就任何单独一种倾向而论，凡近似苏格拉底的《申辩篇》的，采取渐降顺序排列，凡近似柏拉图的《法律篇》的，采取渐增顺序排列。得出的顺序如下：

《申辩篇》和《克里托篇》——《论道德》——《高尔吉亚篇》——《斐多篇》——《理想国》——《政治家篇》——《蒂迈欧篇》——《法律篇》。

这个序列按（e_1）至（e_6）中所有倾向来排列上述的对话录，这个事实本身就确证了这样一种理论，即我们在此看到的乃是柏拉图思想的发展。但是，我们可以得到完全独立的证据。"著作年代考"的调查表明，我们的序列与柏拉图写这些对话时的编年顺序是一致的。最后一点，这个序列，起码到《蒂迈欧篇》为止，显示出毕达哥拉斯主义（和伊利亚派学说）的兴趣不断浓厚。所以，这必然是柏拉图思想发展的另一种倾向。

以下是一种截然不同的论点。根据柏拉图自己在《斐多篇》中的陈述，我们得知，安提斯泰尼是苏格拉底最密切的朋友之一，我们还了解，安提斯泰尼宣称，他维护真正的苏格拉底信条。很难相信安提斯泰尼会是《理想国》中的苏格拉底的朋友。这样，我们必须为安提斯泰尼和柏拉图的教导找到一个共同的出发点；我们在《申辩篇》和《克里托篇》的苏格拉底身上，以及在借《论道德》、《高尔吉亚篇》和《斐多篇》中的"苏格拉底"之口说出的一些其他学说中，找到这个共同点。

这些论点完全独立于一向受到严重怀疑的任何柏拉图著作［如《阿基比德篇（上）》，或《泰阿格斯篇》，或《信札》］。它们也独立于色诺芬的陈述。它们完全以若干篇最著名的柏拉图对话录中包含的内部证据为基础。但是，它们与这种次等证据相符，尤其是《第七封信》，在其中，柏拉图概述自己的思想变迁时（325f.），明白无误地将《理想国》中的关键段落当作他自己的基本发现："我唯有大声疾呼……只有使真正的哲学家获得政权，或者由于上帝的恩惠，城邦的统治者变成真正的哲学家，否则人类灾祸总是无法避免。"［326a；参阅第253页注①，以及上文本注（d）。我不明白，怎么可能像伯内特那样，把这封信当成真实的，却不承认《理想国》的中心学说是柏拉图的，而不是苏格拉底的；换言之，不舍弃如下的虚构之谈，即，以为柏拉图在《理想国》中描述的苏格拉底是符合历史的（有关进一步的证据，比如，可参阅亚里士多德的《智者辩驳》，183b7："苏格拉底提出了问题，但未予答复；因为他承认他不知道怎样答复。"这与《申辩篇》是一致的，但很难与《高尔吉亚篇》相一致。当然，无法与《斐多篇》或《理想国》相一致。还可进而参阅亚里士多德关于理念学说史的著名报告，菲尔德在前引书中出色地讨论过该报告；也请参阅第64页注①]。

（7）与这类证据相比，伯内特和泰勒使用的那种类型的证据就无足轻重了。下面是一个例子。为证明柏拉图在政治上比苏格拉底更温和，柏拉图的家族有相当的"辉格党特色"，伯内特使用的论据是柏拉图家族的一个成员，名叫"德摩斯"（参阅《高尔吉亚篇》，481d，513b——然而，虽然很有可能，但还不能肯定的是，这里提到的德摩斯的父亲皮里拉姆珀斯确实与《卡尔米德篇》，158a和《巴门尼德篇》，126b中提到的柏拉图的舅父和继父同为一人，即，德摩斯是柏拉图的亲戚）。试问，与柏拉图有两个身为僭主的舅父的历史记载相比较；与现存的克里底亚的政治论残篇相比较（这些残篇留存在他家中，即使伯内特把这些归之于他的祖父一事做得对，其实他不太可能是对的；参阅《希腊哲学》，I，338，注1，以及《卡尔米德篇》，157e和162d，在其中提到了僭主克里底亚的诗才）；与克里底亚的父亲原属四百寡头这一事实相比较（《论友谊》，12，66）；与柏拉图自己的那些将家族的荣耀不仅与反民主倾向相联系，而且还与反雅典倾向相联系的著作相比较，上述证据有什么意义呢？（参阅在《蒂迈欧篇》20a中，有颂扬像老狄奥尼修斯的岳父、一个西西里的赫漠克拉底那样的雅典敌人的词句。）当然，伯内特论点的真正用心，在于加强《理想国》是苏格拉底的这种说法。方法拙劣的另一个例子可以从泰勒的著作中举出，他发表议论（《苏格拉底》，第148页注2；也请参阅第166页），赞成如下的观点：《斐多篇》是苏格拉底的（参阅第249页注①）："在《斐多篇》〔72e〕……西米阿斯（这是泰勒的笔误；说此话者为凯伯斯）明确地对苏格拉底说，'学习就是认识'这个学说是'你不断地重复的学说'。除非我们愿意把《斐多篇》看作一个无可饶恕的巨大骗局，否则，在我看来，这可以证明，这个学说确实属于苏格拉底。"（关于一种类似论点，详见伯内特编的《斐多篇》第2章结尾处，第12页。）对此，我想做如下评论：（a）在这里是这样设想的：柏拉图写这一段话时，把自己看作历史学家，因为，不然的话，他的叙述就不会是"无可饶恕的巨大骗局"；换言之，这个理论的最可疑和最核心之处是假设出来的。（b）但是，即使柏拉图把自己看作历史学家（我不相信他这样），"巨大……等"字眼似乎也太重了。泰勒，不是柏拉图，在"你"字下面加了重点。柏拉图的原意可能想暗示，他将假定对话录的读者了解这个理论。或者，他可能有意指《论道德》，也就指他自己（我认为，考虑到《斐多篇》，73a，f. 以及提及图表之处，这个最后的解释几乎可以肯定是对的）。或者，由于这样或那样的原因，他强大而不能公开向它挑战，所以柏拉图不得不加以重新解释，使之成为封闭社会的信念。这件事是有困难的，但并非不可能。因为，苏格拉底不是被民主政制处死的吗？民主政制不是失去了赢

可能出了笔误。即使是历史学家，也免不了出现这种事情。比如，伯内特不得不对苏格拉底的毕达哥拉斯主义做出解释；为此，他使巴门尼德成为一个毕达哥拉斯主义者，而不是色诺芬尼的学生，关于后者，他写道（《希腊哲学》，第Ⅰ卷，第64页）："关于他建立了伊利亚学派的故事好像来自柏拉图的一句戏言，这句戏言同样可以证实荷马曾经是一个赫拉克利特派。"伯内特对此加了脚注："柏拉图，《智者篇》，242d。详见《早期希腊哲学》，第140页。"现在我相信，一位历史学家的陈述清楚地表明了四点，（1）提到色诺芬尼的那段柏拉图的文字是开玩笑的，即不是严肃的；（2）在提及荷马时也可以认为是开这种玩笑；（3）说荷马是个赫拉克利特派，当然是个大玩笑，因为他比赫拉克利特早得多；（4）没有其他确凿证据可以将色诺法尼与伊利亚学派联系起来。但是以上四点均不能成立。因为我们发现：（1）在《智者篇》（242d）中提到色诺芬尼的段落不是戏言，而是伯内特亲自在他的《早期希腊哲学》中有条有理的附录中把它赞誉为很重要和宝贵的史料；（2）其中根本没有提到荷马；（3）另一段有这种提法，（《泰阿泰德篇》，179d/e。参阅152d/e，160d）而伯内特在《希腊哲学》第Ⅰ卷中错把它当作《智者篇》，242d（在他的《早期希腊哲学》第2版中，没有出现这个错误），这另一段没有提到色诺芬尼；也没有称荷马为赫拉克利特派，它所说的恰恰与此相反，即，有些赫拉克利特的观点与荷马一样久远（这当然更无玩笑意思）；（4）在泰奥弗拉托斯著作中有一段清楚而重要的文字（《物理学史》，op.，残篇8＝辛普利西乌斯：《物理学》，28，4），把若干见解归属于色诺芬尼，其实我们知道巴门尼德同样也持有这种观点，这些观点把他与巴门尼德联系起来——更不要说狄奥根尼·拉尔修（D·L），Ⅸ，21—3，或《蒂迈欧篇》，附录，克雷利特：《杂俎集》，Ⅰ，64，2。在一位像伯内特这样真正伟大的历史学家的单独一段历史评论里，就可找到这么多的错误理解、错误解释、错误引文，和易起误解的省略（关于炮制出的虚构，详见柯克和雷文的著作，第265页）。从中我们必须认识到，这类情况是会发生的，甚至最优秀的历史学家也难免：凡人都会犯错误［人难免失误的另一个更严重的例子即是在第64页注①（5）中讨论过的那一个］。

　　（8）在这些讨论中起一定作用的柏拉图对话录的编年序列，在这里可以设想为与卢托斯瓦夫斯基所排列的"著作年代考"目次几乎一样（《柏拉图逻辑的来源和发展》，1897年）。在本书正文中起一定作用的那些对话录，其排列目次可在第44页注①中找到。目次的排列说明，一组内各篇年代的准确性不如各组间的准确性。《游叙弗伦篇》的位置略微偏离这个著作年代考目次，在我看来，由于该篇的内容（第385页注①原文中予以讨论），它可能迟于《克里托篇》；但这一点是无关紧要的（也请参阅第366页注①）。

得苏格拉底的一切权利吗？还有，苏格拉底不是经常批评默默无闻的群众及其领袖缺乏智慧吗？况且，把苏格拉底说成是曾经推荐"有教养的人"、有学问的哲学家来治理国家，并不是一件十分困难的事。在进行这种解释中，柏拉图由于发现这也是古时毕达哥拉斯信条的一部分而大为鼓舞。尤其是他发现在塔兰托的阿基塔是一位毕达哥拉斯派的哲人，同时又是一位伟大的卓有成就的政治家。于是，他恍然大悟，谜底就在眼前。苏格拉底本人不是鼓励他的学生参与政治吗？这不是意味着他希望开明的人、有智慧的人来统治吗？雅典群众的残暴统治同阿基塔的尊贵之间相去多远啊！苏格拉底对政制问题从来没有提到他的解答，但他必定知道毕达哥拉斯的学说。

　　这样，柏拉图很可能发现，逐步给予在伟大世代中这个最有影响的人物的教义以新的含义是可能的，他相信他从来不敢直接攻击的这位很有势力的反对者原来是他的盟友。我相信，这就是柏拉图何以保留苏格拉底作为他的主要发言人并且后来敢于背离他的教义乃至对这种背离不再欺骗自己的最简单的解释①。然而，这不是事情的全部。我相信，柏拉图在他的灵魂深处也感

---

①　在《第二封信》（314c）中，有一段著名而费解的文字："没有，也不会有柏拉图的著作。以他的名字发表的东西全都属于那个变得年轻而又英俊的苏格拉底。"关于这个谜，最可能的解释是，如果不是整篇信札，至少这一段是伪造的（参阅菲尔德《柏拉图及其同时代的人》，第200页，在其中，他出色地概述了他怀疑该信札，尤其是"312d—313c，以及可能直至314c"等段落的理由；关于314c，一个可能的附加理由也许是，伪造者企图暗示或解释《第七封信》，314b/c中的一个相仿的说法，已在第八章有关注释中引用）。但是，假如我们暂且与伯内特一道（《希腊哲学》，第I卷，第212页）假定这一段是真的，那么，"变得年轻又英俊"的说法肯定又引出一个问题，特别是这句话，因为苏格拉底在所有的柏拉图对话录中都被描写得年老而丑陋（唯一例外是在《巴门尼德篇》中，他虽说不上英俊，毕竟年轻）。如果是真的，这段费解的话就表示，柏拉图力图把苏格拉底理想化，而不是历史地描述苏格拉底；这就完全合乎我们的解释，即，可见柏拉图确实再次有意将苏格拉底重新解释为一个年轻而英俊的贵族，此人当是柏拉图自己〔也请参阅第86页注①（2）、第200页注①（1）以及第291页注②（3）〕。

到，苏格拉底的教义同他那种说法确实相去甚远，他感到他是背叛苏格拉底的。我想，柏拉图已做出不断的努力来使苏格拉底重新解释自己，同时柏拉图又力图对他的坏居心保持沉默。柏拉图一次又一次地证明他的教义不过是真正的苏格拉底学说的逻辑展开，他力图使自己相信自己并不是一个叛徒。

在我们阅读柏拉图的著作时，我真实地感到，在柏拉图心中有一种内心冲突，一种真正的激烈斗争。甚至他那种著名的"过分的保留态度，对自己个性的压抑"①，或者毋宁说，他的有意识的压抑（在字里行间，这是不难看到的）也是这种斗争的表现。而且，我相信，在一个人的心灵中有着两个世界的冲突是令人神往的，这也可以部分地说明柏拉图的影响力之所在；对柏拉图有着强烈反应的这个斗争，是可以透过他那过分的保留态度的表面看到的。这个斗争触动我们的感情，因为它还在我们中间进行着。柏拉图是至今仍然也属于我们的一个时代的儿子（我们决不要忘记，美国废除奴隶制至今毕竟只有一个世纪，而中欧奴隶制的结束甚至还不到一个世纪）。这种内心斗争的表现，最清楚不过的在于柏拉图关于灵魂的学说。盼望着统一和谐的柏拉图，看到人类灵魂的结构与阶级划分的社会结构竟然如此相似，② 可见他多么难过。

---

① 我的引文引自达维兹和沃恩合译的《理想国》导言的第一段。参阅格罗斯曼《今日柏拉图》，第96页。

② （1）柏拉图的心灵的"分裂"或"分离"，在他的著作中，尤其是《理想国》中，给人印象最深。只有需要努力才能自我克制，或者才能使自己的理性支配自己的动物本能的人，才能像柏拉图那样强调这一点；参阅第161页注②中提到的段落，尤其是可能起源于奥菲斯关于人身上有兽性的说法（《理想国》，588c），以及第56页注①（1）至注（4）、59页注①、③，它们不仅表现出与精神分析学说有惊人相似之处，而且也可以说显示出强烈抑制的征兆。（也请参阅第九卷开头，571d和579a，这部分读起来很像对俄狄普斯情结的解说。关于柏拉图对其母亲的态度，《理想国》，548e—549d，可能

透露了一些消息，尤其是考虑到这样一个事实，即，他的兄弟格劳孔被认为是所说的那个儿子。）对于柏拉图的内心斗争的绝妙叙述，以及对他的权力欲所做的精神分析的尝试，是 H. 凯尔森在《美国意象》，第 3 卷，1942 年，第 1—110 页，和 W. 法伊特在《柏拉图传说》（1939）中提出的。

有些柏拉图主义者不愿意承认；我们可以从柏拉图渴求和呼吁统一、和睦与和谐中得出结论：他本人就是不一致和不调和的。应该提醒这些人，这种争论方式是柏拉图首先提出的（参阅《会饮篇》，200a, f.，在其中，苏格拉底争辩说，有所爱和有所渴求的人得不到他所爱和他所渴求，这种推论是必然的，不是或然的）。

我所谓的柏拉图的灵魂的政治学说（也请参阅第 160 页注②），即，根据被划分为阶级的社会来划分灵魂，长期以来就是大多数心理学的基础。也是精神分析的基础。根据弗洛伊德的理论，柏拉图所说的灵魂的主导部分，力求通过"潜意识压抑力"来维护它的僭主政治，而代表社会下层的叛逆无产阶级的动物本能才真正实施隐蔽的专政；因为挂名的统治者的政策由他们决定——自从赫拉克利特的"流变"和"战争"以来，社会经验的领域一直对我们用以解释我们周围的物质世界（以及我们本身）的那些理论、隐喻和象征有着强烈的影响。我只提一下，达尔文是在马尔萨斯的影响下采纳社会竞争说的。

（2）这里可以补充谈一谈神秘主义，及其与封闭的和开放的社会的关系，以及与文明的胁变的关系。

如麦克塔格特在他的卓越的研究论文《神秘主义》中所表明的（见他的《哲学研究论集》，S. V. 基林编，1934 年，尤其是第 47 页以下），神秘主义有两个要点：（a）神秘的统一说，即，确认在现实世界中存在着一种比我们从普通经验世界所认识到的要大得多的统一性；（b）神秘直觉说，即，确认有一种认识方法，它使"已知与所知的关系"比普通经验中求知的主体与已知的客体间的关系"更密切，更直接"。麦克塔格特正确地断言（第 48 页）"在这两点特征中，神秘的统一更为重要"，因为神秘的直觉是"神秘的统一的例证"。我们可以再补充第三个较次要一些的特征，即是（c）神秘的爱，这是神秘统一和神秘直觉的一个例证。

有趣的是（这一点麦克塔格特没有看到），在希腊哲学史上，神秘统一说是巴门尼德首次在他的整体的"一"学说中明确肯定的；随后是柏拉图，他补充了一种精细的直觉和神交的学说（见第八章），在《巴门尼德篇》中恰恰含有该学说的最初端倪；再其次是亚里士多德提出的，比如，在《灵魂论》，425b30f.："真实的听觉和真实的声音合为一体"；参阅《理想国》，507c 以下，430a20，和 431a1："真实的知识与其对象是一致的"（也请参阅《灵魂论》，404b16，和《形而上学》，10720 和 1075a2，并参阅柏拉图的《蒂迈欧篇》，45b—c，47a—d；《论

　　柏拉图最激烈的矛盾出自他对苏格拉底的榜样有深刻的印象，但他自己的贵族寡头倾向却极其成功地给予抵消。在理性论证的领域中，这个斗争的进行是用苏格拉底的人道主义论点来反对苏格拉底的人道主义。在《游叙弗伦篇》就可以发现看来是这类情况的最早例证①。柏拉图保证说，我不会像游叙弗伦那样；我绝不

道德》，81a 以下；《斐多篇》，79d）；再其次，由新柏拉图主义者提出（他们详述了神秘的爱的学说）该学说的开头部分，只能在柏拉图著作中找到（例如，在《理想国》，475 页以下他的学说中，讲到哲学家热爱真理，这个学说与整体主义学说和哲学家的与神圣真理相通，关系密切）。

　　鉴于以上事实，以及我们的历史分析，我们必然会把神秘主义解释为对于封闭社会崩溃的一种典型反应；这种反应在其起始阶段，是针对开放社会的，可以将其描绘成隐遁于天堂之梦，部落团结在其中显为永恒的真实。

　　这种解释与伯格森在他的《道德与宗教的两个来源》中的解释大相径庭，因为柏格森断定，使封闭社会向开放社会飞跃的是神秘主义。

　　但是，当然必须承认（正如雅各布·瓦伊纳在一封信中恳切地向我指出的），神秘主义万能，在任何政治方向中都可以起作用；甚至在开放社会的倡导者中，神秘和神秘主义都有其代表人物。这无疑是关于一个较好的、较统一的世界的神秘启示，不仅启发了柏拉图，也启发了苏格拉底。

　　应该指出，在 19 世纪，尤其是在黑格尔和伯格森的著作中，我们看到一种进化神秘主义，它由于高度赞扬变革，似乎与巴门尼德和柏拉图的仇恨变革全然对立。然而，两者都过分强调变化，这个事实表明，这两种形式的神秘主义的基本经验似乎是一样的，两者都是对社会变革的可怕经验的反应：一种反应与希望变革被阻止相联系；另一种反应则与多少带有歇斯底里的（无疑也是感情矛盾的）把变革视为现实的、本质的和受欢迎的事物的态度相联系——也请参阅第二卷第十一章第 24 页注②、③，第十二章第 84 页注①和第二十四章第 354 页注①、356 页注①、378 页注①、379 页注②和 395 页注②。

①　《游叙弗伦篇》，是一篇早期对话，一般认为它是苏格拉底把虔诚解释得并不成功的一次尝试。游叙弗伦本人就是一位深知上帝意愿的著名"虔诚派"的滑稽形象。苏格拉底问"什么是虔诚，什么是不虔诚？"他奉命这样回答："我的所为就是虔诚！即，对任何犯有谋杀、渎神和类似罪行的人都要揭发，不管他是你的父亲或母亲……而不揭发他们就是不虔诚"（5，d/e）。游叙弗伦被描述为曾揭发其父杀害过一个奴隶（所据材料曾被引用于格罗特的《柏拉图》第Ⅰ卷，第 312 页的注释，依照雅典法律，在这种情况下，每个公民都有揭发的义务）。

会指控我自己的父亲、我的先辈，说他们违犯法律和违反一般人所信奉的人道主义道德。即使他们夺去人们的生命，但这毕竟是他们自己的奴隶的生命，而奴隶并不比罪犯好一些；评判他们不关我的事。苏格拉底不是说过知道什么是对的、什么是错的、什么是虔诚的、什么是不虔诚的都是很难做到的吗？他自己不是被所谓的人道主义者控诉为不敬神吗？我相信，几乎在柏拉图转而反对人道主义观念的每一处里，尤其是在《理想国》里，都可以发现他的内心斗争的其他迹象。前面几章已谈到他在提出反平等主义的正义学说时那种躲躲闪闪的态度和讥讽的手法，谈到他那篇吞吞吐吐地为谎言辩护并引进种族主义和他的正义定义的引言。然而，他这种内心冲突的最明显表现也许是《米纳塞努篇》，在那里他以嘲笑的口吻来回答伯里克利的葬礼演说。我感到柏拉图在那篇对话录中暴露了他自己。尽管他力图把他的这些感情隐藏在讥讽和嘲笑的背后，他也不能不表露出他对伯里克利的热情有着何等深刻的印象。柏拉图使用他笔下的"苏格拉底"恶意地描述他对伯里克利的葬礼演说的印象："我有三天多感到极度欢欣鼓舞；直到第四天或第五天，我经过一番努力才醒悟过来，才知道我在什么地方。"① 谁会怀疑柏拉图在那篇对话录中对开放社会的信条有着何等深刻的印象，而他为恢复他的理智并认识到他在哪里（即在开放社会的敌人的阵营里）所作出的斗争又是何等艰难。

七

　　我相信，柏拉图在这个斗争中最强烈的论点是真诚的：他争辩说，按照人道主义信条，我们必须乐意帮助周围的人。人民急需帮

---

① 《米纳塞努篇》，235b。参阅第357页注②，以及第199页注①。

助，他们是不幸的，他们在极度紧张和不由自主的情绪下劳动。生活没有保障和安全，[①] 因为一切都在变动。我很乐意帮助。但是，除非深挖这个祸害的根源，否则我是无法使他们幸福的。

他发现了这个祸害的根源。这就是"人的堕落"，即封闭社会的瓦解。这个发现使他相信，老寡头及其追随者赞成斯巴达而反对雅典，模仿斯巴达那个阻止变化的纲领，从根本上说是对的。但是，他们没有贯彻到底，他们的分析不够深刻。他们没有看到实际情况，或者没有注意到它；因为实际上甚至斯巴达也只是指出衰败的征象，尽管它曾英勇地去阻止一切变化；它为了消除人的堕落的原因（即统治种族的数字和性质的"变异"和"不规则"）而采取控制生育的措施，也是做得不彻底的[②]（柏拉图认识到，人口增加是人的堕落的原因之一）。还有老寡头及其追随者肤浅地认为，借助僭主统治，例如借助三十僭主的统治，他们就能够恢复从前的好日子。柏

---

① 说什么你要想获得安全就得放弃自由，这已成为反对自由的主要依据。但这话是最不真实的了。当然，在生活中没有绝对的安全。但是，我们所能取得的安全取决于我们自己的警觉，并由有助于我们守护的那些建构来施行——这就是说，由旨在（用柏拉图的话来说）使牧羊人能够守护和评判其牧犬的那些民主建构来施行。

② 关于"不一致"和"和谐"，参阅《理想国》，547a，引用于第165页注①和169页注①及正文中。柏拉图着迷于繁殖和生育控制的问题，其部分原因可能是他对人口增长的严重后果有所了解。的确（参阅366页注①的正文），"衰败"、部落乐土的沦丧，可以说是由于人的"自然的"或"原始的"过错所造成的。实际上就是由于人的自然出生率失调而造成的。也请参阅第165页注①（3）及第109页注①。关于本段下文稍后一段引语，参阅《理想国》，566e，及第92页注②正文——格罗斯曼笔下对希腊历史中的僭主时期的论述极为恰当（参阅《今日柏拉图》，第27—30页），他写道："因此，希腊国家确实是僭主们创造的。他们摧毁了原始贵族的古老部落组织……"（前引书，第29页）。由此可见，为什么柏拉图之仇恨僭主政治，可能基于仇恨自由：参阅《理想国》，577c——（但还请参阅第391页注①）他关于僭主的段落，尤其是565—568页，是对一贯强权政治所做的绝妙社会学分析。我觉得应称其为研究权力逻辑的首次尝试（我选择了这个字眼与哈耶克在纯粹经济理论中使用的选择的逻辑相类似）——权力的逻辑很简单，而且经常应用得很巧妙。相反的一种政治就得困难得多了；部分原因是反强权政治的逻辑，即，自由的逻辑，几乎还未被理解。

拉图知道得更多。这个伟大的社会学家很清楚地看到，这些僭主统治获得了新近的革命精神的支持，而又正在点燃这一革命精神；他们被迫向人民的平等主义要求做出让步；他们事实上在部落社会的瓦解中起着重要的作用。柏拉图憎恨僭主政治。只有这种憎恨才使柏拉图在他对僭主的著名描写中具有如此尖锐的观察。只有僭主政治的真正敌人才会说僭主必定是"挑起一场又一场的战争，以便使人民感到需要一位将军"，一位使他们脱离严重危险的救世主。柏拉图坚持认为，僭主政治以及当时的寡头都不能解决问题。使人民安于自己的地位是必需的，但镇压本身不是目的。这个目的必须是彻底回到自然，彻底洗净画布。

　　柏拉图的学说之所以不同于老寡头和三十僭主的学说，原因在于伟大世代的影响。个人主义、平等主义、理性的信念和自由的热爱是必须与之做斗争的，新出现的、强有力的、并且从开放社会的敌人看来是危险的情绪。柏拉图本人就感到其影响，并且他在自己内心中曾与之做斗争。他对这个伟大世代的回答就是一种真正巨大的努力。这就是力图把那个已经打开了的门再关闭起来，并且使出了在深度和内容上都无与伦比的骗人哲学这个符咒，力图阻止社会变革。在政治领域里，他对伯里克利曾反对过的老寡头纲领说得并不多①。但他发现了（也许是无意中发现的）反对自由的重要秘诀，这个秘诀就是我们这个时代的帕累托所明确提出的②："利用情绪，不把精力浪费在摧毁它们的无益努力上。"他并不表露自己对理性的敌视，他以他的才华来迷

---

① 众所周知，柏拉图的大部分政治建议，包括他提出的妇女和儿童的共有，在伯里克利时代仍属"子虚乌有"。参阅亚当编的《理想国》，第 I 卷，第 354 页中的最佳概述，以及 A. D. 温斯皮尔：《柏拉图思想的根源》，1940 年。

② 参阅 V. 帕累托：《普通社会学论集》，1843 年（英译本：《心灵与社会》，1935 年，第 III 卷，第 1281 页）；参阅第二卷第十三章第 142 页注①，在其中较详细地引用了这一段。

惑所有的知识分子，声称应当由有学识的人来统治，以讨好和打动他们。他虽然反对正义，但他却使一切正直的人相信他是正义的提倡者。他甚至对自己也没有完全承认他是反对苏格拉底为之而死的思想自由；并且使苏格拉底成为他的拥护者，从而使别人相信他是为思想自由而战斗的。于是，柏拉图无意中成为许多宣传家的先驱，这些往往是心地善良的宣传家们，发展了诉诸道德的、人道主义的感情的技术来达到反人道主义的不道德的目的。他取得了多少令人感到震惊的效果，因为他甚至使伟大的人道主义者对他们信条中含有非道德的和自私的成分也不生疑①。我深信他也成功地说服了他自己。他把他对个人创造性的憎恨，把阻止一切变化的愿望说成对正义和节制的热爱，说成对天堂那样的国家的热爱，据说在那里每一个人都心满意足和幸福，在那里攫取金钱②的残酷为宽宏和友爱的律令所取代。这个对团结、美好和十全十美的梦想，这种唯美主义以及整体主义和集体主义，乃

---

① 参阅格劳孔对利科弗龙理论的介绍给予卡尼蒂斯（参阅第 234 页注①），以及后来给予霍布斯的影响。众多的马克思主义者公然承认的"非道德"也是一例。左派们总是相信他们自己的不道德（这一点，虽然不那么贴切，有时总比许多反动的道学家们武断地自称有德要谦虚些，也更令人愉快些）。

② 货币是开放社会的一个象征，也是它的困难之一。毋庸置疑，我们还未能合理地控制对货币的使用；对它最大的误用就是用它来购买政治权力。〔这种误用的直接形式是奴隶市场的设置；而《理想国》，563b 中所维护的，正是这种建构；参阅第 90 页注②；在《法律篇》中，柏拉图没有反对财富对政治的影响；参阅第 200 页注①（1）〕从个人主义社会的观点看，货币是相当重要的。它是（部分地）自由的市场建构的一部分，它给予消费者对生产进行某种程度的控制。没有这样的一些建构，生产者就会控制市场，以致达到他不再为消费而进行生产的程度，而消费者在很大程度上就为生产而消费了——这种时而发生的对货币的明显误用，使我们变得相当敏感。柏拉图在货币与友情之间持反对态度，只是为了达到政治上的宣传目的，是有意或无意地多次利用这些情绪的首次尝试。

是从前的部落集团精神的产物和象征①。它是遭受文明胁变的那些人的感情的表现，是对这些感情的热烈向往（它是一种胁变的一部分，即我们越来越痛心地看到我们生活的极度不完善，看到个人的和制度的不完善，看到可以避免而没有避免的苦难，看到多余的、不必有的丑恶，同时还看到事实上我们并非不能对此有所作为，只是实现这种改进既重要而又艰巨。这种意识会增加个人责任以及承担人世考验的胁变）。

八

苏格拉底从不牺牲他的人格完整。柏拉图连同他那不妥协的

---

① 部落主义的集团精神，当然尚未丧失殆尽。比如，这种精神体现在友情与同志情谊的最珍贵的经验中；以及在像童子军（或德国青年运动）这类部落式的青年运动中，在某些如辛克莱·刘易斯在《巴比特》中描述的某种俱乐部和成人团体中。在感情的和审美的一切体验中，这种可能是最普遍的体验，其重要性是不可低估的。几乎所有的社会运动，极权主义的也好，人道主义的也好，都受到它的影响。它在战争中起着重要的作用，而且它又是反对自由的最有力武器之一；不可否认，在和平时期，在反对专制的运动中，情况也是如此，不过，在这些情况下，它的人道主义往往受到本身的浪漫倾向的危害——为了达到阻止社会和使阶级统治永存的目的，英国公学体系似乎一直有意识地和有成效地试图使它再次复兴（"不从小参加高尚的游戏，就不能成长为一个好人"就是它的信条，摘自《理想国》，558b）。

部落的集团精神衰落后的另一个后果和表征，当然是柏拉图所强调的政治与医疗之间的类别（参阅第八章，尤其是第 264 页注②），这种强调反映社会有机体患病，即感到胁变和茫然所失。"从柏拉图时代起，政治哲学家们的头脑似乎又重新想起医疗和政治之间的比较，"G. E. G. 卡特林说（《政治学原理研究》，1930 年，在第 458 页的注释中，引用了托马斯·阿奎那、G. 桑塔亚那和迪安·英奇的话，来支持他的陈述；也请参阅前引书第 37 页的注中，引自穆勒，《逻辑学》一书中的几段引语）。卡特林还颇具特色地谈到（前引书，第 459 页）"和谐"和"取得保护的愿望，无论它来自母亲或社会"（也请参阅第 147 页注②）。

洗净画布却走上每一步都损害其人格完整的道路。他不得不反对自由思想和对真理的追求。他导致为谎言、政治奇迹、禁忌迷信和压制真理辩护，最终为暴力辩护。尽管苏格拉底为反对厌世思想提出了警告，但柏拉图还是被引导到不信任人和害怕说理的地步。尽管他憎恨僭主专制，但他情不自禁地寻求僭主的帮助，并且为最专制的措施辩护。由于他那反人道主义目的的内在逻辑，由于权力的内在逻辑，他不知不觉地被带到三十僭主曾经到过并且其后他的朋友戴奥以及他的一些僭主门徒到过的那个地方①。他在阻止社会变化方面并没有取得成功（只是在其后很久，在黑暗时期，社会变化才被柏拉图——亚里士多德的本质主义的神秘符咒所阻止）。他却成功地用他自己的符咒把自己同他曾一度憎恨的权力捆在一起。

因此，我们从柏拉图那里应该学到的教训，就是他的教导的反面。这个教训是不应该忘记的。柏拉图的社会诊断确实高明，

---

① 关于柏拉图的九个这类门徒的姓名（包括小狄奥尼修斯和戴奥），参阅第七章（第260页注①及正文；详见《阿特纳奥斯》，第XI卷，第508页）。我想柏拉图不仅反复坚持使用暴力，而且使用说服加强迫（参阅《法律篇》，722b，和第264页注①、267页注①和273页注①），其用意是对三十僭主的策略提出批评，他们的宣传也的确太简单了。但这也表明柏拉图深知帕累托的处事方法：利用感情而不是一味压抑感情。柏拉图的友人戴奥（参阅第261页注①）统治叙拉古时是一个僭主，这一事实甚至迈耶在他维护戴奥时都予以承认，尽管迈耶敬佩身为政治家的柏拉图。他在解释戴奥的命运时，还是要指出（柏拉图的）"理论与实践之间的鸿沟"（前引书，第V卷，第999页）。说到戴奥时，迈耶说，"从外表看，理想的国王变得与可鄙的僭主一样无法区别"。但是，他相信，实际上，戴奥在内心仍然是个理想主义者，而且，当政治需要迫使他采取杀害（特别是杀害他的盟友赫拉克利德）等类似措施时，他是很痛苦的。然而，我认为，戴奥是按柏拉图的学说行事的；由于权力的逻辑，这种学说使得柏拉图在《法律篇》中甚至不得不承认僭主政治的好处（709e以下；在同一处，作者可能有这样的暗示：三十僭主的崩溃是由于他们的人数太多；如果仅仅是克里底亚一个人，就没有问题了）。

他自己的发展证明了他所推荐的东西比他所反对的祸害更糟。阻止政治变革不是补救的办法；它不能带来幸福。我们绝不能回到封闭社会的所谓纯朴和美丽中去①。我们的天堂梦想是不可能在尘世上实现的。我们一旦依靠我们的理性并使用我们的批判能力，我们一旦感到人责任的召唤和促进知识增长的责任的召唤，我们就不会回到顺从于部落迷信的状态中去。对于吃过知识之树的人来说，天堂已不复存在。我们越是力图回到部落社会的英雄时代中去，我们肯定就越会达到宗教审判，达到秘密警察和美化了的强盗行为的境地。我们一旦压制理性和真理，必定随着全人类的最残忍和最粗暴的毁灭而告终②。回到和谐的自然状态是不

---

① 部落乐园当然是个神话（虽然有些原始民族，大部分是底亚摩人，似乎很幸福）。在封闭社会中，似乎不存在着茫然所失的感觉，但是其他形式的恐惧的证据就很多，例如对于在自然背后的魔力的恐惧。恢复这种恐惧，并用来反对知识分子、科学家等，这种企图是近年来许多镇压自由的暴力行动的特征。柏拉图从没想到把他的敌人描绘成阴险邪恶的妖魔的后裔。这是作为苏格拉底的弟子的柏拉图的光荣。在这方面，他一直是开明的。他不大愿意把邪恶理想化，他认为，邪恶不过是低劣的，或堕落的，或一无是处的善（只在《法律篇》，896e 和 898c 中有一段话，可以说是对邪恶的抽象理想化）。

② 关于我所谓回到禽兽的说法，还应补充最后一注释。自从达尔文主义进入人类问题领域以来（达尔文不应为此受责），已有许多"社会动物学家"证明，人类体力注定要退化，因为体力竞争不足和劳心足以保护身体的可能性，妨碍了自然选择在我们身上发生作用。第一个正式提出这个观点的（并不是他相信这种观点）是巴特勒，他写道："这位作者（一个乌有之乡作者）看到一个严重危险，就是机器。"（而且我们可以补充说，人类的一般文明），"它会大大降低竞争的严厉性，以致许多体格孱弱的人不致被发现，而把他们的低劣性传给他们的后代。"（《埃瑞洪》，1872 年，参阅《人人丛书》版，p161）据我所知，就这题材写出第一本巨著的人是 W. 沙尔迈尔（参阅第二卷第十二章第 113 页注①），他是现代种族主义的创始人之一。实际上，巴特勒的理论一直不断地被人重新发现（尤其是被上文第五章所指的那种"生物自然主义者们"）。按照某些现代作者的见解（比如，参阅，G. H. 埃斯塔布鲁克斯：《人：机械的不适应环境者》，1941 年），人开化时，特别是当他开始扶助弱者时，他就犯下了关键性的错误；在此之前，

可能的。如果我们走回头路，那么我们就必定要走到底——我们必定回到野蛮中去。

这是我们必须正视的问题，尽管我们可能很难做这一点。如果我们梦想回到孩童时期。如果我们想依靠别人来获得幸福，如果我们回避考验，人道、理性和责任的考验，如果我们丧失勇气并且在文明胁变之前退缩，那么我们就必须用我们对所面临的这个直截了当的决定的明确理解来增强自己的力量。我们是有可能回到野蛮中去的。但是，如果我们希望仍然成为人，那就只有一条路可走，这就是通向开放社会的道路。我们必须对未知、不确定和不保险的事情不断进行探索，使我们所能具有的理性，尽可能好地为安全和自由而制定计划。

他几乎是一种近乎完善的人兽；但是，文明，连同它那种保护弱者的人为方式，导致了衰败，因此，最终必须摧毁文明本身。作为对这些论点的回答，我以为，我们首先应该承认，人总有一天可能从世界上消失；但是，我们应补充说明，这一点对于那些最完美的动物也是适用的，那些仅仅"几乎完美"的动物就更不必说了。有一种理论认为，如果人类没有犯下扶助弱者这个错误，人类就可能活得长久一些，我认为这个理论是最值得怀疑的；但即使真的如此——我们所期待的一切，难道真的就仅仅是活得长久些吗？或者，这种近乎完美的人兽竟是如此珍贵无比，以致我们应当让他活得长久些（无论如何，他已经存在一个很长时期），而放弃扶助弱者的试验吗？

我认为，人类做得并不那么糟。虽然人类的某些文化知识领域背信弃义，虽然有柏拉图的教育法的令人惊愕的影响和宣传的破坏性后果，但也有一些令人惊异的成果。许多弱者得到帮助，奴隶制实际上已被废除将近一百年。有人说，奴隶制很快会再次实行。我倒是要乐观得多；这事毕竟取决于我们自己。但是，即使这一切会重新失去，即使我们还得回到近乎完善的人兽阶段，也改变不了以下事实：曾经有一度（虽然为时很短），奴隶制确实从地球上消失了。我相信这个成就以及对它的怀念可以为我们中的一些人补偿我们一切不适应之处，无论是机械的还是其他方面的不适应；我们的祖先错过了阻止一切变化的大好机会，错过了重返封闭社会的牢笼中去的大好机会，错过了永远为近乎完善的猴子建立一个完美无缺的动物园的大好机会，犯下了致命的错误，但是，消灭奴隶制这个成就也会为我们中的一些人给予补偿。

补　遗

柏拉图和几何学

在本书第二版中，我对第六章第 9 个注释（第 248—253 页）（原书页码——译者注）进行了大篇幅的增补。在这个注释中所提出的历史假说后来在我的论文"哲学问题的性质及其科学根源"（《不列颠科学哲学杂志》，1952 年第 3 期，第 124 页以下；现也收入我的《猜想与反驳》一书）。它可以复述如下：（1）对 2 的平方根的不合理性的发现，使毕达哥拉斯把几何学和宇宙学（或许所有知识）都归结为算术的方案破产，从而导致希腊数学的危机；（2）欧几里德的元素不是几何学的教科书，而是柏拉图学派解决这个危机的最后尝试，这种尝试力图通过在几何学的基础上重建整个数学和宇宙学，并颠倒毕达哥拉斯算术化方案以便系统地而不是单独地处理不合理性问题；（3）后来由欧几里德提出的这个方案最早是由柏拉图构想出来的；柏拉图是认识到重建必要性的第一人；他选择几何学作为新的基础，选择几何学的比例方法作为新的方法；他提出将数学、天文学和宇宙学几何化的方案；他还成为几何学世界图景的缔造者，因而也成为近代科学——哥白尼、伽利略、开普顿和牛顿的科学——的缔造者。

我认为柏拉图学园大门上的著名铭文提及了这个几何化

方案。

　　在第 249 页（原书页码——译者）最后一段的中间部分，我指出"柏拉图是最早发展出一种特定的几何学方法的人之一，其目的是在破产的毕达哥拉斯学说中将可以挽救的部分挽救出来"；我把这个提法描述为"不可靠的历史假说"。现在我不再认为这个假说不那么可靠了。相反，现在我觉得依据这个假说重读柏拉图、亚里士多德、欧几里德和普罗克洛斯的著作，会得到许多期盼的肯定性证据。除了所引用的那段话有肯定性证据外，我现在还想补充说，《高尔吉亚篇》（451a/b；c；453e）把讨论"奇数"和"偶数"作为算术的特征，由此明确地将算术与毕达哥拉斯的数字论同一起来，同时，把几何学家定性为采纳比例方法的人（465b/c）。而且，在《高尔吉亚篇》的一段话（508a）中，柏拉图不仅提到几何学的相等（参见第八章第 289 页注①），而且还含蓄地提到他后来在《蒂迈欧篇》中充分展开的那个原则：宇宙的秩序是几何秩序。附带说一句，《高尔吉亚篇》也表明，在柏拉图心中，"alogos"这个词与无理数并没有联系，因为他在 465a 中说，甚至一种技术或技艺也肯定不是"alogos"；这将保护诸如几何学之类的某种科学。我认为，我们可以把"alogos"简单地译为"反逻辑的"（alogical）（参见《高尔吉亚篇》496a/b；和 522e）。这点对于解释先前在第 259 页提到的德谟克利特的佚稿的标题十分重要。

　　我的论文"哲学问题的性质"也包含了我对柏拉图形式论的某些进一步看法。

开放社会及其敌人

第二卷

预言的高潮：

黑格尔、马克思及余波

卡尔·波普尔 著

郑一明 李惠斌

陆 俊 黄书进 等译

中国社会科学出版社

目　　录

神谕哲学的兴起

第十一章　黑格尔主义的亚里士多德根源

　　我们在此并不企图就所感兴趣的观念——有关历史主义及其与极权主义的联系——撰写一部历史。我希望读者们记住，我至多不过是作些零散的评论，以便能够点明这些观念的现代翻版的背景。关于这些观念的发展史，特别是从柏拉图到黑格尔和马克思的历史，限于本书可以理解的篇幅，则不可能予以述说了。因此，我们也不准备对亚里士多德作严肃的讨论，除非他对柏拉图本质主义的解释影响了黑格尔的历史主义，并从而影响了马克思的历史主义。虽然有对亚里士多德的这些观念的限制，这些观念我们在批评柏拉图时已经熟知，但是亚里士多德的伟大导师并未造成人们看似担心的严重的损害，就亚里士多德而言，虽然他学识渊博，有着惊人的视界，但却并不是一个具有伟大的思想创造力的人。他补充到柏拉图的观念库之中的主要是系统化，以及对经验问题尤其是对生物学问题的浓厚兴趣。当然，他是逻辑学的创造者，由于他在这方面以及其他方面的成就，他也确实应该得到他自己（在其《诡辩驳议》的结尾）所要求的东西，即我们的衷心感谢，以及我们对他的缺点的谅解。然而，他的这些缺点，对于柏拉图的读者和拥护者来说，却是非常可怕的。

一

　　在柏拉图最晚的某些著作中，我们可以找到对当时雅典政治发

展，即民主巩固的一种反应。它似乎表明，甚至柏拉图也开始怀疑
是否某些民主的形式还没站稳脚跟。在亚里士多德那里，我们找到
一些他一点也不再怀疑的提示。虽然他不是民主的朋友，但他却把
民主当作不可避免的事实来接受，并准备向这一敌人妥协。

妥协的倾向与挑剔前辈和同侪（尤其是柏拉图）的倾向奇
怪地混合在一起，成为亚里士多德百科全书式著作中最显著的特
点之一。它们没有悲剧性的和刺激人的冲突的迹象，而这些恰恰
是柏拉图著作的动机。与柏拉图的具有洞察力的思想火花不同，
我们在亚里士多德那里发现的却是枯燥的系统化，以及为后来许
多普通作者具有的喜好，为的是以一种"健全而平稳的判断"
解决一切问题，以便公正地对待每一个人。这喜好有时也意味
着，由于过于烦琐和严肃反而抓不住论点。这种令人恼怒的倾向
在亚里士多德著名的《方法篇》中被系统化了，并成为他后来
经常被迫地甚至愚蠢地批评柏拉图的原因之一。①

我们说亚里士多德缺乏洞察力，尤其是历史方面的洞察力
（他也是一位历史学家），有这么一件事情可以证明它。当马其
顿帝国已经采用君主制度取代了民主政治时，亚里士多德却仍然

---

① 许多哲学史的学者都承认，亚里士多德对柏拉图的批评经常地并且在许多重
要之处是不恰当的。即使亚里士多德的崇敬者也发现，在一些论点上很难为
他辩护，因为他们通常也是柏拉图的崇敬者。引策勒尔为例，他曾这样评论
亚里士多德的"最佳国家"中有关土地分配问题："在柏拉图《法律篇》
745c 以下，有类似的计划；然而，在《政治学》1265b24，纯粹由于一种微
小的差异，亚里士多德却把柏拉图的论证视为极其令人讨厌。"（参阅策勒
尔著《亚里士多德与早期逍遥学派》，1897 年英译本第 2 卷，第 261 页，科
斯特罗与穆海德译）；格罗特也有类似的评论（见其《亚里士多德》第 14
章第 2 段的结尾）。从亚里士多德对柏拉图的许多批评来看——这些批评强
烈地暗示嫉妒柏拉图创造性构成他的部分动机——他那无比令人崇敬的、庄
严的保证，亦即，即使他对柏拉图的爱对他来说是最宝贵的，但偏爱真理的
神圣职责却迫使他做出牺牲（见《尼各马可伦理学》第 1 卷，6，I），在我
看来却显得有点虚伪。

在默认那种表面上的民主巩固。这一历史事件竟然逃过了他的眼睛。亚里士多德同他的父亲一样，曾是马其顿宫廷里的一位朝臣，国王菲力普选他作亚历山大大帝的老师，他似乎低估了这些人及其计划；或许他自认为非常了解他们。对此，冈珀茨曾恰当地评论说："亚里士多德虽然与国君同桌就餐，但却不明了其企图。"①

---

① 参阅冈珀茨著《希腊思想家》（德文版第3卷，第298页，即第7册，第31章，第6节）。尤其可参阅亚里士多德的《政治学》第1313a以下。

菲尔德在其《柏拉图及其同时代人物》第114页，为柏拉图和亚里士多德所受到的"责难"辩护，这种责难是，"随着可能性的出现，在后者那里，这一现实"（即马其顿的征服）"就在他们眼前，他们对这些新发展却未置一词"。不过，菲尔德的辩护（也许是针对冈珀茨的）是不成功的，尽管他强烈地评论了那些提出此类斥责的人（菲尔德说："这种批评暴露出……缺少基本的理解"）。当然，正如菲尔德所指出的，要求"一种像马其顿所行使的霸权并不是什么新鲜的事情"，这点是正确的；然而，在柏拉图的眼中，马其顿至少是处于半野蛮状态，因而是一个天生的敌人。当菲尔德说，"马其顿对独立的摧毁"并不是一种完全的摧毁时，他也是对的；但是，难道柏拉图或亚里士多德曾预见到它不会变成完全的摧毁吗？我相信像菲尔德这样的辩护是不可能成功的，原因很简单，它要辩护的东西太多了。也即是，当时对于任何观察者而言，马其顿威胁的意义尚不清楚。当然，这一说法也能被像德谟斯泰尼的事例证明。问题是：柏拉图这样一位像伊索克拉特一样曾对泛希腊的民族主义感兴趣的人（参阅本书第八章注、《理想国》470，以及《第八封信》352e，菲尔德认为此信是"确实可信的"）、一位担心腓尼基人和奥斯坎对叙拉古威胁的人，为什么会这样？为什么会忽略了马其顿对雅典的威胁？对有关亚里士多德相应的问题，可能的回答是，因为他属于忠于马其顿的党派。在策勒尔为亚里士多德有权支持马其顿的辩护中，提示了一个适用于柏拉图的答复（参阅前引其著作第2卷第41页）："柏拉图对现存的政治地位的令人难以忍受的特征是如此满意，以致他提倡急剧的变革。"（策勒尔继续说："柏拉图的追随者"——他指的是亚里士多德——"丝毫也回避不了同样的信念，因为他对人和事物有着更敏锐的洞察力……"）换句话说，答案也许应该是，尽管柏拉图有着泛希腊的民族主义，但他对雅典民主的憎恶是如此之深，以致他像伊索克拉特一样，期望着马其顿的征服。

亚里士多德的思想完全被柏拉图所支配。在他能够调和的范围内，虽然在某种程度上略带嫉妒，他总是听其性情的许可紧密地追随着他的伟大老师，这不仅表现在一般的政治理论中，而且实际上在各个方面都是这样。他赞同并系统化了柏拉图的自然主义的奴隶制理论："有些人天生是自由的，而另一些人则天生是奴隶；对后者来说，奴隶制是最适宜不过的……一个天生不属于自己而是属于别人的人，天生就是一位奴隶……古希腊人不喜欢称他们自己为奴隶，而把这一术语限用于野蛮人……奴隶整个地就没有推理的能力。"① 而自由的妇女还多少有一点推理的能力。（我们对雅典反奴隶制运动的认识，大部分来自亚里士多德对它

---

① 本段及下面的三段引文，均出自亚里士多德的《政治学》，见 1254b—1255a，1254a，1255a，1260a。也可参见 1252a（I，2，2—5），1253b 以下（I，4，386，尤其是 I，5），1313b（v，ii，ii）。也可进一步参阅其《形而上学》1075a，在那里自由人和奴隶也是"天生"对立的。不过我们也发现了这一段话："某些奴隶有着自由人的心灵，另一些自由人也有着奴隶的身体。"（《政治学》1254b）另参阅柏拉图《蒂迈欧篇》51e，它被引在本书第一卷第八章第 291 页注②（2）中。关于一种微小的缓和以及柏拉图《法律篇》中典型的"平稳的判断"，见其《政治学》1260b："那些人"（这是亚里士多德提到柏拉图时的某种典型的方式）"甚至禁止我们与奴隶交谈，说什么我们只能用命令的语言，这是错误的，因为奴隶甚至比孩子应该受到更多的劝告。"（柏拉图在《法律篇》777e 中说，他们不应该受到劝告），策勒尔在他对亚里士多德的德行的长篇罗列中（同上书，第 1 卷，第 44 页）提出了他的"原理的崇高"以及他"对奴隶的仁慈"。这不禁使我想起，这种或许并不高贵但却肯定较为仁慈的原则早就被阿基达玛和利科弗龙提出，即根本就不应当有奴隶。罗斯这样来为亚里士多德对待奴隶的态度辩护："对我们来说，他似乎反动之处，对他们来说，却似乎是革命的了"，这里的他们当然指他同时代的人（见罗斯的《亚里士多德》，1930 年第 2 版，第 241 页）。为了支持他的观点，罗斯提到了亚里士多德的希腊人不应奴役希腊人的理论。不过，这种理论很难说是革命的，因为在大约比亚里士多德早半世纪之前，柏拉图就教导过它。亚里士多德的观点确实是反动的，从这一事实最能看出来，即他一再发现有必要防止没有人天生是奴隶的理论，并且还进一步从他自己的箴言扩大到雅典民主的反奴隶制倾向。

的批判和谴责。正是通过驳斥争取自由的战士，他为我们保留了一些他们的言词）。在某些枝节观点上，亚里士多德略微缓和了柏拉图的奴隶制理论，并适当地责难了老师的过于苛刻。他总是既不放弃批判柏拉图的机会，也不放弃做出妥协，哪怕就是要同当时的自由倾向做出妥协也一样。

然而，奴隶制的理论，只是亚里士多德所采纳的柏拉图的许多政治观念之一。特别是他的最佳国家的理论，据我们所知，就是模仿了柏拉图的《理想国》和《法律篇》的理论。所以，他的阐释对我们了解柏拉图有相当大的帮助。亚里士多德在"最佳国家"中将三种东西调和在一起：浪漫的柏拉图的贵族统治、"一种健全和平稳的"封建主义以及某些民主的观念等。不过在亚里士多德看来，三者之中封建主义则是最好的。关于民主，亚

在格罗特的《亚里士多德》第 14 章的开头部分，可以找到一段关于亚里士多德《政治学》的精彩的陈述，我从那里摘引了几句："亚里士多德在其《政治学》最后两卷中所设计的政府结构……正如代表了他自己的某种完满的观念一样，明显的是建立在柏拉图的《理想国》之上的：他与柏拉图的关键性不同在于，不承认财产共有，也不承认妻子和儿女共有。两位哲学家都承认，居民中有一个独立的阶级，他们免除了私人的劳役和赚钱性的雇佣，并且单独构成了城邦的公民。这个小小的阶级实际上构成城市——城邦；剩下的居民不是城邦的组成部分，他们只是附属于它——尽管实际上是不可缺少的，但仍然以与奴隶和牛马相同的方式附属于城邦。"格罗特承认，亚里士多德的"最佳国家"——它偏离了柏拉图的理想国——大部分抄袭了柏拉图的《法律篇》。亚里士多德对柏拉图的依赖是明显的，即使在他默认民主之胜利的方面也是如此。特别参阅亚里士多德《政治学》第 3 卷 15；11—13，1286b（在第 4 卷 13，10；1297b，也有一段相似的话）。这段话以谈论民主结束："似乎不再可能没有其他的政府形式。"然而，这一结论是由一个论证达成的，该论证紧随在柏拉图《理想国》第 8、第 9 卷中关于国家的衰亡与没落的叙述之后；尽管亚里士多德严厉地批评了柏拉图的叙述（例如在《政治学》第 5 卷，12，1316a），情况亦复如是。

里士多德主张所有的公民都有权参与政府。当然，这样说并不意味着就像它显示的那样激进，因为亚里士多德立即就解释道，不仅奴隶而且包括所有生产阶级的成员都是被排除在公民之外的。这样一来，他就和柏拉图一样，都主张生产阶级不应进行统治，而统治阶级不应劳动，也不应赚任何钱（当然他们被设想为拥有很多）。他们拥有土地，但却不应该自己去种它；只有打猎、战争以及诸如此类的嗜好被认为是值得封建统治者从事的活动。亚里士多德恐惧任何赚钱形式，亦即恐惧任何职业性的活动，兴许比柏拉图还要走得远。柏拉图曾经以"专业"① 一词来描写一

---

① 在《政治学》第8卷第6章第3节（1340b），特别是第15节（1341b）中，清楚地显示出亚里士多德是在"职业"或"赚钱"的意义上使用"专业"一词。每一门职业，例如长笛演奏者，当然还有每一种艺人或劳动者，都是"专业"工作者，也即是说，不是自由人，不是公民，即使他不是真正的奴隶；"专业"人员的地位是"局部的或有限制的奴隶"之一（参阅《政治学》第1卷，14；13；1260a/b）。我推测，"专业"一词来源于一个前希腊词汇"烧火工人"。该词被用作一种标志，它意味着，一个人的出身和等级"取消了他尚武的资格"（参阅亚当在其所编的《理想国》中摘引格林基对495e30的注释）。它也可以被译成"下贱"、"卑缩"或"卑微"，在某些情况下还被译成"暴发"。柏拉图在与亚里士多德同样的意义上使用这一词语。在《法律篇》741e，743d，"专业"一词是用来描述一个人所处的堕落状态，这种人没有世袭的土地，却用其他手段来赚钱。另见《理想国》495e，590c。不过，如果我们记住苏格拉底是泥水匠、色诺芬的传说（参阅《大事记》第2卷，第7章），以及安提斯泰尼对艰苦工作的颂扬和犬儒学派的人生态度等传统，那么就似乎不可能会认为，苏格拉底赞同赚钱必然是堕落的这种贵族式的偏见（《牛津英语辞典》提出把"专业"一词表述为"纯属机械的、适于某种机械的"，并援引格罗特1880年第2版的《亚里士多德》第545页；不过这种表述过于狭隘，格罗特的文字也未必证明这种解释，它最初可能基于对普卢塔克的误解。有趣的是，在莎士比亚的《仲夏夜之梦》中，"纯粹机械的东西"一词，恰好是在"专业"的人的意义上使用；在洛兹所译的《马塞卢斯的一生》一书中，这一用法也能与论述阿基米德的文字较好地联系起来）。

种平民的、卑劣的、堕落的精神状态。而亚里士多德则扩展了该词的这种侮蔑式的用法，以便用它来涵盖一切不属于纯粹嗜好的兴趣。实际上，他对这一名词的运用，是与我们现在所使用的"职业的"一词非常接近的；尤其是在排除了业余竞争的意义方面，而且在这一术语适于运用一切特殊的专家（如医生）的意义上也是如此。对亚里士多德来说，任何形式的职业化，都将意味着阶级等级的丧失。他主张，一位封建的士绅绝不可对"任何职业（无论是艺术还是科学）"过于感兴趣。"当然也存在着某些自由的艺术，也即是说，存在某些绅士可以掌握的艺术，但这总只是就某种程度而言。因为，如果他对它们过于感兴趣，各种恶果就将随之而生。"①这就是说，他会因为训练有素而成为一位专家，并因而丧失掉其原有的等级。以上就是亚里士多德所谓的自由教育的观念，这是一种与奴隶、农奴、仆人或专业人员的教育不同的绅士教育的观点。然而令人遗憾的是，这种观念

在《精神》期刊第47卷上，泰勒与康福德之间发生过一场有趣的争论；在这场争论中，前者（见该刊第197页以下）为自己的观点辩护，认为当柏拉图在《帝迈欧篇》的一些段落中谈到"神"时，他所想到的是一个以肉体劳动"服役"的"耕农"。我可以充分地相信，康福德批评的正是这一观点（见该刊第329页以下）。柏拉图对所有"专业"工作的态度，特别是对体力劳动的态度，对这个问题也有影响；当泰勒（见该刊第198页注）使用柏拉图将神比做照管羊群的牧羊人或牧羊犬这一论证时（《法律篇》901e，907a），我们却要指出，游牧和狩猎的活动始终被柏拉图视为是高贵的，甚至是神圣的；相反，那位静止不动的"耕农"却是专业的和堕落的。参阅本书第一卷第105页注①及正文。

① 接下两段文字均引自亚里士多德的《政治学》（1337b—4，5）。

仍未废弃①。正是基于上述的观点，亚里士多德一再坚持"一切

---

① 1939 年版的《牛津袖珍字典》仍然说："自由的……教育，适合于绅士，所指的是普通文学，而非某类技术。"这鲜明地表明了亚里士多德的持久的影响力。

我承认，专业教育中存在着一个严重的问题，即思想狭隘。但是我并不认为，"文学的"教育是补救方法；因为它也能创造特殊种类的思想狭隘和势利小人。今天，如果有谁不对科学感兴趣，那么他就不会被认作受过教育的人。通常的辩解是，与对人类事务的兴趣相比，人们对电学或地质学的兴趣并不需要更多的启发，这一辩解正好暴露了对人类事务完全缺乏了解。因为科学不仅是收集有关电学等方面的事实；它也是我们今天最重要的精神运动之一。任何不试图对这一运动有所了解的人，都会将自身与人类事务历史中这种最非凡的发展隔绝开来。我们所谓的文学院，由于是建立在借助文学和历史的教育就能将学生引导到人的精神生活的理论之上，因而在其现有形式中已经变得陈旧。不可能存在排除人的理智斗争和成就之历史的人的历史；也不可能存在排除科学观念之历史的观念史。然而，文学的教育有着更为严重的方面。它不仅不能教育学生（这些学生通常也要成为老师）了解他自身时代最伟大的精神运动，而且也不能教育学生在理智上的诚实。只是当学生体验到犯错误是多么容易，以及在知识领域中取得一点小小的进步是多么困难时，只有那时他才会对理智诚实的标准、尊重真理以及抛弃权威与自大有所感受。然而今天，没有什么比这些谦逊的理智德行的传播更必要的了。赫胥黎在《自由的教育》中写道："正如人们不顾及权威一样，在人的生活中，具有十分重要性的精神力量……是认识事物的力量……然而，在学校和学院中，你并不了解真理的源泉，而只知道权威。"我承认，不幸得很，在科学的许多课程中情况也是如此。就像古代词语所说的那样，一些教师仍然将学科课程当作好比是"知识的躯体"来对待。不过，我希望这种观念总有一天会消失；因为科学可以当作人类历史的一个引人入胜的部分来讲授——当作迅速发展着的、受经验和批评控制的大胆假设来讲授。通过这样讲授，作为"自然哲学"史和问题与观念史的一部分，科学就可以成为新的自由的大学教育的基础；这种教育的目的，即使不能产生专家，至少可以产生能够分辨专家与江湖郎中的人。这种谦逊的与自由的目的远不是我们今天的文学院所能达到的。

行动的首要原则是闲暇"①。亚里士多德崇仰有闲暇的阶层，这似乎表现出他对不安有一种奇特的感受。看来这位马其顿宫廷医生的儿子，似乎受到了自身社会地位问题的困扰，特别是受到了他有可能丧失社会地位的可能性问题的困扰。这是因为他本人的学术兴趣，有可能会被认为是专业化的。冈珀茨说："我们试图相信，他恐怕听到这类来自其贵族友人的谴责……事实上却奇怪地发现，作为一切时代中最伟大的学者之一（即使不是最伟大的），他竟不希望成为一位专业的学人。他宁可成为一位业余爱好者，一位该世界的人士。"② 亚里士多德的这种自卑感，除了来自于希望证明他独立于柏拉图，除了来自于他自己的"职业的"根源，以及除了事实上他无疑是一位专业的"智者"（他甚至教修辞学）之外，可能还有另外的根源。因为对于亚里士多德来说，柏拉图的哲学使他放弃了野心，放弃了对权力的要求。从这个时候起，哲学就只能继续成为一种教职了。由于除了封建主外，几乎没有谁有财力和闲暇研究哲学，哲学所能希望的就只能成为绅士们传统教育的附属品了。正是抱着这种观念上的比较

---

① 亚里士多德《政治学》第8卷，3，2，（1337b）说："我必须再重复一遍，一切行动的首要原则是闲暇。"在前面第7卷，15，1（1334a）中，我们读到："既然个人和国家的目的是相同的……他们都应当保有闲暇的德行……因为常言说得对：'奴隶是没有闲暇的。'"也可参阅本节第12页注①及亚里士多德《形而上学》1072b23。

　　关于亚里士多德"对闲暇阶层的崇敬和尊重"，例如，可以参阅如下引自《政治学》第4卷（及7卷），8，4—5（1293b/1294a）的一段话："出生与教育通常都是与财富有关的……富人早已拥有那些不会诱人犯罪的优点，因此他们被称作高贵者和绅士。如今一国家如果由最优秀的公民来统治，它似乎不可能会治理得不好……"然而，亚里士多德不仅称赞富人，他还像柏拉图一样，是一位种族主义者（参阅同上书，第3卷，13，2—3，1283a）："在该词的更真实的意义上说，出生高贵的人比出生低贱的人更成其为公民……出自优良祖先的后代，似乎都是优秀的人，因为高贵代表种族的优异。"

② 参阅冈珀茨的《希腊思想家》（我引自德文版第3卷，第263页，即第6册，第27章，第7节）。

温和的希望，亚里士多德认为非常有必要去说服封建绅士们，哲学的思辨与玄思可能成为他们"美好生活"中最重要的部分。因为如果一个人不想去从事政治密谋或战争的话，那么哲学就会是其最令人快乐的、最高贵的、最优雅的打发时间的方法。它是消磨人们的闲暇的最佳方式，因为正如亚里士多德所说："没有人……会为此目的而发动一场战争。"①

假设这种朝臣的哲学倾向于充满乐观主义的情调，或许是合理的，否则它就无法成为讨人喜欢的消遣品了。诚然，在这种乐观主义中，亚里士多德在将柏拉图学说系统化时，实际上是作了一种重要的修正②。柏拉图对变化趋势的感受，曾在其理论中表示出来，即他认为一切变化，至少在宇宙的某些阶段，必定是趋向坏事；一切变化都是堕落。而在亚里士多德的理论中，则承认有些变化是促进改良的，因而变化可以是进步。柏拉图曾经认为，所有的发展都是从原初的、完美的形式或理念开始，因此发展中的事物在其变化到一定程度以及它与原初事物的类似性减少时，必定会丧失它的完满。柏拉图的这种观点，不仅被其继承者和侄子斯彪西波，而且同样被亚里士多德所放弃。但是，亚里士多德批评斯彪西波的论证走得太远，因为它们蕴含着一种趋向更

①　参阅《尼各马可伦理学》第 10 章第 6、7 节。亚里士多德的"美好人生"一词，似乎引发了许多近代的崇拜者的想象，这些人将这个词与某种类似于基督教意义上的"美好人生"联系起来，即指专心于帮助他人，为他人服务并追求"更高的价值"。然而，这种解释是将亚里士多德的意图做了错误的理想化的结果；亚里士多德只涉及封建绅士的"美好人生"；他并未把这种"美好人生"设想为一种有良好行为的生活，而是设想为一种在有着同等良好的处境的愉快的朋友圈中所度过的文雅闲暇的生活。

②　考虑到对亚里士多德本人而言，"职业"意味着"粗俗"，以及从他实际上从事着柏拉图哲学的职业，我并不认为，"粗俗化"一词可能过于强烈。此外，正如策勒尔在对亚里士多德的称颂中甚至也承认的，他使这个词语变得很单调了："他毕竟不能像柏拉图那样激励我们。与柏拉图相比……他的著作显得更枯燥、更职业化……"（参阅策勒尔的同上书，第 1 章第 46 页）。

高形式的普遍的生物学进化。亚里士多德似乎反对在当时被热烈讨论的生物进化理论①，但是他赋予柏拉图主义的那种特殊的乐观主义癖性，却也是一种生物学玄想的结果。它是建立在目的因

---

① 在《蒂迈欧篇》[42a，90e 以下，特别是 91d 以下；另见本书第一卷第三章第 45 页注①（7）] 中，柏拉图提出了物种经由堕落的起源理论，这种堕落开始于神和第一人。人首先堕落为女人，然后进一步堕落为高等的和低等的动物以及植物。正如冈珀茨所说："它在文字意义上是一种下降的理论，或一种与近代的进化论相反的退化的理论，由于近代的进化论假定了一种上升的结果，因而可以被称为上升的理论。"（见《希腊思想家》第 5 册第 19 章第 3 节，引文出自该书德文版第 2 卷，第 482 页）柏拉图对这种通过堕落下降的理论所做的神秘的、可能是半讽刺的描述利用了奥菲斯宗教和毕达斯格拉斯的灵魂转世的理论。当我们从亚里士多德那里听到斯彪西波和一些毕达斯格拉斯主义者信仰进化论时（在这种进化论看来，最初保持秩序的最优秀和最神圣的东西，到后来都按照发展的年代序列出现），我们应该记住这一切（重要的事实是，至少早在恩培多克勒时期，认为低等形式优先于高等形式的进化理论，就已流行了）。亚里士多德说："有些人和毕达斯格拉斯学派及斯彪西波一样，认为最高的美和善，都不会一开始就呈现。"（《形而上学》1072b30）从这段话中我们可以得出结论，有些毕达斯格拉斯主义者（可能受色诺芬尼的影响）的神话，用作"上升理论"的中轴。这种猜测得到了亚里士多德的支持，他在《形而上学》1091a34 中说："神话学家似乎同意当前的一些思想家"（我想是暗指斯彪西波），"……只有当自然已经促成某些进步之后，善与美才会在自然中呈现"。似乎斯彪西波也曾经认为，世界在其发展过程中会变成一种巴门尼德式的世界——一个有机的、完全和谐的整体（参阅亚里士多德《形而上学》1092a14，在那里有一位认为较完美的东西总是来自于不完美的思想家，曾被引用来说明"'世界'自身尚不存在"；另见《形而上学》1091a11）。从所援引的许多地方可以看出，亚里士多德一贯表示他反对这些"上升理论"。他的论据是，创造人的人是一种完美的人，不完美的种子并不会优先于人。从这一态度可以看出，策勒尔将亚里士多德归诸实际上构成斯彪西波的理论之列，很难说是正确的（参阅策勒尔的《亚里士多德》第 2 卷第 28 页以下。在 1908 年出版的《从希腊人到达尔文》一书第 48—56 页中，奥斯本也提出了相似的解释）。我们可能不得不接受冈珀茨的解释，依据这一解释，亚里士多德讲述人类的至少是高等动物的永恒和不变性。因此，既不能把他的形态学秩序解释为年代秩序，也不能解释为系谱秩序（参阅冈珀茨的《希腊思想家》第 6 册第 11 章第 10 节，特别是第 13 章第 6 节以下，以及这些文字中的注解）。当然，也存在这一种可能性，即亚里士多德在这一论点上并不一致，正如他在其他许多论点中那样；他反对斯彪西波的许多论证都源于他希望坚持自己的独立性。另见本书第三章注及第四章注。

这种观念之上的。

在亚里士多德看来，目的因是任何事物、任何运动或变化的四种原因之一，或者说是运动所要趋向的目标。就其作为一目的或希望达到的目标来看，目的因也就是善。由此可以推断，某些善不仅是运动的起点（正如柏拉图所教导和亚里士多德所承认的①），而且还存在于其目标中。这一点对任何在时间上有开端的事物，或像亚里士多德所说的，对任何开始存在的事物来说，是特别重要的。任何发展中的事物的形式或本质，与它发展的目标、目的或最终的状态是同一的。这样，虽然亚里士多德不同意，我们毕竟还是得到了某种与斯彪西波对柏拉图主义的修正非常相似的东西。与柏拉图一样，亚里士多德也认为形式和理念就是善，但它们却不是位于开端，而存在目标之中。这就揭示了亚里士多德用乐观主义取代了柏拉图的悲观主义。

亚里士多德的目的论，即他对变化的目的或目标是其终极原因的强调，充分表达了他对生物学的强烈的兴趣；亚里士多德的这一理论不仅受到了柏拉图生物学理论的影响②，而且受到了柏拉图将其正义的理论扩展到宇宙的做法的影响。由于柏拉图并未将自己限制于说每个不同等级的公民在社会中有其自然的地位，有一种他所从属并自然地适合的地位；他也试图以

---

① 亚里士多德的"第一推动者"，也即是神，在时间上是优先的，因为他是永恒的，并具有善的意味。关于本段中所提到的涉及形式因和目的因之同一的证明，请参阅本章第 16 页注①。

② 关于柏拉图的生物学目的论，见《蒂迈欧篇》73a—76e。冈珀茨很正确评论说（见冈珀茨的《希腊思想家》第 5 册第 19 章第 7 节；德文版第 2 卷，495 页）：只有当我们记住"动物是退化的人，因此，它们的组织能够显示出最初只构成人的目的意图"时，柏拉图的目的论才能被理解。

同样的原则解释物理的世界及其不同的等级和种类。他曾经通过假定它们极力要保持或是恢复由其同类所居住的位置，试图解释诸如石头或泥土之类重物的重量及其下落的倾向，解释火与空气上升的倾向，等等。石头和泥土之所以下降，是因为它们极力要回到大部分的泥土和石头所在的地方，回到有序自然秩序中它们所属的地方；空气和火之所以上升，是由于它们极力要回到空气和火（天上的物体）所处的地方，回到有序的自然秩序中它们所属的地方①。这种运动的理论对动物学家亚里士多德很有吸引力；它很容易就与目的因的理论结合起来，并提供解释说，一切运动都类似于马慢跑着期盼重新回到自己的马厩。亚里士多德将之发展成有名的自然场所理论。每一事物，如若从其自身的自然场所移动，都有一种重新回归于原来场所的自然倾向。

　　亚里士多德对柏拉图本质主义的阐释，虽然有些改变，却只是显示了一些不重要的差异。当然，亚里士多德认为他与柏拉图也不一样，即他不把形式或理念视为可以离开感性事物而存在。但是，尽管这种差异是重要的，它还是与亚里士多德本人对变化理论的修正密切相关。柏拉图理论中的主要论点之一是，他必须把形式或本质或始基（先父）看成是先天存在着的，因而是与感性事物分离的，因为感性事物一再远离它们而运动。而亚里士多德却使感性事物朝其终极的原因或目的运动，他认为这些事物

---

　　① 关于柏拉图对自然场所理论的看法，见《蒂迈欧篇》60b—63a，特别是63b以下。亚里士多德接受了这一理论，只作了略微的变动，他像柏拉图一样，通过物体朝自然位置作"向上"和"向下"的自然运动，来解释它的"轻"与"重"；例如，可参阅亚里士多德的《物理学》，192b13；另见《形而上学》1065b10。

是与其本质或形式同一的①。作为一位生物学家，他假定，感性事物在其自身内本来就潜在地包含着最终状态或本质的种子。这就是亚里士多德认为形式或本质是存在于事物之中的理由之一，而不同于柏拉图认为它们先于或外于事物。对于亚里士多德来说，一切运动或变化都意味着内在于事物本质中的潜能的实现（或现实化）②。例如一块木头，它之所以能漂浮水上或者燃烧，就是由于这种本质的潜能。即使这块木头永远不被漂浮或燃烧，这些潜能仍然是内在于其本质之中。当然，如果它被漂浮或燃烧的话，那么它就实现了潜能，从而发生变化或运动。可见，包含事物的一切潜能的本质，就是某种类似于事物的变化或运动的内在源泉的东西。因此，这种亚里士多德式的本质或形式，这种"形式因"或"目的因"，实际上是与柏拉图的"本性"或"灵魂"同一的。这种同一已为亚里士多德本人阐明。亚里士多德在《形而上学》中写道："本性也从属于作为潜能的同一类别；

---

① 亚里士多德在这一问题上的陈述，并不总是明确和一致的。因此，他在《形而上学》1044a35 中写道："人的形式因是什么？是他的本质。人的目的因是什么？是他的目的。然而也许这两者是同一种东西。"在同一著作的其他地方，他似乎更加肯定了变化或运动的形式与目的同一。因而我们在《形而上学》1069b/1070a 中读道："变化着的每一个事物……都是由某种而变成另一种事物。所由变成的事物是直接的推动者……变动所产生的，是形式"。在该书 1070a, 9/10 又说："实体有三种：首先是质料……其次是运动朝向的本性；最后是由这两者构成的特殊实体。"既然这里所说的"本性"通常被亚里士多德将称作"形式"，既然它在此被描述为运动的目的，于是我们得到：形式＝目的。

② 关于运动是潜能的实现或现实化的理论，例如，可参阅其《形而上学》第9卷 1065b17，在那里"可建造的"被用来描述一座设想中的房子的确定的潜能："当'可建造的'……实际存在时，那么它就在正被建造着；这就是建造的过程。"另见亚里士多德的《物理学》201b4 以下。此外，请参阅冈珀茨著的《希腊思想家》第6册，第11章，第5节。

因为它是内在于事物自身的运动原则。"① 另一方面，他将"灵魂"界定为"生命体的最初的内在目的"。因为"内在目的"转而被解释为形式或形式因，视为一种运动的力量②，借助于这种多少有点复杂的术语，我们返回到柏拉图的最初观点：灵魂或本性是某种与形式或理念同质的东西，当然它内在于事物之中，并且是该事物运动的原则（当策勒尔称赞亚里士多德"明确的使用和综合性的发展一种科学术语"时，我想策勒尔在用"明确"的一词时，一定会感到有些不安③。不过，综合性是必须承认的，也应该承认这一最令人悲哀的事实，即亚里士多德使用这种复杂的并且有些虚饰的专门术语时，只不过迷惑了相当多的哲学家；诚如策勒尔所说的"他指引了几千年来的哲学途径"）。

亚里士多德虽然是一位百科全书式的历史学家，但他对历史主义却没有做出直接的贡献。亚里士多德热于对柏拉图的理论作一种更严格的阐释，该理论认为，洪水和其他重复出现的灾害不时摧毁人类，只留下少数残存者④。不过，除了这一点外，他本人似乎并不对历史趋势的问题有什么兴趣。尽管如此，在此我们或许还是能够指出，他关于变化的理论本身是如何导致历史主义的解释，它包含着为阐释一种宏大的历史主义哲学所需要的一切要素（当然在黑格尔之前，这个机会并没有被充分利用）。我

---

① 参阅其《形而上学》1049b5。进一步可看第 5 卷第 4 章，特别是 1015a12 以下；第 7 卷第 4 章，特别是 1029b15。

② 关于将灵魂定义为"最初的内在目的"，请参阅策勒尔在同上书第 2 卷第 3 页中所提供的资料。关于内在目的性作为形式因的意义，参阅策勒尔同上书第 1 卷第 379 页注 2。亚里士多德对这一词语的使用很不准确（另见《形而上学》，1035b15）。也可参阅本书第五章注及正文。

③ 关于本段及下一段引文，参阅策勒尔同上书第 1 卷，第 46 页。

④ 关于柏拉图的"地生人"的各种神话，见《理想国》414c；《政治学》27a；《蒂迈欧篇》22c；《法律篇》677a；参阅亚里士多德《政治学》第 2 卷第 8 章第 21 节（1269a）。

们应该区分直接可以从亚里士多德的本质主义中推衍出来的三种历史主义理论：

（1）只要一个人或一个国家在发展，并且只有借助其历史，我们才能明了有关其"隐藏的、未发展的本质"（用黑格尔的说法①）。后来，这种理论先是导致了历史主义的方法的采纳，也即是说，导致采纳这一原则，即认为我们只有应用历史主义的方法研究社会的变化，才能够获得任何对社会实体或本质的认识。后来，这种理论又进一步导致了历史崇拜，以及它对作为"实在的宏大剧场"和"世界的正义法庭"的推崇（特别是当它与黑格尔的道德实证主义联系在一起时就更是如此，这种道德实证主义认为所知和实在与善是同一的）。

（2）认为通过揭示在未发展的本质中隐藏的东西，变化只能使从一开始就内在于变化的客体的本质、潜能种子显现。这种理论导致一种历史宿命论的或一种不可避免的本质命运的历史主义观念。因为，正如黑格尔后来所指出的："我们称作原理、目的、命运的东西"只不过是"隐藏的、未发展的本质"②。这就意味着，一个人、一个民族或者一个国家，无论可能遭遇到什么事情，都应该被视为源自于那种将自身显现在个人、民族或国家之中的本质、实在的事物或真实的"人格"，都可以通过这种本质、实在的事物或真实的"人格"得到理解。"一个人的命运是直接与其自身的存在紧密相连的，事实上，它是某种他可以与之战斗，但却实际上构成其自身的生命的一部分的东西。"对黑格

---

① 参阅黑格尔的《历史哲学讲录》第32页，西伯利译，1914年伦敦出版；另参阅洛温伯格的《黑格尔选集》（现代学生文库版），该书整个导言，特别是本页及其后几页，清楚地表明了黑格尔对亚里士多德的依赖。黑格尔所意识到的东西已经由他在第59页（洛温伯格版第412页）提到亚里士多德的方式显示出来。

② 同上书，第23页（洛温伯格版第365页）。

尔宿命论的这种描述（来自柴尔德①），显然可以看作亚里士多德关于一切物体都在寻求其自身的"自然场所"的理论的历史的、浪漫的对应物。当然，这种观点只不过是对一种陈词滥调的夸张表达而已，即认为人所遭遇的一切，不但取决于其外部的环境，而且还取决于其自身，即取决于他对它们做出反应的方式。但是，天真的读者们却非常满足于自己有能力理解和感受这种高深智慧的真理，这种真理需要借助于诸如"命运"、特别是"自身存在"之类激动人心的词句才能获得阐释。

（3）认为为了变成实在或现实，本质必须在变化中显示自身。后来这一理论被黑格尔界定为下列的形式："只为自身而存在者只是……一种纯粹的潜能：它还没有成为存在……唯有借助活动，理念才被实现。"② 因此，如果我希望"成为存在"（当然是一种非常谦逊的希望），那么我就必须"维护我的人格"。正如黑格尔清楚地看到的，这种依然很普通的理论导致对奴隶制理论的一种新的辩护。因为就一个人与他人的关系来说，自我维护意味着企图支配他人。③实际上黑格尔指出过，所有的人际关系都可以还原为一种主人与奴隶、统治与服从的基本关系。每

---

① 参阅柴尔德的《黑格尔》，布莱克伍德版，第 26 页以下。

② 接下引文出处均出自第 18 页注①和注②所提的地方。

③ 关于下述的评论，参阅《黑格尔哲学初阶》，第二学年，《精神现象学》，由哈里斯译，洛温伯格版，第 68 页以下。我的引文与该译本略微有一点不同。我的评论涉及如下有趣的段落：第 23 节："自我意识的冲动"（"自我意识"在德文中也意味着自我肯定；参阅本书第十六章结尾）"在于这点：为了实现自身的……'真实本性'……因而它要积极地……从外部肯定自己……"第 24 节："自我意识在教化或运动中有三个阶段……（2）就其与另一个自我有联系而言，是主人与奴隶（支配与被奴役）的关系。"黑格尔没有提到任何其他"与另一个自我的关系"——我们进一步读到："（3）主人与奴隶的关系……第 32 节：为了肯定自身是自由的存在，并得到认可，自我意识必须向一个自我展示自身……第 33 节：……伴随相互要求认可，便在他们之间产生了……主人与奴隶的关系……第 34 节：因为……每个人必须力

个人都必须极力维护和证明自己；没有这种天性、勇气和普通能力以维持自己的独立的人，必定要遭受奴役。当然，这种迷惑人的人际关系理论在黑格尔的国际关系理论中有其对应物。国家必须在历史舞台上维护自身，企图统治世界是它们的责任。

　　对这些产生了深远影响的历史主义的后果，我将在下一章中从不同的角度进行讨论。两千多年来，它们一直以"隐藏的、未发展的"形式蛰伏于亚里士多德的本质主义中。亚里士多德主义，比之于许多称赞它的人们所知道的广大内容，要更加丰富和充满希望。

─────────────

　　求肯定和证明自身……喜爱生命甚于自由的人，就进入奴隶制的状态，从而表明他没能力"（若用柏拉图或亚里士多德的表述则是"本性"）"……维持自己的独立……第 35 节：……仆役是缺乏自我的，代替其自身的是另一个自我……相反，主人视仆人为降级的，视自己的个体意志为保存的和提升的……第 36 节：仆人的个体意志……在对主人的畏惧中消失了……"，等等。我们在这种人际关系以及把它们还原为主仆关系的理论中，很难忽视一种歇斯底里的成分。我并不怀疑，黑格尔的这种把思想埋在成堆的词句之下的方法——我们要想掌握其意思就必须进行清理（正如比较我的引文和原文就可以表明的）——正是他的歇斯底里的症状之一；它是一种逃避，一种躲避阳光的做法。我并不怀疑，他的这种方法和他对统治与臣服的狂热梦想，都可以构成精神分析的优秀对象。〔应该提及的是，黑格尔的辩证法——见下一章——使他超出主人与奴隶的关系达到"普遍意志和转向积极的自由"（这里援引的是第 36 节的结尾）。正如这在本书第十二章（特别是第 2 和第 4 节）可以看到的，这些词语正是适合极权国家的委婉说词。因此，主仆身份都可以适当地还原为极权主义的成分〕。

　　可以将这里所援引的黑格尔对奴隶是宁要生命不要自由的人的评论（参阅第 35 节），与柏拉图对自由人都是些奴役甚于畏惧死亡的人的评论（《理想国》387a）作一比较。在某种意义上说，这种说法是很真实的；那些不准备为自由而战的人，就会丧失自由。然而，这为柏拉图和黑格尔所暗示并且对后来一些作家也很普通的理论所意指的是，那些屈服于优势力量，或者为了偷生而屈服于武装匪徒的人，本质上都是不配好生活的"天生的奴隶"。我敢断定，这种理论只有文明最凶恶的敌人才会主张。

二

我们的哲学所面临的主要危险，除了懒惰与含糊外，就是经院哲学……这种经院哲学把含混似乎也看成精确……

——拉姆塞

我们已经达成一个论点，由此出发，可以毫不犹豫地对黑格尔的历史主义哲学进行分析，或者至少能够简要地评论在亚里士多德和黑格尔之间的发展，评论基督教的兴起——这将在本章第三节进行总结。然而，作为一个枝节问题，我接下要先讨论一个更技术性的问题，即亚里士多德的本质主义的定义方法问题。

定义和"语义"的问题，并不直接与历史主义相关。但是一旦它和黑格尔思想中的历史主义结合，就会成为混乱和特种冗词的无穷无尽的根源；这些混乱和冗词已经滋生出我们这个时代的一种理智上的毒病，我把它称之为"神谕哲学"。它既是亚里士多德仍然令人遗憾地占统治地位的理智影响的根源，也是一切不仅困扰着中世纪而且困扰着我们自身的当代哲学的玩文字游戏的和空洞的经院哲学的根源。正如我们能够看到的，即使像维特根斯坦哲学这样的新近哲学，也受到了它的影响之害①。我认为，自亚里士多德以来的思想发展可以被概括为：任何一门学

---

① 关于对维特根斯坦观点的批评，即他认为当科学探究事实问题时，哲学的职责在于澄清意义，见本章第 36 页注②，特别是 45 页注①和 48 页注①（参阅冈珀茨的《意义之意义》，载《科学的哲学》1941 年第 8 卷，特别是 183 页）。

关于这整个问题（直至本章第 50 页注②为止，这个枝节都是用来关注它），亦即方法论的本质论与方法论的唯名论的问题，参阅本书第一卷第三章第 68 页注①至 69 页注①及正文；进一步也可参阅本章第 30 页注①。

科，只要它使用了亚里士多德的定义方法，它就仍然处于一种空洞的冗语状态和贫乏的经院哲学的禁锢之中，而各种学科之所能取得任何进展，则取决于清除了这种本质主义的程度（这就是为什么我们的许多"社会科学"仍然从属于中世纪的原因）。讨论这种方法，必然会有一些抽象，因为实际情况是，这个问题被柏拉图和亚里士多德搞得极其混乱，他们的影响产生了如此根深蒂固的偏见，以致抛开它们似乎都没有太大的希望。尽管如此，对如此众多的混乱和冗词的根源进行分析，或许不是无意思的。

　　亚里士多德和柏拉图一样，也对知识与意见做出了区分①。

----

①　关于柏拉图，毋宁说关于巴门尼德对知识与意见的区分（一种继续为近代的许多作者，如洛克和霍布斯）所乐于接受的区分，见本书第一卷第三章第61页注②及64页注①与正文；进一步可参阅本书第一卷第五章第151页注①，第八章第277页注①—③。关于亚里士多德的相应区分，例如，可参阅他的《形而上学》1039b31以及《分析后篇》第1卷第33节（88b30以下）；第2卷，第19节（100b5）。

　　关于亚里士多德对"推论的知识"和"直观的知识"的区分，请参阅其《分析后篇》（第2卷第19节，特别是100b5—17；另见72b18—24，75b31，90a6—91a11）。关于推论的知识与事物的"原因"的联系（该原因"不同于事物的本质属性，因而需要一个中间项"，参阅《分析后篇》第2卷第8节，特别是93a5，93b26）。关于理智的直观与它所掌握的"不可分的形式"之间的类似联系——不可分的本质和事物的原因是同一的个体本性——参阅《分析后篇》72b24，77ba，85a，88b5；另见同书90a1："认识事物的本性就是认识该事物之所以如此的理由"（即它的原因）；在同书93b21说："有些本质属性是直接的，即基本的前提。"

　　关于亚里士多德认为，在证明或推论的递归中，我们必须在某处止步，并接受一些未加证明的原理，例如可参阅其《形而上学》1006a7："要证明一切是不可能的，因为那将会引起无穷的递归……"另见同书第2卷第3节（90b18—27）。

　　应该提示，我对亚里士多德的定义理论的分析，大部分赞同格罗特的观点，但却不怎么同意罗斯的观点。这两位作者的解释之间的巨大差异，正好可以用两段引文来指明，二者都是采自专门分析亚里士多德的《分析后篇》第2卷的章节。"在第2卷中，亚里士多德转而把推论作为定义借以达成的工具来思考"（罗斯：《亚里士多德》第2版，第49页）。这也可与下面引文作比较："定义从不能被推论出来，因为它仅是揭示主词的本质……而推论却假定已知的本质……"（格罗特：《亚里士多德》第2版，第241页；另见第240页及第241页。再参阅下面第24页注①）。

根据亚里士多德的观点，知识或科学可以有两种：一种是推论的知识，另一种是直观的知识。推论的知识也是一种"因果"的知识。它是由能够推论的陈述（即结论）和三段论的推理一起组成（"原因"展示在三段论的"中项"里）。直观的知识在于把握事物的"不可分的形式"、本质或本质属性（似乎它是"直接的"，即似乎它的原因与它的本质属性是同一的）；由于它把握了一切推论的原初的基本前提，所以它是一切科学的最初源泉。

毫无疑问，当亚里士多德坚持我们不必企图证明或推论我们的一切知识时，他是对的。由于每个证明都必须从前提推出；也即是说，诸如此类的证明、各种前提的衍生物，因而从来不能最终确定结论的真理性，而只不过表明，由于前提是真的，结论必定是真的。如果我们一定要要求，各种前提必须依次得到证明，那么真的问题就只能以另一种步骤转移到一组新的前提上来。如此等等，以至无穷。为了避免这种无穷无尽的递归（像逻辑学家所说的），恰是亚里士多德认为，我们必须假定有一些前提无疑是真的，它们无须任何证明。他把这些前提称作"基本前提"。如果我们赞同这种通过基本前提推衍出结论的方法，那么依照亚里士多德的观点，我们就能够说：由于全部科学知识都包含在基本前提中，只要我们能够得到一部百科全书式的基本前提词目，那么全部科学知识就都属于我们了。然而，如何才能得到这些基本前提呢？和柏拉图一样，亚里士多德相信，我们通过对事物本质的直觉把握，最终就能获得一切知识。亚里士多德说道："我们只能通过认识事物的本质来认识事物，而认识事物就是认识其本质。"① 在亚里士多德看来，一个"基本前提"只不过是一种描述事物本质的陈述。然而，这样一种陈述恰是他所谓

---

① 参阅亚里士多德的《形而上学》1031b7 和 1031b20。另见 996b20："如果我们认识了事物的本质，我们就有了关于它的知识。"

的定义。① 因此，所有"证明的基本前提"都是定义。

定义是什么？可以举一个例子，"小狗是年纪小的狗"。这个定义句型中的主词是"小狗"，它被称作需加定义的项（或被定义项）；而"年纪小的狗"，则被称作定义项。一般情况下，定义项总是比被定义项要长一些和复杂一些，有的时候这方面的情况还很突出。亚里士多德把被定义项看作事物本质的名称，把定义项看作对该本质的描述。② 他认为，定义项必须对所被谈论

---

① "定义是描述事物的本质的陈述"（见亚里士多德《论主题》第 1 卷第 5 节，101b3b；第 7 卷，第 3 章，153a，153a15；另见《形而上学》，1042a17）——"定义……显示出本质的性质"（《分析后篇》第 2 卷第 3 节，91a1）——"定义是……事物的本质的陈述"（93b28）——"那些具有本质的事物的程式才是定义"（《形而上学》，1030a5）——"本质——它的程式是定义——也可以被称作事物的实体"（《形而上学》，1017b21）——"因此，定义显然是本质和程式……"（《形而上学》，1031a13）。

关于这一原理，即证明的出发点或基本前提，我们必须区分两种。（1）逻辑原理（参阅《形而上学》996b25）；（2）证明必须据以展开的前提，如果要避免无穷的递归，该前提是不能被重复证明的篇（参阅本章第 22 页注①）。后者为定义："证明的基本前提是定义"（《分析后篇》第 2 卷，第 3 节，90b23；可参阅 89a17，90a35，90b23）。另见罗斯的《亚里士多德》第 45 和 46 页中关于《分析后篇》第 1 卷第 4 节 20－74a4 的评论：罗斯在第 46 页中写道："我们被告之，科学的前提本质上不是具有意义（a），就是具有意义（b）。"在前页中我们知道，如果一个前提依据于定义，那么它在本质上必然包含意义（a）和意思义（b）。

② 亚里士多德说："如果它有一名称，那么就会存在一个表明其意义的程式。"（《形而上学》，1030a14；另见《形而上学》1030b24）他解释说，并非表明名称之意义的每一程式都是定义；然而，如果名称是有关种的属类的名称，那么，该程式就是定义。

重要的是要注意，在我的用法中（我在此循了该词的现代用法），定义一直是指整个定义语句；而亚里士多德（还有在这点上遵循了他的其他人，例如霍布斯）有时也把这个词用作"定义"的同义词。

定义不涉及特殊，而只涉及普遍（参阅《形而上学》1036a28），以及只涉及本质，即涉及某些有关种的属类的事物（即最后分类；参阅《形而上学》1038a19）和不可再分的形式，另见《分析后篇》第 2 卷，第 13 章，97b6 以下。

中事物的本质或本质特性做出透彻的描述。由此，像"小狗有
四条脚"这一陈述，尽管是真的，但却不是一个令人满意的定
义，因为它不但没有穷尽所谓狗的本质，而且这句话对马也是真
的。同样，像"小狗是棕色的"陈述，虽然对于某些小狗来说
是真的，但是对于所有的狗来说则不是真的；它所描述的不是被
定义项的本质特性，而只是它的一种偶然特性。

　　然而，最困难的问题在于，我们如何才能把握定义或基本前
提，并断定它们是正确的，即断定我们没有弄错，所掌握的不是
错误的本质。由于对这个论点，亚里士多德并不太清楚①，所以
无须怀疑，在主要方面，他重又追随柏拉图。柏拉图认为，借助
某种正确无误的理智直觉，我们就能把握理念②。这就是说，我
们可以用我们的"心灵之眼"来透视或察看它们。他把它看作
一种类似于肉眼看事物的过程，但却纯粹依赖于我们的理智，并
排除了任何依赖于感觉的因素。与柏拉图相比，亚里士多德的观
点少了些激进和鼓动性，但是归根到底仍是一样的。③ 这是因

---

① 亚里士多德的讨论方式并不是很明晰的，这可从本章有关注解，以及从对这
　　两种解释的进一步比较中看出来。在亚里士多德的讨论方式中，最大的含混
　　根源于这一方法，即通过归纳的程序，能够产生构成原理的定义；特别参阅
　　《分析后篇》第 2 卷，第 19 章，100a 以下。
② 关于柏拉图的理论，参阅本书第一卷第八章第 277 页注①—③。
　　　格罗特写道："亚里士多德从柏拉图那里继承了一种绝对无误的精神或
　　理智的理论，它能从错误中获得完全的免疫力"（见《亚里士多德》第 2
　　版，第 260 页）。格罗特继续强调说，与柏拉图相反，亚里士多德不仅不窥
　　视观察的经验，而是给精神（即理智直觉）委以"一种作为终极的地位，
　　并与归纳的程序相连接"（参阅格罗特，同上书，第 577 页）。情况确实如
　　此；然而，观察的经验显然只具有为自己的任务激发和发展理智直观的功
　　能，即对普遍本质的直观；事实上没有人曾经解释，超乎错误之外的定义何
　　以能够通过归纳达成。
③ 就对二人都不可能诉诸论证而言，归根结底，亚里士多德的观点和柏拉图是
　　一样的。他们所做的一切，只是独断地断言，一定的定义是对事物的本质的
　　真实描述；如果要问为什么只有这种描述是真的时，所剩下的还是诉诸
　　"本质的直观"。

为，虽然他主张我们只有在进行许多观察之后才能够形成定义，但是他又承认，感觉经验本身并不能把握普遍的本质，从而它完全不能决定一个定义。最终他只好假定，我们拥有一种理智直觉，一种心灵的或理智的能力，它能够使我们正确无误地掌握事物的本质，并认识它们。同时他进一步假定，如果我们直观地认识了一种本质，我们就必定能够描述它，并因此而定义它。（在《分析后篇》中，他对这一理论所提出的论证脆弱得让人吃惊。它们只是限于指出，我们关于基本前提的知识是不能被推论的，因为这会导致无穷的递归；此外，基本前提至少必须像依赖它们的结论一样的真实和确定。他讲道："由此可以推断，不存在关于原初的前提的推论的知识；因为唯有理智直观才比推论的知识更真实，所以掌握基本前提的必定是理智直观。"在《动物

似乎亚里士多德至少在两种意义上谈到了归纳——一种是较具经验的意义（参阅《分析前篇》68b15—37，69a16；以及《分析后篇》78a35，91b35，92a35等，另一种是能激发我们的理智直观的较具启发的意义，参阅《分析后篇》27b25—33，81a38—b5，100b4）。

然而，在77a4处存在一个有待澄清的明显的矛盾，在那里我们读到，定义既不具有普遍性，也不具有特殊性。我认为解决的办法不会是说，定义"严格地说根本就不是一种判断"（如缪尔，在牛津译本中所提出的），毋宁说定义并不简单具有普遍性而是"相称的"，亦即是普遍的又是必然的（参阅73b26，96b4，97b25）。

关于正文中提到的《分析后篇》中的证据，见100b6以下。关于《动物学》中所说的能知与所知的神秘统一，可特别参阅该书425b30，430a20，431a1；对我们而言，关键性的文字是在430b27，"对本质之定义的直观把握……是从不会错的……就像……对视觉之特殊对象的观看从不会错"一样。关于《形而上学》中谈到的神学的文字，请特别参阅1072b20（论"交感"），及1075a2。另见本书第一卷第十章第330页注①，第十一章第29页注①，第二十四章第352页注①、354页注①、356页注①、378页注①至379页注②及395页注②。

关于接下一段中提到"事实的整体"问题，见《分析后篇》的结尾（100b15）。

令人惊讶的是，霍布斯的观点与亚里士多德方法论的本质主义是多么相似（霍布斯是唯名论者，但不是方法论的唯名论者）。霍布斯也认为，定义是一切知识的基本前提（与意见正相反）。

学》以及《形而上学》的神学部分，我们发现了很多论证；因为在这里，我们找到一种理智直观的理论——它与其客体、本质是相联系的，它甚至与它的客体变成了同一个东西。"实际的知识与其客体是同一的。"）

总结上述简要分析，我相信我们能够对亚里士多德的尽善尽美的知识理念做出一种公正的描述，只要我们可以说，亚里士多德认为一切探求的终极目标在于编纂一部包括有关一切本质的直觉定义的百科全书，也即是说，既包括它们的名称，也包括它们的定义项；亚里士多德认为，知识的进步，就在于这部百科全书的逐渐积累，在于它的扩展和对书中空白的填补，当然，也在于从有关"事实整体"的百科全书中推衍出三段论，这种三段论构成推理的知识。

现在，我们毋庸怀疑，所有这些本质主义的观点同现代科学的方法形成了最强烈的可能的对照（我想到的是经验科学，或许不包括纯数学）。首先，虽然在科学中我们总是尽力寻找真理，然而我们却认识到，我们永远无法确定自己是否掌握了真理。从以往许多令人失望的事件中我们已经明白，我们不必期待终极真理。我们也明白，即使我们的科学理论被推翻，我们也不必失望；因为在大多数情况下，我们能够相当自信地确定任何两种理论中的哪一个更好。因此，我们能够知道我们正在进步。正是这种认识，为我们大多数人弥补了因终极真理和确定性的幻想而蒙受的损失。换句话说，我们知道，我们的科学理论必须永远保持假设，但是即使如此，在许多重要的场合下，我们也能够揭示一种新的假设是否优越于旧假设。因为只要它们是不同的，那么它们就会导致不同的预测，而预测是经常能够以经验来验证的。依据这种关键性的试验，有时我们就能发现，新理论导致令人满意的结果之处，正是旧理论被推翻之地。由此我们能够说，在我们追求真理的过程中，我们以科学的进步替代了科学的确定性。这种科学方法的观点，已被科学的发展所证明。因为科学并没有如亚里士多德所想的那样，通过一种对本质知识的逐渐的百科全书式的积累而发展，却是靠一种更具革命性的方法而发展的。科学是通过无所畏惧的观念，通过新的和非常奇怪的理论的发展（诸如地球不是平的，或测量的空间不是平的之类的理论），以及通过推翻旧的理论而推进。

这种科学方法的观点意味着，在科学中不存在柏拉图和亚里士多德对该词所理解的那种意义上的知识，即不存在它所蕴含的终极真理的意义上的知识。① 在科学中，我们永远不会有充分的理由确信我们已经获得了真理。我们通常所谓的"科学知识"，一般并不是这种意义上的知识，而只是关于各种竞争的假设以及对它们进行各种验证的方法的信息，用柏拉图和亚里士多德的话来说，它是关于最近的、受到最严格检验的信息，即科学的意见。进一步说，这种观点意味着我们在科学中没有证明（当然，纯数学和逻辑除外）。在能够独自向我们提供我们生活的世界的信息的经验科学中，如果我们用"证明"指一种一劳永逸地建立理论真理的论证，证明就不会发生（相反，可能发生的却是对科学理论的反驳）。另一方面，允诺证明的纯数学和逻辑，却没有给我们提供任何关于世界的信息，而仅仅是发展了描述它的手段。这样，我们就能够说（正如我在别处所指出的②）："只要科学的陈述涉及经验的世界，它们必定是可以被反驳的；同时，

---

① 在我的《研究的逻辑》中，这种科学方法的观点已得到详尽的发展（例如参阅该书第212页）；另见1934年出版的《知识》杂志第5卷第170页以下，特别是第172页所做的扼要陈述："我们必须习惯于把科学解释为假设的系统（而不是'知识体'），即解释为预测的系统，这种系统虽然不能确立，但只要它得到实证，我们就使用它，我们不能把它描述为'真'或者'多少具有确定性'，甚或具有'可能性'。"

② 该引文出自我在《知识》杂志1933年第3卷第427页中的注释；这是将爱因斯坦在《几何学与经验》的演讲中所提出的有关几何学的一个陈述予以变更和抽象。

只要它们是不可被反驳的，那么它们就并不涉及经验的世界。"不过，虽然证明在经验科学中不起任何作用，但论证却很重要[①]，实际上，它所起的作用至少与观察和实验一样重要。

在科学中，定义的作用与亚里士多德所想到的也特别不同的。亚里士多德认为，在定义中我们首先指示本质——或许是通过给它命名——然后借助定义项对它进行描述。譬如这么一个普通的句子："这只小狗是棕色的。"首先我们通过说"这只小狗"指示一种确定的事物，然后把它描写为"棕色的"。亚里士多德说，通过描述被定义项所指示的需加界定的本质，我们也就确定或解释了被定义项的意义[②]。由此，这定义可以同时回答两个密切相关的问题。一个问题是"它是什么？"譬如，"小狗是什么？"它追问的是被定义项所指涉的事物的本质是什么？另一个问题是"它意味着什么？"譬如，"'小狗'意味着什么？"它追问的是一个词语的意义（即指涉本质的那个词语的意义是什么？）当前我们不必区分这两个问题；相反，重要的是我们要看看它们具有的共同之处；我尤其是希望注意到这一事实，即这两个问题在定义中都是由位于左方的被定义项提出，而由位于右方的定义项来回答。这种情况揭示了本质主义观点的特点，科学的定义方法与之是截然不同的。

我们或许可以说，本质主义的解释对定义的阅读方法是"标准的"，也即是说，是从左向右阅读。同时，我也能够说，一个定义如果像它在现代科学中标准地使用的那样，却应该是从后往前或从右向左阅读。因为它是由定义项开始，为它寻找一个

---

① 当然，要评估理论、论证、推理或其他的观察与实验是否对科学具有较大的意义，是不可能的；因为科学从来是由观察与实验来验证的理论。然而，可以肯定，所有那些"实证主义者"试图指出科学是"我们观察的总汇"，或科学是观察的而非理论的，这是非常错误的。理论和论证在科学中的作用不应被夸大——关于证明与逻辑论证的一般关系，参阅本章注解。

② 例如可参阅《形而上学》1030a6，14（另见本章第24页注②）。

简短的标识。这样，关于"一只小狗是一只年纪小的狗"的定义的科学说法应该是，其所要回答的是"我们把一只年纪小的狗叫做什么"这一问题，而不是回答"一只小狗是什么"这一问题（像"生活是什么？"或"万有引力是什么？"之类的问题在科学中是不起任何作用的）。带有"从右往左"这种研讨特征的定义的科学用法，可以被称作唯名论的解释，与亚里士多德主义的或本质主义的解释是相对立的①。在现代科学中，只有唯名论的定义会发生，也即是说，引入简短的标识或符号，为的是缩短冗长的叙述。由此我们就立即能够从这点看出，定义在科学中并不起任何非常重要的作用。② 当然，简短的符号总是能够被较

----

① 我想强调的是，在此我是以一种纯粹方法论的方式来谈论唯名论与本质主义的对立。对有关一般的形而上学的问题，即对有关唯名论与本质主义相对立的形而上学的问题，我是不采取任何立场的（本质主义是我提议用来代替传统的"实在论"的用语）；虽然我提倡方法论的唯名论，但我确实不提倡形而上学的唯名论。另见本书第一卷第三章第 68 页注①和 69 页注①。

正文中所提出的唯名论的定义和本质主义的定义的对立，是一种重建"语词的"定义与"实质的"定义的传统区分的尝试。然而，我主要想强调的是，是从左向右阅读的定义真实，还是从右向左阅读的定义真实；换句话说，是用一个短的叙述去代替一个长的叙述，还是用一个长的叙述去代替一个短的叙述。

② 我关于在科学中只有唯名论的定义产生的观点，还需补充一些辩护（我在此只谈外显定义，而不谈内涵定义，也不谈递归定义）。我的意思当然并不是说，词语在科学中没有被或多或少按直觉来使用。只要我们考虑到，一切定义之链都必须从未界定的词语出发，它们的意义只能被举证而不能被界定，就很清楚了。而且，很显然，在科学中，特别是在数学中，我们经常是先直觉地使用一个词语，例如"次方"或"真"，然后才界定它。不过，这是对该情形所做的一种相当粗略的描述。较精确的描述应该是：某些凭直觉使用的未界定的词语有时也能用界定过的词语来替代，这些界定过的词语能够表明，它们可以实现原先被使用的未界定的词语所具有意图；也就是说，对每一个其中有未界定的词语产生的语句（例如，所被解释为分析的语句），都存在一个其中有新定义的词语产生的相应语句（它是从定义推出的）。

我们当然可以说，门格尔曾以递归的方式定义"次方"，或者塔尔斯基曾界定了"真"；但是，这种表述问题的方式可能导致误解。所曾发生的是，门格尔对那被他标识为"n 次方"的某类点的集合，只是下了一个纯粹是名义上的定义，因为在重要的场合，都能用新概念来代替"n 次方"这一

长的表述，被它所代表的定义项所替代。在这种情况下，它会使我们的科学语言变得非常的笨拙；使我们浪费时间和纸张，但是我们永远不会丧失关于实际情况的最细微的信息。我们的"科学知识"，在这一术语能被正确地使用的意义上说，即使我们消除掉所有的定义，它也完全不会受到影响。唯一的影响是发生在我们的语言方面，所丧失的仅仅是简洁，而不是精确性。①（不应该认为这意味着，在科学中为了简洁，就不存在引入定义的迫切的实际需要。）在这种关于定义的作用的观点与亚里士多德的观点之间，几乎没有比它更大的对立了。由于亚里士多德的本质主义的定义是我们的一切知识所衍生的原理；因而它们包含了我们的一切知识；它们可用来以较长的程式来替代较短的程式。与之相反，科学的或唯名论的定义并不包含任何知识，甚至也不包含任何的"意见"；它们只不过是引入了新的约定性的简短的标识；它们缩短较长的叙述。

实际上，这些标识是非常有用的。为了明白这一点，我们只考虑一下这类极端的困难，每当一位细菌学家说到某类细菌时，如果他不得不对它从头到尾重复描述一遍（包括染色方法等，用它可以把一群相似的细菌分辨出来），那么这类困难就会产

直觉性的数学概念；同样的情形可以用来说明塔尔斯基的"真"的概念。塔尔斯基提出了一个名义上的定义（或者毋宁说一种草拟名义上的定义的方法）用来标识"真"，这些语句被逻辑学家和哲学家用来同他们所谓的"真"联系起来。

① 无论如何，只要我们避免了定义，并不厌其烦地总是使用定义项而不使用被定义项，那么我们的语言就会变得精确。因为在通行的定义方法中，存在一种不精确的源泉：卡尔纳普（在1934年）发展了一种可以避免在语言中使用定义不一致的首要方法。参阅卡尔纳普于1937年所写的《语言的逻辑句法》第22章第67页（另见希尔伯特与伯瑞斯的《数学基础》第2卷，1939年，第195页，注释1）。卡尔纳普已经表明，在大多数情况下，一种认可定义的语言是不一致的，即使定义满足了形成定义的一般规则。这种比较实际的不重要性不过依据了这一事实，即我们总是消除被定义项，为的是以定义项来代替它们。

生。出于同样的考虑，我们也可以理解，为什么即使是科学家也总是时常忘记，科学的定义是应该像前面解释的那样"从右往左"地阅读。对于大多数人来说，初次研究一种科学时，譬如说细菌学，必须力图发现他们所遇到的一切新的技术术语的意义。这样，他们实际上是学习"从左往右"的定义，好似一个本质主义的定义，以一种非常长的叙述替代了一个极其短的叙述。然而，这只不过是一种心理学的偶然现象，但一位教师或教科书的作者实际上却可能从根本不同的方面推进；也即是说，他可能只是在需要已被提出以后，才引进技术术语①。

　　至此我已试图表明，科学的或唯名论的定义的运用，是全然不同于亚里士多德本质主义的定义方法的。但是，也可能还要指出，本质主义的定义观本质上几乎是站不住的。为了不过分地延长这个枝节问题，② 我将只对本质主义的两种主要理论提出批判。这两种观点之所以具有重要性，是因为一些有影响的现代学派仍然建立在它们之上。一种是理智直观的神秘理论，另一种是非常普通的理论，即认为，如果我们希望精确，"我们就必须界定自己的术语"。

　　亚里士多德和柏拉图都认为，我们拥有一种理智直观的能力，运用这一能力我们就能认识本质，并发现哪种定义是正确的。许多现代的本质主义者都在重复这一理论。另一些哲学家，

---

① 只有当需要出现之后，在本书中才可以找到一些有关这种引进新词语的方法的实例。正如它所做的，当讨论哲学立场时，为了简便，很难避免引进一些命名这些立场的名称。这就是为什么我使用那么多的"主义"的原因。然而，在许多情况下，这些名称只是在所讨论的立场已被描述之后才引进的。

② 在对本质主义的方法进行更系统的批评时，有三个本质主义既不能逃避也无法解决的问题需要区分。（1）要分清言语习俗和"真正"描述本质的本质性定义。（2）区分"真的"本质性定义和"假的"本质性定义的问题。（3）避免定义的无穷递归的问题——我只扼要讨论其中的第二与第三个问题。其中的第三个问题将在正文中讨论，关于第二个问题，则见本章第34页注①（1）和50页注②。

他们追随康德，认为我们并不具有任何这种能力。我的看法是，我们无疑是可以承认，我们具有某种能够被描述为"理智直观"的东西；或者更确切地说，我们的某种理智的经验可以这样被描述。每一个"理解"某种观念、观点或算术方法（例如乘法）的人，在他已经"感受到它"的意义上，都可以说是直观地理解了该事物。这类理智的经验的存在是数不胜数的。但在另一方面，我却认为，这些经验虽然对我们在科学上的努力可能很重要，但它却从不能用来建立任何观念或理论的真理，无论某些人可能如何强烈地直觉地感受到它一定是真的或它是"自明的"①。这样的直观甚至不能用作一种论证，尽管它们可以鼓励我们去寻求论证。因为某些其他人可能有一种强烈的直觉，同一种理论是错误的。科学的路上铺满了各种被抛弃的理论，它们都曾一度宣称是"自明的"。譬如，弗兰西斯·培根就曾嘲笑那些否认太阳和星辰绕地球运行的自明性真理的人，因为地球显然是静止的。正像在诗人的生活中一样，直觉在科学家的生活中无疑起着极其重要的作用。

---

① 一个陈述为真，这个事实有时可能有助于解释为什么它向我们呈现为自明的。这就是"2＋2＝4"，或"太阳发出光与热"这种语句所具有的情形。但反过来，就显然不能成立了。一个语句向我们某些人、甚或向我们全体呈现为"自明的"，也即是说，我们某些人、甚或我们全体都坚信它为真而不能设想它为假，这种事实决不成其为所以为真的理由（我们不能设想一个陈述为假，在许多情况下，这个事实只构成怀疑我们的想象力欠缺或不发达的理由罢了）。如果哲学把自明作为论据来支持一个语句的真，则是犯了一种最严重的错误；然而，所有唯心主义的哲学实际上都是这样做的。这表明，唯心主义的哲学经常都是为一些独断的信仰做辩护的体系。

借口除句子自明外，我们没有其他更好的理由来接受一定的语句，因而我们经常只能位诸这种立场，这种说辞是无效的。逻辑和科学方法的原理（特别是"归纳原理"或"同一律的法则"）通常被说成我们必须接受的陈述，被说成我们只能用自明来证实的陈述。也只想坦率地承认，我们不能证明它，只好让它那样。然而事实是，对我们来说，根本不需要接受一种"归纳原理"（参阅我的《研究的逻辑》）。就"逻辑的原理"所及，近些年做出了许多，这表明，自明的理论是陈旧的。参阅卡尔纳普的《语言的逻辑句法》及其《语义学导论》。

它将他引至科学发现。然而，它也可能将他引至失败。就像曾经所说的那样，直觉永远是"私人的事情"。科学并不寻问科学家如何获得他的观念，它只是对能被每个人验证的论据感兴趣。大数学家高斯曾非常巧妙地描述过这种情形，当时他惊讶地说道："我得出了结果；然而却不知道是如何得到它的。"当然，所有这些都可以运用于亚里士多德的所谓本质主义的理智直观的理论①；这种

---

①　（1）如果我们把这些思考应用到对本质的理智直观，那么我们就会发现，本质主义是不能解决这一问题的：怎么能够发现所提出的一个在形式上是正确的定义，也是真的呢？特别是我们如何能够在两个竞争着的定义之间做出决断呢？很显然，对方法论的唯名论者来说，对这种问题的回答是不重要的。因为可以让我们假设，某些（依照《牛津词典》）认为"小狗指一种爱虚荣、没头脑、不礼貌的年轻人"，他坚持维护这一定义以反对另一些墨守我们先前定义的人。这种情形下，如果唯名论者有足够的耐心这样做的话，他会指出，有关这种记号之争并不令他感兴趣，因为它们的选择是任意的；他或许会提议，如果存在任何含糊的危险的话，我们可以很容易引进两种不同的记号，例如"小狗1"和"小狗2"。如果第三派坚持"小狗"是一只"棕色的狗"，那么这位唯名论者会耐心地提议引进记号"小狗3"。但是，如果这些争论的各派继续争吵，坚持只有他的小狗是合法的小狗，或是坚持他的小狗至少应该标识为"小狗1"，那么即使是一位非常有耐心的唯名论者，也只有耸耸肩膀，表示无奈（为了避免误解，应该指出，方法论的唯名论并不讨论普遍之存在的问题；因此，霍布斯并不是一位方法论的唯名论者，而是我称作的本体论的唯名论者）。

然而，一个同样不重要的问题给本质主义的方法造成难以克服的困难。我们已经假定，本质主义者认为，例如"小狗是一只棕色的狗"，就不是一个揭示"小狗"之本质的正确的定义。他如何能够捍卫这一观点呢？只有通过诉诸他对本质的理智直观。但是这一事实有着这样的实际后果，即如果他的定义受到挑战，他就会被引致完全无助之中。因为他能做出反应只有两种方式。一种是顽固地坚持认为，他的理智直观是唯一真实的直观，当然，他的反对者可以用同样的方式来回击他，这样我们就陷入僵局了，而不是亚里士多德对我们承诺的绝对是最后的、无可怀疑的认识。另一种方式是承认，他的反对者的直观也许和他的一样真，但却是关于不同的本质的，不幸他却以同一名称表示着。这将导致这一提议，两种不同的名称可被用于两种不同的本质，例如"小狗1"和"小狗2"。然而，这种步骤意味着完全放弃了本质主义的立场。因为它意味着，我们是从定义项出发，并给它附加上某种记号，亦即我们是"自右向左"下定义；它

理论曾经被黑格尔、在我们时代则被胡塞尔及其门徒传播。它指明，这种"本质直观"或"纯粹现象学"（如胡塞尔所说），是一种既非科学，也非哲学的方法（关于这种理论是像纯粹现象学学家所认为的是一个新的发明，还只不过是笛卡尔主义或黑格尔主义的翻版，这个争讼纷繁的问题能够很容易得到解决；它是亚里士多德主义的翻版）。第二种要批判的理论，甚至

也意味着，我们不得不武断地附上这些记号。通过思考下列情形也能看出这点：企图坚持"小狗1"本质上是一只年轻的狗，而棕色的狗只能是"小狗2"，显然会导致同样的困难，这一困难使本质主义者陷入了当前的困境。因此，每个定义都必须被视为同等地是可以接受的（假设它在形式上是正确的）；这也意味着，在亚里士多德的术语中，一个基本前提和另一与其矛盾的基本前提同样为真，且"做假陈述是不可能的"（这点似乎已被安提斯泰尼指出了；见本章注）。因而亚里士多德的主张，即理智直观是一种与意见相反的知识的源泉，是确切地而且无可怀疑地真的，它以各种定义装备着我们，这些定义是一切科学演绎的安全和必要的基本前提，而都在每一个单独的论点上是没有根据的。一个定义被证明为只不过是一个语句，它告诉我们，被定义项意味着与定义项是同样的东西，每一项都能被另一项代替。定义的唯名论的用法允许将一个长的叙述更为一个短的叙述。然而，定义的本质主义的用法只能帮助我们用一个长的叙述去代替一个短的叙述，尽管它意味着同样的东西，但毕竟过长。这种用法只能鼓励文字游戏。

（2）关于对胡塞尔的本质的直观的批评，参阅克拉夫特的《从胡塞尔到海德格尔》（1932年德文版）。另见本书第24章注解。在所有所持相关的观点的作者中，韦伯对于社会学问题的讨论，可能影响最大。他主张为社会科学提供一种"直观理解的方法"；他的"理想型"大部分与亚里士多德和胡塞尔的本质是相一致的。值得一提的是，尽管有这种倾向，他仍然看到诉诸自明性是不能接受的。"一种解释具有高度的自明性，这一事实本质上只不过证实了它的经验的有效性"（见韦伯著，第404页，1922年版）；他十分正确地指出，直觉的理解"从来都必须受通常的方法所控制"（参阅同上书，着重号是我加的）。然而，即便如此，它并不是如他所设想的是"人类行为"科学的典型方法；它也从属于数学、物理学等。它证明，那些认为直观理解是"人类行为"科学的特殊方法的人，之所以持这种观点，主要是因为他们不能设想，一位数学家或物理学家会对自己的对象变得如此熟悉，以致他能够以社会学家"感受"人类行为的方式"感受到它"。

与当代的观点都有着很重要的联系；它特别与文字游戏有关。自
亚里士多德以来，众所周知，我们不能够证明一切陈述，这样
做的企图之所以破灭，是因为它只能导致证明的无穷递归。①
但是，无论是亚里士多德，还是许多现代的著作家，显然似乎
都没有认识到，企图以同样的方法对我们的一切语词的意义进
行界定，这种类似做法必然会导致定义的无穷递归。引自格罗
斯曼所著《今日柏拉图》中的如下一段，就具有某种观点的典
型特征，这种观点通过暗示已被许多现代有名的哲学家们（譬
如维特根斯坦）所主张："……如果我们并不准确地知道我们
所用词语的意义，我们就不能够有益地讨论任何问题。绝大多
数我们大家浪费时间的无益争论，大部分应归因于这一事实，
即我们每个人对自己所用的词语都有自己的含糊意义，并认定
反对者也是以同样的意义来使用。如果我们一开始就从界定自
己的词语入手，我们就会有更多有益的讨论。而且，我们只要
阅读日常的报纸，就会发现，宣传（修辞学的当代对应物）主
要是依赖于它成功地混淆了词语的意义。如果可以运用法律迫
使政客们对他们想用的任何词语做出界定，那么他们将会丧失
大部分对大众的感染力，其演讲就会被缩短；同时也可以发
现，他们的许多分歧纯粹是言词上的。"② 这段话完全具有我们
归属于亚里士多德的偏见之一的显著特征，这种偏见是，认为通
过使用定义就可以使语言变得更加精确。让我们看看实际上能否

---

① "科学假定了其所有词语的定义……"（参阅罗斯：《亚里士多德》，第44
　　页；《分析后篇》第1卷第2章）；另见本章第24页注②。
② 下述引文出自克罗斯曼的《今日柏拉图》（1937年）第71页以下。
　　柯亨和纳格尔在其《逻辑与科学方法导论》第232页中，表述了一种
　　极其相似的理论："关于财产、宗教、法律的性质的种种争论……如果以严
　　格界定的同义语来替代那些语句，必然全都会消失。"（另见本章第39页注
　　②和40页注①）。

做到这一点。

首先，我们能够清楚地看到，如果"可以用法律迫使政客"（或其他任何人）"对他们想用的任何语词做出界定"，他们的演

关于维特根斯坦在其《逻辑哲学论》（1921年版和1922年版）以及他的一些追随者对这一问题所发表的观点，并不如克罗斯曼、柯亨和纳格尔的观点那么明确。维特根斯坦是一位反形而上学者。他在该书前言中说："本书讨论哲学的问题，而且我相信它会表明，过去我们阐释这些问题的方法，是基于对我们语言的逻辑的误解。"他试图指出，形而上学"简直就是胡说"，并试图在我们的语言中对意义和胡说做出界线："这一界限是能……在语言中划出的，存在界限另一边的只不过是胡说。"在维特根斯坦的著作看来，命题是有意义的。它们要么是真，要么是假。哲学的命题并不存在；它们只是看起来像命题，而实际上是胡说。意义和胡说的界限与自然科学和哲学的界限是重合的："真命题的整体是整个自然科学（或自然科学的整体）——哲学并不是自然科学之一。"因此，哲学的真正任务不是阐释命题；而是澄清命题："哲学的成果不是一大堆'哲学命题'，而是使命题清晰化。"那些看不到这一点却还提出哲学命题的人，只是谈论形而上学的胡说。

（在这一方面，应该记住，对具有意义的有意义陈述与看起来像陈述但却不具有意义的无意义语言表达的严格区分，首先是由罗素在企图解决他所发现的悖论引发的问题时提出的。罗素对看起来像陈述的表达的划分有三种，因为陈述可以被区分为：真的陈述、假的陈述、无意义的陈述或胡说八道的陈述。重要的要注意，这种对"无意义"或"没有意义"一词的用法，部分与通常意思是相同的，但是却更为严格些，因为通常人们经常将实在的陈述称作"无意义"，例如只要它们是"荒谬的"，即自然矛盾或明显的是假的，便说成"无意义"。因此，一个断定某个物体同时处于两不同位置的陈述，并不是无意义的陈述，而是一个假的陈述，或是一个与古典物理学中所用的"体"一词相矛盾的陈述。同样地，一个判断某粒电子有准确的位置和能量陈述也不是无意义的陈述——像某些物理学家所断言和某些哲学家所重复的——它只不过是同现代物理学相矛盾而已。）

可以把以上所说的那些总结如下：维特根斯坦要在意义和胡说之间寻找一条界线，并发现这一界限与形而上学和科学，即与科学语句和哲学的假命题的分界是重合的（他错误地将自然科学的领域与真语句相等同的做法，在此与我

讲还是不会缩短，而是变得无限长。因为同逻辑证明或演绎不能

们无关；然而，可参阅本章第 45 页注①）。当我们读到下列语句时，这种对他的目标的解释就得到了证实，他说："哲学……限制了自然科学的领域。"（引自《逻辑哲学论》，第 75 和 77 页）

最终如何划这条界限呢？如何区分"科学"与"形而上学"，从而区分"意义"和"胡说"呢？对这一问题的回答，是要确立维特根斯坦的理论和克罗斯曼以及其他人的理论之间的相似性。维特根斯坦寓示，科学家使用的词语或"符号"是有意义的，而形而上学家"对于其命题中的一些符号却没有赋予意义"；他所写的原话是（第 187 和 189 页）："哲学的正确方法就是这样。只说能被说的东西，即自然科学的命题，也就是说，只说某种与哲学无关的东西：那么，当某些其他人想要说及某种形而上学的东西时，就必须向他说明，他并未给他的命题中的一些符号赋予任何意义。"实际上，这意味着，我们应该通过询问形而上学家而提出："你用这词语意指什么呢？你用那词语又意指什么呢？"换句话说，我们要求他给出定义，如果没有定义，我们就假定该词语是没有意义的。

这一理论，就如正文中将指出的，忽略了这样一些事实：（a）一位机智但却莽撞的形而上学家每当被问到"你用这词语意指什么"时，都会很快提供一定义，以致整个游戏变成一场耐力的实验；（b）自然科学家并不比形而上学家处于更有利的逻辑地位；如果与一位莽撞的形而上学家相比，甚至可能处于一种更不利的地位。

或许应该注意，石里克在《知识》杂志第 1 卷第 8 页中讨论维特根斯坦的理论时，就提到无穷递归的困难；但他所提出的解决方法（它似乎是在于引进归纳定义或"构成理论"，或许是操作定义；参阅本章注），既不清楚也不能解决划界的问题。我认为，在维特根斯坦和石里克要求一门讨论意义的哲学时，他们的一些意图已被塔尔斯基称作"语义学"的逻辑实现。然而，我也相信，这些意图和语义学之间的相似并不怎么一致；因为语义学提出命题；它并不只是"澄清"它们。在本章第 42 页注①至 48 页注①里，我会继续评论维特根斯坦［另见本书第二十四章第 358 页注①（2）、378 页注①；第二十五章第 414 页注①和 426 页注①］。

够确立陈述的真理一样①，两者都只能使问题回撤。演绎是把真理的问题回撤到前提，定义则是使意义的问题回撤到定义项（即构成定义项的词语）。但是由于诸多原因，这些东西似乎正像我们开始涉及的词语那样都是含糊和混乱的。② 无论如何我们将不得不循环地给它们下定义；这些定义又会导致新的也必须予

---

① 区分一般的逻辑演绎与特殊的证明或推论是重要的。证明或推论就是一种演绎性的论证，通过它能够最终确立结论的真实；这就是为何亚里士多德使用这一词语，要求应该确立结论的"必然的"真实（例如，在《分析后篇》第 1 卷，第 4 节，73a 以下）；这也是卡尔纳普如何使用这一词语，指明"可推论的"结论在这一意义上"从分析上看"都是真的（特别参阅他的《逻辑句法》，第 10 章第 29 页，第 47 章第 171 页）。（在这里我不打算涉及与"分析的"和"综合的"词语有关的问题。）

　　　自亚里士多德以来就已澄清，显然并非所有逻辑演绎都是证明（即推论）；也不存在并非证明的逻辑演绎；例如，我们能够从公认是假的前提推出结论，这种演绎并不被称作证明。卡尔纳普将非推论的演绎都叫作"推导"（见其《逻辑句法》）。有趣的是，非推论的演绎的名称很晚才被引进；这表明了对证明的执迷，一种来自亚里士多德的偏见的执迷，这种偏见认为，"科学"或"科学的知识"必须确定它的一切陈述，即要么作为自明的前提接受它们，要么证明它们。可是情况就是如此。除了纯逻辑和纯数学外，没有什么能被证明。在其他科学中所出现的一切论证，不是证明，只不过是推导而已。

　　　还应该提及，在以推导为一方和以定义为另一方的问题之间，同语句的真实和词语的意义的真实的问题之间，有很大的相似性。

　　　推导是从前提开始的，并导致结论；定义则是从定义项开始的，并导致被定义项（如果我们从右向左读的话）。假若我们被告前提为真，推导就告诉我们结论为真；假若我们被告知定义项的意义，定义就告诉我们被定义项的意义。所以，推导因为不能解决真的问题而把它转移到前提；定义则因为不能解决意义的问题而把它转移到定义项。

② 定义项似乎总是比被定义项更不清晰或更不精确，原因在于，它们通常更为抽象和更为一般。但是，如果使用现代的定义方法，那么这种看法并不必然正确（例如使用符号逻辑的方法——"抽象定义法"）；不过克罗斯曼所能想起的那些定义，以及特别是全部亚里士多德的种差定义，肯定都具有真实性。

以定义的词语。如此等等，以至无穷。因而我们看到，我们的一切词语都必须界定这种要求，正像我们的一切陈述都必须证明一样，是做不到的。

乍看起来，这一批判似乎不太公正。人们或许可能会说，所想到的东西，如果需要对它们进行定义，正是要消除与"民主"、"自由"、"责任"、"宗教"等之类词语经常联系在一起的模棱两可[①]。虽然对我们的一切词语都做界定是不可能的，但是对这些颇具危险性的词语中的某些词语做界定并让其这样则是可能的。定义项是不得不予以接受的，也就是说，为了避免无穷的

　　有些实证论者，特别是在洛克与休谟影响下，他们都认为，按照特殊的、具体的观察、甚或感觉，就能够定义像科学或政治学之类的抽象词语（见下一注解的正文）。卡尔纳普把这种"归纳的"定义方法称作"构造"。但我们也可以说，按特殊"构造"普遍是不可能的（关于这个问题，请参阅我的《研究的逻辑》，特别是第14节，第31页以下，第25节第53页；另见卡尔纳普的《可验证性与意义》一文，载《科学的哲学》1936年，第1卷第419页，第4卷第1页以下）。

① 这些例子与柯亨和纳格尔在《逻辑与科学方法论导论》第232页就定义提出的例子是相同的（参阅本章第36页注②）。在此有必要补充一些对本质主义的定义之无用的评论［也可参阅本章第34页注①（1）的结尾］。

　　（1）通过定义企图解决事实的问题，通常意味着只不过以言词的问题来替代事实的问题（在亚里士多德《物理学》第2卷第6章的结尾部分，就有一个论及这一方法的绝好例子）。下列例子也可以指明这点。（a）有一种是事实的问题：我们能复归部落主义的牢笼吗？有一种是道德的问题：我们有必要复归那一个牢笼吗？

　　研究意义问题的哲学家，只要面对（a）或（b），都会说：这完全取决于你用含混的词语意指什么？请告诉我，你是如何界定"复归"、"牢笼"、"部落主义"的？借助于这些定义，我就能够解决你的问题。与之相反，我认为，如果借助于定义能够达成解决，如果解决能够从定义中推出，那么如此解决的问题就只能是一种言词的问题；因为它独立于事实的问题或道德决定的问题被解决了。

　　（2）一个研究意义问题的本质主义的哲学家，特别在与问题（b）发生联系时，甚至会做得更糟；例如他可能会提出，我们是否应该尝试复归，取决于我们文明的"本质"、"本质特性"、甚或"命运"［另见本章第58页注①（2）］。

递归，我们在有了一、两步之后，就应该停止。但是，这种辩解是站不住的。应该承认，上面提到的几个词语很多都在被误用。但是我不承认进行界定它们的尝试，就能够改进问题。它只能使问题变得更严重。即使"界定他们的词语"，如果留下定义项不做界定，那么很显然，政客们是不可能缩短他们的演讲的。因为任何本质主义的定义，即"对我们的语词作界定"（与唯名论的引进新的技术性词语的定义相反），正像我们所看到的那样，只是意味着以一个长的叙述替代一个短的。此外，企图界定词语只会增加含糊和混乱。因为，既然我们不能要求一切定义项都要进行重复界定，那么聪明的政客或哲学家就可能很容易满足这种定义要求。例如，如果我们问他用"民主"意指什么？他可能会说是指"普遍意志的统治"，或"人民精神的统治"，等等。由于他现在已经给出了一个定义，也满足了最高的确定性的标准，所以，也就没有人再敢批评他了。确实，怎么能批评他呢？因为如果要求重新对"统治"、"意

（3）本质主义和定义理论在伦理学中导致了惊人的发展。这种发展是一种不断增加抽象和不再触及一切伦理学的基础——我们当下需要解决的实际的道德问题——的发展。它首先导致一个普遍的问题：什么是善？或"什么是善的东西"？然后是"所谓善意味着什么？"最后是"'所谓善意味着什么？'这个问题能够回答吗？"或者"'善'能够被界定吗？"摩尔在《伦理学原理》中认为，道德的意义上的"善"是不能用"自然主义的"词语来界定的，他当然是正确的。因为实际上，如果能的话，那么"善"就会意味着某种像"苦"、"甜"、"红"、"绿"一样的属性了，从道德的观点来看，这是完全不相干的。就像我们不需要获得苦或甜一样，我们也没有理由对自然主义的"善"抱任何道德上的兴趣。然而，虽然摩尔在其所思考的主要观点上是正确的，但是还是应该认为，并不能把对善、任何其他概念或者本质的分析，归结为以所有伦理学的唯一相关的基础为依据的道德理论，归结为当下必须解决的直接的道德问题。这样一种分析只能导致用言词的问题替代道德的问题〔另见本书第一卷第五章第 147 页注② （1），特别是有关道德判断的相关性的论述〕。

志"、"精神"和"人民"等进行定义，不正是将我们置于无穷的递归之路，以便每个人都对提出这个要求表示犹豫吗？但是，尽管如此，这个要求还是会被提出，因而它还是能够很容易得到公正的满足。另一方面，关于定义是否正确、是否真实的问题的争吵，也只能导致一场空洞的词语混战。

这样，本质主义的定义观就破产了，即使它没有像亚里士多德那样企图建立我们认识的"原理"，而只是提出显然是更温和的要求，即我们应该"界定我们语词的意义"。

但是，毋庸置疑，要求我们应该说话清楚、没有歧义是非常重要的，并且也应该给予满足。那么，唯名论的观点能否满足它呢？唯名论能够避免这种无穷递归吗？

它的确能够。对唯名论的观点来说，决不存在与无穷递归相应的困难。诚如我们所看到的，科学不是为了决定其词语的意义而使用定义，而只是为了引进一些方便的简短的标识才使用它。科学并不依赖于定义；一切定义都可以被忽略而无损于被通报的信息。由此可见，在科学中，一切真正需要的词语必然是未被界定的词语。那么科学是如何确定其词语的意义的呢？对这个问题已经提出过几种不同的回答[1]，但是我认为其中没有哪一个回答是令人满意的。情形似乎就是这样。亚里士多德主义和有关哲学长期以来一直告诫我们，获得我们都倾向于相信的词语之意义的

---

[1] 我想到的有"构造"的方法（本章第39页注②）、"内涵定义"、"相关定义"和"操作定义"等。"操作主义者"的论证在主要方面大致是真的；但它们不能克服这一情况，即在他们的操作定义或描述中，他们需要一些不得不被视为未经定义的普遍概念；这个问题也适用于他们。

在此，对有关"使用词语"的方式，必须补充一点提示或说明。为简洁起见，无须解释，这些提示将涉及一些技术性的问题，因此，在现有的形式中，它们一般很难被理解。

确切知识是何等重要。我们继续在秉持这一信念，尽管无可争辩的事实是，哲学——2000多年来它一直被其词语的意义所困惑——不仅充满着文字游戏，而且充满了骇人的含混和歧义。与此同期的科学，譬如物理学——它几乎根本就不用为词语及其意义而只需为事实而烦恼——却获得了极大的精确性。这一点确实可以用来指明，在亚里士多德的影响下，词语的意义的重要性被过分夸大了。但是我认为，它远不止指明这些。因为这样专注于意义的问题，不仅未能确立精确性；而且它自身还成了含混、歧义与混乱的主要来源。

在科学中，我们要注意，我们所作出的陈述从不会依赖词语

关于所谓内涵定义（特别是在数学中），卡尔纳普已指明（参阅《论文集》，第1卷，1927年，第355页；另见他的《概论》），内涵定义在该词的通常意义上并不进行"界定"；一个内涵定义的系统不能被看作是界定一种"模式"，它是界定一整套"模式"的。因此，内涵定义的系统所界定的符号系统，不可以看作常数系统，它们应该被看作变数系统（有确定的变程，彼此以一定的方式受系统约束）。我认为，在这种情形和我们在科学中"使用词语"的方式之间，只存在某种有限的相似性。这种相似性可以这样描述。在使用由内涵定义所界定的符号的数学分支学科中，这些符号没有"确定的意义"，这一事实并不影响我们使用它们，也不影响我们理论的精确性。为什么会这样呢？因为我们没有加重符号的负担。除了意义的阴影受到内涵定义的保证之外，我们没有给它们附加"意义"（如果我们给它们附加一种直观的意义，那么我们就要留意把它当作私人的辅助性手段，而不让它干涉理论）。这样，就像曾经有过的情形那样，我们试图控制"含混的阴影"，同时避免涉及这种阴影或变程的精确限度问题；这表明，无须讨论这些符号的意义，我们就能获得很多内容；因为没有什么取决于它们的意义。我相信，依照类似的方式，我们可以使用那些已从操作上了解了其意义的词语。我们就这样使用它们，于是没有什么要取决于它们的意义，或者尽可能不取决于它们的意义。我们的"操作定义"有一种优势，它能帮助我们将问题转移到一个没有什么或者几乎没有什么取决于词语的领域。清楚的谈话是以与词语不相干的方式在谈。

的意义。即使在词语被界定之处，我们也不能试图从定义中推衍出任何信息，或是把任何论证建立在它之上。这就是为什么在科学中我们几乎没有造成什么麻烦的原因。我们不会加重它们的负担。我们力图尽可能地为它们减轻负担。我们也不会过于严肃地注重它们的"意义"。我们一直注意到，我们的词语是有点含混的（因为我们只是在实际运用中才学习使用），我们不是通过减少语词的含混的阴影来达到精确性，而是通过妥当调整它，通过以一种使我们的词语之意义的可能与阴影无关紧要的方式仔细使句子简洁，来达到精确性。这便是我们如何避免对词语发生争执的方法。

有一种观点认为，科学和科学语言的精确性取决于它的词语的精确性，这种说法确实有点道理，但是我认为它只不过是一种纯粹的偏见。相反，语言的精确性恰恰取决于这一情况，即它务必留神不要为了达到精确而加重词语的负担。像"沙丘"或"风"之类的词语，肯定是非常含混的（为了能被称作"沙丘"，一座小沙山要多少英寸高呢？为了能被称作"风"，空气应该移动多快呢？）。然而，相对于地质学家的一些计划而言，这些词语却是足够精确的。相对于其他计划而言，当需要更高程度的区分时，他也总能够说出"4 至 30 英尺高的沙丘"，或是"每小时20 至 40 英里速度的风"。在更严密的科学中，情况也很类似。例如在物理学测量中，我们一直在细心思考，级距中可能存在差错；而精确性并不在于力图把这种级距减至无，也不在于假装根本不存在这种级距，而在于对级距的明确的再认识。

即使一个词语在那里造成了麻烦，譬如就像物理学中的"同时性"一词那样，并不是由于它的意义不精确或者含混，毋宁说是由于某种直觉的理论，使我们赋予该词语过多的意义，或者赋予一种过于"精确的"的意义，而不是赋予少的意义所致。爱因斯坦在对同时性的分析中所发现的是，当说到同时性事件时，物理学家们做了一个不能责疑的虚假假设，即存在着无限速度的信号。这一错误不在于它们没有任何意义，或者是其意义含混，或者是词语不够精确等。相反，爱因斯坦所发现的是，消除理论的这一假设，就能够排除科学中已产生的困难；之所以没有注意到这一点，是由于其直观的自明性。因此，爱因斯坦实际上并不关心词语的意义问题，而是关心一个理论的真实性。这完全不是说，假如某些人撇开明确的物理问题不谈，而力图通过分析同时性概念的"本质意义"，甚或是通过分析物理学家们在谈论同时性时"实际上意指"什么，来着手改进同时性概念，却能导致丰富的内容。

我想，从这个事例我们可以明白，在未到达桥之前，我们不应试图通过大桥。此外，我还认为，执迷于词语意义的问题，诸如它们的含混或歧义等，肯定不能凭借诉诸爱因斯坦的事例而得到辩解。相反，这种执迷依赖于这一假设，即认为许多问题都取决于我们的词语的意义，并且我们可以操纵这种意义；因此，它必然导致文字游戏和经院哲学。从这一观点出发，我们可以批判类似于维特根斯坦主张的一种理论。①

---

① 维特根斯坦在《逻辑哲学论》（参阅本章第36页注②，在那里进一步提供了相关的资料）中认为，哲学不能提出命题，一切哲学命题事实上都是无意义的假命题。与这一论点密切相关的是他的这一理论，即哲学的真正任务不在于提出语句，而在于澄清它们："哲学的对象是对思想的逻辑澄清——哲学不是一种理论，而是一种活动。哲学的工作本质上在于阐释。"（见该书第78页）

　　问题是，这种观点是否与维特根斯坦的基本目标相一致？这一目标是通过揭示形而上学是无意义的胡说来摧毁它。我在《研究的逻辑》中（特别是前面提到的《知识》杂志，第3卷，1933年，第426页），曾试图表明，维特根斯坦的方法只导致了一种纯粹是语言的解决，尽管它表面上具有激进主义色彩，它却必然上升不到摧毁或排除形而上学，甚至不能划清同形而上学的界限，而只能上升到侵入科学的领地，并与科学相混淆。理由很简单：

　　他认为，当科学探求事实时，澄清词语的意义、从而净化我们的语言、消除语言上的困惑，则是哲学的职责。这一学派观点的

　　（1）让我们考虑一个维特根斯坦的语句，例如，"哲学不是一种理论，而是一种活动"。当然，这不是一个从属于整体自然科学（或自然科学的整体）的语句。因此，依据维特根斯坦（见本章第36页注②），它不属于"真命题的总体"。另一方面，它也不是一个假命题（因为如果它是一个假命题，它的否定命题应该就是真的，是属于自然科学的了）。这样，我们就得出一种结果，即它必然是"无意义的"、"没有意思的"或"胡说的"；同样的情况适用于维特根斯坦的大部分命题。维特根斯坦本人也承认他的这种理论结果，因为他写道（《逻辑哲学论》第189页）："我的命题都是依这种方式来阐释的：了解我的人最终都会认为它们是无意义的……"这种结果是重要的。维特根斯坦的哲学是无意义的，他自己也承认如此。正如维特根斯坦在其前言中所说的："另一方面，在此所传达的思想的真实，对我来说似乎是无懈可击的和确定的。因此，我认为这些问题从本质上最终解决了。"这表明，我们可以借助大家公认为胡说的命题，来传播无懈可击的和确定的真实的思想，并能够借助提出胡说"最终"解决问题［另见本书第二十四章第358页注①（2）b］。

　　那么这意味着什么呢？它意味着培根、休谟、康德和罗素等人几个世纪以来所反对的一切形而上学的胡说，现在终于可以安定下来，并且甚至可以坦然承认，它就是胡说（海德格尔就是这样做的；参阅本书第十二章第132页注②）。因为我们现在在讨论中又有了一种新的胡说类型，这种胡说传播的思想的真实是无懈可击的和确定的；换句话说，它是一种有深刻意义的胡说。

　　我并不否认，维特根斯坦的思想是无懈可击和确定的。因为有谁能够攻击它们呢？显然，人们反对它们所说的必定是哲学的，因而是胡说，所以可以不予考虑。这样，我们就面临着一种在其他地方描述为与黑格尔有联系的强制独断论的立场（参阅本书第十二章第81页注②）。我在《科学研究的逻辑》第21页中写道："一切你所需要的，是以一种适当狭窄的方式决定'意思'或'意义'的概念，你可以谈论一切你在其中找不到任何'意思'或'意义'的令你不愉快的问题。通过承认唯有自然科学的问题才是'有意义的'，每一种关于'意思'或'意义'的概念的争论必然都变成了胡说。一旦受到崇拜，'意义'的教条就一劳永逸地超乎受到攻击的可能性。它成为'无懈可击的和确定的'。"

特点是，他们不导入任何能被合理地批判的论证枷锁。因此，这一

　　（2）然而，维特根斯坦的理论不仅招致各种形而上学的胡说冒充具有深刻的意义；而且它还抹杀了我所称作的界限问题（参阅同上书第 7 页）。他之所以这样做，是由于他天真地认为，既存在某种"本质上"或"本性上"是科学的东西，也存在某种"本质上"或"本性上"是形而上学的东西，我们的任务是发现这两者之间的"自然的"界限。同上书（第 8 页）说："实证论以自然主义的方式解释界限问题；而不把这个问题解释成依照实际用处去解决的问题，它寻求一种'本性上早就'存在于自然科学与形而上学之间的差异。"但是很显然，哲学或方法论的任务只能是在这两者之间提示或设计一种有用的界限。这点通过将形而上学概括为"无意义"或"没有意义"是很难实现的。因为，首先，这些词语较为适合于发泄某些人对形而上学家和形而上学体系的个人义愤，而不适合于对界限作技术概括。其次，因为问题只是转移了，现在我们必须要问："所谓'有意义的'和'无意义的'究竟意指什么？"如果"有意义的"只是"科学的"的同义语，而"无意义的"只是"非科学的"的同义语，那么我们显然没有取得任何进展。基于这些理由，我提议（参阅同上书第 8、21、227页）从方法论的讨论中彻底消除"意义"、"有意义的"和"无意义的"等这些情绪性的词语（由于引进了这一方法，即我们可以通过把可证伪性、可验证性或可验证度用作科学系统之经验特性的判别标准，来解决界限问题，我认为将"有意义"一词当作"可验证的"一词的情绪性的同义语，是没有什么益处的）。
　　＊尽管我明确拒绝将"可证伪性"、"可验证性"（或任何其他东西）视为一种"意义的标准"，我还是发现，仍有一些哲学家经常把采纳它作为一种意义或"有意义"的标准的方案归诸我（例如：参阅法伯尔的《法国与美国的哲学思想》，1950 年版，第 570 页）。
　　然而，即使我们从维特根斯坦的理论中消除了一切关于"意义"或"意思"的参照物，他对分清科学和形而上学所提供的解决办法，仍然是不走运的。这是因为，由于他将"真命题的整体"等同于自然科学的整体，他也就排除了一切从"自然科学的领域"看并不是真的假设。因为我们永远无法认识假设，无论它是真还是假，我们也永远不知道它是否属于自然科学的领域。一个同样不幸的结果，即一种将一切假设排除于自然科学领域、并因而将其包含在形而上学领域的划界，正如我在《知识》杂志（1933 年第 3 卷第 427 页）中曾指出过

学派唯独致力于对初始事物的微小的神秘圈进行精细的分析。[①]
这点似乎暗示，任何对意义的执迷都将导致具有亚里士多德主义
典型特征的结果：经院哲学和神秘主义。

的，是由于维特根斯坦的著名的"验证原则"得出的（因为严格地说，一种假
设并不是能够验证的，如果笼统点说，则我们可以认为，类似于早期原子论的
形而上学系统，已经被证实了）。另外，根据石里克的说法，维特根斯坦本人后
来也得出了这种结论，他在1931年断言，科学的理论"实际上都不是命题"，
即都是没有意义的（参阅《研究的逻辑》，第四节注）。理论、假设，也即是
说，一切科学陈述中最重要的东西，就这样被逐出了自然科学的殿堂，因而，
被置于与形而上学同等的地位。

维特根斯坦在《逻辑哲学论》中的最初观点，只能通过这一种假设来解
释，即他忽视了与科学假设的地位有联系的困难，这些科学假设已经超出对事
实的简单阐释；他忽视了普遍或一般的问题。在这一方面，他追随了先前的实
证论者，特别是孔德的步伐。孔德说（参阅《社会哲学早期论文》，赫顿编，
1911年，第223页；另见哈耶克在《经济》杂志1941年第8卷第300页中的
论述）："观察事实是人类知识唯一的坚固基础……凡不承认能被还原为事实
的简单阐释的命题，不论是特殊的或一般的，都不具有实在的或可理解的意
义。"孔德虽然仍然没有意识到隐藏在"一般事实"这一简单词语之后的问题
的严重性，但通过断言"特殊的或一般的"这个词语，至少是提到了这一问
题。如果我们省略这些词语，那么这段话就会变得非常清楚，并与维特根斯坦
对意思或意义的基本标准的阐释相契合，就像维特根斯坦在《逻辑哲学论》
中所阐述的那样，一切命题都是原子命题的真值函数，因而可以还原为原子命
题，即还原为原子事实的图像，石里克1931年也曾这样主张——孔德的意义
标准后来被穆勒接受了。

总之，维特根斯坦的《逻辑哲学论》中的反形而上学的意义理论，根本无
助于反击形而上学的独断论和神谕哲学，它代表一种强制的独断论，这种独断
论为其敌人——具有深刻意义的形而上学的胡说大开方便之门，却把自己的挚
友——科学假设由同一扇门掷了出去。

①　这种理论或信条意义上的非理性主义，似乎并没有提出连贯的、可辩驳的论证，
而只是提出了一些应该被"理解"或被搁置的格言和独断的陈述。它一般倾向
于成为创始者的神秘圈中的财产，确实，这种预测有一部分似乎被一些出自
维特根斯坦学派的出版物证实了（我不愿将它普遍化；例如我所看到的是，魏

我们扼要地思考一下，亚里士多德主义的这两种典型结果是如何产生的。亚里士多德认为，无论是推论或证明，还是定义，是我们获取知识的两种基本方法。首先，我们看看证明的理论，毋庸否认，它已经导致无数的要证明的东西超过于它所能证明的东西的企图。中世纪哲学充满着这种经院哲学，在欧洲大陆直至康德，也能看到同一种倾向。康德对一切证明上帝之存在的企图的批判，导致了费希特、谢林和黑格尔等人的浪漫主义的反动。这种新的倾向是要抛弃证明，随之抛弃任何种类的合理论证。随着这种浪漫主义分子的出现，在哲学和社会科学中，一种新的独断论变成了时尚。它使我们面对着它的格言：我们要么接受它，

斯曼的著作被描述为一系列合理的和极为明晰的论证，而完全摆脱了"要么接受要么放弃"的态度）。

这些神秘的出版物似乎不关注严肃的问题；在我看来，它们好像是为了巧致而刻意算计。重要的是，它们出自这样一个学派，该学派出于其自身尝试讨论假问题的无聊巧致，而从谴责哲学入手。

现在我要通过一个简短的陈述来结束这一批评。我并不认为，有太多的正当理由可以用来反对一般形而上学，也不认为从这种战斗中会产生任何有价值的结果。解决科学与形而上学的界限问题是必要的。但是我们必须承认，许多形而上学的体系曾经导致了一些非常重要的科学结果。我只要提及德谟克利特的形而上学体系就可以了；类似的还有叔本华的形而上学体系与弗洛伊德的体系。有些体系，例如柏拉图、马里布兰契或叔本华的体系，都是很美的思想结构。不过同时我也认为，我们应该反对那些蛊惑我们和制造混乱的形而上学体系。然而很显然，如果它们呈现出这种危险的倾向，我们甚至以非形而上学的和反形而上学的体系也会做同样的事。我认为，在这件事上我们不能一蹴而就。我们宁愿不厌其烦地对那些体系作详细的分析；我们必须表明，我们应该理解作者所指的意义，而不是动不动就认为，他的意指根本就不值得花气力去理解（一切独断的思想体系，特别是那些神秘封闭的体系的特性是，其崇拜者总是向一切批评者断言："他们并不了解"；而这些拥护者却忘了，就语句来说，理解必须只能导致对细微含义的赞同。但在其他情形下，人们可以理解却不会赞同）。

要么遗弃它。这种神谕哲学的浪漫主义时期，叔本华所谓的
"不诚实的年代"，被他作了如下描述："诚实的性格、与读者一
起从事探求的精神，渗透在先前一切哲学家的著作中，在此却完
全消逝了。每一页书都证明，这些所谓的哲学家，并不试图教导
读者，而是蛊惑读者。"①

亚里士多德的定义理论产生了一种类似的结果。首先，它导
致了一系列无益而烦琐的分析。不过后来哲学家们开始感到，我
们不能再争论定义了。这样，本质主义不仅鼓励了文字游戏，而
且还导致了论证的幻想破灭，即理性的幻想破灭。经院哲学和神
秘主义以及对理性的绝望，这些都是柏拉图和亚里士多德的本质
主义的不可避免的结果。和亚里士多德一样，柏拉图对自由的公
开反叛成了一种对理性的神秘反叛。

正如我们从亚里士多德本人那里所知道的，早在本质主义和
定义理论最初提出的时候，就特别遭到了苏格拉底旧时的伙伴安
提斯泰尼的强烈反对，他的评判似乎是最明智的。②

---

① 参阅叔本华的《哲学基本问题》（1890 年第 4 版，第 147 页）。他评论说：
"理智上直观的理性从神谕地坛制造其宣传"（我的"神谕哲学"一词来
源于此）；他继续说："这是继康德之后直接登台的那种哲学方法的起源，
是那种迷惑和欺骗群众、蒙骗他们和对他们使用障眼法的哲学方法的起
源——是一种夸夸其谈的方法。总有一天，这一时代会被哲学史承认为不
诚实的时代。"（然后，接下的文字已被引在正文之中。）关于"要么接受
要么放弃"的非理性主义的态度另见见本书二十四章第 383 页注①、384
页注①及正文。

② 柏拉图的定义理论（参阅本书第一卷第三章第 68 页注①及第五章第 153 页
注①），后来被亚里士多德发展和系统化，它遇到的主要反对者有：
1）安提斯泰尼；2）伊索克拉特学派，特别是列奥庞普斯。
（1）辛普利乌斯是我们关于这些非常可疑的问题看法的最佳来源之一，
他把安提斯泰尼描述为柏拉图的形式或理念理论的反对者，事实上也是本质
主义和理智直观理论的彻底反对者（见亚里士多德《范畴论篇》66b、67b）。

但是，这种反对不幸被击败了。对于人类的理智发展来说，这种失败的后果几乎是难以估量的。在下一章中，我们要讨论其中的某些问题。至此，我将结束关于批评柏拉图和亚里士多德的定义理论的枝节性话题。

据称安提斯泰尼曾说："柏拉图，我看到一匹马，但我看不出它的马性。"［另一个非常相似的论证被一个不太重要的资料来源归结于犬儒学派的第欧根尼（参阅 D. L. 第 6 章第 53 页），为什么后者也不用这种论证，还找不出原因。］考虑到亚里士多德本人在《形而上学》中的证言（尤其是在 1043b24）与安提斯泰尼的这种反本质主义非常一致，我想我们可以依据辛普利乌斯（他似乎已经接近列奥庞普斯）。

在亚里士多德的《形而上学》中，有两段话提到安提斯泰尼的反对本质主义的定义理论，是非常有趣的。在头一段话中（《形而上学》1024b23），我们听到，安提斯泰尼提出本章注中讨论的论点；也即是说，没有办法区分"真"与"假"的定义（例如关于"小狗"一词的定义），因此，两个明显矛盾的定义只能涉及两种不同的本质，即"小狗 1"及"小狗 2"；这样一来，就不可能有矛盾了，也不可能谈论假语句。对这一批评，亚里士多德曾经写道："安提斯泰尼认为，除了用确定的程式（一个程式只适用于一件事物）之外，什么也不能够被描述；这样一来，就不可能存在矛盾；甚至作假陈述也是不可能的。这正表明了他的粗鲁。"［这段话通常被解释为包含了安提斯泰尼的实证观点，而不是他对定义理论的批评。然而，这种解释忽略了亚里士多德的前后文联系。整段话都是讨论假定义的可能性，即严格讨论这一问题，从理智直观理论的不适应性来看，该问题会引发本章第 34 页注①（1）中所描述的种种困难。从亚里士多德的文中可清楚地看到，他曾被这些困难和安提斯泰尼对这些困难的态度所困扰。］第二段话（《形而上学》1043b24）也同意本章所发展了的对本质主义的定义的批评。这表明，安提斯泰尼攻击本质主义的定义是无用的，只是用一个长的叙述来替代一个短的叙述；这也表明，安提斯泰尼非常明智地承认，虽然下定义是无用的，但是通过指出一事物与另一已知事物之间所具有的相似性，来描述或解释它，或者是，如果该事物是复合的，就可以通过解释来认识它的构成成分。亚里士多德写道，"在安提斯泰尼和其他诸如此类没有教养的人所指出的困难中，确定存在某种东西。他们曾经认为，什么是事物"（或者所谓事物"是什么"）"是不能界定的；因为他们认为，所谓定义只不过是一个长的程式。然而他们承认，解释一种事物属于是什么种

三

几乎不必再强调这一事实，即我对亚里士多德的讨论是极其粗略的，与我对柏拉图理论的讨论相比更是如此。关于他们二人

类，例如说银，却是可以能的；因为我们能够发现，它与锡相似。"亚里士多德补充道，由这种理论可以推断："给复合类的事物或实体提供定义或程式是可能的，不论它们是感性事物，还是理智直观的对象；但对它们的原始成分则不成……"［后来，亚里士多德又离开正题，试图将这一论证与他的定义项包含两部分（即属与种差）的理论联系起来，它们是相关联和统一的，就像质料与形式之间一样。］

我在此之所以对这个问题进行了讨论，是因为它似乎表明，安提斯泰尼的敌人，例如亚里士多德（参阅《论主题》第 1 卷 104b21），以某种引起了错觉的方式来引证他所说的话，以为这些话不是对本质主义的批评，而是表明了他的实证理论。这种印象之所以造成，可能是由于把这些话同另一些可能也为安提斯泰尼所主张的理论混淆了；这使我想起一种简单的理论，即我们必须用一词一意的方式清楚地谈论事情，这样我们就能避免各种用定义、理论进行尝试也不能成功解决的困难。

如上所述，所有这些问题都是很不确定的，因为缺乏证据。但是我认为，当格罗特将"安提斯泰尼和柏拉图之间的这种争论"描述成是"唯名论对极端的实在论的理论"（用我们的词语来说，是极端的本质主义）"的第一次反抗"时，他似乎是正确的。因此，格罗特的观点可以用来防卫菲尔德的攻击（参阅《柏拉图及其同时代人物》，第 167 页），后者认为将安提斯泰尼描述成一个唯名论者，是"十分错误的"。

为了支持我对安提斯泰尼的说明，我应该提及，笛卡尔曾经使用非常类似的论证来反对经院哲学的定义理论（参阅笛卡尔的《哲学著作集》，哈尔丹与罗斯译，1911 年，第 1 卷，第 317 页）。洛克也曾不太明确地使用过这种论证（参阅《人类知性论》第 3 卷，第 3 章第 11 节到第 4 章第 6 节；第 1 章第 4—11 节；特别是第 4 章第 5 节）。但是，笛卡尔和洛克仍然是本质主义者，尤其是后者。本质主义本身受到了霍布斯［参阅上述第 25 页注③和贝克莱的攻击，如果撇开其主张本体论的唯名论不谈，贝克莱可以被描述为主张方法论的唯名论的第一人；另见本书第二十五章第 403 页注①（2）］。

所说的一切，主要目的是要表明他们在历史主义的兴起和反对开放社会的斗争中所发挥的作用，以及他们对我们自身时代的问题，即对作为现代历史主义和极权主义之父的黑格尔的神谕哲学之兴起的影响。有关亚里士多德和黑格尔之间的发展，这里尚不能讨论。要想对他们做得公平之类，至少需要另写一部书。然而在本章剩下的几页中，我还想指明，如何可以按照开放社会和封闭社会的冲突来解释这一时期。

　　柏拉图和亚里士多德的思辨哲学同伯里克利、苏格拉底和德谟克利特等代表的伟大世代的精神之间的冲突，可以追溯几个世纪。这种精神多少纯粹地保存在犬儒学派的运动中，像早期的基督教徒一样，犬儒学派宣讲人人皆兄弟，他们把它对天父的一神信仰联系起来。亚历山大和奥古斯都的帝国都受到这些观念的影

　　（2）关于柏拉图—亚里士多德的定义理论的其他批评家，我只提及列奥庞普斯（他曾为伊壁鸠鲁所援引，Ⅱ，17，4—10；参阅格罗特《柏拉图》第1章，第324页）。我认为，与一般所接受的看法相反，苏格拉底本人似乎不会赞成这种定义理论；他所反对的似乎是只从言词上来解决伦理的问题；如果考虑到其否定的结果，他所谓的对伦理学词语的尝试性的定义，可以说是对摧毁文字游戏的偏见作了很好的尝试。

　　（3）在此我还想补充，虽然我对亚里士多德做了许多的批评，但我还是很乐意承认他的一些成就。他是逻辑学的创立者，直至《数学原理》为止，一切逻辑可以说是对亚里士多德的开创工作进行阐释和概括（在我看来，一个逻辑的新时代确实已经开始了，但并不是以所谓的"非亚里士多德的"或"多值的"逻辑系统为标志，而是以划清"对象语言"与"元语言"为标志）。而且，亚里士多德在尝试用他的常识探讨驯服唯心主义方面，做出了很大的成绩，这种常识探讨认为，只有个体的事物是"实在的"（它们的"形式"与"质料"只是表象或抽象）。正是这一探讨要对这一事实负责，即亚里士多德甚至并不打算解决柏拉图的普遍性的问题（见本书第一卷第三章第59页注③、60页注①以及正文），也即是说，不打算解决对为什么某些东西像另外的东西，而其他的东西却不像的问题做出解释。否则，为什么会像存在各种不同事物一样，在事物中存在许多不同的亚里士多德式的本质呢？

响，这些观念首先在伯里克的帝国雅典形成，它们一直受到东西方之间接触的激励。很可能是，这些观念，或许还有犬儒学派运动本身，一起影响了基督教的兴起。

在其开始阶段，基督教像犬儒学派运动一样，是反对有较高文化修养的柏拉图化的唯心主义，以及"犹太法学家"和博学者的唯理智论的（"对聪明和智虑隐瞒了什么，你就对婴儿揭示了什么"）。我并不怀疑，它在某种程度上是对广义上可被描述为犹太柏拉图主义以及对上帝及其言词的抽象宗教的一种反抗①。同时，它当然也是对犹太部落主义及其僵化和空洞的部落禁忌的反抗，是对它的部落排外性（譬如在选民理论中，即在神作为部落神的阐释中，它只表达自身）的反抗。对部落法和部落团结的这种强调，与其说是显示出一种原始部落社会的特征，毋宁说是一种强烈地复归和捕捉旧部落生活方式的企图。在犹太人方面，它似乎起源于对巴比伦人征服犹太部落生活所造成冲击的一种反动。但是，随着这一运动逐步趋于更加僵化，我们发现了另一种显然也起源于同一时期并形成了人道主义观念的运动，这种观念类似于伟大世代对希腊部落主义之解体的反应。当犹太人的独立最终被罗马毁灭时，这一过程重复了自身。它导致了这两种可能解决的新的更深刻的分裂，导致了对类似于正统的犹太人所代表的部落的复归，导致了基督徒新宗派的人道主义理想，这种人道主义理想即包括蛮族（或绅士），也包括奴隶。从《使徒行传》中我们不难看

---

① 柏拉图主义对《约翰福音》有特别的影响是明显的；这种影响在早期的《福音》中很少被人发现，尽管我不敢断言它不存在。然而，《新约全书》确实是展示一种明显反理智主义的和反哲学化的倾向。它们避免诉诸哲学的思辨，而且确切地反对学问与辩证法，例如反对"古犹太法学家"；而在这个时代，所谓学问只是意味着按照辩证法和哲学的意思，特别是按照柏拉图学派的意思来解释经文。

出，这些问题（包括社会问题和民族问题）是多么的急迫。①
我们从犹太人的发展中也能看出这一点；因为其保守部分反抗另
一种运动的同样的挑战，这种运动趋于捕捉其部落的生活方式并
使之僵化，并以维护所赢得的柏拉图的赞赏固守他们的"法
律"。毫无疑问，这种发展正像柏拉图观念的发展一样，受到一
种与开放社会的新信念的强烈对抗的激励；在此是受到基督教的
激励。

　　"伟大世代"（特别是苏格拉底）的信念和早期基督教的信
念之间的类似加深了。毋庸置疑，早期基督徒的力量在于其道德
勇气。有这样一个事实，即他们曾拒绝接受罗马的要求，"即它
有权迫使它的臣民违反自己的良知行事"②。这些基督徒因拒绝
以强权建立正义的准则而殉难，苏格拉底之死也出自同一原因。

　　显然，基督教的信仰本身在罗马帝国变得有权势时，许多事
情就发生了极其巨大的变化。一个新提出的问题是，这种对基督
教教会（以及它后来仿照朱利安的模式建立的组织——阿博斯

---

①　民族主义问题以及犹太地方部落主义被国际主义所代替，在基督教的早期
　　历史中发挥了重要作用。在《使徒行传》中（特别是 10、15 章，第 11 章
　　第 1—18 节；另见《马太福音》第 3、第 9 章；以及《使徒行传》第 10
　　章第 10—15 节反对部落饮食禁忌的争论），可以发现这类斗争的回声。十
　　分有趣的是，这类问题是与财富、贫穷、奴役等社会问题同时出现的；参
　　阅《加拉太书》第 3 章第 28 节；特别《使徒行传》第 5 章第 1—11 节，
　　在那里拥有私人财富被描写成人间的罪恶。

　　　　在东欧的犹太人社区，直到 1914 年，甚至更长的时间里，所保留下来
　　的犹太部落主义的禁锢和僵化的形式，是很有意思的（可参照苏格兰的部
　　落企图用来固守部落生活的方式）。

②　这一引文出自汤因比《历史研究》第 6 卷第 202 页；它讨论了罗马统治者迫
　　害基督教的动机，这些统治者在宗教问题上通常是能容忍的。汤因比写道：
　　"罗马帝国政府无法容忍的基督教中的因素，主要由于基督教徒拒绝接受政
　　府的主张，即它有权迫使臣属违背良心行事……这非但没有控制住基督教的
　　宣传，殉教反而证明是皈依的最有效的动力……"

忒新柏拉图主义反教会)① 是被设计来消除平等主义宗教的巨大
的道德影响的吗？这种平等主义宗教则是一种官方曾经徒劳地企
图以武力和以指控为无神论或不敬神的方式进行斗争的宗教。换
句话说，这一问题是，罗马（尤其是在朱利安以后）是否并没
发现，如果遵循帕累托"利用情绪，不把精力浪费在摧毁他们
的无益努力上"的劝告，这一问就很难回答。但是，可以肯定
的是，这一问题不能如汤因比所做的那样②，靠诉诸我们的"历
史感"来消解，这种"历史感警告我们不要把年代上错了的具
有讽刺性的动机"，也即是说，不要把更贴近我们自身的"对待
生活的现代西方态度"的动机归诸君士坦丁及其追随者的时期。
因为我们已经看到，早在公元前 5 世纪，三十僭主的领袖克里底

----

①　关于朱利安的新柏拉图主义反教会（它拥有柏拉图化的等级制）及其同
"无神论者"，即基督教的斗争，例如，可参阅汤因比的《历史研究》第 5
卷第 565、584 页；我可以引用格夫肯的一段话（引自汤因比的同上书）：
"在雅布里库斯身上"（雅布里库斯是一位异教徒哲学家、运数神秘主义者
和叙利亚新柏拉图学派的创始人，约生活在公元 300 年），"个人的宗教经
验……是被排除了。代之而起的是：有圣餐的神秘教会，严格执行崇拜形
式，与巫术密切相关的礼仪，以及牧师，等等……朱利安要提高神职的观
念……恰好复活了雅布里库斯的观点，后者对牧师、崇拜形式的细节以及系
统的正统理论的渴求，为异教教会的建立准备了基础。"在这些叙利亚的新
柏拉图主义和朱利安的原则中，我们可以看出，一种真正的柏拉图倾向获得
了发展（或许还包括晚期的犹太教；见本章第 55 页注①，这种倾向禁止任
何变化、引进由哲学僧侣阶级所刻守的僵死的教义和严厉的禁忌，为的是抵
制讲究个人良心和人道的革命性宗教（参阅本书第一卷第七章第 254 页注①
及 256 页注①至 259 页注①；另见第八章，特别是第 282 页注①和正文）。
伴随着查士丁尼迫害非基督教和异教徒及其在公元 529 年压迫哲学，整个形
势为之一变；从此，采取极权主义的方法和用暴力来控制良心的，是基督
教。黑暗的时代开始了。

②　关于汤因比警告不要在帕累托的劝告的意义上来解释基督教的兴起（关于
帕累托的劝告，参阅本书第一卷第十章第 389 页注②和第十三章第 141 页注
②），例如，可参阅《历史研究》第 5 卷，第 709 页。

亚就公开地、"讽刺性地",或者更准确地说无羞耻地表达过这类动机;非常类似的陈述经常也能在希腊哲学史中找到①。姑且不论这一情况,随着查士丁尼对非基督徒、异教徒和哲学家的迫害的到来(公元529年),黑暗的年代就开始了。基督教教会遵循柏拉图和亚里士多德的极权主义,并在宗教裁判中发展到了顶峰。特别是宗教裁判理论,可以被描述为纯粹的柏拉图式的。它是在《法律篇》的后三卷中提出的。柏拉图在那里指出,不惜一切代价通过维护法律的威严,尤其是通过维护宗教理论和实践的威严,来保护他们的羊羔,是牧羊倌式的统治者的责任,哪怕是为此不得不杀掉那些"豺狼",这些"豺狼"尽管可能被认为是忠实的和高贵的人,他们的腐坏良心不幸却不承认他屈从于强权的威胁。

在一些知识分子圈内,中世纪的所谓"基督教的"极权主义成了今天的最新时髦之一,这是我们时代的文明胁变中最具典

---

① 关于克里底亚、柏拉图和亚里士多德的愤世嫉俗的理论,即认为宗教是人民的鸦片,参阅本书第一卷第八章第265页注①至273页注①(特别是271页注①和273页注①)。(另见亚里士多德的《论主题》第1卷,第2章,101a30以下。)关于后来的例子(波利比乌斯和史特拉波),例如,可参阅汤因比《历史研究》第5卷,646页、651页。汤因比又是引自波利比乌斯的《历史》第6卷第56页:"我认为罗马宪法最引人注目地胜过其他法律的地方,是它对宗教的处理……罗马人竭力控制住他们的社会秩序……不受宗教迷信蛊惑。"他还引用史特拉波的话说:"暴民……是很难被诱导来回应哲学理性的召唤的……在对付这类人时,就不能不利用迷信。"鉴于这一长串的柏拉图化的哲学家——他们曾经宣讲宗教是"人民的鸦片",我实在弄不明白,如何能把具有与君士坦丁类似动机的污名描述成时代的错误。

值得一提的是,汤因比暗示道,阿克顿爵士就是这类缺乏历史感的可怕的反对者。因为他谈到君士坦丁与基督徒的关系时写道(参阅其《自由的历史》,1909年,第30页以下,着重号是我加的):"君士坦丁在接受基督徒的忠诚时,既不放弃前任的政策方案,也不抛弃对专断权威的迷恋,而是利用宗教的支持,加强他的王位,这种宗教曾以它的反抗力量震惊过世界……"

型的反动之一。① 无疑，这不但可以归因于把一种确实是更为
"有机的"和"整合的"过去理想化，而且可以归因于一种对增
长了这种难以衡量的协变的现代不可知论的可以理解的嫌弃。人

---

① 和大多数人一样，我也赞美中世纪的大教堂，也完全承认中世纪技艺的伟大
和无与伦比。但是我认为，唯美主义永远不应用作反对人道化理想的根据。

对中世纪的赞美似乎是在德国的浪漫主义运动开始的，不幸的是，随着当前
我们亲眼看见的这场浪漫主义运动的复兴，它又变得时髦起来。当然，它是一种
反理性主义的运动。在本书第二十四章，它将从另一种观点得到讨论。

对中世纪有两种态度：理性主义和反理性主义。它们与两种对"历史"
的解释是相对应的（参阅本书第二十五章）。

（1）对历史的理性主义的解释，总是满怀希望地看待那些人们试图理性
地观察人类事务的时期。在古希腊的伟大世代，特别是在苏格拉底、早期基
督教（直至君士坦丁）的时代、文艺复兴与启蒙时代，以及近代科学的时代
等中，可以看到一场经常被中断的历史运动的主要场景，看到和人为解放自
己、为冲破封闭社会的牢笼以及为建立开放社会而做出的种种努力。但是应
该意识到，这场运动并不代表一种"进步的法则"或者诸如此类的东西；它
不过仅仅依靠我们自身，如果我们不防止它免受反对派、懒惰与萎靡不振的
侵袭，那么这场运动便必然会消逝。这种解释在那些插入的时代中，也看到
了拥有柏拉图化的权威、僧侣等级制和部落主义的骑士秩序的黑暗世纪。

阿克顿对这种解释作过一个经典的表述（参阅其《自由的历史》第 1
页；着重号是我加的）。他道："自由从两千五百六十年前在希腊播种以来，
除宗教而外，自由就已成为良好行为的动机和犯罪的共同借口……在每一个
时代中，自由的进展一直受其天然的敌人——无知与迷信、征服的贪欲、好
逸恶劳、贪求权力的强人，以及贪求食物的穷人所困扰。其中有很长的一段
时期，它完全受到了禁锢……一旦触及真正的自由的本性时，没有任何障碍
像它的不确定性和混乱那样，是如此的经久不变和难以克服。如果说敌对的
利益会造成莫大的伤害的话，那么错误的观念就会造成更大的伤害。"

奇怪的是，在黑暗时代，人们对黑暗的感受占了多么强大的优势啊！他们的
科学和哲学都被一种真理曾经被认识却已经迷失的感受所萦绕。这恰好以这一信
仰表达了自身，即与其信仰如果一种观念是新的则不可能具有任何价值，以及每
一种观念都需要古代权威（亚里士多德和《圣经》）的支持，毋宁信仰迷失了古
代哲人之石的秘密，以及古代占星术的智慧。但是，感觉到开启智慧大门的秘密
钥匙在过去已被遗失的人，则是正确的。因为这把钥匙信仰理性和自由。它是思
想的自由竞争，没有思想的自由，这种竞争就不能存在。

们相信上帝要统治世界。这种信仰限制了他们的责任。对大多数人来说，他们自身必须统治世界这种新信仰，却对责任造成一种近乎难以忍受的负担，所有这些都必须予以承认。但是，我并不怀疑，即使从基督教的观点来看，中世纪并不会比我们西方的民主制度受到良好的统治。因为我们在《新约》中能够读到，基督教的创始者在区分有关其言词的真假解释标准的问题方面，曾经受到一些"法学博士"的责疑。对此他通过讲述牧师和利夫人的寓言予以答复，当撒马利亚人为一位受伤者包扎伤口和照料他的物质需求时，他们却看着伤者处于极大的痛苦之中，并"从旁边走过"。我认为，这个寓言应该被那些"基督徒们"牢记，他们不仅渴望一个教会压制自由和良知的时期，而且渴望一个这样的时期，在教会的监视之下，凭借教会的权威，无言的压迫使人们陷入绝望。作为对人们在那些日子里所受的苦难，同时也是对今天想要复归于那些日子的还如此时髦和浪漫的中世纪遗风的基督教的一种生活评论，我们可以引用秦塞尔（《老鼠、虱

（2）另一种解释赞同汤因比，认为在希腊和自文艺复兴以来的近代理性主义中，可以发现一种对信仰之路的背离。汤因比说（《历史研究》第 5 卷第 6 页注释，着重号是我加的）："在现在的作家眼里，希腊和西方文明中可以辨识的理性主义的共同因素并不怎么特别，以致可以从一切人类的其他代表中标出这两种社会……如果将西方文明中的基督教成分看作构成它的本质，那么我们向希腊文明的复归就可能不是被看作实现西方基督王国的潜能，而是看作背离了西方成长的正确道路——事实上，不管它有没有可能恢复，都是错误的一步。"

与汤因比相比，我一点都不怀疑，恢复这一步骤，并复归到中世纪的牢笼、压迫、迷信与瘟疫，是完全可能的。但是我认为，我们最好不要这样做。我要争辩的是，我们所应该做的只取决于我们自己的决定，而不取决于历史主义的本质主义；也不会像汤因比所认为的那样〔见本章第 40 页注①（2）〕：取决于"西方文明可能具有的本质特性的问题"。

（这里引自汤因比的这段话都是他给比文博士的回信的一部分；比文博士的信，即汤因比所引用的两封信中的第一封，在我看来十分明显地代表了我所称的理性主义的解释。）

子与历史》）一书中的一段话，在这段话中，他谈到了中世纪舞蹈癫狂症的流行，如为人所知的"圣约翰舞"，"圣维陀斯舞"等（我不想把秦塞尔弄成中世纪问题的权威，也不需要这样的做，因为所讨论的事实是很难争辩的。但是，他的评论有着务实的撒马利亚人——伟大和仁慈的医生——罕见而又独特的语气）。他说："这些奇怪的癫狂，尽管在较早的时代不是未曾听过，但在黑死病的可怕的不幸之后，才立即流行起来。对绝大多数而言，舞蹈狂一点也没有呈现出我们将之与神经系统的传染病联系起来的特征。相反，它们似乎像群体性的歇斯底里，通常在遭受压迫、饥馑和某种程度上今天是难以想象的不幸的民众中，因恐怖和绝望而引起。除不断的战争、政治和社会的分裂的灾难之外，又加上可怕的不可避免的、神秘的和死亡的疾病之痛苦。人类处于无助之中，似乎陷入了一个恐怖和毁灭的世界之中一样，毫无抵抗可言，那时的人们，由于屈服于他们认为是超自然的力量强加给他们的各种苦难，上帝和魔鬼成了活生生的概念。对那些在这种压力下倒毙的人来说，在当时的情况下，除了以宗教的狂热作为精神错乱的内在避难所外，根本无路可逃。"① 接

---

① 这些引文都出自秦塞尔的《老鼠、虱子与历史》第80、83页；着重号是我加的。

关于我对本章结尾的正文的评论，即认为德谟克利特的科学和道德仍然存在于我们之中，我或许要提到这一事实，从德谟克利特和伊壁鸠鲁经由卢克莱修之间的直接的历史联系，不仅延续到伽桑第，而且无疑延续到洛克。"原子与虚空"就是一个典型的词语，它的存在就揭示着这一传统的影响；一般地说，"原子与虚空"的自然哲学总是与一种利他的享乐主义或功利主义联系在一起。就享乐主义和功利主义来说，我认为确实有必要用一种可能更符合德谟克利特和伊壁鸠鲁原初观点的更贴切、更中庸、更急迫的原则，即"最小化痛苦！"来替代他们的原则，即"最大化快乐！"我认为（参阅本书第九章、二十四、二十五章），进行最大化人民的快乐或幸福的尝试，不仅是不可能的，而且是危险的，因为这种尝试必然导致极权主义。但是毋庸置疑，大部分德谟克利特的追随者（直至罗素，仍对原子论、几何学和快乐主义感兴趣）对他们的快乐原则的重新阐释不会有什么争议。

着，秦塞尔又描绘出这些事件与我们时代的反响二者之间的相似性。他说道："经济和政治的歇斯底里取代了早期宗教的歇斯底里。"随后，他把那些生活在权威主义时代人们的特征概括为"一种在几乎难以置信的艰难和危险的压力下已经倒毙的受恐怖惊吓的悲惨的人"。我们有必要询问那种态度更符合基督教的精神吗？是渴望复归中世纪的那种"未被打破的和谐和团结"的精神呢？还是希望运用理性以便使人类摆脱毒害和压迫的精神呢？

　　但是，至少某些中世纪极权主义教会在把这种实际的人道主义理想界定为"世界性的"，界定为具有"伊壁鸠鲁主义"的特征，以及界定为具有只"像野兽那样填饱肚子"的特征方面，却是成功了。"伊壁鸠鲁主义"、"唯物主义"和"经验主义"等词语，换句话说，伟大世代最伟大的人物之一德谟克利特的哲学，就这样变成了邪恶的同义词，柏拉图和亚里士多德的部落唯心主义则被夸大为一种前基督的基督教。实际上，柏拉图和亚里士多德的哲学曾经被中世纪极权主义所采纳，也就是今天他们的巨大权威的来源。但是，我们不应该忘记，在极权的阵营之外，他们的名声比他们对我们的生活的实际影响要持久得多。尽管德谟克利特的名字很少被人记起，但是他的科学和他的道德却仍然伴随我们而活着。

第十二章　黑格尔与新部落主义 *

> 因而，黑格尔对思维作了一种如此深刻的细致研
> 究，以至于对大多数人来说很难理解……
>
> ——J. H. 斯特林

一

作为全部当代历史主义的源泉，黑格尔是赫拉克利特、柏拉图和亚里士多德的直接追随者。黑格尔成就了极其非凡的业绩。作为一个逻辑学大师，从纯粹形而上学的丝帽中变出真实的物质的兔子，对其强大的辩证法来说，简直如同儿戏。因此，从柏拉图的《蒂迈欧篇》及其神秘的数出发，黑格尔以纯粹的哲学方法（在牛顿的《原理》一书问世 114 年之后）成功地"证明"：

---

* 本章总注：在这些注释中，我将尽可能在各处参照《选集》，即《黑格尔选集》，洛温伯格编，1929 年出版（选自《现代学生哲学文库》）。这本优秀的和易于理解的选集，包括了选自黑格尔的一系列最富有特征的段落，因而在许多情况下能够从中选择引文。然而，出自该部《选集》的引文还伴随有一些原版的参考材料。当使用"WW"时，指的是《黑格尔全集》德文版，格罗克纳编，1927 年在斯图加特陆续出版。但是，《哲学全书》的这个重要版本（没有收到 WW 之内）引用的是 1870 年的版本，即 1870 年在柏林出版的罗森克朗兹的黑格尔《哲学全书》。引自《法哲学》的许多段落都标明了章节的数字，字母 L 表示这些段落出自甘斯 1833 年编辑和加注的讲演。我并不总是采用译者的文句。

行星必然按照刻卜勒定律运行。他甚至演绎出了行星的实际位置,① 因而证明火星和木星之间不可能有行星存在（不幸的,他没有注意到,这样的一颗行星已在几个月前被发现了）。同样地,他证明磁吸铁意味着增加铁的重量,牛顿的惯性理论和重力理论互相矛盾（当然,他不可能预见到爱因斯坦会表明惯性动体和落体的同一）,以及许多诸如此类的事情。这样一种受到严肃对待的令人吃惊的强大的哲学方法,在一定程度上只能用当时德国自然科学的落后来解释。实际上,在我看来,首先它不可能受到严肃的人们（如叔本华或 J. F. 弗里斯）的认真对待,无论如何,也不可能受到像德谟克利特②这样一些科学家的认真对待,他们"宁愿发现一条因果律,也不愿做波斯国王"。黑格尔的声望是由那些宁愿立刻直观到这个世界的深层秘密,而不愿去花力气进行科学技术研究的人造成的,毕竟这些科学技术研究不具有揭示所有秘密的力量,而只会使他们失望。他很快就发现,除了黑格尔的辩证法这个取代了"贫乏的形式逻辑"的神秘方法以外,没有什么能够以如此的闲适、同时以如此令人难忘的（尽管是表面上的）困难以及如此迅速、如此肯定但却骗人的成就适用于一切难题；没有什么能够使用起来如此廉价,用不着半点的科学训练和知识；没有什么能够提供如此一种壮观的科学气氛。黑格尔的成功是"不诚实的时代"（如果叔本华对德国唯心主义时代的描述③）和"不负责任的时代"（如 K. 海顿对近代极权主义时代的刻画）的开始；起初是知识上的不诚实,后来作为其结果之一,是道德上的不负责任；直至出现一个被一种夸大其词的魔法和隐语的力量所控制的新时代。

为了事先不让读者把黑格尔那些夸张的和神秘的隐语看得太

---

① 见黑格尔 1801 年的就职论文《论行星轨迹》（1801 年 1 月 1 日发现女神星）。

② 见德谟克利特残编 118（D²）。

③ 参阅叔本华的《基本问题》,1890 年第 4 版,第 147 页。

认真，我打算引述有关他对声——尤其是声与热的关系所发现的一些令人吃惊的细节。我将努力试图尽可能忠实地从黑格尔的《自然哲学》[①]中译出这段谵语；他写道："第 302 节：声音是物质各部分分离的特殊状态的变化，是这种状态之否定的结果——纯然是特殊的一种抽象或一种理念的理想。因此，这种变化本身直接就是物质特定存在的否定；因而它是特殊的重力凝聚力的实在的理想，亦即热。发声物体的升温，就像物体的加热和摩擦的物体的升温一样，是一种热现象，在概念上是与声音同时产生的。"有人可能依然相信黑格尔的诚实，或依然怀疑是否他的秘密可能并不深奥和充满思想，而是空洞。我希望他们认真地读一下这一段引文的最后一句话——一句唯一可以理解的话，因为在这句话里，黑格尔泄露了自己的秘密。显然这句话只是说："发声物体的升温……是热……是与声音同时产生的。"这样问题就来了，要么黑格尔在欺骗自己，用他自己的动人的隐语来催眠自己，要么他就是在厚颜无耻地想欺骗和迷惑别人。我确信答案是后者，尤其从黑格尔写的一封信的内容来看是如此。[②] 在这封标明他发表在《自然哲学》两年前写的信中，黑格尔提到了他的好友谢林写的另一本《自然哲学》："我有太多的事要做……数学……微积分……化学。"黑格尔在这封信中自吹自擂（不过这只是虚张声势而已），"让我自己受这种自然哲学的胡扯、受这

---

① 整部《自然哲学》充满着这类定义。例如斯塔福德·哈特费尔德对黑格尔"热"的定义的翻译："热是物质在无形中的自我复原，它的流动性是抽象的同质性胜过特殊的确定性，它的抽象的、纯粹自我存在的连续作为否定之否定，在此被确定为一种活动。"（见其所译的巴温克《近代科学之剖析》，第 30 页。）例如，黑格尔对电的定义，也与此类似。

　　关于下一段引文，见《黑格尔书信集》第 1 卷，第 373 页，华莱士引自《黑格尔逻辑学》一书，译本第 14 页以下，着重号是我加的。

② 参阅福肯伯格的《近代哲学史》，1908 年德文第 6 版，第 612 页；参阅阿姆斯特朗 1895 年英译本，第 632 页。

种没有事实知识的哲学研究……受这种对像理念的纯粹幻想、甚至是愚笨的幻想之探讨的欺骗吧"。这是对谢林方法的十分公正的概括，也即是说，是对那种厚颜无耻的欺骗方式的公正概括。一旦黑格尔意识到，只要它传给合适的听众，就意味着成功，他就会抄袭，或者毋宁说滥用这种方法。

尽管如此，如果没有普鲁士的权威在背后支持，黑格尔似乎不可能成为德国哲学上的一个最有影响的人物。实际上，他是拿破仑战争以后封建"复辟"时期被指定的普鲁士主义的首位官方哲学家。后来，政府也支持他的弟子们（德国过去只有、现在仍然只有政府控制的大学），他们转而相互支持。虽然他们大部分人都正式地拒绝黑格尔主义，但是黑格尔化的哲学家还是支配了哲学教学，甚至因而间接地支配了德国的中学（在讲德语的大学中，罗马天主教的奥地利的那些大学，就像洪水中的小岛一样，仍然不受干扰）。因而，由于在欧洲获得了巨大的成功，黑格尔哲学在英国也不可能不得到一些人的支持，那些人觉得这样强大的运动毕竟会提供点什么，于是开始探寻斯特林所说的黑格尔的秘密。当然，他们受到黑格尔的"高等的"唯心主义和他所说的"高等的"道德的诱惑，他们也有点担心会被黑格尔的信徒们的嚷叫声斥为不道德。因为即便是较谦逊的黑格尔分子，也把自己的理论宣布为，"它们是有价值的东西，面对来自敌视精神和价值的外部强权的攻击，应该夺回它们"。① 有些确实杰出的人士（我主要想到的是麦克塔加特），在建构唯心主义思想方面做了很大的努力，甚至超过了黑格尔的水平；但是他们只不过是给那些同样杰出的批评家提供靶子而已。可以说在欧洲大陆之外，尤其是在最近的 20 年里，哲学家对黑格尔的兴趣，是渐渐消失了。

---

① 我想到的是各种有关"进化"、"进步"或"产生"的哲学，诸如伯格森、亚历山大、F. 斯姆茨或怀特海的哲学（此注疑为第 66 页注①——译者）。

但是，如果是这样的话，为什么还要为黑格尔烦扰呢？回答是：尽管事实上科学家们从来没有认真地对待过他，而且（除了"进化论者"① 以外），许多哲学家都开始对他不感兴趣，然而，黑格尔的影响仍然有着强大的力量。黑格尔的影响，尤其是他的那些隐语的影响，在道德和哲学中以及在社会和政治的学科中（经济是唯一的例外），都是十分强大的。特别是历史哲学家、政治哲学家和教育哲学家，在很大程度上依然受着它的支配。在政治学方面，下面的事实最严厉地表明了这一点：马克思主义的极左派、保守的中间派和法西斯主义的极右派，都把他们的政治哲学建立在黑格尔的基础上；左派用阶级战争取代了黑格尔历史主义框架中出现的民族战争，右派则用种族战争取代了民族战争；但是，二者多少都在自觉地追随他（保守的中间派通常意识不到自己受惠于黑格尔）。

何以能解释这种巨大的影响呢？我的主要意图不是要解释这个现象以便反对它。然而，我可以做一点解释性的提示。因为某种理由，甚至在今天，哲学家在自己周围还保持某种神秘的气象。哲学被视为一种奇怪的和深奥的东西，讨论那些宗教讨论的神秘事物，但却不是以一种可以"向孩子展示的"方式；它被认为太深奥了，被看成是知识分子、学者和智者的宗教和神学。黑格尔主义与这些观点有着惊人的一致；它正是通常的迷信所设想哲学要成为的那种东西。它无所不知，准备回答一切问题。而且确实是，谁还能保证回答不是真的呢？

然而，这不是黑格尔成功的主要原因。如果我们简要思考一下总的历史状况的话，那么，对他的影响以及反对它的需要，或许能够有更好的理解。

中世纪的极权主义伴随着文艺复兴而开始瓦解。但是在欧洲大陆，它的政治副本——中世纪封建主义在法国大革命以前并没

---

① 下面第90页注①中引用了这段话并作了分析。

有受到严重的威胁（宗教改革只是强化了它）。此外，追求开放社会的斗争也只是伴随 1789 年的观念才重新产生；封建的君主很快就体验到这种危险的严重性。在 1815 年的时候，反动派开始在普鲁士重新掌权，它发现自己迫切需要一种意识形态。黑格尔受命来满足这种需要。他通过复活开放社会的最初几位大敌——赫拉克利特、柏拉图和亚里士多德的观念，来满足这一要求。正如法国大革命重新发现了伟大世代和基督教的永恒观念，即自由、平等和人类的兄弟之爱的观念一样，黑格尔重新发现了隐藏在对自由与理性的永恒反对之后的柏拉图的理念。黑格尔主义是部落主义的复兴。黑格尔的历史意义可以从这一事实看出，即他代表了柏拉图与现代极权主义形式之间的"缺环"。大多数现代极权主义者完全没有意识到，他们的观念能够追溯到柏拉图。然而，许多人知道自己受惠于黑格尔，他们全都是在黑格尔主义的封闭氛围中长大的。他们被教导要崇拜国家、历史和民族（当然，我对黑格尔的看法预先假定了，他是用我这里同样的方式解释柏拉图的教诲的，也就是说，用这种现代的标签解释为极权主义的；确实，从他在《法哲学》中对柏拉图的批判不难看出，黑格尔的解释与我们是一致的）。

为了让读者对黑格尔对国家的柏拉图式的崇拜有一种直接的认识，我打算引述几段话，即使是在我着手对他的历史哲学进行分析以前。这些话表明，就像黑格尔的激进集体主义依赖于法国革命期间和其后的批判时期的普鲁士国王威廉三世一样，也依赖于柏拉图。他们的理论是，国家即一切，个人什么也不是；因为他把一切都归于国家，包括他的肉体和他的精神存在。这就是柏拉图、威廉的普鲁士主义和黑格尔的启示。"普遍定能在国家中找到"，黑格尔写道，"正如它在尘世存在那样，国家是神圣的理念……因此我们必须把国家作为神在尘世的显现来崇拜，并考虑到，如果理解自然有困难的话，那么，把握国家的本质就更比登天还要难……国家是神在尘世的旅程……国家是实在的；

而……真正的实在是必然的。实在的东西永远是必然的……国家……为了自己的目的而存在……国家是现实的存在，实现了道德的生活"。① 这一段话足以表明黑格尔的柏拉图主义及其对国家的绝对的道德权威的坚持，它们否决了一切个人道德和一切良心。当然，它是一种夸大的、歇斯底里的柏拉图主义，不过这说明了一个更明显的事实，即它把柏拉图主义和近代极权主义联系在一起了。

有人会问，通过这些服务和对历史的影响，黑格尔是否没有证明他的天才。我认为这个问题不很重要，因为这只是我们的浪漫主义的一部分，即我们太在意"天才"一词；除此之外，我不相信这种成功能证明什么，或者历史是我们的审判官；② 这些信条反而是黑格尔主义的一部分。但是就黑格尔所及来说，我甚至并不认为他是有才干的。他是一个难以理解的作家。甚至他的最热情的辩护者也不得不承认，他的风格"无疑是令人反感的"③。至于他写的内容，他的超凡出众，只是在于缺乏创造性。在黑格尔的著作中，没有什么东西在他之前不被说得更好。在他

---

① 关于本节中的八段引文，参阅《黑格尔选集》第389、447、443、446、388页。这些段落都出自《法哲学》第 272、258、269 和 270 节；第一和最后一段引文出自《历史哲学》。

黑格尔的整体论以及他的国家有机理论，例如，可见他在《法哲学》第 269 节中提及的格里帕《论李维》（第 2 卷，第 32 节）；关于批评，见本书第一卷第十章第336页注①；以及他对有机体的强大与"原子单位堆聚或聚集"的无力之间的对立所做的经典阐释（在该书第 290 节的结尾）。另见本章第 117 页注①。

黑格尔所采纳的柏拉图的政治教导的另两个非常重要的论点是：（1）少与多的理论，例如，见同上书第 273 节：君主为一人；少数人进入拥有行政权的舞台；多数人……拥有立法权；第 301 节等也提到"多"。（2）知识与意见对立的理论（参阅第 270 节中关于思想自由的讨论；以及下面第 85 页注①和 86 页注①之间的正文），黑格尔用来将舆论概括为"多数人的意见"，乃至"多数人的奇想"，参阅第 316 节以及后面第 122 页注①。

关于黑格尔对柏拉图的有意思的批评，以及他给自己的批评所赋予的甚至更有意思的曲解。

② 关于这些评论，尤其可参阅本书第二十五章。

③ 参阅《黑格尔选集》第 12 卷（洛温伯格在《选集》中所做的导言）。

的辩解方法中，没有什么东西不是借自他的辩解祖先那里。① 但是，他以目标的单一性（尽管没有一些明显的迹象）使这些抄袭来的思想只用于一个目的：反对开放社会，并从而为他的雇主——普鲁士的弗里德里希·威廉服务。黑格尔混淆和贬低理性，部分是为达到这个目的手段所必需，部分是他的精神状态的较偶然但却非常自然的表露。如果不是因为它的更为有害的后果，它表明一个小丑何以能轻易地成为"历史的创造者"，黑格尔的这整部传说根本不值得讲述。"德国唯心主义"兴起的悲喜剧，尽管其导致了骇人听闻的罪恶，倒是更像一场闹剧；而这些

---

① 我所想到的不仅是他的直接的哲学前辈（赫尔德、费希特、施莱格尔、谢林，特别是施莱尔马赫），或者他的古代来源（赫拉克利特、柏拉图、亚里士多德），而且特别还有卢梭、斯宾诺莎、孟德斯鸠、赫尔德、伯克（参阅本章第 6 节）以及诗人席勒。在有关民族精神的问题上，黑格尔明显地得益于卢梭、孟德斯鸠（参阅《论法的精神》第 19 章第 4 页以下）和赫尔德。他与斯宾诺莎的关系则具有一种不同的特征；与其说他采纳了，毋宁说改编了决定论者斯宾诺莎的两个重要观念。第一个观念是：自由不过是对一切事物之必然性的合理认识，不过是对理性借助于这种认识而能控制情感之力量的合理认识。这个被黑格尔发展为理性（或"精神"）与自由的同一及其教诲的观念是斯宾诺莎的古怪道德实证主义；即强权就是公理的学说，他发明这个观念是用来反对他所谓的专制，即超越其实际拥有的权限而滥用权力的企图。斯宾诺莎主要关心的是思想的自由，他认为，对统治者说，强迫人们的思想是不可能的（因为思想是自由的），而要达到这种不可能，就是专制。他支持世俗国家的权力以反对教会（他曾天真地希望，世俗的国家不会剥夺思想的自由），就是依据这一学说。黑格尔也支持国家反对教会，他也曾为思想自由的要求提供过口头服务（他当然明白它的伟大的政治意义）（参阅《法哲学》前言）；但是，他同时又歪曲了这一观念，主张国家必须决定什么是真和什么是假，可以镇压那些它认为是假的东西（见下面第 85 页注①和 86 页注①之间正文中对《法哲学》第 270 页的讨论）。黑格尔从席勒那里搬来了（是很偶然的，既未承认，甚至也未指明他是在援引）他的著名箴言："世界史是世界的正义法庭。"然而，这一箴言寓示着一些黑格尔历史主义的政治哲学；不仅包含他对成功、从而对权力的崇拜，也包含着他的独特的道德实证主义和历史具有合理性的理论。见《法哲学》第 340 节的结尾；另见第 77 页注①正文。

黑格尔是否受到维柯的影响的问题，似乎仍然是公开的（韦伯所译的《新科学》德译本于 1822 年出版）。

开端有助于解释何以很难确定后来的英雄人物，不管他们逃离的是瓦格纳的大条顿民族歌剧的舞台，还是奥芬巴赫的滑稽剧。

我断言，黑格尔的哲学受到了不可告人的动机的驱使，即受到了他复兴威廉三世的普鲁士政府之利益的驱使，因而不能过于认真看待它，这并不新鲜。了解当时政治情形的人都很熟悉这件事，少数有充分的独立性这样做的人会自由地谈论它。最好的见证是叔本华，他本人即使不是一个反动分子，也是一个柏拉图式的唯心主义者和一个保守分子，而不是一个爱护真理甚于一切的绝对完美的人。① 无疑，他是那个时代在哲学问题上所能找到的合格的评判者。叔本华曾为私下认识黑格尔而高兴，他提议用莎士比亚的"这个疯言疯语、没头没脑的东西"这句话，② 来作为黑格尔哲学的箴言，以对这位大师作如下生动的描述："由上方以权力任命的黑格尔，作为持有证书的大哲学家，是一个头脑迟钝、谈吐乏味、使人厌恶、缺乏语言方面知识的骗子，他厚颜无耻到极点，把一些疯狂无比的神秘的胡说乱写和拼凑在一起。这些胡说被雇佣的追随者们称作不朽的智慧，所有的笨蛋都欣然接受了它们，因而凑成了空前完美的赞美大合唱。由于那些掌权人的支持而形成的黑格尔在精神领域影响的扩大，使他有可能造成

---

① 叔本华不仅是柏拉图、也是赫拉克利特的热情的崇敬者。他认为暴民像野兽一样，只会满足口腹之欲；他把毕亚斯的箴言"所有的人都是邪恶的"采纳为自己的劝告；他认为柏拉图式的贵族政府是最好的政府。同时，他憎恶民族主义，特别是憎恶德意志民族主义。他是一个世界主义者。这种恐惧和憎恨1848年革命的极其具有排斥性的表现，可以由他的这一忧虑得到解释，即在暴民统治之下，他可能丧失自己的独立性；部分地也可以由他对这场运动的民族主义的意识形态的憎恨得到解释。

② 关于叔本华所提出的这一箴言（引自《赛白南》第5幕，第4场），见叔本华的《自然的意志》（1878年第4版，第7页）。下面的两段引文出自他的《全集》（1888年第2版）第5卷103页以下，以及第2卷第17页（即《作为意志与观念的世界》第2版前言；着重号是我加上的）。我认为，任何研究过叔本华的人，都会对他的严肃和真诚有印象。另见克尔凯戈尔的评判，引自本书第二十五章第421页注①、422页注①。

整个一代人的理智堕落。"而在另一个地方，叔本华对黑格尔的政治游戏作了如下的描述："据称由康德带来生气的哲学……很快成了一种利益的手段；来自上面的国家利益和来自下面的个人利益的手段……这个运动的驱动力，与所有神圣气氛和评判相反，不是理想的；他们确实有着非常实际的目的，即为了个人的、官方的、教士的、政治的，总之，物质的利益……党派利益强有力地鼓动着那么多纯粹热爱智慧的人们的笔杆……真理确实是他们所想到的最后的事情……哲学被误用了，国家方面把它当作工具，其他方面把它作为获利的手段……谁实际上还会相信，真理会像副产品一样出现呢……政府使哲学成了为其国家利益服务的手段，学者使它成为一种交易……"叔本华把黑格尔的身份看作由普鲁士政府付费的代言人，只需举一个例子，该例子已由黑格尔的受人称赞的门徒斯威格勒①所证实。关于黑格尔，斯威格勒说："不过，他的声望和活动的鼎盛期，准确的时间只是从他 1818 年应召去柏林开始。在那里，围绕他形成了一个人数众多、不断扩大的……渐渐地活跃的学派；在那里，他也从与普鲁士官僚们的联系中为他自身赢得了政治影响，以及对他的体系作为官方哲学的认可；这并非总是由于他的哲学的内在自由或其道德价值的优点。"斯威格勒著作的编者斯特林，作为黑格尔主义的第一个英国信徒，当然要为黑格尔辩护，并反对斯威格勒，他警告读者不要过分在文字上拘泥于"斯威格勒关于……黑格尔作为官方哲学的无聊暗示"。②但是几页之后，斯特林无意中

---

① 斯威格勒初次发表的是一篇纪念黑格尔的文章（1838 年）。引文出自他的《哲学史》，斯特林译，第 7 版，第 322 页。

② 柴尔德写道："斯特林博士首次将黑格尔介绍给英语读者，并对其原理作了有力的陈述"（见其《黑格尔》前言，1883 年，第 6 页）；这表明斯特林受到了认真的对待。下面引文出自斯特林对斯威格勒《哲学史》的注释，第 429 页。我可以判断，本章的箴言出自《哲学史》第 441 页。

肯定了斯威格勒提出的事实和观点，即黑格尔本人也意识到了他的哲学的党派性政治功能和辩护的功能（斯特林引述的证据①表明，黑格尔本人对他的哲学的这个功能作了带有嘲讽意味的表述）。不久以后，斯特林在发出下述诗意的和预言式的启示、提到一年前即1866年普鲁士对奥地利的闪电式进攻时，却无意中泄露了"黑格尔秘密"。他写道："普鲁士今天能够迅速发展一种强大的生命力和组织，难道不应该归功于黑格尔，尤其是他的道德哲学和政治哲学吗？这个由看不见的头脑精心策划，像闪电一样搏击，一只手强有力地支撑着来自群众的压力的组织，其核心难道不是坚强有力的黑格尔吗？然而，关于这个组织的价值，应该说，它对许多人来说更是显而易见的。正当在宪政制度的英国，优先股持有者和债券持有者受到流行的商业不道德行为的破坏时，而普鲁士铁路股票的普通持有者却至少有平均8.33%的安全保障。确切地说，这最终是在为黑格尔辩护。"②

"我想，现在对每一位读者来说，黑格尔的基本轮廓应该是很清楚了。我从黑格尔那里获益匪浅……"斯特林继续着他对黑格尔的赞美。我也希望黑格尔的轮廓现在是很清楚了，而且我相信，斯特林所获得的东西免受了流行于非黑格尔的和有着宪政

---

① 斯特林写道："对黑格尔来说，最大的事情最终是做一个好公民；黑格尔认为，如果一个人已经是一个好公民，就不再需要哲学了。因此，他曾经告诉一位叫作杜博克的人（他曾写信给黑格尔，告诉他其体系的困难），就像一个机构的好领导和一个家庭的好父亲具有坚定的信念一样，他已经够美了，他可以用哲学的方式（例如，只作为一种理智的奢侈）来进一步思考一切事情。"（《哲学史》，第441页）因此，按照斯特林的说法，黑格尔并不对清除其体系的困难感兴趣，只是对把"恶的公民转变为善"的公民感兴趣。

② 下述引文出自斯特林译的《哲学史》第444页以下。斯特林继续说出了引在正文中的最后这句话："我从黑格尔受益不少，并且总是充满感激地承认这点，然而，我对他的看法是，他不过是一个这样的人，在使不可知成为可知方面，他为公众提供了服务。"在结束时，他又说道："我的总目标……认为是与黑格尔，即与一位基督教哲学家的目标是同一的。"

制度的英国的商业不道德之威胁。

　　（谁会反对上述引文中提到的这一事实，即马克思主义哲学家总是准备指出，反对者的理论如何受到其阶级利益的影响，习惯上却不把这种方法应于黑格尔？代之于把黑格尔斥责为普鲁士专制主义的辩护士，他们遗憾地感到，辩证法的创始人的著作，尤其是他的逻辑学著作，未能在英国得到更广泛的阅读——而在俄国，黑格尔哲学的一般长处，尤其是他的逻辑学，却受到官方的认可。①）

　　现在我们回到黑格尔的政治动机的问题。我们认为有足够的理由怀疑他的哲学受到他所受雇的普鲁士政府的利益的影响。然而，在弗里德里希·威廉三世的专制统治下，这类影响远比叔本华或斯威格勒所能知道的要寓示得多；因为只是在最后的几十年里，有关的文献才得以公开——这些文献表明，国王坚持一切学术研究都要服从国家的利益，并明确与之保持一致。我们在他的教育大纲中读到：“只触及文科领域和只用于对这个群体进行启蒙教育的抽象科学，对于国家的繁荣当然是没有价值的；完全禁止它们是愚蠢的，但是适当控制它们的限度，则是健康的。”②

───────────

①　例如，参阅《马克思主义哲学手册》。

②　这一段话引自一本最有意思的专著《普鲁士的民族主义与文化危机（1806—1815 年）》，安德森著，1939 年出版，第 270 页。安德森的分析是对民族主义的批评，他清楚地认识到普鲁士民族中的神经质的性质和歇斯底里的成分（见该书第 6 页）。然而，我不能完全同意他的态度。我想，或许受历史学家要求客观性的引导，他似乎把民族主义运动看得太严重了。尤其是我不同意他斥责弗里德里希·威廉国王不了解民族主义运动。安德森在第271 页中写道：“弗里德里希·威廉缺乏欣赏伟大的能力，不论是在理想方面还是在行动方面。正在兴起的德国文学与哲学为其他人进入民族主义如此明白地开放的过程，对他却是封闭的。”但是，德国最好的文学和哲学却是最反民族主义的；康德与叔本华二者都是反民族主义的，甚至歌德也与民族主义保持距离；要求每个人，特别是像国王那样一个简单、正直和保守的人，对费希特的夸夸其谈产生狂热，是没有道理的。当国王谈到“偏执的、普通的拙劣作家”时（见安德森，同上书），大多数人会完全同意这位国王的判断。虽然我同意，国王的保守主义是非常不幸的，但我对他的朴实和他对民族主义的歇斯底里浪潮的抑制，却怀有极大的敬意。

黑格尔在 1818 年来临的反动高潮时期被召至柏林，而这时期国王正着手清洗其政府内的改革者和那些为他在"解放战争"中的胜利做出过重大贡献的民族自由分子。考虑到这件事，我们可以问，黑格尔的受聘是否不构成一项"要适当控制哲学的限度"的行动，以便使其健康和为"国家的繁荣"服务，也就是说，为弗里德里希·威廉三世及其专制统治服务。在我们阅读一位大崇拜者这样谈及黑格尔时，会提出一个同样的问题："在柏林，直到 1831 年逝世，他一直是思想史上公认的一个最强大的哲学学派的独裁者。"[①]（我认为我们应当用"缺乏思想"来代替"思想"，因为我看不出一个独裁者可能一定要替思想史做些什么，即使他是一位哲学的独裁者。不过话又说回来，这一段话所揭示的只是太真实了。例如，这个强大的学派一致努力，通过心照不宣的密谋，成功地向这个世界将叔本华存在的事实隐藏了 40 年。）我们看到，黑格尔的确有力量"控制哲学的适当限度"，所以我们的问题可能对这个观点是合适的。

接下来我打算指出，黑格尔的全部哲学可以解释为对这个问题的有力回答；当然，是在肯定意义上的回答。我还要指出，如果我们用这种方式解释它，即把他说成是普鲁士主义的辩护士，那么就会对黑格尔主义理解得有多么透彻。我的分析为三部分，分别在本章的第 2、3 和 4 节予以讨论。第 2 节讨论黑格尔的历史主义和道德实证主义，以及这些学说的相当深刻的理论背景，他的辩证法和他的所谓同一哲学。第 3 节讨论民族主义的兴起。第 4 节则简述一下黑格尔与伯克的关系。第 5 节讨论现代极权主义对黑格尔学说的依赖。

---

① 参阅《黑格尔选集》第 xi 页（洛温伯格为该书写的导言）。

二

我将通过对黑格尔的历史主义和柏拉图的历史主义的一般比较，来开始我对黑格尔哲学的分析。

柏拉图认为，理念和本质是先于千变万化的事物而存在的，一切发展的趋势都可以解释为离开完美的理念的运动，因而可以解释为一种下降，一种衰变运动。国家的历史尤其是一种退步；这种退步完全是因为统治阶级的种族退化（我们这里必须记住柏拉图的"种族"、"灵魂"、"本性"以及"本质"范畴之间的密切关系①）。黑格尔同亚里士多德一样，认为理念或本质处于千变万化的事物之中；或者更准确地说（就我们能够准确解释黑格尔而言），黑格尔认为，它们与变化中的事物是同一的。他说："每种现实的东西都是一种理念。"② 但这并不意味着，柏拉图在事物的本质及其可感知的现象之间开启的鸿沟被关闭了；因为黑格尔写道："任何关于本质的提法都意味着我们把它同（关于事物的）存在区分开来"；"……与本质比较起来，我们只是把后者看作是纯粹的现象或外观……我们说，一切事物都有本质；即，事物并不是它们自己直接显现的那种东西。"也如柏拉图和亚里士多德一样，黑格尔至少是把那些有机体的本质（因而还有国家的本质）看作是灵魂或"精神"。

但是与柏拉图不同，黑格尔并不认为千变万化的世界的发展趋势是一种离开理念、趋于衰变的下降。与斯彪西波和亚里士多德一样，黑格尔认为总的趋势当然是走向理念；它是进

---

① 参阅本书第一卷第五章第151页注①、第十一章第17页注②和正文。

② 关于这段引文，见《黑格尔选集》第103页；关于下一段引文，见《黑格尔选集》第130页。关于这一节中的最后一处引文，见《黑格尔选集》第131页。

步。虽然他和柏拉图一样认为，"会死的东西在本质上有其基础，并产生于它"，① 但是与柏拉图相反，黑格尔甚至坚持认为本质也在发展。在黑格尔的世界里，就像在赫拉克利特的世界里一样，一切都在变化；柏拉图为了获得某种不变的东西而创造性地引入的本质，也不例外。不过这种变化并不是衰变。黑格尔的历史主义是乐观主义的。他的本质和精神与柏拉图的灵魂一样，是自我运动的；它们是自我发展的，或者用更时髦的话说，它们是"显现"和"自我创造"。它们在朝亚里士多德的"目的因"的方向推动自己，或者如黑格尔所说，走向一种"本质上自我实现中的和实现了的目的因"。② 这种本质之发展的第一因或目的，就是黑格尔所说的"绝对理念"或"理念"。（黑格尔告诉我们，这个理念是相当复杂的：它把审美、认识和实践活动以及理解力、最高的善和科学地理解的宇宙等集于一身。但是我们实在不必为诸如此类无关紧要的难题烦扰。）我们可以说，黑格尔的变化着的世界是处于一种"显现"或"创造的进化"的状态之中；③ 它的每一个阶段都包含

---

① 参阅《黑格尔选集》第 103 页。

② 参阅《黑格尔选集》第 128 页。

③ 我暗指的是伯格森，特别是他的《创化论》（米切尔译的英文本，1913 年出版）。似乎这部著作的黑格尔特征并未得到充分认可；确实，伯格森的思想的明晰和理性的描述，有时令人很难明白他的哲学受黑格尔的影响到底有多大。然而，例如只要我们思考一下伯格森教导的本质就是变化，或者只要我们读一下下述引文，那么就不会再有怀疑了（参阅《创化论》第 275 及 278 页）。

　　伯格森写道："本质也是反映的过程。如果我们的分析是正确的，它就是意识，或者毋宁说是超意识，亦即处于生命的起源阶段……意识恰好与生命存在的选择力量相符合；它与围绕着实际行为的可能行为的边缘一道共同扩张：意识是发明与自由的同义语。"（着重号是我加的，参阅同上书，第 275 和 278 页）意识（或精神）与自由的同一，是斯宾诺莎的黑格尔翻版。这竟然使得在黑格尔那里也能发现类似理论，我倾向于将它描述为"毫无疑问的伯格森式的"理论；例如，"精神的本质是活动；它实现其潜能；它使自身成为自己的行为，成为自己的作品……"（《黑格尔选集》第 435 页）

着它由以产生的前一个阶段；每一个阶段又都取代了以前的所有阶段，越来越接近完美。因而发展的总规律就是进步的规律。不过，如我们将会看到的，它不是一种简单的和直线式的进步，而是一种"辩证的"进步。

正如前面的引文所表明的，和柏拉图一样，集体主义者黑格尔把国家看作是有机体；继卢梭以"普遍意志"装备它之后，黑格尔以一种自觉的和思维的本质以及它的"理性"或"精神"来装备它。这个精神，它的"本质就是活动性"（这说明它对卢梭的依赖），同时又是构成国家的集体的民族精神。

对一个本质主义者来说，认识或理解国家显然意味着认识它的本质或精神。如在上一章我们看到的，① 我们只能从其"现实的"历史中认识本质及其"潜能"。因而我们到达了历史主义方法的基本立场，即，认识像国家这样的社会机构的方法是去研究它的历史，或者研究它的"精神"史。另外两个在上一章中展开了的历史主义的结论也就提了出来。民族的精神决定着它的潜在的历史命运；每一个"希望成为存在"的民族必须通过进入"历史舞台"，即通过打败其他民族，来肯定其个体性或灵魂；斗争的目的是支配世界。从这里我们可以看到，像赫拉克利特一样，黑格尔相信：战争是一切事物之父、之王。像赫拉克利特一样，他相信战争是正义的。黑格尔写道："世界史是世界的正义法庭。"像赫拉克利特一样，黑格尔通过把它推广到自然界对这

---

① 参阅本书第十一章第 18 页注①至 19 页注②与正文。另一段富有特征的话如下："发展的原则也包含有存在之潜在胚芽的实存——一种努力实现自身的能力或潜能。"（参阅《黑格尔选集》第 409 页）——关于本节中较后的一段引文，参阅《黑格尔选集》第 468 页（即《法哲学》，第 340 节；另见上面第 69 页注①）。

种学说作了概括，以便把事物的对抗、对立和对立倾向，等等，解释为一种战争，一种自然发展的动力。像赫拉克利特一样，黑格尔信仰对立面的统一或同一；对立面的统一在进化中、在"辩证的"进步中确实起了重要作用，因此，我们可以把赫拉克利特的这两个观念——对立面的战争和它们的统一或同一——描述为黑格尔的辩证法的主要观念。

到此为止，这种哲学似乎还像是一种可以容忍的、像样的和诚实的历史主义，尽管或许是一种有点缺乏独创性的历史主义；[①] 叔本华也似乎没有理由把它描述为江湖骗术。但是，如果我们现在转向对黑格尔辩证法的分析，这种表象就会发生变化。因为他提出这种方法，针对的是康德。康德在其对形而上学的攻击中（这一攻击的激烈程度从我的"导言"所引的箴言可以看得出来）试图表明，所有这类思辨都是站不住脚的。黑格尔从没试图驳斥康德。他崇敬康德的观点，并将其曲解为自己的反面。这就是康德的"辩证法"，即他对形而上学的攻击，何以被改造成黑格尔的"辩证法"——形而上学的主要工具——的原因。

在《纯粹理性批判》一书，康德在休谟的影响下认为，纯粹的思辨或理性一旦贸然进入经验不能检验的领域，很可能陷入矛盾或"二律背反"，产生出他明确地描述为"纯粹幻想"、"胡说"、"幻像"的东西，即"一种无效的独断主义"，一种"对认识一切事物的肤浅的自负"。[②] 他试图表明，一切形而上

---

① 另一方面，如果我们考虑到一种第二流的黑格尔主义，也即一种第三、四流的费希特主义和亚里士多德主义，也经常被渲染为一种原创性的成就，要说黑格尔不具有原创性或许就有点难了（然而可参阅本章第69页注①）。

② 参阅康德的《纯粹理性批判》第2版，第514页；另见第518页第5节的结尾；关于我的导言中的这一箴言，见康德1766年4月8日致门德尔松的信。

学的判断或论题，例如，世界在时间上的开端或上帝的存在，都
会有反判断或反题形成对照；他认为，两者都可以从同样的前提
推论出来，而且可以在同样"自明"的程度上得到证明。换句
话说，当离开经验的领域时，我们的思辨就没有科学的地位，因
为对每一个论证来说，都必然有一个同样有效的反论证。康德的
意图是想一劳永逸地终止形而上学的拙劣作者的"应受谴责的
丰富性"。但是不幸的是，结果适得其反。康德终止的只是拙劣
作者使用合理论证的企图；他们只是放弃了教导公众的企图，而
没有放弃蛊惑公众的企图（正如叔本华所指出的①）。因为这种
发展，康德本人无疑也受到了相当大的指责；由于其著作的晦涩
风格（尽管只是在经历长期的沉思之后才仓促写出），助长了把
德国理论著作中低标准的清晰度降得更低。②

---

① 参阅本书第十一章第 50 页注①及正文。
② 假定我们通常听说的"语言的精神"很大程度上是该特殊语言中的伟大作
家所引进的传统的明晰标准，或许是合理的。在语言中，除了明晰外，还有
一些进一步的传统标准，例如朴实、修饰性和简明的标准等；但是，明晰的
标准也许是其中最重要的标准；它是一种需要细心保护的文化遗产。语言是
社会生活中最重要的机制之一，语言要发挥其作为合理沟通的媒介的功能，
明晰是它的前提条件。它对情感沟通的使用则不太重要，因为我们无须说一
个词就可能沟通一大堆情感。
　　*值得一提的是，从伯克那里学到传统的历史增进之重要性的黑格尔，
通过其在情感中揭示自身的"理性的狡黠"的学说（见第 127 页注①、128
页注①及正文）以及他的现实的论证方法，实际上已经为摧毁康德所建立
的理智传统做了很多工作。但是，他做的远不止此。通过其历史的相对主
义——通过其真理是相对的并依赖其精神的理论——他还帮助摧毁了追求
真理、尊敬真理的传统。另见本章第四节和我的论文《面向传统的合理理
论》（载 1949 年《理性主义年刊》）。*

康德之后的形而上学的拙劣作者都没有作过驳斥他的尝试；① 更有甚者，黑格尔竟然厚颜无耻地庇护康德，"复活他将之恢复到其光荣地位的辩证法的名称"。他认为，康德指出的二律背反是完全正确的，不过他对它的担心却是错误的。黑格尔断言，二律背反正好处在必然自相矛盾的理性的本性之中；这不是我们人类能力的弱点，而是一切触及矛盾和二律背反的合理性的真实本质；因为理性正是这样发展的。黑格尔断言，康德已经分析了理性，仿佛它是某种静态的东西；他忘记了人类通过理性发展我们的社会遗产。但是，我们所乐于称作人的理性的东西只不过是这种社会遗产的特产，是我们所生活的社会群体，即民族的历史发展的产物。这种发展辩证地，即以三拍的节奏进行着。首先是一个论题被提出来；但它会产生批判，会与肯定其反面的反对者发生矛盾，形成一个反题；在这些观点的冲突中，获得了一个合题，即一种对立面的统一，一种在更高层次上的调和或和解。合题就这样通过取代它们吸收了两个最初的对立论题；它把它们降低为自身的组成部分，因而否定、提升和保存它们。一旦这种合理被建立，整个进程就能够在现在达到的一个更高的层次上重复自身。总之，这就是黑格尔称之为"辩证法的三段式"之进步的三拍节奏。

我很愿意承认，这对一种批评讨论和科学思维有时借以进步的

---

① 驳斥康德的辩证法（他的二律背反）的企图似乎很少。在叔本华的《作为意志与观念的世界》和弗里斯《对理性的新的或人类学的批判》（德文第2版，1828年，第 xxiv 页），可以找到试图澄清和复述康德论证的严肃的批评。我曾经试图从康德正确地揭示的观点——在经验不能帮助我们清除虚假理论的地方，纯思辨不能建立任何东西——来重新解释康德的论证［参阅《精神》杂志，第49卷，第417页。在该杂志同一卷第204页中，弗立德对康德的论证提出了小心的、有趣的批评。关于要了解黑格尔的理性的辩证法理论以及他对理性（他的"客观精神"）所做的集体主义解释的尝试，见本书第二十三章对科学方法的社会或人际方面所做的分析，以及第二十四章对"理性"所做的相应解释］。

方式，并不是一种糟糕的描述。因为所有批评都在于消除我们所能发现的矛盾。然而，这意味着科学是按照矛盾不能被允许和可以避免这一假设而推进的，因而发现矛盾就会迫使科学家尽一切努力去消除它；不错，一旦承认了矛盾，所有的科学就必然瓦解。① 然而，黑格尔从他的辩证法三段式中却推衍出一个非常不同的教条。既然矛盾是科学进步的手段，他得出结论说，矛盾不仅是允许的和不可避免的，而且是非常有必要的。这就是黑格尔的学说，它必然要毁灭所有的论证和进步。因为，如果矛盾是不可避免的和必要的，那么，就不需要消除它们，这样，所有的进步就必然会完结。

然而，这种学说只是黑格尔主义的主要原则之一。黑格尔的意图是要自由操纵一切矛盾。他主张"一切事情本身都是矛盾的"，② 为的是为一种观点辩护——这种观点不仅意味着所有科学的终结，而且意味着所有合理论证的终结。他希望承认矛盾的原因在于，他想终止合理的论证，并从而终止科学和理智的进步。通过使论证和批评成为不可能，他试图使自己的哲学证伪一切批评，这样，就可以把自身建成为免受一切攻击的强制的独断论，建成为一切哲学发展之不可逾越的顶峰（我们这里有了第一个典型的辩证歪曲的例子；进步的观念在产生了达尔文的

---

① 对这一陈述的详细论证，可在我的论文《何谓辩证法？》中找到（载《精神》杂志，1940 年第 49 卷，第 403 页以下，特别可参阅第 410 页的最后一段话）。另见一个进一步的陈述，题目为《包含矛盾吗？》。＊这篇文章已发表在《精神》杂志 1943 年第 53 卷第 47 页。写了这篇文章以后，我接到卡尔纳普的《语义学导论》（1942 年），他在该书中引进"综合性"一词，它似乎比"包容"一词为好。特别参阅卡尔纳普著作的第 30 节。＊

在《何谓辩证法？》中，许多问题得到了讨论，它们在本书中只被触及一点；尤其是从康德到黑格尔的转变、黑格尔的辩证法以及他的同一哲学。虽然论文中几个陈述得到了重申，但对问题的两种描述还都主要处于彼此互补之中。见本章第 81 页注②至 84 页注①。

② 参阅《黑格尔选集》第 xxvii 页。关于本段中所提到的强制的独断论的观念，参阅《何谓辩证法？》，第 417 页；另见本书第十一章第 45 页注①。

那个时代是很普通的，但并不符合保守分子的利益，因而被歪曲为其对立面，发展成了一种有终结的发展——一种受禁锢的发展）。

黑格尔主义的两大支柱中的另一个，是他的所谓同一哲学。它也是辩证法的一种应用。我不打算浪费读者的时间以便理解它，尤其是因为我在其他地方已经试着这么做了；① 在主要方面，同一哲学不过是无耻的含糊其辞，用黑格尔自己的话说，只不过是由"幻想"，甚或是"愚笨的幻想"构成。它是一座迷宫，其中像赫拉克利特、柏拉图、亚里士多德以及卢梭和康德这些过去的哲学的阴影和回声，如今他们在那庆祝女巫的安息日的节日里，疯狂地试图混淆和欺骗天真的思想狭隘的观察者。黑格尔的主要观念（同时也是他的辩证法与同一哲学的连接者），是赫拉克利特的对立统一学说。赫拉克利特说："上升之路和下降之路是同一的"，而黑格尔在重复他的意思时却说："向西之路和向东之路是同一的。"赫拉克利特的这个对立统一学说被运用到许多来自旧哲学的回忆，因而它们都被归结为黑格尔自身的哲学体系的"组成部分"。本质与理念、一与多、实体与偶性、形式与内容、主体与客体、存在与变易、一切与无、变与静、现实与潜能、实在与现象、物质与精神，所有这些来自过去的幽灵，似乎都在这位大独裁者的头脑中作祟，而他则用他的气球、用他的吹嘘以及关于上帝和世界的虚构问题来表演他的舞蹈。然而，在这种疯狂中存在一种方法，甚至是普鲁士的方法。因为在这种表面的混淆背后，隐藏着专制君主弗里德里希·威廉的利益。同一哲学是用来为现存的秩序辩护的。它的主要结果是伦理的和法律的实证主义，即一种认为存在的就是善的理论，因为除

---

① 参阅《何谓辩证法？》，特别是第414—420页。在那里引进了"我们的心灵如何把握世界？"的问题。

了现存的标准以外，没有其他标准；这是一种强权即公理的
理论。

　　这种理想是怎么被推出来的呢？只是通过一系列的含糊其
辞。柏拉图说过（我们已经看到，他的形式或理念完全不同于
"心灵中的理念"），只有理念是实在的，易死的东西是非实在
的。黑格尔从这种理论中吸取了理念＝实在这一等式。康德在其
辩证法中谈到"纯粹理性的理念"，是在"心灵中的理念"的意
思上使用"理念"一词。黑格尔从这里吸取了这种理论，即理
念是某种心理的、精神的或理性的东西，它可以用理念的＝理性
这一等式来表达。将这两个等式（或者更确切地说是含糊其辞）
结合在一起，就产生了实在＝理性这一等式；这使得黑格尔认
为，一切合理的都是实在的，一切实在的必然是合理的，而实在
的发展与理性的发展是同一回事。既然存在中不存在能有比理性
和理念的最终发展更高的标准，那么，一切现在是实在的或现实
的事物就必然存在，必然是合理的和善的。① 尤其是善，我们将
会看到，是现实存在着的普鲁士国家。

　　这就是同一哲学。除了伦理的实证主义以外，一种关于真理
的理论也会表现出来，就像是一个副产品（用叔本华的话说）。
它是一种非常便利的理论。我们已经知道，凡是合理的都是实在
的。当然，这意味着，一切合理的东西都必须与实在相符合，因
而必然是真实的。真理是以与理性发展相同的方式发展的，一切
在其发展的最后阶段诉诸理性的东西，对该阶段而言，也必然是
真实的。换句话说，一切在那些拥有新潮的理性的人看来是确切

---

　　① 黑格尔说："一切现实的东西都是理念。"参阅《黑格尔选集》第388页，
　　即注和正文中所引的最后一段话；此外，参阅《哲学全书》第6节及《法
　　哲学》的前言和第270L节。前段中提到的"大独裁者"是暗示卓别林的
　　电影。

的东西，必然是真实的。自明与真理是同一种东西。如果你是新潮的，你所需要的一切就是去信仰一种理论；因为按照定义，这会使它变得真实。就这样，黑格尔所谓的"主体"（即信仰）与"客体"（即真理）之间的对立就变成了一种同一性；而这种对立面的统一也可以解释科学认识。"理念是主体与客体的统一……科学预设着它自身与真理的分离已被消除。"①

　　黑格尔的同一哲学就是如此，这是黑格尔的历史主义赖以建立的第二个智慧支柱。随着同一哲学的建立，这项对黑格尔的较为抽象的理论进行分析的有点令人厌倦的工作，也就告结束了。

---

①　参阅《黑格尔选集》第 103 页以及第 128 页第 107 节。

　　当然，黑格尔的同一哲学表明了亚里士多德的神秘的认识理论——认识主体与被认识客体之统一的理论——的影响（参阅本书第十一章第 25 页注③，第一卷第十章第 383 页注②至 392 页注①，第二十四章第 354 页注①、356 页注①、378 页注①至 392 页注②及 395 页注②）。

　　对我在正文中关于黑格尔同一哲学的评论，可以补充一点，即黑格尔与他那个时代的大部分哲学家一样认为，逻辑是思维或推理的理论（参阅《何谓辩证法？》，第 418 页）。这种看法与同一哲学一起产生了一种结果，即逻辑被认作是关于思维、理性、理念、范畴或实在的理论。从思维是辩证地发展的这个进一步的前提出发，黑格尔就可以推衍出，理性、理念、观念以及实在等，一切都是辩证地发展的；同时他进一步得出：逻辑 = 辩证法，以及逻辑 = 实在的理论。这后一种理论作为黑格尔泛逻辑主义而广为人知。

　　另一方面，黑格尔从这些前提推衍出，范畴是辩证地发展的，即能够成为一种来源于无的自我创造和自我发展（黑格尔从存在的理念开始这种发展，这种存在的理念预先设定存在的对立面，即无，并从无中创出自身存在即变易的转化）。这种从无发展出范畴的企图，有两个动机。一个是错误的观念，即认为哲学必须在无前提的情况下开始（这个观念最近再次被胡塞尔重申；第二十四章会讨论到；参阅该章第 358 页注①及正文）。这导致黑格尔从"无"开始。另一动机是希望为康德的范畴表提供一个系统的发展和证明。康德作过这样的评论，每一组的前两个范畴都是彼此对立的，第三个范畴是头两个范畴的一种综合。这一评论（以及费希特的影响）使得黑格尔希望，他能够从无中"辩证地"推衍出一切范畴，从而证明一切范畴的"必然性"。

本章其余部分限于讨论黑格尔对这些抽象理论所做的实际的政治应用。这些实际应用将更清楚地向我们表明他的所有工作的辩护性目的。

我敢断言，黑格尔的辩证法主要的是被设计来歪曲 1789 年的观念的。黑格尔完全意识到这一事实，即辩证的方法可以用来把一种思想歪曲成它的对立面。他写道："辩证法在哲学上不是新东西，苏格拉底……就曾用来刺激某些清洁工认识讨论主题的愿望，在以这种意图提出各种问题之后，他把那些与之交谈的人全都带到了他们起初的表述已宣布为正确的东西的对立面。"①作为对苏格拉底意图的一种描述，黑格尔的这个表述也许并不十分公正（可以设想，苏格拉底的主要目的是暴露对方的过于自信，而不是把人们引向他们以前所相信的东西的反面）；但是作为黑格尔自身意图的一种陈述，倒是极好的，尽管实际上黑格尔的方法比他的纲领所指明的要笨拙得多。

我要选择黑格尔在《法哲学》（第 270 节）中讨论过的思想的自由、科学的独立性和客观真理的标准等问题，作为这样运用辩证法的第一个例子。他是从只能把思想自由的要求以及它受国家保护的要求解释成什么而开始的。他写道："国家……具有作为其基本原则的思想。因而思想自由和科学只能源于国家；正是教会，烧死了布鲁诺，迫使伽利略放弃信仰……科学，因而必须从国家寻求保护，因为……科学的目的是认识客观真理。"从这个承诺开始（我们可以把它看作描述了其对手的"第一印象"），黑格尔继续把他们带到"他们的第一印象宣称为正确的东西的对立面"，并以一种对教会的可耻的攻击改变了他的立场："但是，这种认识当然并非总是与科学的标准相一致，它可以退化为一种纯粹的意见……对这些意见……它"（即科学）"也可以提

---

① 参阅《黑格尔选集》第 xvi 页。

出像教会一样的同样是自命不凡的要求——要求有意见和信仰的自由"。因此，思想自由的要求和主张科学有进行自我评判的自由的要求就被描述为"自命不凡"；而这仅仅是黑格尔的歪曲的第一步。接下来我们听到，如果面对颠覆性的意见，"国家必须捍卫客观真理"；这提出了一个基本的问题：谁去判定什么是客观真理、什么不是客观真理？黑格尔回答说："一般而言，对什么被视为客观真理……国家必须做出决断。"

通过这个回答，思想自由和科学建立自己的标准的主张最后都让位于它的对立面。

作为辩证法的这种应用的第二个例子，我们选择了黑格尔对政治制宪的要求的讨论，我把它同他对平等和自由的讨论结合了起来。为了评估制宪的问题，应该记住，普鲁士专制主义并不知道有宪法（除诸如君权至上之类的原则之外），而在德国各邦，民主改革的口号是，君主应该"授予国家一部宪法"。但是，弗里德里希·威廉同意他的顾问安锡伦的这一主张，即他决不应向"那些狂热者，即非常积极和大声叫嚷，多年来自我标榜为国家，并喊着要有一部宪法的那群人"① 屈服。尽管在强大的压力下国王答应实行制宪，但他从没履行过他的诺言（传说有一位不幸的宫廷医生，就因为对国王的"宪法"做了一点天真的评论而被解了职）。如今黑格尔怎样探讨这个棘手的问题呢？他写道："作为一种活的精神，国家是一个有机的整体，由各个不同的部门相连接……宪法就是这种国家权力的连接或组织……宪法是现存的正义……自由和平等……是宪法的最终目标和结果。"

---

① 参阅安德森的《民族主义》第 294 页——国家允诺于 1815 年 5 月 22 日制宪——"宪制"和宫廷的故事似乎一直都在诉说着这个时期的君主（譬如诉说着法朗西斯一世皇帝及其继承人奥地利的斐迪南一世）——另一段引文出自《黑格尔选集》第 246 页。

当然，这只是导言而已。不过在实施制宪的要求辩证地转变为专制的君主统治的要求之前，我们首先应该明白，黑格尔如何把自由和平等这两个"目标和结果"转变为它们的对立面。

让我们先看一下黑格尔如何把平等歪曲为不平等：黑格尔承认，"公民在法律面前是平等的"，这句话包含了一个伟大的真理。但是以这种方式表达，只不过是一种同义反复；它只是一般地陈述一种合法身份存在和依法统治。但是，更具体一点说，公民……要在法律面前平等，关键在于他们只能是在法律之外也是平等的。只在他们在财产、年龄等方面拥有平等，才能在法律面前受到平等的对待……法律本身是以不平等的条件为前提的……应该说，制造出个人在实际上具有极大的、具体的不平等，正是现代国家的形式有了巨大的发展和成熟。①

在这个关于黑格尔把平等主义的"伟大真理"歪曲成这样的对立面的概述中，我已经把他的论点作了彻底的省略；我必须告诫读者，整个这一章我不得不全都这样做；因为只有这样才可能从一种可读的方式描述其思想的噜苏和飘忽不定（我不怀疑这是一种病态②）。

下面让我们看看自由。"关于自由"，黑格尔写道，"在从前的时代，所有法定的权利，不论是私人权利，还是城市的公众权利，都被称之为'自由'。实际上，一切真正的法律都是一种自由；因为它包含着理性的原则……换句话说，这意味着它体现了一种自由……"现在这个论点，即它试图表明"自由"等同于"一种自由"，因而等同于"法律"，并且还由此推出，法律越多，自由也就越多，虽然不过是对自由的悖论（柏拉图首先发

---

① 参阅《黑格尔选集》第 248 页（即 1870 年版《哲学全书》第 437—438 页；着重号是我加的）。

② 参阅本书第十一章第 19 页注③。

现，而且我们在前面简述过①）的一种笨拙的陈述罢了（说它笨拙，是因为它依靠一种双关语）；这个悖论可以这样来表述：无限制的自由会导致它的反面，因为如果没有法律的保护和限制，自由必定会导致强者统治弱者的暴政。卢梭含混地重复过这个悖论，康德则解决了它。他要求每个人的自由都应该受到限制，但不能超出对保障全体的同等自由成为必要的那部分。黑格尔当然知道康德的解决，但他不喜欢它，他以下面这种轻蔑的方式描述它，却不提及它的作者："今天，没有什么比这样一个观念更让人熟悉了，即人人都应限制其与别人的自由相关的自由；国家就是这种相互制约的条件；而法律就是这些制约。"但是，他继续批判康德的理论，"它表述了这一种观点，即把自由看作是偶发的乐善好施和自我意愿"。通过这种隐秘的评论，康德的平等主义的正义理论被消除了。

但是黑格尔自身感觉到，他用以把自由和法律等同起来的这个小戏谑，对他的目的来说还不充分；经过一番踌躇之后，他又回到了他最初的问题，即制宪问题。他说："政治自由这个词常被用来指这样一些人对国家公共事务的形式上的参与……否则他们"

---

① 关于自由的悖论，参阅下面第 90 页注①（1）；本书第一卷第六章第 221 页注①之前正文中的四段话、第七章第 241 页注①和 243 页注①；第二十四章第 361 页注①；以及正文中各段话（另见本书第十七章第 204 页注①）。关于卢梭对自由的悖论的重申，参阅他的《社会契约论》，第 1 卷，第 8 章，第 2 节。至于康德对这个问题的解决，参阅本书第六章第 182 页注①。黑格尔经常提到康德的这种解决（参阅康德的《道德形而上学》中对法律理论的介绍第 C 节；卡西勒编《康德全集》第 7 卷，第 31 页）。例如在其《法哲学》第 29 节及第 270 节中，黑格尔遵循亚里士多德和伯克（参阅本书第六章第 222 页注①及正文），就反驳"国家的特殊功能在于保护每个人的生命、财产和任性"的理论，正如他蔑视地指出的，这一理论来源于利科弗龙和康德。

关于本段中开头和结尾的两处引文，参阅《黑格尔选集》第 248 和 249 页。

（亦即普通市民）"会在市民社会的特殊目的和事务中找到自己的主要职能。把'宪制'的主衔只赋予建立这种参与的国家一方……把没有形式上这样做的国家看作是没有宪制的国家，已经成了一种习惯"。① 的确，这已经成了一种习惯。但是，如何消除它呢？通过一种纯粹的语言技巧——通过一个定义："关于该术语的这一用法，唯一要说的事情是，我们一般必须通过宪法来理解法律的裁决，也就是说，理解自由的裁决……"不过黑格尔自己再次感到这种论证的惊人的贫乏，他绝望地投入到集体主义的神秘主义（卢梭提出的）和历史主义之中："'制宪的权力属于谁?'的问题与'谁来制定民族精神?'的问题是同一个问题。"黑格尔疾呼："把你关于宪制的思想同集体精神的思想分开吧，似乎没有宪制，后者就不存在或不曾存在一样，你的幻想证明你们对这种联系"（即民族精神与宪制之间的联系）"的理解有多么肤浅……内在精神和民族的历史才是精神的历史，宪制是由它铸造并将由它铸造的"。但是，这种神秘主义要为专制主义辩护仍然太含糊。它必须更专门些；黑格尔现在敢于这样做。他写道："维护和产生国家及其宪制的真正的活的总体是政府……在作为有机总体的政府中，国王的最高权力是……维系一切和决定一切国家意志，即它的顶峰和无所不包的统一。"在国家的完美形式中，每一个和"一切要素……都达到了它的自由存在，这种意志就是一种现实的决定个体的意志（不仅仅是多数人的意志，在多数人的意志中，决定意志的统一没有现实的存在）；它就是君主制。因此，君主制的宪制是发达理性的宪制；而一切其他的宪制都属于理性的发展

---

① 引文见于《黑格尔选集》第 250 页（即 1870 年版《哲学全书》第 440—441 页）。

和自我实现的较低水平"。① 更特别的是，黑格尔在《法哲学》

---

① （1）关于以下引文，参阅《黑格尔选集》第 251 页（第 540 节），第 251 页
（第 541 节）以及第 253 页（第 542 节的开头）。这些段话都出自《哲学全
书》。出自《法哲学》中的"相似的段落"有：第 237 节（最后一段）至
281 节。两段引文出自第 275 节和 279 节，为首一段的结尾（着重号是我加
的）。关于对自由的悖论的一种同样可疑的用法，参阅《黑格尔选集》第
394 页："如果关于个人意志的原则被认作政治自由的唯一基础……那么，
确切地说，我们就不会有宪制。"参阅《黑格尔选集》第 400 页和 499 页
（见《法哲学》第 274 节）。
　　黑格尔本人对他的歪曲作了总结："在讨论的早期阶段，我们首先承
认……自由的理念是绝对的和终极的目的……然后我们承认国家是一种道德
整体和自由的实在……"这样，我们就以自由始，而以极权主义国家终。
几乎没有人能够更具讽刺意味地描述这种歪曲。
　　（2）关于辩证的歪曲的另一个例子，即把理性曲解成激情和暴力，参阅本
章第四节（g）部分的结尾（第 128 页注①及正文）。在这一方面，令人特别感
兴趣的是黑格尔对柏拉图的批评（另见第 66 页注①、68 页注①及正文）。黑格
尔因为要为一切近代的和"基督教的"价值（不仅为自由，甚至也为个人的和
"主观的自由"）提供辩护，因而批评柏拉图的总体论或集体主义（参阅《法哲
学》第 187 节）："个体的自我充实的……人格的原则，主观自由的原则……其正
当性被柏拉图否定了。这种原则……在基督教的宗教和……罗马世界中，才露出
曙光。"这一批评是非常绝妙的，它证明黑格尔了解柏拉图所知道的一切；事实
上，黑格尔对柏拉图的解读与我自己是一致的。对于未受过训练的读者来说，这
一段话甚至证明，给黑格尔烙上集体主义的印记是不公正的。不过我们只有回到
同一著作的第 70L 节，就会发现，柏拉图的最激进的集体主义言论——"人是
为整体而被创造的，不是整体为你而创造"——是完全为黑格尔认同的，后者
写道："无须说，孤立的个人是某种附属物，因此他必须将自身奉献给伦理整
体"，即国家。这就是黑格尔的"个人主义"。
　　然而，他为什么批评柏拉图呢？他为什么强调"主观的自由"的重要
性呢？《法哲学》第 316 节和 317 节为该问题提供了一个答案。黑格尔深信，
只要承诺人民拥有某种类似于安全阀的少量的自由，且这种自由不能超出不
相干的宣泄其情感的时机，革命就可以避免。因此他（见同上书第 316 节和
317 节）写道："在我们的时代……主观自由的原则有着重大的意义和重要
性……每个人都希望参与讨论和评议。但是，一旦他说出自己的看法……他
的主观性就得到了满足，他就会容忍很多东西。在法国，言论自由已被证明
并不比暴力所强加的沉默更危险；因为在后一种情况下，人们必须忍受一
切，而当他们被允许争辩时，他们有了一种出气口，并得到某种满足；这
样，事情就更容易向前推进了。"要超越由这种讨论所展示的犬儒主义，必
然是很难的，在这一讨论中，如此自由地宣泄了他关于"主观的自由"的
情感，或者宣泄经常称之为"现代世界的原则"的情感。
　　总之，黑格尔除了批评柏拉图未能给被统治者提供一种"主观的自由"
的幻想以外，是完全赞同柏拉图的。

中——前边引文都出自他的《哲学全书》——以一段类似的话作了这样的解释："最终的决定，绝对的自我裁决构成了君主的权力"，"整体中的绝对的决定的因素……是单一的个人，即君主"。

现在我们清楚了。人们为什么会愚蠢到这种地步，要求一个以专制君主制为荣的国家实行"宪制"呢？这种君主制据称代表了一切宪制的最高水平。那些提出这种要求的人显然并不知道他们要做什么，也不知道他们在说什么，正如那些要求自由的人瞎了眼，看不到在普鲁士专制君主制下，"每一个和一切要素都达到了它的自由存在"。换句话说，我们这里有了黑格尔绝对辩证法的证明，即普鲁士是自由的"顶峰"；其专制主义的宪制是人类向往的目标（而不是某些人可能想象的监禁）；其政府将一如既往地保护和维护最纯粹的自由精神——集中。

柏拉图哲学——它一度被宣布为国家的统领——与黑格尔一道成了最卑微的仆从。

关键是要注意，这些可悲的服务是自愿提供的。① 在专制君主统治的那些幸福的日子里，并不存在极权主义的威胁；正如无

---

① 令人吃惊的事情是，这些卑劣的技能竟可以成功，甚至严肃的人们也曾被黑格尔的辩证方法欺骗。作为一个例子，可以提及一下像沃根这样一位追求自由和理性的、有批判精神和开明的战士，也沦为黑格尔的伪善的牺牲品，因为他表述出自己相信黑格尔"信仰自由与进步，根据黑格尔自身的表现，它们……是他的信仰的本质"（参阅沃根的《政治哲学史研究》第 2 卷第 296 页；着重号是我加的）。必须承认，沃根批评过黑格尔"过分倾向于已建立的秩序"（第 183 页）；他甚至说黑格尔"没有人更愿意……向世界保证，应该把最衰败和压迫的制度……作为无疑是合理的制度来接受"（第 302 页）；然而，他是那样信赖"黑格尔自身的表现"，以致将这类特征当成纯粹的"放肆"（第 302 页），当成一种"可被容许的缺点"（第 189 页）。此外，他那最强烈和完全正当的评论，即黑格尔"在普鲁士宪制中发现了政治智慧的终极词汇、历史的……印石"（第 189 页），如果没有一套矫正方法用来恢复读者对黑格尔的信心，则注定是不会发表的；因为沃根遗稿《政治哲学史研究》的编者通过加上注脚、参照黑格尔原话的方式摧毁了沃根评论的力量；假定这些原话就是沃根暗示过的话（他并未提及本章第 93 页注①至 95 页注②正文中所引的那些话），"但也许这些话很难证明这一评论"。

数自由的出版物表明的，检察制度也不是非常有效。当黑格尔出版他的《哲学全书》时，他是海德堡大学的教授。紧接出版该书之后，他即被召至柏林，正如他的崇拜者所说，成了哲学的"公认的独裁者"。但是，有些人也可能认为，这一切即使是真的，也不能用来否定黑格尔辩证哲学的优越性，或否定他作为哲学家的伟大。对于这种看法，叔本华已作了回答："哲学被误用了，国家方面把它当作工具，其他方面把它作为获利的手段……谁实际上还会相信，真理会像副产品一样出现呢？"

　　这些段落让我们看到了黑格尔的辩证方法在实践中应用的方式。我现在要进入到辩证法和同一哲学的联合应用之中。

　　我们看到，黑格尔认为一切都处在流变之中。本质、理念和精神是发展的；当然它们的发展是自我运动的和辩证的；[①] 每一发展的最后阶段必然是合理的，因而是善的和真实的，因为它是所有过去发展的顶峰，超越了以前的所有阶段（因而事物只能变得越来越好）。一切真实的发展，因其是一个实在的过程，按照同一哲学，必然是合理的和理性的过程。这也适用于历史。

　　赫拉克利特坚持认为，在历史的背后存在一种隐藏着的理性。对黑格尔来说，历史成了一本打开的书。这本书是纯粹的辩护。它通过诉诸神的智慧，为普鲁士君主专制制度的优越提供辩护；通过诉诸普鲁士君主专制制度，又为神的智慧提供了辩护。

　　历史是某种实在的东西的发展。按照同一哲学，因而它必然是某种合理的东西。现实世界的进化——其中历史是最重要的部分——被黑格尔视为与一种逻辑的操作或推理的过程是"同一的"。就像黑格尔所认为的，历史是"绝对精神"或"世界精神"的思想进程。它是这种精神的显现。它是一种巨大的辩证

---

　　① 见第 84 页注①。早在亚里士多德的《物理学》第 1 卷第 5 章中，就可以发现这种辩证法理论的某种暗示。

法的三段论；① 照例可以由神推出。三段式是神所遵循的计划；
所得出的逻辑结论是神追求的目的——世界的完美。黑格尔在其
《历史哲学》中写道："哲学借以探讨历史的惟一的思想，是理
性的概念；它是这样一种学说，即认为理论是世界的统治者，因
而世界史向我们呈现出合理的过程。这种信念和直观……并不是
哲学领域里的假设。它在那里证实……理性……是实体；是无限
制的力量……无限的质料……无限的形式……无限制的能量……
这个'理念'或'理性'是真理、永恒和绝对强大的本质；它
在世界中展示自身，在那世界中所展示的唯有这种理性及其光
荣——如前所述，这是一个哲学上证明过的论题，而这里又被当
作推论提出。"这段滔滔不绝的话并没有把我们带得太远。然
而，如果我们看一下"哲学"（即他的《哲学全书》）中的话，
那么就更能看出他的辩护性目的。因为我们在那里读到："历
史，尤其是一般历史，是建立在一个本质的和实际的目的之上
的；这个目的实际上现在是、将来还是在历史——即神的计划中
实现的；总之，历史中有理性，必须按照严格的哲学根据来确

---

① 我非常感谢坎布里奇，他允许我从他对我关于黑格尔的评述所做的精彩批评
中，采用这段主要观点（通过信件告诉我）。

有关黑格尔"绝对精神在世界历史中展示自身"的思想，见《法哲学》
第 259L 节；关于他将"绝对精神"与"世界精神"等同起来，见同书第
339L 节。关于完美是神的目的，以及黑格尔对（康德的）的神的计划是不
可思议的观点的攻击，见同书第 343 节（关于福斯特的有趣的反击，见本书
第二十五章第 421 页注①）。黑格尔对（辩证的）三段论的运用，尤其见
《哲学全书》第 181 节（"三段论是合理的，一切都是合理的"）；在第 198
节中，国家被描述为一种三段论的三部曲；在第 575—577 节中，黑格尔的
整个体系，被描述为类似的一种三段论的三部曲。依据上面所说的最后一段
话，我们可以推论出，"历史"是"第二个三段论"的领域（第 576 节），
参阅《黑格尔选集》第 309 页以下。关于第一段话（引自《历史哲学》导
言第 3 节），见《黑格尔选集》第 348 页。关于接下一段话（出自《哲学全
书》），见《黑格尔选集》第 262 页。

定，从而表明它是本质的以及事实上是必然的。"现在，由于神的目的实际上在历史的结果中"实现了"，有人可能怀疑，这种实现已经在现实的普鲁士发生。情况确实如此；我们被告知，这个目标是如此以理性（或如黑格尔所说的"精神"）的历史发展的三个辩证步骤实现的，其"生命……是进步具体化的循环"。①这些步骤的第一步是东方的专制主义，第二步由古希腊和罗马的民主制和寡头政治构成，第三步，也是最高的一步，是德国的君主制，当然，这是一种专制君主制。黑格尔相当明确地说，他指的不是未来的乌托邦君主制。他写道："精神……没有过去，没有未来，本质上就是现在；这必然寓示着，精神的当前形式包含并超越了所有以前的步骤。"

然而，黑格尔甚至说得比这还要露骨。他把历史的第三个阶段，即德国的君主制或"德意志世界"再分为三个部分，他说："首先，我们应该把宗教改革本质上看作普照万物的太阳，伴随着破晓的霞光，我们看到了中世纪时期的结束；其次是继宗教改革之后的事态的展开；最后是从上世纪结束算起的现代。"即从1800年至1830年（发表这些演讲的最后一年）这段时期。黑格尔又一次证明，这个现在的普鲁士是自由的顶峰、堡垒和目标。他写道："在我们看得见摸得着的一般历史的舞台上，精神以其最具体的实在性展示自己。"黑格尔认为，精神的本质就是自

---

① 参阅《黑格尔选集》第442页。本段中的最后一段引文出自同一地方。

关于三个步骤的问题，参阅《黑格尔选集》第360、362、398页。另见黑格尔的《历史哲学》第110页（西伯利译，1857年出版，引的是1914年的版本）："东方世界只知道……一个人是自由的；希腊和罗马世界知道一部分人是自由的；德意志世界知道所有人都是自由的。因此我们在历史中观察到的第一种政治形式是专制政体，第二种是民主制和寡头制，第三种是君主制。"

（关于对这三个步骤的进一步的讨论，参阅同书第117、260及354页。）

由。"自由是精神的唯一真理。"① 因此，精神的发展必然是自由的发展，最高的自由必然在那代表历史发展最后划分的德国君主制的30年中才实现。的确，我们读到："德意志精神是新世界的精神。其目的是实现作为自由之无限制的自我裁决的绝对真理。"在对普鲁士进行颂扬之后，黑格尔向我们保证，普鲁士政府"取决于官方的世界，其顶点是君主的个人决定；如前所述，一个最后的决定是一种绝对的必然性"。黑格尔达到了他的著作的圆满结论，他说："这是意识已到达的位置，它们构成自由实现自身之形式的主要阶段；因为世界史不过是自由理念的发展……世界史……是精神的实现，这是真正的神正论，历史中的神的公正……所有已发生的和正在发生的事物……本质上都是神的作品……"②

我要问，当我说黑格尔向我们展示的是在为神、同时也是为普鲁士政府作辩护时，难道我不对吗？黑格尔强令我们当作地上的神圣理念来崇拜的国家，只不过是从1800年到1830年弗里德里希·威廉的普鲁士，难道不是很清楚吗？而且我要问，他的这种对一切体面的事物所做的卑鄙的歪曲，还有谁能胜过吗？这种歪曲不仅曲解了理性、自由和和平等，以及开放社会的其他观念，而且曲解了对上帝的真诚信仰，甚至是真诚的爱国主义。

我已经描述了黑格尔如何从似乎是进步的甚至是革命的立场出发，借助于一种歪曲事物的一般辩证方法（现在读者对这种方法已经很熟悉了），最后得出一种令人吃惊的保守的结果。与

---

① 关于接下来三段引文，参阅黑格尔的《历史哲学》第429页；《黑格尔选集》第358、359页。

　　正文的描述在某种程度上简化了问题；黑格尔首先将德意志世界分为三个时期（参阅《历史哲学》第356页以下），他把它们描述为："天父的王国、圣子的王国和精神的王国"（第358页）；精神王国又再分为正文中提到的三个时期。

② 接下来三段话，参阅《历史哲学》第354、376、477页。

此同时，他把他的历史哲学与他的伦理的和法学的实证主义结合起来，为后者提供了一种历史主义的辩护。历史是我们的法官。因为历史和神把现存的权力变成了现实，所以它们的强权必然是公理，甚至是神圣的公理。

但是，这种道德的实证主义并不完全令黑格尔满意。他要求的更多。正如他反对自由和平等一样，他也反对人类的兄弟之爱，反对人道主义理想，或者如他所说的，反对"博爱"。良心应该被盲从，以及被赫拉克利特关于名望和命运的浪漫主义的伦理学所取代，人类的兄弟之爱应该被极权主义的民族主义所取代。有关这点是如何实现的，我们将在本章的第三节，尤其是第四节①中表明。

三

我现在继续扼要概述这个相当奇怪的故事——关于德国民族主义之兴起的故事。无疑，该词所表达的倾向与对理性和开放社会的反叛有密切的联系。民族主义诉诸我们的部落的本能、情感和偏见，诉诸我们试图摆脱个人责任之压力的欲望，试图用集体或群体的责任来取代它。正是在协调这些倾向时我们发现，论述政治理论的最古老的著作，甚至那些老寡头统治者的著作，全都确定无疑地表达了民族主义的观点；因为这著作之所以写作，就是企图反对开放社会，以及反对帝国主义、世界主义和平等主义等新观念。② 但是，民族主义政治理论的这种早期发展，很快就随着亚里士多德一起结束了。亚历山大帝国的诞生，真正的部落民族主义已经从政治实践中消失了，而从政治理论中也消失了很

---

① 尤其参阅本章第 121 页注①。
② 尤其参阅本书第一卷第八章第 289 页注①至 291 页注②。

长一段时间。从亚里士多德开始，所有的欧亚文明国家都成了帝国，包括无数有着混合血统的人口。欧洲文明及其所属的所有政治组织，此后一直带有国际性，或者更准确地说，带有互为部落的性质（似乎早在亚历山大以前，也即就像亚历山大在我们之前一样，古代苏美尔人的帝国就创造了第一个国际文明）。有好的政治实践就有好的政治理论；迄至大约一百多年以前，柏拉图一亚里士多德式的民族主义实际上已从政治学说中消失了（当然，部落的和偏狭的情感总是很强烈）。当民族主义在一百多年以前复活时，它出现在欧洲所有国家中最复杂的国家之一，出现在德国，尤其是出现在拥有大量斯拉夫人口的普鲁士（人们可能不太清楚，大约在一个世纪以前，普鲁士由于拥有占多数的斯拉夫人口，根本不被看作一个德意志的城邦；虽然它的国王像布兰登堡的公爵是德意志帝国的"选帝侯"一样，被认为是德意志的君主。在维也纳会议上，普鲁士被正式接纳为"斯拉夫王国"；而在 1830 年时，黑格尔甚至仍然把布兰登堡和麦克伦堡说成由"德意志化的斯拉夫人"居住①）。

因此，将民族国家的原则重新引进政治学理论，只有很短的一段时间。尽管如此，如今它受到如此广泛的接受，以致被认为是理所当然的事情，而且往往是无意间就这样看。它现在就这样构成了通行政治思潮中的一个不言自明的假设。尤其是从威尔逊提出那个用意不错但考虑欠周的民族自决原则以后，它甚至被许多人认作是政治伦理学的基本公式。如果人们不了解欧洲的历史，不了解它的各个部落的迁徙和混合，不了解来自亚洲的移民浪潮（这些人抵达被称作欧洲大陆的半岛的迷宫时，便在这里定居、分散和融合），他们又怎么能够理解，这可能是早就提出过的一条不适用的原则？解释只能是，威尔逊这位真诚的民主分

---

① 参阅黑格尔的《历史哲学》第 418 页。

子（还有马撒里克，所有开放社会的战士中最伟大的一位①），成了某种导源于一种最反动和最奴性的政治哲学的运动的牺牲品，成了饱受柏拉图和黑格尔形而上学政治理论之哺育的牺牲品，成了建立在这些理论之上的民族主义运动的牺牲品。

民族国家的原则，也就是说，每个国家的领土与一个民族的领土要相一致的政治要求，决不像今天它向许多人呈现的那样是自明的。当有人谈到民族时，即使大家知道他所意指的是什么，但是毕竟不清楚，何以民族性会被当作一个基本的政治学范畴来接受，甚至比例如宗教、出生地、对王朝的忠诚或类似民主的政治信仰（有人会说，民主是将瑞士各民族团结在一起的因素）更为重要。然而，当宗教、领土或政治信仰多少可以清楚地确定时，却从来没有人能够以可以被用作实际政治之根据的方式解释他用民族意指什么（当然，如果我们说民族是生活或出生于一定国家的一定数量的人，那就一切都清楚了；然而，这就意味着放弃民族国家的原则——这一原则要求国家由民族来决定，而不是相反）。所有那些认为民族是由共同的起源、共同的语言或共同的历史结合在一起的理论，实际上没有一种能被接受，或者可以适用。民族国家的原则不仅是不适用的，而且从来就没有被明确地考虑过。它是一个神话。它是一种非理性的、浪漫的和乌托邦的梦想，是一种自然主义的和部落集体主义的梦想。

---

① 马撒里克有时被描述为"哲学王"。但是，他肯定不是柏拉图所喜欢的那类统治者；因为他是一位民主分子。他对柏拉图很感兴趣，然而将柏拉图理想化，并从民主的角度对他进行解释。他的民族主义是对民族压迫的一种反抗。他总是反对民族主义的过激行为。值得一提的是，他的第一部用捷克文写的作品，就是一篇论述柏拉图的爱国主义的文章（参阅科佩克《马撒里克传》中论述马撒里克大学生时代的一章）。马撒里克的捷克斯洛伐克，可能是曾经存在过的最好的、最民主的国家之一；但是撇开这一切不论，它却是建立在民族国家的原则——一种不适用于今天世界的原则——之上的。多瑙河盆地的民族间的联盟，或许防止了许多的不幸。

　　尽管它含有内在的反动的和非理性的倾向，然而奇怪的是，在黑格尔之前的短暂历史中，它竟是一种革命的和自由的信条。凭借某个偶发的历史事件——第一国民军即拿破仑领导的法国军队对德国领土的入侵，以及由这一事件所引发的反抗——却使它迈向了自由的营垒。概述一下这一段发展史以及黑格尔将民族主义拉回到极权主义营垒的方式，不是没有意思的。自从柏拉图首先提出希腊人对于野蛮人的关系就好比主人和奴隶的关系时起，民族主义就从属于这一营垒。

　　我们不会忘记，① 柏拉图令人遗憾地提出了他的基本的政治问题：谁来统治？谁的意志该成为法律？在卢梭以前，对这一问题的通常回答是：国王。卢梭则提出了一个新的具有革命性的答案。他认为不是由国王而是由人民来统治；成为法律的不是一个人的意志，而是所有人的意志。这样，他就导致发明了人民的意志，集体的意志，或者如他所说的"普遍意志"；而人民一旦被赋予意志，就必然会被提升为一种超越的人格；卢梭说："与外在于它的东西相关（即与其他人相关），它成了一个个别存在，一个个人。"在这个发明中，存在着许多浪漫主义的集体主义，但没有民族主义的倾向。然而，卢梭的理论中明显地包含有民族主义的基因，他的最有代表性的理论是，各民族必须被看作是不同的人格。当法国大革命在民族征兵的基础上创造出一支人民的军队时，它就朝民族主义迈出了坚实的一大步。

　　另一位对民族主义的理论做出了贡献的人是 J. G. 赫尔德，他先是康德的学生，后来两人成了私交。赫尔德认为，良好的国家应该有自然的疆界，即其疆界与其"民族"所居住的地方要

---

① 见本书第七章。关于本段后面出自卢梭的引文，见其《社会契约论》第 1 卷第 7 章（第 2 节的结尾）。黑格尔关于人民主权理论的观点，见本章第 106 页注①正文中引自《法哲学》第 379 节中的一段话。

相一致；这是他在《论人类历史的哲学》（1785年）一书中首先提出的一种理论。他写道："最自然的国家是由拥有单一民族特性的单一的人民组成的国家……人民像家庭一样是一种自然的发展，只是分布得更广一点……像在所有人类共同体中一样……在国家的情况下，自然的秩序是最好的——也就是说，这是一种每个人在其中都能实现自然希冀他的职能的秩序。"[1] 这种理论最初并没有产生多大影响，因为它试图为国家的"自然的"疆界问题[2]提供一个答案，而这个答案只能引起有关国家的"自然的"疆界的新问题。有趣的是可以看到，康德立刻意识到在赫尔德的这本著作中有一种危险的非理性的浪漫主义，由于他的直率的批评，赫尔德与他成了死对头。我要从这个批判中引述一段话，因为它不仅一劳永逸地概括了赫尔德，而且也概括了像费希特、谢林和黑格尔之类的后来的神谕哲学家，以及他们的现代追随者。康德写道："拾取类比的聪明敏捷和使用它的大胆想象，使之与罗致情绪和感情的能力结合在一起，为的是获得对其对象的兴趣——一种总是笼罩在神秘之中的对象。对于强大和深刻的思想之努力来说，这些情绪很容易是错的；因此，它们提出了比冷静判断所能证明的还要高明的期望……同义反复被作为解释骗卖，讽喻被作为真理提供。"

正是费希特赋予德意志民族主义以最初的理论形态。他主张，国家的疆界要以语言来决定。（这并没有改善问题。方言的差异在什么地方成了语言的差异呢？斯拉夫民族和条顿民族，究竟有多少不同的语言？或者说这些差异只不过是方言呢？）

---

[1] 参阅赫尔德的论点，齐默恩引自《近代政治哲学》（1939年）第165页（正文中所引的话，并不具有赫尔德的空洞冗词的特征，它曾受到康德的批评）。

[2] 参阅本书第一卷第九章第312页注[1]。

关于出自康德的这两段引文以及本段中的引申，参阅《康德全集》（卡西勒编）第4卷，第179和195页。

费希特的观点有过最为奇特的发展，尤其是如果我们考虑到他们是德意志民族主义的创始人之一的话。1793 年，他曾为卢梭和法国大革命辩护，而 1799 年，他依然宣称："显而易见，从现在开始，只有法兰西共和国才能作为正直人士的祖国，他只能为这个国家奉献力量，因为不仅人类的最高贵的希望，而且它的存在本身，都同法兰西的胜利联系在一起……我要把我自身和我的全部能力奉献给这个共和国。"[①] 值得注意的是，当费希特作这些评论时，他正在美因兹商谈他的大学教职，该地方当时还由法国人控制。E. N. 安德森在其对民族主义的有趣研究

[①] 参阅费希特的《书信集》（舒尔茨编，1925 年）第 2 卷第 100 页。安德森在其《民族主义》一书第 30 页，摘引了该信的一部分。另见赫格曼的《揭穿了的历史》（1934 年第 2 版，第 118 页）——下一处引文出自《民族主义》第 34 页——关于下一节的引文，参阅同书第 36 页；着重号是我加的。

值得一提的是，一种原始的反德意志的情感是德国民族主义的许多创导者所共有的；它表明，民族主义是如何深入地根植于一种自卑的情感（参阅本章第 106 页注[①]和 117 页注[①]）。举一个例子，安德森（见《民族主义》第 79 页）谈到后来一位著名的民族主义者阿恩特时说："当阿恩特 1798 年至 1799 年在欧洲旅行时，他把自己称作瑞典人，正如他所说的，德意志这个名称'在世界上臭不可闻'；但他特别补充道，这不是普通德国人的过错。"赫杰曼正确地认为（第 118 页），该时代的德国的精神领袖们特别反对普鲁士的野蛮习气，他引用温克尔曼的话说："我宁可做一位土耳其的宦官，也不愿做一名普鲁士人"；莱辛也说："普鲁士是欧洲最具奴性的国家"；他提到歌德曾经热情地希望能从拿破仑那里获得解救。赫杰曼也写过一本反对拿破仑的书，他补充说："拿破仑是一位暴君……不管我们如何攻击他，必须承认的是，他在耶拿的胜利，迫使弗里德里希的反动政府引进了一些长期延误了的改革。"

在康德的《人类学》一书中，可以看到他对 1800 年代德国的一个有趣的评价，他在其中很严肃地讨论了民族的特性。说到德国人，康德写道："他的坏的方面是，在其自身的原创力上，强行去模仿别人的和他自身那不高明的意见……尤其是有一种特定的腐化的倾向，按照一种等级和特权制度刻意划分自己与其他公民的关系。在这种等级制度中，他无休止地发明各种头衔，从而具有源自学究的奴性……在所有文明的民族中，德国人最容易屈从于他恰好生活于其下的政府，并且屈从的时间也最长，他比任何其他人更能疏离热爱变迁和已建立的秩序。他的性格是一种迟钝的理性。"（《康德全集》第 8 卷，第 213、211 和 212 页；着重号是我加的。）

中写道："在1804年，费希特……渴望放弃普鲁士的工作，接受俄国人的召唤。普鲁士政府没有满足他提高工资的要求，他希望从俄国获得更多的认可，因而写信给俄国的谈判者说，如果俄国政府聘他为圣彼德堡科学院的研究员并付给他不低于400卢布的薪俸，'我到死都是他们的人'……"安德森继续写道："两年之后，世界主义者费希特完成了向民族主义者费希特的转变。"

法国人占领柏林时，出于爱国主义，费希特离开了；他之所以采取这一行动，正如安德森所说，是由于"他不允许自己……仍然不被普鲁士国王和政府注意"。当A. 缪勒和W. 冯·洪堡受到拿破仑接见时，他给妻子写信愤愤不平地说："我并不嫉妒缪勒和洪堡；我高兴我没有得到这个丢脸的荣誉……如果一个人公开宣布为一个美好的事业献身，那么这不仅会使他的良心、显然也会使他后来的成功不同凡响。"安德森对此评论说："事实上，他得到了利益；毫无疑问，他被召至柏林大学，是这一情节所致。这并不有损于他的行为的爱国主义，只是应该以适当的观点对待它。"对这一切我们必须补充说，费希特作为哲学家的生涯，一开始就建立在欺骗之上。他的第一本书是匿名出版的，当时康德的宗教哲学——题为《一切天启之批判》——正被期待着。这是一本极其笨拙的书，它并未避免使自己成为康德风格的巧妙摹本；他用尽了所有的办法，包括谣言，以使人相信这是康德的著作。如果我们知道，费希特只是因为康德的好心（康德只读了前几页）才找到了出版商，问题就会更明白了。当出版界把费希特的著作当作康德的著作来称赞时，康德不得不向公众宣布，这部书是费希特的，由此费希特的声望突然间高涨起来，被聘为耶拿大学的教授。不过，为了与此人脱离关系，康德后来不得不作了另一个声明，在这个声明中出现有这样的词句："愿上帝保佑我们免受友人的攻击，如果攻击来自敌人，我们还能够设法保护自己。"①

　　这就是费希特这个人的生涯中的几个插曲，他的"夸夸其谈"曾经产生过近代民族主义和近代唯心主义哲学，当然是建立在对康德的教诲的曲解之上（在区分费希特的"夸夸其谈"和黑格尔的"江湖骗术"时，我遵循的是叔本华，尽管我必须

---

　　① 参阅《康德全集》第8卷，第516页。当费希特以一位穷困的无名作者求助于康德时，康德立刻就要帮助他；在费希特的第一本著作匿名出版之后，经过七年的怀疑，康德才说他对费希特的看法，尽管这还是各方面迫使他这样做，例如迫于费希特本人的压力，他摆出自己是康德承诺的履行者的姿态。最后，康德发表了他的《关于费希特的公开解释》，作为对"一位评论家以公众名义提出的严肃要求"的答复，即他必须说出自己的看法。他声明，在他看来，"费希特的体系整个都站不住脚"；他拒绝对一种由"贫乏的巧致"构成的哲学说些什么。在祈祷愿上帝保佑我们免受朋友的攻击之后（如正文中所引），康德继续说："因为也可能有一种……巧于欺骗和弃信弃义的朋友，设计毁灭我们，虽然口头上仁慈；为了要避免他们所设的陷阱，我们不得不格外地小心。"如果像康德这位最稳重、仁慈和讲良心的人会被迫说出这样的话，那么我们就有理由严肃地考虑他的判断。然而，我还没有看到有哪部哲学史如此清晰地表明，在康德看来，费希特是一位不诚实的欺诈者；尽管我曾看到许多哲学史竭力要为叔本华的指控辩解，例如通过暗示叔本华有嫉妒的心理。

　　但是，康德与叔本华的控诉绝不是孤立的。费尔巴哈在1799年1月30日的一封信中，也表达了其本人和叔本华一样强烈的看法（参阅《叔本华全集》第5卷，第102页）；席勒得出了一个类似的意见，歌德也有同感；尼可洛维斯称费希特是"谄媚者和骗子"（参阅赫杰曼的同上书第119页以下）。

　　令人惊奇的是可以看到，像费希特这样的人，借助谣言的阴谋，不顾康德的抗议，而且在康德生前，居然能够成功地曲解他的"导师"的学说。这件事发生只有一百多年，那些不怕麻烦去读康德与费希特的书信以及康德的声明的人，很容易就能鉴别此事；这表明，我关于柏拉图歪曲了苏拉拉底的教诲的理论，决不像它在柏拉图主义者看来那样是奇谈怪论。苏格拉底当时已逝，没有留下只言片语（如果这种比较不会过于抬高黑格尔和费希特的荣誉的话，那么我们可以说：没有柏拉图，就不可能有亚里士多德；没有费希特，就不可能有黑格尔）。

承认，坚持这种区分可能有点卖弄的嫌疑）。整个故事之所以有趣，主要是因为它揭示了"哲学史"和一般"历史"的真相。我指的不仅仅是这个或许与其说可耻、毋宁说幽默的事实，即这帮小丑竟然还被认真对待，他们被变成崇拜的对象，变成某种严肃的（尽管经常是令人厌烦的）研究对象，以及变成审查报告竞争的对象。我指的不仅仅是这个令人吃惊的事实，即空谈家费希特和江湖骗子黑格尔，竟被当作像德谟克利特、帕斯卡尔、笛卡儿、斯宾诺莎、休谟、康德、J. S. 穆勒以及 B. 罗素这一层次的人物来看待，他们的道德说教还被认真看待，甚或被认为比其他那些人的理论还要优越。然而，我的意思是，那帮谄媚的哲学家们，许多人分不清思想和幻想，不提善与恶，竟敢说他们的历史是我们的裁判官，或者敢说他们的哲学史是对各种"思想体系"的不言自明的批判。我想很明显，他们的谄媚只能是对他们的哲学史的不言自明的批判，是对那些赞美哲学事务的吵闹自夸和密谋的批判。似乎形成了一条那些人喜欢称之为"人性"的规律，即自负与思想匮乏是成正比的，但与给人类财富提供的总量却成反比。

正当费希特成为一个民族主义的鼓吹者时，一种本能的种革命的民族主义作为对拿破仑的侵略的反抗，却在德国正在兴起（这是对跨民族的帝国之扩张的一种典型的部落式的反抗）。人民要求一种他们在卢梭和法国大革命意义上理解的民主改革，但他们是在没有法国征服者的条件下需要它。他们转而反对自己的君主，同时也反对拿破仑皇帝。这种早期的民族主义是作为一种掩饰自由和平等的欲求，随着一种新宗教而兴起的。安德森写道："民族主义是随着正统基督教的衰落而兴起的，它以信仰其自身的神秘体验取代了后者。"① 这是一种拥有

---

① 参阅安德森《民族主义》第 13 页。

被镇压部落的其他成员的共同体的神秘体验，是一种不仅取代了基督教，尤其取代了对国王的信任和忠诚之情感的神秘体验（这种情感被专制主义的凌辱摧毁了）。显然，这样一种难以控制的、新的和民主的宗教对于统治阶级来说，尤其是对于普鲁士国王来说，是大的躁动、甚至是危险的源泉。怎样面对这种危险？解放战争以后，弗里德里希·威廉通过首先解除其民族主义的顾问，然后任命黑格尔来面对它。因为法国革命证明了哲学的影响，这一点曾被黑格尔充分强调（因为这是他自身的服务的基础），他说："现在，精神是潜在组织的本质性基础，因而哲学变成了主导者。据说法国革命由哲学所致，哲学被描述为世界智慧，这不是没有理由的；哲学不仅是自在自为的真理……而且也是显现在世界事物中的真理。因此，我们不应该与这一判断相矛盾，即法国革命接受了来自哲学的第一推动力。"① 这是黑格尔洞察到他的直接任务的一个暗示，即要提供一种相反的推动力；虽然它不是第一推动力，但哲学通过它可以加强反动的力量。这个任务之一就是曲解自由、平等这样一些观念。但是，制服革命的民族主义宗教或许是一个更加紧迫的任务。黑格尔按帕累托的劝告在精神上完成了这一任务："利用情绪，不要把精力浪费在摧毁它们的无益努力。"他制服了民族主义，不是用直言不讳的反对，而是将其转变为训练有素的普鲁士极权主义。恰好是，他把一种强大的武器带回到它根本上就不属于的封闭社会的营垒中。

这一切都做得很笨拙。黑格尔为了取悦于政府，有时过于公开地攻击民族主义者。他在《法哲学》中写道："有些人近来开始谈论'人民主权'，以反对君主主权。但是当它与君主主义相

---

① 参阅黑格尔的《历史哲学》第 465 页。另见《法哲学》第 258 页。关于帕累托的劝告，参阅本书第十三章第 142 页注①。

比较时，'人民主权'就只不过成了一个含混范畴，它来自于'人民'这一野蛮的观念。没有君主……人民只不过是乌合之众。"① 早在《哲学全书》中，他就写道："个人的聚集往往被说成民族。然而，这样的聚集是乌合之众，而不是民族，正因为此，国家的目的之一就是，一个民族不应作为这样的聚集而存在、统治和行动。一个民族处于这样的状态，是一种没有法律、没有道德、禽兽般的状态。在这种情形下，一个民族只是一种不定型的、野蛮的盲目力量，像狂暴的充满自然力的大海，但它却不会像民族——一种精神的元素——一样自我毁灭。然而人们经常会听到这种状态被描述为纯粹的自由。"这里在向自由的民族主义者作明白无误的暗示，国王像憎恶瘟疫一样憎恶它们。当我们看到黑格尔提及早期民族主义者重建德意志帝国的梦想时，这一点会更明白。他在对普鲁士的最新发展的颂词中说道："帝国的梦幻已经完全消逝。它被破碎为主权国家。"这种反自由倾向导致黑格尔把英国说成是恶的意义上的国家的典型例子。"以英国为例"，他写道，"由于个人在公共事务中占有了绝对的分量，所以这个国家被认为拥有一切宪制中最自由的宪制。经验表明，与欧洲的其他文明国家相比，这个国家在市政和犯罪立法方面，在财产的法律和自由方面，以及在艺术和科学的安排方面，等

---

① 参阅《法哲学》第 279 节；次一引文见《黑格尔选集》第 256 页。对英国的攻击，在下一段之后有展开，见《法哲学》第 257 页。关于黑格尔提到的德意志帝国，参阅《历史哲学》第 475 页（另见本章第 123 页注①）——自卑感（特别是相对于英国）和敏感都诉诸这种情感，在民族主义兴起的历史中发挥了重要作用；另见本章第 101 页注①和 117 页注①。有关英国的其他段落，参阅本章下一注释及第 117 页注①与正文（"艺术和科学"一词，是我加的黑体）。

等，都是落后的，客观的自由或合理的权力沦为形式上的[①]权力和个人的特殊利益的牺牲品：甚至在宗教的制度和奉献给它的财产方面也是如此。"这真是一个让人吃惊的陈述，尤其是当他把"艺术和科学"也考虑到时更是如此，因为没有谁比普鲁士更落后了，在那里，柏林大学只是在拿破仑战争的影响下才创立，正如国王所说，其设想在于"国家必须以理智的力量代替物质力量上失去的东西"。[②] 在后面几页中，黑格尔忘记了他对英国

---

① 　黑格尔对"形式上的权利"、"形式上的自由"、"形式上的宪制"等的蔑视，是很有意思的，因为它是现代马克思主义者批评纯粹"形式上的"民主的含混来源，他们认为这种民主只提供"形式上的"自由。参阅本书第十七章第 203 页注②及正文。

　　在此可以援引几个黑格尔在其中谴责纯粹"形式上的"自由的富有特征的段落。它们都采自《历史哲学》。第 471 页说："与一切相反"（即与普鲁士的"整体的"恢复相反），"自由主义确立了一种原子的原则，该原则坚持个人的意志至高无上，认为一切政府应该……得到他们的"（即人民的）"明确批准。因而在肯定形式上的自由方面——这种纯粹的抽象——有争议的党派就根本不可能建立任何政治组织。"——第 474 页说："英国的宪制是一种纯粹的特殊权利和特权的复合体……说到具有现实自由之特征的制度"（与形式上的自由相反），"没有哪里比英国还少。就私人权利和拥有财产的自由而言，他们表现出一种令人难以置信的缺乏：在长子继承制上可以提供充分的证明，该制度使得（通过购买或其他方式）为贵族的次子提供军事职位或教士职位成为必要。"关于"只不过是形式上的意志"和那"仍然只是形式上的""自由的原则"，可进一步参阅《历史哲学》第 462 页中对法国人权宣言和康德的原理的讨论。与此相对照，例如，第 354 页就涉及这一评论，它表明德意志精神是"真正的"和"绝对的"自由："德意志精神是新世界的精神。他的目的是实现作为自由的无限制的和自我决定的绝对真理；实现那种以自身的绝对形式作为其主旨来实现的自由。"如果我在蔑视的意义上使用"形式上的自由"一词，那么我就应该像黑格尔在《法哲学》第 317L 节中所讨论的那样，将它用在"主观的自由"上（在第 90 页注①的结尾有引述）。

② 　参阅安德森《民族主义》第 279 页。关于黑格尔提到英国（在本段结尾的括号内有引述），参阅《黑格尔选集》第 263 页，即 1870 年版《哲学全书》第 452 页，另见本章第 117 页注①。

的艺术和科学所说的话；他在那里说道，"在英国，历史写作的艺术经历了一个净化的过程，形成了一种更坚实和更成熟的境界"。

我们看到，黑格尔懂得其任务是反对民族主义中自由的、甚至是帝国主义的说教。他通过说服民族主义者做到这一点，即认为他们的集体主义要求是可以通过一个全能的国家而自动实现的，他们要做的一切就是协助加强国家的权力。他写道："民族国家，就其实质的合理性和直接的现实性而言，就是精神；因此它是尘世的绝对权力……国家是人民自身的精神。现实的国家，不论在其具体事务中，在其战争中，还是在其制度中，都受到这种精神的鼓舞……一个特定民族的自我意识是其集体精神发展的媒介……时代精神将其意志赋予其中。其他民族的精神没有权力违背这个意志：民族支配世界。"① 因此，活跃在历史舞台上的是民族及其精神和意志。历史是各种民族为追求支配世界而竞争。由此可以推论，自由的民族主义者所提倡的改革是不必要的，因为无论如何民族及其精神都是主角；此外，"每个民族都

① 本引文出自《法哲学》第 331 节。关于下面的两段引文，参阅《黑格尔选集》第 403 和 267 页。关于更下面的引文（说明法律的实证主义），参阅《黑格尔选集》第 449 页。关于统治世界的理论，另见本书第十一章第 19 页注③及正文所概括的统治与臣服以及有关奴隶制的理论。关于民族精神、意志或天资在历史上，即在战争史上肯定自身的理论，参阅本章第 116 页注①和 123 页注①及正文。

涉及民族的历史理论问题，参阅下面对雷南的评论（齐默恩引自《近代政治理论》第 190 页）："我敢说忘记自己的历史错误和犯这种错误，是民族形成中的本质要素；因此，历史研究的进步常常会危及民族性……一切个人应该有许多共同的东西，更进一步说，他们应该忘记许多东西，如今已构成一个民族的本质。"我们很难相信，雷南是一个民族主义者；然而，尽管雷南具有民主的类型，但他确实是一个民族主义者；其民族主义是典型的黑格尔式的民族主义；因为他写道："民族是一个灵魂，是一种精神原则。"（第 207 页）

有适合于它和属于它的宪制"（法律的实证主义）。我们看到，黑格尔不但用柏拉图—普鲁士式的国家崇拜，而且用历史崇拜，用历史成功的崇拜，取代了民族主义中的自由因素（弗里德里希·威廉成功地反击了拿破仑）。这样，黑格尔不仅掀开了民族主义历史中的新的一页，而且也为民族主义提供了一种新的理论。我们已经看到，费希特曾经为它提供过一种以语言为基础的理论。黑格尔引进了民族的历史理论。按照黑格尔说法，民族是由活跃在历史中的精神联结在一起的。它是由于共同的敌人和在战斗中建立的兄弟情谊而联结在一起的（据说种族是这样一种人的集合体，它不是由于人的出身，而是由涉及其出身的共同错误而联结在一起的。同样的，我们可以说，一个黑格尔意义上的民族是这样一批人，它由涉及其历史的共同错误而联结在一起）。这个理论与黑格尔的历史主义的本质主义如何联系在一起，是很清楚的。一个民族的历史就是其本质或"精神"的历史，就是在"历史舞台"上肯定自身。

在结束关于民族主义兴起的这一概述时，我想就迄今为止俾斯麦的德意志帝国建立时的事件作点评论。黑格尔的策略是利用民族主义的情绪，而不在摧毁它们的无益努力中浪费精力。但是，有时这种谄媚的伎俩似乎带来相当奇怪的结果。中世纪的基督教教义变成了极权主义的信条，并不能完全压制它的人道主义倾向；基督教一次又一次地突破极权主义的外衣（并被作为异端来迫害）。这样，帕累托的劝告不仅不能用来抵消危害统治阶级的倾向，而且还能无意间维护这些倾向。同样的情形也发生在民族主义身上。黑格尔制服了它，却用普鲁士的民族主义取代了德意志的民族主义。但是，通过这样把"民族主义还原为普鲁士的成分"（用他自己的行话说），黑格尔就"维护"了它；普鲁士自身发现不得不沿着德意志民族主义的情绪的道路继续前进。在1866年攻打奥地利时，它不得不以德意志民族主义的名义和维护"德意志"的领导的借口这样做。它不得不把1871年大幅度扩张了的普鲁士宣扬为新的"德意志帝国"。一个新的"德意志民族"——按照黑格尔的民族历史理论，已由战争融为一个联合体。

四

在我们今天这个时代，黑格尔歇斯底里的历史主义依然是现代极权主义将其快速成长归之于它的催化剂。它的运用，正如本章第五节将会表明的，既提供了基地，也把理智的不诚实教给了知识分子。我们必须明白这一教训，即理智的诚实对我们所热爱的一切都是基本的。

然而，就这些吗？这公平吗？认为黑格尔的伟大之处在于他事实上是一种新的、历史的思维方式——一种新的历史感的创造者，不是什么都没说吗？

许多朋友批评我对待黑格尔的态度，批评我没能看到他的伟大之处。他们当然是完全正确的，因为我的确没有看到这点（现在依然如此）。为了弥补这一不足，我对这个问题作了一种非常系统的探索，黑格尔的伟大在哪里呢？

结果令人失望。无疑，黑格尔关于历史剧的浩瀚和伟大的说法，创造了一种对历史感兴趣的氛围。无疑，他那宏大的历史概括、分期和解释，吸引了一些历史学家，向他们提出了要创造有价值的和详细的历史研究的挑战（这种研究近乎永恒地表明了黑格尔的发现以及他的方法的缺点）。然而，这种挑战对历史学家和哲学家的成就有什么影响吗？或者毋宁说，它不就是对宣传家的成就有影响吗？我发现，历史学家倾向于评价黑格尔（如果从根本上说）是一个哲学家，而哲学家则认为他的贡献（如果有的话）在于对历史的理解上。但是，历史主义并不是历史，要相信它既不应该有一定的历史的理解，也没有揭示历史的意义。如果我们想要评价黑格尔作为一个历史学家，或者作为一个哲学家的伟大之处，那么我们就不应该反身自问，是否有人发现了他对历史的看法具有鼓动性，而应该问，是否他的这种看法中存在一些真理？

在黑格尔的哲学中，我只发现了一个重要的、或许被认为是不言自明的观念。它就是导致黑格尔攻击抽象的理性主义和理智主义的观念，这种理性主义和理智主义并不认为理性应该感激传统。对下面这个事实应该有一定的认识（然而黑格尔在逻辑中忘记了它）：人不能白手起家，从无中创造出一个思想的世界；而他们的思想主要是理智传承的产物。我准备承认，这是一个重要的观点，如果人们愿意探索的话，在黑格尔那里可以找到它。不过我否认这是黑格尔本人的贡献。它是浪漫主义时代的共同财富。一切社会存在都是历史的产物；不是理性设计的发明，而是由不同的历史事件、不同的观念和利益的相互作用、不同的苦难和情感呈现出不同的形态，这一切都要比黑格尔古老。它可以追溯到埃德蒙·伯克，他对传统对于一切社会制度的功能所具有的意义的赞赏，对德国浪漫主义运动的政治思想产生了巨大影响。这种影响的痕迹在黑格尔思想中可以找到，但只是以一种夸大的、站不住脚的历史和进化的相对主义的形式出现——以一种危险的理论形式出现，即认为今天所相信的，实际上是今天才是真的，同样危险的推论是，昨天是真的（注意：是真的，而不仅仅是"信以为真"），明天可能就是假的。这种理论肯定不会鼓励赞赏传统的意义。

五

我现在继续进行对黑格尔主义最后一部分的讨论，分析新部落主义或极权主义对黑格尔学说的依赖。

如果我的目的是写一部分关于极权主义兴起的历史，我就必须首先讨论马克思主义；因为法西斯主义部分起因于马克思主义在精神和政治上的衰败（我们将会看到，关于列宁主义和马克思主义的关系，可能会得出一个类似的陈述）。然而，由于我的主要论题是历史主义，所以我准备先解决法西斯主义，稍后再来讨论作为早就产生的历史主义的最纯粹形式的马克思主义。

在对自由和理性的长期反叛中，现代极权主义只是其中的一个插曲。与过去那些较老的插曲相比，这种不同主要不在于它的意识形态，而在于这一事实，即它的领导人实现了一种其前辈的最大胆的理想；他们使反叛自由成了一种流行的运动（当然它的普遍性不必估计过高；知识分子只是人民群众的一部分）。它之所以可能，是由另一种流行运动的衰败造成的，即在有关国家，社会民主党或马克思主义的民主翻版衰败了，在劳动人民的心目中，后一种运动是赞成自由和平等的观念的。人们逐渐明白，这个运动 1914 年没有采取一种决定性的反战立场，不是偶然的；当人们逐渐弄清楚，它无助于应付和平问题，尤其无助于应付失业和经济萧条时，当最后这个运动为自己半心半意地反对法西斯主义作辩护时，那么自由的价值和平等的可能性的信仰就受到了严重的威胁，对自由的长期反叛就不择手段地获得或多或少的群众支持。

法西斯主义不得不接受马克思主义的部分遗产，这一事实解释了法西斯主义意识形态的一个"初始的"特征，因为正是在某一观点上它背离了反叛自由的传统特征。我想起的这一观点是，法西斯主义不太喜欢公开诉诸超自然的力量。这并不是说，它必然是无神论的或缺少神秘的和宗教的因素。然而，透过马克思主义而广为传布的不可知论却导致了这一情形：在工人阶级之中，没有哪一种以普及性为目的的政治信条能够使它自身就范于任何传统的宗教形式。这就是法西斯主义，至少在其早期阶段，将其官方意识形态附加上某种 19 世纪的进化论唯物主义的混合物的原因。

因此，法西斯主义者谋划的公式在所有国家都是一样的：黑格尔加上少量的 19 世纪的唯物主义（尤其是海克尔提出的具有某种粗野形式的达尔文主义[①]）。种族主义中的"科学的"因素可追溯到海克尔，1900 年他负责一项有奖竞赛，其主题是："在国家内部的和政治的发展方面，我们能从达尔文主义的原理中学到什么？"一等奖被授予沙尔迈尔的一部种族主义的长篇巨著，沙尔迈尔因而成为种族生物学的鼻祖。尽管其起源有很大差别，但是看看这种唯物论的种族主义与柏拉图的自然主义有多么强烈的相似，是很有意思的。在这两种学说中，基本的思想是：退化，尤其是上层阶级的退化，是政治衰败（读作：开放社会的进步）的根源。此外，近代的血统与土地的神话，在柏拉图的地生人的神话中，也找到了其精确的对立物。不过，现代种族主义的公式不是"黑格尔＋柏拉图"，而是"黑格尔＋海克尔"。我们将会看到，马克思用物质，用物质的和经济的利益，取代了黑格尔的"精神"。同样的，种族主义用某种物质的东西，即血统或种族的准生物学概念，取代了黑格尔的精神。成为自我发展的本质的，是血统而不是"精神"；成为世界的主权并在历史的舞台上展示自身的，是血统而不是"精神"；决定一个民族的本

[①] 海克尔几乎很难被当作一位哲学家或科学家。他把自己称作自由思想家，但他的思想并未能充分防止他在 1914 年要求"下列胜利果实"：

"（1）从英国的专制中解放出来；（2）德国海军和陆军侵占英国海盗国家；占领伦敦；（3）分割比利时"；这种观念有着漫长的历史渊源（见《百年来的一元论》，1914 年第 31 和 32 期订本，第 65 页，引自《德国如是说》第 270 页）。

沙尔迈尔的得奖论文是：《民族生活中的遗传与选择》。

质的命运的，是它的血统而不是"精神"。

黑格尔主义转化为种族主义或精神转化为血统，对黑格尔主义的主要倾向并没有多大的改变。它只是给它涂上了一层生物学或现代进化论的色彩。结果是一种唯物主义的同时也是神秘的关于自我发展之生物学本质的宗教，很容易让人想起创造进化的宗教（其首创者是黑格尔主义者伯格森①），这种宗教曾被萧伯纳与其说是深刻不如说是预言式地表述为"一种信仰，它遵循着所有曾经控制人性的宗教的首要条件，即它必须是……一种后设生物学"。的确，这种种族主义的新宗教曾经明显地表现出一种后设成分和生物学成分，或者表现出黑格尔的神秘的形而上学和海克尔的唯物主义生物学。

现代极权主义与黑格尔主义的差别还是多的。尽管从普及性的观点看可以撇开其重要性不论，但是就其政治倾向所及而言，这种差别并不重要。然而，如果我们现在就转向这种相似性，那么，我们就会看到另一种情景。几乎所有比较重要的现代极权主义的观念，都直接得到黑格尔的承传，黑格尔收集和保留了 A. 齐默恩②所谓的"极权主义运动的武器库"。虽然这些武器大部分不是黑格尔自身铸造的，却是他在各种古代长期反叛自由的战争宝库中发现的，重新发现了它们，并把它们交到了他的现代追随者手中，无疑他做出了努力。下面是一些此类最重要观念的简要清单（我省略了已经讨论过的柏拉图的极权主义和部落主义

---

① 关于伯格森的黑格尔主义，参阅本章第 76 页注③。关于萧伯纳的创化宗教的特征，参阅《重返米修塞拉》一书前言的最后一节："随着创化概念的发展，我看到我们最终达到一种信仰的边缘，这种信仰符合一切曾经掌握人性的宗教的首要条件：亦即首先并且基本上是一种后设生物学。"

② 参阅齐默恩《近代政治理论》的精彩前言，第 8 页——关于柏拉图的极权主义，参阅第 68 页注①正文。关于主人与奴隶、统治与臣服的理论，参阅本书第 19 页注③；另见第 120 页注③。

以及主人和奴隶的理论）。

（a）民族主义，依据历史主义的观念形态，国家是国家创造的民族（或种族）的精神（现在是血统）的体现；一个被选中的民族（现在是被选中的种族）注定要统治世界。（b）国家作为所有其他国家的天然敌人，必须在战争中维护其存在。（c）国家免于任何种类的道德义务；历史，即历史的成功，是惟一的裁判官；集体利益是个人行为的唯一准则；宣传家说谎和曲解真理是可以允许的。（d）战争的"伦理的"观念（总体的和集体主义的），尤其是新兴的民族反对古老民族的观念；战争，命运和名誉是最值得追求的东西。（e）伟大人物的创造性的角色，世界历史的人格，具有高深知识和伟大情感的人（现在是领导原则）。（f）英雄生活的理想（"不辞危险地活着"）以及"英雄人物"的理想，与小资产阶级及其浅薄平庸的生活的对立。

这个精神宝库的清单既不系统，也不全面。它们都是老的祖传的遗产的组成成分。它们被贮藏起来，并为我们准备着，不仅存在于黑格尔及其追随者的著作中，而且毫无例外地存在于由此类品质恶劣的精神食粮养育了整整三代的知识分子的头脑中。叔本华很早就称这些精神食粮是"破坏理智的假哲学"，是"有害的和误用语言"。① 我现在就来对这个清单上的各种论点进行一次更详细的审查。

（a）按照现代极权主义的学说，国家本身不是最高目的。相反，这个最高目的是血统、人民和种族。较高的种族拥有创建国家的力量。种族或民族的最高目的是组成一个强大的国家，该国家能够充当其自我保存的强大工具。这个教导来自黑格尔（不过用血统取代了精神），他写道："在一个民族的存在中，根本的目的在于成为一个国家，并把自身保存下去。一个还没有使

---

① 参阅叔本华的《基本问题》，第 xix 页。

自身形成为国家的民族，一个纯粹的民族，严格说来还没有历史，就像那些在受奴役的状态下生存的……民族一样。一个民族所发生的事情……相对于国家来说，有其本质的意义。"[①] 这样形成的国家将会是极权主义的国家，也就是说，它的权力必然会以其全部功能渗透和控制人们的整个生活："因此，国家在一个民族的生活中，是一切具体要素的基础和核心：艺术、法律、道德、宗教和科学的要素……国家这个具体实在中存在的实体……是人民的精神本身。在一切国家的特殊事务中，如在战争、制度等中，现实的国家都受到这种精神的激励。" 由于国家必然是强大的，它必然同其他国家争夺势力。它必然要在"历史的舞台"上肯定自己，必然要以自己的历史行动证明其特有的本质或精神，以及它的"严格界定的"民族性格，而最终目的必然是支配世界。这里可用黑格尔的话来概括这种历史主义的本质主义："精神的本质就是活动、它自己的工作……因此，它是与民族精神并存的；它是一种具有严格界定的特性的精神，这种精神在构成其历史的事件和转化中……存在和延续。这就是它的工作——这就是这个特定的民族所成其为的东西。民族是他们的行动所成其为的东西……只要它参与了实现其崇高的目标，民族就是道德的、善良的和蓬勃向上的……世界历史的人们借以达到他们的顶点的宪法，是他们特有的……因此，从……古代世界历史的人们的政治制度中，不可能学到什么……每一特殊的民族天才，只能被当作是一般历史过程中的一个个人。" 精神或民族天才最终一定会在世界统治中证明自身："一个特殊民族的自我意识……是时代精神在其中赋予其意志的客观现实性。其他特殊的民族精神没有权力违背这个绝对意志：该民族支配世界……"

---

①　关于本段中的八处引文，参阅《黑格尔选集》第 265、402、403、435、436、399、407、267 页。另见《法哲学》第 347 节。

但是，黑格尔不仅发展了历史的和极权主义的民族主义理论，而且还清楚地预见到了民族主义的心理学的可能性。他看到，民族主义回应了一种需要——人们想要寻找和了解他们在世界上的确定位置，以及归属于一个强大的集体组织的愿望。同时，他也展示了德意志民族主义的那种显露的特征，它的特别发达的自卑感（用一个较为新近的术语说），尤其是对于英国人。他自觉地用他的民族主义或部落主义，诉诸我（在第十章）表述为文明之胁变的那些感觉，黑格尔写道："每一个英国人都会说：我们是横渡大西洋的人，拥有世界的商业；东印度公司及其财产就属于我们……个人与那种精神之间的关系是……它能使他在世界上有一个确定的位置——成为某物。因为他在他所属的这一群人中发现了……一个业已建立起来的坚实的世界……他不得不使自己被包容进去。在这个世界中，它的工作，因而它的世界，人们的精神都享有其存在，并找到了满足。"①

（b）一种同属于黑格尔及其种族主义的追随者的理论是，国家本质上只能通过它与其他单个国家的对比才能存在。当今德国的一位主要的社会学家 H. 弗里耶写道："一个使自己围着自身的核心划圈的存在，即使是无意的，也会创造出界线来。而这

---

① 参阅《黑格尔选集》第 435 页。关于自卑的问题，另见第 101 页注①和 106 页注①及正文。关于论英国的其他几段话，参阅第 106 页注①至 107 页注② 及正文。在《法哲学》第 290L 节中，有一段很有意思的教海，它包含着对总体论的一种经典的阐释，这段话表明，黑格尔不仅按照总体论、集体主义和权力来思考问题，而且他也认识到这些原则对无产阶级的组织的适用性。黑格尔写道："下层阶级或多或少是作为无组织状态而被保持的。然而，最具重要性的事情在于，他们应该被组织起来，因为只有这样，他们才能变得强大。没有组织，他们只不过是一群乌合之众，一堆原子的聚集。"黑格尔的这段话与马克思是非常接近的。

边界——尽管是无意地——也会创造出敌人来。"① 黑格尔同样说过："正如个人如果不与他人联系就不是一个真实的人一样，国家如果不与其他国家联系，也不会具有真实的个性……一个特定国家与其他国家的关系，表现为……情感、利益、目的、才能、道德、权力、不义、罪恶以及纯粹的外在偶发事件等的……变幻不定的游戏。它是这样一种游戏，甚至伦理整体、国家的独立性在其中也暴露为偶发事件。"因此，我们难道不该采纳康德的用联邦的方法建立永久和平的计划，试着调整这不幸的事态吗？黑格尔说道（当然不是评论康德的和平计划）："康德提出了一种君主联盟"，黑格尔说得非常不严格（因为康德提出的是我们现在称之为民主国家联邦的东西），"它应该解决国家之间的争端；而神圣同盟可能渴望成为这样一种制度。然而，国家是一种个别，在其个性中，本质上就包含了否定。许多国家可以把自身构成为一个家庭，但是，这种联盟，作为一种个体性，必然创造对立面，并因而产生一个敌人。"因为在黑格尔的辩证法中，否定等于限定，因为不仅意味着界线，意味着边界，而且意味着创造对立面，创造敌人："各国在其与其他国家的关系中的命运和行动，揭示了这些精神的有限本性的辩证法。"这些引文都出自《法哲学》；而在

---

① 出自弗里耶的《女神雅典娜》（1935 年）的这段话，科尔勒引自《反对西方的战争》（1938 年）第 417 页。我非常感谢科尔勒的书，它使我能够在该章的剩余部分援引相当多的作者，否则我很难接触这些人（然而，我并不总是遵循科尔勒的译文）。

　　关于将弗里耶描述为当代德国的主要社会学家之一，参阅哈耶克的《自由与经济制度》第 130 页。

　　关于本段中采自黑格尔《法哲学》第 331、340、342 和 340 节的四段话，见《黑格尔选集》第 466、467、465 和 468 页。关于采自《哲学全书》的一段话，参阅《黑格尔选集》第 260 页以下，即 1870 年版《哲学全书》第 449—450 页（所引的最后一句是第 548 节中第一句话的不同翻版）。

　　关于采自特里茨克的一句话，参阅《德国如是说》（1941 年）第 60 页。

其早期《哲学全书》中，黑格尔的理论预见了这些现代理论，例如，对弗里耶的理论的预见甚至就更准确："国家的最后方面，是作为一个单一民族呈现在直接的现实性中……作为一个单一个体，它排斥其他类似的个体。在它们的相互关系中，反复无常和机遇都会发生……这种独立性……将它们之间的争端化为相互的暴力，化为战争状态……正是在这种战争状态中，国家的无上权威展示着自身……"当普鲁士的历史学家特里茨克重复下列话时，他只不过表明，他对黑格尔的辩证法的本质主义有多么了解："战争不仅是一种实践的必然性，它也是一种理论的必然性，一种逻辑的迫切需要。国家的概念寓示着战争概念，因为国家的本质是强权。国家是通过主权组织起来的人民。"

（c）国家是法律，是道德的法律和司法的法律。因此，它不能从属于任何其他标准，尤其是不能从属于市民的道德的杆尺。它的历史责任是很深重的。它的唯一评判者是世界历史。对于国家的唯一可能的评判标准是其行动的世界历史的成就。而这成就，即国家的强大和扩张，必然压倒市民私生活中的所有其他考虑；权利就是为国家的权力服务。这是柏拉图的理论；是现代极权主义的理论；也是黑格尔的理论：它是柏拉图—普鲁士的道德。黑格尔写道："国家是伦理理念的实现。它是一种作为显露出来的、自觉的和本质的意志的伦理精神。"因此，不可能有超越国家的伦理理念。"当国家的特殊意志不能达成统一时，它们的争端只能通过战争来解决。什么样的攻击被看成是破坏条约，或者被看作是冒犯尊严和荣誉，必定仍然是不确定的……国家可以将其无限性和荣誉与它的所有方面等同起来。"因为"……国与国之间的关系是变动不居的，不存在调节它们的分歧的法官"。换句话说："没有什么力量能够决定国家的是非……国家……可以达成相互的协议，但它们同时又不会屈服于这些协议。"（即，它们不必非要遵守它们）……"国家之间的条约……最终依赖于特殊的主权意志，鉴于此，它们必然是靠不住的。"①

因此，只有一种"判断"能够加诸世界历史的行动和事件：即它们的结果，它们的成就。因而黑格尔能够将"本质的命运，即绝对目的或与它相等的东西与世界历史的真实结果"等同起来。② 取得成功，亦即从不同民族精神为了权力和支配世界而进行的辩证斗争中，作为最强者出现，因而是惟一的和最后的目的和判断的唯一基础；或者如黑格尔较为富有诗意地指出的："从辩证法中产生出普遍精神，产生于无限的世界精神，对于世界历史的确定民族宣布它的裁决，而它的裁决是最高的裁决；因为世界只是世界的正义的法庭。"

弗里耶有着非常类似的观念，但他表达得更直率："历史中流行着英勇而雄壮的曲调。谁有权谁获利。谁犯错误谁垮台……要想中的，就必须知道如何射箭。"③ 然而归根结底，所有这些观念都只是在重复赫拉克利特的话："战争……证明有的人是神，而其他的人只是人，他把后者变成奴隶，把前者变成君主……战争是公正的。"按照这些理论，在受到侵犯的战争和进犯邻国的战争之间，并没有道义上的差异；唯一可能的差异是成功与否。《奴隶制：它的生物学基础和道德证明》一书的作者、主人种族和主人道德的首倡者 F. 海瑟认为："如果我们是保卫

---

① 参阅《法哲学》第257节，即《黑格尔选集》第443页。关于后三段引文，见《法哲学》第334、339节，即《黑格尔选集》第467页。关于本段中的最后一处引文，参阅《法哲学》第330和333节。

② 参阅《黑格尔选集》第365页；着重号是我加的。关于接下的引文，见《黑格尔选集》第467页，即《法哲学》第340节。

③ 科尔勒引自《反对西方的战争》第418页——关于赫拉克利特，见本书第一卷第二章第39页注②及正文——关于海瑟，见科尔勒同上书；另见在本书第十一章第19页注③中所提到的黑格尔的奴隶制理论——关于本段中的结论性引文，参阅《黑格尔选集》第467页，即《法哲学》第334节。关于将"防御战"转化为"征服战"，参阅同上书第326节。

自己，那么，就一定也会有侵略者……既然如此，我们为什么不自己去作侵略者呢？"但是即使这个学说（其先驱克劳塞维茨的有名的理论是：进攻是最好的防御），也是黑格尔的；因为当谈到引起战争的攻击时，黑格尔不仅指出了"防御战"转变为"征服战"的必要性，而且他告诉我们，一些有强烈个体性的国家，"自然更容易动肝火"，以便为他委婉地称作"剧烈活动"的行为寻找借口和场合。

　　随着作为与国家或民族有关问题的唯一裁判官的历史成就的建立，随着企图打破诸如侵犯与防卫之类的道德界限，驳斥良心的道德成为必要。黑格尔通过建立他所谓的"真正的道德或社会公德"与"虚假道德"的对立，做到了这一点。毋需说，这种"真正的道德"是柏拉图的极权主义的道德与少量的历史主义的结合，而他同时还描述为"只是形式上的正直"的"虚假道德"，则是个人良心的道德。黑格尔写道："我们可以公正地建立道德或社会公德的真正原则，以反对虚假的道德；因为世界史比具有个人特征的道德——个人的良心、他们的特殊意志和行为方式——占据着更高的地位……精神的绝对目的所要求和所要完成的，神所要做的，就是超越……善恶动机的非难……因此，它只是形式上的正确，而被活的精神所舍弃，只有那些用自己的准则去对待古代的权力和秩序的人坚持它。"（这就是说，比如那些谈及《新约》的道德主义者。）"伟大人物的行为，世界历史的人物的行为……决不会与不相干的道德要求相冲突。祈祷谦虚、谦让、博爱以及克制等个人德行，不应该用来反对他们。世界史原则上完全可以忽略道德……所位诸的循环圈。"[1] 这里我

---

① 关于本段中出自黑格尔的所有这些话，参阅《黑格尔选集》第 246 页，着重号是我加的。另一段表述世界史必然制服道德的话，见《法哲学》第 345 节。关于迈耶，参阅本书第一卷第十章第 345 页注①（2）。

们终于看到了对于 1789 年观念中第三个观念，即博爱观念，或者如黑格尔所说的慈善观念，以及良心的伦理学的曲解。这个柏拉图—黑格尔式的历史主义道德理论被重复了一遍又一遍。例如，著名的历史学家 E. 迈耶说："肤浅的和道德化的评判——它用市民道德的标尺来评价伟大的政治事业——忽略了国家及历史责任的更深层的、真正的道德的因素。"

　　一旦持有这种观点，那么，就不会对宣传家的谎言和歪曲真理再有什么犹豫，尤其是如果它在推进国家的权力方面取得成功的话。然而，黑格尔对这个问题的研究是很细致的。他写道："一颗伟大的心灵曾经公开提出这一问题，即是否可以允许欺骗人民？回答是，人民不会允许他们自身在实质性的基础方面受骗。"（道德学巨擘 F. 海瑟说："在种族灵魂颁布命令之处，不可能有错误。"）黑格尔继续写道："然而在有关方式问题上，它知道这是自我欺骗……因此，对舆论只值得像予以蔑视那样来评估……所以，摆脱舆论是成就一切大事的首要前提……而伟大成就却一定会受到舆论的认可和接受……"① 总之，要算计的总是成功。如果谎言成功了，那它就不是谎言，因为在其实质性的基础方面，人民并没有受骗。

　　（d）我们看到，国家，尤其是在它与其他国家的关系中，是不受道德约束的——它是非道德的。因而我们可以期望听到，战争不是一种道德的恶，而在道德上是中立的。不过，黑格尔的理论却蔑视这种期望；这寓示着，战争本质上就是善。我们读到："战争中有一种伦理的因素，我们有必要承认，像财产和生

――――――――――

　　① 见《法哲学》第 317 节以下；参阅《黑格尔选集》第 461 页；关于类似的话，见第 316 节："舆论如它所曾是的那样，是一种持续的自我矛盾"；另见第 301 节，即《黑格尔选集》第 456 页以下及第 318 节。（黑格尔论舆论的进一步的观点，另见第 128 页注①及正文。）——关于海瑟的评论，见科尔勒同上书第 234 页。

命这类的有限事物是偶然的，必然性首先以自然力的形式表现出来，因为一切有限的事物都是有死的和过渡性的。但是，在伦理的秩序中，在国家中……这种必然性被提升为自由的工作，提升为道德律……战争……现在成了一种……权力的……要素……战争有其深刻的意义，借助战争，国家民族的伦理的健康得到保存，它们的有限目的被根除……战争保护人民免于腐化，这种腐化是长期的和平导致的。历史呈现为不同时期，这些时期证明成功的战争如何消除了内部的不安……这些因内部纷争而被分裂的民族，由于对外战争而赢得了国内和平。"① 这些引自《法哲学》的话，表明了柏拉图和亚里士多德关于"繁荣的危险"的教导的影响；同时，这些话也是把道德与健康、伦理学与政治或权利与权力等同起来的范例；我们将会看到，就像出自黑格尔《历史哲学》的下边这段话所表明的，这直接导致了把道德和活力等同起来（这段话紧随在已提及的那段话之后，它把民族主义当作克服人们的自卑感的手段来讨论，并因而提出，甚至战争也能成为达到这种高尚目的的合适手段）。同时，它还明显寓示着一种现代的侵略理论，即认为年轻的或尚未形成的国家反对可恶的古老占有者的国家是道德的。黑格尔写道："当一个民族参与实现了它的宏伟目标时，它就是有道德的和充满活力的……但是，这点达到之后，民族的精神所展示的这种活动……就不再需要了……民族在战争与和平中依然能实现许多事情……不过活的灵魂本身可能被说成已经停止了活动……当民族从成年过渡到老年时，它过的是与个人一样的生活……这种实体性的纯粹习惯性

---

① 参阅《黑格尔选集》第 464、465 页；关于出自《法哲学》的这些话，见该书第 324 节；关于出自《历史哲学》的接下来一段话，参阅《黑格尔选集》第 436 页（后面所引述的一段话继续富有特征地写道："……本质上自然死亡，例如德意志帝国的各城邦、德意志帝国的宪制。"有关这一点，参阅第 106 页注①及正文）。

生活（钟表上了弦就会自动走），是一种会引发自然死亡的生活……因而会以自然死亡去消灭个人和民族……当一个人在本质上已经趋于自然死亡时，他只能亡于暴殄。"（这最后的评述属于衰落与倾覆的传统）

黑格尔关于战争的观念是极端现代的；他甚至想象到了机械化的道德结果；或者说，他在机械化战争中看到了极权主义或集体主义的道德精神的结果："有各种不同勇敢。动物的或强盗的勇气、源于荣誉感的勇敢、骑士的勇敢，都尚不成其为真正的勇敢形式。在文明的民族中，真正的勇敢在于准备将自身全部奉献给国家，从而只把个人算作大家中的一员。""个人的勇猛是不重要的；重要的方面在于对普遍的自我从属。这种较高形式的勇敢使得勇敢显得更加机构化……不是针对分散的个人，而是针对敌对的整体"（这里我们有了对总体战争的原则预言）；"……个人的勇猛表现为非个人性。这个原则导致了枪的发展；它不是一个偶然的发明……"黑格尔以类似的语调谈到火药的发明："人道需要它，它很快出现了。"（多么仁慈的神啊！）[1]

因此，当哲学家 E. 考夫曼 1911 年反驳康德的自由人的共同体的理想时，用的就是最纯粹的黑格尔主义："这个社会理想不是一个有自由意志的人的共同体，而是一场胜利的战争……正是在战争中，国家展示它的真正的本性。"[2] 著名的军事科学家 E.

---

[1]　参阅《法哲学》第 317L 和 328 节，即《黑格尔选集》第 465 页（着重号是我加的）。关于对火药的评论，参阅黑格尔《历史哲学》第 419 页。

[2]　关于采自考夫曼、班瑟、鲁登道夫、舍勒、弗里耶、伦茨、荣格等人的引文，参阅科尔勒《反对西方的战争》第 411、411、412、411、417、411 以及 420 页——关于采自费希特《告德意志民族书》（1808 年）的引文，见 1871 年德文版第 49 页，J. H. 费希特；另见齐默恩的《近代政治理论》第 170 页——关于斯宾格勒的重申，见其《西方的没落》第 1 卷，第 12 页；关于卢森堡的复述，参阅其《二十世纪的神话》（1935 年）第 142 页；另见本书第八章注释，以及拉德尔的《绝不妥协》（1939 年）第 116 页。

班瑟也是如此，他在 1933 年写道："战争意味着一个时代的全部
精神能量的……最高强化……精神和行动联结起来了。不错，战
争提供了人类灵魂尽其可能展示自身的基础……没有哪里能够像
在战争中一样，能够使种族的……意志完整地展示出来。"鲁登
道夫将军 1935 年继续说："在所谓和平年代，政治……只有一种
意义，即为整体战争作准备。"因而他只是更准确地阐述了一种
由著名的本质主义哲学家麦克斯·舍勒 1915 年表述的观念："战
争意味着国家处于最现实的成长和兴起之中：它意味着政治。"
弗里耶在 1935 年重新阐释了同样的黑格尔的理论："国家从其存
在的第一刻起，就处于战争的领域中……战争不仅是国家活动的
最完满的形式，它也是国家置身其间的要素；战争之被延迟、预
防、伪装、回避，当然都必然包含在这个术语中。"然而，F. 伦
茨在其《作为价值原则的种族》一书中得出了一个最大胆的结
论，他尝试性地提出一个这样的问题："但是，如果人道是道德
的目的，那么我们难道不是竟然坚持了错误的一面？"当然他通
过这样回答而立即放弃了这个可笑的提法："我们不应该认为人
道会谴责战争：相反，是战争谴责了人道。"这个观念被 E. 荣
格与历史评论联系起来了，他说："人道主义理想，或人类观
念……不是历史的调节者。"但是，最初的反人道主义的论点应
该归诸黑格尔的前辈、被叔本华称为"空谈家"的费希特。谈
到"人道"一词时，费希特写道："如果有人对德国人提出，罗
马人的'人道'一词可以确切地译成'刚毅'一词，那么……
德国人会说：'毕竟没有那么多人去做人而不做野兽！'这就是
德国人的说话方式，而罗马人是不可能这样说的。因为在德语
中，'刚毅'仍然是一个纯现象的范畴：它从不会像在罗马人中
那样成为一个超现象的观念。无论谁想狡猾地把这个'异邦的
罗马符号'（即人道一词）私运到德国人的语言中，显然会因此
而降低他们的道德水准……"斯宾格勒重复了费希特的理论；

他写道:"刚毅或者是一种动物学上的表述,或者是一个空洞的词汇";卢森堡也持这一观点,他写道:"当一个异邦的动机,如拯救、人道主义理想以及人道主义的文化等被铭刻在人的心灵时,他的内在生活就变得低下。"

科尔勒令人惊讶地说道(我要十分感谢他的著作为我提供了大量的材料,否则我就无法接触到它们):"我们这些赞成……政府和社会组织使用合理的、文明的方法的人,都认为战争本质上就是一种恶……"此外,在我们大多数人(不抵抗主义者除外)看来,在一定的情况下,战争或许会成为一种必要的恶,他继续说:"尽管民族主义者的态度不必意味着要求一种永久的或经常的战争,它却是不同的。它在战争中看到的是善,而不是恶,尽管它像特意为难得的重大节日储备的烈酒一样,是一种危险的善。"① 战争不是一种普通而丰富的恶,而是一种稀少却又珍贵的善:这点概括了黑格尔及其追随者的观点。

黑格尔的功绩之一是复活了赫拉克利特的命运观念;他坚持认为②这个光荣的希腊的命运观念,作为对一个人或一个民族的本质的表达,与唯名论的犹太人的普遍法律的观念(不论是自然法的,还是道德律的)是对立的。关于命运的本质主义学说可以从这一观点推出(就像上一章指出的),即民族的本质只能在历史中揭示自身。它不是在鼓励无为意义上的"宿命论";"命运"并不等同于"前生注定"。情况正好相反。人本身,人的实在本质,人的内在灵魂,人所构成的一切(由意志和情感而不是理性),在人的命运的形成中具有决定性的意义。由于黑格尔扩充了这种理论,"命运"和"命定"的观念就这样成了反叛自由的令人喜爱的执迷物。科尔勒正确地强调了种族主义(它体现了使人成为某个种族的成员的命

---

① 参阅科尔勒《反对西方的战争》第 412 页。
② 参阅柴尔德《黑格尔传》(1883 年)第 26 页。

运）和敌视自由之间的联系。科尔勒说："种族的原则意味着包括并表达了对人的自由的完全否定、对人的平等权利否定，是当面向人类挑战。"他还正确地认为：种族主义倾向于"用命运反对自由，用无法控制和论证的血统的强制驱力反对个人意识"。① 黑格尔甚至表达对这种倾向，虽然通常中以一种有点暧昧的方式。黑格尔写道："我们所称作的原则、目的、命运、精神的本性或理念，是一种隐藏的、未发展的本质，无论它本质上如何真实，但并不是完全实在的……促使它们存在的动力……是人的需要、本能、倾向和情感。"近代整体教育的哲学家 E. 克里克朝宿命论又前进了一步："个人的所有合理意志和活动只能限于他的日常生活；超出这个范围，就其受制于命运的超然力量而言，他只能达到一种更高的命运和实现。"当他阐述这番话时，似乎反映了个人的经验："一个人要成为一种富有创造性的和相应的存在，不是通过他自身的合理的设计，而只能通过对他上上下下起作用的各种力量，这种力量并非源自于他自身，而是通过他自身开辟道路……"然而，当这同一位哲学家认为，不仅"'客观的'或'自由的'科学时代结束了"，而且"纯粹理性"的时代也结束了时，就是将最内心的个人经验作了无根据的概括。

与命运观念一起，它的对应物即名声观念也被黑格尔复活了："个人……都是工具……他们私人通过参与实际事务（它独立于他们而被准备和安排）的个人贡献所得到的……是奖赏他们的名声。"② 新近异教化了的基督教的宣传家斯塔帕尔立刻重复说："所有伟大的行动都是为了名声和荣耀而去做的。"但是，这

---

① 参阅科尔勒《反对西方的战争》第 438 页——关于出自黑格尔的话，参阅《黑格尔选集》第 365 页——关于克里克，参阅科尔勒《反对西方的战争》第 65 页以及克里克的《民族政治的教育》1932 年德文版第 1 页；引自《德国如是说》第 53 页——关于黑格尔对情感的强调，另见本章第 128 页注①。

② 参阅《黑格尔选集》第 268 页，即《哲学全书》第 456 页；关于斯塔帕尔，参阅科尔勒《反对西方的战争》第 292 页。

个"基督教的"道德学家甚至比黑格尔还要激进,他教导人们说:"形而上学的荣耀是一种真正的道德,"因而这一真正的道德的"绝对命令"传播说:"从事这种富有荣耀魅力的行为吧!"

(e)然而,荣耀不是每个人都能得到的;荣耀的宗教寓示着反平等主义——它寓示着一种"伟大"的宗教。因此,现代种族主义"不懂得灵魂之间的平等,不懂得人与人之间的平等"①(卢森堡语)。这样,从不断反叛自由的武库中,或者从黑格尔所称作的世界历史人格的观念中采纳领袖原则,就不存在障碍了。这个观念是黑格尔喜欢的论题之一。在讨论"是否允许欺骗人民"这一不敬的问题(见上)时,他说道:"在舆论中,一切都有真有假,但在其中发现真理则是伟人的职责。一个时代的伟人,就是能够表达该时代的意志的人;他告知时代的意愿是什么;并将其实现。他按照自己要实现的时代的内在精神和本质而行动。一个人如果不是懂得如何藐视舆论的人,就像没有主心骨一样,永远不会实现任何伟大的事业。"这个把领袖刻画为宣传家的精彩描述,与关于伟人之伟大的精心制作的神话结合在一起了,即在于伟人是历史中精神的头等工具。在讨论"历史人物——世界历史的个人"时,黑格尔说:"他们是实践的、政治的人。但同时他们又是有思想的人,洞察到时代的要求——洞察到什么已经发展成熟……世界历史的个人——一个时代的英雄——因而必被认作该时代有清晰洞察力的人;他们的行为,他们的言论,都是该时代最好的……正是他们最识时务;其他人从他们那里了解、赞成,或者至少是默许他们的政策。因为在历史

---

① 关于卢森堡,参阅科尔勒《反对西方的战争》第295页。关于黑格尔的舆论观点,另见第122页注①;关于本段中所援引的话,见《法哲学》第318节,即《黑格尔选集》第461、375、377、377、378、367、368、380、368、364、388和380页(着重号是我加的)。关于黑格尔对情绪、情感和自我旨趣的颂扬,另见第127页注①正文。

上跨出这新步骤的精神是一切个人的内心深处的灵魂；然而是处于唤起伟大的无意识的情况下……因此，其追随者会追随那些灵魂的领袖们，因为他们感到包含在他们自身的内在精神中的不可抗拒的力量。"但是，伟人不仅是具有伟大理解力和智慧的人，而且是具有伟大的情感的人——首要的当然是具有政治情感和野心。因而他能够唤起其他人的情感。"伟人形成了令其自身而不是别人满意的目的……他们之所以成为伟人，是因为他们有愿望并且实现了某种伟大的事情……世界上没有什么伟大的事情是不需要情感而能实现的……这可以被称作理性的狡黠——即它设立了为自身工作的情感……不错，对于我要表达的意思来说，情感不是一个很合适的词语。我在此不过意指人的源于个人的利益的活动——尤其是源于（假如你愿意）追求自我的设计——具有这一种限定，即全部意志和性格的能量可以被投入其成就之中……情感、个人目标和自私欲望的满足是……行动的最有效的源泉。其力量在于这一事实，即他们不考虑公正和道德强加给他们的种种限制；而这些自然的冲动对他们的追随者的影响，比之那些人为的和烦人的倾向于命令和自我约束的纪律、法律和道德，则更为直接。"自卢梭以来，浪漫的思想学派意识到，人主要的不是理性的。然而当人道主义者把合理性当作目的来固守时，反叛理性一方为了政治的目的，开拓了对人的非理性的这种心理学的洞察。法西斯主义者诉诸"人的本性"就是诉诸人的集体主义的神秘需要，诉诸"人这个无知者"。用刚刚引述的黑格尔的话来说，这种狡黠的顶峰是由黑格尔在这一最大胆的辩证曲解中达到的。当他口头上为理性主义服务时，当他比他前后的一切人都要更加高谈阔论"理性"时，却以非理性主义告终；在一种不仅是对情感而且也是对残忍暴力的神化中，黑格尔写道："理性的绝对兴趣在于这个道德全体"（即国家）"应该存在；并在此间谎称英雄们的正当和功绩，国家的缔造者无论曾经如何残忍，他们都应该成为那种……可以毫不顾忌地对待其伟大的甚至是神圣的利益的人……但是，这样一种强有力的形式必然会践踏许多无辜的花朵；它必然要在自己的征途上把许多对象压得粉碎"。

　　（f）把人不是看成一个理性的动物而是一个英雄的动物，这种观念不是理性的反叛发明的；它是一种典型的部落主义理想。我们有必要把这种英雄人物的理想与对英雄主义的更合理的崇敬区分开来。英雄主义一直是而且仍将是值得赞美的；但是我想，我们的赞美主要应该基于我们对英雄所献身的事业的赏识。我想，强盗行径中的英雄因素就不怎么值得赏识。然而，我们应该赞美斯各特船长及其伙伴，如果可能的话，甚至更应赞美从事 X 射线和黄热病的研究的英雄；当然还有那些捍卫自由的人们。

　　部落主义的英雄人物的理想，尤其是它的法西斯主义的形式，是建立在不同的观点之上的。它直接攻击那些使英雄主义值得我们赞美的事物——诸如文明的推进等。因为它本身就是对文明生活的观念的一种攻击；这已被斥责为肤浅的和唯物主义的，因为它抱有安全的观念。让我们冒险活着吧！这就是它的命令；你遵从这道命令而从事的事业则具有次要的重要性；或者如 W. 毕斯特所说："转变天平的是好的战斗之类，而不是一种'好的事业……它只涉及如何斗争，而不是为了我们所斗争的对象'。"① 我们又一次发现这个论点是对黑格尔的观念的一种进一步的阐发。黑格尔写道："在和平时期，市民生活变得更加扩大，每个领域都受到设防……最终是所有的人都变得迟钝了……来自传教士的宣传多半是暂时性事物的不安、空虚和不稳，然而

---

　　① 关于毕斯特，参阅科尔勒《反对西方的战争》第 414 页——关于出自黑格尔的引文，见《黑格尔选集》第 464、464、465、437 页（此话与伯格森有某种值得注意的类似）及第 372 页。（引自《法哲学》的话都出自第 324、324L、327L 节。）——关于对亚里士多德的评论，见亚里士多德的《政治学》第 7 卷，15，3（1334a）。

每个人都认为，他至少要设法把持住自己的拥有物……有必要承认……财产和生命都是偶然的……让不安最终以佩带闪光军刀的轻骑兵的形式出现，并显示其重要的活动吧！"在另一个地方，在黑格尔为他所说的"纯粹的习惯生活"描绘了一幅暗淡的图画；他似乎以它意指某种类似于文明共同体的普通生活："习惯是一种没有对立的活动……在这种活动中，充实和风趣是谈不上的……只是一种外在的和感官的（即今天某些人喜欢称其为'唯物主义的'）存在，它已不再充满热情地将自身投入到对象中去……是一种没有理智或活力的存在。"黑格尔总是信仰他的历史主义，把他的反功利主义态度（不同于亚里士多德对"繁荣的危险"的功利性评价）建立在自己对历史的解释之上："世界史不是幸福的戏剧。幸福时期在它那里只有空白页，因为它是和谐的时期。"因此，自由主义、自由和理性通常是黑格尔攻击的对象。听听那些歇斯底里的叫喊吧：我们要历史！我们要命运！我们要战斗！我们要锁链！这些叫喊回响在黑格尔主义的大厦，以及封闭社会和反叛自由的堡垒之中。

撇开黑格尔的官方的乐观主义不论（这种乐观主义曾经是建立在其合理的即实在的这一理论之上的），但是在他那里，还是存在人们可以追溯到厌世主义的特征，现代种族哲学家之中的较聪明者都有这个特征；早期的种族哲学家（如拉加尔德、特里茨克或莫勒·冯·丹·布鲁克）或许不会如此，但著名历史主义者斯宾格勒以后的那些历史主义者都具有这个特征。无论是斯宾格勒的生物学全体论、直观理解力、集团精神和时代精神，甚至还是他的浪漫主义，都没有使这位算命先生摆脱厌世主义的观点。在这种"冷酷的"行动主义中，明显无误地存在一种空虚绝望的因素，这种行动主义被留给了那些能够预见未来但当未来降临时却感到自己不过是工具的人。这种对事物的悲观看法同等地为种族主义的两派——"无神论"派和"基督教"派——

所分有，看到这点是很有意思的。

斯塔帕尔属于后者（不过还有其他人，如戈加尔顿），他写道："人在其整体上受原罪的支配……基督徒知道，生活在原罪以外对他来说是不可能的……因此，他避开了道德吹毛求疵的琐事……一种道德化的基督教是彻头彻尾的反基督教……上帝创造了这个易死的世界，它就注定要毁灭。这样，命运就注定它要走向灭亡了！谁设想自身能够把它变得更好，谁想要创造一种'更高尚的'道德，谁就是对上帝进行荒谬的、可怜的反叛……天国的希望并不意味着期待死后升天的幸福；它意味着服从和战争中的同志友谊。"（复归于部落）"如果上帝命令他的子民走向地狱，那么他盟誓过的信徒……必定会走向地狱……如果他派定他的子民永远受苦，这也必须忍受……信仰不过是胜利的另一个名词。上帝要求的就是胜利……"①

在当代德国的两位主要哲学家、"存在主义者"海德格尔和雅斯贝尔斯的著作中，也活跃着一种类似的精神，两人最初都是本质主义哲学家胡塞尔和舍勒的追随者。海德格尔通过恢复黑格尔的无的哲学而赢得声誉：黑格尔"建立"了"纯有"和"纯无"是同一的理论；② 他说过，如果你试图思考纯有的范畴，那么你必须从它那里抽象出所有特殊的"对象的规定"，因此，正

---

①　关于斯塔帕尔，见科尔勒《反对西方的战争》第255—257页。

②　参阅《黑格尔选集》第100页："如果我忽略对象的一切规定，那么剩下的就是无。"——关于海德格尔的《何谓形而上学？》，参阅卡尔纳普在《知识》杂志上的文章，第2卷第229页。关于海德格尔与胡塞尔及舍勒的关系，参阅克拉夫特的《从胡塞尔到海德格尔》（1932年德文版）。评论海德格尔像维特根斯坦一样，承认他的语句是无意义的，也许是很有意思。海德格尔写道："关于'无'的问题和回答，本身同样是胡说性的。"（见《知识》杂志第2卷第231页）从维特根斯坦《逻辑哲学论》的观点看，对驳斥这种承认自己谈论胡说但却具有深刻意义的胡说的哲学，我们能说什么呢？（参阅本书第一卷第十章第369页注②。）

如黑格尔所指出的，"剩下无仍存在着"（这种赫拉克利特的方法可以用来证明各种美妙的同一，诸如纯富有与纯贫穷的同一，纯主人与纯仆人的同一，纯亚利安主义与纯犹太主义的同一）。海德格尔有独创性地将黑格尔的无的理论运用到这实际的生命哲学，或"实存的"哲学。生命和实存只有通过理解无，才能获得理解。在他的《何谓形而上学？》中，海德格尔说："研究应该深入到存在者，或者说深入到无……深入到唯一存在者，并超越它而深入到无。"研究无（"我们到哪里寻找无？我们在哪里能找到无？"）靠"我们知道无"的事实而成为可能；我们通过恐惧而知道它："恐惧揭示无。"

恐惧；对无的恐惧；对死亡的烦恼，这些是海德格尔的实存哲学的基本范畴；生命的真正意义在于"被抛向实存，指向死亡"。[①] 人的实存被解释为一种"无情的风暴"；人的"规定了的实存"是"在充分的自我意识和烦恼中……成为自我，热情地自觉走向死亡"。但是，这些悲观的表白并非完全没有令人愉快的一面。读者不必完全被海德格尔的走向死亡的情绪所压倒，因为在海德格尔那里，权力意志和生存意志似乎并不比他的老师黑格尔发展得少。海德格尔1933年写道："德国大学的本质的意志是一种科学的意志；是一种履行德意志民族——作为一个在自己的国家中体验自身的民族——的历史精神使命的意志。科学和德国的命运必须取得权力，尤其是在本质的意志中。"这段话尽管不具有原创性或清晰性的价值，但肯定表达了一种对老师的忠诚；尽管如此，那些海德格尔的崇拜者却还在相信他的"实存哲学"的深刻性，这不由得使人想起叔本华的话："谁能真的相信真理也会像副产品一样出现呢？"如果看一下海德格尔引文的最后一段话，他

[①] 关于这些引自海德格尔的话，参阅科尔勒《反对西方的战争》第221、313页。关于叔本华对卫道士的劝告，参阅《叔本华全集》第5卷第25页（注释）。

们也许会反身自问：叔本华对一位最不诚实的卫道者的劝告，在德国内外，是否没有被许多教育工作者用来对那些有希望的青年人设施成功的管理呢？我想起了这一段话："如果你想让年轻人的才智变得迟钝，并使他们的头脑变得不适于任何思想，那你最好就是让他们去读黑格尔。因为那些彼此抵消和相互矛盾的词句的怪异堆积，驱使心灵徒劳地折磨自身，试图思考什么与它们相联系的东西，直至最后因精疲力竭而崩溃。因此，任何思考就这样完全被摧毁了，年轻人最终把空洞的、肤浅的冗词误认作真实的思想。一个担心其防卫能力会因为自己的计划而变得过于理智的卫道士，可以通过无知地提议阅读黑格尔来防止这种不幸。"

如果有可能的话，雅斯贝尔斯甚至比海德格尔更坦率地宣布了自己的虚无主义倾向。[①] 爱……"——（第 2 小节，雅斯贝尔

---

① 关于雅斯贝尔斯，参阅科尔勒《反对西方的战争》，第 270 页。科尔勒在该书第 282 页中称雅斯贝尔斯为"海德格尔的小兄弟"。但我不同意这种说法。因为雅斯贝尔斯与海德格尔相反，无疑他写了许多内容有趣的著作，甚至写了一些内容建立在经验之上的书，例如他的《普通心理病理学》。我也可以在此从其早期著作《世界观的心理学》中引述几段话，该书首次于1910 年出版，我引的是 1925 年的德文版第 3 版。这些话表明，雅斯贝尔斯的世界观在海德格尔从事写作之前，无论如何要进步很多："要认识人的生命，我们必须看他在当下是如何生活的。曾被生活过的当下就是过去，是温热的血，是直接性，是生命，是物体存在，是实在的总体，是仅有的具体事物……人只能在当下中发现实存和最终的绝对。"（第 112 页）在论热情的态度一章说："每当热情是绝对的主导性的动机，亦即每当人活在实在之中并为实在而活、但却仍然敢于为一切冒险时，人就可以大加赞扬英雄气概：英勇的爱、英勇的奋斗、英勇的工作等。"第 5 节，热情的态度即是（第 128页）："同情不是爱……"——（第 127 页）："这就是爱何以是残忍的、无情的原因；以及纯真的爱侣何以相信这才是真正的爱。"——（第 256 页）："3. 孤立的边际状态……（A）奋斗。奋斗是一切实存的基本形式……对奋斗的边际状态的反应如下……2. 人不了解奋斗是终极的这一事实：他逃避……"等等。我们总是看到同样的景象：一种歇斯底里的浪漫主义与残忍的野蛮主义以及分而又分的职业性的迂腐结合在一起。

斯教导说，只有当你面对无，面对虚无时，你才能够体验和鉴赏，实存。为了使生活有一种本质的意义，你必须在危机中生活。为了品尝生活，你不仅要冒险，而且要受损失！雅斯贝尔斯把历史主义的变迁和命运的观念鲁莽地带到了最悲观的极端。一切事物都必然要灭亡；一切都将以失败告终：历史主义的发展规律就这样将自身呈现在幻灭的理智面前。然而，面对着毁灭，你将得到生命的震颤！只有在"边缘状态"中，在实存与无的边缘，我们才真正地活着。生命的狂喜总是与其可理解性的终结，尤其与身体的极端状态、首先是与身体上的危险相重合。不品尝失败，你不可能品尝到生活。享受你自身的毁灭吧！

这是赌徒的哲学——匪徒的哲学。毋需说，这种魔鬼式的"冲动与恐惧的宗教、狂欢或猎物式的宗教"（科尔勒语[1]），这种绝对的虚无主义（就这个词的最充分的意义而言），并不是一种普通的信条。它是神秘的知识分子团体特有的表白，这些知识分子抛弃了理性，随之也抛弃了人道。

还存在另一个德国，即普通人民的德国，这些人的头脑没有受到破坏性的高等教育体系的毒害。但是，这"另一个"德国肯定不是思想家的德国。不错，德国也有"另一种"思想家

---

[1]　参阅科尔勒《反对西方的战争》第 208 页。

关于我对"赌徒哲学"的评论，参阅斯宾格勒的话（《决定的时刻——德国和世界历史的进化》1933 年德文版，第 230 页，引自《德国如是说》第 28 页）："谁用剑在此强制取胜，谁就是世界的主人。骰子就在那里，为这惊人的游戏做准备吧。谁敢把它们投出去？"

谈到匪徒哲学，天才作者沙洛蒙的一书或许更具代表性。我从这本《不法之徒》（1930 年）中引述了几段话（出自第 105、73、63、307、73 及367 页）："撒旦的欲望啊！我难道不是有枪在手吗？……人的首要欲望就是毁灭……他们乱射一通，只是因为好玩……我们免除了计划、方法或制度的重负……我们想要的，我们不知道；我们知道的，我们不想要……我最大的欲望从来就是毁灭。"等等（另见赫杰曼同上书第 171 页）。

（其中最著名的是康德）；但刚刚结束的研究结果并不令人鼓舞，我完全赞同科尔勒的观点："如果考虑到除普鲁士思想家的德国之外，毕竟还存在一个普鲁士将军的德国，或许这在德国文化中并不是一个可以慰藉我们的绝望的悖论。"①

六

我已试图表明黑格尔的历史主义与现代极权主义的哲学的同一性。这种同一性很少被人十分清楚地了解。黑格尔的历史主义成了知识分子圈内广为流行的语言，甚至成了真正的"反法西斯主义者"和"左派分子"的语言。它成了他们的如此浓重的理智氛围的一部分，以致对许多人来说，它并不比他们呼吸的空气更值得注意，它那令人惊讶的不诚实也不值得做过多的评论。然而，一些种族主义哲学家充分意识到了他们对黑格尔的感激。H. O. 齐格勒就是一个例子，在其研究著作《现代民族》一书中，他正确地把黑格尔（以及 A. 缪勒）的"视为人格的集体精神"的观念描述为"民族哲学中的哥白尼革命"。② 另一个意识到黑格尔的重要性例子——它尤其会使英国读者感兴趣——可以在德国新近出版的《英国哲学史》（梅兹著，1935 年）中找到。优秀人物 T. H. 格林之所以在这里受到批评，当然不是因为他受到黑格尔的影响，而是因为他"退回到典型的英国的个人主义……他从黑格尔得出的这种激进的结果中后撤了"。勇敢地反对黑格尔主义的霍伯豪斯，被轻蔑描述为代表了"一种资产阶级自由主义的典型形式，为的是防止自身受到国家的无限权威的攻击，因为它已经感觉到其自身因此而受到威胁"——一种对某

---

① 参阅科尔勒《反对西方的战争》第 313 页。
② 关于齐格勒，参阅科尔勒《反对西方的战争》第 398 页。

些人来说似乎是有根据的威胁。鲍桑葵当然是因其真正的黑格尔主义而受到人们的赞扬。但是，重要的事实在于，这种看法完全为大多数英国评论家认真地接受。

我提到这个事实，主要是因为我想要表明，继续叔本华对这种肤浅的假话（当黑格尔把自己的哲学描述为是具有"最崇高的深度"的哲学时，他本人就准确地领会到这种假话的肤浅）的批判，是多么得困难，同时又是多么得紧迫。至少应该帮助新的一代摆脱这种理智的欺诈，摆脱这种在我们文明的历史上或许是最大的理智的欺诈，避免与其敌人争吵。或许他们会实现叔本华 1840 年预言的期望——"这个庞大的神秘体系将会给子孙后代提供无穷无尽的笑料"。① （到目前为止，这位伟大的厌世主义者已对子孙证明了一位狂妄的乐观主义者。）黑格尔的闹剧已造成够多的伤害。我们必须制止它。早在一百多年前，这个可恶的东西就曾经得到如此清楚的揭露，可惜未能成功。今天，即使代价是如果触及它就会弄脏我们自身，我们也必须把自己的思想说出来。忽视叔本华不断重复的警告的哲学家可谓是太多了；他们忽视它而自身所受的危害（这些人生活的并不坏），并不比他们的学生和人类受到的危害大。

在我看来，用反民族主义者叔本华一百多年前关于黑格尔的一句话来作为本章的结论，是比较合适的："他不仅在哲学上，而且在德国文学的所有形式上都造成了一种破坏性的，或者更严格地说，一种麻醉人的，也可以说是一种瘟疫般的影响。随时对这种影响进行有力的反击，是每个能够进行独立判断的人的责任。因为如果我们沉默，还有谁来说话呢！"

---

① 本引文出自叔本华的《基本问题》（1890 年第 4 版）以及 1840 年第 1 版导言，第 xix 页——黑格尔对"最崇高的深度"（或"最高尚的深度"）的评论，引自 1827 年出版的第 7 号《年鉴》；叔本华在《基本问题》一书中有引述；结论性的引文出自叔本华同书第 18 页。

马克思的方法

第十三章　马克思的社会学决定论[*]

> 集体主义者……热心进步，同情穷人，痛恨邪恶，激励英雄行为，这些一直是日后的自由主义所缺乏的。然而，他们的科学却建立在一种深刻的误解之上……因此，他们的行动极具破坏性和反动性。人的心灵受到如此严重的伤害，以致他们的精神分裂了，他们再也没可供选择的机会。
>
> ——沃尔特·李普曼

"利用情绪，不把精力浪费在摧毁它们的无益努力上。"① 一直是反抗自由的策略。人道主义者的一些最弥足珍爱的观念，常常受到其死敌的高声喝彩，后者就这样打着同盟者的幌子，渗透到人道主义者的阵营，制造分裂和严重的混乱。这种策略常常获得极大的成功，正如事实所表明的，许多真诚的人道主义者仍然崇敬柏拉图的"正义"观念、中世纪"基督教的"权威主义、卢梭的"普遍意志"观念，或者费希特和黑格尔"民族自由"观念。② 然而，只是在黑格尔主义把自身确立为一

---

① 参阅 V. 帕累托《论普通社会学》第 1843 页（英译本《心灵和社会》第 3 卷，1935 年版，第 1281 页；另见本书第一卷第 388 页注②正文）。帕累托写道（第 1281 页）："政府的艺术在于发现利用这种情绪的各种方法，而不是把能量浪费在毁灭它们的无效努力中；后一进程的唯一效果常常必然是强化它们。能够使自身摆脱自己的情绪的盲目支配的人，也能够利用其他人的情绪来为他自身的目的服务……这一般可以被说成是统治者和被统治者的关系。全心全意为自身及其政党服务的政治家，就是这种深知如何凭借其他人的偏见获利的不带偏见的人。"帕累托所想到的偏见具有多重性的特征——民族主义、热爱自由、人道主义。同样还应该注意到，尽管帕累托使自身摆脱了一些偏见，但他肯定不可能成功地使自身摆脱一切偏见。这点在他所写的近乎每一页中，都可以看到，尤其是在他谈论他并非不恰当地描述为"人道化的宗教"中，当然可以看到。他本人的偏见就是反人道化的宗教。如果他认识到他并不是要在偏见和摆脱偏见之间做出选择，而只需要在人道化的偏见和反人道化的偏见之间做出选择，他也许就不会对自己的优越感有什么自信。（关于偏见问题，可参阅第二十四章第 358 页注①（1）及正文）

　　帕累托关于"政府的艺术"的观点是非常陈旧的；它们至少可以追溯到柏拉图的叔父克里底亚，并在柏拉图派的传统中发挥过作用（正如第 236 页注①所指出的）。

② （1）费希特和黑格尔的观点导致了民族国家和民族自决的原则，然而却是一种诸如马撒里克之类的开放社会的战士也真诚信仰，以及民主派人士威尔逊也采纳的反动原则（关于威尔逊，例如可以参阅 A. 齐默恩编的《现代政治学说》，1939 年版，第 223 页）。这条原则在世界上，尤其是在欧洲，显然是不适用的。在欧洲，许多国家（即语言集团）如此稠密地聚集在一起，以致难以将它们分解。威尔逊试将这条浪漫的原则应用于欧洲政治的可怕努力，迄今对每个人而言，都应该明白。凡尔赛协定过于苛刻，是一个神话；威尔逊的原则没有被获得一以贯之的应用；凡尔赛协定的失败，主要是因为试图应用威尔逊的不适用的原则（所有这些，可参阅第一卷第 308 页

种真正的人道主义运动的基础之后，这种渗透、分裂人道主义者

注①和第十二章第 96 页注②至 108 页注①各注释）。

（2）与本段正文所提及的马克思主义的黑格尔特征相联系，我在此列举了马克思主义采自黑格尔主义的一些重要观点。我对马克思的探讨并不建立在这种列举之上，因为我并不试图把他仅仅作为另一个黑格尔分子，而毋宁作为一位能够并且应该答复自身的严肃探索者来探讨。下述所列各点，是依照不同观点对马克思主义所具有的重要性而作的近似的排列。

（a）历史主义：社会科学的方法是对历史的研究，尤其是对人类的历史发展中固有趋势的研究。

（b）历史相对论：在某一历史时期成为规律的东西在另一个历史埋藏并不一定就成为规律（黑格尔认为，在某一时期真实的东西在另一时期不一定就真实）。

（c）在历史发展中，存在一条固有的进步的规律。

（d）虽然引发发展的媒介并不是我们的合理计划，而是诸如我们的情感和自身利益的非理性力量（黑格尔称之为"理性的狡黠"），发展仍然是趋于更自由和理性的发展。

（e）道德实证论，或者依照马克思的实例，称作道德的"未来论"（该术语在第二十二章中得到了解释）。

（f）阶级意识是发展用于推动自身的工具之一（黑格尔行使的是民族的意识，是"民族精神"或"民族天才"）。

（g）方法论的本质主义，辩证法。

（h）下述黑格尔的观点在马克思的著作中发挥了作用，但对后来的马克思主义变得更重要。

（h$_1$）纯粹"形式的"自由或者纯粹"形式的"民主和"现实的"或"经济的"自由或者"经济的"民主之间的区别，等等；与此相联系，存在一种特定的、对待自由主义的、"矛盾的"态度，即一种爱与恨的混合状态。

（h$_2$）集体主义。

在下述篇章中，（a）重新成为主题。在（a）和（b）的联系方面，另见本章第 152 页注①。关于（b）可以参阅第二十二章（关于黑格尔的"理性的狡黠"，可参阅第 128 页注①正文）。关于（f），可参阅第十六和十九章。关于（g），可参阅第 144 页注②、第 195 页注④、第 182 页注①、第 251 页注①、以及第 284 页注②至 286 页注②各注释及其正文。关于（h$_1$），可参阅第 203 页注①。（h$_2$）对马克思的反心理主义有影响（可参阅第 171 页注①的正文）；正是在柏拉图—黑格尔的国家对个人具有优越性的学说影响下，马克思发展了他的甚至个人的"意识"也受社会条件决定的理论。然而，马克思基本上是一位个人主义者；他的主要兴趣是要帮助经受苦难的人类个体。因此，集体主义之类在马克思本人的著作中肯定没有发挥重要作用[除（f）所提到的他强调集体的阶级意识之外；例如，可参阅第 225 页注①]。然而，它在马克思主义者的实践中却发挥了作用。

阵营并制造混乱的方法，这种建造很大程度上是无意识的、因而具有双重效应的知识第五纵队的方法，才获得极大的成功；至于马克思主义，则被看成历史主义的最纯粹的、最发达的和最危险的形式。

　　详细研究马克思主义、黑格尔左派及其法西斯主义的副本之间的相似性，是件诱人的事情。然而，如果忽略了它们之间的区别，则绝对不公平。虽然它们的知识源泉近乎相同，但对马克思主义的人道主义激励，则不应有任何疑义。而且，同右派黑格尔分子相反，在把理性的方法运用于社会生活的最迫切的问题上，马克思作了诚挚的尝试。这种尝试的价值没有为这一事实所减损，即正如我将要表明的，它以往在很大程度上并不成功。科学要经历不断的尝试和错误才能进步。马克思毕竟进行过尝试，虽然他在主要理论上犯了错误，但他的尝试没有白费。他以各种方式开拓了我们的眼界，使我们的目光更敏锐。退回到前马克思的社会科学，是不可想象的。所有现代的著作家都受惠于马克思，尽管他们并不知道这点。对于那些像我一样不赞同马克思的理论的人，情况显得尤其如此；我欣然承认，例如我对柏拉图①和黑格尔的研究，就打上了受马克思影

----

　　①　在《资本论》(《马克思恩格斯全集》第23卷，人民出版社1972年版，第405—406页) 中，马克思对柏拉图的分工理论 (参阅第一卷第五章第157页注②及正文) 和柏拉图的国家的等级制特征，都做了一些有意思的评论 (然而，马克思只涉及埃及而没有涉及斯巴达；参阅第一卷第四章第96页注①)。与此相联系，马克思也从伊索克拉特的《布西里士》一书 (Isf., 224/5) 中援引了一段有意思的话，在那里伊索克拉特首次提供了一个与柏拉图相类似的关于分工的论点 (第157页注②)；伊索克拉特接着指出：“埃及人……获得了如此大的成功，以致埃及的政治制度优于一切其他国家，斯巴达人……能够以这种良好的方式统治他们自己的城邦，是由于他们模仿了埃及人的方式。”我认为很可能伊索克拉特在这里论及的是柏拉图；正如第一卷第96页注① (3) 中提到的，当克兰托谈论那些谴责柏拉图变成了埃及人的信徒的人时，他反而可能是指伊索克拉特。

响的印记。

如果不承认马克思的真诚，我们就不能公正地对待他。马克思的开放的心灵、敏锐的现实感、不信空言，尤其是不信道德方面的空言，使他成了世界上反对伪善和法利赛主义的最有影响的战士之一。他有着帮助被压迫者的强烈欲望；他充分意识到，需要在行动上而不只是在言词中证实自身。尽管马克思的主要才能是在理论方面，但是为铸造他认为是科学的战斗武器，以改进大多数人的命运，他付出了巨大辛劳。我认为，他追求真理的真诚和他在理智上的诚实，使他与他的许多追随者完全不同（尽管不幸的是，他没有彻底摆脱在黑格尔辩证法的氛围中养成的腐朽影响，这种辩证法被叔本华描述为能够"摧毁一切理性"[①]），马克思对社会科学和社会哲学的兴趣，基本上是一种实践的兴趣。他在知识中找到了一种推动人进步的手段。[②]

那么，为何还要攻击马克思呢？虽然他有许多功绩，但是我认为，他是一位错误的预言家。他是历史进程的预言家，他的预言并没有实现；但这不是我的主要责难。更为重要的是，他误导大批有理智的人相信，历史预言是探讨社会问题的科学方式。在

---

① 或者说"理智的毁灭"；参阅第115页注①及正文。关于一般辩证法和黑格尔的辩证法特例，可参阅第十二章，尤其是第78页注②至81页注②各注正文。关于马克思的辩证法，我不想在本书中讨论，因为我在其他地方已讨论过它（参阅《何谓辩证法?》，载《精神》杂志第49卷，1940年，第403页；另见修正稿，载《精神》杂志第50卷，1941年，第311页）。我认为马克思的辩证法与黑格尔的辩证法一样，是一种极其危险的糊涂物；尤其是因为对马克思历史主义的批判涵盖了他的辩证法中应该被严肃对待的一切，因而可以在这里避免对马克思的辩证法作分析。

② 例如参阅第150页注①正文中的引文。

那些试图推进开放社会的事业的人的队伍中，马克思要对历史主义的思想方法的破坏性影响负责。

　　然而，马克思主义真的打上了纯粹历史主义的印记吗？在马克思主义中就不存在一些社会工艺学的因素吗？俄国在社会工程中从事冒险而又常常取得实验成功的事实，使得许多人断定，马克思主义作为支撑俄国实验的科学或信条，应该是一门社会工艺学，或者至少要赞成它。然而，没有一个熟知马克思主义史的人会犯这种错误。马克思主义是一种纯粹的历史理论，一种旨在预测经济和政治的发展的未来进程，尤其是预测革命的未来进程的理论。因为如此，在俄国共产党夺取政权之后，马克思主义当然就不再为它的政策提供依据。马克思实际上禁止一切社会工艺学，并把它斥责为乌托邦，[①] 他的俄国信徒一开始就发现，自己对社会工程领域中的宏伟任务，完全缺乏准备。正如列宁很快明白的，马克思主义不能对实际的经济问题提供帮助。"我并不知道有哪位社会主义者探讨过这些问题"，列宁在夺取政权后这样说，"在布尔什维克或孟什维克的文献中，并没有关于这类问题

[①]　在《共产党宣言》第 3 章第 3 节中，乌托邦主义首次受到马克思和恩格斯的攻击（《马克思恩格斯选集》第 1 卷，人民出版社 1995 年版，第 302—305 页）。关于马克思对"试图把政治经济学和无产者的要求……调和起来"的"资产阶级经济学家"的攻击，尤其是直接反对穆勒和孔德学派的其他成员的攻击，可特别参阅《资本论》第 868 页（对穆勒的攻击；另见第 153 页注①）和 870 页（对孔德主义的 Revue positiviste 的攻击；另见第 237 页注①正文）。关于与历史主义相对的社会工艺学以及与乌托邦的社会工程学相对的零星社会工程学的总问题，可特别参阅上述第九章（另见第一卷第一章第 50 页注①、第五章第 147 页注②以及第九章第 303 页注①；并可参阅 M. 伊斯特曼的《马克思主义是科学吗？》）。

的记载"。① 在经历一段不成功的实验时期，即所谓"战时共产

---

① （1）引自列宁的这两段话采自西德尼和比阿特丽斯·韦伯编的《苏联共产主义》（第 2 版，1937 年）第 650 页，在一个注释中，他们说，引文和第二段话出自列宁 1918 年 5 月所做的一次演讲。最有意思的是可以看出列宁如何迅速把握了形势。在 1917 年 8 月党夺取政权的前夜，列宁发表《国家与革命》之时，他仍然是一位纯粹的历史主义者。那时他不仅没有意识到在建设一个新社会中所涉及的最困难的问题；他甚至与大多数马克思主义者一样相信，这些问题尚不存在，或者说它们将由历史的进程解决。可特别参阅《马克思主义手册》第 757 页中引自《国家与革命》的有关段落，在那里，列宁强调了在推进共产主义社会的不同阶段上组织和行政问题的简单性。他写道，"全部问题在于要他们在正确遵守劳动标准的条件下同等地劳动，同等地领取报酬。对这些事情的计算和监督已被资本主义简化到了极点……"（列宁：《国家与革命》，《列宁选集》第 3 卷，人民出版社，1995 年版，第202 页。着重号是原有的。）这些令人惊讶的朴素的陈述很具有代表性［我们在德国和英国也发现有类似的观点表达，参阅本条注释（2）］。应该将它们与 几个月后列宁所作的讲演进行比较。它们表明预言式的"科学社会主义者"是如何提前摆脱一切对问题和灾难的预言（我指的是战时共产主义时期的灾难，该时期表现为这种预言式的和反技术的马克思主义的结果）。但是，它们也表明列宁发现和自我承认所犯错误的能力。尽管他没有在理论上、但却在实践上放弃了马克思主义。关于夺取政权之前"科学社会主义"的这种纯历史主义的，即预言式的和反技术的（或许像列宁所说的"反乌托邦的"，参阅《马克思主义手册》第 747 页）特征，可参阅《马克思主义手册》中关于列宁的第 5 章第 2 和 3 节，第 742 页以下（列宁：《国家与革命》，《列宁选集》第 3 卷，人民出版社，1995 年版，第 188—196 页）。

然而，当列宁承认他不知道有什么著作讨论过社会工程的更富有建设性的问题时，那么他只不过证明，信奉马克思的教条的马克思主义者甚至没有读过"坐在太师椅上的教授式的社会主义者"的"乌托邦材料"，这类社会主义者试图从这种种问题出发；这使我想起英国的某些费边主义者和 A. 门格尔（例如可见《新政治学》，1904 年第 2 版，特别是第 248 页以下），以及奥地利的 J. 波普-林丘斯。后者撇开一些其他建议不论，发展了一种集体农庄的技术，尤其是后来被引入俄国的那种大农庄的技术（见 Allgemeine Nahrpflicht，1912 年，参阅该书 1923 年第 2 版，第 206 页和第 300 页）。然而，他的有意思的著作并没有被马克思主义者认真对待。它被作为一种"半社会主义的乌托邦体系"而打发掉。它之所以是"亲社会主义的"，是因为 J. 波普-林丘斯在社会设想了一种私有企业成分；他把国家的活动限制在负责为每个人提供基本的需求——提供"生活的最低保障"。除此之外的一切，都被留给严格的竞争体系。

主义时期"之后，列宁决定采取各种实际上意味着有限地暂时地回到私人企业的措施。这些所谓的新经济政策，以及后来的各种实验——五年计划等——与马克思和恩格斯曾经宣布的"科学社会主义"的理论没有任何关系。无论是列宁在引进新经济政策之前发现的自己所处的特殊情境，还是他所取得的成就，如果不适当地考虑到这一点，就都不能获得应有的评价。马克思的宏大的经济研究，甚至没有触及一项建设性的经济政策（例如，经济计划的问题）。正如列宁所承认的，在马克思的著作中，几乎找不到一个论及社会主义的经济词句——且不论"从按劳取酬到按需分配"之类的无用的[①]口号。原因在于，马克思的经济研究完全是从属于其历史预言的。然而我们还必须多谈点。马克思特别强调，他的纯历史主义的方法与一切以合理计划的观点进行经济分析的尝试是对立的。他把这种尝试斥责为乌托

（2）上述援引的列宁《国家与革命》中的观点（正如 J. 维勒所指出的）与约翰·卡鲁瑟《社会主义和激进主义》中的观点非常相似（参阅第一卷第 320 页注①）；特别见第 14—16 页。他说："资本家已经发明一种金融制度，它虽然复杂，但却足以简单得适于实际运作，并能充分指令每个人以最佳的方式管理工厂。一种极其类似的（尽管大为简单）金融同样能指令社会主义工厂中当选的经理如何管理工厂，他并不比资本家更需要来自职业组织者的劝告。"

① 这种朴素的自然主义的口号是马克思的"共产主义的原则"。它起源于柏拉图和早期基督教（参阅第五章注；《行动》杂志第 2 卷，第 44—45 页，以及第 3 卷，第 34—35 页；另见第二十四章注，以及所提供的那些综合文献）。它在《国家与革命》中曾被列宁所引用；见《马克思主义手册》第 752 页。马克思的"社会主义的原则"——它体现在 1936 年的苏联的《新宪法》中——则似乎不具有重要意义；对照其中第 12 条，我们在那里读到："在苏联社会主义的原则已经实现：'各尽所能，按劳分配。'""劳动"取代早期基督教的术语"需要"，将一个浪漫的和经济上十分有限的自然主义短语变成一个十分实际却又平凡的原则——变成甚至"资本主义"也可以作为自身要求的原则。

邦和不合逻辑的。因此，马克思主义者甚至不研究所谓的"资产阶级经济学家"在该领域中所取得的成就。在准备建设工作方面，他们甚至比一些"资产阶级经济学家"更缺少培训。

在使社会主义摆脱其多愁善感的、道德主义的和幻想的背景方面，马克思找到了自己的专门使命。社会主义必然要从乌托邦的阶段发展到科学的阶段；① 它应该建立在分析原因和结果的科学方法的基础之上，建立在科学测见的基础之上。由于他假定，社会领域中的预测与历史预言是同一种东西，因而科学社会主义必然是建立在对历史的原因和结果的研究之上，最终是建立在对社会主义自身来临的预言的基础之上。

当马克思主义者发现自己的理论受到攻击时，他们就常常撤退至这一立场，即马克思主义主要的不是一种理论而是一种方法。他们认为，即使马克思理论中的特殊部分，或者其追随者的某些理论中的特殊部分被取代，马克思的方法仍然是不可辩驳的。我认为，坚持马克思主义根本是上一种方法，是十分正确的。但是，认为作为一种方法，它就应该免受攻击，这就错了。这种观点说白一点就是，谁要评判马克思主义，他就必须把它作为一种方法来深究和批评，也就是说，他必须以方法论的标准来衡量它。他必须追问，它是一种富有成效的方法，还是一种贫乏的方法，也即，它是否能够推进科学的工作。因此，我们用来评判马克思主义方法的标准，应该具有一种实践的本性。通过把马克思主义描述为最纯粹的历史主义，我已经指出，我确实主张，马克思主义的方法是十分贫乏的。②

---

① 我这里暗指的是恩格斯的一部名著的题目：《社会主义从乌托邦到科学的发展》（这部著作在英国已经以"社会主义：乌托邦和科学"为题出版）。

② 见我的《历史主义贫困论》一书（经济出版社，1944 年）。

　　马克思本人也许赞同对批评他的方法作这样一种实际的探索，因为他是发展后来被称作"实用主义"的观点的首批哲学家之一。他之所以被引向这一立场，我认为，是由于他确信，一种科学的背景为实际政治家——这种实际政治家当然也意味着社会主义的政治家——所迫切需要。他教导说，科学能够产生实际的结果。应该随时关注成果，关注理论的实际结果！他们甚至谈论有关其科学结构的某些事情。一门不产生实际结果的哲学或科学，只不过解释了我们生活的世界；然而它能够而且应该做得更多些；它应该改变世界。马克思写道："哲学家们只是用不同的方式解释世界，而问题在于改变世界。"① 也许正是这种实用主义的态度，使他预期到后来实用主义者所主张的重要的方法论理论，即科学的最富特征的工作，不是获得既往事实的知识，而是预见未来。

　　这种对科学预测的强调，实质上是一种重要的、方法论的发现，不幸的是，它把马克思引入了歧途。因为一个似是而非的论据（只有当未来被提前决定——只有当未来像从前一样存在于过去之中、被嵌入过去之中——科学才能够预见未来）把马克思引向固执于这一虚假的信仰，即严格的科学方法必须建立在严格的决定论的基础之上。马克思关于自然界和历史发展的"无情规律"的说法，清楚地表明了拉普拉斯氛围和法国唯物主义的影响。然而，相信"科学的"和"决定论的"术语如果不是同义的，至少也具有不可分割的联系，现在要被说成是一个尚未

---

　　① 这是马克思《费尔巴哈论纲》（1845 年）的第 11 条，参阅《马克思主义手册》，第 231 页。另见第 153 页注①、154 页注①和 155 页注①，以及《历史主义贫困论》的第 1、17 和 18 章。

完全消失的时代的迷信之一。^① 由于我主要对方法问题感兴趣，我感到高兴的是，当讨论马克思主义的方法论时，并没有必要加入有关决定论的形而上学问题的争论。因为不论这些形而上学争论的结果如何，例如，量子理论关于"自由意志"方面，我想要说的是，事情早就解决了。没有哪种决定论，不论它被表述为自然界的齐一性原理，还是被表述为普遍的因果规律，能够再被作为科学方法的必要假定来考虑。因为物理学——一切学科中最先进的科学——不仅表明，没有这种假定，它照样能够从事研究，而且还表明，在某种程度上，它还同这些前提有矛盾。对一门能够进行预测的学科而言，决定论并不是不可缺少的前提条件。因此，科学方法不能被说成支持采取严格的决定论。没有这一假定，科学也能具有严格的科学性。当然，马克思不能因为坚持了相反的观点就应受到责难，因为他那时的最优秀的科学家都持有同样的观点。

值得注意的是，把马克思引向歧途的，并不是决定论的抽象的、理论的原理，毋宁说是该原理对其科学论观点、对其关于社会科学的目的和可能性观点的实际影响。如果"决定"社会

---

① 我在这里并不想详细讨论决定论的形而上学的或方法论的问题（有关这一问题的几点进一步的评论在下述第二十二章中可以发现）。但是，我要指出，如果"决定论"和"科学的方法"被认作同义语，这将是如何的不合适。然而甚于 B. 马林诺夫斯基这样优秀和精确的作者，也仍然持这种主张。例如，可参阅他在《人类事务》第 12 章中的文章（卡特尔、柯亨和特拉维编，1937 年）。我完全赞同这篇文章的方法论的倾向，赞同它呼吁在社会科学中动用科学方法，也赞同它对人类学中浪漫主义倾向的明智谴责（特别参阅第 207 页及第 221—224 页）。然而，当马林诺夫斯基为"人类文化研究中的决定论"辩护时（第 212 页；例如也可见第 252 页），我并不明白，如果他不是简单地意指"科学的方法"的话，他用"决定论"意指什么。可是，这一引文并站不住脚，正如在正文中所表明的，它有着严重的危险性；因为它可能导致历史主义。

发展的抽象的"原因"观念不导向历史主义，它就不会如此十分有害。诚然，这种观念没有任何理由让我们对社会制度采取一种历史主义的态度，同每个人，尤其是决定论者对机械和电子设备所采取的显然是工艺学的态度形成奇怪的对比。也没有任何理由让我们相信，在一切科学中，社会科学能够为我们实现揭示未来所储藏着的秘密这一古老的梦想。对科学的算命术的这种信仰，并不仅仅建立在决定论的基础之上；它的其他基础包括，混淆了科学预测和宏大的历史预言，前者有如我们在物理学和天文学中所了解的，后者则在广泛的战线上预言社会的未来发展的主要趋势。这两种预测是根本不同的（正如我在其他地方试图表明的①），前者的科学特征并不为支持后者的科学特征提供证据。

　　马克思关于社会科学的目的的历史主义观点极大地搅乱了实用主义，后者一开始曾使他强调科学的预测功能。这迫使他不得

---

①　关于对历史主义的批判，见我的《历史主义贫困论》一书（经济出版社，1944 年）。

　　　马克思可能也被谴责为持有这一错误主张，即认为存在一种"历史发展的自然规律"；因为他的时代的一些最优秀的科学家（例如 T. H. 赫胥黎；参阅他 1880 年出版的 Lay Sermons，第 214 页）都相信揭示进化规律的可能性。然而，并不存在经验的"进化规律"。只存在特殊的进化假说，阐述地球上的生命是以一定方式发展而来的。但普遍的或自然的进化规律则必须阐述一种涉及（至少是）全部行星的生命发展过程的假说。换言之，无论我们把对一种唯一过程的观察限制在何处，在那里我们不能希望发现和测定一种"自然规律"（当然，存在各种从属于年轻机体的发展的进化规律，等等）。

　　　也可能存在社会学规律，甚至存在从属于进步问题的社会学规律；例如，存在这种假说，即无论思想和思想交流的自由在哪里受到法律制度和确保讨论之公正的制度的有效捍卫，在那里就会存在科学的进步（参阅第二十三章）。然而，也有理由坚持这一观点，我们最好根本不谈历史规律（参阅第 403 页注①及正文）。

不修正自己的早期观点，即科学必须，而且能够改变世界。因为
只要存在社会科学，因而存在历史预言，历史的主要过程就应该
是被预先决定的，无论是善良意志还是理性，都无权改变它。以
合理的干预这一方式留给我们的，只是通过历史预言去肯定发展
的即将来临的过程，去清除途中的糟糕障碍。马克思在《资本
论》中写道："一个社会即使探索到了本身运动的自然规律……
它还是既不能跳过也不能用法令取消自然的发展阶段。但是它能
够缩短和减轻分娩的痛苦。"① 正是这些观点导致马克思把所有
那些人斥责为"乌托邦主义者"，这些人以社会工程学的目光考
察社会制度，认为社会制度服从于人的理性和意志，能够成为理
性设计的一个可能领域。在马克思看来，这些"乌托邦主义者"
试图用人类脆弱的双手，去驾驶逆历史的自然潮流和风暴而上的
社会巨轮。他认为，一位科学家所能够做的一切，只是提前预报
风暴和旋涡。因此，他们能提供的实际服务，只限于提出警告，
下次风暴将构成威胁，使巨轮偏离正确的航线（正确的航线当
然是向左转！），或者是劝告乘客，最好集合到船的哪一侧。马
克思在宣告即将来临的社会主义的太平盛世中，发现了科学社会

---

① 参阅《资本论》第 864 页（第 1 版序言。关于对穆勒的类似评论，见下述
第 155 页注①）。在同一地方，马克思还说："本书的最终目的就是揭示现
代社会的经济运动规律。"（《马克思恩格斯全集》第 23 卷，人民出版社
1972 年版，第 11 页）（关于这一观点，参阅《马克思主义手册》第 374 页，
以及本书第 155 页注①正文。）如果我们将这些段落与他的《费尔巴哈论
纲》第 11 条（第 150 页注①正文引述了）作比较，马克思的实用主义和他
的历史主义的冲突就变得十分明显。在《历史主义贫困论》第十七章中，
我试图通过以某种马克思攻击费尔巴哈十分类似的形式来描述他的历史主
义，以使这种冲突变得更加明显。因为我们可以通过这样的陈述来阐释正文
中引述的马克思的词句：历史主义者只能解释社会发展，并以各种不同方式
帮助它；然而，其观点是，没有谁能够改变它。另见第二十二章，特别是第
337 页注②正文。

主义的真正任务。只有借助于这种宣告，他认为，科学社会主义的教导才能有助于创造一个社会主义世界，而通过使人意识到即将来临的变化，意识到历史的游戏中分派给他的角色，科学社会主义的教导才能够推进社会主义世界的到来。这种科学社会主义不是一种社会工艺学；它不教授建设社会主义制度的途径和手段。马克思关于社会主义理论和实验的关系的观点，表明了其历史主义的观点的纯洁性。

　　马克思的思想在许多方面都是其时代的产物，当时那场巨大的历史地震，即法国革命令人记忆犹新（1848 年的革命使它获得复苏）。他感到，这种革命不能靠人的理性来设计和筹划。然而，它可以用一种历史主义的社会科学预测；透彻认识社会形势可以揭示其原因。从马克思的历史主义和 J. S. 穆勒的历史主义的密切相似（类似于其前辈黑格尔和孔德的历史主义哲学的相似），可以看出这种历史主义态度所具有的这一时期的十分典型的特征。马克思并没有深入思考过"J. S. 穆勒之类的资产阶级的经济学家"①，他把他们视为"枯燥无味的、无头脑的调和论"的典型代表。虽然在某些地方，马克思实际上对"慈善经济学家"穆勒的"现代倾向"，表明了某种尊敬，在我看来，也有足够详尽的证据驳斥这事实，即认为马克思直接受到穆勒（或者毋宁说孔德）关于社会科学方法的看法的影响。因而马克思的观点和穆勒的观点的一致，是件非常引人注目的事情。所以，当马克思在《资本论》的序言中说："本书的最终目的就是要揭示

---

① 参阅《资本论》第 469 页；下三段引文出自《资本论》第 868 页（第二版序言。译文《肤浅的调和论》并不十分符合原文那种十分强烈的表达）；参阅《资本论》第 673 页；并参阅第 830 页。关于正文中提到的"充足详尽的论据"，例如，可参阅《资本论》第 105、562、649、656 页。

现代社会的……运动规律。"① 他可以说是在传达穆勒的纲领：
"社会科学的……基本问题必须是寻找规律，依照这种规律，一
切社会状况制造出继之而起并取代它的状况。" 穆勒十分明确地
区分了他称作 "两种社会学研究" 的可能性，第一种与我所说
的社会工艺学极为相当，第二种与历史主义的预言相当，他袒护
后者，把它描述为 "社会的一般科学，另一种社会研究的结论
应该因之而受到限制和控制"。或者更专门的依照穆勒的科学方
法的观点，这种社会的一般科学是建立在因果律原理的基础之上
的；他把这种对社会的因果分析描述为 "历史的方法"。穆勒的
"社会的状态" 具有 "从一个时代到另一时代的……可以变化的
特性"，正好与马克思主义的 "历史埋藏" 相当，当然，尽管它
比自己的辩证法对手更为朴实（穆勒认为，"人类事物必须遵循
的" 运动形态 "应该是" 两种可能的天文学运动中的 "二者之
一"，即或者是 "一种沿轨运动"，或者是 "一种弹道运行"。②
马克思主义的辩证法并不肯定历史发展的规律的简明性；正如曾
经有过的那样，它接受穆勒的两种运动的组合——即类似于某种

---

① 参阅《资本论》第 864 页；并参阅第 153 页注①。下述三段引文出自 J. S.
穆勒《逻辑系统》[1843 年第 1 版，第 2 节（结尾）；第 1 节（开头）；第 1
节（结尾）]。在穆勒《逻辑学》同一章第 8 节中，可以找到一个有趣的段
落（它与第 153 页注①正文中援引的马克思的著名评论说的几乎是同一意
思）。谈到寻求 "社会秩序和社会进步的规律" 的历史方法时，穆勒写道：
"通过它的帮助，我们从此不仅能够成功地展望人类的未来历史，而且能够
成功地决定何种人工手段可以被运用、并在何种程度上尽可能有益地推动自
然的进步；弥补一切可能成为其内部固有的不便和不足，并防止我们人类从
自然的进步的必然事件所面临的各种危险或事故。"（着重号是我加的）或
者像马克思所指出的，"缩短和减轻分娩的痛苦"。
② 参阅穆勒上述著作同章第 2 节；接下来的评论出自第 3 节的第 1 段。"沿轨
运行" 和 "弹道运行" 的说法都出自第 3 节第 2 段的结尾。当谈论 "沿轨
运行" 时，穆勒可能想到的是类似于柏拉图《政治家》，或者是马基雅维利
《论李维》中所阐述的发展的循环理论。

波浪式运动或螺旋式运动的东西）。

在马克思和穆勒之间存在不少相似性；例如，二者都对放任的自由主义不满，二者都试图为实施基本的自由观念提供更好的基础。然而，在他们对社会学方法的直法中，存在一个非常重要的差别。穆勒认为，社会的研究归根结底应该还原为心理学；依照人性、"精神的规律"，尤其是人性的进化，就能够解释清楚历史发展的规律。"人种的进化"，他说，"是社会科学的方法得以……确立的基础，它远比从前流行的模式……优越。"① 这种社会学原则上可以被还原为社会心理学的理论——尽管由于无数个体的互动引起的复杂性，这种还原可能相当困难——已经广为许多思想家所主张；诚然，它属于常常简单地受到赞同的各种理论之一。我将把这种社会学的研究称作（方法论的）心理主义。② 我们现在可以说，穆勒信仰心理主义。但马克思却向它挑战。他宣称，"法的关系正像国家的形式一样……也不能从所谓人类精神的一般发展来理解"。③ 对心理主义指出了疑问，也许是马克思作为社会学家的最大成果。这样，他就为更深刻地认识

---

① 参阅穆勒《逻辑系统》同章第 3 节最后一段的开头——关于全部这些段落，也可参阅本书第 160 页注②至 162 页注①各注，以及《历史主义贫困论》第 22、24、27 和 28 章。

② 关于心理主义（该术语源于 E. 胡塞尔），我这里可以援引几段优秀心理学家 D. 达兹说过的话；这些话采自他的文章《心理需求》（载卡特尔编的《人类事务》，第 3 章，1937 年，第 36 页）。"在哲学上，曾几何时存在一种使心理学成为一切其他科学之根本基础的倾向……这种倾向通常被称为心理主义……然而，即使诸如社会学和经济学之类与心理学联系较密切的科学，也具有不是心理学的中性内核……"在本书第十四章中，心理主义将得到详细讨论。另见第一卷第 171 页注①。

③ 参阅马克思《〈政治经济学批判大纲〉序言》（1859 年）（《马克思恩格斯选集》第 2 卷，人民出版社 1995 年版，第 32 页；另见《资本论》第 xv 页）。在本书第 182 页注①正文和第 189 页注①正文中，这段话被更完整地引用；另见第 158 页注②。

社会学规律的专门领域，至少是认识局部自主的社会学，开辟了
道路。

　　在下述篇章中，我将解释马克思方法的一些观点，并力图着
重强调他那些在我看来具有持久价值的观点。因此，接下我将讨
论马克思对心理主义的攻击，讨论他支持不可还原为心理学的自
立社会科学的论证。最后，我将试图指明其历史主义的致命弱点
和破坏性后果。

第十四章　社会学的自主性

马克思有一句著名格言，扼要阐述了他反对心理主义，[①] 即反对把一切社会生活的规律最终还原为"人性"的心理学的规律这种似是而非的理论："不是人们的意识决定人们的存在，相反，是人们的社会存在决定人们的意识。"[②] 本章和下面两章的职能主要是阐明这句格言。我首先应该表明，在展开我所谓马克思的反心理主义时，我展开的是一种我本人赞同的观点。

作为一个基本的例证，作为我们考察的第一步，我们应该提及所谓异族通婚的问题，即解释婚姻规律在各种不同的文化中的广泛分布的问题，这些规律显然是设计来防近亲繁殖的。穆勒及其心理主义的社会学流派（后来又有许多精神分析学家加入），曾试图通过诉诸"人性"，例如某种对乱伦的本能厌恶（也许通过自然选择或"压抑"加以发展），来解释这些规则；诸如此类的解释也只能是朴素的或普通的解释。然而，如果接受马克思格言中表达的观点，人们就会询问，是否除此之外没有别的解释，也即是说，是否毋宁说这种明显的本能是教育的产物，是那些要

---

① 参阅上一章第 156 页注③。

② 参阅马克思《政治经济学大纲序言》，在第十三章第 152 页注②、第十五章第 182 页注①正文和第十六章第 189 页注①中也被引用；另见马克思和恩格斯的《德意志意识形态》（《马克思恩格斯选集》第 1 卷，人民出版社 1995 年版，第 73 页）："不是意识决定生活，而是生活决定意识。"

求异族通婚和禁止乱伦的社会规则和传统的结果，而不是其原因。[①] 显然，这两种研究恰好与一个古老的问题相符合：即社会是"自然的"，还是"约定俗成的"（详细讨论见第五章）。在诸如此类的问题中，要决定两种理论何者正确，是以本能解释传统的社会规则，还是以传统的社会规则解释明显的本能，是件困难的事情。然而，通过实验是能够解决这类问题的，因为在类似的情况下已经表明，本能显然厌恶蛇。就这种厌恶不仅由人所展示，而且也由一切类人猿和大多数猴子所展示而言，本能具有很大的相似性。然而，实验似乎表明，这种惧怕是约定俗成的。不仅在人类中，而且在例如黑猩猩中，本能似乎都是教育的产物，因为无论是婴儿还是小黑猩猩，如果没有教他们惧怕蛇的话，都不会展示这种所谓的本能。[②] 这个事例应该被看作一个警告。我们在此面临一种厌恶，它显然是普遍的、甚至是超乎人类的。虽然从某种习惯不具有普遍性这一事实出发，我们也许会反驳所谓习惯的存在是以本能为基础的（然而即使这种论点也是危险的，因为有许多社会习惯在强化本能的压抑），但我们还是明白，相反的论点当然是不正确的。一定行为的普遍发生并不构成该行为具有本能特性或者根源于"人性"的决定性证明。

　　这类思考也许表明，假定一切社会规律原则上都根源于"人性"的心理学，是多么的朴质。但这种分析仍然十分粗糙。为再向前推进一步，我们可以尝试对心理主义的主题作更直接的分析，其理论主张是，社会是相互作用的精神的产物，因而社会规律最终应该还原为心理学的原则，因为社会生活的事件（包括各种习俗），必然是个人的精神引起的动机的结果。

---

① 参阅 M. 金斯伯格《社会学》（荷马大学图书馆发行，第130页），他在类似的范围内讨论了这一问题，然而却没有涉及马克思。

② 例如参阅《动物学手册之十》，芝加哥自然史田野博物馆出版，1929 年。

与这种心理主义的理论相反，自主性社会学的捍卫者可能提倡制度主义的观点。① 他们指出，首先，没有任何行动仅仅靠动机能够解释；如果动机（或者任何其他心理学的或行为主义的概念）一定要在这种解释中使用，那么，它们应该通过参照普通的情境，尤其是参照环境来获得补充。在人的行为的条件下，这种环境广泛地具有一种社会性质；因此，如果不参照我们的社会环境、不参照社会制度及其运行的方式，我们的行动就不能获得解释。所以，制度主义者可能认为，将社会学还原为对行为的心理学的或者行为主义的分析，是不可能的；相反，每种此类分析都预先假定了社会学，因而社会学整体上并不依赖于心理学的分析。社会学，或者至少是其中的某个十分重要的部分，应该是自主的。

与上述观点相反，心理主义的追随者可能会反驳，他们非常愿意承认环境因素（无论是自然的还是社会的）的重要性；然而，与自然环境相反，社会环境的结构（他们可能喜欢用时髦的"模式"一词）是人造的；因此，它必须依据人性、依据心理主义的理论才能获得解释。例如，经济学家称作"市场"的这种富有特征的制度——其运行是他们研究的主要目的。归根结底就派生于"经济人"的心理，用穆勒的话来说，派生于"追求财富的'心理'现象"。② 此外，心理主义的追随者认为，各种制度在我们的社会中之所以能够发挥如此重要的作用，是由于特殊的人性的心理结构，这些制度一经建立，它就呈现出一种成为我们环境的传统的和相对固定的组成部分的趋势。最后——这

---

① 关于制度主义，特别可参阅第一卷第三章（第50页注①和51页注①正文）以及第九章。

② 参阅穆勒《逻辑系统》，第6章、第9章第3节（也可参阅该书第1章注⑯—⑱）。

是他们的关键论点——传统的起源和发展应该能够依照人性来解释。当将各种传统和制度追溯到其起源时，我们应该看到，它们的引入可以用心理学术语来解释，因为它们是人出于这种或那种目的、在受一定动机的影响下而被引入的。在时间的流程中，即使这些动机被忘却，那么，容忍这些制度的健忘和意愿——其动机是含糊的——也是以人性为基础的。所以，正如穆勒所说的："一切社会的现象都是人性的现象。"① "社会现象的规律只不过是，或者可能是人的行为和情感的规律"，也即是说，是"个体人性的规律。当被集合到一起时，人并不变成另一种实体……"②

　　穆勒的这后一句评论展示了心理主义的最值得赞扬的方面之一，即它明智地反对集体主义和整体观，拒绝接受卢梭和黑格尔的浪漫主义——一种普遍意志或民族精神，抑或一种集团精神——的影响。我认为，只是就它坚持我们所谓与"方法论的集体主义"相反的"方法论的个人主义"而言，心理主义才是正确的；它正确地指出，集体的"行为"和"行动"，诸如国家或社会集团，应该还原为人类个体的行为和行动。但是，如果认为选择这一种个人主义的方法就意味着选择一种心理学的方法，则是错误的（正如本章下面将会表明的），尽管乍看起来，它可能显得令人十分可信。撇开心理主义值得称赞的个人主义的方法不论，从穆勒的一些进一步论证的话语中可以看出，心理主义就是这样在十分危险的基础上运行的。因为它们表明，心理主义是被迫采纳历史主义的方法的。将我们的社会环境的事实还原为心

----

① 参阅穆勒《逻辑系统》第 6 章，尤其是第 6 章第 2 节。
② 参阅穆勒《逻辑系统》第 6 章、第 7 章第 1 节。关于"方法论的个人主义"和"方法论的集体主义"的对立，另见 P. A. 冯·哈耶克的《科学主义和社会研究》第二部分第 7 节（经济出版社，1943 年，第 41 页）。

理学的事实，这种尝试迫使我们去思考起源和发展。在分析柏拉图的社会学时，我们曾有机会对这种社会科学研究方法的可疑的长处进行测定（参阅第五章）。在批评穆勒时，我们现在试图给它以沉重的一击。

无疑，迫使穆勒采纳历史主义方法的，是他的心理主义；他甚至模糊地意识到历史主义的无聊和贫乏，因为他试图通过指出由许多个人精神的互动的无限复杂性所引发的困难，来说明这种无聊。他说："当它强迫规定""……在人性中已经指出充分的基础之前，不许把任何抽象……引入社会科学时，我不认为任何人会主张，从人性的原则和我们人的立场的一般环境出发，能够优先决定人的发展所必须接受的秩序，从而预见迄今为止一般的历史事实。"他所提出的理由是，"在经历系列的最初几个阶段之后，前此施及一代又一代人的影响……比其他任何影响变得越来越有优势"（换言之，社会环境成为一种支配性的影响）。"行动和反作用的系列漫长得……连人的才能也计算不过来……"①

这种论证，特别是穆勒对"系列的最初几个阶段"的评论，对历史主义的心理学翻版的缺点作了引人注目的揭露。如果社会生活中的一切规则、我们的社会环境和一切制度的各种规律，等等，最终都可以解释为、还原为"人的行为和情感"，那么，这种研究所强加给我们的，就不仅仅是历史的——因果性的发展观念，而且是这种发展的最初几步的观念。因为强调社会规则或者制度的心理学起源只不过意味着，它们可以被追溯到一种状态，当时这些规则或制度的引入只依赖于心理因素，或者更准确地说，是独立于一切已经建立的社会制度的。所以，不论心理主义喜欢与否，它不得不起用社会的起源的观念，起用人性和人类心理的观念，因为它们是先于社会存在的。换言之，穆勒对社会发

① 关于这点及上述引文，可见穆勒《逻辑系统》第6章、第10章第4节。

展"系列的最初几步"的评论,并不像有的人或许会认为的,是一次偶然的失足,而是对他不得不接受的绝望观点的恰当表达。它之所以是一种绝望观点,是由于这种以社会之前的人性解释社会的基础的理论——某种"社会契约"论的心理学翻版——并不只是一种历史的神话,而且还是,就像它所是的那样,一种方法论的神话。因为我们有很多理由相信,人(或许还有人的祖先)在社会上是优先于人性的,例如,可以认为,语言就预先假定了社会的存在。所以,穆勒的上述观点几乎不值得认真讨论。然而,这就意味着,各种社会制度,随之而来的还有典型的社会规则或社会学的规律,① 应该是优先于一些人喜欢称之为"人性"的东西、优先于人的心理学而存在。如果有某种尝试还值得的话,那么,更有希望进行尝试的,应该是依照社会学而不是其他方法对心理学进行还原或解释。

这使我们回复到本章开头的马克思的格言。人——即人的精神、需求、恐惧和期待、人类个体的动机和志向——如果有区别的话,与其说是社会生活的创造者,毋宁说是它的产物。应该承认,我们社会环境的结构在一定意义上是人造的;其制度传统既不是上帝的作品,也不是自然的作品,而是人的行动和决策的结果,是能够由人的行为和决策改变的。但是这并不意味着,它们全都是有意识地设计出来的,是可以依照需求、希望或动机来解释的。相反,甚至那些作为自觉的和有意识的人类行动的结果出现的东西,作为一条规则,也都是这种行动的间接的、无意识的和经常是不必要的副产品。"只有很少一部分社会制度是有意识的设计出来的,而大部分制度,正如我们以前说过的,已作为人

---

① 我这里使用"社会学规律"术语,是表示与其常规规律相反的社会生活的自然规律。

类行动的无须设计的结果'生成了'"①；我们还可以补充，甚至
这少数几种被有意识地和成功地设计出来的制度（譬如说，一
所新创立的大学，或者一个工会），大部分也不是按计划建成

---

① 参阅第一卷第三章第51页注①〔这段话引自我的著作《历史主义贫困论》
第二部分第122页（经济出版社，1944年）〕。

我要把有关马克思将社会理论设想为对近乎是我们一切行为的不必要的
社会反应的研究这一提示归功于 K. 波兰尼，是他在多次私人讨论中强调了
马克思主义的这一方面。

（1）然而，必须注意，尽管存在刚才提到的马克思主义的这一方面，
并且它构成马克思关于方法的观点和我的观点之间一致的重要之点，但是在
马克思和我对这些不必要的或无意识的反应所作分析的方式的看法上，却
存在很大的分歧。因为马克思是一位方法论的集体主义者。他认为，造成这
种不必要的结果的，是"经济关系的体系"——一种反过来可以依照"生
产资料"来解释、但却不能依照个人及其关系和行动来分析的制度体系。
与此相反，我认为各种制度（和传统）应该在个人主义条件下获得分
析——也即是说，依照个人在一定情境中行动的关系和他们行动的无意识的
结果来分析。

（2）涉及"清洗"方面，与第九章正文中的文献和本章第162页注①
至168页注①各注及有关正文。

（3）关于正文（即本注释附加的这段话以及随后出现的诸如此类文字）
中对我们行为的无意识的社会反应的评论，我希望注意这一事实，即物理科
学（及机械工程和技术领域）中的情形在某种程度上是相似的。在这里技
术的任务也是广泛地向我们通报我们所从事的事物的无意识的结果（例如，
如果我们过于加强桥梁的构件，它就可能变得不堪重负）。然而，甚至可以
将类比更推进一步。我们的机械发明就很少依照我们的原始计划实现。汽车
的发明者可能就没有预见到其行为的社会反应，然而，他们肯定也没有预见
到纯粹的机械反应——汽车抛锚的各种方式。当他们为避免汽车抛锚而对汽
车加以改进时，他们也就改变了原有的认识（随之一来，一些人的动机和
渴望也发生改变）。

（4）关于我对密谋理论的批判（在正文的后一部分），参阅我的演讲
《预测和预言及其对社会理论的意义》（载《第10届国际哲学大会文献汇
编》第1卷，1948年，第82页；特别见第87页），以及《面向传统的合理
理论》（载《理性主义年刊》，1949年，第36页；特别见第40页）。

的——还是由于其有意识的创造引起无意识的社会反应。因为它们的创造不仅影响了许多其他的社会制度，而且也影响"人性"——希望、恐惧和野心，首先是那些比较直接相关者的，往后常常是社会的全体成员的。这种情况的结果之一是，社会的道德价值——所有成员都认可的，或者几乎是所有成员都认可的——与社会的制度和传统密切联系在一起，它们不能幸免于社会的制度和传统的毁灭（正如我在第九章中讨论激进革命者的"清洗"时所指出的）。

所有这一切都在支持社会发展的较古老的时期，即支持封闭的社会，在这种社会中，如果制度的自觉设计真的发生，它就是一件特别异常的事件。今天，由于我们逐渐提高了对社会的认识，即由于对我们的计划和行动的无意识的反应进行了研究，事情可能开始变得不一样；总有一天，人甚至可以成为一个开放社会的创造者，因而也是自己的大部分命运的创造者（马克思抱有这一希望，正如下一章将表明的）。然而，所有这些只是个程度的问题，尽管我们可以学会预见我们行动的一些无意识的结果（一切社会工艺学的主要目的），但总是有不少结果是我们预见不到的。

我认为，心理主义被迫起用心理学的社会的起源的观点，这本身就构成反对心理主义的决定性论据。然而，它并不是唯一的论据。也许对心理主义的最重要的批评是，认为它不能理解解释性社会科学的主要任务。

该任务并不像历史主义者所认为的，是预言历史的未来进程。相反，是发现和解释社会领域中很不明显的依赖性。是发现以社会行动的方式存在的种种困难——正如曾经所说的那样，是研究社会材料所具有的不易操作、富有弹性或易破损等特性，以及它对我们铸造和加工这些材料的尝试所做的抵制。

为使我的观点更清楚，我将扼要描述一种理论，该理论受到广泛的赞同，但却假定了我认为正好与社会科学的真实目的相反的目的；我称之为"社会密谋理论"。它主张，对社会现象的解释在于这一种人或集团，他们对这些现象的发生感兴趣（有时是一种首先必须揭示的隐秘的利益），并计划和密谋要促成它。

当然，这种对社会科学的目的的看法，源自一种错误的理论，即认为社会中发生的一切——特别是战争、失业、贫困、匮乏等人们照例不喜欢的事件——是一些有权的个人或集团直接设计的结果。这个理论受到广泛的赞同；它甚至比历史主义还要古老（正如其原始的有神论的形式所表明的，它是密谋理论的派生物）。在其现代的形式中，与现代的历史主义和某种"自然法"的现代态度类似，它是宗教迷信的世俗化的典型结果。相信《荷马史诗》中众神的密谋可以解释特洛伊战争的历史，这个时代已经一去不复返。众神已经被抛弃。但它们的位置被有权的人或集团的填补——罪恶的压制集团的诡计要对我们所遭受的一切灾难负责——诸如博学的犹太教长老、独裁分子、资本家或者帝国主义者之类。

我意思并不是，密谋从未发生过。相反，它们都是典型的社会现象。例如，每当人们相信密谋理论能够夺权时，它就变得重要。真诚相信他们知道如何创造人间天堂的人，多数都喜欢采纳密谋理论，并卷入一场反对并不存在的密谋者的反动密谋。因为对他们没能创造天堂的唯一解释，是恶魔的邪恶意图在作祟，这些恶魔对地狱有极大的兴趣。

密谋发生了，就应该获得认可。然而，引人注目的事实是，虽然密谋在发生，但它不能证明，密谋理论就是那些最终成功的几乎不可能的理论。密谋者很少能够实现自己的密谋。

为什么会这样？为什么成就与渴望有如此大差别？因为无论有没有密谋，这是社会生活中常有的情形。社会生活不仅仅是对立集团之间的优势的一种较量——一种在多少富有弹性或易受损的机制和传统的框架之中进行的行动——撇开一切自觉的反对行动不论，它在这个框架中创造了许多未曾预见的反作用，有些这类反作用甚至是预见不到的。

试图分析这些反作用，并尽可能的预见它们，我认为是社会科学的主要任务。正如已经指出的，分析有意识的人类行动的无意识的社会反应——这些反应的重要性既被密谋理论也被心理主义忽略了——正是从事这项任务。一项严格地按照意识进行的行动，并不会给社会科学制造难题（除了可能需要解释为什么在这种特例中没有无意识的反应发生之外）。为了使无意识的行动的观念更清楚，可以拿一项最原始的经济行为作例子。如果有一个人急于想买一幢房子，我们可以稳妥地假定，他不希望房子的市场价格上涨。然而他作为一个购买者出现在市场上这一事实，就可能使市场价格上涨。类似的评价也适用于销售者。还可从一个不同的领域举个例子，如果有一个人决定投保人寿保险，他当然不愿有意去鼓励一些人把资金投向保险证券。然而他还是会这样做。我们在此清楚地看到，并不是我们的一切行动的结果都是有意识的；因此，社会密谋理论不可能是正确的，因为它等于宣布，一切结果，甚至那些看起来似乎并不是任何人所预期的结果，都是那些对它感兴趣者的有意识的行动的结果。

上述假定的例子驳斥心理主义并不像驳斥密谋理论那般容易，因为人们可能认为，正是销售者对购买者出现在市场上的认识，以及他们所寄予的获得较高价格的希望——换言之，心理学的因素——对所描述的反应作了解释。当然，这是很正确的；但我们也不应该忘记，这种认识和希望并不是人性的最终素材，反之，它们能够依照社会的境况——市场的境况获得解释。

这种社会的境况几乎不能被还原为动机和"人性"的一般规律。诚然，一定的"人性的品格"的干预，诸如我们容易为宣传所动，有可能导致对上述提及的经济行为的偏离。而且，如果社会的境况不同于所设想的境况，那么，消费者如何能够通过购买行动，间接有助于商品的降价；例如，通过使其批量生产获得更多的利润。虽然这种结果偶尔推进了他作为一名消费者的利益，即使在极其相似的心理条件下，它也可能引发恰恰相反的结果。这似乎表明，那些能够导致这类极其不同的不必要的或无意识的反应的社会境况，应该由一门社会科学来研究，这门社会科学并不受制于某种偏见，即像穆勒所说的："在人性的充足的基础能够被指出之前，很有必要不把任何抽象引入社会科学。"① 它们应该由一门自主的社会科学来研究。

继续进行这种反对心理主义的论证，我们就会认为，我们的行动在很大程度上是能够依照它们所发生的境况来解释的。当然，它们从不能只依照这种境况就可获得全面的解释；例如，在解释一个人穿过街道、他要躲避路上行驶的汽车这种情形时，就可能要超出上述所说的境况，而应该涉及他的动机是出于自我保护的"本能"，还是试图避免疼痛等。但是，与我们可称作"境况的逻辑"对其行为的详细决定相比，这一部分"心理学的"解释常常并不重要。而且，在描述境况时，要囊括一切心理学的要素是不可能的。对境况、境况的逻辑的分析，在社会生活中和在社会科学中一样，起着极其重要的作用。它实际上是经济分析的方法。至于经济之外的例子，我可以提到"权力的逻辑"，② 我可以用它来解释权力政治的运作和一定的政治制度的运行。将境况逻辑运用到社会科学的方法，并不是建立在任何关于"人性"的合理性（或其他）的心理学假定的基础之上。相反：当

---

① 参见本章第 161 页注②正文所援引的出自穆勒《逻辑系统》中的一段话。

② 参阅第一卷第十章第 387 页注②。对权力的逻辑做出重要贡献者，有柏拉图（《理想国》第 8 和第 9 章，以及《法律篇》）、亚里士多德、马基雅维利和帕累托等人。

我们谈到"合理的行为"或"不合理的行为"时，我们同时在指依照境况的逻辑或不依照该境况的行为。实际上，按其（合理的或不合理的）动机对行动所做的心理学分析预先假定了——正如马克斯·韦伯所指出的①——我们先前展开的某种在可疑的境况中被视为合理的标准。

我反对心理主义的论证不应被误解。② 当然，它们并不想表明，心理学的研究和发现对社会科学家很不重要。相反，它们意味着，心理学——个体的心理学——即使不是一切社会科学的基

---

① 参阅 M. 韦伯《论文集》（1922 年），特别是第 408 页以下。

对这种经常重复的断言，这里可以补充一个评论：我们通过直接了解，就能够认识"社会原子"即我们自身，而我们对物理原子的认识，只能是假说，就此而言，社会科学运用了一种不同于自然科学的方法。由此出发，经常有人（例如卡尔·门格尔）得出结论，由于社会科学的方法使用了对我们自身的认识，因此，它与自然科学的"客观的"方法相反，是心理学的"主观的"方法。对这种观点，我们可以这样回答：根本没有理由说明，我们不应该使用一切我们可能拥有的对自身的"直接的"认识。然而，如果我们能够进行抽象，例如我们假定我们对自身的认识对其他人也有益的话，那么这种认识就是有用的。可是这种抽象具有一种假说的特征，它必须受"客观的"经验检验和校正（在遇到不喜欢巧克力的任何人之前，一些人容易认为每个人都喜欢它）。无疑，在"社会原子"的情形下，我们比在物理原子的情形中在一定方面处于有利位置，这并不仅仅是由于我们认识自身，而且也由于语言的使用。然而，从科学方法的观点看，自我直观所暗示的一种社会假说，与一种关于原子的物理假说所处的立场并没有什么不同。后者也可以由一种对原子像什么的直观向物理学作暗示。在两种情形下，这直观都是提出假说者的私事。成为"公共的"和对科学具有重要性的东西，仅仅是这一问题，即这些假说是否能接受检验，以及它们是否经受得住这类检验。

从这种观点看，社会理论绝不比物理理论更"主观"（例如，讲"主观价值理论"或"选择行为理论"就比"价值的主观性理论"更明白；另见第 275 页注①）。

② 为避免正文中提及的误解，本段现被插入。我要感谢 E. 坎布里奇教授，是他引起我注意这类误解的可能性。

础，也是社会科学之一。没有谁会否定关于心理事实的政治学（诸如渴望权力）的重要性，以及各种不同的神经过敏现象与它的联系。然而，"渴望权力"无疑是一个社会范畴，也是一个心理学范畴：我们不应该忘记，例如，如果我们研究这种渴望在婴儿时的初次表现，那么，我们就是在一定社会制度的背景之下，例如在我们的现代家庭的背景之下研究它（爱斯基摩人的家庭也许会产生十分不同的现象）。另一个对社会学很重要的事实，以及它提出的严重的政治的和制度的难题是，在一个部落的或者接近部落的"共同体"的避难所中生活，对许多人而言，有某种情感上的必要（特别是对年轻人而言，也许依照个体发育的发展与种系发育的发展之间的平衡，他们不得不通过一个部落的或"美洲印第安人的"阶段）。不要把我对心理主义的攻击当成对一切心理学思考的攻击，从我（在第十章）所造的这一概念的使用来看，这种心理学思考被视为"文明的胁变"，即在一定程度上说是未能满足的情感的结果。这个概念涉及一定的不安定的情感，因此是一个心理学的概念。但是同时，它也是一个社会学的概念，因为它不仅把这些情感描述为不幸和不安等，并使它们与一定的社会境况有关，与开放社会和封闭社会的对比有关（许多心理学概念，诸如野心或爱，有着类似的情形）。我们也不应该忽略，心理主义通过提倡一种方法论的个人主义和反对方法的集体主义，已经获得巨大的优点；因为它导致支持一种重要理论：即主张一切社会现象，尤其是一切社会制度的运行，应该永远被理解为产生于人类个体的决策、行动和态度等，我们永远不满足于依照所谓"集体"（国家、民族和种族等）做出的解释。心理主义的错误在于其前提，即这种方法论的个人主义在社会科学领域，意味着一种把一切社会现象和社会规则都还原为心理学现象和心理学规律的纲领。有如我所看到的，这个前提的危险性在于它倾向于历史主义。心理主义是不可靠的，应该要求有一门理论研究我们行动的无意识的社会反应，要求有一种我所描述的社会境况逻辑，这点已被指明。

在捍卫和展开马克思的社会问题不能还原为"人性"问题的观点时，我承认自己实际上已经超越马克思提出的论证。马克思未尝谈论过"心理主义"，他也没有系统地批评它；穆勒也没有思考过本章开头所援引的马克思的格言。毋宁说这句格言的力量是以黑格尔主义的形式直接针对唯心主义的。然而，只有涉及社会的心理学本性问题，就可以说穆勒的心理主义与马克思所反对的唯心主义理论是一致的。① 不过很凑巧，把马克思引至本章所开述的观点的，恰恰是黑格尔主义的另一个因素——黑格尔的柏拉图式的集体主义、黑格尔的国家和民族比那将一切都归功于它们的个人更"真实"的理论的影响（事例之一是，人们甚至从一种荒诞的哲学理论中，有时也能吸取有价值的提示）。因此，从历史上看，马克思发展了黑格尔的某些社会比个人优越的观点，并将它用作反对黑格尔其他观点的论据。然而，由于我把穆勒看成一位比黑格尔更有价值的对手，我并没有拘泥于马克思观点的历史，而是尝试以一种反对穆勒的论证形式去展开这些观点。

---

① 黑格尔认为，他的"理念"是某种"绝对"现存的东西，即不依赖于任何人的思维的东西。因此，人们可以认为，他不是一位心理主义者。然而，马克思有充分的理由无须认真对待黑格尔的这种"绝对唯心主义"；他宁可把它解释成一种伪装的心理主义，并与之斗争。在《资本论》中（着重号是我加的）他说："在黑格尔看来，思维过程，即他称为观念而甚至把它转化为独立主体的思维过程，是现实事物的创造主……"（《马克思恩格斯选集》第 2 卷，人民出版社 1995 年版，第 112 页）马克思将他的攻击限制在思维过程（或意识，或心灵）创造"现实"这一学说；他表明思维过程甚至连社会现实也不创造（更谈不上物质宇宙）。

关于黑格尔的个人依赖于社会的理论，除第十二章第三节之外，另见第二十三章关于科学方法论中社会因素，或者更确切地说人际因素的讨论，以及第二十四章关于合理性中人际因素的相关讨论。

第十五章　经济的历史唯物主义

　　看到马克思被这样描述为一切心理学的社会理论的反对者，很可能会令一些马克思主义者和反马克思主义者感到惊讶。他们认为，马克思早就教导说，经济动机在人的生活中有着广泛的影响；通过指明"人的难以抑制的需要是获得生存的工具"，[1] 马克思成功地解释了经济动机的无比强大的威力。因为他证明，诸如利润动机或阶级利益的动机的范畴，不仅对个人的行动，而且也对社会集团的行动，具有基本的重要性；他也指明了如何把这些范畴用来解释历史的过程。诚然，他们认为，马克思主义的本质表现在这一理论上，即认为经济动机，尤其是阶级利益是历史的推动力，"历史的唯物主义解释"或"历史唯物主义"的名称——一个马克思和恩格斯试图借以概括其教导的本质的名称——所暗含的恰恰是这一理论。

　　这类观点是极其普通的；但是我毫不怀疑，他们曲解了马克思。那些赞美马克思持有这类观点的人，我称之为庸俗马克思主义者（马克思曾用"庸俗经济学家"这一名称暗指某些他的反对者）。[2] 惯常的庸俗马克思主义者认为，马克思通过揭示贪婪和贪求物利的

---

[1]　参阅科尔《资本论》导言，第 xvi 页（然而也可见下一注释）。

[2]　列宁虽然有时也使用"庸俗马克思主义"的术语，但却是在某种不同意义上——庸俗的马克思如何根本不同于马克思的观点，从科尔同上书第 xx 页中的分析，本书第十六章第 189 页注[2]、190 页注[1]的正文，以及第十七章第 202 页注[2]可以看出来。

隐秘动机，让社会生活的邪恶的秘密暴露出来，这种隐秘动机驱使着隐藏在历史的舞台背后的各种力量，为满足自身追求利润的卑鄙欲望，狡诈地和有意识地在广大群众之中制造战争、萧条、失业、饥荒以及其他形形色色的社会苦难（庸俗马克思主义有时也严肃地关注把马克思的主张和弗洛伊德、阿德勒等的主张调和起来的问题；如果他没有从中选择一种的话，他也许认定，饥荒、爱和贪求权力①是马克思、弗洛伊德和阿德勒这三位现代人的哲学的伟大创造者所揭示的人类本性中三大隐秘的动机……）。

无论这类观点是否具有持久性和吸引力，它们似乎与马克思称之为"历史唯物主义"的理论根本就没有什么关系。应该承认，马克思有时也谈论诸如贪婪和利润动机等心理学的现象，但却从不是为了解释历史。毋宁说他是把它们解释为社会体系———一种在历史过程中发展起来的由各种制度构成的体系———的腐化影响的征兆，解释为腐化的结果而不是其原因；解释为历史的反应而不是其推动力。无论正确与否，他发现，在广大群众中，诸如战争、萧条和饥荒等现象，不是出自"大企业"或"帝国主义战争贩子"的狡诈诡计的结果，而是各种行为的不必要的社会后果，是由系身于社会体系之网络的行为者导引的不同结果。马克思把历史舞台上的人间演员（包括所谓"大"人物）都看作被经济线路———被他们无法驾驭的历史力量———不可抗拒地推动着的木偶。他教导说，历史的舞台被设置在"必然王国"之中（但是总有一天，这些木偶会摧毁这个体系，并赢得"自由王国"）。

马克思学说中的这一理论已经被他的大多数追随者放弃———

---

① 在阿德勒看来，追求权力实际上当然不过是渴望通过证明自身的优越地位来补偿人的自卑感。

一些庸俗马克思主义者甚至认为，现代人的哲学的最后一笔是由爱因斯坦补充的，因为他们认为，爱因斯坦发现了"相对性"或"相对论"，即"一切都是相对的"。

也许是出于宣传方面的理由，也许是因为他们并不理解他——一种庸俗马克思主义的密谋理论已经广泛地取代了独创的、原初的马克思的理论。这是一种可悲的理智上的堕落，这种堕落从《资本论》降到了《二十世纪的神话》的水平。

然而，通常被称作"历史唯物主义"的，才是马克思本人的历史哲学。它构成了这几章的主题。在现在这章中，我将提纲挈领地解释一下它对"唯物论"或经济因素的强调；之后我再更详细地讨论阶级战争和阶级利益的作用，以及马克思主义的"社会体系"观。

一

对马克思经济的历史主义①的说明，可以很便利地与我们对马克思和穆勒所做的比较联系起来。马克思和穆勒一样坚信，社会现象应该从历史方面获得解释，我们应该尝试将一切历史时期理解为先前发展的历史产物，正如我们所看到的，他与穆勒的分歧点在于穆勒的心理主义（与黑格尔的唯心主义相对应）。在马克思的教导中，这种心理主义已被他称之唯物主义的东西所取代。

人们关于马克思的唯物论所谈的许多内容，都是根本站不住脚的。经常被重复的一种主张是，马克思并不承认超乎人类生活的"较低等的"或"物质的"方面之外的任何东西，这是一种特别荒谬的曲解（这只不过是重弹另一种老调，即认为大多数古代箴言，例如赫拉克利特的"他们像野兽一样只知道填饱肚子"的

---

① J. F. 海克尔就马克思的所谓"历史唯物主义"（《莫斯科对话录》，第 76 页）写道："我宁愿称之为'辩证历史主义'或者……某种类似物。"——我再次提醒读者注意这一事实，即在这本著作中，我并不讨论马克思的辩证法，因为我在其他地方讨论过它们（参阅第十三章第 145 页注①）。

箴言,① 都是对自由的捍卫者的反动诽谤）。然而，在这个意义上，马克思根本不能被称作一位唯物主义者，即使他受到 18 世纪法国唯物主义者的强烈影响，即使通常把自己称作一位唯物主义者，而唯物主义者的主张又与他的许多理论相一致。因为在马克思那里，有许多文字几乎很难能够被解释为唯物主义的。我认为，真实的情况是，例如，他并不像恩格斯或者列宁那样，关心纯哲学的问题，他所感兴趣的主要是问题的社会学方面和方法论方面。

　　在《资本论》中有一段著名的话，马克思在那里说"在他（指黑格尔——引者）那里，辩证法是倒立着的……必须把它倒过来"。② 它的倾向是明显的。马克思试图表明，"头脑"，即人的思维本身，并不是人类生活的基础，而不过是一种建立在物质基础之上的上层建筑。一种类似的倾向也在这段话中获得表达："观念的东西不外是移入人的头脑并在人的头脑中改造过的物质的东西而已。"但是，人们也许并不充分认可，这几段话不仅没有展示一种唯物主义的激进形式；相反，它们指示了一种身心二元论的肯定倾向。也可以这样说，马克思的哲学是一种实践的二元论。虽然精神在理论上对马克思说来，显然只是物质的另一种形式（或者另一个方面，或许是一种派生现象），但在实际上，它与物质是不同的，因为它是物质的另一种形式。上述援引的文字指明，虽然正如曾经有过的情形那样，我们的双脚必须站在物质世界的牢固的基础之上，我们的头脑——马克思认真思考的人的头脑——却只关心思想或观念。依我看来，除非我们认可这种二元论，否则马克思主义及其影响就不好评价。

----

① 关于赫拉克利特的箴言，可特别参阅第一卷第二章第 33 页注②（3）、第四章第 90 页注①和 90 页注②，以及第六章第 204 页注②。

② 马克思：《〈资本论〉1872 年第二版跋》,《马克思恩格斯选集》第 2 卷，人民出版社 1995 年版，第 112 页。

马克思热爱自由，热爱真正的自由（不是黑格尔的"真正的自由"）。这是就我所能认清他遵循着黑格尔的自由与精神相伴随的著名公式而言，是就他相信我们只有作为精神存在才是自由的而言。同时，他实际上承认（作为一名实践的二元论者），我们既是精神，同时又是肉体，更现实点说，肉体是这两者的基础。这就是他为什么转而反对黑格尔，以及为什么他说黑格尔把事情颠倒了。然而，虽然他承认物质世界及其必然性是基本的，他并不感到"必然王国"有什么可爱，因为他称之为一个受物质需求束缚的社会。正如一切基督教的二元论一样，他非常珍爱精神方面；在他的著作中，甚至有不少憎恶和鄙视物质的迹象。接下来的论述将表明，对马克思的观点的这种解释可以获得他自己的文本的支持。

在《资本论》第 3 卷的一段话中，马克思十分聪明地把社会生活的物质方面，尤其是把它的经济方面，即生产和消费方面，描述为人类新陈代谢的一种扩大，即人同自然界的物质交换的扩大。他明确的表述，我们的自由必须总是受到这种新陈代谢的必然性的限制。他说，一切在促使我们变得更加自由方面所能够取得的成就，都是"合理的调节他们和自然之间的物质变换……靠消耗最小的力量，在最无愧于和最适合于他们的人类本性的条件下来进行这种物质变换。但是不管怎样，这个领域始终是一个必然王国。在这个必然王国的彼岸，作为目的本身的人类能力的发展，真正的自由王国，就开始了。但是，这个自由王国只有建立在必需和外在目的规定要做的劳动终止的地方才开始；因而按照事物的本性来说，它存在于真正物质生产领域的彼岸"。他通过得出一个实际结论结束了这整个一段话，这一结论清楚地表明，他的唯一目的同样是为一切人开辟通往非唯物论的自由王国的道路："工作日的缩短是根本条件。"①

---

① 马克思：《资本论》第 3 卷，《马克思恩格斯全集》第 25 卷，人民出版社 1974 年版，第 926—927 页。

　　我认为，这段话并没有为我称之为马克思的实践生活观的二元论留下问题。与黑格尔一样，他认为自由是历史发展的目的。与黑格尔一样，他将自由王国等同于人的精神生活的王国。但是他承认，我们不是纯粹的精神存在；我们既不是完全自由的，也不能获得完全的自由，因为我们总是不能使自身彻底从新陈代谢的必然王国中，因而从生产的罗网中解放出来。我们所能取得的一切成就，只是改善令人精疲力竭的、有损于人的尊严的劳动环境，使它们更适宜于人、更平等，并把苦役减小至这一程度，使我们大家都能够自由支配我们生命中的某一部分。我认为，这就是马克思的"生活观"的核心观念；我认为就其在马克思的理论中似乎最具有影响而言，也是很重要的。

　　现在，我们必须将这一观点与上述讨论的方法的决定论（见第十三章）结合起来。依照这一理论，对社会的科学探讨，以及科学的历史预测，只是就社会是由它的过去来决定而言，才是可能的。然而这意味着，科学只能研究必然王国。如果人真能够变得拥有完全的自由，那么，历史的预言，随之而来还有社会科学，就都会完结。诸如此类的"自由的"精神活动，如果它存在的话，就只存在于科学研究的彼岸，因为它必须永远是寻求原因、寻求决定因素。因此，只是我们的思想和观念是由"必然王国"、物质，尤其是我们生活的经济条件和我们的新陈代谢所引起、决定或必需而言，它才能研究我们的精神生活，只是借助于一方面对它们所派生的物质条件，即派生它们的人所生活的经济条件的思考，另一方面对它们被采纳的物质条件，即选择它们的人的经济条件的思考，思想和观点才能够从科学上获得探讨。因此，从科学的或因果律的观点看，思想和观念应该作为"建立在经济条件基础之上的意识形态的上层建筑"来探讨。与黑格尔相反，马克思认为，历史的线索，甚至观念史的线索，应该在人与他的自然环境、物质世界的关系的发展中去寻找；也即是说，在他的经济生活中，而不是在他的精神生活中去找。这就是为什么我们把马克思的历史主义的印记，描述为与黑格尔的唯心主义或与穆勒的心理主义相对立的经济主义。但是，如果我们把马克思的经济主义等同于那种意味着对人的精神生活采取一种蔑视态度的唯物主义，这表明是一种完全的误解。马克思对"自由王国"，即对人从物质自然界的束缚中获得局部的但却公平的解放的看法，毋宁可以被描述为唯心主义的。

这样来考虑的话，马克思的生活观似乎是很连贯的；我认为，在它对人类活动的部分是决定论的、部分是自由主义的看法中，已被发现的这类明显的矛盾和困难，就消失了。

二

从马克思的历史观来看，它具有我所称作的二元论和科学决定论的色彩是显然的。科学的历史——马克思认为它与作为整体的科学是一致的——应该探索人据以与自然界进行物质交换的各种规律。其中心任务应该是解释生产条件的发展。社会关系只有同它们与之密切相关的生产过程的程度相适应，才具有历史的和科学的意义；这种生产过程或者影响它，或者受它的影响。"像野蛮人为了满足自己的需要，为了维持和再生产自己的生命，必须与自然进行斗争一样，文明人也必须这样做；而且在一切社会形态中，在一切可能的生产方式中，他都必须这样做。这个自然必然性的王国会随着人的发展而扩大，因为需要会扩大；但是，满足这样需要的生产力同时也会扩大。"① 总之，这就是马克思的人的历史观。

---

① 马克思：《资本论》第 3 卷，《马克思恩格斯全集》第 25 卷，人民出版社1974 年版，第 926 页。

类似观点也由恩格斯表达过。在恩格斯看来，现代生产资料的扩大"不仅可能保证一切社会成员有富足的和一天比一天充裕的物质生活，而且还可能保证他们的体力和智力获得充分的自由的发展和运用，这种可能性现在第一次出现了……"随之而来，自由成为可能，即能够从自身中解放出来。"于是，人在一定意义上才最终地脱离了动物界，从动物的生存条件进入真正人的生存条件。"就人还在受经济支配而言，严格说来他还处于桎梏之中。当"……产品对生产者的统治也随之消除……人们第一次成为自然界的自觉的和真正的主人，因为他们已经成为自身的社会结合的主人……只是从这时起，人们才完全自觉地自己创造自己的历史……这是人类从必然王国进入自由王国的飞跃"。①

如果我们现在重新将马克思的历史主义观点与穆勒的观点进行比较，那么，我们就会发现，马克思的经济主义能够很容易解决我所指明的穆勒的心理主义面临的致命困难，我记住了这种能够用经济的优先性去取代心理学观点的理论。这种观点在马克思的理论中找不到对应物。用经济的优先性去取代心理学的优先性，绝不会造成类似困难，因为"经济"包含了人的新陈代谢、人与自然界的物质交换。即使在人类之前的时代，这种新陈代谢是否一直从社会上被组织起来……除了社会的科学应该与社会的经济条件——马克思通常称作"生产条件"——的发展史相符合这点之外，他没有假定更多的东西。

值得注意的是，在插入语中，"生产"这一马克思主义的术语，是在广义上被使用，它涵盖了包括分配和消费在内的整个经济过程。然而，后面这些从未引起过马克思和马克思主义者的过多关注。他们的主要兴趣仍是该词的狭义上的生产。这恰好构成

① 恩格斯：《反杜林论》，《马克思恩格斯选集》第 3 卷，人民出版社 1995 年版，第 621—622 页。

朴素的历史的—生成的态度的又一例证，构成信奉科学只应该寻求原因的又一例证，这种信仰认为，即使在人造事物的领域中，科学也只应该问："是谁创造了它？""它是由什么构造的？"而不是问："谁将使用它？""制造它用什么？"

三

如果我们现在继续对马克思的"历史唯物主义"，或者对它获得深入描述的如此丰富的内容，做出批判和评价，那么，我们应该区分两个不同的方面。第一方面是历史主义，主张社会科学的领域应该和历史的或进化论的方法相一致，尤其是和历史相一致。我认为，这种主张应该消除。第二个方面是经济主义（或"唯物主义"），即主张社会的经济组织、我们与自然界进行物质交换的组织，对一切社会制度，尤其是对它们的历史发展而言，是基本的。我认为，这种主张是很正确的，只要我们是在通常含混的意义上对待"基本的"这一术语，而不是过分地强调它的话。换言之，根本无须怀疑，实际上一切社会研究，无论是制度研究还是历史研究，如果它们是以一种关注社会的"经济条件"的眼光进行的话，都可以是有益的。甚至一门诸如数学之类的抽象科学的历史也不例外。① 在这个意义上，马克思的经济主义在社会科学的方法上，可以说是代表了一种极其有价值的进步。

但是，如我在前面所说的，我们不应该过于认真对待"基本的"这一术语。马克思本人无疑是这样做的。由于他所受的黑格尔式的教养，马克思受到"实在"与"表象"的古典的区分，以及"本质"和"非本质的"相应区分的影响。他倾向于

---

① 例如，我想起了经济条件（诸如土地大量的需要）对埃及的几何学以及对古希腊毕达哥拉斯的几何学的不同发展的影响问题。

在"实在"与物质世界（包括人的新陈代谢）的同一中，[1] 在"表象"与思想或观念的世界的同一中，揭示他自己对黑格尔（和康德）的改造。所以，一切思想和观念都必然通过将它们还原为基础的本质实在，即还原为经济条件，才能获得解释。这种哲学观点当然并不比一切其他形式的本质主义好多少。[2] 它在方法论领域中的反应，必然引起一种对经济主义的过分强调。因为，尽管马克思的经济主义的普遍重要性可能几乎不被估计过高，但在一切特定的情境中，对经济条件的重要性估计过高是很容易的。例如，某些经济条件的知识不少对数学问题的历史有帮助，但是，对该目的而言，数学问题的知识本身则更为重要；甚至根本无须涉及它们的"经济背景"，也能够写出一部优秀的数学问题史（在我看来，科学的"经济条件"或"社会关系"，本身就是论题，它既容易被做过头，也易于沦为陈词滥调）。

然而，这仅只是过分强调经济主义所面临的危险性的一个小小事例。经济主义经常一扫无遗地被人解释为这一种理论，即认为一切社会发展都依赖于经济条件的发展，尤其依赖于生产的物质手段的发展。可是这种理论显而易见是错误的。在经济条件和观念之间存在一种互动，但后者并不是简单地单方面依赖于前者。如果可能的话，我甚至会断言，正如从下述思考中可以看到的，一定的"观念"——那些构成我们的知识的观念——比生产的较为复杂的物质手段更基本。试想某一天，如果我们的经济

---

① 特别参阅第十四章第 168 页注②中出自《资本论》的引文；出自《政治经济学批判大纲》序言的完整段落，在下一注释正文中也只能援引一部分。关于马克思的本质主义的问题以及"实在"和"表象"的区别，见本章第 182 页注①和第十七章第 195 页注④和 202 页注①。

② 然而，我倾向于认为，它比打上黑格尔或柏拉图烙印的唯心主义要好一些；正如我在《何谓辩证法？》中所说过的，如果我被迫做出选择（所幸的是我不需要这样做），我宁愿选择唯物主义（参阅《精神》第 49 卷，第 422 页，在那里我讨论了类似于此处所讨论的问题）。

体系（包括全部的机器设备和社会组织）被毁灭了，但是科学技术方面的知识却还能保存下来。在这个例子中，它要获得重建（在一种较小的范围内，经过无数人饿死之后），可想而知用不了多少时间。然而，试想有关这些事物的一切知识都消失了，而这些物质的东西却保存着。这好比是一个野蛮的部落占据了一个高度工业化却又废弃了的国家所发生的情形。它很快就会导致文明的物质遗迹的完全消失。

具有讽刺意味的是，马克思主义的历史本身提供了一个实例，清楚地证明这种言过其实的经济是站不住脚的。直至俄国革命前夕，马克思的"全世界无产者联合起来！"的思想都具有极其重大的意义，对经济条件发生了影响。但是随着革命的发生，情况却变得十分困难，主要是因为，正如列宁本人所承认的，没有了进一步建设性的观念（参见第十三章）。① 因而提出了一些

---

① 《〈政治经济学批判〉序言》，《马克思恩格斯选集》第 2 卷，人民出版社 1995 年版，第 33 页。

马克思《哲学的贫困》第 2 章中的"第二个说明"给这几段也许提供了更进一步的见解（参阅《马克思恩格斯选集》第 1 卷，人民出版社 1995 年版，第 141—142 页）；因为马克思在此明确地将社会分为三个层次如果我可以这样称呼它们的话。其中，第一层次与"实在"或"本质"相应，第二和第三层次与表象的初始形式和次级形式相应（这与柏拉图对理念、感性事物和感性事物的幻象的区分是极其类似的；参阅第三章关于柏拉图本质主义的问题；关于马克思的相应观点，另见第十七章第 195 页注④和 202 页注①）。第一层次或基本层次（或说"实在"）是物质层次，是机械设备和存在于社会中的其他物质的生产资料；这个层次被马克思称作物质的"生产力"或"物质生产率"。第二层次他称作"生产关系"或"社会关系"；它们依赖于第一层次："社会关系和生产力密切相连。随着新生产力的获得，人们改变自己的生产方式，随着生产方式即谋生的方式的改变，人们也就会改变自己的一切社会关系。"（关于头两个层次，参阅第十六章第 189 页注①正文。）第三层次由意识形态，例如法律、道德、宗教和科学等观念组成："人们按照自己的物质生产率建立相应的社会关系，正是这些人又按照自己的社会关系创造了相应的原理、观念和范畴。"依照这种分析，我们可以认为，在俄国，第一层次被变得与第三层次相适应，这是一种对马克思理论的令人惊讶的驳斥（另见下一注释）。

新观念，它可以扼要地以这句口号来概括："社会主义就是无产阶级专政加上广泛引进最现代的电气设备。"这种新观念成为一种发展的基础，该发展改变了六分之一世界的整个经济和物质的背景。在反对巨大差别的斗争中，无数物质困难被克服，无数的物质牺牲被付出，为的是改变，或者毋宁说是从空白中建立生产的条件。这种发展的驱动力是对一种观念的热情。这个事例表明，在一定的条件下，观念可以使一个国家的经济条件发生革命性的变革，而不是这些条件形成观念。用马克思的术语讲，我们可以说，他低估了自由王国的力量，低估了它征服必然王国的机遇。

俄国革命的发展和马克思的经济现实的形而上学的理论及其意识形态的表现之间所形成的强烈反差，可以最清楚地从下述一段话中看出，"在考察这些变革时"，马克思写道，"必须时刻把下面两者区别开来：一种是生产经济条件方面所发生的物质的、可以用自然科学的精确性指明的变革，一种是……法律的、政治的、宗教的、艺术的和哲学的，简言之，意识形态的形式。"在马克思看来，期望通过运用法律和政治的手段实现一切变革，是徒劳的；一场政治革命只能导致一批统治者让位给另一批统治者——一种纯粹的扮演统治者的个人的交换。惟有基本的本质和经济现实的进化，才能产生一切根本的或真正的变化——社会革命。唯有当这种社会革命成为一种现实，惟有那时，政治革命才具有任何意义。然而，即使在这种情况下，政治革命只不过是先前发生的或真正的变革的外在表现。依据这一理论，马克思断言，每次社会革命都是以下述方式发展的。生产的物质条件成长和成熟起来，直至它们开始与社会和法律的关系发生冲突，它们就像衣服那样再也撑不下，直至炸裂。"那时社会革命的时代就到来了"，马克思写道，"随着经济基础的变更，全部庞大的上层建筑也或慢或快地发生变

革……而新的更高的生产关系"（在上层建筑内部）"在它的
物质存在条件在旧社会的胎胞里成熟以前，是决不会出现的。"
我认为，从这一陈述可以看出，不能把俄国革命与马克思所预
言的社会革命等同起来；实际上，俄国革命无论如何与它没有
相似性。[1]

值得注意的是，在这一点上，马克思的朋友、诗人 H. 海
涅，对这类问题作了完全不同的思考。他写道："记住吧，你这
骄傲的行动者"，"你不过是思想家的不自觉工具，他经常在谦
卑的隐退之中，命令你去执行无法规避的任务。罗伯斯庇尔只不
过是卢梭的手而已……"[2] 我们看到，用马克思的话讲，海涅是
一位唯心主义者，他把自己对历史的唯心主义解释应到法国革
命。这是马克思用来支持其经济主义的最重要的事例之一，而这
一事例似乎并不怎么适合于这个理论——尤其是如果我们现在要
将它与俄国革命进行比较的话。然而，尽管有这种异端，海涅仍

---

① 作一般性预言是容易的；例如，预言在合理的时间内天会下雨。因此，预
言几十年后某地将发生革命，并没有什么。然而，正如我们所看到的，马
克思所说的并不比这多到哪里，只能为事件证伪。那些试图解释这种证伪
的人，消除了马克思体系中最后一丁点经验的意义。它因而变成纯粹"形
而上学"的（在我的著作《研究的逻辑》所说的意义上）。马克思如何依
照他的理论来设想一切革命的一般机制，由他对资产阶级社会革命的下述
描述提供了例证，该描述采自《共产党宣言》（《马克思恩格斯选集》第 1
卷，人民出版社 1995 年版，第 277 页）："资产阶级赖以形成的生产资料
和交换手段，是在封建社会里造成的。在这些生产资料和交换手段发展的
一定阶段上……封建的所有制关系，就不再适应已经发展的生产力
了……它变成了束缚生产的桎梏。它必须被炸毁，它已经被打破了。"（另
见第十七章注及正文）

② 参阅 H. 海涅：《德国的宗教和哲学》（英译本，1882 年，此处引自 P. 卡鲁
斯《康德的未来形而上学导论》的附录，1912 年，第 267 页）。

然是马克思的朋友;① 因为在那些幸福的日子里,在那些为开放的社会而斗争的人之中,因异端而放逐仍不十分普遍,容忍仍被容忍着。

　　我对马克思的历史唯物主义的批评,当然不应该解释为,它表达了我对黑格尔的"唯心主义"比对马克思的"唯物主义"有任何偏好;我希望我已经澄清,在这场唯心主义与唯物主义的冲突中,我同情的是马克思。我所试图表明是,马克思"对历史唯物主义的解释",也许有它的价值,但是不应该过于认真对待;我们不过应当把它看作一种最有价值的揭示,它向我们表明,考虑事情必须照顾到它们与经济背景的关系。

---

①　在《资本论》[《马克思恩格斯全集》第 25 卷,人民出版社 1974 年版,第1011—1012 页注脚(1)的末尾]中可以找到对这种友谊的证明。

　　我承认,马克思经常是无法容忍的。然而,我感到——但我可能是错误的——他具有认识一切教条主义弱点的足够的批判感,他绝对不会喜欢将他的理论变成一套教条的方式(见第十七章第 216 页注①和《何谓辩证法?》第 425 页,并参阅第十三章第 145 页注①)。然而,似乎恩格斯打算忍受马克思主义者的不宽容和正统。在他为《资本论》英译本第一版所写的序言中(《马克思恩格斯全集》第 23 卷,人民出版社 1972 年版,第 36 页),他写道:该书"在大陆上常常被称为'工人阶级的圣经'"。不仅没有抗议把"科学的"社会主义变成一种宗教的描述,恩格斯在评论中进而表明,《资本论》值得上这一称号,因为"本书所做的结论"在全世界"日益成为伟大的工人阶级运动的基本原则"。这里离废黜异端和驱逐那些保持批判精神,即科学精神的人,不过只有一步之遥了,而恩格斯和马克思却曾经一度受到过这种精神的鼓舞。

第十六章　阶　　级

一

在马克思关于"历史唯物主义"的各种不同的阐述中，他（和恩格斯）的一个陈述占有重要地位："至今一切社会的历史都是阶级斗争的历史。"[①] 这一陈述的倾向很明确。它意味着，历史是由阶级战争而非民族战争推动，人的命运是由阶级战争而非民族战争决定（与黑格尔和大多数历史学家的观点相反）。在对历史发展（包括民族战争在内）的因果性解释中，阶级利益应该取代所谓的民族利益，后者实际上只是民族的统治阶级的利益。但是，除此之外，阶级斗争和阶级利益还能够解释一些传统史学一般不想尝试的现象。在这类现象中，一个对马克思主义理论无比重要的事例，是生产率不断增长的历史趋势。即使传统史学也许会记录这种趋势，但它用军事力量的基本范畴根本不能够解释这一现象。然而，在马克思看来，阶级利益和阶级战争却能够完全解释它；诚然，《资本论》的很大一部分都在分析这一机制，在马克思所说的"资本主义"时期，生产率的增长是由那

[①]　马克思和恩格斯：《共产党宣言》，《马克思恩格斯选集》第1卷，人民出版社1995年版，第272页。正如第四章所指出的（见第一卷第81页注②、83页注①及86页注①、88页注①正文），柏拉图有着极其类似的观点。

些力量借助这一机制实现的。

　　阶级战争的理论是如何与上面讨论过的制度主义的社会学自主性理论联系起来的呢？乍看起来，似乎这两种理论处于公开的冲突之中，因为在阶级战争的理论中，基本的角色是由阶级利益所扮演的，它明显是一种动机。但是我并不认为，在马克思的这部分理论中，存在任何严重的不一致性。我甚至认为，没有谁理解马克思，尤其是不理解他反对心理主义的主要成就，马克思并不认为心理主义能够与阶级斗争的理论相调和。我们无须像庸俗马克思主义者那样假定，阶级利益应该从心理学上获得解释。在马克思本人的著作中，可能就有几段话具有一点庸俗马克思主义的味道。然而，无论他在哪里严肃使用任何阶级利益之类的词句，在自主性社会学的领域之内，马克思一直是意指一件事物，而不意指一种心理学范畴。他一直是意指一件事物、一种情形，而不是意指一种精神状态、一种思想，或一种对某件事物感兴趣的情感。对一个阶级有益的，只不过是这种事物、这种社会制度或情形。一个阶级的利益只不过是推动其力量和繁荣的一切。

　　马克思认为，阶级利益在这种制度的，或者"客观的"意义上（如果我们可以这样说的话），对人的精神产生了决定性的影响。用黑格尔的行话，我们可以说，某个阶级的客观利益在其成员的主观精神中变得自觉起来；它促使他们具有阶级旨趣和阶级觉悟，促使他们遵之而行动。在我所援引的格言中（第十四章开头），马克思这样描述过阶级利益作为一种制度的或客观的社会情形，以及它对人的精神的影响："不是人们的意识决定人们的存在，相反，是人们的社会存在决定人们的意识。"我们只需给这句格言补充一个评论，即，更准确地说，马克思主义认为，人的意识是由人在社会中所处的地位和阶级境况决定的。①

―――――――――

　　①　参阅第十四章第160页注①正文。

　　马克思多次提示过，这种过程是如何发生的。正如我们在上一章中从他那里获悉的，只有我们能够从生产解放自身，我们才是自由的。然而现在我们必须明白，在迄今为止的一切现存社会中，我们甚至在这一领域也是不自由的。他问道，我们如何才能够从生产过程中解放自身呢？唯有迫使他人替我们从事肮脏的工作。因此，我们被迫把他们用作实现目的的手段；我们必须贬低他们。只有以奴役他人为代价，通过将人类分裂为阶级，我们才能购买更大程度的自由；统治阶级获得自由，是以牺牲被统治阶级和奴隶为代价的。然而，这一事实具有一种后果，即统治阶级的成员必须为自身的自由付出新的奴役的代价。如果他们想维护自身的自由和地位，就必须要压迫被统治者并与他们斗争；由于他们不这样就不再属于统治阶级，他们只能如此。因此，统治者是由他们的阶级境况决定的；他们不能摆脱自己与被统治者所处的社会关系；由于他们要受到社会的新陈代谢的制约，也受到被统治者的制约。因此，无论是统治者还是被统治者，全都陷入罗网之中，被迫相互斗争。马克思认为，把统治者和被统治者的斗争引到科学方法的研究和科学的历史预言的研究之中来的，正是这种制约、这种决定；它使科学地研究社会的历史同阶级斗争的历史一样成为可能。这张阶级所陷入和被迫彼此进行斗争的社会罗网，就是马克思主义所谓的社会的经济结构或社会体系。

　　依据这一理论，社会体系或阶级体系是随着生产条件的变化而变化的，因为统治者借以剥削和斗争被统治者的方式依赖于这些条件。任何一种特殊的社会体系都是与某个特殊的经济发展时期相适应的；每一个历史时期的特征都可以由其社会的阶级体系来表现；这就是为什么我们谈论"封建主义"、"资本主义"等的原因。"手推磨"，马克思写道，"产生的是封建主义的社会，

蒸汽磨产生的是工业资本家的社会。"① 赋予社会体系以一定特
征的阶级关系是不依赖于单个人的意志的。因此，社会体系很像
一架庞大的机器，个人被身系其中和碾碎。"人们在自己生活的
社会生产中"，马克思写道，"发生一定的、必然的、不以他们
的意志为转移的关系，即同他们的物质生产力的一定发展阶段相
适合的生产关系。这些生产关系的总和构成社会的经济结构"，②
即社会体系。

　　虽然这种社会体系有自身的逻辑，它的运行却是盲目的和不
合理的。那些系身于这架机器的人，一般说来也是盲目的或者说
是近乎如此。他们甚至不能预见自己行为的一些最重要的反应。
一个人有可能令许多人得不到某种广泛适用的物品；他也可能恰
好买了一件不值钱的东西，从而在关键时刻避免了价格的微跌。
另一个人可能心地善良地把财富分配掉，有助于阶级斗争的减
弱，但也可能因此造成被压迫者延缓获得解放。由于不能预见我
们行为的更遥远的社会反应，由于我们每个人都系身于这一网
络，我们不可能认真尝试对付它。我们显然不能够从外部影响
它；但是如果像我们现在这样盲目的话，我们甚至也不能够为从
内部对它进行改造而做出任何计划。社会工程学是不可能的，因
此社会工艺学也是无用的。我们不能把自己的阶级利益强加给社
会体系；相反，社会体系却把令我们信以为自己的利益强加给我
们。它通过强迫我们依据自己的阶级利益去行动，就能做到这

---

①　马克思：《哲学的贫困》，《马克思恩格斯选集》第 1 卷，人民出版社 1995
　　年版，第 142 页（这一引文与第十五章第 182 页注①援引的话出自同一处）。
②　马克思：《政治经济学批判》序言，《马克思恩格斯选集》第 2 卷，人民出
　　版社 1995 年版，第 32 页。另见第十三章第 152 页注②、第十四章第 158 页
　　注①、第十五章第 182 页注①及正文。这里援引的本段话，尤其是"物质生
　　产力"和"生产关系"的术语，接受了向自第十五章第 182 页注①引述的
　　某些见解。

点。谴责不公正，谴责社会环境的不道德，并因之而对个人、即使是对个体的"资产阶级"或"资本家"进行惩罚，是徒劳的，因为迫使资产阶级这样做的是环境体系。希望环境可以通过改造人而获得改造，也是徒劳的；相反，如果人所生活的体系优良的话，他们也会变得更好。马克思在《资本论》中写道："资本家只有作为人格化的资本，他才有历史的价值……但既然这样，他的动机，也就不是使用价值和享受，而是交换价值和交换价值的增值了"（他的真实的历史任务）。"作为价值增值的狂热追求者，他肆无忌惮地迫使人类去为生产而生产……他同货币贮藏者一样，具有绝对的致富欲。但是，在货币贮藏者那里表现为个人的狂热的事情，在资本家那里却表现为社会机制的作用，而资本家不过是这个社会机制中的一个主动轮罢了……而竞争使资本主义生产方式的内在规律作为外在的强制规律支配着每一个资本家。竞争迫使他不断扩大自己的资本来维持自己的资本……"①

在马克思看来，这就是社会体系借以决定个人行为的方式；无论这些个人是统治者，还是被统治者，是资产阶级或资本家，还是无产者。它成了上述所谓"社会境况的逻辑"的一个例证。正如马克思以黑格尔式的风格所表述，在很大程度上，资本家的一切行为只是一种"通过他才有了意志和意识的资本的职能"。②然而，这只不过意味着，社会体系也决定了资本家的思想；因为思想或观念在一定程度上是行动的工具，也即，如果它们获得公

①　马克思：《资本论》第 1 卷，《马克思恩格斯选集》第 2 卷，人民出版社 1995 年版，第 239—240 页。另见第十七章第 202 页注②。在《哲学的贫困》（《马克思恩格斯选集》第 1 卷，人民出版社 1972 年版，第 120 页）中，马克思写道："……如果说现代资产阶级的全体成员由于组成一个与另一个阶级相对立的阶级而有共同的利益，那么，由于他们互相对立，他们的利益又是对立的、对抗的。这种利益上的对立是由他们的资产阶级生活的经济条件产生的。"

②　马克思：《资本论》第 1 卷，《马克思恩格斯选集》第 2 卷，人民出版社 1995 年版，第 240 页。

开表达的话，它们在一定程度上也是一种重要的社会行动；因为在这种情况下，它们直接是以影响社会的其他成员的行动为目的。这样，通过决定人的思想，社会体系，尤其是阶级的"客观利益"就在其成员的主观精神中成了自觉的意识（正如我们前面以黑格尔的行话所言①）。阶级斗争和同一阶级的成员之间的竞争都是实现这一过程的手段。

根据马克思的观点，我们已经揭示，为什么说社会工程学和社会工艺学最终是不可能的；这是因为，依赖的因果之链使我们受制于社会体系，而不是相反。但是，虽然我们不能随心所欲地改变社会体系，② 资产阶级和工人却注定有助于它的变革，有助于我们最终从社会体系的羁绊中获得解放。通过驱使"人类去为生产而生产"，"资本家迫使他们去发展社会生产力，去创造生产的物质条件；而只有这样的条件，才能为一个更高级的、以每个人的全面而自由的发展为基本原则的社会形式建立现实基础"。③ 就这样，即使是资产阶级的成员，也必须在历史的舞台上扮演自己的角色，推动社会主义的最终来临。

从随后的论证来看，对通常译为"有阶级意识的"和"阶级意识"的马克思主义术语，在此有必要附带作一点语言学的评论。首先，这些术语表明了上述分析的过程的结果，由此客观的阶级境况（阶级利益和阶级斗争）在其成员的心中有了意识，或者用一种完全摆脱黑格尔的语言来表述同一思想，可以说成，由此阶级的成员意识到自己的阶级境况。有了阶级意识，他们不仅知道自己的地位，而且也知道自己的真正的阶级利益。但是除

---

① 这恰好与黑格尔的民族主义的历史主义相类似，在那里国家的真正旨趣是获得对民族，尤其是对领袖的主观精神的意识。

② 参见第十三章第153页注①及正文。

③ 马克思：《资本论》第1卷，《马克思恩格斯选集》第2卷，人民出版社1995年版，第239页。

此之外，马克思所用的这个原初的德语词汇还揭示，翻译中通常遗漏了某种含义。这个术语来源于并暗示着一个普通的德语词汇，该词汇已经成为黑格尔行话的组成部分。虽然可以把它直译为"自我意识"，但是该词汇即使在通常的用法上，也具有意识到自身的价值和权力的意思，也即具有为自身感到骄傲、完全肯定自身、甚至是自我满足的意思。因此，译成"有阶级意识的"一词，在德语中不只是意味着此，毋宁说意味着"肯定自己的阶级或为自己的阶级骄傲"，以及通过需要团结的意识来制约它的意思。这就是为什么马克思和马克思主义者几乎专门只把它用于工人阶级，而很少用于"资产阶级"。具有阶级意识的无产阶级——指的是这一种工人，他不仅意识到自己的阶级境况，而且也为阶级而骄傲，充分有自身阶级的历史使命，并坚信自己的坚强斗争能够创造一个更美好的世界。

工人阶级如何知道这一定会发生呢？因为有了阶级意识，他们必然成了马克思主义者。马克思主义的理论及其对社会主义来临的预言，本身就是历史过程的组成部分，由此阶级境况"变成了意识"，并使他本身在工人阶级的精神中获得确立。

二

我对马克思阶级理论（就其强调历史主义）的批评，遵循了上一章所采取的路线。"一切社会的历史都是阶级斗争的历史"的公式之所以有价值，在于它提示，我们应该注意阶级斗争在权力斗争和其他发展中所扮演的重要角色。由于柏拉图对阶级斗争在希腊城邦历史上所扮演角色的卓越分析，在往后时代几乎不被采纳，这一提示就显得更有价值。然而，我们当然不应该重新过于认真地对待马克思的"一切"一词。如果考虑到阶级内部本身的间离所扮演的重要角色，即使是阶级问题的历史也不都是马克思主义意义上的阶级斗争的历史。诚然，在统治阶级和被统治阶级中，利益的歧义发展得如此严重，以致马克思的阶级理论应该被视为一种危险的过分简化，只要我们承认富人和穷人的问题一直具有基本的重要性的话。中世纪史上的伟大主题之一——教皇和国王之间的斗争——就是统治阶级内部发生间离的一个实例。把这种争执解释成剥削者和被剥削者之间的争执，显然是错误的（当然，我们可以拓宽马克思的"阶级"概念，以便它能够涵盖这种类似的情况，同时再缩小"历史"概念，直至最终马克思的理论成为琐碎的真正——一种十足的同义反复；然而，这会使它丧失一切意义）。

马克思公式的危险性之一是，如果过于认真地对待它，就有可能误导马克思主义者把所有的政治冲突，都解释成剥削者和被剥削者之间的斗争（或者解释成有人试图掩盖"真实的问题"，掩盖基本的阶级冲突）。结果是，有许多马克思主义者尤其是德国的马克思主义者，把第一次世界大战之类的战争，解释成革命者或"没有掌握"核心权力的人和保守分子联盟或"拥有"国家的人之间的战争——一种可以被用来为任何侵略作辩护的解释。这只是马克思的无所不包的历史主义抽象中隐含着危险性的一个实例。

另一方面，马克思试图用所谓"阶级境况的逻辑"来解释工业体系的制度运行，尽管有一定的夸张成分，也忽视了这种境况的某些重要方面，在我看来还是令人钦佩的；至少他对工业体系的那个阶级所做的社会学分析，是令人钦佩的，马克思所着重思考的工业体系，是一百多年以前的"无约束的资本主义"（我将这样称呼它①）的体系。

---

① 我当初也使用"放任自流的资本主义"一词；然而从实际来看，"放任自流"是指没有贸易障碍（诸如关税）——我认为19世纪早期的不干预政策是不合乎需要的，甚至是自相矛盾的，因而我决定改变术语，代而使用"无约束的资本主义"一词。

第十七章 法律和社会体系

我们现在准备探讨马克思主义的分析和批判中可能是最关键的论点，这就是马克思的国家观，以及（对某些人可能是自相矛盾的）一切政治都是无能的观点。

一

马克思的国家理论可以通过将上述两章结合起来加以描述。在马克思看来，法律或司法行政体系——由国家强制的法律制度体系——必须被理解为建立在经济体系的现实生产力基础之上、并反映这种生产力的上层建筑。[①] 当然，这并不是经济或物质的现实以及与之相适应的阶级关系在意识形态和观念的世界中呈现自己的唯一方式。在马克思看来，这种上层建筑的另一个事例，是占优势的道德体系。与法律体系相反，道德体系不是国家政权强制的，而是受统治阶级所创造和控制的意识形态制约。这种区别大致上是一种说服和强制的区别（正如柏拉图所说的[②]）；动用强制的是国家、法律或行政体系。正如恩格斯所指出的，它是

---

① 马克思：《〈政治经济学批判〉序言》，《马克思恩格斯选集》第 2 卷，人民出版社 1995 年版，第 32 页。关于上层建筑的阶层或层次的理论，另见本书第十五章第 182 页注①的引文。

② 关于柏拉图对"说服和强制"的推崇，例如，可见第一卷第五章第 162 页注①正文，以及第八章第 265 页注①和 267 页注①。

统治者强加给被统治者的一种"镇压的特殊力量"。① 《共产党宣言》也说:"是一个阶级用以压迫另一个阶级的有组织的暴力。"② 列宁提供了一种类似的描述:"在马克思看来,国家是阶级统治的机关,是一个阶级压迫另一个阶级的机关,是建立一种'秩序'来抑制阶级冲突,使这种压迫合法化、固定化。"③ 总之,国家正是统治阶级从事斗争的机器的组成部分。

在继续展开这种国家观的结果之前,应该指出,它在某些方面是制度主义的理论,而在另一些方面又是本质主义的理论。就马克思试图弄清法律制度在社会生活中所具有实际功能而言,它是制度主义的。然而,就马克思既不探讨这些制度可能适用的(或者被适用的)丰富目标、也不揭示为使国家适用于这些目标——马克思本人也许认为这些目标是称心的——应该做何种必要的制度改革而言,它是本质主义的。马克思并没有提出国家、法律制度或运行着的政府应该具有什么职能的要求或方案,而是问:"何谓国家?";也即是说,他试图发现法律制度的本质的功能。前面已经指明,④ 这种典型的本质主义的问题很难以一种令

---

① 列宁:《国家与革命》,《列宁选集》第 3 卷,人民出版社 1995 年版,第 123、124 页。

② 马克思和恩格斯:《共产党宣言》,《马克思恩格斯选集》第 1 卷,人民出版社 1995 年版,第 294 页。

③ 列宁:《国家与革命》,《列宁选集》第 3 卷,人民出版社 1995 年版,第 114 页。

④ 关于历史主义的本质主义的富有特征的问题,尤其是关于"何谓国家?"或者"何谓政府?"这类问题,参阅第一卷第三章第 64 页注①至 69 页注①各注、第十一章第 18 页注①至 19 页注②各注,以及第十二章第 77 页注①。

　　关于政治需求语言(或者更确切地说,正如罗素所提出的,政治"设想"的语言)——在我看来它应该取代这种本质主义——特别参阅第一卷第六章第 218 页注①和 221 页注①,以及第五章第 132 页注①(3)正文。关于马克思的本质主义,特别见第 181 页注①和 182 页注①、第 202 页注①及 284 页注②至 286 页注②。特别参阅第二十章第 284 页注②至 286 页注②各注。特别参阅第 284 页注②引述的《资本论》第 3 卷中的方法论评。[《资本论》(德文版)第 3 卷第 3 章,第 352 页。]

人满意的方式回答；然而，这个问题无疑将马克思的本质主义的研究和形而上学的研究联系在一起，后者将观念和规范的领域解释为经济现实的表现。

这个理论的结果如何呢？其最重要的结果是，一切政治、一切法律和行政的制度，以及一切政治斗争，从不具有基本的重要性。政治都是无能的。它们从不能根本改变经济现实。一切开明的政治活动的主要的（如果不是唯一的）任务是要弄清，司法的——行政的幕后的改变，能否与社会现实中，也即生产方式和阶级间的关系中的变化步调一致，这样，如果能够避免政治滞后于这些发展，这种困难就肯定产生。或者换言之，任何一种政治发展既然都是肤浅的、不受深层次的社会体系的现实制约的，在这种情况下，它们势必不具有重要性，并且永远不能真正帮助被压迫者和被剥削者。否则，政治发展只能反映经济背景和阶级境况中的变化，在这种情况下，它们具有火山爆发和或许能够预见的全面革命的特征，由于它们产生于社会体系，因而它们的残暴可以被爆炸性的力量的无抵抗所减缓，但是这种革命性的政治发展既不是由政治行动所引起，也不能够被政治行动所压制。

这些结果再一次表明马克思的历史主义的思想体系的统一性。然而试想一下，很少有哪种运动像马克思主义一样能够激励政治行动的兴趣，那么这种政治基本上是无能的理论主张在某种程度上就显然自相矛盾（当然，马克思主义者也许认为，这种评论受到两种论证中任何一种的赞同。一种论证是，在所有陈述的理论中，政治行动有其功能；因为，即使工人的政党不能通过这种行动来改进大批的被剥削的劳苦大众，它的战斗可以唤醒阶级意识，从而为革命作准备。这恐怕是激进派的论证。另一种论证为温和派所用，即认为，可以存在不同的历史时期，其中政治行动可能是直接有帮助的；即存在这样一些时期，其中两大对立的阶级的力量近乎达到平衡。在这种时期中，政治努力和能量在实现工人的十分重要的改进方面可能很关键——显然，如果不明白这点，因而不寻找问题的根源，第二种论证就牺牲了这一理论的某些基本的立场）。

值得注意的是，依照马克思主义的理论，只要工人的政党继续扮演指定的角色，并强烈地坚持工人的主张，该党是几乎不会犯任何重大的政治错误的。因为政治错误实际上不能影响现实的阶级境况，甚至影响不了其他任何事物最终依赖的经济现实。

这个理论的另一个重要结果是，从原则上看，一切政府，即使是民主的政府，都不过是统治阶级对被统治阶级的一种专政。《共产党宣言》说："它不过是管理整个资产阶级的共同事务的委员会罢了。"① 依照这种理论，我们所谓的民主，在特定的历史境况下只不过碰巧是阶级专政的最方便的形式（这种理论并不符合上面提到的温和派的阶级平衡理论）。在资本主义条件下，国家恰好是资产阶级的专政，因此，在社会革命之后，它首先将成为无产阶级的专政。但是，只要旧的资产阶级的抵抗一经破除，这种无产阶级的国家必然丧失功能。因为无产阶级革命导致了一个单一阶级的社会，所以也会导致一个根本不存阶级专政的无阶级的社会。因而当国家被剥夺了一切功能之后，就必然消

---

① 马克思和恩格斯：《共产党宣言》，《马克思恩格斯选集》第 1 卷，人民出版社 1995 年版，第 274 页。正文出自恩格斯为《资本论》英译本第 1 版写的序言。我在此援引了这一序言的整个结论性段落；恩格斯在那里谈到马克思的结论："至少在欧洲，英国是唯一可以完全通过和平的和合法的手段来实现不可避免的社会革命的国家。当然，他从来没有忘记附上一句话：他并不指望英国的统治阶级会不经过'维护奴隶制的叛乱'而屈服在这种和平的和合法的革命面前。"（《马克思恩格斯全集》第 23 卷，人民出版社 1972 年版，第 37 页；另见本书第十九章第 243 页注①正文。）这段话清楚地表明，在马克思主义看来，革命是使用暴力还是非暴力，取决于旧的统治阶级是否进行抵抗。也可参阅第十九章第 240 页注③正文。

失。正如恩格斯所说的："它是自行消亡的。"①

二

我并不是要捍卫马克思的国家理论。他的一切政治都是无能的理论，尤其是他的民主观，在我看来不仅是错误的，而且是致命的错误。然而，也必须承认，在这种严酷而天真的理论背后，存在一种严酷而压抑的经验。在我看来，尽管马克思不能理解他如此强烈地渴望和预见的未来，但我仍然认为，甚至他的错误理论也成为他热切地从社会学上洞察其自身的时代状态、不屈的人道主义和正义感的证据。

虽然具有抽象和哲学的特征，马克思的国家理论无疑为他自身的历史时代提供了一种启蒙的解释。他的这一观点至少是站得住脚的：所谓的"工业革命"一开始主要是作为一场物质生产资料，即机器的革命发展的；这场革命接着导致一种社会的阶级结构的变革，从而导致一种新的社会制度；政治革命和其他法律体系的变革，只是作为第三步来临。虽然马克思主义对"资本

---

① 恩格斯：《反杜林论》，《马克思恩格斯选集》第 3 卷，人民出版社 1995 年版，第 631 页；另见本章第 195 页注③提到的段落。

资产阶级的抵抗在俄国已被粉碎了许多年；然而并没有迹象表明国家的"消亡"，甚至在其国家内部组织中也不这样。

国家消亡的理论是极不现实的，我认为它之所以被马克思和恩格斯所采纳，主要是为了击败对手而占优势。我所想到的对手是巴枯宁和无政府主义者；马克思不希望看到有任何其他的激进主义超过自身。像马克思一样，他们旨在推翻现存的社会秩序，然而，却直接将攻击对准政治法律，而不是经济体系。对他们而言，国家是必须摧毁的恶魔。然而，对于他的无政府主义的竞争者，马克思从自身的前提出发，可能会轻易赞同这种可能性，即在社会主义条件下，国家的制度也许应该执行新的和必不可少的职能；也即那些捍卫正义和自由的职能被伟大的民主理论家分派给它。

主义兴起"的这一解释受到一些历史学家的挑战，这些历史学家能够揭示资本主义深藏着的意识形态的基础（虽然它对马克思的理论具有摧毁性，但或许不是没有受到马克思的怀疑[①]），然而，这种马克思主义的解释作为一种最早的近似值，以及在这一领域中为其后继者提供的服务，它所具有的价值是毋庸置疑的。虽然马克思所研究的一些发展受到法律措施的审慎推进，并且确实只有通过立法程序才能成为可能（正如马克思本人所说的[②]），但是马克思是第一位这样的思想家，他不仅讨论了经济发展和经济利益对立法程序的影响，还讨论了法律措施作为阶级斗争的武器，尤其是作为创造"剩余人口"（随之也创造工业无产者）的手段所具有的职能。

显然，从马克思的许多段话中可以看出，这些观点使他确信，司法的一行政的体系不过是建立在社会体系，即经济体系基础之上的"上层建筑"；[③] 我认为，这种理论尽管无疑被后来的经验所驳斥，[④] 但它不仅仍然有趣，而且还包含着真理的颗粒。

然而，这种受其历史经验影响的理论，并不仅仅是马克思关于经济体系和政治体系的关系的一般观点；他关于自由主义和民主的观点——马克思只不过把它们看作掩饰资产阶级专政的面罩——尤其提供了一种对他的时代的社会境况的解释，正如不幸的经验所证实的，这个时期只是显得适应过了头。因为特别是在

---

① 参阅《资本论》第 799 页。

② 在《资本论》的"原始积累"这一章中，正如马克思所说的："我们在这时不谈农业革命的纯经济的原因：我们只来研究一下它的暴力手段。"（《马克思恩格斯全集》第 23 卷，人民出版社 1972 年版，第 791 页。）

③ 关于这几段话和上层建筑，参阅第十五章第 182 页注①。

④ 参阅上一注释中所涉及说明的正文。

他的青年时代，马克思所生活的是一个最无耻和残酷的剥削的年代。伪善的辩护士们居然还以人类自由的原则、人有决定自己命运的权利、人有自由订立一切他认为有利于自身利益的契约的权利等为借口，为这种无耻的剥削进行冷嘲热讽的辩护。

这一时期的无约束的资本主义还以"一切都可以平等自由竞争"为口号，在 1833 年之前成功地抵制了任何劳动立法，劳动立法的实施则经历了更多的年月。① 结果是人们过着令人难以置信的痛苦。这里有两个引自马克思《资本论》的事例："威廉·伍德，9 岁，'从 7 岁零 10 个月就开始做工'……他每周天天早晨 6 点上工，晚上 9 点左右下工。""一个 7 岁的孩子竟劳动 15 个小时！"马克思对 1863 年童工调查委员会的一份官方报告②发出感叹！另一些儿童被迫在早上 4 点开始工作，或是工作一个晚上直至早上 6 点，对年仅 6 岁的儿童来说，被迫一天工作 15 个小时是常事——"玛丽·安·沃克利同其他 60 个女工一起连续干了 26.5 小时，一间屋挤 30 个人……医生基斯先生被请来时已经迟了，他直率地向验尸陪审团作证说：'玛丽·安·沃克利致死的原因，是在过分拥挤的工作室里劳动时间过长……'为了教医生讲话得体，验尸陪审团却说：'死者是中风死的，但是也有理由担心，在过分拥挤的

---

① 《资本论》中最值得注意和最有价值的部分之一，这份真实记载人类苦难的不朽文献，是第 1 卷中题为《工作日》的第 8 章，在这一章马克思勾勒了劳动立法的早期历史。下述引文就采自这最具有文献性质的一章。

然而，应该明白，正是这章包含着全面驳斥马克思主义的"科学社会主义"的资料，这种"科学社会主义"是建立在对工人的剥削会与日俱增的预言的基础之上的。如果不是明白这个预言所幸没有实现，没有谁会去读马克思的这一章。

② 马克思：《资本论》，《马克思恩格斯全集》第 23 卷，人民出版社 1972 年版，第 273 页。

工作室里劳动过度，等等……'"① 这就是 1863 年马克思写作
《资本论》时工人阶级的状况。马克思对这些罪恶的愤然抗议
（这些罪恶在当时是被容忍的，有时甚至不仅受到职业的经济学
家，而且也受到宗教人士的辩护），将永远确保马克思在人类的
解放者中占有一席之地。

从这种经验看，我们无须怀疑，马克思没有深入地思考自
由，他在议会民主中只看到披着面纱的资产阶级专政。对他来
说，把这些事实解释成支持他对法律和社会体系的关系的分析，
是很容易的。依照法律体系，平等和自由至少是近似地确立了。
然而，这在现实中意味着什么呢？诚然，我们不应该谴责马克思
坚持，经济事实才是"真实的"，法律体系只不过是一种上层建
筑、一具掩饰这种现实的面纱、一种阶级支配的工具。

法律体系和社会体系之间的对立，在《资本论》中获得最
清晰的展开。在《资本论》理论篇之一（在第二十章中得到全
面的讨论）中，马克思通过把法律体系在各方面都是完美的这
一前提加以简化和理想化，讨论了对资本主义经济体系所做的分

---

① 马克思：《资本论》，《马克思恩格斯全集》第 23 卷，人民出版社 1972 年版，
第 284 页。马克思在次页注脚（90）中的评论最有意义。他表明，诸如此类
的情形被赞成奴隶制的保守派反革命分子用作宣传奴隶制。他表明，在其他
人中，托马斯·卡莱尔这位祭司（法西斯主义的先驱者）参与了这场赞同奴
隶制的运动。援引马克思的话来说，卡莱尔"把现代史上的唯一一重大事件，
美国南北战争，说成是北方的彼得拼命要打破南方保罗的头，因为北方的彼
得'逐日'雇用工人，而南方的保罗却'终生'雇用"。马克思这里援引的
是卡莱尔的论文《萌芽中的美国伊利亚特》（载《麦克米伦杂志》1863 年 8
月号）。马克思得出结论说："这样，托利党同情城市雇佣工人（绝不是农村
雇佣工人！）的肥皂泡终于破灭了。问题的核心还是奴隶制！"

我援引这段话的原因之一是，我想强调马克思根本不同意这一信条，即
在奴隶制与"工资奴隶制"之间没有什么可选择的。谁也不能比马克思更
强烈地强调这一事实，即奴隶制的废除（其结果是"工资奴隶制"的引
入），在被压迫者的解放中是最重要和必要的步骤。所以，"工资奴隶制"
一词具有危险的误导性；因为它被庸俗马克思主义者译成一种意指，即马克
思实际上赞同卡莱尔对这一情形的评论。

析。自由、法律面前的平等、正义，一切都被假定为获得每个人的赞同。在法律面前绝没有特权阶级。而且，他还假定，在经济领域中，甚至不存在任何种类的"掠夺"；他假定，一切商品——包括在劳动市场中出售给资本家的劳动力——要以"恰当的价格"交换。价值对一切这类商品是"恰当的"，是在这一意义上说的，即一切商品都是依照商品的再生产所需要的平均劳动量的比例进行买卖（或者用马克思的话说，商品是依照自己的真实的"价值"进行买卖①）。当然，马克思知道，这一切都是一种过分的简化，因为他的意见是，工人几乎从没有这样公平地被对待过；换言之，他们通常是受欺骗。从这些理想化的前提进行论证，他试图表明，即使在如此良好的一种法律体系之下，经济体系也会以工人阶级不能够欣赏自由的方式运行着。尽管有这些"正义"，他们也不会比奴隶好多少。② 因为只要他们穷，他

① 马克思把商品的"价值"定义为用于它的再生产的必要劳动时间的平均数。这一定义是其本质主义的最好证明（参阅本章第 198 页注①）。因为为了达到与商品的价格形式中所呈现的东西相应的本质实在，他引入了价值。价格是一种虚幻的表象。马克思写道："没有价值的东西在形式上可以具有价格。"（《马克思恩格斯全集》第 23 卷，人民出版社 1972 年版，第 121 页；另见科尔在《资本论》导言中的精彩评论，特别是第 xxvii 页以下。）在本书第二十章中将会找到对马克思"价值论"的概述（参阅该章第 275 页注①至 288 页注③各注及正文）。

② 关于"工资奴隶"的问题，参阅本章注；另见《资本论》[《马克思恩格斯全集》第 23 卷，人民出版社 1972 年版，第 193 页，特别是注脚（41）]，因为马克思分析了这里简要概述的情形的结果，特别见《资本论》[《马克思恩格斯选集》，人民出版社 1972 年版，第 191 页及注脚（40）]；也可参阅我下面的第二十章。

援引恩格斯在《反杜林论》中概括《资本论》时所做的一个陈述，可以为我对马克思分析的描述提供支持。恩格斯写道："换句话说，即使我们排除任何掠夺、任何暴力行为和任何欺骗的可能性，即使假定一切私有财产起初都基于占有者自己的劳动，而且在往后的全部进程中，都只是相等的价值和相等的价值进行交换，那么，在生产和交换的进一步发展中也必然要产生现代资本主义的生产方式，出现生产资料和生活资料被一个人数很少的阶级所垄断，而另一个构成人口绝大多数的阶级被降到没有财产的无产者的地位，出现狂热生产和商业危机的周期交替，出现整个现在的生产无政府状

们就只能在劳动市场上出卖自身、妻子和孩子，以换取自己的劳动力再生产所必需的生活品。也就是说，对他们的全部劳动力而言，他们最多只能得到仅够维持生存的资料。这就表明，剥削不仅仅是掠夺。它仅靠法律手段是不能消除的（蒲鲁东的"财产就是盗窃"的背叛就更肤浅了[①]）。

　　由于这一结果，马克思被导致认为，工人不能对法律体系的改进抱太多的期望，正如每个人都知道的，这种法律体系虽然允诺，富人和穷人同样有在公园的凳子上睡觉的自由，但它也威吓他们，如果"没有看得见的支持手段"而试图生存，将同样会受到惩罚。就这样，马克思实现了可被称为形式的自由和实质的自由（用黑格尔式语言来说）的划分。形式的[②]或法律的自由——尽管马克思对它的评价并不低——对于我们要确保那种马克思视为人类历史发展目标的自由，是很不充分的。真正相关的是现实的，即经济的或实质的自由。这只有通过摆脱苦役的平等解放才能实现。因为这种解放，"这种劳动日的缩短是基本的前提"。

　　态。全部过程为纯经济原因所说明，而毫不需要掠夺、暴力、国家或任何政治干预。"（《马克思恩格斯选集》第3卷，人民出版社1995年版，第506页。）

　　　也许某一天这段话可以向庸俗马克思主义者证明，马克思主义不能用"大企业"的密谋来解释萧条。马克思本人说过："资本主义生产包含着各种和善意或恶意无关的条件，这些条件只不过让工人阶级暂时享受一下相对的繁荣，而这种繁荣往往只是危机风暴的预兆。"（马克思：《资本论》第2卷，《马克思恩格斯选集》第24卷，人民出版社1972年版，第457页；着重号为引者所加。）

① 　关于"财产就是盗窃"或"财产就是掠夺"，也可参阅马克思在《资本论》中对约翰·瓦茨的评论［《马克思恩格斯选集》第23卷，人民出版社1972年版，第603页注脚（45）］。

② 　关于纯粹"形式的"和"实际的"或"现实的"自由或民主之间的区别的黑格尔式特征，参阅第十二章第107页注①。黑格尔喜欢攻击英国的宪制崇拜纯粹"形式的"自由，与普鲁士王国所"实现"的"现实的"自由相反。关于这一段落的结尾的引文，参阅第十五章第176页注①正文所援引的那段话，另见第二十章第280页注①、②及正文。

三

对马克思的分析我们还应该说什么呢？我们还会相信政治或法律体系的框架，对于补救这种境况，在本质上就是无能的吗？还会相信，只有一场全面的社会革命、一种全面的"社会体系"的变革，才有办法吗？抑或我们还会相信，无约束的"资本主义"体系的辩护士所强调的（我认为是正确的），巨额的利润产生于自由市场的机制，并由此推断出真正自由的劳动市场对一切相关的人而言，是具有最大的利润的市场吗？

我认为，马克思对无约束的"资本主义体系"的不公正和不人道的描述，是无可责疑的；然而，它们可以依据前一章中①我所说的自由的悖论来解释。我们看到，只要自由不受限制，它就会击溃自身。不受限制的自由意味着，一位强者可以自由地威胁一位弱者，并剥夺他的自由。这就是为什么我们要求国家对自由作一定程度的限制，以便每个人的自由都受到法律的保护。没有谁会听凭别人的摆布，但是大家都有受到国家保护的权利。

现在我相信，这些当初意味着应用于野蛮的势力领域的关于物质威胁的思考，如今也必须被应用于经济领域。即使国家保护公民免受经济力量的误用而击溃我们的目标，在这样的国家，经济上的强者仍然有威胁经济上的弱者的自由，并剥夺弱者的自由。在这种情况下，无约束的经济自由可能正好像不受限制的物质自由一样自我击溃，经济力量可能近乎和物质暴力一样危险；因为那些拥有剩余食品的人无须使用暴力，就可以驱使那些因饥

---

① 关于自由的悖论和国家保护自由的需要，参阅第一卷第六章第 221 页注①前正文中的四段话，特别是第七章第 241 页注①和 243 页注①及正文；另见第十二章第 88 页注①及正文、第二十四章第 356 页注②。

饿而被迫"自由"接受奴役的人。假定国家将其活动限制为暴
力镇压（和保护财产），一小部分经济上强大的人就可以用这种
方式剥削那些大部分经济上薄弱的人。

　　如果这一分析是对的，[①]　那么，补救的性质就清楚了。它必
须是一种政治的补救——一种与我们用来反对物质暴力的补救相
似的补救。为了保护经济上的弱者免受经济上的强者的剥削，我
们应该建立各种受国家的权力强制的制度。国家应该看到，对它
而言，没有谁出于惧怕饥饿或经济毁灭，需要接受一种不公正的
安排。

　　当然，这意味着，必须放弃不干预、无约束的经济体系的原
则。如果我们想让自由变得安全可靠，那么我们就应该要求，不
受限制的经济自由的政策应该被有计划的国家的经济干预所取
代。我们应该要求，无约束的资本主义让位给一种经济干预主
义。[②]　这恰好是已经发生的事情。马克思所描述和批判的经济体
系，已经在一切地方终止存在。它不仅被一种国家开始丧失功能
并最终"显示出消亡迹象"的体系所取代，而且被各种不同的

----

①　与这一分析相反，有人也许会说，如果我们假定，在作为生产者的企业家和
　　特别是作为劳动市场上的购买者的企业家之间存在完全竞争（并且我们可
　　以进一步假定，根本不存在失业者的"产业后备军"给这一市场造成压
　　力），那么，就根本谈不上什么经济上的强者对经济上的弱者，即企业家对
　　工人的剥削。然而，劳动市场上的购买者之间的完全竞争的假定就是真的现
　　实吗？例如，在一些地区性劳动市场上，只存在一家有力的购买者，难道不
　　是真的吗？除此之外，我们并不能假定，如果劳动不能轻易得到流动，完全
　　的竞争还能自动消除失业的问题。
②　关于国家进行经济干预的问题以及把我们目前的经济体系描述为干预主义，
　　可见接下来三章，特别是第十八章第229页注②及正文。应该提及，此处所
　　用的干预主义，是我在第一卷第六章第204页注①至224页注①各注及正文
　　中所说的政治保护主义的经济发展。
　　　　（为什么不能用"保护主义"一词来取代"干预主义"，是清楚的。）
　　特别见第十八章第232页注①、第二十章第291页注①、②及正文。

干预主义体系所取代，在这些干预主义体系中，国家在经济领域的功能远远超越了保护财产和"自由契约"的范围（这一发展在下一章中将进行讨论）。

四

我希望把这里已经达到的结论，描述为我们的分析中最核心的论点。只是在这里，我们才开始明白历史主义和社会工程学的冲突的重要性，以及这种冲突对开放社会的朋友之政策的影响。

马克思主义并不只要求成为一门科学。它远不止是做出一种历史的预言。马克思主义要求成为实际的政治行动的基础。它批判现存的社会，并断言，它能够指引通往更美好的世界的道路。然而，依照马克思本人的理论，例如，我们就不能够随意通过法律变革改变经济的现实。政治只不过能够"缩短和减少产前的阵痛"。[①] 我认为，这是一个十分贫乏的政治纲领，它的贫乏在于，它把政治权力在权力等级中的位置归因于第三等级的结果。因为在马克思看来，现实的力量在于机器的进化；其次具有重要性的是经济的阶级关系的体系；最不重要的影响是政治的影响。

我们在分析中已经达到一种隐含在这一立场中的、直接对立的观点。它把政治权力视为基本的。从这种观点看，政治权力能够控制经济权力。这意味着政治活动领域的一种极大的扩大。我们可以问，我们希望获得什么和怎样获得它。例如，为保护经济上的弱者，我们可以推广一种合理的政治纲领。我们可以制定法律限制剥削。我们可以限制工作日，然而我们还可以做更多的事情。运用法律，我们可以给工人（如果是全体公民当然就更好）

[①]　这段话在第十三章第153页注①正文中有较完整的引述；关于政治行动和历史主义决定论的矛盾，参阅该注释以及第二十二章第318页注③及正文。

提供伤残、失业和养老保险。这样，我们就使建立在对工人不提供帮助的经济立场之上的剥削形式成为不可能，在这种剥削形式中，工人为了不挨饿，必须向一切屈服。当我们能够通过法律确保一种每个人都愿意工作的生存状态时，我们没有理由不能不这样做，那时保护公民不受经济恐惧和经济威胁的自由，就将接近完善。从这个观点看，政治权力是经济保护的关键。政治权力及其控制就是一切。不应该承认，经济权力可以支配政治权力；如果必要的话，经济权力应该受政治权力的打击和控制。

从这一已达到的观点看，我们可以说，马克思对政治权力的轻蔑态度不仅意味着，他忽略了发展一种使大多数弱者过得更好的最重要的潜在手段的理论，而且意味着，他忽略了对人的自由所构成的最大的潜在危险。他朴素地认为，在无阶级社会中，国家权力会丧失功能并"消失"，这清楚地表明，他从未把握住自由的悖论，他从未理解国家权力在为自由和人道服务中所能够和必须履行的职能（然而，马克思的这种看法证明了这一事实，虽然他有阶级意识的集体主义要求，但他最终是一位个人主义者）。这样，马克思的观点就和自由主义的信仰相类似，即认为，我们所需要的一切都"机会均等"。我们当然需要这种"机会均等"。但是这是不够的。它并不能防止那些天赋低下、值得同情，或者不幸的人，成为受那些天赋较高、缺少同情心，或者幸运的人剥削的对象。

而且，从我们已经达到的观点看，马克思主义者所轻蔑地描述的"纯粹形式的自由"，变成了其他一切的基础。这种"形式的自由"，即民主、人民评判和解散政府的权利，是我们能够保护自己不受政治权力误用的已知的唯一手段；[①] 它是被统治者对控制者的控制。由于政治权力能够控制经济权力，政治民主也成

---

① 参阅第七章第二节。

了被统治者控制经济权力的唯一手段。如果没有民主的控制，世界上就再也找不出理由来解释，为什么一切政府出于与保护公民的自由完全不同的目的，而滥用政治权力和经济权力。

五

马克思所忽略的是"形式的自由"的基本作用，他们认为形式的民主是不充分的，并试图以他们通常所说的"经济的民主"来补充它；这个含糊和十分肤浅的词语掩盖了这一事实，即"纯粹形式的自由"是民主的经济政策的唯一保证。

马克思发现了经济权力的重要性；可以理解，他夸大了它的地位。马克思和马克思主义者无处不看到经济权力。他们这样进行论证：有钱的人就有权力；因为如果必要的话，他可以收买枪支，甚至是匪徒。但是，这是一个兜圈子式的论证。实际上，它包含着一种允诺，即有枪的人就有权力。如果有枪的人意识到这一点，那么不用多久，他就会既有枪又有钱。然而，在无约束的资本主义条件下，马克思的论证只适用于一定的范围；因为一种统治只发展控制枪支和匪徒而不控制金钱权力的制度，是很容易受到这种金钱权力的影响。在这样的国家里，一个不受控制的财富匪帮就可能进行统治。但是我认为，马克思是第一个承认，并不是所有国家都会这样的，例如，历史上也有过各种时期，那时一切剥削都是掠夺，是直接建立在铁拳的威力的基础之上的。今天，没有谁会支持这一朴素的观点，即"历史的进步"一劳永逸地终结了这些剥削人的更直接的方式，一旦获得形式的自由，我们就不会再受这种原始的剥削形式的支配。

这些思考足以驳斥这种教条式的理论，即认为经济权力比物质权力或国家权力更基本。但是，也还存在其他的思考。正如不

同的作者所正确地强调的（在他们之中有 B. 罗素和 W. 李普
曼①），只有国家的积极干预——靠物质制裁支持法律所保护的
财产——才使财富成为一种潜在权力的来源；因为，一个人如果
没有这种干预，很快就会丧失财富。因此，经济权力完全依赖于
政治和生活的权力。罗素曾列举历史事件以证实这种财富的依赖
性，有时甚至这种依赖是无效的：“国家中的经济权力”，他写
道，“虽然最终源于法律和公众意见，即很容易获得一定的独立
性。它能够通过腐败影响法律并通过宣传影响公众意见。它能够
使政治家承担干预自由的责任。它能够威胁要引起金融危机。然
而对它所能取得的成功存在很多的限制。恺撒因其债权人的帮助
夺得了权力，这些债权人发现，除了让恺撒成功，根本没有希望
得到偿还；但是，当恺撒取得成功之后，他就有了足够的权力拒
绝向他们偿付。查理五世向福格尔家族借钱以购买皇位，但是当
他当上皇帝之后，他便厉声地申斥他们，他们也就丧失了自己借
出的钱。”②

　　认为经济权力是万恶之源这一教义必须被抛弃。应该代之以
对一切形式的不受控制的权力所构成危险的理解。钱之类的东西
并不特别危险。只有当它能够或者直接地，或者通过奴役那些为
了生存必须出卖自身的经济上的弱者而收买权力时，钱才变得
危险。

　　我们甚至应该以比以往马克思所用的更加唯物主义的术语来
思考这些问题。我们应该明白，对物质权力和物质剥削的控制仍
然是核心的政治问题。为了建立这种控制，我们应该建立“纯
粹形式的自由”。一旦我们达到这点，并学会了如何将它们用于

---

① 见 B. 罗素的著作《论权力》（1938 年）；特别参阅第 123 页以下；W. 李普
　曼的著作《理想社会》（1937 年），特别参阅第 188 页以下。
② 罗素：《论权力》，第 128 页以下。着重号是我加的。

政治权力的控制，那么一切都会取决于我们。我们不应该再斥责任何人，也不应该叫嚷什么反对隐藏在幕后的邪恶的经济恶魔。因为在一种民主制度中，我们掌握了控制这些恶魔的钥匙。我们能够制服它们。我们应该明白这一点，并使用这些钥匙。我们应该建立各种制度，对经济权力进行民主控制，并保护我们不受经济剥削。

有关收买选票——或直接地或通过收买宣传——的可能性，许多都被马克思主义者所指出。然而，更深入的思考表明，我们在此可以为上述分析的政治权力的情形提供一个适当的例证。一旦我们实现了形式的自由，我们就能够以各种方式控制贿选。有各种法律对选举的费用作了限定，有关这类更严厉的法律的引入完全视我们而定。① 法律体系能够建成为保护自身的强大武器。此外，我们可以影响公众意见，在政治问题上坚持一种更为严厉的道德准则。这一切我们都能做到；然而我们首先应该明白，这

---

① 捍卫民主的法律仍然处于一种极其原始的发展状态。要做的事情可能而且肯定还有很多。例如，由于必须向公众提供正确的信息，就要求有新闻自由；然而，从这一立场看，它并不是这一目标能够实现的充分的制度保障。良好的报刊凭借自身的积极性在目前通常做什么，也即向公众提供有用的重要信息，可能不是通过详细制定的法律，就是通过受公众舆论制约的道德规范的确立，作为它们的职责来确立。例如，诸如季诺维也夫书信之类的事件，也许能够通过一项法律来控制，该法律能够使通过不正当手段赢得的选举无效成为可能，并促使忽视自身职责的发行人也能够对造成损害负有责任的已发表的信息澄清真相；同样的情形适用于新一轮选举的费用。我在此不能详谈，然而，我十分确信，我们能够很容易克服各种技术上的困难，这些困难可能会以这一方式存在：它试图广泛诉诸理性而非情感，以达到选举运动的行为之目的。我不明白，例如，为何我们不使竞选活动的宣传手册的尺寸、类型等标准化，并取消招贴广告（这无须危及自由，恰恰是作为合理的限制强加给那些在正义的法庭面前声称捍卫自由而不是危及它的人）。目前的宣传方法对公众和候选人都是一种侮辱。这种可能非常适用于卖肥皂的宣传，在具有此类后果的事件中不应该被使用。

种社会工程学是我们的任务，它处于我们的掌握之中；我们不应该等待奇迹般的经济学会为我们创造一个新的经济世界，使我们大家都必须要做将要做的一切，去展现这个新世界，去脱掉陈旧的政治外套。

六

当然，实际上马克思主义者从未完全依赖于政治权力是无能的理论。只要他们有机会行动或计划行动，他们通常会像其他人一样假定，政治权力可以被用来控制经济权力。但是，他们的计划和行动从不是建立在一种对其起源理论的明晰的驳斥之上，也不是建立在对一切政治的最基本的问题的深思熟虑的观点之上，即对控制者和国家所代表的权力的危险积聚进行控制的问题。他们从不明白民主作为唯一已知的实现这种控制的手段所具有的全面意义。

结果是，他们从不明白增强国家权力的政策所固有的危险性。虽然他们多少不自觉地放弃了政治是无能的理论，但却仍然保留了这一观点，即认为国家权力只反映不重要的问题，只是当它被资产阶级掌握时才是恶的。他们并不明白，一切权力，政治权力至少像经济权力一样，都是危险的。因此，他们仍然保留了无产阶级专政的公式。他们并不理解这一原则（参见第八章），一切大规模的政治必须是制度化的，而不应该是个人的；当他们叫嚷扩大国家权力时（与马克思的国家观相反），他们从未考虑过，不良的个人也许有一天会掌握这些扩大的权力。只要他们继续考虑国家干预，这就会构成其理由的一部分，即为什么他们计划赋予国家在经济领域实际上拥有无限制权力。他们仍然保留了马克思的历史主义和乌托邦的信仰，即只有一种打上新印记的"社会体系"才能增进问题的解决。

　　在前面章节（第九章）中，对于这种乌托邦和罗曼蒂克的探讨社会工程的方式，我提出过批评。但是，我想在这里补充，经济干预，即使是这里所提倡的零星的方法，将趋于增强国家的权力。因此，干预主义是十分危险的。这并不成为反对它的论据；国家权力从来就是一种危险的、却又是必要的恶。然而，也应该告诫，如果我们放松自己的戒备，如果在我们通过干预主义的"计划"赋予国家以更多权力时，没有增强民主制度，那么，我们就可能丧失自由。如果自由丧失了，包括"计划"在内的一切也就丧失了。因为如果人民没有权力强制这些计划，为什么还会有这些有关人民的财富的计划实行呢？只有自由才能保证安全。

　　因此我们看到，不仅存在一种自由的悖论，而且存在一种国家计划的悖论。如果我们计划得太多，如果我们赋予国家以太多的权力，那么自由就会丧失，那将是计划的终结。

　　这些思考使我们转而诉诸零星的、反乌托邦的或反整体论的社会工程学方法。它们使我们转而要求，各种措施应该是设计来同具体的恶做斗争，而不是建立理想的善。国家干预应该限制在保护自由所实际必需的方面。

　　但是，这并不等于说：我们的解决是一种最低限度的解决；我们应该充满戒备；我们不应赋予国家以超乎保护自由所必需的权力。这些评论可以提出一些问题，但它们并不能指出一条问题的途径。甚至可以设想，根本无法解决问题；国家获得新的经济权力——与公民的权力相比，国家这些权力总是具有很大的危险性——将成为不可抗拒的。这样，我们就既未明白自由能够被保存，也未表明它如何才能够被保存。

　　在这种条件下，记住我们在第七章中对控制政治权力和自由的悖论问题所进行的思考，是有用的。

七

　　我们所做的区别存在于个人和制度之间。我们指出，当日常的政治问题需要一种个人的解决时，一切长期的政策——尤其是一切民主的长期的政策——就应该依照非个人的制度来构想。我们指出，尤其重要的是，控制统治者和检查他们的权力的问题，主要是一个制度的问题——总之，是设计各种不同制度防止即使是坏的统治者也不能造成太大的伤害的问题。

　　类似的思考将用于控制国家的经济权力的问题。我们所防备的是统治者的权力的增强。我们必须防备一些个人及其专横。有些制度类型可能将专横的权力授予一个人；但另一些制度类型却会否认个人拥有这种权力。

　　如果我们从这种观点来考虑劳动立法，那么我们就会同时发现这两种制度类型。其中有些法律没有赋予什么权力给国家的执行机构。可以设想，需要肯定的是，例如，反对童工的法律可能就会被公务员误用来威胁和支配无知的公民。然而，如果与那些立法中固有的危险性相比较（它将自由处理权，例如引导劳动的权力①，授予统治者），这种危险性几乎并不严重。同样，一项法律确定公民误用财产将受到没收惩处，其危险性与一项法律赋予统治者或国家的公务员以征收公民财产的自由处理权，是几乎没法相比的。

　　因此，我们区分了国家借以推行经济干预的两种完全不同的

---

　　①　＊参阅英国的《控制雇用法》（1947 年）。该法律难以运用的事实（显然没有被滥用）表明，甚至具有最危险性的立法，如果没有强制性的需要，就不被定——这显然是由于这两种立法之间的基本差异（即一种确立行为的普遍规则，而另一种赋予政府自由处理的权力）没有被充分地理解。＊

方法。① 第一种方法是设计一种保护制度的"法律框架"（例如，限制动物拥有者或土地拥有者的权力的法律）。第二种方法是授权给国家机构，让它们（在一定限度内）视实现统治者所承担的目标之必需而随时采取行动。我们可以把第一种程序描述为"制度化的"或"间接的"干预，把第二种程序描述为"个人的"或"直接的"干预（当然，居间的事例也存在）。

从民主控制的观点看，毋庸置疑，这两种方法中的哪一种更可取。就一切民主的干预而言，只要可能的话，明显的政策必然是使用第一种方法，并把第二种方法的使用限制在和一种方法不适应的情形中（这种情形是存在的）。典型的事例是财政预算——它表达了财政大臣对平衡和正确的收支状况的判断力和感觉。可以设想，尽管非常不合需要，一项相反的措施能被迫具有相同的特征。

从零星社会工程学的观点看，这两种方法之间的差别是很重要的。只有一种，即制度化的方法，使依照讨论和经验进行调整成为可能。它唯一使将试错的方法应用于我们的政治行动成可能。它具有长期性；然而，对框架中其他部分的变化等而言，为了替未预见到的不合需要的结果留有余地，永久性的法律框架可以被逐渐改造。当我们的心中为一定的目标缠绕时，它只允许我们通过经验和分析，发现我们实际上正在做什么。它们都是短期的决策，是暂时、日复一日变化着的，或者充其量是年复一年变化着的决策。作为一条规则（财政预算是个极端的例外），它们甚至不能被公开讨论，一方面是由于缺乏必要的信息，另一方面

---

① 关于这种区别，以及关于"法律框架"术语的使用，可见 F. A. 哈耶克《通往奴役之路》（我所援引的是英译本第一版，伦敦，1944 年）。例如，可见第 54 页，在那里哈耶克谈到"创造一种生产活动在其中受个人决策引导的永久性法律框架与中央权威指导经济活动之间的……区别"（着重号是我加的）。哈耶克强调法律框架的可预见性；例如，可见第 56 页。

是由于采纳决策所依赖的原则是含糊的。即使它们全然存在，它们通常也不能被制度化，而是内在的局部传统的构成被制度化。

　　然而，并不仅仅是在这个意思上，第一种方法可以被描述为合理的，第二种方法则被描述为不合理的。它也表现在完全不同的和十分重要的意思上。法律框架可以被单个公民知道和了解；它应该被设计来能够这样获得理解。它的职能是可以预测的。它把确定性和安全的因素引入社会生活。当它受到改变时，在整个变化时期，对于那些拟定期望它经久不变的计划的个人，会留有余地。

　　与这种方法相反，个人干预的方法必然把一种正在发展的无可预测的因素引入社会生活，随之而发展一种情感，即社会生活是不合理的和不安全的。一旦自由处理权变成一种可接受的方法，它的使用可能迅速增多，因为调整将是必要的；调整自由处理的短期决策，几乎不能通过制度化的手段执行。这一倾向必然极大地加剧制度的不合理性，在各方面造成一种存在一些幕后的隐蔽的权力的印象，使他们易于轻信社会的密谋理论，其结果是——搜寻异端并造成民族、社会和国家的敌对情绪。

　　虽然如此，为制度化的方法选择可能之所的明确政策，一般却很难为人接受。之所以不能接受它，我想可以归结为不同的理由。其一是，它需要一定的分离，以便从事重新设计"法律框架"的长期任务。然而，政府却现挣现吃地活着，自由处理权就属于这种生活类型——且不……这两种方法的区别的重要性并不被理解。理解它的途径受到柏拉图、黑格尔和马克思的追随者的阻碍。他们从未看到，"谁将是统治者？"这一古老的问题，应该被"我们如何才能驯服他们？"这一现实的问题所取代。

八

　　如果我们现在回顾一下马克思的政治无能理论和历史力量的

权力理论，那么，我应该承认，它是一座庄严的大厦。它是马克思的社会学方法的直接结果，是马克思的经济历史主义的直接结果，是马克思经济体系的发展或人的新陈代谢的发展决定其社会和政治的发展之理论的直接结果。马克思时代的经验、他的人道主义的尊严，以及给被压迫者带来预言的慰藉的需要、他们取胜的希望甚或确定性，所有这一切，在一种可以和柏拉图与黑格尔的整体论的体系相媲美、甚至优于它们的宏大的哲学体系中统一了。只是由于他不是一位反动派这一偶然性，哲学史才不会怎么注意他，并假定他主要是一位宣传家。一位《资本论》的评论者写道："乍看起来……我们能够断定，作者是德国唯心主义哲学家中的伟大人物之一，也即是说，在'唯心主义'一词的坏的意义上。然而实际上，他比任何前辈都更具有强烈的现实主义色彩。"① 这位评论家击中了要害。马克思是伟大的整体论体系的构建者中的最后一位。我们应该小心地把它搁置一旁，不要用

---

① 这篇发表在圣彼得堡的《欧洲通信》上的评论，被马克思在《资本论》第2版序言中所援引（《马克思恩格斯全集》第23卷，人民出版社1972年版，第20页）。

　　如果公平地对待马克思，我们应该说，他并不总是过于严肃地看待自己的体系，他为自己的基本框架作某种偏离做了充分准备；他把它视为一种观点（当然是最重要的），而不是视为一种教条的体系。

　　因此，在《资本论》的连续两页上（《马克思恩格斯全集》第23卷，人民出版社1972年版，第819页以下），我们可以读到，一个陈述强调通常的马克思主义理论具有法律体系的次要特征（或者说具有其作为伪装和"表象"的特征），另一个陈述将十分重要的角色归于国家的政治权力，并且明确将它提升到完全成熟的经济力量的行列。第一个陈述"作者应该知道，革命不是靠法律来实行的"，涉及工业革命以及请求制定有效法律的作者。第二个陈述是对积累资本的各种方法的一个评论（从马克思主义的观点看是一个最不正统的评论）；马克思认为，所有这些方法"都利用国家权力，也就是利用集中的有组织的社会暴力……暴力是每一个孕育着新社会的旧社会的助产婆。暴力本身就是一种经济力"。迄至最后一句话（着重号是我所加），这段话显然是正统的。然而最后一句话打破了这种正统性。

另外的伟大体系去取代他的体系。我们要的不是整体论。它是零星社会工程学。

至此，我可以结束我对马克思的社会科学方法、经济决定论和预言式历史主义的哲学所做的批评性分析。然而，对方法的最终检测必然是其实际结果。因此，我现在开始继续对他的方法的主要结果——一个无阶级社会即将来临的预言——作更详细的审查。

恩格斯则更教条一些。我们尤其可以比较他在《反杜林论》中的陈述之一，在那里他说："这些可以清楚地看到，对于经济的发展，暴力在历史中起着什么样的作用。"他认为每当政治权力"违反经济发展而起作用，在这种情况下，除去少数例外，它照例总是在经济发展的压力下陷于崩溃。这少数例外就是个别的征服事件；比较野蛮的征服者……由于不会利用生产力而使生产力遭到破坏或衰落下去"（《马克思恩格斯选集》第 3 卷，人民出版社 1995 年版，第 526页）（然而，可参阅本书第十五章第 182 页注①、184 页注①及正文）。

大多数马克思主义的教条主义和极权主义是一种实际上令人惊讶的现象。这恰好表明，他们把马克思主义非理性地用作一种形而上学的体系。这种现象在激进派和温和派中同样能够看到。例如，E. 伯恩斯（在《马克思主义手册》第 374 页）中，就做出过这种令人惊奇的朴素的陈述："各种驳斥……必然会曲解马克思的理论；"这似乎意味着马克思的理论是不可驳斥的，也即非科学的；因为每种科学理论都是可以驳斥的，是能够被取代的。另一方面，L. 劳拉在《马克思主义和民主》第 226 页中说："在观察我们生存的世界方面，对马克思的基本预言之实现所具有的近乎数学的精确性，我们感到震惊。"

马克思本人似乎有不同的想法。在这点上我可能是错的，然而我坚信他的陈述的真诚（在其《资本论》第 1 版序言的结尾处），马克思说："任何的科学批评的意见我都是欢迎的。而对于我从来就不让步的所谓舆论的偏见，我仍然遵守伟大的佛罗伦萨人的格言：走你的路，让人们去说罢！"（《马克思恩格斯选集》第 2 卷，人民出版社 1995 年版，第 102—103 页。）

马克思的预言

第十八章 社会主义的来临

一

经济的历史主义是马克思用于分析我们社会中即将发生的变化的方法。在马克思看来，每种特殊的社会体系之所以必须摧毁自身，只不过由于它必须创造出产生下一个历史时期的力量。如果在工业革命刚刚发生前夕，就能够对封建制度进行足够深入的分析，定能导致发现将要摧毁封建主义的力量，并预测即将来临的时期，即资本主义的最重要的特征。同样，分析资本主义的发展，也可能使我们能够发现那些正在摧毁它的力量，并预测摆在我们面前的新历史时期最重要的特征。因为肯定没有理由相信，在一切社会体系中，资本主义会永远延续。相反，生产的物质条件，随之而有人的生活方式，从未像它们在资本主义条件下变化得如此迅速。通过这样改变自身的基础，资本主义必然要改造自身，并在人类历史上产生一个新的时期。

依照马克思的方法，上述讨论过的原则、那些将要摧毁和改造资本主义的基本的或本质的[①]力量，都必须在物质的生产资料

[①] 关于马克思的本质主义和物质生产方式在其理论中发挥本质的作用的事实，特别参阅第十五章第 182 页注[①]。另见第十七章第 195 页注[④]和第二十章第 284 页注[②]至 286 页注[②]各注及正文。

的进化中去寻找。一旦这些基本的力量被发现，就能够追踪它们对阶级之间的社会关系以及对司法的和行动的体系的影响。

对基本的经济力量和我们称作"资本主义"时期危及自身生命的历史趋势的分析，已由马克思的《资本论》——他毕生的伟大著作——所进行。他探讨的历史时期和经济体系，是西欧，尤其是大约从18世纪中叶至1867年（《资本论》发行第一版的一年）的英国的历史时期和经济体系。正如他在序言中解释的，"本书的最终目的就是揭示现代社会的经济运动规律"，①为的是预言它的命运。其次的目的是驳斥资本主义的辩护士，驳斥那些把资本主义的生产方式的规律描述为似乎是不可抗拒的自然规律的经济学家，例如伯克就宣称："商业的规律是自然的规律，因而是上帝的规律。"马克思将那些他认为是社会仅有的不可抗拒的规律，即社会的发展的规律，与这些所谓的不可抗拒的规律进行对照；他力图表明，经济学家所宣布为永恒的和不可改变的规律，实际上只不过是暂时的规律，必然要和资本主义本身一道被摧毁。

马克思的历史预言可以被描述为一种严密编织的论证。然而，《资本论》只是阐发了我称之为这一论证的"第一步"，阐发了对资本主义的基本经济力量及其对阶级关系的影响的分析。导致一场社会革命不可避免的结论的"第二步"、导致预见一个无阶级社会，即社会主义之诞生的"第三步"，都只是概略提到。在本章中，我首先要对我称作马克思主义论证的三个步骤作更详细的解释，然后再详细讨论其中的第三步。在接下的两章中，我将讨论第二步和第一步。这样颠倒这些步骤的秩序，对于一场详细的批评性讨论，被证明是适宜的；实际上，它的益处在

---

① 马克思：《〈资本论〉1867年第一版序言》，《马克思恩格斯选集》第2卷，人民出版社1995年版，第101页。另见第十三章第153页注①和155页注①。

于，这样做便于无偏见地假定论证中每步前提的真实，便于完全集中于这一问题，即结论是否以这种从前提中引出的特殊步骤达到了。以下便是这三个步骤。

马克思的论证的第一步是，他分析了资本主义生产的方法。他发现，与技术改进和他称作生产资料的不断增长的积累相联系，存在一种劳动生产率增长的趋势。从这里开始，论证将引向结论，即在阶级之间的社会关系的领域内，这种趋势必然导致越来越多的财富积累在越来越少的人手中；也即是说，达到这一结论，即存在一种财富和苦难同时增长的趋势；对统治阶级，即资产阶级，是财富的增长，而对被统治阶级，即工人，是苦难的增长。这第一步骤将在第二十章（即"资本主义及其命运"）中被讨论。

在该论证的第二步中，第一步的结果获得认同。从这一结果出发，两个结论被推出；首先，除少量统治的阶级和大批受剥削的工人阶级之外，其他一切阶级必然要消失，或是变得不重要；其次，这两个阶级之间不断增长的张力，必然要导致一场社会革命。这一步骤将在第十九章（即"社会革命"）中获得分析。

在该论证的第三步中，第二步的结论依次获得认同；最终得出的结论是，在工人取得对资产阶级的胜利之后，将存在一个只由单一阶级组成的社会，因而存在一个无阶级的社会、一个没有剥削的社会；也即是说，社会主义社会。

二

现在，我将继续讨论第三步，即讨论社会主义来临的最终预言。

这一步的主要前提（它们在下一章将受到批判，但在这里获得认同）是：资本主义的发展已经导致除两个阶级——小部分的资产阶级和庞大的无产阶级——之外的一切阶级的消失；苦难的增长已迫使后者反叛它的剥削者。结论是，首先，工人必须赢得斗争，其次，通过消除资产阶级，他们必然建立一个无阶级的社会，因为只有一个阶级仍然存在。

现在我准备赞同从这类前提（连同几个我们无须怀疑具有不太重要性的前提）推出的第一个结论。不仅是资产阶级的数量小，而且它们的物质存在、他们的"新陈代谢"都依赖于无产阶级。剥削者、寄生虫没有被剥削者就会饿死；无论如何，如果他摧毁了被剥削者，那么他就结束了自封作为寄生虫的生涯。因此，他不能取胜；他充其量能够进行延续的斗争。另一方面，工人并不因为自身的物质生存而依赖于剥削者；一旦工人反叛，一旦他决定向现存的秩序挑战，剥削者就不再具有本质的社会功能。工人无须危及自身的存在就能够摧毁他的阶级敌人。因此，只能存在一种可能的结果：资产阶级将消失。①

然而，第二结果是怎样推出的呢？真的是工人的胜利必然导致一个无阶级的社会吗？我认为并不是这样。从两个阶级中只能有一

---

① 我称之为《资本论》的次要目的（其反对辩护的目的）包括一定程度的学术任务，即涉及其科学地位的政治经济学批判。马克思在作为《资本论》的前身的题为《政治经济学批判大纲》的著作和《资本论》的副标题本身（直译应该读作"政治经济学批判"）中，都曾暗示到这后一任务。因为这两个标题都准确无误地暗示了康德的《纯粹理性批判》。这个标题还试图意指："涉及其科学地位的纯粹的或形而上学的哲学的批判。"（这点更清楚地为康德批判的解释性标题所阐明，它在直译上读作：未来可能要求科学地位的形而上学导论。）通过暗示康德，马克思显然是说："正如康德批判形而上学的要求，揭示它绝不是科学而在一定程度上是辩护的神学那样，因而在这里我要批判资产阶级经济学的相应要求。"在马克思的视界内，康德的批判的主要倾向被认为是直接针对辩护的神学，从马克思的朋友海涅的《德国的宗教和哲学》一书中，可以看到它的这一表现（参阅第十五章第184页注②和185页注①）。并非没有意思的是，尽管有恩格斯督导，《资本论》第一个翻译者却将它的副标题译成了"资本主义生产的批判分析"，从而由强调我在正文中描述为马克思的首要目的的东西代替了他的次要目的。

伯克在《资本论》[《马克思恩格斯全集》第23卷，人民出版社1972年版，第692页注脚（202）]中，被马克思援引过。引文出自E. 伯克《关于匮乏的思考和材料》，1800年，第31页。

个阶级仍然存在这个事实看，并不能推出，将存在一个无阶级的社会。阶级并不像个人，即使我们承认，只要存在两个在战斗中联合的阶级，它们就近乎表现得像个人一样。依照马克思自身的分析，一个阶级的联合或团结，是其阶级意识的组成部分，① 它们转而在很大程度上又是阶级斗争的产物。世界上并不存在这样的理由，

---

① 参阅第十六章第一节结尾处我对阶级意识的评论。

　　关于反对阶级敌人的阶级斗争停止之后阶级联合的继续存在的问题，我认为很难与马克思的假设，尤其是与他的辩证法一致，它们假定，阶级意识是一种能够被积累而且往后可以储藏的东西，它能够延长这些力量的寿命的进一步假定，与马克思将意识看作一面镜子，或看作僵硬的社会现实的产物的理论是矛盾的。然而这种进一步的假定，必定会被一切与马克思一样坚信历史的辩证法必然导致社会主义的人所提出。

　　出自《共产党宣言》的下一段话（《马克思恩格斯选集》第 1 卷，人民出版社 1995 年版，第 294 页）在本视界内显得特别有意思；它包含一个明确的陈述，即工人的阶级意识纯粹是"环境的力量"——阶级境况的压力——的结果；然而，它同时包含着正文中所批判的学说，即对无阶级社会的预言。这段话是："如果说无产阶级在反对资产阶级的斗争中一定要联合为阶级，如果说它通过革命使自己成为统治阶级，并以统治阶级的资格用暴力消灭旧的生产关系，那么它在消灭这种生产关系的同时，也就消灭了阶级对立的存在条件，消灭了阶级本身的存在条件，从而消灭了它自己这个阶级的统治。""代替那存在着阶级和阶级对立的资产阶级旧社会的，将是这样一个联合体，在那里，每个人的自由发展是一切人的自由发展的条件。"（另见本章第 229 页注①正文）这真是一种美妙的信仰，然而是一种美学的和乌托邦的信仰；用马克思的话来说，这是一种充满幻想的"乌托邦主义"，但却不是"科学社会主义"。

　　马克思反对他所说的"乌托邦主义"，并且做得很正确（参阅第九章）。然而，由于他本人是一位浪漫主义者，他没能认清乌托邦主义中最危险的因素，即它的浪漫主义的歇斯底里和唯美主义的非理性主义。相反，他反对它的（应该承认是最不成熟的）合理计划的企图，并将它们与他的历史主义对立起来（参阅本章第 237 页注①）。

　　尽管马克思推理敏锐，尽管他试图应用科学的方法，在不少地方他还是承认，非理性的和美学的情感篡夺了对其思想的完全控制。如今我们可以称之为充满幻想的思维。正是这种浪漫的、非理性的、甚至是神秘的充满幻想的思维导致马克思假定，集体的阶级联合和工人的阶级团结在阶级境况发生变化之后还继续存在。因此，这是一种充满幻想的思维，一种神秘的集体主义，一种对文明的张力的非理性的反动，它导致马克思预言，社会主义必然来临。

　　这种浪漫主义，是马克思最强烈地诉诸其广大追随者的要素之一。例

一旦反对共同阶级敌人的斗争的压力消失了，组成无产阶级的个人还会保持阶级联合。一切潜在的利益冲突现在似乎必然将从前联合的无产阶级分裂成新的阶级，并发展成一场新的阶级斗争（辩证法的原则会提示，一种新的对立、一种新对抗，很快就会发展。然而，当然，辩证法充满着含糊，并且完全适应于解释一切事物，因此，它也能够解释作为对立面发展的辩证法的必然综合的无阶级社会①）。

如，在海克尔《莫斯科对话录》的献辞中，它就获得了最令人感动的表达。在这里，海克尔把社会主义说成是"一种秩序，在那里不再有阶级和种族的冲突，真、善和美将为一切人所分享"。谁不希望地上有天堂呢！然而，合理政治的首要原则之一是，我们不可能在地上建立天堂。我们成不了自由精神或天使，至少是在未来几个世纪成不了。正如马克思曾经明智地宣布的，我们注定要被新陈代谢束缚在这个地球上；或者像基督教所指出的，我们既是精神又是肉身。所以，我们应当更谦逊一点。在政治和医学上，承诺过多的人很可能是一位江湖骗子。我们应该尽其可能地改进事物，然而，我们必须清除一种哲人之石或神妙处方的观念，以为它们能够把我们有点腐化的人类社会变成纯粹的、持续的黄金时代。

在所有这一切的背后，存在的是从我们的世界消除罪恶的希望。柏拉图认为，通过将人放逐到低等阶级并对之实行统治，就能够实现这点。无政府主义者梦想，一旦国家、政治体系被摧毁，一切都会好转。马克思有着通过摧毁经济体系消除罪恶的类似梦想。

这些评论并不想寓示，即使通过引进相对小的改革，例如，税收改革或降低利润率，也不能促成迅速的进步。我只希望提出，我们应该期望，每一次消除罪恶，都能像其不必要的反应一样，只会造成一些尽可能新的更小的罪恶，它会达到一种完全不同的紧迫性的水平。因此，健全政治的第二条原则是：一切政治在于选择较小的罪恶（正如维也纳诗人和批评家K.克劳斯所指出的）。政治家应该积极寻找其行动必定产生的罪恶，而不是隐瞒它们，因为否则的话，正确评价同罪恶做斗争也就变得不可能。

① 虽然我不想涉及马克思的辩证法（参阅第十三章第145页注①），但我可以表明，通过所谓"辩证的推理"是能够从逻辑上"加强"马克思的不具有结论性的论点的。与这种推理一致，我们所需要的是以某种方式描述资本主义中的对抗趋势，即社会主义（例如以极权主义的国家资本主义形式）呈现为必然的综合。资本主义的这两种对抗的趋势因而或许可以被描述为："正题：资本积累在少数人手中的趋势；工业化和对工业官僚化控制的趋

当然，最可能的发展是，那些在胜利之时实际上掌权的人——那些幸免于权力之争和各种清洗的革命领袖及其僚属——将组成新社会的统治阶级，一种新型的官僚制度的寡头政治；很可能他们会试图掩盖这一事实。通过尽可能地保留革命的意识形态，利用这些思想情感，而不是浪费时间力图摧毁它们（依照帕累托对全体统治者的劝告①），他们能够很方便地做到这点。很可能出现的情形是，只要他们同时利用对反革命的发展的恐惧，他们就能够充分利用革命的意识形态。这样，革命的意识形态就能出于辩护的目的为他们服务；作为他们动用权力的一种辩解、一种稳定权力的手段——总之，作为一种新的"人民的鸦片"。

依照马克思自身的前提，诸如此类事情属于可能会发生的事件。然而，作历史预言，或者解释一些革命的既往历史，并不是我这里的任务。我只不过想表明，马克思的结论、无阶级社会来临的预言，并不能从这些前提推出。马克思论证的第三步应该被宣布为不具有结论性。

我不赞同的远不止此。尤其是我不认为，能够预测社会主义不会来临，或者能够说马克思论证的前提根本不可能引入社会主

势；工人通过需求和欲望的标准化达到经济上和心理上的平衡的趋势。反题：广大群众的痛苦不断增加；他们的阶级意识增强；原因是（a）阶级战争，（b）基于生产体系把工人阶级提升到唯一的生产阶级、因而是工业化社会中唯一的基本阶级的地位，他们增强了对其在经济体系中的至关重要性的理解（另见第十九章第251页注①及正文）。

几乎没有必要表明，所欲求的马克思主义的综合是如何出现的；然而有必要坚信，在描述对抗的趋势中作略微改变的强调，都可能导致十分不同的"综合"；实际上导致一切其他我们想捍卫的综合。例如，我们可能轻易将法西斯主义描述为一种必要的综合，或许是"专家政治"，或者是一种民主干预主义的体系。

①　关于帕累托的劝告，参阅第十三章第142页注①。

义。例如，持续的斗争和胜利的热情就可能有助于增强团结的情感，使之强烈地能够延续到建立防止剥削和权力的滥用的法律（民主控制统治者的制度，是消除剥削的唯一保障）。在我看来，建立这种社会的时机，很大程度上依赖于工人对社会主义和自由的理念的忠诚，而与其阶级的直接利益正相反。这些都是不能轻易预见到的事情；所能肯定说出的一切是，阶级斗争并不永远能够在被压迫者之间产生持久的团结。存在一些类似团结和十分忠诚于共同事业的事例。但是，也存在一些这样的团体和工人，他们甚至在与其他工人的利益和与被压迫者的团结的理念处于公开冲突时，还在追求自己的特殊集团的利益。剥削无须随资产阶级一道消失，因为很可能工人的集团会获得各种特权，这些特权同剥削不幸的集团是一回事。[①]

我们看到，在经历一场胜利的无产阶级革命之后，可能的历史发展的整个过程还会继续下去。肯定也存在运用历史的预言方法的一些可能性。尤其应该强调，由于我们不喜欢某些可能性，就忽视它们，是最不科学的。痴心妄想显然是一件不能避免的事情。但是，不应将之误作为科学思维。我们也应该承认，对大多数人而言，所谓的科学预言，只不过提供了一种逃避的形式。它

---

① 工人阶级运动的历史充满着差别。显然，工人在为本阶级的解放以及此外为人类的解放奋斗中，准备着做出最大的牺牲。然而，也有不少篇章讲述了有关极普通的自私和追求局部利益、损害公众利益的令人遗憾的故事。

当然也能够理解，一个通过团结和集体讨价赢得对其成员的优势的工会，将力图使那些不准备加入工会的人不能获得这些利益；例如，集体契约规定只有工会成员才能被雇佣的情形。然而，如果一个如此获得垄断的工会终止了成员注册，把想加入的工人伙计排除在外，甚至不确立承认新成员的方法（诸如严格坚持等待注册），这是一个根本不同的、并且确实会永远存在的问题。这些事情能够发生，表明了这一事实，即一个人是一位工人并不能像永远防止他忘记一切有关被压迫者的团结的事情那样，防止他充分利用自己可能拥有的经济特权，即防止他剥削自己的工人伙计。

为我们提供了一种由当前的责任向未来乐园的逃避。它通过过分强调，个人在当前它所描述为势不可挡的和恶魔般的经济力量面前，所处的孤立无援状态，提供这种乐园作适当的补偿。

三

如果我们现在更密切地注视这些力量，注视我们自己当前的经济体系，那么，我们就能够发现，我们的理论批判已经被经验证明。然而，我们必须防止按照马克思主义的偏见——"社会主义"或"共产主义"是唯一的选择和"资本主义"的唯一可能的继承者——错误解释经验。无论马克思还是其他人都没有表明，在无阶级社会的意义上，在一种"在那里，每个人的自由发展是一切人的自由发展的条件"的"联合体"[①]的意义上，社会主义是那种无情剥削的经济体系的唯一的可能选择，马克思于一个世纪前（1845年）首次描述了这个体系，并为"资本主义"。[②]诚

---

① 马克思《共产党宣言》，《马克思恩格斯选集》第 1 卷，人民出版社 1995 年版，第 194 页；这段话在本章注中有更完整的表述，在那里，马克思的浪漫主义得到了讨论。

② "资本主义"术语过于含混，以致不能被用作一个确定的历史时期的名称。"资本主义"术语起初是在蔑视的意义上被使用的，在通常的用法上它获得了这一意思（"有利于不劳动者获得巨额利润的体系"）。然而，它同时也在一种中性的科学的意义上被使用，但却具有几种不同的含义。在马克思看来，只要一切生产资料的积累可以被命名为"资本"，我们甚至就可以说，"资本主义"在一定的意义上是与"工业主义"等同的。在这一意义上，我们可以很正确地把共产主义社会（在那里国家拥有一切资本）描述为"国家资本主义"。鉴于此，我建议用"无约束的资本主义"的名称去指马克思分析和命名的"资本主义"时期，以"干预主义"的名称去指我们自身的时期。"干预主义"的名称确实能够涵盖我们时代社会工程的三种主要类型：俄国的集体主义的干预主义；瑞典等一些"小民主国家"和美国新政中的民主的干预主义；以及军事化经济中的法西斯主义方法。马克思所说的"资本主义"——即无约束的资本主义——在 20 世纪已经彻底"消亡"。

然，如果有谁试图证明，社会主义是马克思无约束的"资本主义"的唯一可能的继承者，那么，我们只要通过指出历史事实，就可以驳斥他。因为放任主义早就从地球上消失了，但是它却没有被马克思理解的社会主义或共产主义的体系所代替。只是在占地球六分之一的俄国，我们看到一种按照马克思的预言建立的经济体系，在那里，生产资料为国家所拥有，然而其政治权力却与马克思预言相反，根本没有表现出消亡的倾向。但是在整个世界上，有组织的政治权力已开始执行广泛的经济功能。无约束的资本主义已经让位于一个新的历史时期、让位于我们自身的政治干预主义和国家的经济干预的时期。干预主义具有各种不同的形式。有俄国的类型；有法西斯的极权主义形式；有英国、美国以及瑞典①所领导的"小民主国家"的民主干预主义，在后者那里，民主干预的技术已经达到尽其可能的最高水平。导致这种干预的发展，在马克思自身的时代，是从英国工厂的立法开始的。它以引进每周 48 小时工作制取得首次关键性的进步，后来又取得引进失业保险和其他形式的保险的进步。将它与马克思的共产主义革命的十点纲领作一对比，一眼就能够看出把现代民主国家的经济体系等同于马克思所说的"资本主义"，是何等的荒谬。如果我们省略这一纲领的极不重要的观点（例如，"4. 没收一切流亡分子和叛乱分子的财产"。），那么，我们可以说，在民主国家，绝大多数这类观点都已经完全或是在相当的程度上付诸实践；与这些观点一起，许多马克思从未设想过的更重要的步骤，

① 瑞典的"社会民主党"（该党开创了瑞典实验）曾经是马克思主义的；然而，当它决定接受政府的责任之后不久，就放弃了马克思主义的理论，并着手社会改革的伟大纲领。瑞典实验背离马克思主义的方面之一，是与对生产的教条式的马克思主义强调相反，它强调消费者和消费合作社所发挥的作用。瑞典的技术经济理论强烈地受到马克思主义者称作"资产阶级经济学"的影响，而正统的马克思主义的价值理论却在它那里发挥不了任何作用。

已经以社会安全为指向而被采取。我只需提及马克思纲领中的下述观点：2. 高额的累进或累积税（已实行）。3. 废除一切遗产继承权（通过广泛重征遗产税已实现。无论它多么符合意愿，至少受到怀疑）。6. 国家集中控制通讯和运输手段（出于军事的理由，早在1914年第一次世界大战之前，中欧就已经不计较利益后果地实行这一条。它也已被大多数小民主国家实现）。7. 增加国家拥有的工厂和生产设备的数量和规模……（在小民主国家已实现；无论它是否有利，至少一直受到怀疑）。10. 在各种公共的（即国立的）学校里为所有儿童提供免费教育。废除具有现存形式的儿童的工厂劳动……（前一项要求在小民主国家，并且在某种程度上实际上是在一切地方，已经实现；后一项要求早已超越）。

马克思纲领中的一系列观点①（例如，"1. 剥夺地产"），在民主国家中还没有实现。这就是为什么马克思主义者正确地认为，这些国家还没有建立"社会主义"。然而，只要他们从这点推出，这些国家在马克思的意义上仍然是"资本主义的"，那么，他们只是证明他们的前提——没有进一步的选择——具有教条式的特征。这点表明，它是如何被先前设想的体系的炫目光芒弄花了眼的。马克思主义对未来不仅是一种坏的指导，而且它还

---

① 关于这一纲领，可见《共产党宣言》（《马克思恩格斯选集》第1卷，人民出版社1995年版，第293页）。至于论点（1），可参阅第十九章第252页注①正文。

　　值得注意的是，即使在马克思所做的最激烈的陈述——1850年《共产主义者同盟中央委员会告同盟书》中，他也把累进税看作一项最革命的措施。在这文献的结尾（它以战斗口号"不断革命"达到高潮）描述革命的策略时，马克思说："假若民主派主张施行比例税，工人就应该要求施行累进税；假若民主派自己提议施行适度的累进税，工人就应该支持征收比率迅速提高的捐税，从而使大资本走向覆灭……"（《马克思恩格斯选集》第1卷，人民出版社1995年版，第374页；另见本书第二十章第301页注②）。

使它的追随者不能认清眼前在他们自身的历史时期发生的、有时甚至是通过他们自身的合作完成的事务。

四

然而，人们可能会问，这一批判不就是千方百计地反驳大规模的历史预言的方法吗？我们能够做到这点。只要我们使自己的前提充分有力，我们总能够达到我们想要的一切结论。但是，对几乎每一种大规模的历史预言而言，情形总是如此，我们将不得不作出这类假设，即我们不可能将马克思所说的"意识形态"这类道德的和其他的要素还原为经济的要素。而马克思却是第一位认为这是一种很不科学的推理的人。他的整个预言方法依赖于这一假设，即意识形态的影响不需要作为独立的和不可预测的要素来对待，但它们却可以被还原为、并依赖于能够观察的经济条件，因此是可以预测的。

有时一些非正统的马克思主义者甚至承认，社会主义的来临并不仅仅是一个历史发展的问题；马克思的"我们能够缩短和减少"社会主义来临的"产前阵痛"的陈述充满着含糊，以致可以被解释为他主张，与将发展的时间缩短到最小值的恰当的政策相比，一项错误的政策甚至可以使社会主义的降临迟几个世纪。这种解释甚至可能使马克思主义者承认，革命的结局是不是一个社会主义社会，很大程度上依赖于我们自身；也即是说，依赖于我们的目标、忠实和真诚，以及我们的智慧，换言之，依赖于道德的或"意识形态"的要素。他们补充道，马克思的预言是道德激励的一个巨大源泉，因此有可能推进社会主义的发展。马克思实际上试图表明的是，只存在两种可能性：要么是一个恐怖的世界将永远继续下去，要么是一个更美好的世界会最终出现；几乎不值得我们浪费时间去认真思考第一种选择。因此，马克思的预言完全获得了证实。因为较明白的人都懂得，他们能够达到第二种选择，较为肯定的是，他们能够实现从资本主义向社会主义的关键性飞跃，但却不能做出更明确的预言。

正是这一论证承认，不可还原的道德的和意识形态的要素对历史过程具有影响，随之承认，马克思主义的方法具有不适用性。至于这一论证试图捍卫马克思主义的那一部分，我们必须重申，谁也没有表明过，只存在"资本主义"和"社会主义"两种可能性。我十分赞同这一观点，即我们没有必要在思考一个很不满意的世界的永久构成上浪费时间。但是，选择既无须我们思考一个更美好世界的预言式的降临，也不需要靠宣传、其他非理性的手段、甚或是暴力帮助它诞生。例如，它可以是直接改进我们生存的世界的技术的发展，是零星的工程学、民主干预的方法的发展。① 马克思主义者自然会主张，这种干预是不可能的，因为历史不能依照改进世界的合理计划来创造。但是，这种理论具有一种十分奇怪的结果。因为，如果事物不能通过理性的运用来改进，而非理性的历史力量本身却又能够创造一个更美好和更合理的世界，那么它的确是一个历史的或政治的奇迹。②

所以，我们又返回到这一立场，即在科学预言的范围内尚未落败的道德和其他意识形态的要素，对历史进程发挥了深远的影响。这类不可预测的要素之一，恰恰是社会工艺学和政治干预在

---

① 关于我的零星社会工程概念，要特别参阅第九章。关于经济事务中的政治干预，以及对干预主义术语的更准确的解释，见本章第 229 页注②及正文。

② 我把对马克思主义的这一批评看作是非常重要的。在我的《历史主义贫困论》一书的第 17、18 节中，它已被提到；正如那里所表述的，通过提供一种历史主义的道德理论，就可以将它回避。然而我认为，只要这种理论（参阅第二十二章，特别是第 318 页注③及正文）被接受，马克思主义就能够逃避被指控教导"信仰政治奇迹"（该术语来源于 J. 克拉夫特）。另见本章第 225 页注①和 237 页注①。

经济事务中的影响。社会工艺学家和零星的工程学家可以设计新制度的建设，也可以设计旧制度的革新；他们甚至可以设计造成这些变化的方法和手段；然而历史并不因他们这样做，就变得更加可以预测。因为他们既不能设计社会整体，也不可能知道是否他们的设计能被实行；实际上，如果没有大的修改，它们几乎很难被实行，这部分是因为在建设期间我们的经验提高了，部分是因为我们必须妥协。[①] 因此，当马克思坚持"历史"不能在纸上设计时，他是非常正确的。但是，制度可以被设计；并且它们正在被设计。只有通过逐步的设计捍卫自由，尤其是免受剥削的各种制度，[②] 我们才能希望达到一个更美好的世界。

五

为表明马克思历史主义理论的实际的政治意义，我想通过评论其历史预言对近代欧洲历史所具有的效应，来证实这三章中每一章对其预言式论证的三个步骤所做的讨论。因为这些效应曾是深远的，在中欧和东欧，这要归因于两个马克思主义大党，即共产党和社会民主党所发挥的影响。

对这样一个社会革新的任务，这两个政党都完全没有准备。俄国共产党——它在权力的领域首次发现了自我——在前进中完

[①] 关于妥协的问题，参阅附加在第九章注中那段话的结尾所做的评论。关于对正文中这一评论——"因为他们并没有为整个社会设计"——的辩护，可见第九章和我的《历史主义贫困论》的第 2 章（特别是对整体主义的批判）。

[②] F. A. 冯·哈耶克（例如，参阅他的《自由和经济体系》，芝加哥，1939年）认为，一种集中化的"计划经济"必然对个人自由构成严重的威胁。然而他也强调，设计自由是必要的（在曼海姆 1941 年出版的《重建时代的人和社会》中，"设计自由"也受到提倡。然而，由于曼海姆的"设计"观强调的是集体主义和整体主义，我确信，它必然导致专制，而不是导致自由；诚然，曼海姆的"自由"是黑格尔的自由的遗裔。参阅本书第二十三章结尾，以及前注结尾处所引的我的著作）。

全没有意识到面前所面临的严峻问题、巨大的牺牲和痛苦。中欧的社会民主党——它的时机来得晚一点——多年以来一直在逃避共产党如此乐意地让他们担负的责任。他们很正确地怀疑，是否除俄国人民（它受到沙皇专制的最残酷的压迫）之外，其他国家的人民没有谁能够经受革命、内战以及起初常常是不成功的漫长时期所要求他们的痛苦和牺牲。而且，在从 1918 年到 1926 年的关键年代，俄国实验的结果呈现给他们的是那么不确定。诚然，肯定不存在评判其前景的基础。有人可能会说，中欧共产党和社会民主党的分裂是这些马克思主义者之间的分裂，他们一些人对俄国实验的成功抱有一种合理的信念，另一些人更有理由对它表示怀疑。当我说"不合理的"和"更有理由"时，我是用他们自身的标准，即用马克思主义评判他们。因为依照马克思主义，无产阶级革命应该是工业化的最终结果，而不是相反；[1] 它应该首先在高度工业化的国家发生，只是在很久以后才会在俄国发生。[2]

---

① 马克思主义的历史理论和俄国的历史现实之间的矛盾，在第十五章第 182 页注①和 184 页注①及正文中有讨论。

② 这是马克思主义理论和历史的现实的另一个矛盾；与前注中所提到的那个矛盾相反，这第二个矛盾引起过广泛讨论，人们试图通过引进辅助性假说来解释这一问题。其中最重要的是帝国主义和殖民地剥削的理论。该理论认为，革命的发展之所以会在一些国家受到挫折，在于这些国家的无产者和资本家不仅共同从本国那里，而且还从殖民地被压迫的土著所播种的收获中获得利益。这一假说——它无疑受到诸如非帝国主义的小民主国家的发展的驳斥——将在第二十章（第 299 页注①至 301 页注①各注及正文）中获得较全面的讨论。

许多社会民主党人依照马克思的图式，把俄国革命解释为延误了的"资产阶级革命"，认为这场革命和一种与更先进的国家的"工业革命"相对应的经济发展有密切的联系。然而，这种解释当然假定了历史遵循着马克思的图式。实际上，像俄国革命是否是一场延误了的工业革命或者一场早熟的"社会革命"这种本质主义的问题，只具有纯粹词句上的特征；如果它在马克思主义中导致困难，那么这只能表明，马克思主义在描述其奠基者没有预料到的事情方面，遇上了词句上的困难。

　　然而，这一评论并不是要为社会民主党的领袖辩护，[①] 他们的政策完全是由马克思的预言、由他们对社会主义一定来临的绝对信仰决定的。但是在这些领袖那里，这一信仰却又时常与对其自身的直接职能和任务的怀疑、与对直接摆在面前的事情的失望结合在一起。[②] 他们从马克思主义中学了组织工人，并以对自身任务的真实美妙的信仰和人类的解放鼓舞他们。[③] 可是，他们对自己的前提的实现并没有准备。他们把教科书学得烂熟，他们深知"科学社会主义"的一切内容，他们懂得，为未来准备处方是不科学的乌托邦主义。马克思本人对孔德的一位追随者——他在《实证主义者评论》中批评马克思忽略了实践的纲领——不

[①] 领袖们在追随者中，都能够唤起一种对其使命的热情信念，即解放人类。然而，领袖对其政治的最终失败和运动的瓦解，也负有责任。这种失败很大程度上应归因于理智上的不负责任。领袖们曾向工人担保，马克思主义是一门科学，运动的理智上的方面已被优秀人物掌握。然而，他们从未对马克思主义采取一种科学的、即批判的态度。只要他们能够运用它（还有比这更容易的事情吗？），只要他们能够在文章和讲演中解释历史，他们在理智上就满足了（另见本页注②、③）。

[②] 在中欧法西斯主义兴起之前的几年间，在社会民主党的领袖之中，存在着一种引人注目的十分明显失败主义。他们开始相信，在社会发展中，法西斯主义是一个不可避免的阶段。也即是说，他们开始对马克思的图式作若干修正，然而他们从不怀疑历史主义研究方法的合理性；他们从不明白，诸如"法西斯主义在文明发展中是一个可避免的阶段吗？"之类的问题，可能在总体上会造成误导。

[③] 中欧的马克思主义运动在历史上几乎没有先例。尽管它事实上信仰无神论，但它可能真正可以被称作一场伟大的宗教运动（也许这可能会影响一些并不严肃对待马克思主义的、甚至是部落主义的运动）。然而，它是一场工人为其伟大的任务而教育自身的运动；是工人解放自身、提高其利益和消遣水平的运动；是工人以登山代替酒精、以古典音乐代替摇滚、以严肃书籍代替惊险小说的运动）。"工人阶级的解放只能通过工人自身实现"是其信念（关于这场运动对一些旁观者所造成的深刻印象，例如可见 G. E. R. 吉迪的《衰落的堡垒》，1939 年）。

是进行了嘲弄吗？马克思轻蔑地说道："……《实证主义者评论》一方面责备我形而上学地研究经济学，另一方面责备我——你们猜猜看！——只限于批判地分析既成的事实，而没有为未来的食堂开出调味单（孔德主义的吗？）。"① 因此，马克思主义的领袖们知道，最好不要在诸如技巧的问题上浪费时间。"全世界无产者，联合起来！"——这样一尽无遗地论述了他们的实践纲领。当他们国家的工人联合时，当有机会承担政府的责任和为一个更美好的世界奠定基础时，当他们的钟声敲响时，他们就让工人孤

---

① 马克思：《〈资本论〉第二版跋》，《马克思恩格斯选集》第 2 卷，人民出版社 1995 年版，第 109 页（参阅本书第十三章第 146 页注①）。它表明马克思在其评论者中是何等幸运（另见第十七章第 209 页注②及正文）。

马克思表达其反乌托邦主义和历史主义的另一段有意思的话，在《法兰西内战》（《马克思恩格斯选集》第 3 卷，人民出版社 1995 年版，第 60 页）可以找到，在那里马克思赞许地谈到 1871 年的巴黎公社："工人阶级并没有期望公社做出奇迹。他们不是要凭一纸人民法令去推行什么现存的乌托邦。他们知道，为了谋求自己的解放，并同时创造出现代社会本身经济作用下不可遏止地向其趋归的那种更高形式，他们必须经过长期的斗争，必须经过一系列将把环境和人都加以改造的历史过程。工人阶级不是要实现什么理想，而只是要解放那些由旧的正在崩溃的资产阶级社会本身孕育着的新社会因素。"在马克思那里几乎没有哪句话令人惊讶地显示出缺乏历史主义的设计。马克思说"他们经过长期的斗争"，然而，如果他们没有计划要实现，"不是要实现什么理想"，正如马克思所说。他们为什么而斗争呢？他们"没有期望……奇迹"，而马克思说他本人却期望奇迹，即坚信历史的斗争不可抗拒地趋于社会生活的"更高形式"（参阅本章第 225 页注①和 233 页注②）。在其抗拒从事社会工程方面，马克思在一定程度上是正确的。组织工人无疑是他的时代最重要的实际任务。如果像"时机尚未成熟"这类可疑的借口也能被正当使用的话，它可以被用于马克思拒绝涉猎合理制度的社会工程问题（这点已为迄至贝拉米所说的乌托邦方案在内的儿戏般的特征所证实）。然而，不幸的是，他以对社会工艺学的理论攻击来支持这种健全的政治直觉。这成了其教条主义的追随者的一个借口，曾几何时，当事情发生了变化，技术在政治上甚至变得比组织工人更重要时，他们仍然继续采取一成不变的态度。

立无援。领袖们并不知道做什么。他们等待所允诺的资本主义的自杀。在经历不可避免的资本主义的崩溃之后，当事情彻底失败时，当一切都处于消融之中、失信和受辱的风险对他们本身大为减弱时，那时他们就希望成为人类的救星（诚然，我们必须记住这一事实，即共产党在俄国的成功之所以毫无疑问成为可能，部分是因为在他们夺取政权之前，利用了已经发生的恐怖）。然而，当大萧条——他们首先把它作为允诺的崩溃来欢迎——正在继续时，他们开始明白，工人不断厌倦以历史的解释来灌输和欺骗；① 这并不足以告诉他们，依照马克思的一贯正确的科学社会主义，法西斯主义一定是资本主义在即将发生的崩溃之前的最后一站。领袖们逐渐开始明白了这种等待和期望大的政治奇迹的政策的可怕后果。可是这已为时晚矣。他们的时机已经丧失。

这些评论是非常粗略的。然而，它们对马克思社会主义来临的预言的实际后果，却提供了一些启示。

---

① 马克思主义的领袖们把这种事件解释为历史的辩证的起伏。因而它们执行着向导和通过历史的山谷的功能，而不是执行行动的政治领袖的功能。这种解释可怕的历史事件而不是与之战斗的模棱两可的伎俩，受到诗人 K. 克劳斯的强烈谴责（本章第 225 页注①已提及）。

第十九章　社　会　革　命

　　马克思预言式论证的第二步把这一假定作为其密切相关的前提，即资本主义必然导致财富和苦难的同步增长；在人数日减的资产阶级方面，是财富的增长，在人数日增的工人阶级方面是苦难的增长。这一假定在下一章中将受到批判，但在这里是受到赞同的。由它所推出的结论可以被分成两部分。第一部分是对资本主义的阶级结构的发展的预言。它断言，除资产阶级和无产阶级之外的一切阶级，尤其是所谓中间阶级，注定要消失，结果是增加了资产阶级和无产阶级之间的张力，后者不断变得具有阶级意识并联合起来。第二部分是这一预言，即这种张力可能消除不了，它将导致一场无产阶级的社会革命。

　　我认为，这两个结论都不能从前提推出。我的批评将主要与上一章提出的观点相类似，即是说，我将试图表明，马克思的论证忽视了一系列可能的发展。

一

　　让我们首先考虑第一个结论，即马克思的这一预言：除资产阶级和无产阶级（其阶级意识和团结必然会增强）之外，一切阶级注定要消失，或者说变得不重要。应该承认，这个前提——马克思的财富和苦难同步增长的理论——的确为一定的中间阶级、较弱小的资本家和小资产阶级的消失作了准备。正如马克思指出的，"一个资本家打倒许多资本家"。① 这些资本家老兄的确可能被降落到工薪阶级——它对马克思来说与无产阶级是相同的——的地位。这一运动是财富的增长、越来越多的资本积累、积聚和集中在越来越少的人手中的组成部分。正如马克思所说的，一种类似的命运与"中间等级的下层"相碰撞。"小工业家、小商人和小食利者，手工业者和农民——所有这些阶级都降落到无产阶级的队伍里来了，有的是因为他们的小资本不足以经营大工业，经不起较大的资本家的竞争；有的是因为他们的手艺已经被新的生产方法弄得不值钱了。无产阶级就是这样从居民的所有阶级中得到补充的。"② 尤其就手工业所及而言，这一描述当然是极其准确的；许多无产者来自农民，这也是正确的。

　　然而，尽管马克思的观察值得令人惊叹，他所描述的图景却不完美。他所探讨的运动是一场工业运动；他的"资本家"是工业资本家，他的"无产者"是工业工人。尽管实际上许多工人来自农民，但这并不意味着，例如，农场主和农民都会逐渐降落到工业工人的地位。即使是农业劳动者，通过共同的团结情感和阶级意识，也并不必然会与工业工人联合起来。马克思承认，"农业工人在广大土地上的分散，破坏了他们的反抗力量，与此同时，资本集中在少数人手中，却增强了城市工人的反抗力量"。③ 这几

────────────

① 参阅《资本论》(《马克思恩格斯全集》第 23 卷，人民出版社 1972 年版，第 831 页)。

② 这段话出自马克思和恩格斯的《共产党宣言》(《马克思恩格斯选集》第 1 卷，人民出版社 1995 年版，第 280 页)。

③ 参阅《资本论》第 547 页 [这里所引的话与中文版不同，在中文版中，这段话为："农业工人在广大土地上的分散，同时破坏了他们的反抗力量，而城市工人的集中却增强了他们的反抗力量。"(《马克思恩格斯全集》第 23 卷，人民出版社 1972 年版，第 552 页) 这里关键的不同在于，在波普尔的引文中，是"资本集中在少数人手中"，而中文版中却是"城市工人的集中"——译者]。

乎难以令人想起以一种阶级意识整体达成的统一。相反它表明，至少存在一种分裂的可能性，农业工人有时可能过于依赖他的主人——农场主或农民——而不会与工业无产阶级一道去创造共同的事业。然而，农场主或农民却很容易选择支持资产阶级，而不支持马克思本人所提到的工人；[1] 像《共产党宣言》这样的纲领（它的第一项要求就是"剥夺地产"[2]），就几乎难以设计来抵制这种趋势。

对"资本集中"（我在正文中译为"资本集中在少数人手中"）一词，可以作点评论。

在《资本论》第 3 版中（参阅《资本论》第 689 页以下；中文版与此相同的内容，参阅《马克思恩格斯全集》第 23 卷，人民出版社 1972 年版，第 685—686 页），马克思引入了下述区别：（a）他仅仅以资本积累意指资本商品的总量的增长（例如，在一定的区域之内）；（b）资本积累意指（参阅第 689、690 页）不同的单个资本家所掌握的资本的正常增长，这种增长源于面向积累的总趋势，使它们能够控制工人人数的增长。他以集中意指（参阅第 691 页）因一些资本家被另一些资本家所剥夺而引起的这种资本的增长（"一个资本家打败他的许多同道"）。

在第 2 版中，马克思尚未区分积聚和集中，他在（b）和（c）的双重意义上使用"积聚"一词。为表明这种差别，我们在第 3 版（《资本论》第 691 页）中读到："我们在这里有了不同于积累和积聚的真正的集中。"（在中文版《马克思恩格斯全集》第 23 卷第 686 页中，这句话为："这是不同于积累和积聚的本来意义的集中。"——译者）在第 2 版中，我们在该处读到的是："我们在这里有了不同于积累的真正的集中。"然而，这一修改在全书中并没有进行，而只是在一些段落（特别是第 690—693 页和 846 页）中进行。在这里正文中所引述的这句话中，遣词造句仍然与第 2 版相同。在本章第 251 页注①正文所引述的这句话（第 846 页）中，马克思则用"集中"代替了"积聚"。

[1] 参阅马克思：《路易·波拿巴的雾月十八日》（《马克思恩格斯选集》第 1 卷，人民出版社 1995 年版，第 592 页，着重号是引者加的）："获得胜利的是资产阶级共和国。站在资产阶级共和国方面的有金融贵族、工业资产阶级、中间阶层、小资产者、军队、组成别动队的流氓无产阶级、知识分子、牧师和农村居民。"

关于马克思对"农村生产者"所做的不可思议的朴素陈述，另见第二十章第 303 页注①。

[2] 参阅第一卷第八章第 265 页注①正文。

　　这表明，农村中间阶级不会消失、农村无产阶级不会与工业无产阶级融合，至少是可能的。然而这并不是问题的全部。马克思自身的分析表明，对资产阶级而言，煽动工薪阶级的分裂是至关重要的；正如马克思本人所看到的，这至少能够以两种方式达成。一种方式是创造一个新的中间阶级，创造一个有特权的工薪阶级群体，他们会感到比体力工人优越，但同时又依赖于统治者的怜悯。另一种方式是利用社会的最低阶层——马克思将之命名为"流氓无产阶级"。正如马克思所指出的，它是各种罪犯吸纳的基础，这些罪犯可能准备把自身出卖给阶级敌人。正如马克思所承认的，苦难的不断增长必然趋于扩大这一阶级的人数；这是一种几乎很难归功于一切被压迫者的团结的发展。

　　然而，甚至工业工人这一阶级的团结也不是苦难不断增长的必然结果。应该承认，苦难的不断增长必然会造成反抗，它甚至可能造成叛乱。但是，我们论证的前提是，在社会革命取得胜利之前，苦难不可能减缓。这意味着，从事反抗的工人在他们改善自身命运的无结果的尝试中，会一次次被击败。但是，这种发展不需要使工人具有马克思主义意义上的阶级意识，即为自己的阶级自豪并坚定自己的使命；相反，它可以使它们具有这一意义上的阶级意识，即意识到实际上他们隶属于一支失败的队伍。如果工人在实现过程中没有发现优势，即他们的人数和潜在的经济权力在不断增长，情况可能就会如此。正如马克思所预言的，如果除工人自身和资本家阶级之外，一切阶级都必然表现出一种消失的趋势，那么，这就是可能会出现的情形。但是，正如我们所看到的，由于这种预言无须兑现，很可能甚至工业工人的团结也会被失败主义所侵蚀。[①]

　　因此，与马克思的预言——它坚持认为必然会发展一种简单

---

① 参阅本章第 241 页注①引文，特别是涉及中间阶级的"知识分子"的部分。关于"流氓无产阶级"，参阅同上处和《资本论》第 71 页（该术语在那里被译成"衣衫褴褛的无产阶级"）。

明了的两个阶级之间的分裂——相反，我们发现，即使依照他本人的假定，下述阶级结构也可能发展：（1）资产阶级；（2）大土地所有者；（3）其他土地所有者；（4）农村工人；（5）新中间阶级；（6）工业工人；（7）流氓无产阶级（当然，这些阶级的一切其他组合也可能发展）。而且，我们还发现，这种发展可能会侵蚀工业工人的统一。

因此，我们可以说，马克思论证中第二步的第一个结论并不能推出。正如我对第三步所做的批评那样，在此我也应该说，我并不企图以另一种预言代替马克思的预言。我并没有断定，这个预言不能兑现，或者我所描述的可选择的发展会实现。我只是断定，它们可能会实现（诚然，这种可能性几乎很难被激进的马克思主义派的成员所否定，这些成员把对变节、行贿和缺乏阶级团结的谴责用作特别喜爱的伎俩以替不符合预言进程表的发展辩解）。可能发生的类似事情对每个人都必须是清楚的，这些人目睹了导致法西斯主义的发展，其中我所提及的各种可能性发挥了作用。然而，仅是这种可能性，就足以摧毁马克思论证的第二步中所达到的第一个结论。①

这当然也影响到第二个结论，影响到对即将来临的社会革命

---

① 关于马克思意义上的"阶级意识"的含义，参见第十六章第一节的结尾。

除了正文中提到的失败主义精神的可能发展，也存在其他可以削弱工人的阶级意识并导致工人阶级之间分裂的因素。例如，列宁提到帝国主义通过向工人提供掠夺品份额，就可以使他们分裂；他写道："……在英国，帝国主义分裂工人、加强工人中间的机会主义、造成工人运动在一段时间内腐化的这种趋势，在19世纪末和20世纪初以前很久，就已经表现出来了。"（《帝国主义是资本主义的最高阶级》，《列宁选集》第2卷，人民出版社1995年版，第667页。）

H. B. 帕克斯在其1940年出版的《马克思主义——验尸》一书所做的卓越分析中就正确地提到，企业家和工人一起来剥削消费者是可能的；在受保护的或垄断主义的工业中，他们可以分享掠夺品。这一可能性表明，马克思夸大了工人和企业家的利益之间的对抗。

的预言。但是，在我能够对这一预言所借以达到的方式进行批评之前，有必要详细讨论它在整个论证中扮演的角色，以及马克思对"社会革命"一词的使用。

二

当马克思谈论社会革命时，他所意指的含义乍看起来似乎是足够清楚的。他的"无产阶级的社会革命"是一个历史概念。它或多或少意味着从资本主义的历史时期到社会主义的历史时期的迅速转变。换言之，它是两个主要阶级之间阶级斗争的转变时期的指称，这一时期将延续到工人的最终胜利。当被问到"社会革命"一词是否意味着两个阶级之间残酷的内战时，马克思回答说，[①]并不必然意味着这样，然而需要补充的一点是，不幸得很，避免内战的前景并不十分明朗。他也许会进一步补充，从历史预言的观点看，这一问题似乎也许并不是很不相关，而是无论如何具有次等的重要性。马克思主义坚持认为，社会生活是残酷的，阶级战争要求每天都有牺牲。[②]真实相关的是结果，即社会主义。达到这种结果是"社会革命"的根本特征。

现在，如果我们可以把资本主义被社会主义所取代视为已经

　　最后应该提到，多数政府沿最小反抗的路线推进的倾向，很容易导致下述结果。由于工人和企业家是共同体中组织得最好和政治上最有力量的团体，一个现代政府可能容易倾向于以牺牲消费者的代价来满足他们。它可以毫无愧疚地这样做；因为它会说服自身，通过建立共同体中具有对抗性的政党之间的和平，它已将一切处理好。

① 参阅本章第252页注②、③。

② 一些马克思主义者甚至敢断言，在暴力的社会革命中所涉及的痛苦，比他们所说的"资本主义"中固有的长期罪恶中所涉及的痛苦要小得多（参阅劳拉《马克思主义和民主》，E. 费茨杰拉德译，1940年；第38页注；劳拉由于持有这一观点而批评 S. 胡克的《理解马克思》一书）。然而，这些马克思主义者并没有揭示这一评估的科学基础；或是更直率地谈论这一完全不负责任的神谕式的托词。

确立的，或者视为直觉上肯定了的，那么，这种对"社会革命"一词的解释，也许会令人满意。然而，由于我们必须把社会革命的理论用作科学论证的一部分，凭借它我们试图确立社会主义的来临，这一解释的确就非常令人不满意了。如果在这一论证中，我们试图把社会革命描述为向社会主义转变，那么，这一论证就变得像医生的论证那样拐弯抹角，医生在被要求为其预言病人的死亡作论证时，不得不供认，他既不了解病症，也不了解疾病的其他情况——只是它一定会变成"致命的疾病"（如果病人没有死，那么它就还不是"致命的疾病"；如果革命没有导致社会主义，那么它就还不是"社会革命"）。我们也能赋予这一批评以简单的形式，即在这一预言式论证的三个步骤之中，没有一个步骤是我们必须假定为只可从后一步骤中推导出来的。

这些思考表明，对马克思论证的恰当重构而言，我们应该看到，这种对社会革命的描述并不涉及社会主义，它只是承认，社会革命在这一论证中尽可能地发挥了它的作用。一个实现这些条件的描述似乎就是这种描述。社会革命是大量的联合起来的无产阶级夺取全部政权的一种尝试，如果暴力为实现这一目标所必需，则动用不辞暴力的彻底的解决办法，以反抗反动派企图重新恢复政治影响的任何努力。这一描述避免了所提及的各种困难；假定第三步无疑具有似是而非的程度，只要第三步是有效的，这一描述就与论证的第三步相符合；正如将要指明的，这一描述是符合马克思主义的，尤其符合马克思主义的历史主义倾向，对于暴力在这一历史阶段是否实际上会被使用，该倾向避免做出明确的陈述。①

---

①　"但是，不言而喻，在事物及其互相关系不是被看作固定的东西，而是被看作可变的东西的时候，它们在思想上的反映、概念，会同样发生变化和变形，我们不能把它们限定在僵硬的形成过程中来加以阐明。"（恩格斯：《〈资本论〉第三版序言》，《马克思恩格斯全集》第25卷，人民出版社1994年版，第17页。）

　　然而作为一种历史预言，尽管上面提出的描述对暴力的使用不明确，但重要的是要明白，从道德的或者法律的观点看，情况并不如此。如果从这种观点考虑，这里所提出的对社会革命的描述，无疑使它具有暴动的意思；因为是否实际上使用暴力的问题，并不比意图重要。如果为实现运动的目标所必需的话，我们已经假定了一种不辞暴力的彻底的解决办法。应该说，如同暴动不仅符合道德和法律的观点，而且符合日常事物的观点一样，一种不辞暴力的解决办法对社会革命的特征具有关键性。因为如果一个人为实现自己的目标决定使用暴力，那么我们可以说，不论暴力是否实际上在特殊情形中被使用，他已对一切意图和目的采取了一种残暴的态度。应该承认，在试图预见这个人的未来行动时，我们将不得不也像马克思主义那样不明确，主张我们不知道他实际上是否诉诸武力（因而在这一点上，我们的描述符合马克思主义的观点）。但是，如果我们不试图作历史的预言，而是试图以一种日常方式描述他的态度，那么这种明确性的缺乏显然就消失了。

　　现在，我想更明确地指出，从实际政治的观点看，我认为正是这种可能发生暴力革命的预言，是马克思主义中最具伤害性的因素；我想，在我进行分析之前，如果能简略地解释一下我所持观点的理由，可能会好一些。

　　我并不是在任何情境和条件下都反对暴力革命。我赞同一些中世纪和文艺复兴时期的基督教思想家的看法，他们教导说，在专制的条件下，如果确实不可能有其他可能性，诛戮暴君是可以接受的，暴力革命也可以被认为是正当的。但是我也认为，任何这类革命必须把建立民主作为其唯一的目的；我并不是用民主去意指某种诸如"人民的统治"或"大多数人的统治"之类含糊的东西，而是指一套制度（其中尤其是普选，即人民有解散政府的权利），该制度承认公众对统治者的控制、他们可以由被统治者解雇；对被统治者而言，无须使用暴力、即使是违背统治者的意志，也能实现改革。换言之，暴力的使用只是在专制的条件下才是正当的，专制使改革没有暴力就不行，目标只有一个，就是造成一个事务的国家，它使改革没有暴力也能进行。

我并不相信，除达到这一目标之外，我们还能尝试用暴力手段达到别的什么。因为我坚信，这种尝试可能会冒摧毁一切合理改革的前景的风险。暴力的连续使用可能最终会导致自由的丧失，因为它易于造成一种强者的统治，而不是理性的非情绪化的统治。一场除摧毁专制之外还试图尝试达到别的目的的革命，正如它可能达到自己现实的目的一样，至少可能造成另一种专制。

在政治辩论中，只存在我认为是正当的对暴力的更深一层的使用。我是指，一旦民主实现了，就可以反抗一切对民主宪章和民主方法之使用的攻击（不论来自国内还是国外）。任何这类攻击，尤其是如果它来自掌握政权的政府，或者它被这种政府容忍，都应该受到全体忠诚的公民的反抗，甚至是使用暴力。实际上，民主的运行很大程度上依赖于这一理想，即一个试图滥用权力和把自身建成专制（或是它容忍其他人建立专制）的政府，其本身在法律上就是不合法的，公民不仅有权利而且有义务把这种政府的行为视为犯罪、把它的成员视为一群危险的犯罪分子。但是我认为，这种对推翻民主的企图的暴力反抗应该毫不含糊地受到保护。不应有任何怀疑，反抗的唯一目的是为挽救民主。威胁要利用这种情形建立一种反专制，正如起初试图引进一种专制一样是犯罪；这种威胁的使用，即使是以威慑敌人、挽救民主的公正意图促成，结果只能算是一种捍卫民主的坏方法；诚然，这种威胁在危险时刻能够扰乱民主的捍卫者的队伍，因而可能帮助敌人。

这些评论指明，一项成功的民主政策，需要捍卫者遵守一定的统治。有些这类统治在本章的后面将会列出；在此我只能指明，为什么我把马克思主义对暴力的态度，看作马克思一切分析中应该探讨的最重要的观点之一。

三

依照马克思主义者对社会革命的解释，我们可以把他们区分为两种主要派别，即激进派和温和派（只是粗略地而非精确地相对于共产党和社会民主党而言）。

马克思主义者经常讨论暴力革命是否是"正当的"这一问题，他们说，他们不是道德家，而是科学家，他们并不讨论应是什么的玄思，而只讨论所是什么和将是什么的事实。换言之，他们将自身限定为预见什么将会发生这一问题的历史预言家。然而，我们可以假定，我们在劝说他们讨论社会革命的正当性方面已经成功。在这种情形下，我相信我们会发现，一切马克思主义者原则上都会同意这一老观点，即暴力革命只是因为它们直接反对专制，才是正当的。从现在开始，这两派的意见有了不同。①

激进派认为，在马克思看来，一切阶级统治必然是一种专政，即一种专制。② 因此，一种真正的民主只能通过建立无产阶级的社会，通过（如果必要的话）用暴力推翻资本家专政，才能实现。温和派不同意这种观点，但却认为，民主在某种程度上甚至可以在资本主义条件下实现，所以，通过和平的和渐进的改革，能够造成社会革命。然而，即使这个温和派也认为，这种和平的发展是不确定的；它指出，如果在民主的战场上面临被击败

---

① 它并不十分一致，因为有时共产主义者提倡较温和的理论，尤其是在那些社会民主党并不代表这一理论的国家。例如，参阅本章第257页注①正文。

② 参阅第十七章第195页注②、③；以及本章第249页注②；并可与本章第252页注②、③及正文进行对照。

的前景，可能诉诸武力的恰是资产阶级；他们辩解道，在这种情形下，工人在反击和用暴力手段建立自己的统治时，① 是正当的。这两派都声称代表马克思的真正的马克思主义，在某一方面两者都是正确的。例如，正如上述提及的，马克思在这个问题上的观点，由于他的历史主义的探讨，在某种程度上是模棱两可的。而且，他似乎在自己的一生中改变了观点，以激进的立场开始，后来则采取一种较温和的立场。②

① 当然，在这两者之间存在不同立场；也存在较温和的马克思主义立场；尤其是 A. 伯恩施坦所谓的"修正主义"。实际上，这后一立场完全放弃了马克思主义；它只不过是为一种严格的民主的和非暴力的工人运动辩护。

② 当然，马克思学说的这种发展是一种解释，但不是一种非常令人信服的解释；实际上，马克思并不十分一贯，他对"革命"、"力量"、"暴力"等术语的使用，赋予一种系统的歧义性。这一立场在一定程度上是由这一事实强加给他的，即他所生活的时代的历史并没有依照他的计划推进。只要它极其明晰地展示了一种偏离马克思所说的"资本主义"，即偏离不干预的趋势，它与马克思主义的理论就是一致的。马克思经常（例如在《资本论》第一版序言中）谈到对这一趋势满意（参阅本章第 252 页注①引文；也可见正文）。另一方面，这同一种（面向干预主义）的趋势导致一种与马克思的理论相反的工人命运的改进；它因而降低了革命的可能性。马克思对自己的教诲的摇摆不定的和歧义的不同解释，可能就是这一情形的结果。

为举例证明这点，可以援引两段话，一段出自马克思的早期著作，另一段出自晚期著作。这段早期的话出自《共产主义者同盟中央委员会告同盟书》。这段话之所以有意思，是因为它很实际。马克思假定，工人可以和资产阶级民主主义者一道赢得反封建的战斗，并建立起一个民主的政权。马克思认为，在实现这点以后，工人的战斗口号必然是"不断革命！"它所意味的东西获得过详细的解释："工人应该努力设法使直接革命的热潮不致在刚刚胜利后又被压制下去。相反，他们应该使这种热潮尽可能持久地存在下去。工人不仅不应反对所谓过火行为，不应反对人民对可恨的人物或对与可恨的往事有关的官方机构进行报复的举动，不但应该容忍这种举动，而且应该负责加以领导。"（《马克思恩格斯选集》第 1 卷，人民出版社 1995 年版，第 370 页。）［也可参阅本章第 262 页注②（1），以及第二十章第 304 页注①。］

　　我将首先审查激进派的立场，因为在我看来，这是唯一符合
《资本论》和马克思预言式论证的总倾向的立场。因为《资本
论》的主要理论是，资本家和工人之间的对抗必然会增长，根
本不存在妥协的可能，所以，资本主义只能被摧毁，而不能被改
进。最好是援引《资本论》的基本论断，马克思在其中最终概
括了"资本主义积累的历史趋势"。他写道："随着那些掠夺和
垄断这一转化过程的全部利益的资本巨头不断减少，贫困、压
迫、奴役、退化和剥削的程度不断加深，而日益壮大的、由资本
主义生产过程本身的机构所训练、联合和组织起来的工人阶级的
反抗也不断增长。资本的垄断成了与这种垄断一起并在这种垄断
之下繁荣起来的生产方式的桎梏。生产资料的集中和劳动的社会
化，达到了同它们的资本主义外壳不能相容的地步。这个外壳就
要炸毁了。资本主义私有制的丧钟就要响了。剥夺者就要被剥

　　　　与前面的那段话相对照，可以从马克思的《对第一国际的演讲》（阿姆
斯特丹，1872 年；参考 L. 劳拉的同上书，第 36 页）中选出一段温和的话：
"我也不否认，有些国家，像美国、英国——如果我们对你们的制度有更好
的了解，也许还可以加上荷兰——那里的工人可能用和平手段达到自己的
目的。但是并非所有国家都如此。"（马克思这篇文章的中文题目名为《关
于海牙代表大会》，引文中的最后一句则为："但是，即便如此，我们也必
须承认，在大陆上的大多数国家中，暴力应当是我们革命的杠杆……"见
《马克思恩格斯全集》第 18 卷，人民出版社 1972 年版，第 179 页——译
者）关于这类较温和的观点，也可参见本章第 252 页注①—③正文。
　　　　然而，早在《共产党宣言》的最后结论中，就能够发现这全部的混乱，
在那里，我们发现下述两个相矛盾的陈述，它们只被一句话隔开：（1）"总
之，共产党人到处都支持一切反对现存的社会制度和政治制度的革命运
动。"（例如，这应该包括英国。）（2）"最后，共产党人到处都努力争取全
世界民主政党之间的团结和协调。"为了造成完全的混乱，接下这句话写
道："共产党人不屑于隐瞒自己的观点和意图。他们公开宣布：他们的目的
只有用暴力推翻全部现存的社会制度才能达到。"（民主的制度并没有被排
除）（以上引文均见于《马克思恩格斯选集》第 1 卷，人民出版社 1995 年
版，第 307 页）。

夺了。"①

从这一基本论断来看，可以毋庸置疑，马克思《资本论》的教导的核心是，改造资本主义是不可能的，并预言它将被暴力推翻；这是一种符合激进派的理论。这个理论也能够符合我们的预言式论证。因为我们不仅赞同第二步的前提，而且也赞同它的第一个结论，那么，依照我们从《资本论》所援引的论断，社会革命的预言确实能够推出（正如上一章所指出的，工人的胜利也能够推出）。诚然，似乎很难设想一个完全联合的和有阶级意识的工人阶级，如果他们的苦难不能用任何其他手段减缓，他们最终不会进行一次具有决定性的推翻社会秩序的尝试。但是，这当然不能挽救它的第二个结论。因为我们已经表明，第一个结论是无效的；只从这个前提、从财富和苦难同步增长的理论出发，是不能得出社会革命的不可避免性的。正如我们在对第一个结论的分析中所指出的，我们所能说的是，暴动可能是难以避免的；但是，由于我们既不能肯定阶级联合，也不能肯定工人中有一种发达的阶级意识，我们就不能把这种暴动等同于社会革命

---

① 参阅《资本论》第846页。(关于"集中"这一术语，它在第三版中替换了第二版中的"积聚"术语，参阅本章第240页注③。关于"它们的资本主义的外壳变成一种桎梏"的翻译，值得注意的是，一种比较直译的表述可以是："它们变得与其资本主义的覆盖物"或者"外壳""不相容"；或者可以稍微自由地译成："它们的资本主义的外壳变得不堪忍受。")(有关这方面的论述，在中译本中可参阅《马克思恩格斯全集》第23卷，人民出版社1972年版，第831—832页——译者)。

　　正如它的延伸所表明的，这段话受到了黑格尔辩证法的强烈影响（黑格尔有时将一个命题的反题称作它的否定，把综合称作"否定之否定"）。马克思写道："……资本主义占有方式……是对个人的、以自己劳动为基础的私有制的第一个否定。但资本主义生产由于自然过程的必然性，造成了对自身的否定。这是否定的否定。这种否定……在……对土地以及……生产资料的共同占有的基础上，重新建立个人所有制。"(《马克思恩格斯全集》第20卷，人民出版社1972年版，第832页)(关于社会主义的更详细的辩证的派生，参阅第一卷第八章第260页注③)。

（他们都无须取得胜利，因而假定他们代表社会革命，与第三步是不相符的）。

　　同至少很符合预言式论证的激进派立场相反，温和派立场完全推毁了这种论证。然而，正如前面说过的，它也有马克思的权威作支持。马克思活得够长，他看到了改革的实行，这种改革依照他的理论是根本不可能的。可是，他从不认为，工人命运的这些改善同时驳斥了他的理论。他关于社会革命的模棱两可的历史主义观点，允许他把这些改革解释成社会革命的前奏，① 甚或是解释成它的开端。正如恩格斯告诉我们的，马克思得出了这一结论，即无论如何，"英国是惟一可以完全通过和平的和合法的手段来实现不可避免的社会革命的国家。当然，他从来没有忘记附上一句话：他并不指望英国的统治阶级会不经过'维护奴隶制的叛乱'而屈服在这种和平的和合法的革命面前"。② 这份报告与马克思逝世前三年写的一封信是符合的："我们党……认为英国革命并不是必然的，然而——依照历史的先例——却是可能的。"③ 值得注

---

①　这就是马克思在《资本论》第一版序言中所采取的态度。（《马克思恩格斯全集》第23卷，人民出版社1972年版，第12页），在那里他说："……进步仍然是无可怀疑的……英国女王驻外使节在那里坦率地说……在欧洲大陆的一切文明国家，现在的劳资关系的变革同英国一样明显，一样不可避免。同时，大西洋彼岸的美国副总统威德先生也在公众集会上说：在奴隶制废除后，资本关系和土地所有权关系的变革会提到日程上来！"（另见本章第249页注②）。

②　参阅恩格斯《〈资本论〉英文版序言》（《马克思恩格斯全集》第23卷，人民出版社1972年版，第37页）。这段话在第十七章第199页注①中有较完整的引述。

③　参阅马克思1880年12月8日致海德门的信；见 H. 海德门《冒险人生录》（1911年）第283页。另见 L. 劳拉，同上书，第239页。这里可以更全面地引述段语："您说您不同意我党对英国的观点，对此我只有答复说，这个党认为英国的革命不是必然的，但却是——按照历史上的先例——是可能的。如果必不可免地进化转变为革命，那末，这就不仅仅是统治阶级的过错而且也是工人阶级的过错。"（《马克思恩格斯全集》第34卷，人民出版社1972年版，第456页）（请注意这一立场的歧义性）。

意的是，至少在这些陈述的第一个陈述中，"温和派"的理论获得
了清楚的表达；这个理论是，如果统治者不屈服，暴力就不可避免。

在我看来，这些温和的理论摧毁了整个预言式的论证。① 它
们意味着，妥协和资本主义的渐进改革都是可能的，因而不断减
缓阶级对抗也是可能的。但是，预言式论证的惟一基础是阶级对
抗不断增强的假定。为什么通过妥协实现的渐进改革，一定会导
致资本主义体系的彻底毁灭；为什么工人——他们凭经验懂得通
过渐进的改革能够改善自己的命运——即使不能创造"全面的
胜利"，即让统治者屈从，他们也不宁愿固守这种方法；为什么
他们不愿同资产阶级妥协，与其说通过达成易于导致暴力冲突的
要求去让自己的一切所得冒险，也不让资产阶级拥有生产资料；
这一切根本没有逻辑的必然性。只要我们假定，"无产者……失
去的只是锁链，"② 只要我们假定，苦难不断增长的规律有效，
或是它至少使改进成为不可能，到那时我们就能够预言，工人将
不得不进行推翻整个体系的尝试。所以，对"社会革命"的进
化论解释，把从第一步到最后一步的马克思主义的论证摧毁了；
所留给马克思主义的，只是历史主义的探讨。如果某个历史预言
还在进行尝试，那么它一定是建立在一种全新的论证的基础上。

如果我们试图依照马克思后来的观点和温和派的观点去构建
这种修正过的论证，并尽可能地保存原初的理论，那么我们就达

---

① H. B. 帕克斯在《马克思主义——验尸》一书的第 101 页（另见第 106 页以
下），表达了类似的观点；他认为，马克思主义的"资本主义不能被革新而
只能被摧毁的信条"，是马克思主义积累理论的富有特征的信条之一。他
说，"采纳一些其他理论……并用渐进的方法去革新资本主义仍然是可
能的"。

② 参阅《共产党宣言》的结尾："无产者在这个革命中失去的只是锁链。他们
获得的将是整个世界。"（《马克思恩格斯选集》第 1 卷，人民出版社 1995
年版，第 307 页。）

成一种完全建立在这一要求之上的论证，该要求主张，工人阶级现在代表、将来还代表人民的大多数。这一论证将这样进行。资本主义将受到"社会革命"——我们现在只不过用它来意指资本家和工人之间斗争的推进——的改造。这场革命可以用渐进的和民主的方法进行，它也可能是暴力革命，甚至在不同的交替时期它既是渐进的又是暴力的革命。这一切将取决于资产阶级的反抗。但是无论如何，尤其是如果发展是和平的发展，它必将以工人都获得《共产党宣言》所说的"统治阶级"的地位而告终；他们必须"争得民主"；因为"无产阶级的运动是绝大多数人的、为绝大多数人谋利益的自觉的独立的运动"。①

　　重要的是要明白，即使在这种温和的修正过程中，预言也是站不住脚的。② 理由就是这样。如果渐进改革的可能性被承认，痛苦不断增长的理论就必须放弃；但是随之而来，断言工业工人某一天将必然构成"绝大多数"这一论据的伪装就会消失。我的意思并不是说，这个断言实际上是从马克思的苦难不断增长的理论推出的，因为这个理论从未对农场主和农民予以足够的注意。然而，只要假定使中间阶级降落到无产阶级的水平、苦难不断增长的规律无效，那么我们就应该准备发现，一个非常值得重视的中间阶级将继续存在（或者出现了一个新的中间阶级），它会与其他非无产阶级联合起来反对工人的权力要求；没有谁能够

---

① 参阅《共产党宣言》（《马克思恩格斯选集》第 1 卷，人民出版社 1995 年版，第 293 页）；这段话在本章注正文中有更全面的引述——本段中的最后一段引文出自《共产党宣言》（同上书，第 283 页；"自觉的"一词是根据作者引述的英译本加的——译者）。也可参阅本章第 262 页注①。

② 然而，在那些经受痛苦的人的压力下，社会变革很少被实行；宗教运动（我指包括功利主义者和类似于狄更斯的个人主义者）可以极大地影响公众舆论。亨利·福特发现，令一切马克思主义者和一些"资本家"惊讶的是，工资上涨可以使雇主获利。

肯定地说出这种争夺的结果将是什么。诚然，统计学家从未表明过工业工人的人数相对于人口中其他阶级的增长趋势。反之，如果放开生产工具的积累还在继续的事实不论，却存在相反的趋势。这一事实独自驳斥了修正过的预言式论证的有效性。所留下来的是这一重要的观察（可是它并不符合历史主义预言的狂妄标准），即在被压迫者的压迫下，或者在阶级斗争（如果这一术语被选用的话）的压迫下，社会改革已被广泛实行，[1] 也即是说被压迫者的解放主要已由被压迫者自身实现。

四

无论在激进的还是在温和的各种解释中，预言式论证都是站不住脚和无法弥补的。然而，就全面理解这种情形而言，它并不足以驳斥修正过的预言；对审查暴力问题上的模棱两可的态度，它也是必要的，我们在激进的马克思主义政党和温和的马克思主义政党中，都能够观察到这种态度。我判断，这种态度对"争得民主"是否能够成功的问题，有着相当重要的影响；因为无论温和的马克思主义派在哪里赢得普选或接近赢得普选，理由之一似乎是，他们吸引了大部分的中间阶级。这应该归功于他们的人道主义，归功于他们支持自由和反对压迫。然而，他们对暴力的态度的系统性的模棱两可不仅趋于使这种吸引中立化，而且也直接促进了反民主者、反人道主义者和法西斯主义者的利益。

在马克思主义的理论中，存在两种密切相关的模棱两可，从这种观点看，二者都重要。其一是建立在历史主义探讨之上的对暴力的模棱两可态度。另一是像《共产党宣言》所指出的，马克

---

① 参阅第十八章第 236 页注①、③。

思主义者借以谈论"无产阶级夺取政权"① 的模棱两可的方式。这意味着什么？它可能意味着，并且它有时也是这样被解释的，工人政党有着与每个民主政党同样无害的和显然易见的目的，即争取绝大多数并组成政府。然而，它也可能意味着，并且这点经常被其所指的马克思主义者暗示，工人政党一旦掌握政权，就会使自身牢固地占据这个位置；也即是说，它将以这种方式利用它的得票多数，使得其他人很难以普通民主的手段重新获得权力。这两种解释之间的差异是极其重要的。如果一个在特定时期处于少数派的政党计划压制其他政党，不论是用暴力还是用得票多数的手段，那么，它就通过暗示承认，当前大多数政党有权同样这样做。这就丧失了一切抱怨压迫的道德权利；诚然，这等于用卑鄙手段欺骗了当前统治政党中那些试图用武力压制对手的集团。

我可以简略地把这两种模棱两可称作暴力的模棱两可和夺取权力的模棱两可。二者不仅根源于历史主义探讨的含糊，而且根源于马克思主义的国家理论。只要国家在本质上是一种阶级的专制，那么，一方面，暴力是容许的，另一方面，所能做的必然是以无产阶级专政去代替资产阶级专政。对形式的民主的过分担心只不过表明缺乏历史感；正如列宁所说的，"民主……只是历史发展的过程中的阶段之一"②。

---

① 参阅《马克思恩格斯选集》第 1 卷，人民出版社 1995 年版，第 285 页。

② 参阅《国家与革命》，《马克思主义手册》第 756 页。下面是这段完整的话："在工人阶级反对资本家以争取自身解放的斗争中，民主具有巨大的意义。但是民主决不是不可逾越的极限，它只是从封建主义到资本主义和从资本主义到共产主义的道路上的阶段之一。"（《列宁选集》第 3 卷，人民出版社 1995 年版，第 200 页）

列宁认为，民主只意味着"形式上的平等"。也可以参阅列宁的《无产阶级革命和叛徒考茨基》以平等的论据反对考茨基："考茨基迷恋于民主的'纯粹性'……把形式上的平等（在资本主义制度下是彻底虚伪骗人的）当作事实上的平等……"（《列宁选集》第 3 卷，人民出版社 1995 年版，第 611 页）。

　　在激进派和温和派的策略理论中，这两种模棱两可都发挥了
重要作用。这是可以理解的，因为模棱两可的系统使用能够使他
们扩大未来的追随者得到补充的领域。这是一种策略优势，然
而，这种策略优势在关键时刻可能容易导致失利；每当激进派的
成员认为采取暴力的钟声已经敲响时，它就会导致分裂。激进派
借以系统使用暴力的模棱两可的方式，由下述引自帕克斯最近对
马克思主义的批判剖析，可以得到说明。[①] "由于现在美国共产
党不仅宣称，它现在不提倡革命，而且宣称，它从未提倡过革
命，从共产国际的纲领（1928 年起草）援引几句话，也许是适
当的。"帕克斯接着从其他地方援引了如下出自这个纲领的几段
文字："无产阶级夺取政权，并不意味着通过议会多数和平地
'控制'现代的资产阶级国家……夺取政权……是用暴力推翻资
产阶级政权，摧毁资本主义的国家机器……党……面临着引导群
众直接进攻资产阶级国家的任务。这点通过……宣传……以
及……群众行动可以做到。这种群众行动最终包括……联合武装
起义的总攻……后一种形式（它是最高的形式）……应该依照
战争的规则进行……"从这些引文中，我们可以看出，纲领的
这一部分是十分模棱两可的；然而，这并不能够防止该党系统运
用暴力的模棱两可，如果策略形势[②]需要的话，又可撤至对"社

---

① 参阅帕克斯《马克思主义——验尸》第 219 页。

② 这种策略性行动是与《共产党宣言》一致的，《共产党宣言》不仅宣称，共
产党人"到处都努力争取全世界的民主政党之间的团结和协议"，而且同时
宣称，"他们的目的只有用暴力推翻全部现存的社会制度才能达到，"这当
然包括民主的制度。

　　然而，这种策略性行动也是与 1928 年的《苏联共产党党纲》一致的；
因为这个纲领说（《马克思主义手册》，第 1036 页）："在决定其策略路线方
面，每一个共产党都应该说明具体的国内外形势……该党要按照尽可能广泛
地组织……群众……来决定口号。"但是，如果不充分利用革命词句的系统
的歧义性，这点就不可能实现。

会革命"一词作非暴力的解释；它并不顾及《共产党宣言》中的一段结论性的文字（1928 年纲领保留了它）："共产党人不屑于隐瞒自己的观点和意图。他们公开宣布：他们的目的只有用暴力推翻全部现存的社会制度才能达到。"[1]

然而，温和派系统地使用暴力和夺取政权的模棱两可的方式，甚至更重要。它在上述援引的马克思的较温和的观点的基础上，尤其被恩格斯所发展，并成为一种极大地影响到后来发展的策略理论。我记住的这个理论可以描述如下：如果我们能够拥有它的话，我们马克思主义者非常愿意有一种通往社会主义的和平的和民主的发展。然而，作为政治的现实主义者，我们预见到这种可能性，即当我们处于接近赢得多数时，资产阶级不会平静地袖手旁观。他们宁可摧毁民主。在这种情形下，我们不应该退缩，而应该反击，并夺取政权。由于这种发展是一种可能的发展，我们应该为它提供工人准备；否则，我们将背叛自己的事业。这里是恩格斯论述这个问题的一段话："就目前来说……法律……的运行是如此有利于我们，以致当它还在持续时而我们却将它放弃，那当然是疯狂。它是否不属于资产阶级，仍有待观察……该阶级为了以暴力压倒我们首先会放弃它。放第一枪吧，资产阶级的绅士们！毋需怀疑，他们会是首先开火的人。总有那样一个美好的日子……资产阶级会目睹着迅速增长的社会主义的力量……会感到厌倦，他们就要诉诸非法和暴力了。"[2] 因此，所发生的除了留下系统的模棱两可还会有什么呢。而且，这种模棱两可还被用作一种威胁；因为在后面的文字中，恩格斯还以下

---

[1] 参阅《马克思主义手册》，第 59 和 1042 页；以及本章第 249 页注[2]（也可见第 266 页注[2]）。

[2] 这并不是一段引文，而是一段释义。例如，可参阅出自第十七章注中所引的《资本论》英文版序言的这段话。另见 L. 劳拉，前引书，第 240 页。

述方式告诫"资产阶级的绅士们"： "如果……你们破坏宪法，……那么，社会民主党就可以自由采取行动，也可以自由制止反对你们的行动——它爱怎么做就怎么做。然而，不管将来做什么，它今天几乎是不会放过你们的！"①

有意思的是可以看出，这一理论如何极大地不同于马克思主义的原初概念，这个原初概念曾经预言，革命将作为资本主义对工人压迫的不断增强的结果而来临，而不是作为成功的工人运动对资本家压迫的不断增强的结果而来临。这一显著的路线变化②，表明了现实的社会发展的影响，这种社会发展是苦难不断减少的表现之一。然而，恩格斯的新理论在策略上是荒谬的，它注定是要失败的，因为它把革命的，更确切地说，把反革命的主动性留给了统治阶级。原初的马克思主义理论教导说，工人的革命将在萧条最严重的时刻，即在政治体系被经济体系的崩溃削弱的时刻，在一种能特别有利于工人的胜利的形势下，才会爆发。但是，如

---

① 这两段话的开头一段被 L. 劳拉的书引用过；关于第二段，参阅《马克思主义手册》第 93 页。着重号是我加的 [出自恩格斯《卡·马克思〈1848 年至 1850 年的法兰西阶级斗争〉一书导言》的这两段话，在中文版中与正文中的引文有所不同。它们是：（1）"现在遵守法律是对社会民主党的变革有利的，为要反对社会民主党的变革，他们就只能运用秩序党方面的变革，即非破坏法律不可的变革。……大胆干吧，先生们，这里闲谈没有用，这里需要实际行动！"（《马克思恩格斯全集》第 23 卷，人民出版社 1972 年版，第 610—611 页）；（2）"如果你们破坏帝国宪法，那么社会民主党也就会不再受自己承担的义务的约束，而能随便对付你们了。但是它那时究竟会怎样做——这点它今天未必会告诉你们。"（同上书，第 611 页）——译者]。

② 恩格斯在一定程度上意识到，他不得不改变看法，正如他所说的，"历史表明，我们以及所有和我们有同样想法的人，都是不对的"。（《卡·马克思〈1848 年至 1850 年的法兰西阶级斗争〉一书导言》，《马克思恩格斯选集》第 4 卷，人民出版社 1995 年版，第 512 页。）然而，他主要意识到一个错误：即他和马克思过高估计了发展的速度。发展实际上是朝不同的方向进行的，尽管他抱怨它，但他从不承认；参阅第二十章第 300 页注①、②正文，在那里我援引了恩格斯自相矛盾的抱怨，即"工人阶级实际上变得越来越资产阶级化"。

果"资产阶级的绅士们"应邀开了第一枪，可以想象，难道他们会愚蠢到不会明智地选择自己的时机吗？他们不会为自己即将进行的战争作准备吗？而且由于，依照这一理论，他们掌握政权，这种准备难道不意味着动员各种力量，以反对工人几乎不存在的胜机吗？通过修正这种理论，以便工人不会等到另一方面的攻击而试图解放自己，就不会遇上这种批评，因为依照它自身的前提，对那些掌权者而言，把准备做在前头总是容易的——如果工人准备棍棒，他们就准备步枪，如果工人准备步枪，他们就准备大炮，如果工人准备大炮，他们就准备俯冲式轰炸机，等等。

五

然而，这种批评，正如实际上所是和经验所证实的那样，只不过是表面的。这一理论的主要缺陷存在于更深之处。我现在要提供的批评试图表明，无论是这一理论的前提，还是它的策略后果，都只能如此，它们可能恰好造成资产阶级的反民主的运动——这种反动是该理论预见到却又（模棱两可地）表示憎恶的：资产阶级的反民主因素的增强以及最终是内战。我们知道，这可能导致失败，导致法西斯主义。①

简略地说，我想起的批评是，一旦它们被重要的政党所采纳，恩格斯的策略理论，更一般地说，暴力和夺取政权的模棱两可，就会使民主的运动成为不可能。我把这个批评建立在这一争论的基础上，即只有各主要政党都对民主的职能持一种可以用某些规则概括如下的观点时，民主才能够运行（也可参阅第7章第2节）：

（1）虽然普选制度是最重要的，却不能把民主完全描述为多数人的统治。因为多数人可能以专制的方式进行统治（那些

---

① 参阅第一卷第七章第 242 页注①和 243 页注①。

不足 6 英尺高的多数人可能会决定，高于 6 英尺的少数人应该支付全部赋税）。在一个民主的国家，统治者的权力应该受到限制；民主的准则是这样：在一个民主国家（也即是说政府），可以不经流血而为被统治者解散。因此，如果掌权者不能维护这些制度——它能够确保少数人有实现和平变革的可能性——那么，他们的统治就是一种专制。

（2）我们只需要区分两种形式的政府，即拥有这种制度的民主政府和一切其他的专制政府。

（3）一部具有连贯性的民主宪法只排斥法律体系的一种变化类型，即一种危及其民主特征的变革。

（4）在民主国家，对少数人的全面保护不会扩大到那些违法者，尤其不会扩大到那些煽动其他人用暴力推翻民主者。

（5）一项捍卫民主的构架体系的政策必然永远是从这一前提出发，即在被统治者和统治者中总会存在各种反民主的倾向。

（6）如果民主被摧毁了，一切权利就都会被摧毁。即使一定的为被统治者所欣赏的经济利益能够维持，它们也只是在表面上维持。①

（7）由于民主承认非暴力的改革，它就为一切合理的改革提供了一个无价的战场。如果在一切爆发在该战场上的特殊战斗中，维护民主不被引为头等考虑，那么，一切存在的潜在的反民主倾向（它诉诸那些被我们在第十章称作在文明的胁变下蒙受

---

① 他们也可能继续找其他理由；例如，由于专制者的权力依赖于一定部分的被统治者的支持。然而，这并不意味着专制政权实际上应该是一个阶级的统治，正如马克思所说的那样。因为，即使专制者被迫收买一定部分的人口，向他们允诺经济上的或其他方面的利益，这并不意味着，他是由这一部分强迫的，或是这一部分有权要求并强迫将这些利益作为自己的权利。只要没有现存的制度能够使这一部分去强制执行自己的影响，专制者就可能取消为该部分所分享的利益，并寻求另一部分的支持。

苦难的人），就可能造成民主的崩溃。如果对这些原则的这一理解尚未被发展，那么就必须为它们的发展而斗争。相反的政策也许会证明是致命的；它可能造成最重要的战斗——追求民主本身的战斗——的失利。

与这种政策相反，马克思主义政党的政策可以被描述为一种使工人怀疑民主的政策。恩格斯说："实际上，国家无非是一个阶级镇压另一个阶级的机器，而且在这一点上民主共和国不亚于君主国。"① 然而，这种观点必然会产生下述政策：

（a）谴责民主不能够防止一切罪恶，而不承认民主者应该受斥难、不承认反对者通常并不比多数派少（每个反对党都拥有它应得的多数）。

（b）教育被统治者不要把国家视为自己的，而是视为隶属统治者的东西。

（c）告诉他们只存在一种改进事情的方式，即彻底夺取政权的方式。然而，它忽略了民主的一项实际上很重要的职能，即它能够制衡权力。

这种政策等于从事开放社会的敌人的工作；它为他们提供了一支不自觉的第五纵队。《共产党宣言》模棱两可地说："工人革命的第一步就是使无产阶级上升为统治阶级，争得民主。"② 与之相反，我断定，只要它作为第一步被接受，那么，争得民主

---

① 参阅恩格斯《马克思〈法兰西内战〉1891 年单行本导言》，《马克思恩格斯选集》第 3 卷，人民出版社 1995 年版，第 13 页。

② 参阅《马克思恩格斯选集》第 1 卷，人民出版社 1995 年版，第 293 页。另见本章第 254 页注①。可进一步参阅出自《共产党宣言》的下段话（同上书，第 285 页）："共产党人的最近目的是……由无产阶级夺取政权。"

（1）马克思在《共产主义者同盟中央委员会告同盟书》中详细提出了必然导致民主斗争之损失的策略性劝告（《马克思恩格斯选集》第 1 卷，人民出版社 1995 年版，第 367 页；也可参阅本章第 249 页注②和第二十章第 304 页注①）。马克思在那里解释了民主获得之后，对民主党派所应采取的态度，依照

也会丧失。

　　这些就是恩格斯的策略理论，以及根源于社会革命理论的模棱两可的总结果。最终，它们不过是柏拉图以寻问"谁将统治国家？"（见第七章）的方式提出政治问题的最后结果。对我们

《共产党宣言》（参阅本章第 249 页注②），共产党人应该与他们一道达成"团结和协调"。马克思说："总之，从胜利的最初一瞬间起，工人所表示的不信任态度就不再针对已被打倒的反动党派，而是必须针对自己从前的同盟者……"（即民主党派）。（《共产主义者同盟中央委员会告同盟书》，《马克思恩格斯选集》第 1 卷，人民出版社 1995 年版，第 371 页。）

　　马克思要求"必须立刻把整个无产阶级用步枪、马枪、大炮和弹药武装起来"，"工人就应该设法组成由他们自己选出的指挥官和自己选出的总参谋部来指挥的独立的无产阶级近卫军"。目的在于"使得资产阶级民主派的政府不仅立刻失去工人的支持，并且一开始就看到自己处于受全体工人群众拥护的行政机关的监督和威胁之下"。（同上书，第 371 和 370—371 页）

　　显然，这种政策必然要破坏民主。它必然使政府转而反对那些不仅不准备遵守法律，反而试图靠威胁进行统治的工人。马克思试图用预言为其政治学辩解（同上书，第 371 页）："新政府只要巩固到一定程度，就会立刻开始反对工人的斗争。"他还说，"……为了坚决而严厉地反对这个从胜利的头一小时起就开始背叛工人的党"（即民主党派），"工人应该武装起来和组织起来"。我认为他的策略恰好会产生他所预言的极坏的结果。他们会使他的历史预言成为真实。诚然，如果工人一定要以这种方式进行，在这种意义上的每个民主主义者将被迫（即使，尤其是即使他希望推进被压迫者的事业）加入马克思所描述为工人的叛徒之中，并为保护个人免受专制和大独裁者的善行，而去同那些力图破坏民主制度的人做斗争。

　　我想补充一下，这里所引用的这些段落都属于马克思比较早的言论，他的较成熟的意见可能在某种程度上是不同的，而且无论如何具有更大的歧义性。然而这并不贬低这一事实，即这些早期的话语有着持久的影响，它们经常被依照实行，对一切相关者造成损害。

　　（2）与上述正文中观点（b）相联系，可以援引一段出自列宁的话："所有工人们都十分清楚地知道……资产阶级的议会是别人的机构，是资产阶级压迫无产者的工具，是敌对阶级即剥削者少数的机构"（《无产阶级革命的叛徒考茨基》，《列宁选集》第 3 卷，人民出版社 1995 年版，第 606 页。）显然，这些描述并不能鼓励工人捍卫议会民主免受法西斯主义者的攻击。

来说，十分紧迫的是要明白，与"权力如何被行使"和"行使
多大权力"的问题相比，"谁应该行使权力?"的问题几乎是无
关紧要的。我们应该明白，在相当长的时间内，一切政治问题都
是制度问题，是法律构架的问题，而不是个人的问题，通往更平
等的进步只能靠对权力的制度控制来保证。

六

　　正如在上一章一样，我现在要通过指明马克思的预言影响近
来历史发展的方式，举例说明第二步。一切政党在其反对者的不
受欢迎的活动中，都有某种"既得的利益"。他们依赖于反对者
而生存，因而易于揣摩、强调、甚至是期盼他们。只要他们能够
这样做而不涉及对反对者负责的话，他们甚至会鼓励反对者犯政
治错误。这点连同恩格斯的理论一道，导致一些马克思主义的政
党期盼反对者制造的反民主的政治行动。他们不仅不竭力同这种
活动作斗争，而是庆幸地告诉自己的追随者："看这些人在做什
么。这就是他们所谓的民主。这就是他们所谓的自由和平等! 等
算账的一天到来时，请记住它吧。"（这是一个既可以意指选举
的日子，也可以意指革命的日子的模棱两可的词语。）如果这种
让某党的反对者暴露自身的政策被扩大到反民主的活动，只能导
致灾难。这是一种在民主制度面临现实的和不断增长的危险之
时，光说不练的政策。这是一种嘴上高谈战争、行动上却按兵不
动的政策；它教给法西斯主义者一种无价的方法，这就是嘴上高
谈和平、行动上却搞战争。
　　毋庸置疑，上述提及的模棱两可就这样成了那些企图摧毁民
主的法西斯主义集团的帮凶。因为我们应该估计到这一可能性，
即可能存在这样的集团，它们在所谓资产阶级中的影响，很大程
度上将依赖于工人政党所采取的政策。

　　例如，让我们更缜密地思考一下革命的威胁或者政治性冲击的威胁——与工资的争执等相反——在政治斗争中的运用。正如上述所解释过的，这里关键的问题是，这种手段是被用作进攻武器，还是仅仅为了防御民主。在一个民主的国家，作为纯粹的防御武器，它们是正当的，当这些手段按照防御性的和无歧义的要求被坚决使用时，它们曾经被成功地这样使用过（请记住卡普暴动的迅速失败）。然而，如果被用作一种防御性武器，它们必然会导致反对者营垒中反民主倾向的增强，因为他们明确要让民主无法运行。而且，这种使用必然会使这种武器对防御无效。如果当狗甚至还是好端端的时候，你却使用鞭子抽它，那么，当你需要它去阻拦坏人时，它也是不干的。民主的防御应该在于，让那些尝试反民主的实验的人为之付出惨重的代价；这种代价比民主妥协的代价要大得多……工人使用一切非民主的压迫，只能导致一种类似的、甚至是一种反民主的、反动的压迫——导致煽动一场反民主的运动。这种反民主的运动对于统治者，较之它对于被统治者，当然要严重得多和危险得多。工人的任务是坚决同这种危险的运动做斗争，在它还不明显的开端，就终止它。然而，他们现在如何以民主的名义做斗争呢？他们自身的反民主的行动必然会为自己的敌人、为那些民主的敌人提供机会。

　　如果人们愿意的话，可以对上述所描述的发展的事实作不同的解释；它们可能导致这一结论，即民主是"不好的"。这确实是一个许多马克思主义者曾经下过的结论。在他们认为是民主的斗争——他们在阐述自己的策略理论时，已经丧失这一斗争——被击败之后，他们说："我们太宽大了、太人道了——下次我们将发动一场真正的流血革命！"这好似一个输掉拳击赛的人下结论：拳击是不好的——我应该使用棍棒……实际上，马克思主义者向工人教授阶级战争的理论，但却向反动的资产阶级的顽固分子教授阶级战争的实践。马克思谈论战争。他的反对者注意听着；接着他们开始谈论和平，并指责工人好战；马克思主义者不能否认这种指责，因为阶级斗争是他们的口号。法西斯主义者却行动。

到目前为止，分析主要涵盖一定的更"激进的"社会民主党，他们把自己的政策完全建立在恩格斯的模棱两可的策略理论的基础之上。由于缺乏上一章讨论过的实际纲领，对社会民主党而言，恩格斯的策略的灾难性后果被加剧了。然而，在一定的国家和一定的时期，尤其在其他工人政党（例如社会民主党和劳动党）遵守民主统治的地方共产党也采取了这里所批评的策略。

然而，就共产党有一个纲领而言，上述立场与他们是不同的。共产党的纲领是："照搬俄国！"这使他们在革命理论和断言民主只不过意味着资产阶级专政方面，更为明确。① 依照这一判断，如果这种隐蔽的专政变成一种公开的专政，变得对一切人都明显，就不可能丧失太多的什么，还会赢得某种东西；因为这只会使革命更快到来；② 他们甚至希望，中欧的极权专政会加速问题的解决。毕竟，由于革命必然要来，法西斯主义只是引起

---

① 参阅列宁《国家与革命》（《列宁选集》第 3 卷，人民出版社 1995 年版，第 189、190 页）："……富人享受民主，——这就是资本主义社会的民主制度。""马克思正好抓住了资本主义民主的这一本质，他在分析公社的经验时说：这就是容许被压迫者每隔几年决定一次究竟由压迫阶级中的什么人在议会里代表和镇压他们！"另见第十七章第 194 页注①、②。

② 列宁在《共产主义运动中的"左派"幼稚病》中说："现在要把……一切注意力都集中在下一个步骤上，也就是说，要找到转向或走向无产阶级革命的形式，……无产阶级的先锋队在思想上已经被争取过来了……没有这一点，那就连走向胜利的第一步都迈不出去。可是，这离胜利还相当远……要真正使整个阶级……都站到这种立场上来，单靠宣传和鼓动是不够的。要做到这一点，还需要这些群众自身的政治经验。这是一切大革命的一条基本规律……必须亲身体验到……不是无产阶级专政，就必然是极端反动分子……的专政，然后才能坚决转到共产主义运动方面来。"（《列宁选集》第 4 卷，人民出版社 1995 年版，第 200 和 201 页；着重号是引者加的。）

革命的手段之一；由于革命显然被长期延误了，情况就尤其这样。撇开其落后的经济条件不论，俄国已经进行了革命。在较先进的国家，只有民主所创造的空洞希望还在阻止革命。① 因此，通过法西斯主义者摧毁民主，由于促成工人对民主方法的最终觉醒，只能引起革命。随之而来，马克思主义的激进派②感到，它发现了法西斯主义的"本质"和"真实的历史作用"。从本质上看，法西斯主义是资产阶级的最后站台。因此，当法西斯主义夺取政权时，共产党不要投入战斗（没有谁期望社会民主党去斗争）。因为共产党肯定，无产阶级革命被延期了，法西斯主义的

---

① 正如所预期的，两个马克思主义政党中的每一方都试图把失败归咎于对方；一方谴责对方的政策具有灾难性，前者反过来又被后者谴责为还在使工人坚持能够赢得民主的战斗的信念。具有讽刺意味的是，发现马克思本人提供过一种绝妙的描述，它与把失败归咎于外部环境，尤其是归咎于竞争性党派这种方法的每一个细节都相符合（当然，这种描述被马克思用来针对的是他那个时代的一个竞争性左翼团体），马克思写道（《马克思主义手册》第130页）："他们并不需要批判地对待他们自身的资源。他们只需要发出信号，拥有一切无穷资源的人民就会向压迫者进攻。在实际事情中，如果他们的……权力证明是十足的软弱无能，那么，错误在于每一方都是有害的诡辩家"（可以推断，另一个政党）"会使联合的人民分裂成不同的敌对的阵营，或者……整个事情在实行中会被一个细节破坏，或者随着时间的推移，一个未预见到的偶然事件损害了这场游戏。无论如何，民主主义者"（或者反民主主义者）"因这场最不光彩的失败而变得无辜，正如他曾经以新近赢得的信念稀里糊涂地投入它之中一样，以为他注定要取胜；无论他本人还是他的政党都不必放弃自己的陈旧立场，相反，条件必然会成熟到朝他的目标前进……"

② 我之所以说它是"激进派"，是因为把法西斯主义看作是无情发展中一个不可避免的阶段的历史主义的解释，受到除共产党人队伍之外的一些团体的信仰和捍卫。即使是一些对法西斯主义作过英勇但却迟滞和组织不善的抵抗的维也纳工人领袖，也忠实地相信，法西斯主义在通往社会主义的历史发展中是必经的一步。虽然他们十分痛恨它，他们却感到不得不将法西斯主义看作把苦难的人民引向最科目标前进了一步。

插曲——它为无产阶级革命的加速所必需——支撑不了几个月。① 因而共产党要求不要采取行动。他们是无害的。对法西斯主义夺取政权，从来不存在"共产主义的危险"。正如爱因斯坦曾经强调的，在共同体的一切有组织的集团中，只有教会，或者毋宁说只有一部分教会，才认真提供反抗。

---

① 参阅本章第 266 页注②所援引的这段话。

第二十章　资本主义及其命运

依照马克思主义的理论，资本主义正在经受着内在矛盾的阵痛，这些矛盾威胁着要造成它的毁灭。对这些矛盾和它们强加给社会的历史运动的详细分析，构成马克思预言式论证的第一步。这一步在他的整个理论中不仅是最重要的，它也是马克思花费最多精力的一步，因为实际上《资本论》的整个三卷（原版超过2200页[①]）都用于阐释它。它也是论证中最不抽象的一步，因为它建立在对他的时代的经济制度——无约束的资本主义[②]——的描述性的分析之上，并受到统计学的支持。正如列宁所指出的："资本主义社会必然要转为社会主义社会这个结论，马克思完全是从现代社会的经济的运动规律得出的。"

在继续详细解释马克思预言式论证的第一步之前，我想以很

[①] 《资本论》三卷本惟一完整的英译本有近 2500 页。所必须对这个三卷本给予补充的，是以德文发表的题为《剩余价值理论》一书；它们包含了马克思试图在《资本论》中使用的大量的历史资料。

[②] 参阅第十六章和第十七章引入的无约束的资本主义和干预主义之间的对立（另见第十六章第 193 页注[①]、第十七章第 205 页注[②]，以及第十八章第 229 页注[②]和正文）。

关于列宁的陈述，参阅列宁的《马克思的学说》（《列宁选集》第 2 卷，人民出版社 1995 年版，第 439 页；着重号是引者加的）。有意思的是，似乎都不明白，自从马克思以来，社会已经发生变化。列宁在 1914 年所说的"当代社会"，似乎就是马克思和他自己的当代社会。然而，《共产党宣言》是 1848 年发表的。

简要的形式描述一下它的主要思想。

马克思认为，资本主义的竞争迫使资本家仓促行动。它迫使资本家积累资本。这样做，他就违背了自身的长期的经济利益（因为资本的积累易于造成他的利润下降）。但是，虽然违背他自身个人的利益，他却在为历史发展的利益而工作；他不知不觉地为经济进步和社会主义而工作。这应归于以下事实，即资本的积累意味着：（a）不断增长的生产率；财富的不断增长；财富集中有少数人手中；（b）穷人和苦难的不断增长；工人的工资仅够维持生计或者不致饿死，由于工人过剩，即所谓"产业后备军"的存在，使工资维持在最低可能的水平。贸易周期会随时阻挠过剩的工人被不断发展的工业吸收。即使资本家想这样做，这也是他们无法改变的；因为他们的利润率下降，会使他自身的经济地位不太稳定，以致难以采取任何有效的行动。这样，尽管资本主义积累促进了通往社会主义的技术、经济和历史的进步，它却变成一种自杀性的和自我矛盾的选择。

一

马克思预言式论证的第一步的前提，是资本主义竞争和生产资料积累的规律。结论则是财富和苦难同步增长的规律。我将从解释这些前提和结论开始讨论。

在资本主义条件下，资本家之间的竞争发挥了重要作用。正如马克思在《资本论》[①] 中分析的，如果能够以低于竞争者所能予以接受的价格出售生产的商品，"竞争斗争"就能够进行。马克思解释说，"竞争斗争是通过使商品便宜来进行的。在其他条件不

---

① 关于本段中的全部引文，参阅马克思《资本论》（《马克思恩格斯全集》第23卷，人民出版社1972年版，第686—687页）。

变时，商品的便宜取决于劳动生产率，而劳动生产率又取决于生产规模"。因为大规模的生产一般能够使用较专门的和大批的机器；这就提高了工人的生产率，并允许资本家生产和低价出售产品。"因此，较大的资本战胜较小的资本……竞争的结果总是许多较小的资本家垮台，他们的资本……转入胜利者手中……"（正如马克思指出的，这一运动通过信贷体系得到更快的加速。）

依照马克思的分析，所描述的这一过程，即因竞争而来的积累，有两个不同的方面。其一是，资本家为了生存，不得不积累或积聚越来越多的资本；这实际上意味着，投入越来越多的资本，以购买越来越多和越来越新的机器，从而不断地提高工人的生产率。资本积累的另一方面是，越来越多的财富集中到不同的资本家和资本家阶级的手中；随之而来的是资本家人数的减少，即一种马克思称作资本的集中①的运动（与纯粹的积累或积聚不同）。

现在，在马克思看来，竞争、积累和不断增长的生产率这三个术语指明了一切资本主义生产的基本趋势；当我把马克思论证的第一步的前提描述为"资本主义竞争和积累的规律"时，它们正是我所暗指的趋势。然而，第四和第五个术语，即积聚和集中则指明另一种趋势，它构成马克思论证第一步的结论的一部分；因为它们描述了一种财富不断增长和越来越集中到少数人手里的趋势。但是，结论的另一部分，即苦难不断增长的规律，只是通过一种非常复杂的论证达成。但在开始解释这论证之前，我首先应该解释这第二个结论本身。

正如马克思所使用的，"不断增长的苦难"这一术语可以意味着两种不同东西。它可以用来描述苦难的范围，即指，苦难蔓延的人数在增长；它也可以用来指人民受苦难的强度在增长。无疑马克思认为，苦难在范围和强度上都在增长。然而，这远不是

---

① 参阅第十九章第240页注③对这些术语所做的评论。

马克思需要用来表达的观点。为了预言式论证的目的，对"不断增长的苦难"这一术语作宽泛的解释是适当的（即使不是较好的①）；它是这一种解释，即在它看来，当苦难的范围增长时，苦难的强度可能增长，也可能不增长，但无论如何不会呈现任何明显的下降。

但是，有一种进一步的和更为重要的评论需要做出。对马克思而言，不断增长的苦难基本上涉及一种对雇佣工人的不断的剥削，这种剥削不仅表现在数量上，而且表现在程度上。此外，它涉及失业者——马克思称作（相对的）"过剩人口"或"产业后备军"②——在痛苦和人数上的增长。然而，在这一过程中，失业者的职能必然是给雇佣工人造成压力，因而有助于资本家竭力从雇佣工人那里获得利润，以剥削他们。"产业后备军"，马克思写道，③"隶属于资本，就好像它是由资本出钱养大的一样。过剩的工人人口不受实际增长的限制，为不断变化的资本增殖需要创造出随时可供剥削的人身材料。"他又说，"产业后备军在停滞和半繁荣时期加压力于现役劳动军，在生产过剩和亢进时期又抑制现役劳动军的要求"。对马克思而言，不断增长的苦难本质上就是对劳动力的不断增长的剥削；因为失业者的劳动力如果

---

① 由于可能危及阶级意识的失败主义的精神（正如第十九章第243页注①正文中提到的），似乎不能再发展，这也许更好。

② 参阅《资本论》第697页以下。

③ 这两段引文出自《资本论》第698和706页。所译的"半繁荣时期"这一术语，如果进行直译，就是"中等繁荣时期"。我译为"生产过剩"而不译为"生产过度"，是因为马克思的"生产过度"不是在生产出多于现在能够销售的意义上使用，而是在生产的东西如此之多，以致不久将演化为一种销售困难的意义上使用（在《资本论》第1卷的中文版中，这两段话在1972年出版的《马克思恩格斯全集》第23卷中，分别见于第693和701页，在那里"半繁荣时期"也是译为"中等繁荣时期"，另一术语也是译为"生产过剩"——译者）。

不受剥削，他们在这一过程中就只能充当资本家剥削雇佣工人的不付报酬的助手。这个论点是重要的，因为后来的马克思主义者经常把失业指为证实苦难趋于增长这一预言的经验事实之一；然而，只有当失业与对雇佣工人的不断增长的剥削，即与长时间的工作以及较低的实际工资一同发生时，它才能被认为证实了马克思的理论。

这可能足以解释"不断增长的苦难"一词。但是，仍有必要对马克思认为已经发现的不断增长的苦难的规律做出解释。我以此意指马克思的整个预言式论证因之而定的理论；即这一种理论，它认为资本主义不可能去减轻工人的苦难，因为资本主义积累的机制使资本家经受强大的经济压力，如果不想屈从于这种压力，他们不得不将它转移给工人。这就是为什么即使资本家想这样做，他们也不可能妥协、不可能满足工人的一切重要需求的原因；这就是为什么"资本主义不能被改革，而只能被摧毁"① 的原因。显然，这条规律是马克思论证的第一步的关键性结论。另一个结论，即财富不断增长的规律是一件无害的事情，只要财富的增长为工人所分享是可能的。马克思关于它是不可能的这一论点，因而将是我们进行批评分析的主题。但是，在对马克思支持这一论点的论证继续进行描述和批评之前，我要扼要地评论这一结论的头一部分，即财富不断增长的理论。

马克思所观察的财富的积累和积聚的趋势，几乎很难受到责疑。他的生产率不断增长的理论在主要方面也是难以反对的。虽然一个企业增长生产率所发挥的利润效果可能有限，但是机器改进和积累的利润效果是无限的。然而，考虑到资本越来越集中在少数人手中的趋势，问题并不如此简单。无疑，存在一种这样发展的趋势，我们可以同意，在无约束的资本主义体系下，这种趋

---

① 正如帕克斯所指出的；参阅第十九章第 253 页注①。

势的力量几乎不存在。作为对无约束的资本主义的一种描述，对马克思的这部分分析很难再说些什么。但是，当作为一个预言来考虑时，它就很难站得住脚。因为我们知道，现在有许多立法能够干预的手段。税收制度和遗产税就能够用来抑制财富集中，并且它们就是这样被使用的。虽然也许效果不大，但是反托拉斯的立法也可以被使用。要评价马克思预言式论证的力量，我们必须考虑这种大的改进趋势的可能性。正如在上一章一样，我们必须宣布，马克思把财富集中或资本家人数减少的预言建立在这一论证的基础之上，是没有说服力的。

在解释了马克思论证的第一步的主要前提和结论、并处理了头一个结论之后，我们现在可以完全关注马克思的另一个结论，即苦难不断增长的预言式规律的由来。在马克思尝试确立这一预言时，有三种不同的思想倾向必须区分。在本章接下来的四部分中，它们将以下述标题得到探讨：二、价值理论；三、过剩人口对工资的影响；四、贸易周期；五、利润率下降的影响。

二

马克思的价值理论——它通常被马克思主义者和反马克思主义者视为马克思主义学说的基石——在我看来是其很不重要的部分之一；诚然，我为何继续探讨它而不立即进入到下部分的唯一理由是，它普遍被认为是重要的，如果我因为与这种意见不同就不讨论这一理论，我也就不能维护自己的理由。我想即刻澄清，在坚持价值理论是马克思主义的一个多余部分时，我是在维护马克思，而不是攻击他。因为，毋庸置疑，许多指出价值理论本身十分脆弱的批评家，在主要方面是完全正确的。但是，如果可以确立马克思主义的关键的历史政治政府能够完全不依赖于这种争论纷纭的理论而得到发展，即使他们错了，这也只能加强马克思主义的立场。

所谓劳动价值论①的观念其实非常简单，它是马克思出于自己的目的、从他在其前辈（他尤其提到亚当·斯密和大卫·李嘉图）那里发现的提示中改造而来的。如果你需要一个木匠，你必须按时间为他计算酬劳。如果你问他，为什么一定的工作会比另一个人的更贵，他会指出，在这件工作中投入了更多的劳动。除劳动之外，你当然必须支付买木料的费用。然而，如果你稍微更缜密地探究一下这件事情，那么，你会发现，你间接地向涉及养林、砍伐、运输和锯解等的劳动支付了费用。这一思考提示了一种普遍的理论，你必须粗略地按照其中所含劳动量的比例，向为你付出的劳动或你要购买的任何商品支付费用。

我之所以说"粗略地"，是因为实际价格是波动的。但是，在这些价格的背后，总是存在，或者至少是呈现出某种更稳定的东西，即一种实际价格围绕它发生振动的平均价格，② 这种平均

---

① 当然，劳动价值论是非常陈旧的。应该记住，我对价值理论的讨论限于所谓"客观价值理论"；我不想批评"主观价值理论"（它最好也许应该被描述为主观评价理论；参阅第十四章第 169 页注①）。J. 维勒热心地向我指出，马克思的价值理论和李嘉图的价值理论的惟一联系几乎来源于马克思对李嘉图的误解，李嘉图从不认为，就单位交换而言，劳动比资本具有任何更大的创造力。

② 对我而言似乎可以肯定，马克思从未怀疑过他的"价值"在某些方面符合市场价格。他教导说，如果它们生产所需要的平均劳动时间的量是相同的，商品的价值就与另一个商品的价值相等。如果两个商品之一是黄金，那么，它的重量就能够被视为另一个商品的价值，并用黄金来表示；因为货币是（用法律）建立在黄金的基础上，因此，我们便获得商品的货币价格。

　　马克思教导说（特别见《资本论》第 153 页的重要注脚①），市场上的实际交换比率将围绕价值比率振动；因此，市场上的货币价格也会围绕与正被谈论的商品黄金相应的价值比率振动。"如果价值量转化为价格"，马克思有点笨拙地说（《资本论》第 79 页，着重号是我加的），"那么，这种关系就假定了同执行货币功能的商品"（即黄金）"有一种交换比率的形式"。"然而，其中交换本身不仅表达了商品的价值量，而且表达了特殊的条件对

价格被命名为"交换价值",或者更简单地说,被命名为事物的"价值"。用这种普遍的观念,马克思把商品的价值定义为商品生产(或者商品再生产)所必需的平均劳动量。

价值的升与降、大或小负有责任。"换言之,价格可能发生波动。"因此,价格派生于……价值的可能性是价格形式中固有的。这并不是一种缺点;相反,它表明,价格形式与生产的方法是完全适应的,在这种生产的方法中,规则只有作为无规则的平均数才能显现自身"(这三段引文与中文版中的译文有所不同,在《马克思恩格斯全集》第23卷1972年版第120页中,它们分别为:"随着价值量转化为价格,这种……关系就表现为商品同在它之外存在的货币商品的交换比例。""这种交换比例既可以表现为商品的价值量,也可以表现比它大或小的量,在一定条件下,商品就是按这种较大或较小的量来让渡的。""可见……价格偏离价值量的可能性,已经包含在价格形式本身中。但这并不是这种形式的缺点,相反地,却使这种形式成为这样一种生产方式的适当形式,在这种生产方式下,规则只能作为没有规则的盲目起作用的平均数规律来为自己开辟道路。"——译者)。我认为,很显然,马克思这里所说的"规则"是价值,他认为,价值只是作为实际的市场价格的平均数才"显现自身"(或"肯定自身"),因此,实际的市场价格一直在围绕价值振动。

我之所以强调这点,原因是它有时被否定了。例如,G. D. H. 科尔在其导言(《资本论》第 xxv 页,着重号是我加的)中写道:"马克思……经常说,似乎商品实际上具有一种倾向,即随着暂时的市场波动以其'价值'进行交换。然而,他(在第79页上)明确地说,他并不是指这个意思;在《资本论》第3卷中,他……充分地澄清了价格和'价值'的不可避免的歧异。"然而,尽管真实情况是,马克思并没有把波动视为只是"暂时的",他倒是认为,商品具有一种倾向,即从属于市场波动,并以其"价值"进行交换;因为正如我们从这里所引述的、由科尔所提及的话中所看到的,马克思并没有谈到价值和价格之间的歧异,而是描述波动和平均数。这一立场在某种程度上不同于《资本论》第3卷,在那里(第9章中),商品的"价值"的位置已被新范畴"生产价格"所取代,后者是商品的生产成本与剩余价值的平均比率相加之和。然而,即使在这里,它仍然具有马克思思维的特征,即生产价格这个新范畴只与作为一种平均数的调节器的实际的市场价格有关。它并不直接决定市场价格,然而它将自身表现为(正如"价值"在第1卷中所做的)一个平均数,实际价格围绕这个平均数振动或波动。这点借助于下述这段话可以表明(《资本论》德文版,第3卷第2

下一个观念，即剩余价值理论近乎同样简单。它也是马克思从其前辈那里改造而来（恩格斯断定[①]——也许是错误的，但我将遵循他对这一问题的描述——马克思的主要来源是李嘉图）。剩余价值理论，在劳动价值论的界限内，是一种回答这一问题的尝试："资本家是如何谋取利润的？"如果我们假定，资本家工厂中生产的商品在市场上都以真实的价值，即依照其生产所必

章，第 296 页）："虽然市场价格高于或低于这些起调节作用的生产价格，但是这些波动是彼此补偿的……这里起调节作用的平均数的统治的同一原则已经由凯特纳为一般社会现象所确立。"（这段话在《资本论》第 3 卷中文版中，见于《马克思恩格斯全集》第 25 卷，人民出版社 1974 年版，第 972—973 页，译文只有略微不同："市场价格固然会高于或低于这个起调节作用的生产价格，但是这些变幻会互相抵消……在这里，我们也将发现凯特纳在社会现象上论证过的那种起调节作用的平均数的统治作用"——译者。）类似地，马克思在那里（第 399 页）还谈到"起调节作用的价格，即……市场价格围绕着波动的那个价格"（中译本见《资本论》，第 976 页）；在接下一页中，他谈到了竞争的影响，他对"自然价格，即不由竞争调节而是反过来调节竞争……的价格"感兴趣（中译本见《资本论》，第 977 页；着重号是引者加的）。除了这一事实，即"自然"价格清楚地指明，马克思试图发现波动的市场价格都构成"表象形式"的本质（另见本章第 286 页注[①]），我们还看到，马克思始终墨守着这一观点，即这一本质无论作为价值还是生产价格，都将自身显现为市场价格的平均数。也可见《资本论》德文版，第 3 卷第 1 章，第 171 页。

① 科尔在其对马克思剩余价值的另外极其明确的陈述中说（《资本论》导言，第 xxi 页），这是"他对经济理论的突出贡献"。然而，恩格斯在《资本论》第二版序言中已经表明，这个理论不是马克思的，马克思不仅从未宣称它是他的，而且还探讨过它的历史（在其《剩余价值理论》中；参阅本章注）。恩格斯援引马克思的手稿，为的是表明马克思讨论过亚当·斯密和李嘉图对该理论的贡献；他详细引用《资本论》中（第 646 页）提到过的小册子——《国家困难的来源和补救》，为的是表明该理论的主要思想，除马克思对劳动和劳动力的区分之外，都能在那里看到（参阅《资本论》德文版，第 2 卷，第 xxi—xv 页；即《马克思恩格斯全集》第 24 卷，人民出版社 1972 年版，第 15—18 页，在中文版中，该小册子的书名译为《国民困难的原因及其解决办法》——译者）。

需的劳动量出售，那么，资本家能够谋取利润的惟一方式，是付给工人比其生产的全部价值更低的工资。因此，工人收到的工资代表一种与他付出的劳动量并不相等的价值。我们因而可以把他的工作时间分为两部分，即他用来生产与其工资相等的价值的时间，以及他用来为资本家生产价值的时间。① 所以，我们可以把工人生产整个价值分为两部分，后者被称作剩余价值。这种剩余价值被资本家占有，并且是他的利润的惟一基础。

　　至此为止，故事是够简单的。然而现在提出了一个理论难题。为了解释一切商品进行交换的实际价格，总价值理论被引进；还可以假定，资本家在市场上获得产品的全部价值，即一种与用在产品上的总量时间相一致的价格。然而，看起来似乎是，工人并不能获得他在劳动市场上出卖给资本家商品的全部价格。似乎是工人受骗了，或是遭窃了；无论如何，似乎工人没有被按价值理论所假定的一般规律，即没有被按（至少在一种初始的近似值上）受商品的价值决定的一切实际价值付给报酬。（恩格斯说，这个问题已被属于马克思称作"李嘉图学派"的经济学家了解；他断言，② 他们没有能力解决这个问题导致这一学派的解体。）这个难题看起来似乎有一个相当明确的解决办法。资本家拥有对生产资料的垄断，这种优越的经济权力可以用于威胁工人达成违反价值规律的协议。但是，这种解决办法（我认为它对这种情形完全是一种似乎有理的描述）彻底摧毁了劳动价值理论。因为它现在证明，一定的价格，即工资，并不符合、甚至在一种初始的近似值上也不符合它们的价值。这就开放了一种可

---

① 第一部分被马克思称作"必要劳动时间"，第二部分为"剩余劳动时间"（参阅《资本论》第213页）。

② 参阅恩格斯《资本论》第2卷序言（《资本论》德文版，第2卷，第xxi页以下）。

能性，即基于同样的理由，其他价格也可能是这样。

这就是马克思为从废墟中拯救劳动价值论登台亮相时的情形。靠着另外的简单而又明确的观念的帮助，马克思成功地表明，剩余价值论不仅与劳动价值论一致，而且它能够从后者严格地推演出来。为了达成这种推演，我们只有被迫询问自身：确切地说，什么是工人出卖给资本家的商品？马克思的回答是：不是他的劳动时间，而是他的整个劳动力。资本家在劳动市场上购买或租借的是工人的劳动力。让我们暂且假定，这种商品以其真实的价值被出售。它的价值是什么呢？依照价值的定义，劳动力的价值是劳动力的生产或再生产所必需的劳动时间平均量。但是，显然这只不过是生产工人（及其家庭）的生存资料所必需的时间。

因此，马克思达成下述结论。工人的整个劳动力的真实价值等于生产他维持生存的资料所需要的时间。劳动力被以这种价格出卖给资本家。如果工人能够比这工作更长，那么，他的剩余劳动就属于其劳动力的买主或雇主。也即是说，劳动生产率越高，工人每小时就能生产得越多，维持他的生存的生产所需要的时间就越短，剥削他的时间就越多。这表明，资本主义剥削的基础是高度的劳动生产率。如果有一天工人只能生产他自己的日常需要，那么，不违背价值规律剥削就不可能存在；它就只有通过欺骗、盗窃或谋杀才可能。但是一旦通过引进机器，劳动生产率提高到如此的程度，以致一个人能够生产远远超过他所需要的东西，那么，资本主义剥削就成为可能。就每种商品（包括劳动力）都以它的真实价值进行买卖而言，剥削在"理想的"资本主义社会中才成为可能。在这样的社会，剥削的不公正并不在于这一事实，即工人出卖的劳动力没被支付"公平的价格"，而是在于这一事实，他是这样的贫穷，以致他不得不出卖劳动力，而资本家却富裕得足以大量购买劳动力，并从它获得利润。

　　通过这样引出剩余价值政府，^① 马克思一度从废墟中拯救了劳动价值政府；撇开这一事实，即我把整个"价值问题"（在价格围绕"客观的"真实价值振动的意义上）看作是不相干的悖论，我非常愿意承认，这是第一流的理论成就。然而，马克思所做的大大超过了拯救"资产阶级经济学家"最初推进的理论。他令人惊讶地提出了剥削理论和解释为何工人的工资趋于围绕维持生存（或不致饿死）的水平而振动的理论。马克思的最大成就是，他现在能够对趋于接受自由主义的合法外衣的资本主义生产方式这一事实，提出一种解释，即一种与他的法律体系的经济理论相一致的解释。因为这一新的理论使他得出这一结论，即一旦新机器的引进成倍提高了劳动生产率，就有产生新的剥削形式的可能性，这种形式用自由市场代替了野蛮的力量，并建立在对公正、法律面前人人平等和自由的"形式的"遵守之上。他断定，资本主义体系不仅是一种"自由竞争"的体系，而且它还靠"剥削其他人的但却在形式的意义上是自由的劳动来维持"。^②

　　对我而言，要在这里详细说明马克思对价值理论所做的一系列事实上令人惊讶的运用，是不可能的。然而这也是不必要的，因为我对这一理论的批评将会指明能够把价值理论从所有这些探讨中清除的方式。我现在就要引申这种批评；其主要论点是：（a）马克思的价值理论并不足以解释剥削；（b）为这种解释所必需的附加假定过于充足，以致价值理论被证明是多余的；（c）马克思的价值理论是一种本质主义的或形而上学的理论。

　　（a）价值理论的基本规律是这一种规律，即一切商品（包括

---

① 当然，马克思剩余价值理论的派生与他对"形式上的"自由、"形式上的"公正等的批判有密切联系。特别参阅第十七章第 202 页注②、203 页注②及正文。另见下一注释正文。

② 参阅《资本论》第 845 页。另见前一注释中所涉及的那些话。

工资）的价格实际上是由其价值决定的，或者更确切地说，他们至少在初始的近似值上与它们生产所必需的劳动量是相称的。现在这种"价值规律"（正如我所能称它的）即刻提出一个问题。为什么会有这种情形？显然，既不是商品的买方，也不是卖方能够一眼看出，它的生产需要多少小时，即使他们能够看出，这也不能解释价值规律。因为很清楚，买方只不过尽其可能买得便宜，卖方则尽其可能地要价。似乎是，这应该是一切市场价格理论的基本假定之一。为了解释价值规律，我们的任务将是表明，买方为何不可能低于商品的"价值"成功地买到东西，卖方不可能高于商品的"价值"成功地出售东西，这个问题多少清楚地被那些坚信劳动价值论的人看到，他们的答复就是如此。为了简化的目的，为了获得一种初始的近似值，我们可以假定完全自由的竞争。鉴于同一理由，让我们只把这种商品视为能够以实际上不受限制的量被制造（只要劳动是有效的）。现在让我们假定，这种商品的价格高于它的价值；这将意味着，在这种特殊的生产部门可以获得额外的利润。它将鼓励各种制造商生产这种商品，而竞争就会降低价格。相反的过程则会导致以低于其价值出售的商品的价格的增长。因此，将会发生价格振动，这些振动将趋于围绕商品的价值这个中心。换言之，它是一种供求机制，在自由竞争的条件下，这种供求机制趋于对价值规律施加压力。①

类似这样的思考经常可以在马克思那里发现，例如，在《资本论》第3卷中，② 他试图解释为什么对不同的制造部门的所有利润而言，存在一种达成近似值，以及使自身接近一定的平均利润的趋势。在第1卷中，它们也被用来特别指明，为什么工资被保持在较低的、近乎维持生计的水平，或者被保持在同样可

① 参阅本章第282页注①（和第275页注②）正文。
② 特别见《资本论》第3卷的第10章。

以说仅够不致饿死的水平。显然，如果工资低于这种水平，工人实际上就会饿死，劳动力在劳动市场上的供应就会消失。但是，只要人还活着，他们就会生产；马克思试图详细指明（正如我们在第四部分将会看到的），资本主义积累的这种机制为什么必然会创造过剩人口，即产业后备军。因此，只要工资能够保持在不致饿死的水平，在劳动市场上，就总会有不仅是足够的，而且是过剩的劳动力的供应；依照马克思，阻止工资提高的就是这种过剩的供应："产业后备军……加压力于现役劳动军……因此，过剩人口是劳动供求规律借以运动的背景。它把这个规律的作用范围限制在绝对符合资本的剥削欲和统治欲的界限之内。"①

（b）现在，这段话表明，马克思本人了解以一种更具体的理论支持价值规律的必要性；这种理论要能表明，在任何特定情形下，供求的规律如何造成必须予以解释的结果；例如不致饿死的工资。然而，如果这些规律足以解释这些结果，那么，我们就根本不需要劳动价值理论，不论它是否具有一种站得住脚的初始的近似值（我并不认为它具有这种近似值）。而且，正如马克思了解的，供求的规律对解释一切这类并不存在自由竞争的情形都是必要的，因而他的价值规律在其中显然不起作用；例如，在垄断能够用作使价格不断保持高于"价值"的地方就是如此。马克思把这种情形视为例外，这很难说是正确的观点；然而也能出现这种情形，垄断不仅表明供求的规律对补充他的价值规律是必要的，而且它们也能更一般地运用。

---

① 关于这一引文，参阅《资本论》第706页（中文版见《马克思恩格斯全集》第23卷，人民出版社1972年版，第701页）。从"因此，过剩人口"的词句开始，这段话紧接在本章注正文中所引的那话之后（我在"过剩人口"之前省略了"相对的"一词，因为它在当前的范围内是无关紧要的，也许还会引起混乱。在人人丛书版中，似乎有一个印刷错误："过剩人口"被"过度生产"所代替）。把这一引文与供求问题、与马克思的这些应该有一个"背景"（或"本质"）的教导联系在一起，就显得很有意思。参阅本章第275页注②和284页注②。

　　另一方面，如果我们像马克思那样假定一种自由的劳动市场和一种长期存在的过剩的劳动供应，显然，供求的规律对解释一切"剥削"现象——也即更确切地说，解释马克思观察到的与企业家的财富并存的工人的苦难，不仅是必要的，而且是充分的（马克思的这种过剩供应的理论在下述第四部分将得到更全面的讨论）。正如马克思表明的，十分明显，工人在这种情形下不得不工作较长的时间以换取较低的工资，换言之，不得不承认资本家"占有自己劳动成果的最佳部分"。这种尝试性的论证——它构成马克思自身的论证的一部分——甚至无须提及"价值"一词。

　　因此，价值理论证明是马克思的剥削理论的完全多余的部分；这独自地提出了价值理论是否真实的问题，但是，假定我们接受过剩人口理论的话，在消除价值理论之后，仍然保留的马克思剥削理论的那部分无疑是正确的。在国家不能对财富进行再分配的情形下，过剩人口的存在必然导致不致饿死的工资，导致引发生活水平的差异，无疑是真实的。

　　（并非如此清楚，且马克思亦未予以解释的情形是：为什么劳动的供应会继续超过需求。因为，如果"剥削"劳动是如此有利可图，那么，资本家如何不被迫借助竞争通过雇佣更多的劳动提高利润？换言之，他们为何不在劳动市场上彼此竞争，因而将工资提高到他们开始不再有足够的利润的水平，以便不再能谈论剥削呢？马克思兴许会回答——参见下述第五部分——"因为竞争迫使他们把越来越多的资本投向机器，因此，他们不可能提高他的用作工资的那部分资本。"然而，这个回答是不能令人满意的，因为即使他们把资本用于机器，只要通过购买劳动去建造机器，或是通过引起其他人购买此类劳动以便提高劳动的需求，他们才能做到这点。基于这种理由，似乎马克思观察到的"剥削"现象，正如他所认为的那样，不能归因于完全的竞争的市场机制，而应归因于其他因素——尤其应归于低生产率和不完全的竞争市场的混合状态。）然而，对这一现象的详细和令人注意的解释①似乎仍不存在。

（c）在告别这种价值理论及其在马克思的分析中所发挥的作用之前，我想对它的另一方面作一点简明评论。所谓在价格背后存在某种东西，存在一种价格只是其"表现形式"② 的实在或

---

① 在这一联系中，应该注意，正在讨论的现象——迅速扩张工业化时期（或"早期资本主义"；参阅下面第 298 页注①及正文）的苦难，最近已经为一种假说所解释，即如果它能够被确认，就可以表明在马克思的剥削理论中有很多内容。我想起了一种以瓦尔特·尤金的两种纯粹货币体系（黄金体系和信贷体系）为基础的理论，以及他把各种历史上既有的经济体系作为两种纯粹体系的"混合"来分析的方法。运用这种方法，列昂哈德·米克什最近已经指出（1949 年），信贷体系导致强制性投资，即消费者被迫要储蓄、要节俭；"然而这种通过这些强制性投资所储蓄的资本"，米克什写道，"并不属于那些被迫节俭消费的人，而属于企业家。"

如果这一理论证明是可以接受的，那么，马克思的分析（然而既不是他的"规律"，也不是他的预言）就能够在一定程度上证明是正确的。因为在马克思的"剩余价值"和米克什的"强制性储蓄"之间，只存在微小的差异，前者在权利上属于工人但却被"盗用"或"剥夺"，后者没有成为被储蓄的消费者的财产但却成了"企业家"的财产。米克什本人暗示，这些结果对 19 世纪的经济发展（和社会主义的兴起）提供了不少解释。

应该注意，米克什的分析解释了竞争制度的不完美的条件下的相关事实（他谈到"货币创造的经济垄断具有巨大的威力"），而马克思却试图借助假定自由市场，即竞争来解释相应的事实（而且，"消费者"和"产业工人"当然不能完全等同）。然而，不论解释如何，这些事实——被米克什描述为"不堪容忍的反社会的"——自然存在；值得赞扬马克思的是，他既不接受这些事实，而且还试图努力去解释它们。

② 参阅本章第 275 页注②，特别是论述"自然"价格的一段话（另见注及正文）；有意思的是，在《资本论》第 3 卷中，离本章第 275 页注②援引的这段话不远（见《资本论》德文版，第 3 卷第 2 章，第 352 页；着重号是我加的），并且是在一种类似的关联中，马克思做出了下述方法论的评论："如果事物的表现形式和事物的本质会直接合而为一，一切科学就都成为多余的了。"（中文版见《马克思恩格斯全集》第 25 卷，人民出版社 1974 年版，第 923 页——译者。）这当然是纯粹本质主义的。这种本质主义与形而上学的近似在本章第 286 页注②中已经表明。

显然，当马克思重复谈论（特别是在第 1 卷中）价格形式时，他的思想中是有一种"表现形式"的，本质就是"价值"（也可参阅第十七章第 195 页注④及正文）。

真实的价值。这一总的观念——它不是马克思的发明——十分清
楚地表明了柏拉图唯心主义区分隐秘的本质或真实的实在与偶然
的表象或虚妄的表象的影响。必须指出，马克思极力①要摧毁客
观的"价值"的这种神秘特征，然而他没有成功。他试图变得
实在，只把某种可观察的和重要的东西——劳动时间——作为以
价格形式呈现的实在来接受；不能怀疑生产一件商品所必需的劳
动时间，即马克思的"价值"是件重要的东西。这样，我们是
否能够把这些劳动时间称作商品的"价值"，当然就成了一个纯
粹的词句问题。尤其当我们与马克思一样假定劳动生产率不断增
长时，这一术语可能具有极大的误导性和奇特的非现实性。因为
马克思本人指出过，②随着生产率的增长，一切商品的价值也会
减少；因此，随着工资和利润的"价值"，即用于它们的时间的
减少，实际工资和实际利润，即工人和资本家各自消费的商品却
可能增长。所以，每当我们发现实际的进步，诸如缩短工时以及
工人生活标准的极大改善（即使以黄金计算，与现金高收入根

---

① 载《资本论》第 43 页以下："商品的拜物教性质的秘密。"（中译本见《马
克思恩格斯全集》第 23 卷，人民出版社 1972 年版，第 87 页以下，小标题
为"商品的拜物教性质及其秘密"——译者。）

② 参阅《资本论》第 567 页（另见第 328 页），马克思的结论是："如果劳动
生产率提高一倍，从而必要劳动与剩余劳动之比率仍然保持不变……惟一的
结果将是，它们都会像从前一样表现为两倍的使用价值。"（即商品）"这些
使用价值现在比从前要便宜两倍……因此，很可能是，当劳动生产率增长
时，劳动力的价格会不断下降，而这种下降还会伴随有工人的生活资料量的
不断增加。"（这段话在中译本中略有不同："劳动生产力虽然提高一倍，而
劳动力价格和剩余价值会保持不变。不过它们现在都表现为数量增加一倍、
但按比例变得便宜了的使用价值……可见，在劳动生产力提高时，劳动力的
价格能够不断下降，而工人的生活资料量同时不断增加。"见《马克思恩格
斯全集》第 23 卷，人民出版社 1972 年版，第 571 页——译者）

本无关系①），那么工人可能同时会痛苦地抱怨，马克思的"价值"、他们的收入的真实的本质或实在消失了，因为商品生产所必需的劳动时间已经减少（某种类似的抱怨可能会由资本家提出）。所有这些都获得马克思本人认可；它表明，价值这一术语具有何等的误导性，它如何几乎不能代表工人的真实的社会经验。在劳动价值论中，柏拉图的"本质"完全变得与经验分离……②

三

在消除马克思的劳动价值论和剩余价值论之后，我们当然能够仍旧保留马克思对过剩人口给雇佣工人的工资所造成的压力的

---

① 如果一般生产率或多或少增长了，那么黄金公司的生产率也可能会增长；这就意味着，如果以劳动时间来评估，黄金就会像其他商品一样变得更便宜。因此，同样的情形就像适用于其他商品一样适用于黄金；当马克思说（参阅前注）工人的实际工资量增长时，这在理论上对工人的黄金即货币工资也具有真实性（因此，每当马克思在《资本论》第 567 页的分析中谈到"价格"时——我在前注中只援引了一个结论——是不正确的；因为"价格"是以黄金表达的"价值"，如果在各种行业——包括黄金的生产——中生产率同等地增长，这些可能就会保持不变）。

② 有关马克思价值理论的奇异事情（在 J. 维勒看来，类似于与英国古典学派的区别）是，它把人类劳动视为根本不同于自然界的一切其他过程，例如，不同于动物的劳动。这清楚地表明，该理论最终是建立在道德理论的基础之上的，这种道德理论认为，人类的苦难和人所耗费的一生是一种根本不同于一切自然过程的东西。我们可以称之为人类劳动神圣论。我现在并不否认，这种理论在道德意义上是正确的；也即是说，我们应该依照它行动。然而我认为，经济分析不应该建立在某种提倡者没有意识到的道德或形而上学或宗教的理论的基础之上。正如我们在第二十二章中将看到的，马克思自觉地不信仰人道的德行，或者说他抑制了此类信仰，但在抽象的价值理论上，他却是建立在某种自己毫不怀疑的道德主义的基础之上。当然，这与他的本质主义有关：一切社会和经济的关系的本质是人类劳动。

分析［参见第二部分中（a）的结尾］。不容否认，只要存在自由的劳动市场和过剩人口，即广泛和长期的失业（可以无须怀疑，失业在马克思以来的时代发挥了作用），那么，工资就不能够增长到高于不致饿死的水平；在同一前提下，随着上述积累理论的发展，尽管没能在主张苦难不断增长的规律方面得到证实，马克思断言在一个高利润和财富不断增长的世界里，不致饿死的工资和苦难的生活是工人的永恒命运，这点是正确的。

我认为，即使马克思的分析有缺陷，他解释"剥削"现象的努力却值得最大的尊敬［正如在上述部分（b）的结尾所提到的，迄今为止似乎根本不存在实际上令人满意的理论］。当然，应该指出，当马克思预言他所观察到的条件如果不被革命所改造、就注定是永恒时，他是不正确的；当他预言这些条件会越来越糟时，就更不正确了。事实已经驳斥了这些预言。而且，如果他能够承认他的分析只对一种无约束的、非干预主义的体系有效，即使如此，他的预言式论证也是没有说服力的。因为依照马克思自身的分析，只是在一种劳动市场是自由的体系条件下——即在一种完全无约束的资本主义中，苦难不断增长的趋势才发挥作用。然而，一旦我们承认工会、集体议价和罢工的可能性，那么，这一分析的前提就不再适用，整个预言式论证就会坍塌。依照马克思自身的分析，我们不得不期望，这种发展要么受到压制，要么相当于一场社会革命。因为集体议价能够通过建立一种劳动的垄断反对资本；它能够避免资本家为保持低工资的目的使用产业后备军；这样，它就能够迫使资本家自身满足于较低的利润。我们在此看到为什么"工人们，联合起来！"的号召，从马克思的观点看，确实只是对无约束的资本主义的可能的惟一回答。

然而，我们也看到，为什么这种号召必然展现了国家干预的总问题，它为什么可能导致无约束的资本主义的终结，导致一种

干预主义①的新制度（它可以朝非常不同的方向发展）。因为资
本家认为工会必然危及劳动市场上的竞争自由，他们要反击工人
实行联合的权利，几乎是不可避免的。因此，非干预主义面临着
这一困难（它构成自由的悖论的一部分②）：国家应该维护何种
自由？无论采取哪一种决定，它在经济环境的领域，都只能导致
国家干预、导致有组织的政治权力、国家和工会的使用。在任何
条件下，不论这种责任是否被自觉接受，它都只能导致国家的经
济责任的扩大。这意味着，马克思的分析赖以建立的种种假定都
必须消失。

　　因此，苦难不断增长的历史规律的推衍是无效的。所保留下
来的是一种一百多年前就流行的对工人的苦难的动人描述，一次
借助于我们可以像列宁③那样称作马克思的"现代社会的运动的
经济规律"（也即一百多年前无约束的资本主义的运动的经济规

---

　① 关于干预主义，参阅第十七章第 205 页注②和第十八章第 229 页注②（另见
　　 本章第 269 页注②）。
　② 关于在其运用到经济自由时出现的自由的悖论，参阅第十七章第 204 页注
　　 ①，那里提供了进一步的参考材料。
　　　　自由市场的问题——只在其运用到劳动市场的正文中提到——具有相当
　　 大的重要性。如果从正文中所说的内容进行概括，显然自由市场的思想是自
　　 相矛盾的。如果国家不进行干预，那么其他半政治的组织，诸如垄断集团、
　　 托拉斯、工会等，就可能进行干预，市场的自由变成一种虚构。另一方面，
　　 最重要的是要明白，如果不小心地保护自由市场，整个经济体系必然不再替
　　 其惟一合理的目标服务，也即不再满足消费者的需求。如果消费者不能进行
　　 选择；如果他必须接受生产者提供的商品；如果生产者——无论是私人生产
　　 者还是国家或市场部门——成了市场的主人，而不是消费者是主人；那么，
　　 必然引起的情形是，消费者最终为生产者充当了一种货币供应和垃圾搬运
　　 工，而不是生产者为消费者的需要和欲求服务。
　　　　在这里我们显然面临着一个重要的社会工程学的问题：市场必须受控
　　 制，但却是以某种方式受控制，即控制并不妨碍消费者的自由选择，不排除
　　 生产者为满足消费者的嗜好之需要而进行竞争。在这个意义上说，不设计经
　　 济自由的经济"计划"在危险性上与极权主义是十分接近的（参阅 F. A.
　　 冯·哈耶克的《自由和经济体系》，公共政策小丛书，1939/1940 年）。
　③ 参阅本章第 269 页注②及正文。

律）对它进行解释的勇敢尝试。然而，就它被意指一种历史预言，就它被用来推断一定的历史发展的"不可避免性"而言，这种推衍是无效的。

四

马克思的分析的重要性很大程度上取决于这一事实，即从他的时代直到我们今天，过剩人口实际上一直存在着（正如我先前所说的，这是一个几乎尚未得到令人真实满意的解释）。然而，迄今为止，我们尚未讨论马克思支持其论点的论证：一直制造过剩人口的是资本主义的生产机制本身，它需要过剩人口降低雇佣工人的工资。然而，这种理论不仅是本质上有独创性和有趣；它同时包含了马克思的贸易周期和总萧条的理论（一种明显影响了马克思的预言的理论）：由于资本主义必须产生难以忍受的苦难，资本主义体系一定会崩溃。为了尽可能充分地说明马克思的理论，我对它稍略做了一点改动①（即引进了两种机器的区分，一种用于生产的纯粹扩张，另一种用于生产的强化）。可

---

① 为了把这一论证描述得更清楚，在正文中大量引入了这种对主要为生产的扩张服务的机器和主要为生产的强化服务的机器的区分。除此之外，我希望它也是对论证的一种改进。

以贸易周期（t—c）及其与失业（u）的联系为依据，我在这里为马克思的比较重要的话语提供了一种编排：《共产党宣言》第29页以下（金融危机＝总萧条），第624页（贸易周期和流通），第699页（依赖于失业的贸易周期；周期的自动机制），第703—705页（相互依赖的贸易周期和失业），第706页以下（失业）。另见《资本论》第3卷，特别是第15章论述资本过剩和人口过剩的部分，《马克思主义手册》第516—528页（贸易周期和失业），以及第25至32章（贸易周期和流通；第22页以下）。也可见出自《资本论》第2卷的一段话，在第十七章第202页注②中援引了其中的一句话。

是，这种改动无须引起马克思主义读者的怀疑；因为我并不想从根本上批判这一理论。

修改过的过剩人口和贸易周期理论可以概括如下。资本积累意味着资本家将一部分利润用于新的机器；这可以被表述为，他只有一部分实际利润存在于消费品之中，而其他部分存在于机器之中。这些机器可以依次要么被用于工业的扩张，要么被用于建新工厂等，或者它们可能通过提高现存工业的生产率而被用于强化生产。前一种机器使增加就业成为可能，后一种机器具有使工人过剩——在马克思时代这一过程被称作"使工人闲散"——的结果（今天它有时被称作"技术性失业"）。现在资本主义生产的机制，正如修改过的马克思主义的贸易周期理论所设想，大略就是这样运行的。如果我们一开始就假定，鉴于这样或那样的理由，存在一种对工业的普遍解释，那么，一部分产业后备军将会被吸收，劳动市场的压力将有所缓解，工资将会表明一种上升趋势。一个繁荣期就会开始。然而，工资上升之时，强化生产和先前不能赢利的一定的机器改进，由于低工资，就会变得可以赢利（即使这种机器的成本将开始上涨）。因此，机器所引起的更多这种"使工人闲散"的机器就会被生产出来。只要这些机器还处于生产过程中，繁荣就会继续，或是增长。但是，一旦新的机器本身开始进行生产，情形就会改变（依照马克思的说法，这种变化被利润率的下降所加重，在下述第五部分将被讨论）。工人被"安置为闲散"，即注定要挨饿。然而，许多消费者的消失必然会导致国内市场的崩溃。结果是，在扩展工厂中，大量的机器变得闲置起来（首先是效率不高的机器），这将导致失业的进一步增加和市场的进一步崩溃。现在很多机器被闲置的事实意味着，很多资本变得无价值，不少资本家不能履行自己的职责；因此，金融危机就会发展起来，这将导致资本商品的生产的完全停滞，等等。然而，当萧条（或者像马克思那样称之为"危机"）发展时，复苏的条件又开始成熟。这些条件主要在于产业后备军的增长以及工人随之准备接受不致饿死的工资。凭借非常低的工资，生产变得即使以萧条的市场上的低价格也能够赢利；一旦生产起动资本家就重新开始积累、购买机器。由于工资非常低，资本家发现，使用这种使工人闲散的新机器（也许当时发明了），尚不能赢利。首先他宁愿购买可扩大生产计划的机器。这逐渐导致就业的扩大和国内市场的复苏。繁荣再次来临。因此，我们又回到自己的出发点，周期结束，过程重又开始。

这就是修改过的马克思主义的失业理论和贸易周期理论。正如我所允诺的，我将不对它进行批评。贸易周期理论是一件非常困难的事情，我们当然还对它了解得不够（至少我不了解）。很可能所概括的理论是不全面的，尤其是，诸如局部建立在信用创新和储备结果之上的金融体系的存在方面，并没有予以充分的考虑。然而，无论这会怎样，贸易周期并不是一个能够轻易地经常讨论的事实，把其重要性作为一个社会问题来强调，是马克思的最大的功绩之一。但是，尽管所有这些都应该承认，我们也可以批判马克思试图建立在贸易周期理论之上的预言。首先，他断定：萧条将不仅在范围上，而且在工人受苦的强度上变得不断恶化。然而，他并没有提供论证支持这点（也许除了即将予以讨论的利润率下降的理论之外）。如果我们看看现实的发展，那么我们必定会说，结果是可怕的，尤其是失业的心理结果，即使在那些工人现在办了失业保险的国家也是如此，更毋庸置疑在马克思的时代工人的境况相对说来更为恶劣。然而，这并不是我的主要论点。

在马克思的时代，没有谁思考过现在被称作"反周期政策"的国家干预的技术；诚然，这种思想对无约束的资本主义体系一定是完全陌生的（然而，即使在马克思的时代之前，我们也发现了怀疑、甚至是探讨大萧条时期英国银行的信贷政策的智慧的开端①）。但是，失业保险意味着干预，因而意味着国家的责任的增长，它有可能导致反周期政策的实验。我并不认为，这些实验应该必然是成功的（尽管我认为，这一问题可能最终证明并不如此困难，尤其是瑞典，②在该领域已经指明什么可以做）。我要着重强调，不可能通过零星的措施消除失业这一信仰，就像众多认为飞行问题永远无法解决的物理学证明（甚至由生活在马克思之后的人提供）一样，站在了教条主义的同一平面上。当马克思主义者都像他们有时所认为的那样，说什么马克思证明反周期政策和类似的零星措施是无用的时，他们只不过没有谈真理；马克思探讨了无约束的资本主义，他却从未梦想过干预主义。因此，他从未探讨过对贸易周期进行系统干预的可能性，他也没有为这种干预的不可能性提出证明。令人奇怪的发现，抱怨资本家对人类苦难不负责任的同一种人，却根据这种教条主义的判断，很不负责地反对我们能够不学会如何减轻人类痛苦（正如马克思所说的，如何变成社会环境的主人），以及如何控制行为的一些不必要的社会反应的实验。然而，马克思主义的辩护士并没有怎么意识到这一事实，即他们以其自身所属的利益的名义反对进步；他们不明白，一切类似于马克思主义的运动都具有危险性，它不久就会代表一切所属的利益，只存在理智的投资和物质的投资。

　　另一个观点也必须在这里陈述。正如我们所看到的，马克思

---

①　参阅《上院秘密委员会受命研究一度遍及商业界的危机的原因以及随时能兑现的银行券发行管理法对该阶级的影响的报告。附证词和附件》，见《资本论》第3卷第25章（《马克思恩格斯全集》，第25卷，人民出版社1974年版，第455页以下）。

②　例如，参阅C. G. F. 西姆金写的论"预算改革"的两篇文章，载澳大利亚《经济实录》，1941年和1942年（也可见第一卷第九章第305页注①），这两篇文章讨论了反周期政策，并扼要报告了瑞典的措施。

认为，失业基本上是具有维持低工资和使剥削雇佣工人更容易的功能的资本主义机制的零部件；对他而言，苦难不断增加一直涉及雇佣工人的苦难不断增加；这正是马克思主义密谋的总观点。然而，即使我们假定，这种观点在其时代是正当的，作为一种预言，它无疑已被后来的经验所驳斥。自马克思的时代以来，雇佣工人的生活标准在各地都已提高；正如帕克斯①在他对马克思的批评中所强调的，由于价格比工资下降得更迅速，雇佣工人的实际工资甚至在萧条时期也趋于增长（例如，在最近一次大萧条时期就是如此）。这是对马克思的明显驳斥，尤其是自从它证明，失业保险的主要负担不是由工人，而是由企业主承担，因此，企业主通过失业只会直接受到损失，而不像马克思的图式所说的能够间接获利。

五

就讨论所及，在马克思主义理论中，甚至没有一种理论认真尝试过要证明这一在马克思论证的第一步中最为关键的论点；即，积累使资本家随着巨大的压力，在面临自身毁灭的痛苦之时，他被迫将这种压力转嫁给工人；所以，资本主义只能被摧毁而不能革新。在马克思的旨在确立利润率趋于下降的规律的理论中，包含着证明这种观点的企图。

马克思所说的利润率与利率是一致的；它指资本家的年平均利润对整个投入资本的百分比。马克思认为，这种利润率的下降是由于资本投入的迅速增长；因为这些资本必定积累得比利润上涨要快。

马克思试图用来证明这一论点的论证，再一次表明具有很大

---

① 参阅帕克斯《马克思主义——验尸》，特别是第 220 页注。

的创造性。正如我们所看到的，资本主义竞争迫使资本家进行提高劳动生产率的投资。马克思甚至承认，通过这种生产率的提高，他们为人类提供了很大的帮助："资本主义的文明方面之一是，同以前的形式（诸如奴隶制、农奴制等）相比，它以一种对发展生产力和在更高的基础上重建社会的社会条件更有利的方式和环境榨取剩余价值。由此可见，它甚至创造了一些要素……因为在任何既定的时间内所生产的有用商品的量依赖于劳动生产率。"① 然而，对人类的这种帮助并不仅仅是资本家毫无意图地提供的；考虑到下述理由，他们通过竞争被迫采取的这种行动也违背了其自身的利益。

　　一切工厂主的资本都可以被分成两部分。一部分被投入土地、机器、原料等。另一部分被用作工资。马克思称第一部分为"不变资本"、第二部分为"可变资本"；然而，由于我认为这种术语容易误导，我将称这两部分为"不动资本"和"工资资本"。依照马克思，资本家只有通过剥削工人，换言之，通过使用工资资本，才能获利。不动资本是一种资本家被迫通过竞争进行维护、甚至是不断增加的死荷重。然而，这种增加并不伴随有相应的利润的增长；只有工资资本的扩大才具有这种有益的结果。但是，生产率提高的总的趋势意味着，资本的物质部分相对于工资部分增加了。所以，如果不考虑利润的增长，那么总资本

———————

① 这些引文都出自《资本论》德文版，第3卷第2章，第354页以下（虽然"使用价值"更符合词意，我仍译成"有用商品"）。（在中文版《资本论》第3卷中，这段译文有些差异："资本的文明面之一是，它榨取剩余劳动的方式和劳动，同以前的奴隶制、农奴制等相比，都更有利于生产力的发展，有利于社会关系的发展，有利于更高级的新形态的各种要素的创造。由此可见，在一定时间内……究竟能生产多少使用价值，取决于劳动生产率。"见《马克思恩格斯全集》第25卷，人民出版社1974年版，第925—926页；其中最大的差异，除把"使用价值"译成"有用商品"外，波普尔还把"资本"译成了"资本主义"——译者。）

也就增长了；即是说，利润率必然要下降。

现在，这一论证经常受到责疑；诚然，在马克思之前，[1] 它就受到过含蓄的攻击。撇开这些不论，我认为，在马克思的论证中，可能存在某种东西；尤其是如果我们把它与马克思的贸易周期理论联系起来的话（在下一章中，我将扼要地重新提到这一观点）。然而，我在这里要责疑的是这一论证对苦难不断增长的理论的支持。

马克思是这样看待这一联系的。如果利润率趋于下降，那么资本家就面临毁灭。他所能做的必然是"向工人报复"，即增加剥削。

---

[1] 我所记起的这一理论（正如 J. 维勒告诉我的，它也为 J. 穆勒所主张或近似地主张）经常被马克思暗示到，然而，他在没能成功地弄清其观点之前就反对它。它可以扼要地表述为这一理论，即一切资本最终都变成工资，因为"不流动的"（或者像马克思的术语所说的"不变的"）资本已被以工资形式生产和支付。或者用马克思的术语说，并不存在不变资本，只存在可变资本。

这一理论得到帕克斯简明扼要的描述（前引书，第 97 页）："一切资本都是可变资本。如果我们考虑一种假定的工业，它控制从农场或矿山到最终成品的整个生产过程，而不从外界购买任何机器或原材料，就会明白这点。在这类工业中，生产的整个成本将由其工资单构成。"由于经济体系作为整体可以被视为这一种假定的工业，其中机器（不变资本）一直按照工资（可变资本）支付，不变资本的总量必然构成可变资本的总量的一部分。

我并不认为，这一论证（我本人曾经相信它）可以使马克思的立场失效（这也许是我惟一不赞同帕克斯对马克思的卓越批判的主要观点）。理由就是这个。如果假定的工业决定增加设备——不仅仅是更换它或者作必要的改进——那么，我们就可以把这一过程看作一个典型的靠利润投资的马克思式的积累过程。为了衡量这项投资的成效，我们不得不考虑几年之后利润是否按比例增长。诸如此类的新利润可以被重新投入。而在利润被投入（或者利润靠转化为不变资本而获得积累）的岁月里，它们被以可变资本的形式支付。但是，一旦它们被投入，在以后的时期里，它们就被视为不变资本的组成部分了，因为它们被期望能够按比例为新的利润做出贡献。如果它们不能这样，利润率必然会下降，因而我们说它是一项不当的投资。所以，利润率是衡量投资成效和新追加的不变资本的生产率的一种尺度，虽然新追加的不变资本当初总是以可变资本的形式支付，但它依然还是变成了马克思意义上的不变资本，并对利润率发挥了影响。

他要做到这点，只能通过延长工时；加快工作进度；降低工资；提高工人的生活费用（通货膨胀）；剥削更多的妇女和儿童。资本主义的内在矛盾——建立在竞争和赢利是冲突的事实之上——在此发展到一个顶点。其次，它们迫使资本家把剥削提高到一种不堪忍受的程度，随之造成阶级之间的张力。因此，妥协是不可能的。各种矛盾不能消除。它们最终必然封杀资本主义的命运。

　　这就是马克思的主要论证。然而，它们具有结论性吗？我们应该记住，增长的生产率是资本主义剥削的真正基础；只有工人能够生产出比他自身及其家庭所需要的更多的东西，资本家才能占有剩余劳动。用马克思的话来说，增长的生产率意味着增加的时间，归根结底意味着每小时能够生产出更多数量的商品。另一方面，它又意味着利润的极大增长。这一点是马克思所承认的。① 他并不认为利润会减少；他只认为总资本比利润增长得更快，所以利润率会下降。

　　但是，如果情况如此，就没有理由认为，资本家会因经济压力而痛苦，以致不论他愿意与否，他并不得不将这种压力转嫁给工人。可能实际情况是，他不愿意看到利润率下降。然而，只要资本家的收入不仅不会下降、相反会增加的话，就不存在现实的危险。对平均每位成功的资本家而言，情形都会是这样：他看到自己的收入在快速增多，他的资本乃是增长得更快；也即是说，他的储蓄比他所消费的收入部分增长得更快。我并不认为这是一种必须迫使他采取绝望措施的情形，或者是一种不能与工人达成妥协的情形。相反，在我看来，它是很能够容忍的。

---

① 参阅《资本论》第 3 卷第 13 章："所以，尽管利润率不断下降……它所生产的利润的绝对量，仍然能够增加，并且不断增加。事情还不只是能够如此。在资本主义生产的基础上，撇开那些暂时的波动，事情也必然如此。"（《马克思恩格斯全集》第 25 卷，人民出版社 1974 年版，第 242—243 页。）

当然，这种情形包含了一种危险的因素，这是事实，那些对不变利率或上升利率的假定作过思索的资本家，可能会遇到麻烦；诸如此类的事情确实不利于贸易周期、加重萧条。然而，这与马克思预言的扫除一切的结果几乎毫不相干。

这就是我分析马克思为证明苦难不断增长的规律而提出的第三步、并且是最后一步论证所得出的结论。

六

为了表明马克思的预言是如何完全错误的、而同时他对无约束资本主义的地狱的强烈抗议和他的"工人们，联合起来！"的要求又是如何正当，我将从《资本论》中他讨论"资本主义积累的一般规律"[①] 一章中援引几段话。"……在真正的工厂中……需要大量的还没有脱离少年期的男工。少年期一过，便只剩下极少数的人能够被原生产部门继续雇用，而大多数的人通常要被解雇。他们成了流动过剩人口的一个要素，这个要素随着工业规模的扩大而增大……资本消费劳动力是如此迅速，以致工人到了中年通常就已多少衰老了……'曼彻斯特保健医官李医生证实，该市富裕阶级的平均寿命是 38 岁，而工人阶级的平均寿命只有17 岁。在利物浦，前者是 35 岁，后者是 15 岁……'……榨取工人子女以奖励工人生育子女……""劳动生产力越高……他们的生存条件……也就越没有保障……在资本主义体系内部，一切提高社会劳动生产力的方法……都变成统治和剥削……的手段，都使工人畸形发展……把工人贬低为机器的附属品，使工人受劳动的折磨，从而使劳动失去内容……并且把工人的妻子儿女都抛

[①] 这段中的引文都出自《资本论》（分别见于《马克思恩格斯全集》第 23 卷，人民出版社 1972 年版，第 703—704、707—708、707、707 和 708 页）。

到资本的札格纳特车轮下……积累的每一次扩大又反过来成为发展这些方法的手段。由此可见，不管工人的报酬高低如何，工人的状况必然随着资本的积累而日趋恶化。""社会的财富即执行职能的资本越大，它的增长的规模和能力越大……过剩人口也就越多……""产业后备军的相对量和财富的力量一同增长。但是……这种后备军越大……他们的贫困同他们所受的劳动折磨成反比（马克思亲自校订过的法文版中是'成正比'——中译本译者注）。……官方认为需要救济的贫民也就越多。这就是资本主义积累的绝对的、一般的规律。""因此，在一极是财富的积累，同时在另一极……是贫困、劳动折磨、受奴役、无知、粗野和道德堕落的积累。"

马克思刻画的他那个时代的经济可怕图景简直太真实了。然而，他的苦难伴随着积累而增长的规律却不能相信。自他的时代以来，生产资料的积累和劳动生产率的增长已经达到这一程度，即使是马克思也几乎不能想到。然而，童工、工作时间、劳累的痛苦以及工人生存的无保障却并没有增加；它们已经下降。我并不是说，这个过程应该继续。并不存在进步的规律，一切都依赖于我们自身。但是，实际的情形可以用帕克斯①的一句话来做简洁而又公正的概括："低工资、长工时以及童工，并不像马克思预

---

① 关于帕克斯的结论，参阅《马克思主义——验尸》第102页。

在这里应该提及，在19世纪里，马克思的革命取决于苦难的理论在某种程度上已被一些国家所爆发的革命证实，在这些国家里，苦难实际上增加了。然而，与马克思的预见相反，这些国家都不是那些发达的资本主义国家。它们不是农民国家，就是资本主义还处于原始的发展阶段的国家。帕克斯为证明这一陈述提供了一份名录（参阅前引书，第48页）。似乎随着工业化的进步，革命趋势反而减少了。因此，俄国革命不能被解释为早熟（先进的国家也不能解释为革命已经成熟），毋宁把它解释为一种典型的资本主义幼年期苦难和农民苦难的产物，这些苦难为战争的苦难和失败的时机所加剧。另见本书第275页注①。

言的，是资本主义成熟时期的特征，而只是它的婴儿期的特征。"

　　无约束的资本主义已经一去不复返。自马克思的时代以来，民主的干预取得了巨大的进步，改进的劳动生产率——资本积累的结果——实质上使消除苦难成为可能。这表明，尽管无疑犯过一些重大错误，但还是取得了很大成就，这将鼓励我们相信，我们还能取得更大的成就。因为还有许多事情需要去做却又还没有做。只有民主的干预能够使它成为可能。这有赖于我们去实现它。

　　对我的论证的力量，我不抱任何幻想，经验表明，马克思的预言是虚假的。然而，经验永远能继续解释。诚然，马克思本人和恩格斯对辅助性前提（被设计来解释苦难不断增长的原因）的详细解释，并未像他们所期望的那样发挥作用。依照这一前提，利润率下降的趋势，以及随之而来的苦难的不断增长，受到殖民地剥削的结果（或者像通常所说的"现代帝国主义"）的抵制。依照这一理论，殖民地的剥削是一种将经济压力转移给殖民地无产阶级——一个无论在经济上还是在政治上都比国内工业无产阶级更脆弱的集团——的一种方法。马克思写道："至于投在殖民地等处的资本，它们能够提供较高的利润率，是因为在那里，由于发展程度较低，利润率一般较高，由于使用奴隶和苦力，等等，劳动的剥削程度也较高。为什么……送回本国的较高的利润率，……不应当参加一般利润率的平均化，因而不应当相应地提高一般利润率呢，这是不能理解的。"① （值得一提的是，

---

① 参阅《马克思恩格斯全集》第 25 卷，人民出版社 1974 年版，第 265 页。
　　在这段话的一个注脚中（即《马克思恩格斯全集》第 25 卷，人民出版社 1974 年版，第 265 页注），马克思认为亚当·斯密是正确的，并反对李嘉图。
　　亚当·斯密的这段话（马克思可能提示过）在下面这段中进一步被援引：它出自《国富论》（第 2 卷，人人丛书版，第 95 页）。
　　马克思引用一段李嘉图的话（麦克库洛赫编：《李嘉图文集》，第 73 页或《李嘉图文集》人人丛书版，第 78 页）。然而，还有一段更具特征的话，在那里李嘉图主张，亚当·斯密描述的机制"不能……影响利润率"（《原理》，第 232 页）。

隐藏在这种"现代"帝国主义理论背后的主要观点，可以追溯到160多年以前的亚当·斯密，他说过，殖民地的贸易"必然对维持利润率有益"。）恩格斯在发展这一理论方面比马克思要前进一步。由于他不得不承认，在英国，占优势的趋势不是苦难的增长，而是相当大的改进，他提示，这可以归因于英国"剥削全世界"这一事实；他讽刺地抨击"英国无产阶级"，他们不但没有经受他所期望的痛苦，却"实际上日益资产阶级化了"。他继续说："这一所有民族中最资产阶级化的民族，看来想把事情最终弄到这样的地步，即除了资产阶级，它还要有资产阶级化的贵族和资产阶级化的无产阶级。"①现在，恩格斯这种阵线的变化至少像我们在上一章提及的他的另一种变化一样明显；② 这种变化是在一种证明是减少苦难的社会发展的影响下造成的。马克思谴责资本主义"使中产阶级和小资产阶级无产阶级化"，谴责它把工人降落为贫民。恩格斯现在却谴责资本主义体系——它仍在受谴责——将工人变成资本家。然而，在恩格斯的抱怨中，最精彩的一笔是这一义愤，它迫使恩格斯把英国人——他们表现得如此轻率以致证伪了马克思的预言——称作"所有民族中最资产阶级化的民族"。依照马克思主义的理论，从这个所有民族中最资产阶级化的民族中，我们应该期望苦难和阶级张力发展到一种不堪忍受的程度；相反，我们听到的却是相反的情形发生了。然而当善的马克思主义者听到资本主义体系的令人难以置信的邪恶把善良的无产阶级变为恶劣的资产阶级时，他们简直火冒三丈；完全忘记了马克思所表明的资本主义体系的邪恶仅仅在于这一事实，即它用正好相反的方法在运动。所以，在列宁对现代英

---

① 参阅《恩格斯致马克思（1858年10月7日）》，《马克思恩格斯选集》第4卷，人民出版社1995年版，第552页。
② 关于这种阵线的变化，参阅第十九章第259页注②及正文。

帝国主义的罪恶原因和可怕结果的分析之中，我们读到："原因是：（1）这个国家剥削全世界；（2）它在世界市场上占有垄断地位；（3）它拥有殖民地垄断权。后果是：（1）英国一部分无产阶级已经资产阶级化了；（2）英国一部分无产阶级受那些被资产阶级收买或至少是领取资产阶级报酬的人领导。"① 在把"无产阶级资产阶级化了"这一可爱的马克思主义称号赋予一种可憎的趋势之后——它之所以可憎主要是因为它不符合马克思所设想的世界发展的趋势——列宁显然相信，它已经变成马克思主义的趋势。马克思本人认为，全世界通过资本主义工业化的必要的历史时期是越快越好，因此，他趋于支持帝国主义的发展②。然而列宁得出一个完全不同的结论。由于英国占有殖民地是国内工人追随"被资产阶级收买的领导"而不是共产党的原因，他在这个殖民地帝国看到一种潜在的扳机或导火索。殖民地的革命一旦使苦难不断增长的规律在国内生效，国内的革命就会接踵而来。因此，殖民地是烈火蔓延之地……

我并不认为，辅助性前提——我已概括了它的历史——能够拯救苦难不断增长的规律；因为这一前提本身受到经验驳斥。有一些国家，例如斯堪的那维亚各民主国家、捷克斯洛伐克、加拿大、澳大利亚、新西兰、更不用说美国，撇开殖民地的剥削对那里没有影响，或者无论如何对支持这一前提根本不重要不论，民主的干预主义能够保障工人维持一种高标准的生活。而且，只要

---

① 参阅列宁《帝国主义是资本主义的最高阶段》，《列宁选集》第 2 卷，人民出版社 1995 年版，第 668 页。

② 这也许是一种借口，尽管只是一种很不令人满意的借口，因为帕克斯在《马克思主义——验尸》中引述了大量对马克思的沮丧评论（第 213 页注 3）——它们之所以特别沮丧，是因为它们提出了马克思和恩格斯是否是人们希望他们成为的真正的自由爱好者；他们是否没有受到黑格尔的不负责任和民族主义的过多影响（与人们从其一般教诲所期望的相比）。

我们用丹麦、瑞典、挪威及捷克和斯洛伐克这些并不"剥削"殖民地的国家，与诸如荷兰和比利时之类的"剥削"殖民地的国家作一比较，我们并不能发现，工业工人从殖民地的占有中获了利，因为所有这些国家的工人阶级的情形有着惊人的类似。此外，尽管苦难通过殖民化被强加给土著是文明史上最黑暗的篇章之一，但并不能够断定，自马克思的时代以来，他们的苦难已趋于增长。情况恰好相反；许多事情获得了很大的改进。如果辅助性前提和原初的理论都正确，那么在这些地方，苦难的不断增长就必须予以特别注意。

七

正如我在前几章讨论马克思论证的第二步和第三步一样，我现在想通过指明它对马克思主义政党的策略的一些实际影响，来证明马克思预言式论证的第一步。

社会民主党在明显的事实的压力下，不言而喻地放弃了苦难的强度在增长的理论；但是他们的整个策略仍然建立在这一假定之上，即苦难的范围在不断增长的规律是有效的，也即是说，工业无产阶级在人数上的优势必然在继续增长。这就是为什么他们把政策毫无二致地建立在代表工业无产阶级的利益的基础之上，同时坚决相信，他们正代表着，或说不久即将代表着"绝大多数人"[①]。他们从不怀疑《共产党宣言》的这一断言，即"过去的一切运动都是少数人的……运动。无产阶级的运动是绝大多数

---

① 参见《马克思主义手册》第 295 页："通过越来越多地将大多数人口变成无产阶级，资本主义的生产方式创造出被迫实现这场革命……的力量。"关于出自《共产党宣言》的这段话，参见《马克思主义手册》第 35 页——关于接下一段话，参见《马克思主义手册》第 156 页。

人的、为绝大多数人谋利益的自觉的、独立运动"。因此，他们信心十足地等待着阶级意识和工业工人的保障将使他们赢得大选的多数的那一天。"究竟谁将最终获胜——是少数剥削者，还是绝大多数工人，是毋庸置疑的"。他们没有看到，工业工人在任何地方都不能形成多数，更无须说"绝大多数"，统计资料在任何地方都没有显示他们在人数上增加的趋势。他们并不明白，只要民主的工人政党准备与其他政党（例如，某些代表农民或中间阶级的政党）进行妥协或者是合作的话，它们的存在就完全是正当的——他们没有看到，如果他们试图作为绝大多数人的惟一代表统治国家，他们就必须改变自己的整个政策，停止主要地或毫无二致地代表工人。当然，并不存在什么可以代替这种政策的改变，以便能够朴素地断言，这样的无产阶级政策（正如马克思所说的①）只不过使"农村生产者接受其地区中心城镇的知识分子的领导，保证他们在那里的工人中成为其利益的自然受托管理者……"

共产党的立场则不同。他们严格地坚持苦难不断增长的理论，坚信一旦暂时的工人资产阶级化的原因被消除，苦难就不仅在范围上，而且在强度上都会增长。这种信念对马克思所说的他们政策的"内在矛盾"有很大帮助。

这种策略情形似乎很简单。由于马克思的预言，共产党肯定知道，苦难很快就会增长。他们也知道，这个政党如果不为工人斗争、不与工人一道去改善他们的命运，它就不能赢得工人的信任。这两个基本假定显然决定了他们的一般策略的原则。让工人要求获得应得的份额，在工人为面包和栖身地而不断战斗的每一个特殊时期都支持他们。与工人一道为实现他们的实际需求而顽强战斗，无论这些需求是经济的还是政治的。这样，你就能赢得

---

① 关于这段惊人的质朴文字，参见《马克思主义手册》第147页。

他们的信任。同时，工人将会了解，对他们而言，企图通过这些微小的战斗改善自己的命运是不可能的，只有总体的革命才能带来这种改善。因为所有这些微小的战斗注定是不能成功的；我们从马克思那里知道，资本家是根本不会继续妥协的，"苦难最终必然会增长。因此，工人日常同压迫者战斗的惟一结果——然而是一种有价值的结果，是其阶级意识的提高；这是一种只有在战斗中才能赢得的联合起来的情感，并伴随有一种绝望的认识，即只有革命才能从苦难中解救他们。当这个阶段达到时，那么，最后摊牌的钟声就敲响了。

共产党所贯彻执行的就是这一理论。首先，他们支持工人改变自己命运的战斗。然而，与所有期望和预言相反，这种战斗成功了。各种要求得到认可。显然，理由是他们曾经太温和了。所以，人们应该提出更多的要求。然而，各种要求又得到认可①。随着苦难的减少，工人变得不怎么抱怨，更愿意为工资讨价还价，而不愿为革命密谋。

现在，共产党发现他们的政策必须调转过来。必须采取某些措施让苦难不断增长的规律起作用。例如，必须挑起殖民地的骚乱（即使那里根本就不存在革命成功的时机），为了抵制工人资产阶级化的一般目的，必须采取一种煽动各种灾祸的政策，然

---

① 关于这一政策，参见马克思《共产主义者同盟中央委员会告同盟书》，在第十九章有关注释中有引用。进一步可看出自《告同盟书》的下述段落："因此，例如，如果小资产阶级意欲购买铁路和工厂，工人就应该要求这类铁路和工厂应无须补偿地完全由国家没收；因为它们是反动分子的财产。如果民主主义者意欲比例税制，工人就应该要求累积税制。如果民主主义者自身宣布一种适度的累积税制，工人就应该坚持一种高额累积税制；高额到一种会引起大资本崩溃的程度。如果民主主义者意欲调节国家债务，工人就应该要求国家破产。工人的要求将依赖于民主主义者的意图和措施。"（《马克思主义手册》第70页；着重号为引者所加。）这些都是共产主义者的策略，马克思对他们说："他们的战斗口号应该是：'不断革命！'"

而，这种新政策摧毁了工人的信任。除那些没有经历过现实政治斗争的人之外，共产党丧失了全部成员。他们恰恰丧失了那些被描述为"工人先锋队"的成员；他们不言自明的原则是："事情越坏，他们就越好，因为苦难必然预示着革命。"这就使工人怀疑——这一原则运用得越好，工人持有的怀疑就越恶化。因为他们都是现实主义者；谁要赢得他们的信任，谁就必须努力改善他们的命运。

因此，这项政策必须重新调转过来；我们必须为工人命运的直接改善而战斗，与此同时，相反的情形却出现。

随之而来，这一理论的"内在矛盾"就造成最后阶段的混乱。这是一个很难知道谁是叛徒的阶段，因为在这个阶段，变节可能就是忠而又忠的变节。人们之所以追随共产党，并不仅仅是因为它（正确地，我对这点有所担心）向人们呈现为惟一具有人道主义目标的生机勃勃的运动，而主要是因为它是一种建立在科学理论之上的运动，人们不是告别它，就是牺牲自己精神上的正直；因为他们现在必须学会盲目地信仰某些权威。最终，他们必然都变得神秘——敌视合理的论证。

似乎威胁着要造成其衰落的，只有资本主义正在经历着内在矛盾的痛苦……

第二十一章　对预言的评价

构成马克思历史预言之基础的论证是无效的。他想从观察当代经济的趋势出发，推出预言式的结论，这种创造性的尝试已经失败。它所失败的原因，不在于论证的经济基础不充分。马克思对当代社会的社会学的和经济的分析，在某种程度上可以说是片面的。然而，撇开其偏见不论，就它们都具有描述性而言，则是优秀的。作为一名预言家，马克思失败的原因，完全在于历史主义的贫乏，在于这一简单的事实，即，即使我们观察今天所表现的历史趋势或倾向，我们也不可能知道，它明天是否会有同样的表现。

我们应该承认，马克思透彻地看到许多事情。如果我们只考虑他的预言，即如马克思所了解的，无约束的资本主义制度不可能持续得太长，其辩护士认为它会永远持续是错误的，那么，我们就应该说他是正确的。他主张，资本主义之所以能够转变成一种新的经济制度，在很大程度上是"阶级斗争"，即工人的联合造成的，这也是对的。然而，我们不应该走过了头。说什么马克思以另一种名义即社会主义，预言了新制度即干预主义。[①] 真实情况是，他根本没有暗示前面将存在什么。他所说的"社会主义"完全不同于任何形式的干预主义，甚至不同于俄国的形式；因为他坚决认为，即将来临的发展会消除国家在政治和经济上的

[①]　参阅第十七章第 205 页注②和第十八章第 236 页注及正文。

影响，而干预主义却无处不在扩大这种影响。

　　既然我是在批评马克思，并在某种程度上赞扬民主的零星的干预主义（尤其是第十七章第七节解释的制度上的干预主义），我想澄清的是，我非常同情马克思减少国家影响的期望。无疑，干预主义的最大危险——尤其是一切直接干预的危险——是导致国家权力和官僚制度的增强。大多数干预主义者都没有留意到这点，或是对之视而不见，这就更增加了危险性。然而，我认为，一旦坚定地正视这种危险，控制它是可能的。因为，这不过是一个社会工艺学和社会零星工程学的问题。然而，由于它构成对民主的威胁，因此，重要的是要尽快解决它。我们应该不仅要为安全作计划，还要为自由作计划，原因莫过于，只有自由才能确保安全。

　　然而，让我们返回到马克思的预言。他认为已经发现的历史趋势之一，似乎是它比其他事情更具有持久的特征；我指的是生产资料积累的趋势，尤其是劳动生产率提高的趋势。诚然，似乎这一趋势会持续一段时间，当然，如果我们能够继续保持文明发展的话。然而，马克思并不只是承认这一趋势及其“文明的方面”，他还认清了它固有的危险。尤其是，尽管有几位前辈，例如傅立叶，① 马克思却是最早强调“生产力的发展”（他在其中看到资本的历史使命和正当性②）和信贷制度（它似乎刺激了工业主义的迅速发展，即贸易循环的来临）之间是有联系的人之一。

　　马克思本人的贸易循环理论（上一章的第四节讨论过）或

---

①　恩格斯在《反杜林论》中说，傅立叶早就发现了资本主义生产方式的“恶性循环”；参阅《马克思主义手册》第 287 页（《马克思恩格斯选集》第 3 卷，人民出版社 1995 年版，第 610 页）。

②　参阅《马克思主义手册》第 527 页（即《资本论》德文版，第 3 卷，第 1 章，第 242 页）。

许可以解释如下：即使自由市场的固有规律真的能够造成一种充分就业的趋势，那么，每次逼近就业，即劳动短缺，都会刺激越来越多的发明家创造并引进新的节省劳动的机器，从而把失业和萧条提高到（短暂的繁荣之后的）新的波峰，就也是真的。这个理论是否包含真理，以及包含多少真理，我并不知道。正如我在上一章说过的，贸易循环理论是一个十分困难的主题，也是我不想涉及的主题。然而，由于马克思的论点，即生产率的提高是有助于贸易循环的因素之一，在我看来很重要，请允许我引申一些十分明确的思考以支持它。

下述所排列的可能发展当然很不完备；然而，它的建构方式是，每当生产率提高时，至少下述发展之一，有时可能是多种发展，必然会开始，并且必然会推进到足以平衡生产率的提高的程度。

（A）投资增加，也即是说，这种资本商品被作为加强生产其他商品的力量而生产（由于这会导致生产率的进一步提高，资本商品不可能长期独自平衡其结果）。

（B）消费增加——生活水平提高：

（a）整个人口的生活水平提高；

（b）其中一部分人的生活水平提高（例如，一定阶级的生活水平提高）。

（C）劳动时间减少。

（a）每天的劳动时间减少；

（b）非产业工人的人数增加，以及尤其是

（b_1）科学家、医生、艺术家和商人等增加。

（b_2）失业工人的人数增加。

（D）生产商品而非消费商品的数量增加。

（a）消费商品被摧毁；

（b）资本商品没被使用（工厂闲置）；

（c）消费商品（A）类（例如武器）以外的商品被生产；

（d）劳动被用作摧毁资本商品（以及因此而降低生产率）。

我是这样来排列这些发展的——当然这种排列也能得到详细说明——直到虚线即（C，b_1）为止，这些发展一般被认作是合乎需要的。而从（C，b_2）往下，出现的是那些通常被认作不合需要的发展；它们预示着萧条，军火制造和战争。

现在很清楚，由于（A）类不能独自恢复商品平衡，尽管它可能是非常重要的要素，某一种或几种其他发展必然介入。而且，似乎有理由假定，如果没有制度作保障，把合乎需要的发展推进到足以平衡提高了的生产率的程度，一些不合乎需要的发展就会开始。然而，所有这些，或许除了军火生产之外，都具有可能导致（A）类锐减的特征，这必然使形势严重恶化。

虽然上述这些思考可以解释极权国家在战胜失业方面的成就，但我并不认为，它们能够"解释"（就这词的任何意义上说）军火或战争。虽然它们或许可以将某些事情归功于这种解释（其中信贷和货币可能发挥了重要作用），但是我不认为它们能够"解释"贸易循环；因为，例如（A）类的减少可能相当于贮藏了那些本来要投资的储备——一个被广泛讨论的重要因素。[1] 马克思主义的利润率下降的规律（如果这个规律根本站得住脚[2]）也能对贮藏的解释提供某种暗示，这并不是不可能的。因为，如果假定一个快速积累时期能够导致这种下降，就有可能阻挠投资、鼓励贮藏、减少（A）类。

然而，所有这些都不是贸易循环理论。贸易循环理论有不同

---

[1]　例如参阅帕克斯《马克思主义——验尸》第 102 页以下。

[2]　这是一个我希望公之于众的问题。

的任务。其任务是解释，自由市场制度作为一种高效率的平衡供求的工具，为何不能防止萧条，[①] 即生产过剩或消费不足。换言之，我们必须表明，市场的买卖，像一种我们的行动不想要的社会反应一样，[②] 造成了贸易循环。马克思主义的贸易循环理论的着眼点即在此；这里所概括的对生产率提高的总趋势之结果的思考，至多只能补充贸易循环理论。

对这一切有关贸易循环的思考所取得的成绩，我并不想作评判。然而，我显然明白，即使在现代理论看来它们迄今已被完全取代，然而它们还是很有价值的。单是马克思广博地涉及这一问题的事实，就应该让他享有极高的荣誉。随着时间的推移；至少他这方面预言的大部分已被证实；生产率提高的趋势在继续，贸易循环在继续；或许正是贸易循环的继续导致了干预主义的反对措施，从而导致对自由市场制度进一步限制；这一发展证实了马克思的预言，即贸易循环必然是造成无约束的资本主义制度崩溃的因素之一。对此，我们必须补充另一条成功的预言，即工人的联合在这个过程中是另一个重要因素。

从所列举的这些重要的、很大程度上是成功的预言来看，说历史主义贫乏有根据吗？即使马克思的历史预言只取得局部的成功，我们当然也不能随便取消他的方法。对马克思成功的深入观察表明，导致他成功的并不是其历史主义的方法，而一直是制度学分析的方法。因此，引出资本家被迫通过竞争提高生产率这一结论的，并不是历史主义的分析，而是一种典型的制度学分析。马克思建立贸易循环理论和剩余人口理论的基础，是一种制度学分析。甚至阶级斗争的理论也是制度学的；是控制财富和权力的分配之机制的组成部分，是使广泛意义上的集体议价成为可能的

---

① 这个观点已为我的同事 G. G. F. 西姆金教授在讨论中所强调。

② 参阅第十四章第 164 页注①和第十七章第 202 页注②的结尾。

机制的组成部分。在这种制度学分析中，没有可供典型的历史主义的"历史发展规律"、阶段、时期或趋势发挥任何作用的余地。另一方面，在马克思较为雄心勃勃的历史主义结论中，他的"不可抗拒的发展规律"和"不能逾越的历史阶段"，没有一条证明是成功的预言。只是就马克思分析过各种制度及其功能而言，他才是成功的。相反的情形也是真的：马克思的较为雄心勃勃和横扫一切的历史预言，没有一条属于制度学分析的范围。无论在哪里通过这种分析进行支持它们的尝试，推演都是无效的。诚然，同马克思本人的高标准相比，这些横扫一切的预言都停留在一种十分低的理智水平上。它们当然不仅是一堆充满幻想的思维，而且也缺乏政治想象力。粗略地说，马克思具有他那个时代的工业家，即"资产阶级"的信念，即信仰进步的规律。诚然，黑格尔、孔德，以及马克思和穆勒的这种朴素的历史主义的乐观主义，并不比柏拉图和斯宾格勒的悲观主义的历史主义缺少迷信色彩。它对预言家是一种很坏的精神素质，因为它必然束缚历史的想象力。诚然，有必要承认，在人类事务中一切都可能发生，这是一切无偏见的政治学观点的原则之一；尤其是，从可能违背所谓人类进步的趋势或者任何其他所谓"人性"的规律的基础上，并不能把可以设想的发展驱逐掉。H. A. L. 费舍尔写道："进步的事实被明白而又慷慨地记录在历史的页码上；然而进步并不是一种自然的规律。一代人所获得的基础，可能被另一代人丧失。"①

依照一切都可能发生的原则，值得指出，马克思的预言可能也能实现。像 19 世纪进化论的乐观主义这样的信念，可能成为强大的政治力量；它能够有助于促成预言过的事情。因此，即使

---

①　参阅费舍尔《欧洲史》序言，1935 年，第 1 卷，第 vii 页。这段话在第二十五章第 427 页注①中有更全面的引用。

一种正确的预言，也不一定就能作为一种理论及其科学特征的证明轻易被人接受。毋宁说它是理论的宗教特征的结果，是对宗教信仰能够在人之中唤起力量的证明。在马克思主义中，宗教的因素尤为明显。在工人苦难深重和落魄的时候，马克思的预言为他们提供了坚信自己的使命、坚信自己的运动能够为全人类准备美好未来的令人鼓舞的信仰。回顾 1864 年至 1930 年的事情经过，我认为，若不是马克思放弃研究社会工艺学这一某种程度上的偶然事实，欧洲的事务可能已经发展成非集体主义型的社会主义。就俄国和中欧的马克思主义者而言，为社会工程学和设计自由所做的详尽准备，或许导致了明显的成功，令开放社会的一切友人感到信服。然而，这并不是对科学预言的证明。它或许是宗教运动的结果——信仰人道主义，以及为改造世界的目的而批判运用我们的理性的结果。

　　然而，事情的发展却不同。马克思信条中的预言因素在其追随者的心中占了优势。它将其他事情推到一旁，排除了冷静而批判的判断力，摧毁了我们用理性能够改变世界的信念。马克思的教诲中所剩下的只有黑格尔的神谕哲学，这种哲学以马克思主义的面具威胁要涣散争取开放社会的斗争。

马克思的伦理学

第二十二章　历史主义的道德理论

在《资本论》中，马克思给自己确定的任务是要揭示社会发展的必然规律。它不是要揭示对技术人员有用的经济规律。它既不分析经济条件——这些条件允许实现诸如公平价格、财富的平均分配、安全、生产等的合理计划，以及首先是自由之类的社会主义目标；也不试图分析和澄清这些目标。

然而，尽管马克思强烈反对乌托邦工艺学，反对任何为社会主义目标作道德辩护的企图，但是他的著作不言自明地包含着一种道德理论。马克思对资本主义的讽刺毕竟是一种道德谴责。这种体系受到谴责，是因为其中内在地包含着残酷的不公，这种不公与完全是"形式上的"公正和正义是结合在一起的。这种体系受到谴责，是因为它通过迫使剥削者奴役被剥削者，这两种人的自由都给剥夺了。马克思不反对财富，也不赞美贫穷。他憎恶资本主义，不是因为它积累财富，而是由于它的寡头垄断的特性；他憎恶它，是因为在这个体系中，财富意味着凌驾于别人之上的政治权力。劳动力被当作商品；这意味着，人必须在市场上出卖自身。马克思憎恶这种体系，是因为它与奴隶制类似。

通过这样强调各种社会制度的道德方面，马克思强调我们对自己行为的更远的社会反应负有责任；例如，那些有助于延长社会不公的制度之寿命的行为。

然而，虽然《资本论》事实上主要是一篇论述社会伦理学的论文，这些伦理观念从来没有被这样表述过。它们只是通过暗示表述出来，但并不因此而缺乏力度，因为这些暗示是很明显的。我认为，马克思避免一种明确的道德理论，是因为他憎恶说教。出于对那帮经常宣讲圣水却自己喝酒的道德学家的极端不信任，马克思不愿意明确阐述他的伦理观念。人道和正派的原则在他看来是无须讨论的问题，是理所当然的问题（在这方面，他是一个乐观主义者）。他攻击道德学家，是因为他把他们看作一种他认为是不道德的社会秩序的谄媚的辩护士；他攻击自由主义的颂扬者，是因为他们自我满足；是因为他们把自由等同于当时存在于毁灭自由之社会体系中的形式上的自由权。因此，通过暗示，他承认自己热爱自由；尽管作为一个哲学家，他对整体论存在偏见，但他肯定不是一个集体主义者，马克思的信仰基本上是一种开放社会的信仰。

马克思对于基督教的态度既与这些信念密切相关，也与这一事实相关，即，为资本主义剥削作伪善的辩护是那个时代官方基督教的特征（他的态度与同时代的基督教伦理学的伟大改革者克尔凯戈尔的态度不同，后者揭露了当时的官方基督教道德是反基督教和反人道的伪善①）。这种基督教的典型代表是高教会的牧师 J. 唐森，一个愿人幸福的人所著的《论济贫法》一书的作者，一个马克思所揭露的剥削的最粗俗的辩护士。唐森一开始就赞美说：“饥饿不仅是和平的、无声的和持续不断的压力，而且是刺激勤勉和劳动的最自然的动力，会唤起最大的干劲。”在唐森的“基督教的”世界秩序中，一切都依赖于（如马克思所观察的）让饥饿在工人阶级中永存；唐森认为，这的确是人口增长原则的神圣目的；因为他继续说：“这似乎是一个自然规律：穷人在一定程度上是轻率的，所以，总是有一些人去担任社会上

---

① 关于克尔凯戈尔反对“官方基督教”的斗争，参阅其著作《审判书》，1905年德文版，哥特希德编。

最卑微、最肮脏和最下贱的职务。于是，人类的幸福基金大大增加，比较高雅的人们……可以自由地不受干扰地从事那些适合于他们的不同性情的职业。"而这位"高雅的教士谄媚者"（马克思这样称呼他）还补充说：通过帮助饥饿者，救贫法趋于"要破坏上帝和自然在世界上所创立的这个制度的和谐与优美、均衡与秩序。"①

如果这种"基督教"从我们地球的较好的部分的表面消失了，那么，它在极大程度上应该归功于马克思所带来的道德改革。我并不是指，早在马克思对英国发生任何影响之前，英国教会对穷人的态度的改革没有开始；但是他影响了这一发展，尤其在欧洲大陆，社会主义的兴起在英国也强化了它的这种效果。他对基督教的影响或许可以与路德对罗马教会的影响相比。两者都是一种挑战，两者都在他们的敌对营垒中导致了一种反改革，导

---

① 参阅唐森（一个愿人类幸福的人）所著的《论济贫法》，1817 年；马克思引在《资本论》第 715 页（《马克思恩格斯全集》第 23 卷，人民出版社 1972 年版，第 709 页，其中，"可以自由地不受干扰地从事那些适合于他们的不同性情的职业"一句，在中文版中为"可以不受干扰地从事比较高尚的职业"——译者）。

　　在《资本论》第 711 页（中文版见前引书第 706 页），马克思摘引了"充满精神和机智的修道院长加利阿尼"说的话，认为他也持相同的观点，加利阿尼说："上帝安排好了，让从事最有益的职业的人生得绰绰有余。"见加利阿尼《货币论》，1803 年版，第 78 页。

　　事实是，即使在西方国家，从 H. G. 威尔斯反对英奇主教对西班牙内战所持的有偏见的和支持法西斯主义的态度的精彩论战中，就可以看出，基督教尚未完全摆脱为复归于反动的和压迫的封闭社会作辩护的精神。参阅 H. G. 威尔斯《战争与和平的常识》，1940 年，第 30—40 页（涉及威尔斯的著作时，我并不打算把我自身同他关于联邦所说的一切连接在一起，不论是批判的还是建设性的；尤其不能同他在第 56 页提出的关于充分授权的世界委员会的观念连接在一起。在我看来，这个观念中所包含的法西斯主义危险是很大的）。另一方面，存在一种相反的危险，即支持共产主义教会的危险；参阅本书第一卷第九章第 322 页注②。

致对他们的伦理标准的修正和重估。如果说基督教今天走向了一条与它30年前追寻过的道路不同的道路，那么，它应该把许多都归功于马克思的影响。基督教会能够听到克尔凯戈尔的声音，部分地也应归功于马克思的影响。克尔凯戈尔在《审判书》中把自身的活动描述如下："谁的工作是创造一种矫正的理念，谁就只好准确地深入地去研究现存秩序的腐败部分——从而以尽可能袒护的方式去强调它的对立面"（他补充道："既然如此，一个表面上聪明的人很容易提出反对与这个矫正的理念相反的袒护——他会使公众相信这就是它的全部真理"）①。在这个意义上人们可以说，早期的马克思主义以及它的伦理的严谨和它对行动而不是纯粹词句的强调，或许就是我们时代最重要的矫正理念。② 这点解释了其巨大的道德影响。

　　在马克思的一些早期著作中，要求人必须在行动中证明自身，这是特别明显的。这种态度——它可以被描述为马克思的行动主义——在他的《关于费尔巴哈的提纲》的最后一条中得到最明显的阐述："哲学家们只是用不同的方式解释世界，而问题在于改变世界。"③ 然而，有许多其他话也表明了同样的"行动主义"的倾向；尤其是那些马克思把社会主义说成是"自由王国"的话，人在其中将成为"他自身的社会环境的主人"的王国。马克思把社会主义设想为这样一个时期，在这个时期中，我们基本上摆脱了现在决定我们生活的那些不合理的力量，人的理性能够积极地控制人的事务。根据所有这一切来判断，根据马克思的一般道德和情感态度来判断，如果面对这样一个选择，即

---

① 参阅克尔凯戈尔的《审判书》第172页。
② 但可参阅克尔凯戈尔对路德所说的某些可能对马克思也是真实的话："路德的矫正观念……产生于异教的……最诡辩的形式。"（前引书，第147页）
③ 《马克思恩格斯选集》第1卷，人民出版社1995年版，第61页。

"我们是做自己命运的创造者呢？还是满足于做一个命运的预言家？"我相信他会做一个创造者，而不只是做一个预言家。

但是，就像我们已经知道的，马克思著作中的这些强烈的"行动主义"倾向受到了他的历史主义的抑制。在历史主义的影响下，他主要地成了一个预言家。他确定，至少在资本主义之下，我们必须服从"各种无情的规律"，服从这一事实，即我们所能做的就是去"缩短和减轻其进化的自然阶段的分娩的痛苦"。① 在马克思的行动主义和他的历史主义之间，存在一条很宽广的鸿沟，这条鸿沟被他的这一理论进一步扩大了，即认为我们必须服从历史的纯粹不合理的力量。因为，自从他把为了设计未来而运用我们的理性的一切尝试斥之为乌托邦，理性就可能不再参与带来一个更合理的世界。我认为，这样一种观点是不可能成立的，并且必然会导致神秘主义。然而，我必须承认，虽然我不认为这座桥会是坚固的，但似乎还是有为这种鸿沟架桥的理论上的可能性。我把这座桥——关于它在马克思恩格斯的著作中只能找到一些粗略的计划——称为他们的历史主义的道德理论。②

马克思和恩格斯并不愿意承认，其自身的伦理观念在任何意义上是终极的和自明的，他们宁愿按照一种把它们解释为社会环境的产物或反映的理论，来看待其各种人道主义的目标。他们的理论可以描述如下。如果一个社会改革者或者一个革命者认为，他是由于憎恶"不义"和热爱"正义"而受到激励，那他基本上就是一种幻想的牺牲品（像任何其他人一样，例如旧秩序的辩护士）。或者更确切地说，他的"正义"和"不义"的道德观念是社会和历史发展的副产品。然而，它们却是一种重要的副产品，因为它们是发展推动自身的机制的一部分。要说明这一点，

---

① 参阅本书第十三章第 153 页注①及正文。
② 参阅我的《历史主义贫困论》第 19 节。

至少总有两种"正义"（或者"自由"或"平衡"）的观念，这两种观念的确有很大区别。一种是统治阶级所理解的"正义"观念，另一种是被压迫阶级所理解的同一观念。当然，这两种观念都是阶级境况的产物，但是它们却同在阶级斗争中发挥了重要作用——他们都必须为两方提供他们所需要的问心无愧，以便进行战斗。

这种道理理论可以被概括为历史主义的，是因为它坚持认为，一切道德范畴都依赖历史境况；在伦理领域，这通常被描述为历史相对主义。从这一观点看，提出"这样做对吗?"，就不是一个完备的问题，完备的问题应该是：在 15 世纪封建道德的意义上，这样做对吗? 或许是问：在 19 世纪无产阶级道德的意义上，这样做对吗? 这种历史相对主义曾被恩格斯阐释如下："今天向我们宣扬的是什么样的道德呢? 首先是由过去好几个世纪传下来的基督教的封建的道德，这种道德主要地又分成天主教和新教的道德，其中又不乏不同分支，从耶稣会天主教和正统新教的道德，直到松弛的'进步'道德。除这些道德之外，我们发现现代资产阶级的道德，伴随着资产阶级道德，我们还发现未来的无产阶级的道德……"[1]

但是，这种所谓的"历史相对主义"绝没有穷尽马克思主义道德理论的历史主义特征。我们试想一下，我们能够询问那些持这种理论的人，譬如马克思本人：为什么你以你做的方式行事呢? 为什么你认为，例如为停止你们的革命活动而接受资产阶级的新娘，是令人厌恶的和可憎的呢? 我并不认为马克思会乐意回答这样的问题；他可能会试图回避它，或许断言，他只是按他所

---

[1]　参阅《马克思主义手册》第 247 页（中文版见《马克思恩格斯选集》第 3 卷，人民出版社 1995 年版，其中"进步的"一词在中文版中为"启蒙的"，且没有引号——译者）。

喜欢的去做，或者按他所感受的被迫去做。然而所有这些并没有触及我们的问题。在其生活的实际决定中，马克思肯定遵从着一种非常严谨的道德准则；他也肯定要求他的合作者有高超的道德水准。无论应用于这些事物的术语是什么，我们面临的问题是，如何找出一个马克思可能会为这一问题提供的回答："为什么你以这种方式行事？"例如，为什么你要帮助被压迫者？（马克思本人并不属于这个阶段，无论从他的出生、成长还是从他的生活方式来看。）

　　如果要这样来追问的话，我想，马克思可能会以下列术语来阐明他的道德信仰，这些术语构成了我所称作的其历史主义道德理论的核心。作为一个社会科学家（他可能说过），我知道，我们的道德观念是阶级斗争的武器。作为一个科学家，我可以考虑它们，却不采纳它们。然而，作为一个科学家，我也发现，在这种斗争中我不可能置身事外；任何态度，即使超然的态度，都意味着以这种或那种方式站在了某一方。因此，我的问题假设了这种形式：我站在哪一方呢？当我选择了某一方时，那么我当然也就是依据我的道德作了决定。我将不得不采纳一种必然与我决定支持的阶级的利益有联系的道德体系。但是，在做出这个基本的决定以前，我毕竟没有采纳任何道德体系，如果我能够使自身摆脱我的阶级的道德传统的话；不过这对于要在彼此竞争的道德体系之间做出任何自觉的和合理的决定来说，当然是一个必要的前提。现在，既然一个决定只是相对于某种先前采纳的道德规范才是"道德的"，那么，我的基本决定就可能根本不是"道德的"的决定。但它却能够是一个科学的决定。因为作一个社会科学家，我能够认清什么将要发生。我能够认清，资产阶级连同它的道德体系，必然要消失，而无产阶级，连同它的新的道德体系，必然要胜利。我知道这种发展是不可避免的。企图抵抗它是狂妄的，正像试图抵抗万有引力定律是狂妄的一样。这就是我的基本决定赞成无产阶级及其道德的原因。这个决定只是建立在科学预见之上，建立在科学的历史预言之上。虽然它本身不是一个道德决定——因为它不是建立在任何道德体系上——但它会导致对一种特定道德体系的采纳。总之，我的基本决定不是（如你们所怀疑的）一种帮助被压迫者的情感上的决定，而是不向社会发展的规律提供徒劳的抵抗的科学的和合理的决定。只是在我作了这种决定之后，我才准备采纳并充分利用那些道德情感，对于那种无论如何要来临的事物来说，它在战斗中是必要的武器。这样，我就把即将来临的时期这一事实作为我的道德标准来采纳了。这样，我就解决了一个明显的悖论：即一个更加合理的世界无须通过理性设计而来临。因为按照我现在采纳的道德标准，未来的世界必然会更好，因而更合理。我也就在我的行动主义和历史主义之间架起了一座桥。因为很显然，我发现了决定社会运动的自然规律，但是我不能把社会时代的自然阶段从世界上一笔勾销。然而，我能够做的却只是这些。我尽管积极地缩短和减轻它分娩的痛苦。

我认为，这就是马克思的回答，正是这种回答在我看来代表了我称之为"历史主义道德理论"的最重要的形式。恩格斯写下面这段话时所暗示的正是这种理论："在现时代内，代表着推翻现时代、代表着未来的那种道德，肯定包含着最多的能够长久保持的因素……按照这种概念，一切社会变迁和政治革命的终极原因不是对正义的日益增进的认识；不应该到有关时代的哲学中去寻找，而应当到有关时代的经济学中去寻找。对现存社会制度的不合理性和不公平的日益觉醒的认识，只是一种征兆……"①

---

① 这些引文，可参阅《马克思主义手册》第248页和279页（后来的话压缩了）。（中文版分别见于《马克思恩格斯选集》第3卷，人民出版社1995年版，第434页和第617—618页，但在中文版中，头一段引文有一处明显的不同，即"推翻现时代"一词为"现状的变革"——译者。）

一位现代的马克思主义者在谈到这一理论时说："马克思和恩格斯在把各种社会主义的渴望建立在合理的社会发展的经济规律之上，而不是依照道德的根据为之辩护时，宣布了社会主义是一种历史必然性。"① 这是一种被广泛坚持的理论；但是它很少被清楚和明白地阐释过。因此，批判它比乍看起来明白了它更为重要。

　　首先，很显然，这一理论基本上依赖于正确预言历史的可能性。如果这点受到责疑——那么这个理论就会丧失其大部分力量。但是，出于分析它考虑，我首先假定，历史的预知是一个已确定的事实；我只是约定这个历史的预见是有限的；譬如说，我将约定我们已经预见了今后500年，这是一种甚至不会限制于马克思主义历史主义的最大胆的主张的约定。

　　现在，让我们先考察一下历史主义道德理论的主张，即认为赞成或反对一种有争议的道德体系的基本决定本身就不是一种道德的决定；基本决定不是建立在任何道德的考虑或情感之上的，而是建立在科学的历史预言之上。我认为，这种主张是站不住脚的。为了使这点变得更清楚，必须尽量澄清隐含在这种基本决定中的行为的命令或行为原则。这就是如下原则：要么采纳未来的道德体系！要么采纳那些其行为对产生未来有极大作用的人所坚持的道德体系！现在对我来说似乎很清楚，即便按照我们能够确切地知道500年后将会是怎样这一假定，对我们来说，也根本没有必要采纳这样一种原则。举例来说，至少可以设想，伏尔泰的一些人道主义的学生在1764年预见到，譬如说法国到1864年的发展，但他们可能并不喜欢这种前景；至少可以设想，他可能会断定这种发展是令人厌恶的，他将不会去把那种拿破仑三世的道德标准采纳为他自己的标准。他可能会说，我要忠于我的人道主

_____

① 参阅 L. 劳拉的《马克思主义和民主》第16页。

义标准，我要把它们教给我的学生；或许它们在这个时期还会存活，或许总有一天它们会胜利。至少同样可以设想（目前我不想过多作判断），某人今天准确地预见到我们将走向奴隶制时代，我们将复归于囚禁社会的牢笼，甚或我们即将复归于野兽，但是，他不可能采纳这个即将到来的时代的道德标准，而是为使他的人道主义理想的存活做出他能及的贡献，或许是希望在某个朦胧的未来复活他的道德。

至少这一切都是可以设想的。它也许不是要做的"最聪明的"决定。但是，这样一个决定既不被预知，也不被社会学的或心理学的规律所拒绝，这个事实表明，历史主义的道德理论的第一个主张是站不住脚的。无论我们接受未来的道德是否是因为它是未来的道德，这本质上恰恰是一个道德问题。基本决定不能派生于任何未来的认识。

在前几章中，我提到过道德实证主义（尤其是黑格尔的道德实证主义），这是一种只有现存的标准、没有道德标准的理论；存在的就是合理的和善的；因此，强权就是公理。这个理论的实际方面就是如此。对现存的事物状态作道德批判是不可能的，因为这种状态本身决定着事物标准。我现在考虑的这个历史主义的道德不过是道德实证主义的另一种形式。因为它坚持即将到来的强权就是公理。未来在这里代替了现在——仅此而已。而这个理论的实际方面就是如此。对即将到来的事物状态作道德批判是不可能的，因为这种状态决定着事物的道德标准。当然，"现在"和"未来"之间的区别在这里只是一个程度问题。人们可以说未来从明天开始，也可以说500年后开始，或者说从100年后开始。在他们的理论结构中，不存在道德保守主义、道德现代主义和道德未来主义之间的区别。在涉及道德情感方面，它们之间也没有多少选择。如果道德未来主义者批评站在现存权力一边的道德保守主义者怯懦，那么，道德保守主义者也可以反过来这样指责道德未来主义者；他也可以说道德未来主义者怯懦，因为他站在了将存的权力一边，站在了明天的统治者一边。

我深信，如果马克思考虑过这些含义的话，那么他一定会拒斥历史主义的道德理论。无数的评论和行动证明，它不是一个科学的判断，而是一种道德的冲动：希望帮助被压迫者，希望解放尊严扫地的被剥削和苦难的工人，这把他引向了社会主义。我并不怀疑，马克思的教导之有影响的秘密正是这种道德呼吁。这种呼吁的力量为他从不抽象地宣扬道德而大为加强。他不假装有什么权力这样做。他似乎在问自己：假如这不是一个很低的标准，谁能达到他自身的标准呢？正是这种感受，导致他在伦理问题上信赖少说为佳，导致他试图在预言的社会科学中寻找一种比他自身感觉到的更可信的道德问题的权威。

当然，在马克思的实践伦理中，像自由、平等之类的范畴发挥了主要的作用。他毕竟是那些严肃地对待 1789 年的理想的人之一。他看到像"自由"这样的概念如何受到了无耻的歪曲。这就是他口头上不宣扬自由而在行动上宣扬自由的原因。他想要改进社会，而改进对他意味着更加自由，更加平等，更加公正，更加安全、更高的生活标准，尤其是缩短劳动日（这能立刻给工人某些自由）。正是他憎恶伪善，不愿谈这些"崇高的理想"，加之他惊人的乐观主义和他对这一切在不远的将来都会实现的信念，导致他把自己的道德信仰隐藏在历史主义的阐释的背后。

我敢断言，如果马克思看到它寓示着承认未来的强权就是公理，他肯定不会以道德未来主义的形式为道德实证主义辩护。但是也有另一些人，他们对人道并不具有充满感情的热爱，却为这些含义而成了道德未来主义者，即成了想站在胜利一方的机会主义者。道德未来主义在今天已广为传播。它的更深刻的、非机会主义的基础可能是这一信仰，即善"最终"必定会战胜邪恶。但是，道德未来主义者忘了，人们不可能活到证明当前事件的

"最终"结果。"历史将是我们的法官!"这是什么意思呢? 成功将做出判决。对成功和未来强权的崇拜是许多人的最高标准, 这些人从不承认现在的强权是公理(他们恰恰忘了, 现在是过去的未来)。所有这一切基础就是道德乐观主义和道德怀疑主义之间一种半心半意的调和。相信人们的良心似乎很困难。抵抗站在胜利一方的冲动似乎也很困难。

所有这些批判性的评论与这一假设是一致的, 即我们能够预见, 譬如说下一个 50 年的未来。但是, 如果我们放弃这个完全虚假的假设, 那么, 历史主义的道德理论就会丧失它的一切似真性。我们必须放弃它。因为没有预言式的社会学会帮助我们选择道德体系。我们不能为了这种选择把我们的责任转移给其他任何人, 甚至不能转移给"未来"。

当然, 马克思的历史主义道德理论只是他关于社会科学方法和社会学决定论的观点的结果, 这是一种在今天变得非常时髦的观点。据说我们所有的意见, 包括我们的道德标准, 都依赖社会及其历史状况。它们是社会或一定阶级境况的产物。教育被界定为一种特殊的过程, 共同体试图借助这一过程将"它的包括那些使他们据以生活的标准在内的文化"向其成员"传播", "教育的理论和实践对于占统治地位的秩序的相对性"受到强调。[①] 科学也依赖于科学工作者的社会地位, 等等。

这种强调我们意见的社会学依赖性的理论, 有时被称作社会学主义; 如果这种历史的依赖性被强调, 就称作历史学主义(当然, 历史学主义不能与历史主义相混淆)。无论社会学主义

---

①　关于这两段引文, 参阅《教会检察他们的任务》, 1937 年, 第 230 页, 以及 A. 洛威《转变中的大学》, 1940 年, 第 1 页。关于本章结尾的评论, 也可参阅帕克斯在其批判马克思主义的最后几句话中表述的观点(见《马克思主义——验尸》, 1940 年, 第 208 页)。

还是历史学主义，就它们支持社会或历史对科学认识的决定来说，在后面两章中将得到讨论。就社会学主义依赖于道德理论来看，在这里应该补充几点评论。但是在详细展开之前，我想澄清一下我对这些黑格尔化的理论的意见。我认为他们是以神谕哲学的行话为外衣唠叨琐碎的事情。

让我们审查一下这种道德的"社会学主义"。人及其目的在一定的意义上是社会的产物。这点相当真实。但是，同样真实的是，社会是人及其目的的产物，这将不断变得如此。主要的问题是：人与社会之间关系的这两个方面，哪一个更重要呢？应该强调哪一个呢？

如果我们把社会学主义与相似的"自然主义"观点——即认为人及其目的是遗传和环境的产物——相比较，那么我们就会更好地理解社会学主义。我们必须再次承认这是相当真实的。但是也可以十分肯定，人的环境在一种不断增加的程度上是他及其目的的产物（在一种有限的程度上，同样的东西甚至可以被说成是他的遗传）。我们必须再一次询问：两方面哪一个更重要？更富有成果？如果我们以如下更加实际的形式提出问题，回答要容易一些。我们现在活着的一代人，我们的精神，我们的意见，大部分是我们的父母以及他们抚育我们的方式的产物。然而，下一代人在同样的程度上，将是我们自身的产物，是我们的行动以及我们抚育他们的方式的产物。今天对我们来说，这两个方面哪一个更重要呢？

如果我们认真考虑一下这个问题，那么我们会发现，关键的问题在于，我们的精神、我们的意见大部分只依赖于我们的早期教育——而非全部。如果它们全部依赖于我们的早期教育，如果我们不能进行自我批评，不能从我们处理自身事务的方式和经验中学习什么，那么，上一代人抚育我们的方式当然就会决定我们抚育下一代人的方式。但是完全可以肯定，情况并非如此。因此，我们可以将批判职能集中于以某种方式抚育下一代的难题上，我们曾认为这种方式比我们自身被抚育的方式更好。

对社会学主义如此强调的境况，可以以一种极其类似的方式来讨论。我们的精神，我们的观点在某一方面是"社会"的产物，这当然是真实的。我们环境的最重要部分是其社会的部分；尤其是思想，基本上是依赖于社会交流；语言，作为思想的媒介，是一种社会现象。但是几乎不能否定，我们能够审查思想，能够批判它们，改进它们，而且，我们能够按照我们的改变和改进了的思想，进一步变革和改进我们的物质环境。我们的社会环境同样具有真实性。

所有这些考虑完全不依赖于形而上学的"自由意志的问题"。即使非决定论者也承认对遗传、环境影响，尤其是社会影响有一定的依赖性。另一方面，决定论者必然同意，我们的观点和行动不是完全地和惟一地由遗传、教育和社会影响决定的。他不得不承认，存在一些其他的因素，例如：在人的一生中积累的较"偶然的"经验，这些经验也发挥了它们的影响。不管是决定论还是非决定论，只要他们保持在他们自己的形而上学的界限内，就不会影响我们的问题。但是，关键在于，他们可以侵犯这些界限；例如，形而上学的决定论可以鼓励社会学的决定论或"社会学主义"。但是，在这种形式下，这种理论可能会遭遇到经验。而经验则表明，它肯定是虚假的。

举个美学领域的例子（美学与伦理学有一定的相似性），贝多芬在某种程度上肯定是音乐的教育和传统的产物，许多对他感兴趣的人都会对其工作的这一方面留下印象。然而，更重要的方面在于，他也是音乐的产物，从而是音乐的传统和教育的产物。我并不想与形而上学的决定论者争吵，他们坚持认为，贝多芬所做的每一小节音乐都由遗传与环境的影响的某种结合决定。这样一种判断从经验上看完全是不重要的，因为实际上没有人能用这种方式来"解释"他的作品的每个单独一节。重要的事情在于，每个人都承认，贝多芬所写的作品既不能用他的前人的音乐作品解释，也不能用他生活的环境来解释；既不能用他的耳聋来解释，也不能用任何一组向经验调查敞开的特定的环境影响或外部条件来解释；或者用一切我们可能知道的贝多芬的遗传来解释。

我不否认，在贝多芬的作品中存在一定的有趣的社会学的方面。例如，众所周知，从小型的交响乐队到大型的交响乐队的转变，在某些方面是与社会的—政治的发展有联系的。各种乐队不再是王子的私人爱好，至少部分受到了对音乐的兴趣有了很大提高的中产阶级的支持。我很愿意欣赏这类社会学的"解释"，我承认这些方面可以值得科学研究（毕竟，我自身在本书中，例如在讨论柏拉图时，尝试了类似的事情）。

那么，更准确地说，我攻击的对象是什么呢？是一切这类的夸张和抽象化。如果我们以上述暗示的方式"解释"贝多芬的交响乐，我们就什么也没有解释。如果我们把贝多芬描述为代表处于解放自身的过程中的资产阶级，即使这是真的，我们也就什么也没说。这样一种功能肯定与坏的音乐制作是联结在一起的（如我们从瓦格纳那里看到的）。我们不能以这种方式，或者全然以任何一种方式解释贝多芬的天才。

我认为马克思自己的观点同样可以用作对社会学决定论的经验反驳。因为，如果我们按照这一理论来思考这两种理论——行动主义和历史主义，以及它们同马克思体系的至尊的斗争，那么，我们就不得不说，历史主义是一种更适合于保守的辩护士、而不适合于革命者甚或是改革者的观点。黑格尔所用的历史主义具有这种倾向。马克思不仅从黑格尔那里接过了它，而且最终允许它驱逐了他自己的行动主义，因此，这件事可以表明，人在社会斗争中所站在的一方，无须总要决定他的理智决定。像在马克思的情况中一样，这些人并不像受偶然的因素（诸如前人的影响）或受短视决定一样，受到马克思所支持的真实的阶级利益的决定。因此，在这种情况下，社会学主义可能增进我们对黑格尔的理解，但是马克思本人的例子揭露出，它是一种未经证明的抽象。一种类似的情形是，马克思对其自身的道德观念的低估；因为毋庸置疑，他的宗教影响的秘密在于其道德呼吁，他对资本主义的批判，主要是作为一种道德批判才有效。马克思指出，一种社会体系竟然会如此不公；如果这个体系是恶的，那么一切从其中得到利益的个人的公正就是一种纯粹可耻的公正，是纯粹的伪善。因为我们的责任将延伸到这个体系，延伸到我们允许坚持的各种制度。

正是马克思的这种道德激进主义解释了他的影响；这本质上就是一种充满希望的事实。这种道德激进主义依然存活着。我们的任务是使它继续存活着，防止它走马克思的政治激进主义道路。"科学的"马克思主义死了。它的社会责任感和它对自由的热爱必然继续存在。

余　波

第二十三章　知识社会学

> 合理性，在一种诉诸普遍的和不受个人影响的意义
> 上说，具有至高的重要性……不仅在它易于流行的时代
> 是如此，而且在那些它受到蔑视和被作为人的徒劳梦想
> 而拒绝的不幸的时代，则更是如此——这些人缺乏对他
> 们不同意之点进行搏杀的英雄气概。
>
> ——罗　素

毋庸置疑，黑格尔和马克思的历史主义哲学是他们的时代——一个社会变革的时代——的特有产物。像赫拉克利特与柏拉图的哲学，以及孔德和穆勒、拉马克和达尔文的哲学一样，它们是变革的哲学，它们都是变化着的社会环境给那些生活于其中的人的心灵造成巨大的和无疑有点儿吓人的印象的见证人。柏拉图通过试图抑制一切变化来反抗这种情形。比较近代的社会哲学家则呈现出极其不同的反应，因为他们接受、甚至是欢迎变革；然而，这种对变革的热爱在我看来似乎有点矛盾。因为他们放弃了抑制变革的希望，但作为历史主义者，他们仍试图预言它，从而对它进行合理的控制；而这当然看似一种要驯服它的企图。因此，对历史主义者来说，变革似乎并没有完全失去它的恐怖。

在我们自身这个变化仍然更加急速的时代，我们甚至发现不仅有预言变革的欲望，而且还有通过集中的大规模计划来控制它的欲望。这些整体论的观点（我在《历史主义贫困论》中批判

过它）代表了柏拉图和马克思的理论之间的一种调和。柏拉图要抑制变化的意志，和马克思的变化是不可避免的理论结合在一起，作为一种黑格尔式的"综合"，提出了这一要求，即由于变化不能完全被抑制，那它至少应该被"设计"，并受到其权力大为扩张的国家的控制。

乍看起来，类似这样的态度似乎是一种理性主义；它与马克思的人在其中首次成为自身命运的主人的"自由王国"的梦想是密切相关的。但在事实上，它却与一种明确反对理性主义的理论（尤其是反对人类的合理统一的理论；见本书第二十四章）结成了紧密的联盟，这一联盟与我们时代的非理性主义的和神秘的倾向是密不可分的。我想起了马克思的这一理论，即我们的意见，包括我们的道德的和科学的意见，是由阶级利益决定的，更概括一点说，是由我们时代社会的和历史的状况决定的。在"知识社会学"或"社会学主义"的名义下，这种理论最近已经发展（尤其是由 M. 舍勒和 K. 曼海姆①）为一种科学知识的社会决定论。

知识社会学主张，科学的思想，尤其是关于社会和政治问题的思想，不是在真空中进行的，而是在受社会制约的环境中进行的。它主要受到无意识或潜意识的要素的影响。这些要素仍然逃避了思想家观察的眼睛，因为它们构成了思想家居住的场所，即他的社会居所。思想家的这种社会居所决定了在他看来无疑是真

---

① 关于曼海姆，可特别参阅《意识形态与乌托邦》（这里引自 1929 年德文版）。"社会居所"和"总体意识形态"两词，都出自曼海姆；"社会学主义"和"历史学主义"两词，在上一章已经提到过。"社会居所"的观念是柏拉图式的。

关于对曼海姆《重建时代中的人与社会》（1941 年）一书的批评——该书把历史主义的倾向与浪漫的甚至神秘的乌托邦主义或总体论结合在一起——参阅我的《历史主义贫困论》第 2 章（经济出版社，1944 年）。

实的或自明的全部意见和观念的整个体系。在他看来，它们在逻辑上通常是真实的，例如，就像"一切桌子都是桌子"这句话。这就是为什么他们甚至根本没有意识到他们已经提出了一切假设的原因。但是，如果我们把他同一位生活在不同社会居所的思想家进行比较，就能够看到他已经提出了假设；因为他也从一个显然没有疑问的假设系统出发，但却是一个完全不同的假设系统；它可能非常不同，以致在这两个系统之间，根本不存在理智之桥可以沟通，也没有调和的可能。每个这种受社会决定的不同的假设系统，都被知识社会学家称之为一种总体意识形态。

　　知识社会学可以被视为康德认识理论的黑格尔式翻版。因为它继续遵循了康德批判我们可以称之为"消极的"认识理论的路线。我依此意指休谟以来（包括休谟在内）的经验主义者的理论，这种理论可以粗略地被描述为，主张认识通过我们的感官而流入我们，错误是由于我们干扰了感官提供的材料，或者是由于其中发展出来的联想；避免错误的最好方式，就是完全保持被动和接受状态。与这种接受式的认识理论（我通常称之为"心灵的戽斗理论"）相反，康德①认为，认识不是我们感官接受材料的集合，就像一座博物馆那样，而主要是我们自身的精神活动的结果；如果我们想要获得认识，我们自身必须积极地参与到探索、比较、统一和概括之中。我们可以称这种理论为"积极的"认识理论。与此相联系的是，康德放弃了一种站不住脚的科学的理想，这种科学不带任何预设前提（下一章将表明，这种理想甚至是自相矛盾的）。他十分清楚地指出，我们不能从无开始，我们必须备有一套预设前提的系统来探讨我们的任务，这套预设前提的系统是无须经过科学的经验方法验证就为我们拥有的；这

---

① 参阅我在《何谓辩证法？》一文中的解释（载《精神》杂志第49期，特别是第414页）。

样一种系统可以称之为"范畴装置"①。康德相信，发现一种真实的和不变的范畴装置是可能的，它代表着我们的理智工具必然不变的框架，即人类的"理性"。康德理论的这一部分黑格尔放弃了，与康德相反，黑格尔不相信人类的统一。他认为人的理智工具是不断变化的，它是人的社会遗产的一部分；因此，人的理性的发展必须与其社会（即他所属的国家）的历史发展相吻合。黑格尔的这个理论，尤其是他关于一切认识和一切真理在受历史决定的意义上都是"相对的"这一学说，有时被称作"历史学主义"（与历史主义不同，上一章已经提到）。知识社会学或"社会学主义"显然是与它密切相关的，或者与它近乎等同，惟一的差别在于，在马克思的影响下，它强调历史的发展并不产生一种如黑格尔所说的相同的"民族精神"，反倒是依照他们的阶级、社会地位或社会居所，在一个民族中产生出那些人所持有的好几种有时是相反的"总体意识形态"。

　　然而，与黑格尔的相似之处还有很多。我上面说过，依据知识社会学，不同的总体意识形态之间不可能有理智之桥或调和。但是，这种激进的怀疑主义实际上并不意味着如它所渲染的那样严重。存在一条摆脱它的道路，这条道路与黑格尔消弭矛盾的方法很类似，这些矛盾曾使他在哲学史上变得很突出。黑格尔所体现的精神是，在观点各异的哲学的漩涡上自由地保持平衡，他把它们全都还原为最高综合和其体系的纯粹成分。类似地，知识社会学家认为，只是松散地位诸社会传统中的知识分子的"自由平衡的理智"，是能够避免整体意识形态的陷阱的；它甚至能够

_____

① 这是曼海姆的用语（参阅《意识形态与乌托邦》，1929年，第35页）。关于"自由平衡的理智"，参阅曼海姆前引书第123页，在那里该术语被归因于阿尔弗雷德·韦伯。关于松散地位诸传统之中的知识分子的理论，参阅前引书第121至134页，特别是第122页。

洞识并揭示各种不同的总体意识形态、隐秘的动机和其他激励他们的决定因素。因此，知识社会学认为，通过用自由平衡的理智去分析各种不同的潜藏的意识形态及其在潜意识中的定位，就可以达到最高程度的客观性。通向真知之路似乎就是揭示潜意识的各种假设，就像一种心理疗法，或者如果我们可以说的话，像一种社会疗法。只有那些被进行过社会分析或者对自身作过社会分析的人，以及那些摆脱了这种社会情结，即摆脱了他的社会意识形态的人，才能获得客观知识的最高综合。

　　在上一章中讨论"庸俗马克思主义"时，我提到过一种在现代哲学的组群中能被看到的倾向，即揭示潜藏在我们行动背后的动机的倾向。知识社会学、精神分析和那些揭示对手的理论"无意义"的哲学，都同属于这个组群。① 我相信，这些观点的普及，就在于它适于应用，并能使那些洞识事物和洞识无知者的愚昧的人得到满足。假如不是因为所有这些思想易于通过建立我所说的"强制的独断主义"② 而摧毁任何讨论的理智基础，这种愉悦是无害的（的确，这是一种与总体意识形态非常相似的东西）。黑格尔主义通过宣称矛盾是容许的、甚至是丰富的，而达成了这种愉悦。但是，如果矛盾不需要避免，那么，任何批评和讨论就都不可能了，因为批评总是要指出矛盾，或者是被批评的理论中的矛盾，或者是理论与某些经验事实之间的矛盾。精神分析的情形与此类似：精神分析学家总是通过表明它们源自于批评者的压抑，来为各种反对意见辩解。研究意义的哲学家也只需要指出他们的反对者所持的观点是无意义的即可了事，这总是正确

---

① 关于后一理论，或者毋宁说关于实践的问题，参阅本书第十一章第45页注①、48页注①。

② 参阅《何谓辩证法？》第417页（《推测与反驳》第327页）及本书第十二章第81页注②。

的，因为"无意义"可以这样来定义，以致任何关于它的讨论按定义都是无意义的。① 马克思主义者的态度与此类似，他们习惯于用阶级偏见来解释反对者的异议。知识社会学家则用总体意识形态来解释。这种方法既便于掌握，对那些掌握它的人也是绝妙的嘲弄。但是它们显然摧毁了合理讨论的基础，它们最终必然导致反理性主义和神秘主义。

撇开这些危险不论，我尚不明白，为何我必须完全放弃掌握这些方法的嘲弄。因为正如精神分析学家是精神分析最适用的对象一样，② 社会分析学家以一种几乎难以抗拒的殷勤请求将他们自己的方法应用于自身。因为他们对只是松散地位诸传统中的知识分子的描述，不就是对其自身的社会群体的一种绝妙描述吗？难道还不明白，如果总体意识形态的理论是对的，相信自己的群体摆脱了偏见，相信这个当选的群体确实是惟一可能具有客观性

---

① 魏斯顿在《另一种心灵》一文中已经提到精神分析方法和维特根斯坦的方法之间的相似性（见《精神》杂志第 49 期第 370 页注释）："诸如'我实际上从来就不知道他人的感受是什么？'这种疑虑，可能远不止产生于一种来源。怀疑征兆的过程的过度决定，使它们的治疗复杂化了。探讨是类似于精神分析的探讨（扩大维特根斯坦的相似性），其中探讨是诊断，诊断是描述，对征兆的全面描述。"（我可评论一下，如果在通常意义上使用"知道"一词，我们当然从不知道他人感受到什么。我们只能对它提出假设。这就解决了所谓的问题。这里谈论疑虑是一种错误，是一种试图用语义分析的探讨来消除疑虑的更糟糕的错误。）

② 精神分析学家所持的观点，与个别心理学家的观点是相同的；他们可能是对的。参阅弗洛伊德《精神分析运动的历史》（1916 年）第 42 页。弗洛伊德在那里记载，阿德勒作有如下评论（它非常适合于阿德勒个体心理学的框架，按照这一框架，自卑感是绝对重要的）："难道你认为对我来说整个一生都处在你的阴影中，是一件愉快的事吗？"这就提示，阿德勒没有成功地把其理论应用到自身，至少在当时是如此。但是，这同样的情形似乎对弗洛伊德也是真的：没有一位精神分析的创立者被作过精神分析。对这种反对意见，他们通常回答说，他们对自身做过精神分析。但是他们从不从其他人那里接受这种辩解，实际上正是如此。

的群体，这不正是各种总体意识形态的一部分吗？因此，如果总是假定这个理论是真理，那么，那些掌握它的人为了确立其自身观点的客观性而对这一理论进行修补，从而不自觉地欺骗自己，这难道不是可以预期的吗？这样一来，对于他们通过社会学的自我分析达到较高程度的客观性，以及他们的社会分析能够消除总体意识形态之类的要求，我们还能认真对待吗？然而，我们甚至还可以询问：这整个理论是否没有朴素地表达这一特殊群体的阶级利益，没有表达只是松散地位诸传统中的知识分子的阶级利益呢？尽管用像其母语一样的黑格尔式的语言来谈论是何等的坚实。

知识社会学家在社会治疗中，也就是说，在排除其自身的总体意识形态中所取得的成就是多么微小，只要我们思考一下他们与黑格尔的关系，就尤为明白了。因为他们没有意识到，他们只是在重申黑格尔；相反，他们不仅认为，他们已经超过了他，而且还认为，他们已经成功地洞识了他，对他进行了社会分析；他们现在不是从任何特殊的社会居所，而是客观地从卓越的高度看黑格尔。自我分析中的这种明显的失败，足以说明问题。

然而，除一切嘲笑之外，还有一些更严肃的反对意见。知识社会学不仅具有自毁性，不仅是一种十分令人满意的社会分析的对象，而且还表明，它令人惊讶地不能准确地理解自己的主题，即知识的社会方面，或者毋宁说科学方法的社会方面。它把科学或知识看作是个别科学家心灵或"意识"中的过程，或者看作是这样一种过程的产物。如果以这种方式来考虑，那么，我们所谓的科学的客观性确实必然会变得完全是无法理解的，甚或是不可能的；阶级利益和类似的隐秘的动机不仅在社会或政治的科学中发挥作用，而且在自然科学中也如此。任何一个略知自然科学史的人都明白，情感的执着使许多争论显得更为突出。政治偏见对政治理论的影响，决不比某些自然科学家为了其理智的裔孙所表现出的偏见的影响更强烈。如果科学的客观性像天真的知识社会学理论所假定的那样，要建立在个别科学家的公正或客观性之上，那么我们就只好与它道别。确实，我们必须采取比知识社会学更激进的怀疑的方式；因为毋庸置疑，我们全都饱受过我们自身的偏见系统（或"总体意识形态"，如果喜欢用这个词的话）之苦；我们把许多东西都当作是自明的，无批判地接受它们，甚至天真而狂妄地认为，批评是完全不必要的；科学家在这一规则面前也不例外，即使他们可能在自己特有的领域中表面上清除了自身的一些偏见。但是他们没有用社会分析或一切类似的方法清除自身，他们没有想到要爬到一个更高的台阶，在那里他们能够理解自身的意识形态的愚昧，对它进行社会分析并删除它。因为通过使其思想更"客观"，他们不可能获得我们所谓的"科学的客观性"。不，我们通常用这个术语所指的东西是依赖于不同的基础的。① 它是一个科学方法的问题。非常具有讽刺意味的是，客观性与科学方法的社会方面是紧密相连的，与这一事实也是紧密相连的，即科学和科学的客观性不会（也不能）产生于个别科学家追求客观性的企图，而是产生于许多科学家的合作。科学的客观性可以被描述为科学方法的主体际性。但是科学的这一社会方面几乎完全被那些自称为知识社会学家的人忽略了。

　　关于这一点，自然科学方法的两个方面具有重要性。它们一起构成了我所命名的"科学方法的公共特征"。第一，要有某种探讨自由批评的方式。科学家可以完全自信地提出他的理论，这是无可争辩的。但这并不必然影响到他的科学家同行；它倒是向他们提出了挑战。因为他们知道，科学的态度意味着批判一切，即使是权威也不能阻止。第二，科学家们试图避免谈论相互冲突

---

① 关于下面对科学客观性的分析，参阅我的《研究的逻辑》第 8 节（第 16 页以下）。

的计划（我要提醒读者，这里是在谈自然科学，但也包括一部分现代经济学在内）。他们试图非常严格地说某种同一的语言，即使他们使用的是不同的母语。在自然科学中，通过承认经验是其争论的公平的仲裁者，已经达成这点。当说到"经验"时，我想到的是具有"公共"特征的像观察、经验和实验之类的东西，与较为"私人"的审美或宗教意义上的经验相反；如果每个遇上麻烦的人都能重复它，那么这种经验就是"公共的"。为了避免谈论相互冲突的计划，科学家们试图以一种能够对其进行检验的方式来表达他们的理论，即用这种经验来反驳或证明。

这就是构成科学的客观性的东西。每个学过理解和验证科学理论的技巧的人，都能重复这种实验并为自身做出判断。尽管如此，总会有一些人会成达局部的、甚至是任性的判断。这是不可避免的，但它还不会严重阻碍各种社会机制的运作——这些社会机制是被设计来促进科学的客观性和公正性的；例如实验室、科学期刊、讨论会，等等。科学方法的这个方面表明，由被设计来使公共控制成为可能的机制以及由舆论的公开表达能够达成什么，即使这被限制在一种专家圈内。只有当政治权力被用来压制自由的批评，或者当它不能保护自由的批评时，它才能损害这些机制的功能，而一切科学的、技术的和政治的进步都依赖于这些机制。

为了进一步说明科学方法的这个仍然被可悲地忽视的方面，我们可以考虑一下这一观念，即认为用其方法而不是其结果来表征科学是恰当的。

我们首先可以假定，一个具有超凡洞察力的人以梦想或自动写作的方式写了一本书。我们还可以进一步假定，几年之后，作为新近的和革命性的科学发现的结果，一个伟大的科学家（他从未看过那本书）写出了一本完全相同的书。或者换一个说法，我们假定这位具有超凡洞察力的人"看到"一本科学方面的书，这本书在当时还不可能被某位科学家写出来，因为事实上许多相关的发现在那个时代还不为人所知。现在我们要问：说这位具有超凡洞察力的人写了一本科学的书，这合适吗？我们可以假定，如果当时服从称职的科学家的评判，该书一定会被描述为在一定程度上无法理解，在一定程度上是幻想的；因此，我们不得不说，这本具有超凡洞察力的人的书出现在一个不是写作科学著作的时代，因为它不是科学方法的结果。我将把这种结果——它尽管与某些科学结果一致但却不是科学方法的产物——称作一种"天启科学"。

为了把这些思考应用于科学方法的公开性问题，我们假定鲁宾逊·克鲁苏在荒岛上成功地建立了物理和化学实验室以及天文观察站，等等，而且依据观察和实验，成功地写了大量论文。我们甚至可以假定，他有无限的时间任其使用，完全成功地建构和描述科学的系统，这些系统与当前我们自身的科学家所接受的结果实际上是一致的。当思考这种克鲁苏的科学的特征时，乍看起来，一些人可能倾向于断定，它是一门实在的科学，而不是"天启科学"。毫无疑问，与那本启示给那位具有超凡洞察力的人的科学著作相比，它更像科学，因为鲁宾逊·克鲁苏运用了许多科学的方法。然而，我认为这种克鲁苏的科学仍然属于一种"天启的"类型；其中有一种科学方法的因素是缺乏的，因此，克鲁苏达到了我们的结果这一事实，与那位具有超凡洞察力的人所具有的情形一样，是近乎偶然的和神奇的。因为只有他本人检验他的结果；只有他本人纠正那些构成其特有的精神史之必然结果的偏见；没有人帮助他清除那种奇怪的盲目性，这种盲目性是这一事实的结果，即它们大多数是通过比较无关的探索而达成的。至于他的文章，他只不过试图向某些尚未做过它的人解释自己的工作，以便他能获得清晰的理性的交往的训练，这种训练也构成科学方法的一部分。在某一点上——比较不重要的一点——

克鲁苏的科学的"天启"特征是特别明显的；我指的是克鲁苏发现了"私人等式"（因为我们必须假定他创造了这种发现），发现了影响其天文观察的富有特征的个人反应时间。当然，可以设想，他在其反应时间中发现了变化，这样他就被引导着去考虑它。然而，如果我们将这种发现反应时间的方式与它在"公共"科学中被发现的方式——通过各个观察者的结果之间的矛盾——加以比较，那么，鲁宾逊·克鲁苏的科学的"天启"特征就变得明显了。

　　总结这些思考，可以说我们称作的"科学的客观性"，不是个别科学家的公正的产物，而是科学方法的社会的或公共的特征；个别科学家的公正，并不是这种社会的或机制上有组织的科学之客观性的源泉，而是其结果。

　　无论康德主义者还是黑格尔主义者都犯了同样的错误，[①] 即假定我们的预设前提（因为它们在积极地"制造"经验中，一开始就是我们所需要的无疑是不可或缺的工具）既不能被决策改变，也不能被经验驳斥；他们凌驾于并超越了检验理论和构造理论的科学方法，好像他们已经提出了一切思维的基本预设前提。然而，这是一种建立在对科学中理论和经验之间关系的误解之上的夸张说法。当爱因斯坦指出，按照经验，我们可以怀疑和修正我们关于空间和时间的预设前提，怀疑和修正曾被认为是一切科学的必要预设前提的观念，以及怀疑和修正曾被认为是从属于其"范畴装置"的观念时，它成了我们时代最大成果之一。因此，知识社会学所发动的对科学的怀疑性攻击，依照科学方法的观点就瓦解了。

　　然而，它并不是通过立刻消除我们的全部偏见就能做到这点的；它只能逐一地消除它们。合适的经典事例还是爱因斯坦发现

---

① 我对以黑格尔主义者的同样口吻提及康德主义者深表歉意。

的我们关于时间的偏见。爱因斯坦并不打算去发现偏见；他甚至不打算去批评我们关于时间和空间的概念。他的问题是一个具体的物理学问题，即重新草拟一种已经瓦解的理论，因为按照这个理论，各种实验似乎是相互矛盾的。爱因斯坦和大多数物理学家都知道，这意味着该理论是虚假的。而且他发现，如果我们在某一点上——它曾被每个人认为是自明的并因此而逃避了注意——改变它，那么，困难就能够被消除。换句话说，他正是使用了科学批评、发明和淘汰理论，以及试错的方法。但是，这种方法并不会导致放弃我们的一切偏见；相反，我们能够发现这一事实，即只是在我们消除了偏见之后我们才拥有它。

但是，肯定必须承认，在任何特定的时刻，我们的科学理论不仅依赖于实验等等（它构成了该时刻），而且也依赖于人们认为理所当然的偏见，因此，我们已经变得不认识它们（虽然一定的逻辑方法的运用可能有助于我们查验它们）。无论如何，在涉及这一硬壳方面，我们可以说，科学能够了解和破除它的一些硬壳。这个过程可能从不会完善，但是并不存在必须在它面前突然却步的固定障碍。任何假设原则上都可以批评。任何人都可以是批评的对象，这点构成了科学的客观性。

科学的结果是"相对的"（如果全然可以使用这个词的话），这仅是就它们是科学发展的一定阶段的结果，以及在科学进步的过程中易于被超越来说。但是这并不意味着真理是"相对的"。如果一个论断是真的，那么它就永远是真的。① 它只不过意味着，大多数科学成果都具有假说的特征，即对于语句来说，证明不具有结论性，因而随时都有可能被修改。这些思考（我在其他地方对它作过更全面的讨论②）虽然对于社会学家的批评是不

---

① 参阅本书第一卷第八章第 275 页注①和第十一章第 30 页注②（第二段）。

② 参阅本书第十一章第 28 页注①。

必要的，但或许可以有助于推进对其理论的理解。为了反驳我的主要批评，对合作、主体际性和方法的公开性在科学批判和科学进步中所起的重要作用，他们也提出了一些看法。

的确，社会科学尚未完全获得这种方法的公开性。这部分是因为黑格尔和亚里士多德的毁灭理智的影响，部分也许是因为他们未能使用科学客观性的社会手段。因此，它们实际上是"总体意识形态"，或者换句话说，某些社会科学家不能、甚至不愿意讲述一种共同的语言。但是，这个理由不是阶级利益，治疗方法既不是黑格尔的辩证综合，也不是自我分析。向社会科学惟一敞开的道路，是忘记一切有关的言语之争，借助一种在所有科学中基本上都是同一的理论方法，解决我们时代的实际问题。我所指的是试错、发明能够在实践中检验的假设，以及使它们从属于实践检验的方法。所需要的是一门其成果可以由零星的社会工程来检验的社会工艺学。

这里为社会科学提出的治疗方法，与知识社会学所提出的方法是截然对立的。社会学主义认为，这并不是它们的非实践的特征，相反，在社会的和政治的知识领域中，实践问题和理论问题过多地纠缠在一起了，因而造成了这些科学的方法论上的困难。因此，在一部论述知识社会学的主要著作中，我们可以读到："与'严密的'知识相反，政治学知识的特殊性在于这一事实，即知识和意志，或者理性要素和非理性的集合，本质上是不可分地纠缠在一起的。"① 对此我们可以回答说，"知识"和"意志"在一定意义上是不可分的；这一事实未必导致任何危险的纠缠。不作努力，不产生兴趣，科学家就不可能知道什么，在科学家的努力中，通常甚至都有一定量的个人利益卷入。工程师主要从实践的观点来研究事物。农夫也是如此。实践不是理论知识的敌

---

① 参阅曼海姆的《意识形态与乌托邦》（德文版）第167页。

人，而是它的最有价值的诱因。虽然对科学家来说，一定量的距离正在发生变化，但许多事例表明，对科学家来说，不被感兴趣因而并非总是重要的。对他来说，保持与现实和实践的接触才是重要的，因为那些忽视它的人不得不通过堕落到经院哲学而付出代价。因此，我们的发现的实际应用是这一种媒介，通过它我们能够在社会科学中消除非理性主义，而并不试图把知识与"意志"区分开来。

与此相反，知识社会学希望通过使社会科学家意识到无意识地包围着他们的社会力量和意识形态，来改革社会科学。然而，关于偏见的主要麻烦在于，根本就没有这样一条清除它们的捷径。我们何以知道在尝试使我们自身摆脱偏见方面取得了进步呢？那些最相信已经摆脱了偏见的人，实际却是最有偏见的，难道不是一种共同的经验吗？认为对偏见作社会学、心理学、人类学或其他的研究，可以帮助我们自身摆脱它们，这种观念是完全错误的；因为许多从事这类研究的人都充满了偏见；不仅自我分析不能帮助我克服我们观点中的无意识的决定，它甚至往往会导致更微妙的自欺。因此，在同一本论述知识社会学的著作中，我们可以读到下面一段涉及自身活动的话："存在一种不断增长的倾向，它趋于意识到我们至今仍无意识地受其控制的各种因素……那些惧怕我们对决定因素的不断增长的认识，可能会麻痹我们的决策并威胁'自由'的人，可以放心了。因为只有不知道最本质的决定因素、却又在不为他所知的决定因素的压力下直接行动的人，才真正是被决定的。"[①] 这显然是在重复黑格尔的一种宝贝观念，恩格斯也天真地重复过它，他说："自由是对必然

----

① 关于这两段引文的头一段，参阅《意识形态与乌托邦》第 167 页（为了简明起见，我将"反射"译为"意识"）。关于第二段引文，参阅前引书第 166 页。

的认识。"① 这是一种反动的偏见。因为那些在著名的决定因素
（例如，政治专制）的压力下行动的人，能通过他们的认识而获
得自由吗？只有黑格尔才会告诉我们这样的谣言。但是，知识社
会学保存了这个特殊的偏见，这足以清楚地表明，绝不可能存在
使我们摆脱意识形态的捷径（一旦成为黑格尔主义者，就永远
是黑格尔主义者）。自我分析不能代替那些为建立民主机制所必
需的实践行为，而惟有这种机制能够保障批判思想的自由和科学
的进步。

---

① 参阅《马克思主义手册》第 255 页："黑格尔是第一位正确地陈述了自由与
必然的关系的人。对他来说，自由是对必然的赏识。"关于黑格尔对他自己
的宝贝观念的阐释，参阅《黑格尔选集》第 213 页："因此，必然的真理是
自由。"第 361 页上说："……自我意识的基督教原则——自由。"第 362 页
上说："自由的本质特性——其中涉及绝对的必然性——就是要作为获得
自身的自我意识而被呈现（因为按其本性，它就是自我意识），因而它实现了
自己的实存。"等等。

第二十四章　神谕哲学及对理性的反叛

马克思是一位理性主义者。他赞同苏格拉底、康德，把理性作为人类统一的基础加以信仰，但是，他认为我们的观点是由阶级利益决定的。这加速了这一信仰的衰落。如同黑格尔的理论认为我们的观念取决于国家利益和传统一样，马克思的理论破坏了理性主义者对理性的信仰。因此，由于受到来自左和右两个方面的威胁，理性主义者对于社会、经济问题的态度在历史主义预言和神谕的非理性主义正面进攻之下，就难以招架了。这就是为什么理性主义与非理性主义的冲突已成为我们时代理智上、甚至道德上最主要的问题。

一

因为"理性"和"理性主义"这两个名词是含混不清的，所以粗略解释一下它们在这里的用法是必要的。首先，它们在广泛的意义上①被加以使用，即不仅包括理智活动，而且包括观察与实验。我们有必要记住这些话，因为"理性"和"理性主义"

---

① 我在这里所使用的"理性主义"一词与"非理性主义"、而非与"经验主义"相反。卡尔纳普于1928年出版的《世界的逻辑结构》第260页中说，在现代意义中，"理性主义"一词常常意味着它与非理性主义截然不同。

常被在一种不同的、比较狭隘的意义上来使用，不是与"非理性主义"相对，而是与"经验主义"相对。如果人们这样使用，理性主义对理智的褒扬就超过了观察和实验，因此最好称之为"唯理智论"。不过，当我在这里谈到"理性主义"时，我都是在包括"经验主义"和"唯理智论"这个意义上使用此术语的。这就如同科学既使用实验方法，又离不开思考一样。其次，我使用这个词是要大致表明这样一种态度：为寻求一种尽可能多地解决问题的方法，要诉诸理性，即清晰的思想和经验，而不是情感和激情。当然，这种解释不十分令人满意，因为所有诸如"理性"或"激情"之类的术语都是含混的。我们拥有"理性"或"激情"，不是在我们拥有某些生理器官，比如脑和心脏这个意义上来说的，也不是从我们具有某些"官能"，比如说话能力或咬牙切齿的能力这个意义上来说的。因此，为了更为精确起见，最好要按照实用的态度或行为来阐释理性主义。尔后，我们可以说，理性主义是一种愿意听取批判性论证和在经验中学习的态度。它基本上是这样一种态度。即承认"我可能错，你可能对，通过努力，我们可以更接近真理"。这是一种不轻易放弃希望的态度。这种希望就是，通过诸如论证和仔细观察之类的方式，人们可以在许多重要问题上达成某种一致，并且在他们的要求和利益冲突之处，常常也可以讨论各种要求和建议，或许借助仲裁可

在这种意义上使用"理性主义"一词，我并不是指它的另一种使用方法，即作为经验主义的反面是次要的。相反，我相信它是哲学中非常有趣味的问题之一。不过，我不打算在这里涉及此问题；同时，我认为，与经验主义相反，我们最好用另一个词如唯理智论或"理智的直观主义"来替代笛卡尔意义上的"理性主义"。在此要说的是，我并不界定"理性"或"理性主义"一词，而是用它们当作一种标志，同时要注意，我并没有什么东西要依赖使用的字词。参阅第一卷第十章，特别是第369页注①（谈到康德的问题，见第十二章第115页注①及正文）。

能达成一种即使不为所有人接受也为大多数人接受的，以平等性为基础的妥协。简言之，理性主义的态度，或许我可以称之为"合理的态度"，和科学的态度相同，和为寻求真理我们需要合作这样一种信念一致，和我们可以借助于论证、及时获得类似客观的东西这样一种观念也如出一辙。

更全面地分析这种合理的态度与科学态度的相似性，具有一定的意义。在上一章，我试图借助于科学的鲁宾逊的故事来说明科学方法的社会方面。做与之极其相似的思考，可以显示合理的社会特征。这与理智才能或聪明等截然不同。理性如同语言一样，可以说是社会的产物。一个鲁宾逊式的个人（幼年栖身于孤岛）可能会有足够的智慧可以驾驭许多困难的情境。但他既不会发明语言，也不会发明论证的艺术。的确，我们常常与自己争论。不过，我们习惯于此。只是因为我们已学会与其他人争论，并且因为我们以这种方式懂得，重要的是争论本身而不是与之争论的人（这最后一种考虑当然会在我们与自己争论时起决定性作用）。因此，我们可以说，我们的理性如同语言一样来自于与他人的交流。

理性主义态度考虑论证本身而不是争论的人，这一事实具有影响深远的意义。它使我们认为必须要把我们与之交流的每个人都当作论证及合理的知识的来源。因而，它才建立了所谓的"人类理性的统一"。

从某一个观点来说，我们对"理性"的分析可以说同对黑格尔及黑格尔学派人士的分析有点相似。他们认为，理性是一种社会产物，实际上是团体（例如，国家或阶级的团体）的化身及精神的一个范围。他们在伯克的影响之下，强调我们受惠于社会遗产，并且近乎完全依赖于它。诚然，其中有某种相似性，但也有许多差异。黑格尔及其追随者是集体主义者。他们认为，由于我们的理性得自"团体"——或得自于诸如国家这一类的某一团体，"团体"就是一切，个人则微不足道。或者说，个人拥有所有价值都来源于集体这个所有价值的载体。与此截然相反，这里所呈现的立场不认为有集体的存在。比如，如果我说我们的理性来源于"团体"，那么我一向是指我们的理性得自于具体的个人——虽然可能是许多不知名姓的个人，得自于我们与他们之间的理智的交流。因此，谈到理性的（或科学方法的）"团体"理论，我更为确切地是指理论是个人间的理论，而决不是集体主义的理论。当然，我们从传统那里获取了许多东西。传统很重要，但"传统"也不得不被分析为具体的个人关系。[①] 如果我们这样做，那么我们就可以去除把每个传统奉若神明或把传统视为自身具有价值这样一种态度，代之以视具体情况、根据传统对个人的影响来判断传统有益或有害的态度。我们因而能够认识到，每个人（通过示范和批评）都可以对那些传统的发展或抑制尽一分力量。

这里所采取的立场与通常源于柏拉图的把理性视为一种"能力"的观点大相径庭。这种能力可能会为不同的人不同程度地拥有和发展。确实，在这种方式下，理智的禀赋可能会有不同，它们可以成为构成理性的因素，但并不需如此。聪明人可能会很不讲理。他们可能会坚持自己的偏见，不想从别人那里听到任何有价值的事情。然而，依照我们的观点，我们不仅从他人那里得到理性，而且我们也不能以让别人承认自己权威地位的方式在理性上超过别人。权威主义和我们所说的理性主义不能调和，因为包括批评性的论证以及听取批评的艺术是做到有理性的基础。我们所指的理性主义与现代柏拉图式的美丽新世界的梦想断

[①]　这是我在演讲《面向一个传统的合理理论》中所试图作的。参阅 1949 年《理性主义者年刊》第 36 页；已收入《猜测与反驳》一书，第 102 页以下。

然不同，在这样的世界里，理性的增长为某种优良的理性所控制或设计。像科学那样，理性以相互批评的方式增长；"设计"其增长的惟一可能的方式是发展维护那些批评自由的制度，也就是说思想自由。值得一提的是，即使柏拉图的理论是属于权威主义的，他本人主张在其国家守卫者中间严格限制人类理性的增长（这在第八章中特别提到过），但他通过写作方式却向我们的个人理性理论谄媚。因为他早期的对话录中描写了以一种非常具有理性的精神进行的争论。

如果我们区分开真正的理性主义和虚假的或伪理性主义，我如何使用"理性主义"这个词就会更加明确了。我所说的"真正理性主义"是苏格拉底的理性主义，它明白一个人的种种局限，它是那些知道自己常犯错误、甚至要依赖他人获取知识的人所表现出来的理智的谦虚。它还是这样一种认识：我们不必对理性期望过高。虽然争论是学习的惟一方式，但它几乎不能解决问题——不是看得一清二楚，而是比以前看得更加清楚。

我称之为"伪理性主义"的是柏拉图的理智直观论。它是对一种优越的理智才能的不谦逊的信仰，它声称受到天启、确知无疑、具有权威。根据柏拉图的理论，意见——即使是"真正的意见"，如我们在《蒂迈欧篇》①中所读到的那样——是每个人都有的；但"理性"（或"理性直觉"），"只有上帝和极少数人"才具有。这种权威主义的唯理性论或对人具有的发明手段或正确的方法的信念，它不能区分一个人的智力与他对他人在所知事情上的依赖，这种伪理性主义常被叫成"理性主义"，但它和我们所称的理性主义是完全相反的。

我对于理性主义态度的分析无疑是很不完善的，并且我愿意承认有点含混。但它足以达到我们的目的。用同样的方式，我现

---

①　参阅柏拉图对话录《蒂迈欧篇》（另见第十一章注释中的相互参照条目）。

在要描述非理性主义，同时指出非理性主义者是何以能为之辩护的。

非理性主义态度可以沿以下途径来发展。虽然非理性主义者可能会认识到理性和科学论证是我们揭示事物本质的有力工具或是达到某种非理性目的的手段，但他们坚持"人的本性"主要不是理性的。他们认为，人既优越于理性动物，又逊色于理性动物。为了看到人的逊色之处，我们只需考虑能够参与论证的人数是如何之少就可以了；按非理性主义者的观点，这就是为什么大多数人总要不得不诉诸情感或激情，而不是诉诸他们的理性。但人也比仅仅作为一个理性的动物要优越得多，因为关系到人生的事情都是超越理性的。即便是少数认真对待理性和科学的科学家，也是仅仅因为他们热爱理性而被束缚在理性主义态度之中。因此，即便是在这些少数情况中，也是人的情感构成而不是其理性决定了他的态度。而且，是他的直觉及他对事物性质的根据的直觉洞察、而不是他的推理，使得他成为一位伟大的科学家。因此，理性主义甚至不能对科学家的显而易见的理性活动提供充分的解释。但是，由于科学领域对做出理性主义解释十分有利，我们会看到：当理性主义试图涉及其他领域的人类活动时，理性主义就会遭到更加明显的失败。同时，这种情况被证明是确实的，所以非理性主义者会继续他们的论证。撇开人性较低层面，我们来关照人性最高层次的一面，也就是人的创造力这一事实。正是那些少数具有创造力的人才真正重要的，才是创造艺术作品或思想的人，才是宗教的创立者，才是伟大的政治家。这些少数优秀的个人让我们窥见了人的真正伟大之处。但虽然这些人类领袖知道如何利用理性达到自己的目的，他们决不是理性的人。他们植根于较深的层次——植根于他们的本能与冲动，植根于他们组成的社会本能与冲动。创造性完全是非理性的，是一种神秘的机能……

二

　　理性主义与非理性主义的话题由来已久。虽然古希腊哲学毫无疑问是作为一项理性主义事业开始的，但甚至在其开端就具有神秘主义色彩。正是对这种已失落的部落主义的统一和庇护的渴望，才在基本上从理性主义的方法①中表现出神秘主义的成分。理性主义和非理性主义的第一次公开冲突爆发在中世纪，表现为经院哲学和神秘主义的抗争（有趣的是，理性主义在原来的罗马各省兴盛，而来自于"蛮荒"之地的人们则涌现出许多杰出的神秘主义者）。在 17、18 和 19 世纪，当理性主义、唯理性主义和"唯物主义"高涨时，非理性主义者不得不对此费些心机来与之争论。一些批评家（值得注意的是伯克）通过展示其局限，揭露其伪理性主义的骄妄主张和危险（他们没有把它与我

---

①　　参阅第一卷第十章，特别是第 359 页注①和 361 页注①及正文。
　　　　在毕达哥拉斯、赫拉克利特、巴门尼德和柏拉图的思想中，神秘主义和理性主义的因素是混杂在一起的。特别是柏拉图，虽然他一再强调理性，但他在哲学中所加入的非理性因素几乎都要骗走他从苏格拉底那里继承的理性主义。这使得新柏拉图主义者得以将其神秘主义建立在柏拉图主义的基础之上；同时，大部分后来的神秘主义均可追溯到这些源流上。
　　　　也许是偶然，但极为明显的是，在西欧和中欧某些地区，是未受奥古斯都的罗马帝国控制的地区，也是未受罗马和平即罗马文明熏陶的地区。"蛮荒"地区虽然没有发明神秘主义，但尤其容易为神秘主义所影响。像克莱尔克的神秘主义，在德国就获得了极大的成功。艾克哈特及其学派和波墨尔，后来也在德国盛极一时。
　　　　后来，斯宾诺莎企图将笛卡尔的唯理性论与神秘的倾向结合在一起。他重新发现了一种神秘的理智直观论。尽管遭到康德的强烈反对，这种反对却导致了康德以后唯心主义的兴起，使费希特、谢林和黑格尔脱颖而出。如在第十二章所简短指出的，一切现代的非理性主义，都可回溯至黑格尔（另请参阅本章第 356 页注①、378 页注①至 379 页注②，第十一章第 25 页注②、③，互相参照上述有关神秘主义的内容）。

们所讲的理性主义区分开来），已博得了所有真正理性主义者的感
恩之情。但这股潮流现已转向，"深具意义的暗示和寓言……"
（如康德所言）已成为当今的时尚。神谕的非理性主义（尤其是由
于伯格森和大部分法国哲学家和知识分子的努力）已经形成习惯，
忽视或最多是叹惋诸如理性主义者这样的劣种的存在。对他们来
说，理性主义者——或"唯物主义者"，他们常这么说——特别是
理性主义科学家，是精神上的贫困者，追求没有生机的、十分机
械的活动①，全然不知人类命运及其哲学中较深层次的问题。理
性主义者通常把非理性主义斥为一派胡言，以此加以回击。这种
分歧在以前从未像现在这么大。哲学家之间交往的断绝竟导致国
家间外交关系的断绝，其意义由此可见一斑。

　　在这个问题上，我完全站在理性主义一边。我说的确是实
话，以至于我甚至在感到理性主义有过激之处时也对其表示赞
同，认为这一方面的过失（只要我们把柏拉图的伪理性主义拒
斥在外）与另一方面的过失比较起来，实际上是无害的。我个
人认为，过分的理性主义可能会被证明为有害的方式是：它要破
坏自己的立场，因此加剧非理性主义的反应。正是这种危险才使
我更为仔细地审查过分的理性主义，宣扬一种谦逊的、自我批判
的、承认某些局限的理性主义。因此，我将区分两种理性主义的
立场，我称之为"批判的理性主义"和"非批判的理性主义"
或"全面理性主义"必然会带来什么结果（这种区别与前面
"真正"或"虚假"的理性主义的区别不同，即使我所说的真正
的"理性主义"常常就是批判的理性主义）。

　　未加批判的或全面的理性主义，可以被描述为这样一种人所
持的态度。他说："我不准备接受任何无法通过论证或经验来支
持的事物。"我们可以以如下原则的形式来对此进行表述，即任

---

　　①　关于"机械性的活动"，参阅本章第 373 页注①、374 页注①。

何不能为论证和经验支持的假设就应该被人抛弃①，人们很容易注意到这条未加批判的理性主义是不合逻辑的。因为它本身也不能为论证和经验支持，从而自己也应该被抛弃（这与说谎者的悖论②的理性主义因此在逻辑上站不住脚，并且由于纯粹的逻辑

---

① 我用"抛弃"这一字眼，是因为要囊括下列观点：（1）这假设是错的；（2）虽然也许偶尔为真，但却是不科学（或不能成立）的；（3）它是"没有意义的"或"无意义的"，如果从维特根斯坦《逻辑哲学论》的观点来看；参阅第十二章第70页注①，本章第358页注①和365页注①。
　　与"批判的理性主义"和"未加批判的理性主义"这种区分相连，值得一提的是，邓斯·斯各脱及康德的学说，可以解释为接近"批判"的理性主义（我认为他们"意志第一的理论"或可解释为非理性的决定第一）。

② 在本注解和以下注解中，将评论一下悖论，特别是说谎者悖论。在作评论之前，可以说，所谓"语义的"、"逻辑的"悖论，已不再只是逻辑学家的玩物。它们不仅已被证明对数学的发展重要，而且对其他思想领域也重要。这类悖论和诸如"自由的悖论"这类问题有着确定性的关系。"自由的悖论"在政治哲学中具有很大的意义（参阅第十七章第204页注①，第一卷第七章第241页注①和243页注①）。在本注中简短指出，各种统治的悖论（参阅第七章第243页注①及正文）与说谎者悖论很相似。我在此不对那些解决这类悖论的现代方法（或许更好一点的是构建两种不同悖论的语言）作任何评论，因为那超出了本书的范围。
　　（1）可用许多形式来说明说谎者悖论。其中之一如下：让我们假设某人有一天说："我今天所说的话都是假的"；或更确切地说，"我今天所做的所有陈述都是假的"，同时他一整天都没有说其他的话。现在如果我们问自己，他所说的是否为真，这就是我们所探求到的。如果我们以假定他所言是真的开始，则必会得到他的话是假的结论；若我们假设他所言是假的，则又会得到他所说的是真的结论。
　　（2）悖论有时叫作"矛盾"。不过，这也许稍为有点儿误导之嫌。通常所谓的矛盾（或自相矛盾），在逻辑上必定为假，例如说"柏拉图昨天是快乐的，且柏拉图昨天是不快乐的"。我们说这个语句为假并不会有什么困难，但我们不可能毫无困难地判定一个悖论的真或假。
　　（3）然而有一些密切与悖论关联在一起的陈述，更严格来说，只是自相矛盾。例如："所有的陈述为假。"如果认定此语句为真，那么我们就会得出结论：这一陈述是假的。然而若设定其为假，则就没有困难了；因为这种设定仅产生一种结果，即并非所有的陈述为假，或换句话说，有某些陈述，至少有一个为真。这种结果是没有什么害处的；因为它并不意

论是相似的，也就是说与断言自身为假的语句相似）。未加批判
证可以显示出这一点，未加批判的理性主义因而可以被其自身选
择的武器——论证击败。

　　这种批评可以推及其他。因为所有的论证必须从假设开始，
要求所有的假设建立在论证的基础上显然是不可能的。许多哲学
提出了这样的要求，即我们决不应该从假设出发，不要对任何事
情做关于"充足理由"的假设。甚至一些要求认为我们应该从
一小组假设（"范畴"）出发，在这种形式上两者都是自相矛盾
的。因为它们本身就依赖于一个真正大的假设：可以从没有假设
开始，或仅从少数假设开始，并且仍然保留有价值的结果（实
际上，这种避免一切预先假设的原则不是如一些人想的那样是一

味着我们原来的陈述是两种为真的陈述，这并不意味着我们实际上能建构
一种摆脱悖论的语言，在这种语言中可以表述"一切陈述为假"或"一切
陈述为真"。

　　虽然事实上"一切命题为假"这一陈述并非是真正的悖论，换言之，
它是"一种类似说谎者悖论的形式"，因为它与说谎者悖论明显相似。古希
腊克里特的艾比曼尼底斯说："所有克里特人永远说谎。"这一语句，就相
当于"说谎者悖论之形式"，亦即为一矛盾而非一悖论（参阅本章下一注解
及第 393 页注①和正文）。

　　（4）我现在简短指出说谎者悖论和各种"统治的悖论"，例如最聪明的
人、最好的人或大多数人应该统治的原则之间的相似性（参阅第一卷第七
章第 244 页注①及正文）。

　　G. H. 兰福特曾以不同的方式来描述、解释说谎者悖论，其中之一如
下：我们设想两个人 A 与 B 所说的两句话：

　　A 说："B 所说的是真的。"

　　B 说："A 所说的是假的。"

　　应用上面所描述的方法，我们不难相信这些语句是悖论。现在我们考
虑下面的两个语句：第一语句为最聪明的人应该统治的原则：

　　（A）原则是：在（B）之下，最聪明的人所说的应该为一种法则。

　　（B）最聪明的人说：在（A）原则之下所指出的，不应该为一种法则。

个完美的意见，而是说谎者悖论的一个形式①）。

　　现在，所有这一切有点儿抽象，但人们可以用一种较非正式

---

　① （1）如果依下面的描述，则容易看出避免一切预设的原则是本章第 356 页
注② （3）意义上的"说谎者悖论之形式"，因此，也是自相矛盾的。
　　　一位哲学家未经过论证就设定下面这个原则，从而开始了他的调查：
"凡是未经过论证就加以设定的原则，是不成立的。"很明显，如果我们认
定此原则为真，则依照这句话所说的，我们必然得出结论，即它是不成立的
（相反的假定不会导致任何的困难）。"圆满之计划"是指对胡塞尔确立的这
种原则的批评。莱尔德于 1936 年出版的《当代哲学》第 121 页中，谈到这
一原则"是胡塞尔哲学的主要特征。其成功相当令人怀疑，因为预设有机
可乘"。我同意以上这种说法，不过不太同意下一个评论："……避免一切
预设，完全可以成为圆满的计划，在这个偶然的世界中，是不切实际的。"
另参阅第二十五章第 402 页注①。
　　　（2）我们在此考虑其他一些深层"原则"，这些原则也是本章第 356 页
注② （3）之"说谎者悖论之形式"，因此是自相矛盾的。
　　　（a）从社会哲学的观点来看，下面的"社会学主义原则"及与之相类
似的"历史学主义原则"是相当有趣的。它们的表述如下："没有任何陈述
是绝对为真的，而且所有的陈述不可避免地与其创始者的社会环境相关。"
显然，我们可以不需任何改动，第 356 页注② （3）就适用于此。因为如果
我们假定这样一种原则为真，则结果是它并不是真的，只不过与社会或历史
环境相关。参阅本章第 392 页注②及正文。
　　　（b）在维特根斯坦的《逻辑哲学论》中，可以发现这方面的一些例子。
其中之一是维特根斯坦的命题。（第十一章第 36 页注②做了全部引述："真
命题的整体是……自然科学的整体。"）
　　　因为这一命题并不属于自然科学（而是属于科学玄学——亦即评说科
学理论），因此结果是断定其自己不为真因而自相矛盾。
　　　而且，这一命题破坏了维特根斯坦自己的原则（《逻辑哲学论》第 57
页："没有任何命题能说及自身……"），这一点是很明显的。
　　　补注：我将上引的原则简称为"W"，即使这一原则也是说谎者悖论之
形式，断定其自身为假（因此，它不能如维特根斯坦所相信的，能与"类
型的整体理论"——相等，或代替该理论，或为"类型的整体理论"之总
结）。"类型的整体理论"乃罗素的理论，旨在避免他所发现的种种悖论。
罗素将那些看似命题的表达形式分为三类：真命题，假命题，无意义的表达
式或伪命题。因为维特根斯坦的 W 原则，可重述如下：

的方式重述一下与理性主义相关的问题。理性主义的态度以其对论证和经验的重视为特征。但不论是逻辑论证还是经验，都不能确立理性主义态度。只有对那些愿意考虑论证和经验及已经因此

（W）任何包含涉及自身之表达式（特别是看起来像此命题之表达式），不论是包含其自身之名称，或包含某类含有自身的、其范围是从阶级到其归属的变量，均不是一命题（而是一没有意义的假命题）。

现在让我们设定 W 为真。然后让我们来看，这 W 本身是一个表达式，而且它泛指一切的表达式，它就不能是一个预设。

因此，假定它为真是不能成立的，W 不能为真，不过它无须一定为假。因为无论是假定其为假，或假定其为无意义或没有意义的表达式，都不会使我们产生直接的困难。

维特根斯坦下面的这句话可能是在说他自己也看到了这点［见其《逻辑哲学论》第 189 页，另参阅第十一章第 45 页注① （1）］，他写道："我的种种命题是这样说明的：了解我的人终会承认它们是无意义的……" 总之，我们可以猜测他倾向于将 W 看成没有意义，而不将其视为假。但我认为它不是无意义，而是假的。或更精确地说，我相信在每种程式化的语言中（例如能够表达哥德尔不确定性的陈述之语言），都包含有谈及陈述自身的方法，而且有对这些表达式的集合加以命名的名称，诸如"命题"、"非命题"。像 W 这一类对陈述的结构，断言自身的无意义，就已不再是无意义或纯粹的悖论，而是自我矛盾了，它是有意义的，因为它宣称所有某一类的陈述不是命题（不是一完全的式子）；而这样一个断定将是为真或为假，但不是没有意义的；这纯粹是因为"是"或"不是"之形式完整的命题，乃"表达式"的一种性质。例如："所有的表达式都是没有意义的"将是自相矛盾的，而不是真正的悖论；同样，若我们将"表达式×是无意义的"中的×以其名代之，也是一样。将芬德洛依的观念修改一下，我们可以写成：

表达式 A 在×这一表达式中以表达式之名来代替其中的变量，则不成为一陈述。若将表达式 A 中的变量以表达式 A 之名代替之，则所得之表达式不为一陈述。

上面所说的又是一种自相矛盾的陈述（如果两次都用"是假的陈述"来替代"不是陈述"，我们便获得说谎者悖论；如果写成"是一无法推论得出的陈述"，则我们可得到哥德尔的陈述）。

总的说来，与我们第一印象正好相反；我们发现一个理论之认为自身没有意义的语句，将非是没有意义，而是假的，因为谓项"没有意义的"与

而采取这种态度的人，才可能被它打上烙印。也就是说，如果任何论证或经验要想有效，首先必须采取理性主义的态度，因而它不可能以论证或经验为基础（这种考虑与那种是否存在有利于人们采取理性主义态度的有说服力的合理论证毫无关系）。

"假的"是两个截然不同的实词并不会引起悖论。因此维特根斯坦的理论并不像他所认为的，是没有意义的，而是假的（或更明确地说，是自相矛盾的）。

（3）有些逻辑实证论者认为将语言的表达式分为 1）真的陈述，2）假的陈述，3）没有意义的"表达式"（或者说不是完整形式之陈述的表达式），多多少少是"自然"的。同时，因为有了"无意义的"这一实词，则悖论和形而上学系统同时都被消除掉了。下面我们可以表明这种三分法是够的。

将军的反情报官有三个信箱，分别为（1）"将军信箱"，（2）"敌人信箱"（使敌人间谍可以出入），（3）"废纸信箱"，在12点之前，送入的情报依下述三种分送信箱（1）真的，（2）假的，（3）没有意义的。

主管人员一时倒也没什么分送的困难（其中有关于自然数之理论的真陈述，或为逻辑的陈述，例如以 L 表示："从一组真的陈述中，不能有效地演绎出假的陈述"）。但恰好在12点前到达的一封情报，名为 M，却使他有点困扰，因 M 写成："从所有放进或要放进总部信箱的陈述中，不能有效演绎出'0＝1'的陈述。"首先，总部反情报官员对于是否不要将 M 放入信箱（2）中有些犹豫。不过因为他了解，如果放进（2），M 就会提供敌人有价值的真情报；他终于决定将 M 放进第（1）号信箱中。

不过这是一个很大的错误；因为总部的符号逻辑学家在计算和将总部信箱的内容形式化后，发现得到了一组陈述，而这组陈述包含自身一致性的肯定；而这一点根据哥德尔的确定性之第二定理，导致一种矛盾，因此，从提供总部之假想的真情报，可以演绎出"0＝1"。

解决这种困难的办法就在于承认一种事实，那就是将陈述分作三部分的主张是没有保证的，至少对日常语言是如此；同时，我们自塔尔斯基的真理论可以看到，没有一有限的信箱数目可以满足这一点。我们又发现"不属于完全建构的式子"之"没有意义"，决不是"无谓的谈论"之"表达式"，也就是说决不是"只是一堆语词，不意谓任何事物"，虽然它们可能有时表现出很深的意义。不过，显示形而上学具有这方面的特性，正是逻辑实证论的主要主张。

　　但这意味着那些采取理性主义态度的人之所以这样做，就是因为他们未经推理就已采取了某些也可以被称为非理性的建议，或决定或信仰或习惯或行为。不论它可能是什么，我们可以称之为对理性的非理性的信仰。理性主义是远非全面和独立的。这点经常为理性主义者们所忽视。因此，当非理性主义者用理性主义找麻烦时，他们常在自己的领域里受到自己最喜爱的武器的攻击。实际上，它逃脱不了一些理性主义敌人的注意。那就是，人们总是拒绝接受论证，不论是全部论证还是某种论证。这样一种态度可以因其不在逻辑上自相矛盾而得到实现。这使他们注意到，那些相信理性主义是独立的、可以通过论证建立的非批判的理性主义者必然是错误的。非理性主义在逻辑上优于未加批判的理性主义。

　　那么，为什么不采取非理性主义呢？许多人开始是理性主义者，但因发现过于全面的理性主义不攻自破时，便醒悟过来。他们实际上已真正地向非理性主义投降了（如果我所言还有几分正确的话，怀特海①就是这种情形）。但这样一种令人莫名其妙的行为，是多此一举。虽然未加批判的及全面的理性主义在逻辑上是站不住脚的、虽然全面的非理性主义在逻辑上是站得住脚的，这决不是我们应该采取后者的原因。因为还有其他站得住脚的态度，尤其是批判理性主义的态度。它承认这样一个事实，即：基本的理性主义态度建立在非理性的决定或对理性的信仰之上。因此，我们的选择是开放的。我们可以自由地选择某种非理性主义形式，甚至是一些激进的或全面的形式。但我们也可以自由地选择批判的理性主义形式，即一种坦率地承认其局限性及其以非理性决定为基础的形式（这样，就是先于非理性主义的一

---

　　① 似乎正是这种所谓与"归纳问题"有关的困难，使得怀特海忽略其在《过程与实在》一书中的论证，参阅本章第 380 页注①至 382 页注①。

种选择）。

三

我们面临的选择并不只是一种有关理智的事情或一种感受问题。它是一种道德上的抉择①（在第五章讲的意义上）。我们是否采取某些多少有点儿激进色彩的非理性主义形式，或我们是否选择对我称之为"批判理性主义"的非理性主义做出最低程度的让步，这个问题将深深影响我们对于他人和对于社会生活问题的整个态度。我们已经说过，理性主义与对人类统一的信仰密切相关，非理性主义未被任何一致性规则所束缚。它可以和任何信仰包括天下一家的信仰结合在一起。不过，它可以很容易地与一种迥然不同的信仰结合在一起，尤其是支持人们相信上帝选民的存在，支持把人分为领导者和被领导者，分为天然的主人和天然的奴隶。这一事实清楚地表明了在非理性主义与批判理性主义之间的选择，是包含有道德抉择在内的。

如我们在第五章看到的，现在又可以在我们对未加批判的理性主义的分析上看到，论证并不能决定这样一种基本上的道路抉择。不过，这并不意味着我们的选择不能为任何一种论证所帮助，相反，当我们面对一种更加抽象的道德选择时，它对于我们仔细分析我们不得不做出的选择所可能带来的结果有很大的帮助。因为只有能以一种具体和实际的方式洞察到那些结果，我们才能够真正了解到我们做出的抉择的实质。否则，我们的抉择是

---

① 这是道德的抉择而非"个人兴趣"的问题，因为它会影响到他人及其生活，不是一种私人的事务（关于美的欣赏和道德问题之间的对立，参阅第一卷第五章第 134 页注①和正文及第九章第 321 页注①和 322 页注①）。从"博学者"的观点来看，我们所面对的这一抉择是非常重要的。那些博学者面对着这个抉择，并充当没有面对它的那些人在理智上的评论员。

盲目的。为了说明这一点，我引用萧伯纳《圣女贞德》中的一段话。说这番话的人是监狱的神职人员，他坚决要求处死贞德，但当看到她在火刑柱上时，他情不自禁地痛哭起来："我无意伤害她。我不知道结果会是什么样子……我不知道我在做什么……如果知道，我就会把她从他们手中抢过来。你不知道，你没有明白：当你不知道时，光说是多么容易。你会因这些话而发疯……但当你看到你做的事时，当你被它蒙蔽了眼睛、塞住了鼻孔、撕拆着心的时候，那时……那时……啊，上帝，快把这幅景象从我面前抹去吧。"当然，在萧伯纳的剧中，还有其他人物很清楚他们在做什么，然而却决定去做。还有一些人，他们做了过后也不会后悔。有些人不愿意看到他们的同类在火刑柱上被烧死，其他人却不这样。这一点（它为许多维多利亚时代的乐观主义者所忽略）是重要的，因为它表明：对一种抉择结果的理性分析并不能使我们的抉择理性化，结果不能决定我们的选择；做出抉择的只能永远是我们。不过，对具体结果的分析及其从我们所谓的想象中获取的知识，使盲目的选择和睁着眼睛做出的决定有所不同。因为我们很少利用自己的想象，[①] 我们经常做出盲目的选择。我们为神谕哲学——这种用萧伯纳的话来说，即用言语使我们发疯的强有力的形式——所痴迷，就尤为如此。

　　对一种道德理论的结果作理性的和想象的分析，这与科学方法有某种相似性。因为在科学中，我们不会因为一种抽象理论不验自明而去接受它。我们而是要在检验了那些可以因实验更直接地证明的具体实际的结果之后，才决定去接受或拒绝接受它。但其中有一个基本区别。就科学理论而言，我们的决定取决于实验的结果。如果这些结果证实了某种理论，我们可以在找到一种更

---

① 我相信它或许是基督教最大的力量，亦即基督教不诉诸抽象的冥想，而是通过以具体的方式描述人的苦难，来诉诸想象。

加完善的理论之前接受它。如果它们与该理论相抵触，我们就拒绝接受它。但就这一种道德理论来说，我们只能把它的结果与我们的良心对立起来。我们良心的裁决依赖于我们自己，而实验的结果却不这样。

对于结果的分析可以影响我们的抉择而非决定我们的抉择，这点我希望已表述清楚了。在描述理性主义和非理性主义这两种我们必须做出抉择的结果时，我要提醒读者我是有一些偏袒的。就呈现在我们面前的两种关于道德决定的选择来说——在许多意义上，这是伦理学领域最基本的决定，我尽量做到公允，虽然我没有隐瞒我的倾向。然而我将对把两种选择的考虑陈述出来。这些选择结果对我来说清清楚楚，并且我本人因此而受到了影响，拒绝接受非理性主义而接受了对理性的信仰。

首先，让我们考察非理性主义的结果。非理性主义者坚持情感和激情而非理性是人类行为的主要动力。虽然非理性主义者的观点可能会是正确的，但我们应尽自己的所能去修补它，尽力使理性发挥最大的作用。非理性主义者又可能会说这种态度是毫无希望的、不切实际的（如果他愿意屈尊讨论的话）。因为这种态度未考虑到"人性"的弱点，未考虑到大多数人的微弱的理性能力以及他们对情感和激情的明显依赖。我坚信，这种对情感和激情的非理性化的强调，最终会导致的结果，我只称之为犯罪。原因之一是这种态度最好也只是对人的非理性的一种屈从，最坏则是对人类理性的一种藐视。它必然会导致把暴力和武力作为任何争端的最后裁决者。因为如果争端一起，那么这就意味着那些在原则上有助于解决争端的、建设性情感的激情，如尊敬、热爱，如为共同事业献身等，就显得无能为力了。但如果真是那样的话，除了诉诸暴力，非理性主义者还有什么可以选择的呢？这种倾向被另外一种可能是更加重要的态度所加强。这种态度我认为也植根于非理性主义中，它就是对人与人不平等性的强调。

　　当然，不可否认，个体的人如同世上其他事物一样，在许多
方面很不平等。毋庸置疑，这种不平等性很重要，许多方面也是
可取的①（恐惧大生产和集体化的发展，可能会对人类产生影
响，破坏人的不平等性或个体性，这是我们时代的梦魇②之一）。
但所有这一切没有对这个问题产生影响，即我们是否应该决定尤
其是在政治问题上平等对人，或尽量平等待人。也就是说，如同
对待平等权利及平等待遇的平等要求一样地平等待人。而且，它
对于我们是否应该建立政治制度也没影响。"法律面前的平等"
不是一个现实，而是一种建立在道德决定基础上的政治要求。③
它与"人生而平等"的理论毫不相干。这个理论可能是错误的。
我不是想说采取这种不偏不倚的人道主义态度是选择理性主义的
决定的直接结果，但是，不偏不倚的倾向与理性主义密切相关，
很难能被排斥在理性主义信仰之外。另一方面，我也不是想说非
理性主义者不能始终如一地采取一种平等的或公平的态度。即使
他这么做到如此一致，他也不是非得一致不可。但我想强调这样
一个事实：非理性主义者的态度几乎不可避免地要和反对平等主
义的态度纠缠在一起。这与它强调情感或激情是分不开的。因为
我们不能对每个人都抱同样的感情。在感情上，我们把人分成亲
疏远近。这种把人分为敌友的形式是人类一项非常明显的感情区

---

①　在道德抉择上，康德是伟大的平等主义者；但他也强调人类不平等这一事实
　　的好处。他在人类性格和意见的差异性及个别性中看到道德和物质进步的主
　　要条件之一。

②　这里提及的是赫胥黎的《美丽新世界》。

③　关于事实与决定和要求之间的区别，参阅第一卷第四章第81页注②及正文。
　　至于"政治要求的语言"或罗素所指的"建议"之问题，参阅第六章第
　　218页注①至222页注①和正文及第五章第132页注①（3）。

　　　　我想说所有人天生在理智上是平等的理论是假的；不过，因为诸如玻尔
　　这些人认为个人之间的差异完全是环境影响所致，因为没有足够的实验资料
　　来判定这一问题，所以我们真正能说的大概只是"可能假"。

分。这种区分甚至在基督教戒律中得到了认可，"爱你的敌人"，甚而至于恪守这一戒律的最优秀的基督徒（这样的基督徒不多，这可以从比较出色的基督徒对"唯物主义"和"无神论"的态度中可以看得出来），也不能对所有的人施予平等的爱。我们不能"抽象地"去爱，我们只能爱那些我们认识的人。因此，即使是诉诸我们最美好的情感爱与同情，我们也只能把人类分成不同等级。如果诉诸次要的情感和激情，情况更是如此。把人类分成敌人和朋友，分成属于我们部落的，属于和我们一致的及和我们格格不入的，分成信仰者和不信者，分为同者与外国人，分成阶级同志与阶级敌人，分成领导者和被领导者，这些都是我们的"自然"反应。

我在前面已经提到过，那种认为我们的思想和观点取决于我们的阶级境遇和国家利益的理论，必然会导致非理性主义。我现在要强调与之相反的事实也是正确的。放弃对理性主义态度，放弃对理性论证及其他人观点的尊重，强调人性较"深"层次，所有这些必然会导致这样一种观点，即思想仅仅是那些非理性的深层次东西的表面化现象。我相信，这种观点几乎总是产生一种态度，即重视思想家个人，而不是他的思想。它必然会导致这样一种信念，我们用血缘关系，从民族遗产，从阶级的角度来思维。这种观点可能会以一种唯物主义形式或一种高级的精神形式表现出来。"我们从种族角度来思维"可能会被上帝的选民的思想所代替，或被那些从"受神的恩惠角度来思维"的受到鼓舞的灵魂的思想所代替。由于道德上的原因，我拒绝受这些差异的影响；因为所有这些理智上骄妄的观点的根本性的共同点，是他们不根据思想本身的是非曲直做出评价。他们这样通过放弃理性把人类分成朋友和敌人，分成与神共同占有理性的少数人和不分享神的理性的多数人（如柏拉图所言），分成少数与自己亲近的人和多数与自己疏远的人，分成会说表达人类的情感和激情的无法转译的语言的人和不会说这种语言的人。一旦我们作了这样的区分，政治上的平等主义实际上就成为不可能的事情了。

现在，在政治生活中，即涉及人统治人的问题领域里，采取反平等主义的态度就是我所说的犯罪。因为它为这样一种态度提供了辩护，即不同类别的人有不同的权利：主人有权利去奴役奴隶，一些人有权利去把另外一些人当作工具使用。最终，它必会像在柏拉图哲学[①]中一样，被用来说明谋杀也是正当的。

有些非理性主义者热爱人类，并且并非所有形式的非理性主义都导致犯罪的产生。我并没有忽视这一事实。但我认为，那种宣扬不是理性而是爱应该支配一切的人，为那些以仇恨支配一切的人开辟了道路（我相信，当苏格拉底提出，对论证的猜疑或仇恨与对人的猜疑或仇恨相关时，他看到了这个问题的某些方面[②]）。那些不能同时看到这种联系的人，相信情感上的爱直接支配一切，就会认为爱本身当然不会增加公正性的。它也不能消弭冲突。爱本身可能不会解决冲突，这点可以通过一个无害试验得到说明。这个试验可以作为更多严肃试验的代表而获得通过。汤姆喜欢看戏，而迪克喜欢跳舞。汤姆恳切地要求去跳舞，而迪克为了汤姆的缘故要去看戏。这种冲突不可以用爱来解决。相反，爱越强烈，冲突就越剧烈。只有两种解决方式：一种是调动情感并最终使用暴力，另一种是调动理性、公正及合乎情理的妥协。所有这些都不是想说我不喜欢爱与恨的差异，不是想说人生

---

① 参阅柏拉图《政治家篇》中的一段，摘引在第九章注及正文中。另一个这方面的内容是在《理想国》409e 到 410a 中。柏拉图在 409b/c 谈到"好的法官……这所以为善，是因为他的灵魂是善的"，他在 409e 以下继续说："你难道不打算去照顾那些身心健康的人吗？身体不好的人，他们会死去。那些本性堕落和灵魂不可救药的人，他们将会去杀戮。"——"是的，你已证明这样做对国家和当事人都是最好的事情。"

② 参阅第一卷第八章第 298 页注①及第十章第 354 页注①。

中没有爱也值得生活（我很愿意承认基督教关于爱的思想并不意味着它是一种纯情感形式）。但我坚持，情感甚至爱都不可以代替由理性所控制的制度的支配作用。

当然，这不是反对爱的支配的作用的惟一论证。爱一个人意味着想使他快乐（顺便说一下，这是托马斯、阿奎那关于爱的定义）。在所有的政治理想中，让人们快乐可能是最危险的一种。为了使人们了解我们对其幸福极为重要，为了如以往那样去拯救他们的灵魂，它千篇一律地导致人们企图把自己的"较高"价值尺度强加给他人。它还产生了乌托邦主义和浪漫主义。我们都确信，每个人在我们的美丽、完美的梦想世界中都是快乐的。毫无疑问，如果我们彼此相爱，那将是人间天堂。但如我在以前（第九章里）说过，企图缔造人间天堂的结果无一例外地构造了地狱，它导致了不宽容；它导致了宗教战争，以及用宗教法庭来拯救灵魂。我相信，这是建立在对于我们的道德责任完全误解的基础之上的。帮助需要我们帮助的人是我们的责任。可使别人快乐不可能是我们的责任，因为这不决定于我们，因为这常常意味着侵犯那些我们对之示以善意的人的隐私权。采用渐进的方法来解决政治问题（这与乌托邦主义者相反）与这样一种决议相一致，即向苦难开战必须被认为是一种责任，而关心他人幸福的权利必须被认为是局限在朋友圈子里的一种特权。就其而言，我们可能会有某种权利想要把我们的价值尺度强加给别人——比如我们喜欢音乐（我们甚至可以感觉到有责任为他们打开一个新的价值世界。我们相信这会令他们感到幸福）。这种权利是存在的，因为他们可以不接受，因为友谊是可以终止的。但使用政治手段把我们的价值尺度强加给他人是另外一回事。痛苦、灾难、不义及其防范，这些都是公共道德中永远存在的问题，都是公共政策的"议程"（边沁会这么说）。这种"较高"的价值应该主要被视为"非议程"，而该被留在自由发展的范围之内。因此，我们可能会说：帮助你的敌人；帮助那些困苦中的人，即使他们恨你；但仅仅去爱你的朋友。

　　这只是反对非理性主义的事实的一部分，也只是诱使我所采取的相反态度，也即批判理性主义的结果的一部分，后者那种强调论证和实验的态度，连同其"我可能错而你可能对，通过努力我们会更接近真理"这一主张，更近乎科学态度。这点在前面已经讲过。它还附带有这么一种思想，每个人都容易犯错误；这些错误可能会被自己或他人发现，或在别人的帮助下由自己发现，因此，它意味着每个人都不该成为自己的裁判。它提出了公正的思想（这与前一章分析的"科学的客观性"思想有关）。它对于理性的信仰不仅仅是对我们自身理性的信仰，而且甚至更是对他人理性的相信。因而，一个理性主义者即使相信自己在理智上优越于他人，也会拒绝号称权威。① 因为他知道如果他的智识优越于他人（这点对他而言很难判断），也只是在他从别人的批评中，从对自己及他人错误所做的认识的范围内，情况就是如此。并且他知道，只要一个人认真对待他人及其论证，他就可以从中学到东西。这样，理性主义就和下列思想连在一起：别人也有权利被人倾听，有权利为自己的论点辩护。这就意味着认可人们对容忍的要求，至少是认可那些本身并不是不宽容的人要求容忍②的权利。一个人如果采取先听另外一个人的论证的态度，他就不会去杀人（康德把"金科玉律"建立在理性思想之上是正确的。确实，人们不可能证明任何伦理原则的正确性，或以我们为科学陈述辩护的方式去为它辩护。伦理学不是科学。虽然不存在伦理学理性化的科学基础，但存在着科学的伦理基础和理性主

---

　　① 威尔斯就是一个例子，他给其著作《战争与和平常识》第 2 章拟了一个精彩的标题《成年人不需要领袖》，参阅第二十二章第 318 页注①。
　　② 关于这方面问题以及容忍的悖论，参阅第一卷第七章第 241 页注①。

义的伦理基础）。同时，公平的思想产生了责任的思想。我们不仅必须倾听论证，而且还有责任就我们的行为影响了他人的部分进行回应、回答。通过这种方式，理性主义最终承认，有必要建立社会制度来保护批评的自由、思想的自由、人的自由的这个思想联系起来了。它树立起类似于道德义务的东西，以维护这些社会制度。这就解释了为什么理性主义与人道主义意义上的下列要求联系在一起：实际的社会工程——当然是渐进工程、社会的理性化[①]要为自由规划、理性所控制。这种联系靠的不是"科学"，不是"柏拉图"式的伪理性权威，而是了解自身局限，从而尊重他人，不强迫别人（甚至为他人幸福也是如此）的苏格拉底式的理性。而且，采用理性主义意味着有一种共同的交流媒介，一种理性的共同语言。它建立了某种类似于道德义务的东西来使用这种语言，建立了保持其清晰[②]标准的义务并保留它作为论证的工具。也就是说，清清楚楚地使用它，把它作为理性交流的工具，当作重要信息的工具，而不是"自我表达"的方式。这是

---

① "世界"是非理性的，但科学的任务是使其理性化。社会是非理性的，但社会工程师的任务就在于使其理性化（这当然不是说他应该"指导"社会和世界，也不是说集中或集体"计划"是可取的）。日常的语言不是非理性的，但使其理性化是我们的任务，至少要使其保持清晰的标准。我们可将此态度的特征描述为"实用的理性主义"，这种实用的理性主义与未加批判的理性主义及非理性主义之间的关系，正犹如批判的理性主义与后二者的关系一样。因为未加批判的理性主义可能认为世界是理性化的，而认为科学的任务在于发现这种合理性，而"非理性主义"者可能坚持这个世界根本就是非理性的，应完全由我们的情感、情绪或理性直觉而非由科学的方法来体验和尝试。与此相反，实用的理性主义可能承认世界是非理性的，但是我们应尽可能使世界臣属于或服从理性。用卡尔纳普的话说，我们可以将我所谓"实用"的理性主义"描述"为"渴望"将把一切都弄清楚，但又承认人生有许多事情永远无法完全地理解或完全与理性无缘的一种态度。

② 关于我们的语言的清晰性之标准问题，参阅上一注解及第十二章第79页注②。

我们大多数教育家使用的错误浪漫主义的术语（这是现代浪漫主义歇斯底里的特征。这种歇斯底里把黑格尔关于"理性"的集体主义与关于"情感"的极端个人主义结合在一起。因此，强调语言作为一种自我表达的方式，而不是交流的方式。当然，两种态度都是反理性的）。它又意味着承认人类是由一种事实来统一的，那就是虽然我们的母语不同，但就其是理性的这一点而言，它们是可以互译的。它承认了人类理性的统一。关于理性主义的态度与愿意使用通常所说的"想象"的态度之间的关系，还应该再说几句。人们常认为想象与情感、从而与非理性主义有密切关系，认为理性主义则倾向于没有想象的枯燥的经院哲学。我不知道是否这样一种观点有某些心理基础。我宁愿去怀疑它。不过，我的兴趣是在制度上的，而非心理学上的。从制度的观点来看（及从方法上的观点来看），似乎理性主义必须鼓励使用想象，因为它需要想象，而非理性主义则与此相反。实际上，理性主义是批判性的，而非理性主义必须倾向于独断主义（只要没有认证，除了全部接受或全面否定，别无选择）。这对于上述倾向起了导向作用。批判主义总是要求一定程度的想象，而独断主义却压抑它。同样，科学研究与技术发明和创新不使用想象是不可理喻的。人必须在这些领域中提供新东西（相反，在神谕哲学理论领域里，没完没了地重复那些给人留下深刻印象的语言，这似乎就达到了目的）。至少想象在平等主义和公平的实际应用中发挥着同样重要的作用。当实际应用时，尤其是当涉及人类冲突时，理性主义那种"我可能错而你可能对"的基本态度要求想象真正地起作用。我承认，爱与同情有时可以导致同样的努力。不过，我认为人的本性使我们不可能去爱许多人，不可能与之同甘共苦。在我看来，那也不是我们所希望的，因为那样即会有损我们帮助别人的能力或会降低这些感情的强度。但想象所支持的理性可以使我们明白，那些远在天边的人、那些我们没有见过的人和我们一样，明白他们之间的彼此关系就如我们和我们所爱的人之间的关系。对于抽象的人类整体的直接情感态度，对我来说，几乎是不可能的。我们只是在爱某些具体的个人中，才能体现出爱人类。但通过运用思想和想象，我们可能会乐于帮助需要我们帮助的人。

我相信，所有这些思考表明，理性主义和人道主义的联系是密切的，当然比相应的非理性主义与反平等、反人性的态度的纠缠更接近。我相信，这个结果可以由实验证实，一个理性主义者的态度似乎经常与基本的平等主义、人道主义的观点结合在一起。另一方面，非理性主义体现在大多数至少有所谓的反平等主义倾向的情况中，即使它也与人道主义有一定的联系。我的观点是：非理性主义与人道主义联系的基础根本不是稳固的。

四

我已经试着分析了理性主义和非理性主义的那些结果。它们促使我做出自己的决定，我想重申，这种决定主要是一种道德上的决定。这是一种与理性密不可分的决定。非理性主义也运用理性，但它却无任何责任感。它随心所欲地运用或舍弃理性。这就是理性主义与非理性主义两种观点的差异所在。但我相信，我可以视为道德上惟一正确的态度是承认我们所以能理性地对待别人和我们自己，是因为我们得益于与他人的沟通。

从这种方式来考虑，我对非理性主义的反击就是一种道德上的攻击了，一些唯理性主义者认为我们的理性主义相对于他们的趣味而言是陈腔滥调，并在倾心于新近流行的一种神秘的理智时尚。这种时尚是他们在对中世纪神秘主义赞美中发现的。这些唯理性主义者恐怕没有尽到对其同道的责任。他可能想到自己及其优越于我们所处的"科学时代"和"工业化时代"（它把没有人脑介入的劳动分工及其"机械化"、"物质化"带入人类思维领域① ）的难以揣摩的趣味。不过，这类人员暴露了自己不懂得近代科学中蕴藏的道德力量。下面我引用的 A. 凯勒尔②的一段话说明了我所攻击的那种态度。我认为，那段话是对科学的浪漫离奇的敌视之典型表述："我们似乎进入了一个新时代。人的灵魂重新获得了神秘主义和宗教方面的能力，并且通过发明新的神话来抗议生活的物质化和机械化。当人的心灵必须适应人作为技术人员和司机的要求时，它就受到了伤害；当它为诗人和预言家所支配时，心灵就会得到复苏，遵从于许多梦想的引导。这些梦想看起来与理性智慧和科学计划同样富于睿智和可信性，但却比它们更令人鼓舞和刺激。革命的神话是对资产阶级社会中的缺乏想象的陈词滥调和骄矜自足以及古老衰败文化的一种反叛。这是已失去一切安全和正在着手于梦想而非具体事实的人所做出的冒险之举。"在分析这段话时，我首先要顺便提到典型的历史主义的

---

① 例如汤因比在其《历史研究》第 1 卷第 2 页以下就曾攻击劳动分工与工业化；他在该书第 4 页中抱怨"工业体系将其威信压在西方'智性劳动者'身上……当他们企图将各类物质制作成'成品'或'半成品'时，又得求于分工……"他在第 2 页中说到物理科学的期刊时说："那些期刊是工业体系依劳动分工所产生的一些'书的形式'，是工厂从各种原料大量'机械'生产的结果。"汤因比在第 3 页注中强调黑格尔学派狄尔泰所说的话，认为精神科学至少要脱离这些方法（汤因比引用狄尔泰的话；狄尔泰说："在精神科学中的真正范畴……与自然科学中的范畴无一处是相同的"）。

　　我认为汤因比对科学领域中是同样错误的劳动分工的解释，与狄尔泰企图在自然科学的方法和社会科学的方法之间划出一道鸿沟。汤因比所称的劳动分工最好被说成合作与相互批判。参阅第二十三章第 340 页注①；本章第 376 页注①及正文摘引了麦克默雷对科学合作的批评（关于汤恩比的反理性主义，参阅第十一章第 57 页注①）。

② 参阅凯勒尔著的《欧洲大陆的教会与国家》；我之所以注意这方面的内容要感谢韦伯先生。

特征及其道德未来主义①（"进入新时代"、"古老衰败的文化"）。但比了解这段文字魔术的技巧更为重要的是，问一问它所说的内容是否真实。我们的灵魂是否反对生活的物质化和机械化？是否反对我们战胜中世纪饥饿、瘟疫的痛苦而取得的进步？人的心灵在为技术人员支配时就痛苦，而在被奴隶或农奴驱使时就要快活些，这是不是事实？我不想贬低纯粹机械性工作，以及令人感到没有意义及摧残工人创造力的苦役所造成的问题的严重性。但惟一切实可行的希望不在于回到奴隶制和农奴制下，而在于努力使机器取代机械性的苦役。马克思坚持提高生产率是使劳动人性化和进一步缩短劳动日的惟一合理的希望。这是正确的（而且，我并不认为，作为一名技术人员，他的心灵就会痛苦。我怀疑，"技术人员"、包括伟大的发明家、科学家的心灵经常是快乐的，并且他们与神秘主义者一样具有冒险精神）。对于与我们同时代的预言家、梦想家、领袖们所声称的梦想的引导，谁能相信它能"与理性的智慧和科学计划同样富于睿智和可靠性"呢？为了更明白我们这里面对的是什么，只需看一看"革命的神话"就可以了。这是一种荒谬离奇的歇斯底里和由部落解体及文明压力所产生的激进主义的典型表达方式（正如我在第十章描述的那样）。这种提议创立神话以取代基督徒责任的"基督教"是一种部落基督教。它是拒绝背负人类十字架的基督教。要提防这些假先知！他们在不知不觉中追求的是部落主义失去的统一。回到他们所宣扬的封闭社会就是回到牢笼和野兽②中去。

---

① 关于作为道德实证主义之一的道德未来主义问题，参阅第二十二章，特别是第 322 页注①及正文。

　　我希望读者注意一事，那就是与当前的时尚相反（参阅第十一章第 45 页注①），我试图严肃对待凯勒尔的评论，对其真实性提出质疑，而不像实证论者要求的那样，视其为无意义而弃之不顾。

② 参阅第一卷第十章第 336 页注①及正文、第十一章第 58 页注①。

考虑一下这种浪漫主义的信徒可能会对这种批评做如何反应，可能是有益处的。人们很难提出论证，因为他们不可能与理性主义者讨论如此深刻的问题。因此，最为可能的反应就是其专横的退缩，并声称那些灵魂没有重获神秘能力的人与灵魂具有这种能力的人之间无共同语言。这种反应与心理分析学家的反应（在上一章中提到）相似。那些心理分析学家击败对手，不是通过应对论证，而是通过指出对手的压抑阻碍了自身接受心理分析。这种反应也与社会分析学家的反应相似。那些社会分析学家指责对手的整个意识形态阻碍了自身接受知识社会学。如我在前面认为的那样，这种方法对使用的人而言是件有趣的事。但这里我们可以更清楚地看到，它势必会导致把人不合理地分为远近亲疏。每种宗教里都有这种区分。在伊斯兰教、基督教或对理性主义的信仰中，这种区分的危害相对较小，因为它们把每个人都看成是潜在的皈依者。心理分析学的情形也可以说成是如此，它把每个人都视为潜在的治疗对象（只是就心理分析而言，其治疗费用构成了一个严重的障碍）。但当我们涉及知识社会学时，这种区分的危害性就会变得不那么小了。社会分析学家声言，只有某些知识分析可以去除其整体的意识形态，可以摆脱"用阶级的眼光去思考"的束缚。他因而就放弃了人的理性的潜在统一思想，并把自己的身心交给了非理性主义。当我们涉及这种理论的生物学或自然主义的翻版时，涉及从我们"从血统的角度思维"或"从种族的角度思想"这个信条出发时，情形就更为糟糕。当同一种思想披着宗教神秘主义的外衣，因其更加扑朔迷离而至少同样具有危害性。同理，这种思想不以诗人或音乐家的神秘主义形式出现、而以黑格尔式的神秘理智主义形式出现时，情况也是如此。那些信奉黑格尔式的神秘理智主义的人使自己及追随者们相信，由于受到特殊的恩宠，他们的思想被赋予了"神秘主义及宗教方面的能力"。这些能力不为其他人拥有，因而他们自称"从神的恩宠的角度去思考"。这种以温和的方式提及没有得到上帝恩宠之人的断言，以及这种对人类潜在的精神统一的攻击，在我看来与它相信自己是谦逊、虔诚及信奉基督教的一样，是自负的、渎神的及反基督教的。

与逃遁到梦想中的神秘主义及逃遁到冗词中的神谕哲学的不负责任相反，现代科学强化了对我们理智的实验训练。科学理论可以被其实际结果检验。科学家在自己的领域里对其所说的一切负责。你可以通过他的成果了解他，从而把他与假先知①区别开来。认识科学这个层面的为数不多的人中有一个叫 J. 麦克默雷的基督教哲学家（我完全不同意他对历史预言的观点，这点可在下一章中见到）。他说："科学本身在自己的研究领域恢复了理论与实际之间断裂的统一性。②"我相信，这就是为什么神秘主义把科学视为冒犯的原因，而神秘主义却要以创立神话的办法来逃避现实。麦克默雷在另一个地方说："科学在其自己的领域中是基督教的产物及其到目前为止最充分的表现……它不分民族、民族或性别的共同发展的能力。它预测和控制的能力在欧洲都是已经为人所见的基督教的表现形式。"对此论述，我完全赞成。因为我也相信：我们西方文明及其理性主义，对人的理性统一及开放社会的信仰，特别是它的科学观，都得助于苏格拉底和基督教对人人皆兄弟的信仰，对理智的诚实及责任的信仰（一种常常用来反对科学的道德的论证是许多科学成果已被应用于为非作歹，比如应用于战争。但这种论点几乎不值得认真考虑。天底下没有什么不被误用，不能被误用的。另一方面，很明显是非

---

① 参阅《马太福音》第 7 章 15 节：你们要防备假先知；他们到你们这里来，外面披着羊皮，里面却是贪婪的狼。凭着他们的果子，就可以认出他们来。

② 此两节引自麦克默雷于 1938 年著的《历史的线索》第 86 及 192 页。至于我不同意麦克默雷的部分，参阅第二十五章第 419 页注②及正文。

理性主义而不是理性主义应对全部的敌对及侵略负有责任。在十字军东征之前及其后，世上曾有许多侵略性的宗教战争。但我不知道有为"科学"目的和由科学家煽动的战争）。

在所引用的麦克默雷的那一段话中，我们可以发现他所强调的是：他能认识到的是在其自己独特研究领域中的科学。我认为，这种强调特别具有价值。因为现在人们常听到一种论调。它通常与艾丁顿和金斯的神秘主义有关，认为现代科学与19世纪科学相反，已变得更谦逊了，因为它认识到了世界的秘密。不过，我认为这个观点完全不对头。比如，达尔文和法拉第像任何人一样谦逊地寻求真理，并且我不怀疑他们比上面提到的两位当代伟大的天文学家谦逊得多。虽然这些人在自己特定研究领域中很伟大，但我认为他们没有通过把他们的行动延伸到哲学神秘主义①领域而证明他们的谦逊性。然而，更为一般地讲，科学家正变得越发谦逊，这倒是事实。因为科学是通过发现错误而发展的，而且因为一般来说我们知道得越多，我们就更清楚地了解到我们所不知的范围。（科学的精神就是苏格拉底的精神。②）

虽然我主要关心理性主义与非理性主义之间冲突的道德方面，但我感到应该简要地涉及该问题较具有"哲学性的"方面。不过，我想清楚地指出：我这里认为这个方面不重要。我想到了这么一个事实，即批判现实主义者能够以另外一种方式扭转对非理性主义的局势。他可能会争辩说，以尊重更为深奥的世界秘密及其对这些秘密的洞察而自矜的非理性主义者（这与只揭示世界表层问题的科学家相反）实际上既不尊重、又不了解其奥秘，而只是以廉价的合理化来满足自己。因为如果不企图把不合理的

---

①　参阅史德宾著的《哲学与物理学家》及我在《何谓辩证法?》一文中简短评论金斯的黑格尔主义，参阅《推测与推翻》第330页。

②　比如，参阅第一卷第七章第248页注①至252页注①及正文。

事物合理化,那什么是神话呢?谁更尊重神秘呢?是那些为逐步发现奥秘真谛、总愿意服从现实并一向知道他最显著的成就不过是后人的基石的科学家,还是那些因为不害怕任何试验而自由地维护任何事物现状的神秘主义者?虽然具有这种令人疑惑的自由,但神秘主义者永远无休止地重复同一件事情。(它总是失去的部落天堂的神话,是对背负人类文明十字架①的歇斯底里似的拒绝。)所有的神秘主义者如 F. 卡夫卡这个神秘主义诗人绝望地写道:"请说出……不可理喻的事情是不可理喻的及我们以前知道的东西。②"非理性主义者仅试图把不能被合理化的东西加以合理化,而且头脑中汇集了所有的错误认识。正是因为它是特殊的、惟一的及具体的个体,所以理性的方法,而不是抽象的一般不能处理它。科学可以描述景物的一般类型,如人的类型,但它不能穷尽每一个单个的景物或单个的个人。一般、典型不仅仅是理性的范围,而且它也主要是理性的产物。这是就其是科学抽象的产物而言。但独特的个体及其独特的行为、经验和他与其他

---

① 参阅第一卷第十章,特别是该章末尾部分,亦即第 383 页注②至 392 页注①及正文(另特别参阅在第 383 页注②中提及麦克塔加特部分;参阅绪论的注解;第十一章第 25 页注③及第十二章第 84 页注①;本章第 354 页注①、356 页注①及 395 页注②。另见维特根斯坦坚持认为将世界冥想或感受成一有限的整体,乃一神秘的感受(摘引在本章第 379 页注②中)。

　　赫胥黎《灰色的尊贵》是人们议论颇多的一部时作,它涉及关于神秘主义及其在政治中起到的真正作用。其所以令人感兴趣,主要是因为作者似乎不了解他自己那神秘主义者及政客的约瑟夫神父的故事就已明白驳斥了此书的主要论点。而其论点是这样的:按神秘主义要求去培养是使人获得绝对坚定的道德与宗教基础惟一的教育纪律,而这是影响大众政策的人所必需的。不过他自己的故事指出,约瑟夫神父虽然具有这种训练,然而却未能克服诱惑,克服那些有权者通常面对的诱惑;他无法抵抗绝对的权力使他绝对的腐化。这也就是说,作者所作冗长讨论的惟一历史证据,否定了他的论旨,然而此事似乎并不令他烦心。

② 参阅卡夫卡著的《中国万里长城》第 236 页,莫尔于 1933 年译成英文。

个体的关系不能完全被合理化。① 看起来似乎正是这种独特的个体性的非理性王国使人际关系变得重要。大多数人感到：如果他们本身及其生活丝毫无独特性而只是一个阶级的人们在各个方面的典型化，以至于他们只是重复同属这个阶级的其他人的行为和经历，那么，使他们生活具有价值的东西就被毁坏了。正是我们经历的独特性在这意义上讲构成了我们生活的价值，如独特的风物、日落、面部表情。但自从柏拉图时代起，神秘主义把这种关于独特的个体及我们与个体独特的关系方面的非理性情感，传递给不同的领域，即抽象的一般的领域，这恰好是属于科学范畴的领域。这是所有神秘主义的一个共同特征。毫无疑问，神秘主义要传递的正是这种情感。众所周知，神秘主义这个术语、神秘主义统一、美的神秘直觉、神秘主义的爱，在不同时代都是从个人间关系范畴中、特别是从性爱经验中借用过来的。这种情感被神秘主义传递给抽象的一般、本质、理念与形式。在这种神秘主义态度的后面，也有部落失去的统一、回归族长式家庭的保护之下的愿望及将神秘主义的种种限制变成我们这个世界的限制这个愿望。维特根斯坦说："把世界作为一个有限制的整体的情感是神秘主义的情感。②"但这种本体论及抽象的非理性主义是误置的。"世界"及"整体"和"性质"，所有这些都是我们理性的产物和抽象（这使得神秘主义哲学家与不使用推理、不使用抽象、

---

① 参阅本章第 370 页注①。
② 参阅维特根斯坦的《逻辑哲学论》第 187 页："不在于世界是如何变得神秘的，而在于它是如此神秘的。以永恒的方式来冥思世界，是将世界视为一有限的整体来冥思……把世界视为一有限的整体来感受，是神秘的。"我们可以看到维特根斯坦的神秘主义是典型的本体论。他在同书中说："确实有不可道之物，它们只是展现自身；这是神秘。"参阅卡尔纳普在其《语言的逻辑语法学》第 314 页中的批评。另参阅第二十五章第 426 页②、本章第 378 页注①。

而在想象中创造具体的个体和独特感觉的艺术家大不相同）。总之，神秘主义者企图使不合理的事物合理化；同时，它在错误的地方寻求神秘。它之所以如此，是因为梦想着集体①、梦想着选民的联合，因为它不敢面对那些艰巨而又实际的任务，即必须正视明白每个个人的目的在于他自己的人。

在我看来，19 世纪科学与宗教的冲突被别的冲突取代了②。因为"未加批判"的理性主义是前后矛盾的，所以问题不可能是知识与信仰间的选择，而只是两种信仰间的选择。新出现的问题是：哪一个是正确的信仰，哪一个是错误的信仰？我已经尽力表明的是：我们面临的选择是信仰理性及人类个体与信仰神秘的、把人与集体连在一起的能力之间的选择；而且，这种选择同时是承认人类统一的态度与把人分成敌友、主仆态度之间的选择。

对于解释"理性主义"和"非理性主义"这两个名词、说明我决定支持理性主义的动机、阐述为什么我在如今如此流行的非理性及神秘主义的唯理智中看到了我们时代的理智病，上面已用了较大篇幅。这是一种不需要大惊小怪的病，而且它还是病在

---

① 例如参阅第一卷第十章第 360 页注②和 361 页注①。引用布鲁赫尔的一段话，可以显示这种哲学的部落倾向和神秘倾向（参阅柯尔奈著的《反西方的战争》第 47 页）："基督教义显然是贵族式的教义，不受道德的约束，且无法传授。他们由外表来彼此了解，是社会中一群彼此相识的人，'同时除了他们自己之外，没有人了解他们'，他们成为一种秘密的联盟。而且，在基督教中的那种爱，能使异教徒的殿堂生辉；它与犹太人所创的爱人类或爱你邻人，没有什么关系。"另一个例子出自索罗门的著作《法外之徒》，也摘引在第十二章第 135 页注①，本摘引自出该书第 240 页："'我们马上可以相互认识'，虽然我们来自神圣罗马帝国各地，已经听到了冲突和危险的风声。"

② 这评论不具任何历史主义的意义。我并不是要预言这类冲突在未来的发展中无足轻重。我只是说，我们知道现在这一问题并不存在，或至少与我们面临的邪教相比诸如极权主义与种族主义是不重要的。

肌肤（除极少数例外，科学家尤其不会被这种病缠身。虽然这
种病是肤浅的，但却是危险的，因为它对社会及政治思想产生了
影响）。

五

　　为了说明我们时代这种理智病的危险，我将对当今最有影响
力的两个非理性主义权威进行扼要的批判。第一位是 A. N. 怀特
海，他以其数学著作及与当代最伟大的理性主义哲学家的伯特
兰·罗素的合作而著称①。怀特海也自认为是理性主义哲学家。
不过，对怀特海影响很大的黑格尔②也是这么认为的。怀特海确
是深知受到黑格尔影响的少数几个新黑格尔主义者之一（他们
也受到亚里士多德的影响）。毫无疑问，虽然受到康德思想的强
烈抵抗，怀特海还是认为他之所以有勇气去建立极为蔑视论证的
形而上学的庞大体系，是因为自己受到了黑格尔的影响。
　　让我们首先考虑一下怀特海在其《过程与实在》一书中提
供的少数合理论证之一，即他赖以为其思辨哲学方法（他称之
为"理性主义"的方法）进行辩护的论证。他写道："人们对思
辨哲学之所以持的反对意见是认为它过于炫耀。理性主义被认为
是在具体科学范围内取得进展所采取的方法。但是，人们认为这
种有限的成功不能鼓励制定表述事物一般性质的计划的企图。对
于这种批评的证言之一就是不成功；欧洲思想被认为由各种废弃
的、无法调和的形而上学问题混杂在一起……（但）以同样的

---

① 我所指的是罗素与怀特海合著的《数学原理》。怀特海在其《过程与实在》
　　第 10 页注中说："导论中的讨论，几乎都是罗素执笔，在第 2 版更全部都是
　　如此。"
② 参阅怀特海在《过程与实在》第 14 页中提到的黑格尔部分，其中还提到很
　　多其他哲学家，包括柏拉图与亚里士多德。

标准来看科学，科学也不是成功的。我们不能比保持 17 世纪的
笛卡尔哲学更多地保持 17 世纪的物理学……这种适当的试验不
是终局性的实验，而是在进步的实验。①"这种论证的本身当然
是一种十分合理、甚至是令人信服的。但它是有效的吗？反对这
种论证的一个显著观点就是当物理学发展了，形而上学并不发
展。在物理学中有"对于进步的适当试验"，即实验、实际的检
验。我们可以解释为什么现代物理学胜过 17 世纪的物理学。现
代物理学经得起许多完全战胜旧体系的实际的检验。对于思辨哲
学体系明显的反对意见，就是他们所谓的进步纯属想象。这种反
对由来已久，可以追溯到培根、休谟和康德。比如，我们在康德
的《未来形而上学导论》② 中读到下列关于形而上学发展的论
述："毫无疑问，有许多人像我一样不能够看到虽然关于这个主
题的许多东西都已发表了，但科学只是取得了微不足道的进步。
诚然，我们可以试图完善形而上学的定义或给有缺陷的证明提供
论证支持，进而修补形而上学七拼八凑的被褥，或赋予它以一种
新的样式。但这不是世界所需要的。我们厌恶形而上学的断言。
我们要拥有确定的标准，由此把真理与……辩证的狂想区分开
来。"怀特海可能知道这种传统的、明确的反对意见。他在上面
引用的那段话底下，他似乎记得康德的思想。他写道："开始于
16 世纪，在培根那里得到最终表述的反对意见，就是哲学思辨
的无用性。"因为正是这种实验，实际上的哲学无用性为培根加
以反对，怀特海似乎在这里记得我们的观点。但他并没有继续探
求下去。他没有回答那种明显的反对意见，就是实际的无用性摧

---

① 参阅怀特海《过程与实在》第 18 页。

② 参阅康德《未来形而上学导论》的附录，见卡西勒编的《康德全集》第 4
卷第 132 页。关于译语"拼凑的被褥"，参阅卡鲁斯所译康德的《未来形而
上学导论》之英文版，1902 年及 1912 年版，第 4 页。

毁了他思辨哲学如科学一样为其所取得的进步所证明的论点。相反，他满足于转移到一个完全不同的问题，即"没有无理性的、独立的事实"这个著名的问题以及科学都要运用思想，因为它必须概括、解释事实。他把对形而上学体系的辩护建立在这种思想之上："因此，我们要理解当下的缺乏理性的事实，就需要形而上学的解释……"这可能是真的，也可能不是真的。但这当然是与他开始运用的论证截然不同的论证。在科学及哲学里，适当的检验就是……进步，这就是我们从怀特海那里最先听到的。但对于康德的反对的应答并非是唾手可得的。怀特海的论证一旦步入普遍性和一般性的轨道，也就游移到诸如（柏拉图）集体主义道德理论①之类的问题："道德观念与普遍性观念密不可分。公共利益与个人利益之间的对立只有在两者一致时才能被消除……"

　　这是一个理性论证的例子。不过，理性论证确实较少。怀特海从黑格尔那里学到了如何避免康德的批评，即思辨哲学仅仅为站不住脚的论证提供支持。这种黑格尔式的方法是十分简单的。我们可以容易地使这种支持无效，条件是避免论点、论据结合在一起。黑格尔的哲学不进行争论，而只是制定律则。必须承认，与黑格尔相反，怀特海不装成一幅揭示最终真理的样子。他没有把自己的哲学描述成无可争议的教条。从这个意义上讲，他不是一个教条主义哲学家。他甚至强调自己哲学的不完美性。但如同所有的新黑格尔主义者那样，他采取了不用论证来构建哲学的武断方法。我们要么就接受它，要么就舍弃它。但我们不能讨论它（我们实际上面对着"无理性的事实"，不是培根所称的经验的

---

①　参阅怀特海著的《过程与实在》第20页。
　　　关于次一节所描述的没有论证、只有取舍的态度问题，参阅第十一章第50页注①。

无理性事实，而是人的形而上学的妙想的无理性事实）。为了说明这种非此即彼、不容中庸的方法，我将从《过程与实在》中引用一段话。不过，我必须提醒读者：虽然我是精心选择这一段话的，但如不读这本书本身，它们就形不成任何意见。

全书的最后一部分，标题是《最后的解释》，包括两章：《理想的对立》（例如，本章中有"永恒与流转"一节，就是柏拉图体系中的一部分；我们已经以"变化与静止"为标题涉及过它。）和《上帝与世界》。我从后一章中引述。这一段由两个句子引出："最终的总结只能以一组正反论题来表示。这些正反论题的显而易见的自相矛盾取决于对不同的存在范畴的忽略。在每一个论题中，都存在着把对立转变为对照的意思上的转移。"这就是引子。它使我们为接受"明显的矛盾"打下基础，并告诉我们这"依赖"于某种忽略。这似乎表明，避免这种忽视，就会避免矛盾。但这是怎么实现的，或更确切地说，作者心中想到了什么，我们不得而知。我们只是不得不要么接受它，要么舍弃它。现在，我引用没有丝毫论证的宣称的"正反论题"或"明显矛盾"："世界是永恒的、上帝是转流的和世界是流转的、上帝是永恒的，两种说法同样正确——说上帝是多、世界是一与说上帝是一、世界是多同样正确①。"我现在不想批评这种对希腊哲学狂想的重复。我们可能实际上对承认此与彼同样为真采取

① 参阅上引怀特海《过程与实在》第492页。另两个正反论题是："说世界存于上帝之中之为真，正犹之乎说上帝存在于世界中之真一样……说上帝创造了世界之为真，正犹之乎说世界创造了上帝之为真一样。"这是德国神秘主义者恭夫勒的翻版，他说："我与上帝一样伟大，上帝与我一样渺小，我不能没有上帝，上帝也不能没有我。"

　　至于我在这一节中后部分的评论，即我不知道作者所希望传达的是什么，我可以说我这么写，是极不愿意的。"我不知道"式批评，可以说是一种非常廉价但也深具危险性的事情。我写下这些语句只是因为虽然我尽了最大努力，但今日的实况仍是如此。

了想当然的态度。但我们被许诺有一"明显的自我矛盾"。我想知道哪里能出现自我矛盾。因为对我来说，即使是矛盾的出现也不是明显的。比如，自我矛盾应该是这句话："柏拉图是快乐的且柏拉图不快乐。"以同样的"逻辑形式"（也就是说，那些用适当的名称代替"柏拉图"，用一个表示性的词代替"快乐"的所有句子）出现的句子也是自我矛盾的。但下面的句子明显不是矛盾："说柏拉图今天快乐与说柏拉图今天不快乐，同样是正确的。"（因为柏拉图已死，此与彼同样为"真"。）没有相同或相似形式的其他句子可以称作自相矛盾，甚至于它恰巧为假也如此。这仅仅是表明了为什么我对"明显的自我矛盾"这个问题的逻辑方面感到困惑。我感到此书全书都是这样令我不知所云。我就是不知道该书的作者想通过它表达什么意思。很可能，这是我的过错而不是他的过错。我不是上帝的选民。恐怕许多其他人也与我处在同样的境况。这就是为什么我说这本书的方法是非理性的。它把人类分成两个部分：少数的上帝选民及多数的迷途之人。不过，像我这样迷惑的人，我只能说，依我看，新黑格尔主义者看起来不再像缝着几块新补丁的七拼八凑的被褥，不再如康德所描述的了。它现在看起来如同从这个被褥上撕下来的几捆补丁。

　　我将这个问题留给仔细研读怀特海著作的人。如果他可以找到评价这种进步的标准，那么就让他去决定这个问题是否经得起"真正的检验"，与康德抱怨的停滞所困扰的形而上学体系相比，是否体现出了进步。我也将让这个人去判断：如果用康德对形而上学的另外一段评述之语①作为这些论述的结尾，是否适当？这段话是："就一般形而上学和我对其价值所做的种种表述，我承认自己所做的阐述可能在某个地方条件不成熟及不够谨慎。但我

---

①　参阅康德于1766年4月8日写给门德尔松的信。

不愿隐藏一种事实，那就是我只是厌恶地、甚至以类似于憎恨的情感看待那些时下流行的充满智慧著作中的那种膨胀的虚饰。因为我满足于所选择的错误方式，满足于已接受的方法必定会永无休止地增加愚昧与错误，满足于即使完全消除所有这些幻想的成就也不可能像具有令人诅咒的成果的假科学那么有害。"

　　我这里想要涉及的第二个当代非理性主义的例子是 A. J. 汤因比的《历史研究》。我想说清楚的是，我之所以选择这本书，是因为我认为这本书十分伟大、有趣，比我所知道的其他当代非理性主义者和历史主义者的著作要好。我没有资格来评论汤因比作为历史学家的功过是非。但与其他当代的历史主义及非理性主义哲学家相比，他有许多富于刺激性、挑战性的事情值得人们评说。至少我发现他如此，并且我在他那里得到许多有价值的建议。我不指责他在自己历史研究领域里的非理性主义。因为他在比较支持或反对某一历史解释的证据时，总是毫不犹豫地使用论证的基本理性方法。比如，我记得他对《福音书》作为历史记录的真实性进行的比较历史研究，否定了它的真实性。[①]虽然我不能判断他的证据，但这个方法的合理性是没有问题的，并且这更值得赞赏，因为他对基督教正教的普遍同情，这使得他难以为非正统基督教的观点辩护。[②]我也同意他书中表达的许多政治倾向，尤其是赞同他对现代民族主义、部落主义及与之相关的"拟古主义"（即文化上反动的倾向）。

　　虽然上述那些优点，我选择汤因比的伟大著作指责其为非理性的原因是：只有当我们在一部成功之作中看到这个学说的影

---

① 参阅汤因比的《历史研究》第 6 卷第 536 页。

② 汤因比说："传统的卫道之士曾视我们的研究为一种对福音书中所描述的基督故事之史实，所做的攻击。"（见《历史研究》第 537 页）他在同书中第 38 页又认为上帝通过诗与真理来显现；依据汤氏的理论，上帝"在民谣中显现他自己"。

响，我们才会充分认识它的危险。

我所说的汤因比的非理性主义表现方式各异。其中之一就是他屈从于我们这个时代广泛流行且很危险的时尚。我指的时尚是不严肃对待论证，只看表面价值，至少是浅尝辄止，反把论证视作深层次非理性动机和倾向的自我表现形式。这是在上一章中批判的社会分析的态度，是同时在思想者的社会环境中寻找无意识动机和决定因素，而不是首先检验论证本身有效性的态度。

在前两章中，我已经试图要说明：这种态度在某种程度上是正当的。在作者不能提供论证或所提供论证明显地不值得考虑时，情况尤为如此。但如果大家不想对严肃的论证采取严肃的态度，那么我相信我们的指责其非理性主义是正确的、甚至对这种做法采取同样的态度以进行回击也是正确的。因此，我认为我们有充分的权利做出如下的社会分析判断：汤因比没有严肃地对待严肃论证，是20世纪唯理智论的典型；这种唯理智主义通过遁入宗教神秘主义而表达了它对理性及合理解决我们面临的社会问题的幻灭、甚至是失望①。

我把汤因比对待马克思作为拒绝进行论证的例子。我做这种选择的原因如下：第一，它是我及本书读者所熟知的内容；第二，它是我在大多数方面都与汤因比不谋而合的话题。他对马克思政治和历史影响的主要评价，与我用更缺乏想象力的方法得出的结论相同。的确，这是其论述体现了历史直观的一个话题。如

---

① 我们如果有意要汤因比的方法用在他自己身上，则可以问他计划有13卷的历史研究，是否不如现在正要出版的剑桥数卷历史研究那般精深。是否不如他在已出版的《历史研究》第1卷第4页中所作描述那样："巨大的隧道、桥梁、大坝、车船、战舰、摩天大楼。"尤其，我们还可以问，他的这部精品不也是在制造一部他所谓的时间机器，即逃遁到过去中（特别留意汤因比的中世纪风格，第十一章第58页注①曾作简短的讨论。请进一步参阅本章第393页注①）。

果我反对汤因比而捍卫马克思的理性，那么我就会被别人怀疑是马克思的辩护者。这是我不敢苟同之处：汤因比没有把马克思看成一个理性的人和为其说教提供论证的人。的确，汤因比对马克思及其理论的论述，表现出汤因比的著作给人的一般印象，即论证是一种不重要的说话形式，人类的历史是情感、激情、宗教、非理性哲学及可能还是艺术和诗的历史，但它与人类理性和人类科学的历史无关（在其关于人类文明生命周期的历史主义研究的最初六卷①著作中，竟未有提到伽利略、牛顿、哈维、巴斯德等人的名字）。

　　关于汤因比和我在对马克思一般看法上的共同点，我要提醒读者回想一下我在第一章提到的被选择人民和阶级间的相似性。在其他不同的地方，我对马克思关于历史必然性，尤其是社会革命的不可避免性的理论做了批判性评述。这些思想被汤因比以一贯出众的才华联结在一起。他写道："马克思主义中明显的犹太思想是关于暴力革命的天启观点。这种暴力革命是不可避免的，因为它是由神自身决定的律则。它就是要把现在无产阶级和少数统治者的地位一下子颠倒过来，把被选择的人民从这个世界的最底层上升到最高层。马克思使'历史必然性'的女神代替了耶和华全知全能神的地位，西方世界的无产阶级取代了犹太民族。他的弥赛亚王国就是无产阶级专政。但传统犹太天启思想通过这种乏味的虚饰而突出出来。它实际就是哲学大师以现代面貌出现的前期犹太法师马卡比的犹太教。"② 如果这段措辞精彩的话只是一个精彩的类比，则我肯定不会与之有太大的分歧。但如果它是对马克思主义（或其一部分）的分析，那么我必须加以反对。

---

①　除了最初 6 卷以外，目前我还未看到其他各卷。爱因斯坦是少数被提到的科学家之一。

②　参阅汤因比《历史研究》第 2 卷第 178 页。

马克思毕竟写了《资本论》，研究了自由资本主义并为社会科学做出了严肃而重要的贡献。即使许多方面已过时，也是功不可没。的确，汤因比的这段话是严肃的分析。他相信他的类比和比喻有助于对马克思的严肃认识。在这一段的《附录》（我从中只引用了一个重要的部分），在"马克思主义，社会主义与基督教"① 这个题目之下，他论述了马克思主义者可能会对如此描述马克思主义而提出的反对。这个《附录》本身毫无疑问也是对马克思主义的严肃讨论，这点可以从这么一个事实中看得出来，即第一段的开头是"马克思主义的信徒可能会反对……"并且第二段的开头是"为了答复马克思主义者对于这几句话的反驳……"但如果我们仔细地探求这个讨论，我们就会发现它甚至未论及马克思主义的合理论证和主张，并不用说仔细研究了。关于马克思的理论及理论真假问题，我们未听到一个字。在《附录》中提出的另外一个问题是一个有历史渊源的问题。因为汤因比所认定的马克思主义的反对者们不会像任何马克思主义者那样，对一个观点提出异议。这个观点就是：马克思主张把旧思想、旧社会主义建立在合理、科学的基础之上。相反，马克思主义者反对（我引用汤因比的话）的观点是："在马克思哲学的总结性描述中，我们只是把它分析为犹太的、黑格尔的和基督教的

---

① 参阅汤因比《历史研究》第 5 卷第 581 页。
　　关于在正文中提到汤因比对马克思主义理论的疏漏，特别是疏忽《共产党宣言》的问题，可以一提的是，他在这一卷第 79 注中说："布尔什维克或俄国社会民主党的多数派，于 1918 年 3 月更名为'俄国共产党'（是为了对 1871 年的巴黎公社表示敬意）。"在同卷注中，可以发现同样的评论。
　　然而，汤因比所说的并不正确，名称的更改主要是关系到下列事实（即列宁所说，"马克思和恩格斯自称是共产党员"，再者，也与《共产党宣言》有关）。这一名称的更改，是列宁于 1917 年 4 月向党的会议所提议的（参阅《马克思主义手册》第 783 页及第 787 页）。

构成要素，而没有提及马克思理论最显著的部分即社会。马克思主义者将告诉我们，社会主义是马克思主义的生活方式，它是不能被追溯到基督教、犹太及其前马克思的任何渊源，是马克思体系中的一个最早的因素。"这是汤因比借马克思主义者之口提出的反对，虽然任何马克思主义者，即使他除了《共产党宣言》什么也没有读过，肯定也会知道马克思本人早在 1847 年就对马克思之前的七八种社会主义做了区分，其中有他们所称的"宗教社会主义"或"基督教社会主义"；他还知道马克思从未梦想过发现社会主义，而只是使之合理化，或如恩格斯表述的那样，马克思完成了社会主义由空想到科学的发展。① 然而，汤因比忽略了所有这一切。汤因比写道："为了回复马克思主义在这些方面的反对，我们愿意承认社会主义所代表的理想的人道和建设性，承认这种理想在马克思意识形态中所起作用的重要性。但我们不能同意社会主义是马克思最初的发现这个观点。就我们这一方面而言，我们将指出：在马克思的社会主义被人们知道以前，基督教社会主义就已被实践、传播。当轮到我们发动进攻时，我们将坚持马克思主义来源于基督教传统……"我当然不会否认这种演化关系，而且每个马克思主义者也能够在丝毫无损于自己信仰的情况下承认它。因为马克思的教义不是说马克思是人道、建设性理想的发明者，而是说他是一个通过纯粹理性的手段来说明社会主义将会到来及如何到来的科学家。

　　我要问，汤因比对马克思主义在与其理性主张无关的方面的讨论作何解释？我可以看到的惟一解释是：马克思的理性主张对

---

　　① 参阅恩格斯的《社会主义：从空想到科学》（见第十三章第 149 页注①）。关于马克思共产主义的两种历史根源（柏拉图、毕达哥拉斯的拟古主义《命名徒行传》似乎均有其影响），特别参阅第一卷第五章第 157 页注②，第四章第 102 页注①，第六章第 211 页注②至 213 页注①，及第十三章第 144 页注①和 148 页注①及正文。

汤因比来说，没有意义。汤因比只是对它如何作为一种宗教而起源这个问题感兴趣。我最不愿意去否认它的宗教特征。从历史根源及环境的观点去论述哲学或宗教的方法，在前几章中讲到的历史主义（与历史循环论无关）态度至少可以称得上是片面的。这种方法容易导致非理性主义，这点可以从汤因比对我们称之为理性的人类生活重要领域给予的忽视（如果不是蔑视的话）中看得出来。

　　汤因比在对马克思影响的评价方面得出的结论是："历史的裁决是：基督教社会意识的复苏已成为卡尔·马克思伟大的积极成就。①"我当然对此没有太多的反对意见。也许读者还记得我也强调过②马克思对基督教的道德影响。结果，我不认为汤因比充分地考虑到这种伟大的道德思想，即被压迫者应该解放自己，而不是坐等剥削者的施舍。当然，这只是观点上的分歧，我不想剥夺汤因比保持自己观点的权利。这种权利，我认为是正当的。但我要提请大家注意"历史的裁决是"这个语句及其蕴涵的历史循环主义的道德理论及道德未来主义。③ 因为我认为我们不能、也不必逃避为我们自己所决定的这些事情。如果我们不能通过这种裁决，历史也不能。

　　关于汤因比对马克思的评论，我们就谈这些。关于其历史主

---

① 参阅汤因比《历史研究》第 5 卷第 587 页。
② 参阅第二十二章，特别是第 316 页注①至 318 页注②及正文与该章末尾部分。
③ 这节内容不是孤立的。汤因比常表示他尊重"历史的裁决"；这种事实与他的下述理论是一致的："基督教声称……上帝将在历史中显现自己。"下一章将讨论这种巴思所谓的"新教理论"（特别参阅该章 365 页注①）。
　　关于汤因比对待马克思的问题，可以一提的是，他整个的方法是受马克思主义强烈影响的。他在《历史研究》第 1 卷第 41 页注中说："马克思理论的许多创新，即使在拒绝马克思主义教条的人之中，也流行起来了。"这一说法特别涉及使用"无产阶级"这一记号。不过，其所包含的意义比所使用的字面意义要丰富。

义或历史相对主义更一般的问题，可以说他对这点很了解，虽然他没有将其作为所有思想的历史决定性原则，而只是作为可以应用于历史思想的有限原则来加以阐述。因为他解释[①]了他把"所有历史思想不可避免地与思想家所处的时间、地点具体情况有关……这一规律"作为"出发点"。这是一条任何人类天才都不能逃脱的人性法则。这种历史主义与知识社会学的相似性极为明显。因为"思想家所处的时间、地点"明显不是别的，而只是"历史环境"；而这与知识社会学所说的"社会环境"相似。这种差异，如果有的话，只能是汤因比把他的"人类法则"局限于历史思想，我对此感到是一个有点儿奇怪、甚至是无意的限制，因为存在一条不适用于一般思想，只适用于历史思想的"任何人类天才都逃脱不了的人类法则"，这有点儿是不可能的。

在上两章中，我已涉及了历史主义和社会学主义所包含的无可非议但却十分琐屑的真理核心。我在这里就没有必要再重复了。然而，至于批评，值得指出的是：如果汤因比的命题摆脱了历史思想的束缚，那是因为它不是悖论，因此就几乎不能被认为是"合理的"（它是说谎者悖论的又一形式。[②] 因为如果没有什么天才人物可以不体现其社会环境形式的特点，那么这种联系本身只能仅仅是对其作者的社会环境形式，即我们当今的相当形式的表达）。这个观点不仅有形式逻辑的意义，因为它表明了历史

---

① 参阅汤因比《历史研究》第 3 卷第 476 页。内容要回到第 1 卷第一部分"历史思想的相对性"（下一章将讨论历史思想的"相对性"问题）。恭吉维克于 1902 年出版《哲学的范围与关系》，在该书第九篇演讲，特别是第 180 页中，他就很精彩地批判了历史的相对主义。

② 因为如果一切思想不可避免地与"历史的环境"绝对相关以至于思想不是绝对真的（亦即不是真的），则这关联本身显然也是相对的，不是真的。因此"不可避免的人性自然法则"也不可能为真了［参阅本章第 358 页注①(2) a］。

主义或历史分析可以被应用于历史评论本身。这在一种思想受到理性论证的批评之后，的确是一种可行的处理方法。由于历史主义受到如此批评，我现在冒着历史分析判断之嫌，指出历史主义是我们这个时代虽有些过时，但却是典型的产物。更确切地说，它是我们时代社会科学典型落后的产物。它是对干涉主义典型的反映，是对理性化和工业合作时期的典型反映。这个时期也许比其他任何历史时期更需要对社会问题使用理性方法。不能达到这些要求的社会科学因此喜欢通过处心积虑地攻击这种科学对社会问题的适应性来为自己辩护。总结我的历史分析判断，我敢说汤因比的历史主义是一种辩解性的反理性主义，它产生于对理性的绝望，极力想遁入过去和对于未来的预言。① 如果稍有区别的话，则历史主义必须被理解为历史的产物。

这种判断为汤因比著作的许多特点所证实。一个例子是他强调彼岸对此岸的优越性。这种优越性影响了今世的发展进程。比如，他谈到穆罕默德"悲剧性的世俗成功"时说，这种提供给先知在这个世界上采取行动的机会是"一种他的灵魂不能起而应之的挑战。承认……他将放弃高贵荣耀的先知角色，而满足于有所作为的政治家的普通角色"（换言之，穆罕默德向耶稣抵制的诱惑屈服过）。因此，罗耀拉从普通士兵转变为圣人②得到了汤因比的赞许。但人们可能会问：这个圣人不能也成为一名成功

---

① 关于汤因比逃回过去的论点，参阅本章第 387 页注①，及第十一章第 58 页注①（汤因比的中世纪风格），汤因比本人精彩地批判了拟古主义，我十分同意他对民族主义者企图恢复古代语言，尤其是恢复那些民族主义者在巴勒斯坦的古代语言所做的攻击（参阅第 6 卷第 65 页）。不过他攻击工业主义，似乎仍有着思古之幽情（参阅本章第 373 页注①）。至于逃向未来的证据，只是他在《历史研究》第 12 章中所表示的预言对未来西方文明的展望。

② 在《历史研究》第 3 卷第 472 页中，汤因比谈到"伊斯兰教创立者的悲剧性的俗世成就"。至于其谈到耶稣教会创始者罗耀拉的问题，参阅同书第 3 卷第 270 页及 466 页。

的政治家吗？（但如果它是耶稣会的问题，那么似乎一切都不同了：这种领导方式具有十足的彼岸性。）为了避免遭受误解，我想澄清的是：我个人把许多圣人都排在多数或几乎全部我所认识的政治家之上，因为我一般不为政治成功所动。我引用这一段话是把它仅仅作为我的历史分析判断的证明：现代历史先知的这种历史主义是逃避哲学。

汤因比的反理性主义在许多其他地方是很突出的。比如，在对宽容的理性主义概念的攻击中，他使用了范畴以代替论证，如与"低贱"相反的"高贵"。那一段涉及了以理性借口为由"消极"躲避暴力与彼岸性的正直非暴力之间的对立，说明这两种情况"在意思上……彼此相对"。① 下面是我记得的一段话："至少，非暴力行为体现出的只是与犬儒式的对以前从事的令人厌恶的暴力行为的幻灭，不是高贵的和富有建设性的……这种不光彩的非暴力行为的例子是西方世界奉行的从 17 世纪到现在的宗教宽容。"人们很难抵制住这种复仇的诱惑，用汤因比自己的话去问：是否这种对西方民主或宗教宽容的不光彩的攻击，比对于理性犬儒式的幻灭更高尚、更富于建设性？它是不是反理性主义的臭名昭著的例子？这种反理性主义已经是（不幸的是，现在还是）在西方世界流行、特别是从黑格尔时代到今天一直被令人厌恶地实践着。

当然，我对汤因比的历史分析不是严肃的批评，它只是一种恶意的反击，是以其人之道还治其人之身。我的基本批评是在于这些不同的方面。如果由于我浅涉历史主义而使得这种廉价方法成为时尚，则我真的要说抱歉。

我不希望被人误解。我对宗教神秘主义没有敌意（仅对好战的反理性主义的唯理智论有敌意）。任何企图压制宗教神秘主

---

① 参阅《历史研究》第 5 卷第 590 页。次一段话引自同书第 588 页。

义者，我将首先起来进行反击。我并不是在宣扬宗教的不宽容，但我主张信仰理性，主张理性主义、人道主义或人文主义，和其他的教义一样，也有权利要改善人类的事物，尤其是国际犯罪的控制及和平的建立。汤因比说："人文主义者以其全力献身于……使人类的事务在人的控制之下。然而……除非在超人的并以人性为其部分的统一基础上到达天堂的巴比伦通天之塔。这是非常奇特和偏颇的……"① 如果我对他的了解没有错的话，汤因比认为人文主义者根本没有机会将国际事务置于人类理性的控制之下。他诉诸伯格森②的权威，主张只有归顺于一个超人的整体，才能拯救我们。他更主张，没有理性的途径和"现世的途径"能够废弃部落式的民族主义。我并不在意他将人文主义者对理性的信仰称为"现在的"，因为理性政治的原则本来就是认

---

① 参阅《历史研究》第 6 卷第 13 页。

② 参阅《历史研究》第 6 卷第 12 页。所涉及的是伯格森著的《道德与宗教的两个根源》。

　　现在我们来引一段有趣的、充满历史主义风味的章节（《历史研究》第 1 卷第 585 页）："基督教相信——'且历史的研究也予以证明正确'——除了有一上帝统治的超人类的国度，人们惟有归顺此国度为其子民，博爱才可能达到，其他方法是行不通的。"（上述双引号是作者加上去的）历史研究如何能证明这样一种主张呢？宣称能够证明它，这是不是要负很大的责任呢？

　　关于伯格森在《道德与宗教的两个根源》中所说的：我非常同意每一种创造性思想均有一种理性的或直观的因素。不过，在理性的科学思想中，也可发现这种因素。理性的思想并不是非直观的；它是将直观诉诸验证与检验（与让直观放任自流相反）。将其应用到创造开放社会的创立这一问题上；我承认人像苏格拉底那样会受直观所鼓舞；不过，虽然我承认这一事实，但我相信惟有依据"合理性"，才能区别出谁为开放社会奠基，谁在阻碍开放社会的进展。后者，如柏拉图，也是由直观所鼓舞的，然而却是未受理性检验的直观（理性一词的意义是按本章所使用的意义）。另参阅绪论的注解。

为不可能在世上建立天堂①。不过，人文主义的种种行为已经证明它是一种信仰。我虽然和大多数人文主义者一样，相信基督教所提倡的神的父爱对建立人的互爱有很大贡献，但也相信那些破坏信仰理性的人对这种目标不会有多大贡献。

---

① 参阅本书第十八章第 225 页注①。

结　　论

第二十五章　历史有意义吗？

一

在本书接近结束时，我希望再次提醒读者，这些章节不打算写成像历史主义通史之类的东西，它们只是这部历史零星的旁注，而且是相当私人性的注解。此外，它们形成了一种社会和政治哲学的批判性导论。而它与这些章节密切相关，是因为历史主义是一种社会的、政治的、道德的（或者非道德的）哲学，而且从我们的文明开始起，它就一直具有极大的影响力。因此，不讨论社会、政治和道德的基本问题，是难以评论历史主义的历史的。但是，不管承认与否，这种讨论必然包含一种强烈的个人因素。这并不意味本书中的大部分纯粹是一种意见的问题，在不多的表述我自己对道德和政治问题的建议或判断的地方，我总是让这种建议或判断的个人性质显得很清楚。也就是说，在很大程度上，讨论题材的选取是一件个人选择的事情，而不像在科学论文中那样。

然而，在某些方面，这种差异是一种程度的问题。甚至一门科学也不只是"一堆事实"，它至少是一种搜集，因此要依赖于搜集者的兴趣与观点。在科学中，观点通常是由一种科学的理论所决定，这也就是说，我们从无限的事实和事实的无限表象中选取那些引起我们兴趣的事实和事实表象，它们多多少少与先行的科学理论有关。从这些思考中，科学方法中的某派哲学家①已经总结道，科学总是在循环论证，而且，就像艾丁顿指出的："我们发现自己永远在追逐自己的尾巴。"因为在理论形式上，我们只能得到我们自己已经投入其中的事实经验。但这不是一种站得住脚的论据。虽然我们通常确实是只选择那些已经与某些先行理论有关的事实，但这并不表示我们只选择那些证明、重复理论的事实，科学的方法毋宁是在探求那些可以反驳理论的事实。这就是我们所说检验理论——看看我们是否能够发现理论中的缺点。而且，尽管事实的搜集是在理论的指导下进行的，并且只要理论能经得住这些检验就能得到确定，但这些事实并不只是先行理论的空洞重复。只有当事实没有推翻理论的预言，反而确证了预言，它们才证明了理论。因此我认为，推翻或否证一种理论的可能性，这种可能性构成了检验理论的可能性，这才是理论的科学特性；事实上，一切理论的检验都是企图否证在这种理论帮助下得出的预言②，为科学方法论提供一条线索。这种科学方法观被科学史所证明。科学史表明，科学的理论常被实验推翻，而推翻理论恰是科学进展之轮。我们不能赞成科学是循环的那种主张。

但在这种主张中有一点是真的，即，一切有关事实的科学描述都具有高度的选择性，它们总是建立在理论基础之上。这种情形最好通过与探照灯加以比较而得以描述（我通常称把"科学

---

① 所谓的约定主义者（H. 彭加勒、P. 杜汉，尤其是最近的艾丁顿），参见第一卷第五章第147页注①。
② 参见我的《研究的逻辑》。

的探照灯理论"与"心灵的斛斗理论"① 进行对比）。要使事物
变得可见，要依赖探照灯的位置、我们所指的方向、灯光强度、
色彩等，当然在很大程度上也依赖于被照的物体。同样，一种科
学的描述在较大程度上也依赖于我们的观点、我们的兴趣，而这
些通常与我们希望检验的理论或假设有关，尽管它也建立在所描
述的事实基础上。实际上，理论或假设可被称为是一种观点的结
品。因为如果我们试图形成我们的观点，那么，这种形成通常就
是被称为"工作上的假设"，这也就是说，它是一种暂时的假
定，它的功能就是帮助我们选择和安排事实。但是我们应该清
楚，在这种意义下，没有任何理论或假设不是"工作假设"，无
一例外。因为没有一种理论是终极的理论，同时每一种理论都在
帮助我们选择和安排事实。一切描述都具有选择的特性，这使得
它在某种意义上是"相对的"。不过惟有在这种意义下，如果我
们的观点不同，我们就不能够提供这种，而是他种描述。这也可
能影响我们对描述的真理性的信仰，但是它并不会影响描述的真
假问题，在这种意义下，真理并不是"相对的"②。

　　大致说来，一切描述都具有选择性的理由是因为，构成我们
世界的事实表象具有无限的丰富性和多样的可能性。为了描述这
无限的丰富性，我们只能用有限的语汇来处理。因此，我们可以
随意描述：我们的描述总是不完整的，仅仅是一种选择，并且所
描述的事实总是事实中的一小部分。这表明，要避免一种有选择

---

① 　在第二十三章中，曾经提到"心灵的斛斗理论"（至于"科学的探照灯理
论"，也请见我的讲演《迈向一种传统的理性理论》，载 1949 年《理性主
义年鉴》，尤其是第 45 页），也许有人认为，"科学的探照灯理论"强调的
是康德主义中那些站得住脚的因素。如果继续用我们的比喻，我们也许会
说，康德的错误在于他坚持探照灯自身是不可能改进的，他没有看到有些探
照灯（理论）不能照亮的事实，其他探照灯却可以照明。但我们正是这样
放弃运用某些探照灯而得以进步。

② 　参见第一卷第八章第 275 页注①。

性的观点不仅是不可能的，而且想这样做也不足取；因为即使能这样做的话，我们也不会得到一种更"客观"的描述，而仅仅是一堆完全互不关联的陈述。当然，观点是不可避免的，躲避观点的天真的想法只能导致自我欺骗，导致不加批判的运用一种不自觉的观点①。叔本华②认为在历史的描述中，历史有"无限的主题"，这种说法倒更具真理性。因此，历史和科学一样，我们不可能避免一种观点。若坚信能避免，惟有导致自欺和缺乏批判的态度。当然这并不意味着我们被允许否证任何事物，或轻易就能获得真理。任何特别的对于事实的历史描述，不论判定其真假如何困难，总是要么为真要么为假。

　　这样一来，历史的立场就与自然科学（例如物理学）的立场相类似了。然而，如果我们把"观点"在历史中所起的作用和在物理学中所起的作用作比较，那么我们就会发现一种巨大的差异。众所周知，在物理学中，"观点"通常是由一种物理理论来提供的，并且能够被新的事实来检验。而在历史中，事情就不这样简单了。

---

①　关于避免一切先决条件的企图，参见第二十四章第358页注①（1）和正文中（胡塞尔）的批评。H. 冈珀茨从不同的角度也对认为可以避免先决条件（或观点）这一天真的观念进行了攻击（参见《世界观研究》1950年版第1卷，第33—35页，我的翻译也许有点随便）。冈珀茨的攻击直接针对极端的经验主义者（而不是胡塞尔）。"对事实的哲学的或科学的态度"，冈珀茨写道："总是一种思想态度，而不仅仅是以牛的方式欣赏事实的态度，或者以一个画家的方式注视事实的态度，或者以一个空想家的方式被事实搞得不知所措的态度。我们必须假定，哲学家并不满足于既有事实，而是对它们加以思考……因此，很显然，在声称……回到直接事实或资料的哲学激进主义背后，总隐藏着一种对传统学说的非批判性的接受。因为甚至这些激进分子必然对事实有所思考，但是因为他们没有充分意识到它们，以至于他们认为他们们仅仅是承认事实。而我们只好假定他们的思想是……非批判性的。"（另参见同一作者在《知识》第7卷，第225页等对《解释》的评论。）

②　参见叔本华对历史的评论（《附录》等，第2卷，第 xix 章，第238节；《著作》德文第2版，第6卷，第480页）。

二

让我们稍仔细地考虑一下理论在自然科学，如物理学中所起的作用。这里，理论有几个相关的任务。它们既帮助科学的统一，又帮助解释和预测事件。关于解释和预测的问题，我也许可引用我自己著作中说过的话①："给某一事件以因果性的解释，意味着推演出一种陈述（此陈述将被称作'预测'），此陈述描

---

① 　　（1）据我所知，在此正文中所简略给出的因果性理论第一次是在我的著作《研究的逻辑》（1935 年）中提出来的。所引段落出自该书第 26 页。这里翻译时省略了原来的括号，而在括号里的数目字和四段简短的内容则是加上去的，一方面是为了使压缩的内容更容易理解，一方面（在最后两个括号中）是为我写作时尚不清楚的观点留有余地，我所指的观点就是塔尔斯基所称的"语义学"（例如，参见他的文章《科学语义学基础》，载《国际哲学会议报告》第 3 卷，巴黎，1937 年版，第 I 页；另见 R. 卡尔纳普《语义学导论》，1942 年版。）由于塔尔斯基对语义学基础的发展，我会不再犹豫地（就像我写有关的书那样）充分使用"原因"和"结果"之类的词。因为它们可以用塔尔斯基的真理概念来界定，下面就是这样一个语义学定义：事件 A 是事件 B 的原因，并且事件 B 是事件 A 的结果，而且仅当存在着一种语言，用这种语言我们能够形成三个命题：u、a 和 b，并且 u 是一个真实的普遍规律，a 描述了 A，b 描述了 B，那么，b 是 u 和 a 的一个逻辑结果（可以用我在《研究的逻辑》第 47 页对"事件"所做的语义学定义来界定这里的"事件"或"事实"一词，例如，可以采用以下定义：事件 E 是某类可双向转变的单称陈述的共同指称）。

　　（2）这里可以增加一些有关因果性问题的历史性的评论。亚里士多德的原因概念（即他的形式、质料和动力因，这里，我们对目的因不感兴趣，尽管我的评论对它也适用）是典型的本质主义的，它的问题是解释变化或运动，而对变化和运动又是用事物隐藏的结构来解释的。在培根、笛卡尔、洛克，甚至牛顿对这一问题的观点中，仍然可以发现这种本质主义。但笛卡尔的理论为新的观点打开了大门，笛卡尔看到了一切物质实体在其空间广延性或几何形状中的本质，并由此得出结论：物体惟有通过推动才能对另一物体发生作用，一个运动着的物体必然从其自身的空间去推动另一物体，因为两

述了该事件，它与某种单称或特称语句（我们称之为初始条件）一起，作为演绎出某些普遍规律的前提。例如，如果我们发现一条线只能负一磅的重量，而我们要对这条线断了作因果性的解

者都是广延的，因此不能占据同一空间。因此，结果必然跟随着原因，一切有关物理事件的真实的因果解释必然用推动来说明。牛顿依然采用这个观点，并以此来谈论他的万有引力理论——当然，运用拉力而不是推力的观念，稍懂一些哲学的人都不可能认为这是一种满意的解释，但它在物理学中依然以厌恶任何类型的"超距作用"的方式发挥着影响。贝克莱是批评用隐藏的本质来解释的第一人，而不管是用本质来"解释"牛顿的吸引力，还是本质导致了笛卡尔的推力理论。他认为，科学应该描述，而不是通过本质的或必然性的关联加以解释。这个学说成为实证主义的主要特征之一，而如果采用了我们的因果性的解释理论，它就会失去它的意义，因为解释成为一种描述，而这种描述运用了普遍的假设、初始条件和逻辑演绎。休谟（塞克斯特、阿尔－卡查理及其他人是休谟的先驱）可以说是对因果性理论做出了最重要的贡献。他指出（与笛卡尔的观点相反），在一个事件 A 和另一个事件 B 之间，我们不知道任何必然的联系。我们有可能知道的是，A 类事件（或与 A 相类似的事件）至今为止一直由 B 类事件（或与 B 相类似的事件）相伴随。事实上，我们能够知道的是，这些事件是相联结的，但是，因为我们并不知道这种联结是一种必然关系，所以我们只能说，它过去是联结的。我们的理论完全认可这种休谟式的批判，但与休谟的不同之处在于：（a）它明确地形成普遍性的假设，这种假设认为，A 类事件总是，并且在任何地方都被 B 类事件所伴随；（b）它断言，如果普遍性的假设为真，那么，关于 A 是 B 的原因这一陈述就为真。换言之，休谟只看到了事件 A 和事件 B 自身，他没能在两者之间找到任何因果性联系的痕迹或一种必然的联结。当然我们还可以加上第三点，即普遍的规律，考虑到这个规律，我们才可以谈论因果性的联系或必然的联结。例如，我们可以定义：事件 B 与事件 A 是因果联系（或者说是必然联系），当且仅当 A 是 B 的原因（在我们上述语义学定义的意义上）。与普遍规律的真实性问题相联系，我们可以说，存在着无限的普遍的规律，我们在日常生活中从不怀疑它们的真实性。因此，在日常生活中也存在着无限的因果性的例子，我们对"必然的因果联系"也毫无疑问。从科学方法的观点看，其立场是不同的。因为我们永远不可能理性地建立起科学规律的真理性，我们所能做的就是严格地检验它们，消除假的东西（这也许是我《研究的逻辑》这本书的主要论点）。因此，一切科学规律永远具有假说的性质，它们是

释，那么我们只能说它承受了两磅的重量。如果我们分析这种因
果性解释，那么就会发现其中有两种不同的构成因素：（1）我们

各种设定。

　　相应地，一切关于科学因果性关系的陈述同样具有假说的性质（在科学的意义上）。我们永远不可能确定 A 是 B 的原因，主要是因为我们不可能确定涉及的普遍的假说是否为真，无论它如何被检验。然而，如果我们已经更好地检验并且进一步确定了相应的普遍的假设，我们将喜欢找特殊的假设：A 是 B 的原因就更被接受了（关于我的确定性理论，参见《研究的逻辑》第 7 章，尤其是第 204 页，那里讨论了证实语句的时间系数或指数）。

　　（3）关于我的历史解释理论，这里在正文中（以及下面）得以展开，我希望对怀特发表在《精神》杂志上（1943 年第 52 期，第 212 页），标题为《历史的解释》的文章增加一些批评性的评论。作者同意我最早在《研究的逻辑》中展开的对因果性解释的分析（他错误地把这个理论归功于亨普尔 1942 年发表在《哲学杂志》上的一篇文章，不管怎么说可参见亨普尔在《德国文学报》1937 年第 8 期第 310 至 314 页）上对我的书评。在找到我们平时所说的解释是什么意思后，怀特继续追问什么是历史的解释。为了回答这个问题，他指出，生物学解释（据说与物理学解释相反）的特点就是在对普遍规律的解释中出现特别生物学化的词汇。他总结道，历史的解释就是一种在其中将同样出现特别历史化的词汇的解释。他进一步发现，一切规律，如果在其中出现任何类似于特别历史化的词汇之类的东西，那么最好被描述为具有社会学的特点，因为所涉及的词汇具有社会学的特点而不是历史的特点。他因此最终致力于使"历史的解释"等同于"社会学的解释"。

　　我清楚地意识到，这种观点忽视了正文中所说的历史的科学和普遍性的科学之间的区别，忽视了它们特殊的问题和方法。我想说的是，对历史方法问题的各种讨论早已显现出一个事实：历史关注于特殊的事件而不是一般的规律。例如，我想起了阿克顿爵士写于 1858 年的反对巴克尔的那些论文（这些文章可以在他的《历史论文和研究》中找到，1908 年版），想起了 M. 韦伯和 E. 迈耶之间的争论（参见韦伯的《科学论文集》，1922 年版，第 215 页）。和迈耶一样，韦伯总是正确地强调历史关注于独特的事件，而不是普遍的规律；同时，历史也对因果性解释感兴趣。然而，不幸的是，这些正确的观点却使他不断地反对认为因果性与普遍规律有关系的观点。我认为，我们在正文中所展开的历史解释的理论消除了这种困难，同时说明了这种困难是如何产生的。

对自然的普遍规律的特性设定了某种假设。在上述情况中，也许是'当某条线所受的张力超过那条线所能承受的最大张力时，它就会断。'（2）我们对问题中的特殊事件设定了某些特别的陈述（初始条件）。在上述例子中，我们可以有两种陈述：'这条线最大的张力是一磅'和'这条线上承受了两磅的重量'。这样我们就有两种不同的陈述语句，它们合在一起构成一完整的因果性解释，即：（1）具有自然规律特性的全称陈述，（2）与问题（即初始条件）相关的特殊情况的特称陈述。现在，在初始条件（2）的帮助下，我们能够从普遍规律（1）推演出下列特称陈述（3）：'这条线将会断'。我们也可以称结论（3）为一种特殊的预测。初始条件（或更严格地说，通过它们所描述的情况）通常被称为该事件的原因，预测（或更严格地说由预测所描述的事件）作为结果：例如，我们会说'将两磅的重量放在只能承受一磅重量的线上是线断的原因'。"

　　从这种对因果性解释的分析中，我们能够看到一些东西。首先，我们不能以一种绝对的方式谈原因和结果。一个事件是另一个事件的原因，另一个事件是这一事件的结果，是相对于某种普遍规律的。然而，这些普遍规律是如此的平常（比如在我们的例子中），以至于我们把它们看成是理所当然的规则，而不刻意使用它们。其次，为了预测某些特殊事件而运用的理论，另一方面也是这种理论在解释这个事件。因为我们把所预测的事件与实际观察到的事件作比较来检验一种理论，我们的分析也就表明了理论如何能够被检验。不论我们用一种理论是为了解释，还是为了预测或检验，都依赖于我们的兴趣，依赖于我们所约定或假定的各种命题。

　　因此，在所谓的理论的或普遍性的科学（如物理学、生物学、社会学等）中，我们最感兴趣的是普遍的规律或假设。我们希望知道它们是否为真，因为我们从未能直接地确定它们的真理性，我们就采取了排错法。我们对特殊事件的兴趣，例如，对我们通过原始条件和预测所描述的实验的兴趣，多少是受到限制的。我们之所以对它们感兴趣主要是把它们作为某种目的的方法，通过这些方法，我们能够检验普遍的规律，而普遍的规律本身才是我们感兴趣的，并且使我们的知识得以统一。

在应用科学方面，我们的兴趣是不同的。一个运用物理学来建造桥梁的工程师，其主要兴趣在于预测：（通过原始条件）所描述的某种桥梁是否能承受某种负荷。对他来说，普遍的规律是一种目的的方法，并把普遍的规律视为理所当然的。

因此，在检验普遍的假设和在预测特殊的事件方面，纯粹的和应用的科学兴趣是各不相同的。但是有一种深层的兴趣，那就是解释一种特殊的或独特的事件。如果我们希望解释这样一种事件，如一次确定的车祸，那么我们通常会默默地假定大量常见的普遍规律（如，在某种张力下，骨头会断裂，或者是，任何机车在某种方式下与人体碰撞都将产生足够的使骨头断裂的张力等），因此主要的兴趣是在原始的条件或在原因方面，正是与这些常见的普遍规律结合在一起，才能解释所考察的事件。因此，我们通常会假设性地提出某些原始条件，然后试图找到一些证据以发现这些假设性地提出的原始条件是否为真。也就是说，我们通过新的预测（在其他并且是平常的普遍规律的帮助下）来检验这些从原始条件中得出的特殊的假设，而这些新的预测会遇到可观察的事实。

我们发现我们自己很少有必要去为普遍的规律操心，这些规律就在解释之中。操心也只是发生在当我们观察到一些新的或奇怪的事件时——如一种意外的化学反应。如果这种新的事件导致了新假设的形成和验证，那么对它的兴趣主要产生于某些普遍性的科学观点。但是一般说来，如果我们对一些特别的事件和对它们的解释感兴趣，我们就会把我们所需要的一切普遍规律视为理所当然的。

现在，这种对特殊事件和它们的解释感兴趣的科学可以被称为"历史科学"，而与普遍性的科学相区别。

这种历史观清楚地表明，为什么那么多历史和历史方法的研究者强调，吸引他们的是特殊的历史事件，而不是任何所谓的历史的规律。从我们的观点看，不可能有历史规律。普遍化完全属于另一类不同的兴趣，与对特殊事件及其因果性解释的兴趣（这就是历史）大相径庭。那些对规律感兴趣的人，就必然转向了普遍性的科学（如社会学）。我们的观点还清楚地表明，为什么历史常常被描述为"实际发生的过去的事件"。这个描述很好地表明了历史研究者的特殊兴趣，与普遍性的科学研究者的兴趣相反，不过我们将提出某些反对它的理由。而且，我们的观点解释了为什么在历史中，我们要比在普遍性的科学中更多地遇到其"无限的主题材料"这些问题。因为普遍性的科学中的理论和普遍规律既引入一种"观点"，也引入一种一致，因为对任何普遍性的科学来说，它们产生了它的问题、它的兴趣中心以及研究重点、逻辑结构和陈述等。但在历史中，我们没有如此统一的理论，或者说，我们没有大量的可以自然而然运用的普通的普遍规律，它们实际上没有任何影响，因此完全不能给主题材料创造一种秩序。例如，如果我们指出波兰 1772 年的第一次分裂是因为它不能抵抗俄国、普鲁士和奥地利的联合力量，那么我们已经不自觉地运用了一些日常的普遍规律，如"对两个同等装备和指挥的军队来说，如果一方占有人数上的优势，那另一方就永远不会取胜"（对我们的目的来说，无论是用"永远"还是"很难"，都没有太大的区别）。这条规律也许被描述为军事力量社会学的一条规律，但是因为它太常见，以至对社会学研究者来说就不是一个严肃的问题，或者引不起他们的注意。如果我们用恺撒的野心和精力来解释其渡卢比孔河的决定，那么，我们是在用一些非常常见的心理学概括，而它们将很难引起一个心理学家的注意〔事实上，大多数历史解释都不是太多地运用了日常的社会学和心理学规律，而是不自觉地运用了我在第十四章中曾经描述的"情境逻辑"，也就是说，除了描述个人的兴趣、目的和其他情境因素（如对某人有用的信息）外的原始条件，不自觉地并且最接近地假定了日常的普遍规律，即神智健全的人通常或多或少是按理性行动的〕。

三

因此，我们看到，那些历史解释所运用的普遍规律既没有给历史提供一种选择性的、统一的原则，也没有为历史提供"观点"。在一种非常有限的意义上，封闭的历史可以为一种事物的历史提供这样一种观点，比如，权力政治学史、经济关系史、技术史或数学史就是这样的例子。但是，一般来说，我们需要进一步的有选择性的原则和观点，它们同时也是兴趣的中心。而这些原则和观点是由先行的观念所提供的，这些先行观念在某些方面与普遍规律相似，例如，像下列这个观念："伟人"的个性，或者"民族性"，或者道德观念，或者经济条件等，对历史而言是重要的。然而，有必要看到，许多"历史理论"（它们也许最好被称作"准理论"）在其性质上与科学理论有很大的不同。在历史（包括像历史地理学这种历史性质的自然科学）中，我们所使用的事实常常受到严格的限制，而不能随意被重复或补充。它们是根据一种先行的观点来收集的，所谓的"历史资料"仅仅记录了那些引起足够兴趣而加以记录的事实，因此，资料通常只包含那些适合一种先行理论的事实。同时，如果没有进一步的事实可资利用，通常就不可能检验这个或任何其他的后继理论。于是，这些不可检验的历史理论便被直接指责为循环论证，在这种意义上，这种指责曾经被不公正地加到科学理论身上。与科学理论正相反，我将把这些历史理论称为"一般性解释"。

各种解释是重要的，因为它们代表了一种观点。而且我们已经看到，观点总是不可避免的，但是在历史中，一种能够被检验，因此具有科学特性的历史却很难得到。因此，我们绝不能认为，一般性解释与我们的所有记录相符就能够得以证实。我们必须记住它的循环性以及这样的事实：总有一些其他的（也许是不相容的）解释与同样的记录相符，而且，我们难以像物理学那样，能够得到新的资料来进行判决性的实验①。历史学家经常看不到和自己的解释一样的也适合事实的任何其他解释。但是，如果我们认为，即使在物理学领域中，尽管有大量的可靠的事实，也需要不断进行判决性实验，因为旧的实验完全和两种相互竞争的、不相容的理论相符合（试想一下日食实验，它需要在牛顿和爱因斯坦的重力理论之间做出选择），那么，我们就会放弃这种朴素的信念：任何一组确定的历史记录只能够以惟一的方法加以解释。

但是，这当然并不意味着一切解释都具有同等的价值。首先，总有一些解释确实与认可的记录相左；其次，如果要避免被记录证伪的话，总有一些记录需要或多或少的似真的辅助性假设；再者，有一些解释不能与某些事实相关，而其他的解释却能与此相关并给予"解释"。因此，即使在历史解释的领域中也可以有大量的进步。进一步讲，在上述的多少是普遍的"观点"和那些特殊的或单一的历史假设之间，也许存在着各种中间过

---

① 约定主义者，尤其是杜厄姆曾经对那种认为在物理学中可做判决性实验的学说进行过攻击（参见本章注但是杜厄姆的批评写在爱因斯坦之前，写在艾丁顿的判决性的日食观察之前，他的批评甚至写于卢默尔和普林格谢姆的实验之前，他们的实验否证了赖拉和杰恩斯的公式，从而导致了量子理论）。

程，它们在历史解释中发挥着假设性的初始条件，而非普遍规律的作用。这些假设常常能够得到充分的检验，因此与科学的理论相当。但有些特殊的假设与那些普遍的准理论（quasi-theories）十分相似，我曾经把它们叫作解释，并且可以相应地归类于那些"特殊的解释"。因为有利于这种特殊的解释的证据，在性质上与某些普遍的"观点"一样，正是一种循环论证。例如，我们仅有的力量也许就是给自己关于某种事件信息，而这些信息只适合于他自己的特殊的解释。而我们试图得出的关于这些事实的大部分特殊的解释，在它们必须适合解释（这种解释用在最初的事实选择上）的意义上讲，是循环论证。因此，如果我们能够给予这种资料一种解释，而这种解释超出我们力所能及之外（例如，我们对柏拉图著作的解释就是这样），那么，我们的解释也许就具有某些与科学假设相似的外部特征。但是从根本上讲，我们必须记住的事实是，能够被轻易运用的证明某种解释的证据，如果它能够解释我们所知的一切，则这种证据是非常可疑的，因为我们只有找到反例，我们才能检验一种理论（而不同的"暴露哲学"的赞同者几乎总是忽视这一点，尤其是那些心理的、社会的和历史的分析者，他们常常受安逸的诱导而认为他们的理论无所不能）。

我前面说过，各种解释也许是不相容的，但是，只要我们把它们仅仅看作是观点的结晶，那么它们就不是不相容的了。例如，人类是稳定进步（朝着开放社会或某种其他目标）的这种解释就与人类逐渐退化或倒退这种解释不相容。但是人们把人类历史看作进步史的"观点"就不必然与那种把人类历史看作是退步史的观点不相容，这就是说，我们既能够写一部朝向自由的进步人类史（例如，包括反对奴役的过程），又能写另一部倒退和压迫的人类史（也许包括白色人种对有色人种的影响这类事情）。这两种历史不仅并不冲突，而且它们可以相互补充，就像从不同角度看同一风景而看到两种景色一样。这样考虑问题极具重要性。因为每一代人都有其自身的困难和问题。因此有其自身的兴趣和观点，这导致每一代人都有权以自己的方式考察和再阐释历史，并且和前代人的方式相互补充。总而言之，因为我们对历史感兴趣[①]，并且也许因为我们希望学习一些东西来解决我们自己的问题，所以我们才研究历史。但是，在一种无用的客观性观念的影响下，如果我们对从自己的观点中提出历史问题感到犹豫，那么历史就不能服务于这两种目的。我们不应认为，如果我们的观点是有意识地并且是批判性地应用于问题，就将次于这样一种作者的观点：他天真地相信他不是阐释历史，而是达到了一种客观性的水平，这种客观性使他能够揭示"那些过去实际发生过的事件"（这就是为什么我相信，在本书中，所能发现的那些甚至是显而易见的个人评论也是正当的，因为它们与历史的方法相一致）。主要事情是要意识到自己的观点，也就是说，尽可能有意识地避免陈述事实时的无意识及产生的非批判性的偏见。在其他一切方面，解释必须为自身辩护。解释的丰富性和阐明历史事实的能力，解释的魅力和阐明当今问题的能力，这些都是解释的价值。

总之，不可能有"事实如此"这样的历史，只能有历史的

---

① E. 迈耶及其批评者 M. 韦伯两人都曾经承认历史依赖于我们的兴趣。迈耶在《论历史理论和方法》（1902 年版，第 37 页）中写道："事实的选择建立在那些生活在现代的人们所拥有的历史兴趣的基础上……"韦伯在《论文集》（1922 年版，第 259 页）中写道："我们的……兴趣……将决定文化的范围，而文化的范围决定……历史。"韦伯跟随李凯尔特，一再坚持，我们的兴趣反过来建立在价值观念基础之上。在这一点上，他当然没有错，但是他对方法论的分析没有增加任何东西。然而，这些作者中没有一个人得出革命性的结论，即，因为一切历史建立在我们的兴趣基础之上，因此只有各种历史，而从来没有一个"历史"，没有一种"事实如此"的人类发展史。对历史的这两种解释相互对立，参见第十一章第 10 页注①。

各种解释，而且没有一种解释是最终的，每一代人都有权形成自己的解释。他们不仅有权形成自己的解释，而且有义务这样做，因为的确有一种寻求答案的紧迫需要。我们想知道我们的困难如何与过去相关，我们想看到一条道路，可以沿着它找到我们感受到、并且所选择的主要使命的答案。如果理性的和公正的方法不能做出回答，这就确实需要产生各种历史的解释。在这种需要的压力下，历史主义者用"我们正在走的是哪条路？从本质上讲，历史注定要我们扮演的角色是什么？"这种非理性的、表面上是实际的问题，来取代"什么是我们选择的最紧迫的问题？它们如何产生？而且沿着什么样的途径我们才可以着手解决它们？"这种理性的问题。

　　但是，我否认历史主义者有权用自己的方法解释历史，这样公正吗？难道我没有说过：任何人都有这种权力吗？我对这个问题的答案是：历史主义者的种种解释是一种例外。那些我们所需要的、公正的各种解释，那些我们决心采用的这种或那种解释，就像我说过的那样，能够比作一架探照灯。我们用它来照射我们的过去，并且希望用它的光芒照亮现在。与此相反，历史主义者的解释也可以比作探照灯。而是一架对准我们自己的探照灯。尽管我们并不是不可能看清周围的任何事物，但它使这变得困难，并且使我们的行动瘫痪。换个说法就是，历史主义者没有认识到正是我们自己在选择和安排历史事实，而他们却相信"历史本身"或"人类历史"，通过其内在的规律，决定着我们自己、我们的问题、我们的未来，甚至我们的观点。历史主义者没有认识到历史的解释应该符合一种需要，这种需要来自我们所面对的实际问题和选择；相反，他们却相信，我们解释历史的欲望反映了一种深层的直觉，那就是，通过思考历史，我们可以发现人类命运的秘密和本质。历史主义试图找到那条人类注定要走的"路"，它试图发现"历史的线索"（如 J. 麦克默雷所说）或

"历史的意义"。

四

　　但是，有这样一条线索吗？历史有意义吗？

　　我不希望在这里陷入"意义"的意义问题之中，我自然而然地认为大多数人都足够清楚地知道，当他们说到"历史的意义"或"生活的意义或目的"① 时，它们意味着什么。在这个意义上，正是在以这种意义来问历史的意义时，我认为，历史没有意义。

　　为了说明这种意见的理由，我必须首先谈谈，当人们问起历史是否有意义时，他们心目中的"历史"是什么。到目前为止，我自己谈及历史时，好像它不需要任何解释似的。但现在不行了，因为我希望澄清一点，大多数人所说的那种意义上的"历史"根本就不存在。这起码是我说历史没有意义的一个理由。

　　大多数人是如何使用"历史"一词的呢？（我们会说，这是一本关于欧洲历史的书，我的"历史"正是这种意思，而不是我们说这是欧洲历史时的意思。）他们在中学和大学里学过历史，他们读历史书，他们看到在"世界历史"或"人类历史"的名义下，历史被看成什么，于是，他们习惯于把历史看成是大致上还算确定的一系列事实。他相信，这些事实构成了人类史。

　　但是，我们已经看到，事实的领域具有无限的丰富性，因此就必须有所选择。例如，我们能够根据自己的兴趣，来写艺术史、语言史、饮食习惯史或者伤寒热史（参见秦塞尔所著的《老鼠、虱子和历史》）。当然，它们都不是人类历史（它们合在

---

① 关于拒绝讨论"意义的意义"（奥登和理查德），或者"意义的多种意义"的问题（H. 冈珀茨），参见第十一章，尤其是第21页注①、39页①、42页注①和45页注①。另见本章第426页注②。

一起也不是人类历史）。当人们说人类历史时，在他们心目中存在的是埃及史、巴比伦史、波斯史、马其顿史和罗马帝国史，等等，一直延续到今天。换言之，当他们谈到人类的历史时，他们的意思以及他们在学校所学到的是政治权力的历史。

没有人类的历史，只有人类生活各个方面的无数的历史。政治权力的历史是其中之一，而它被提高至世界历史。但是我认为，这是对一切得体的人类概念的冒犯。再也没有比把贪污史、抢劫史或放毒史当作人类史更糟糕的事。因为权力政治学的历史不是别的，而是国际犯罪和集体屠杀（它当然包括某些掩盖它们的企图）的历史。这就是在学校中讲授的历史，有些最大的罪犯被颂扬为历史的英雄。

但是，在具体的人类历史这种意义上，真的没有普遍的历史这类事物吗？不可能的。我相信这必然是一切人道主义者，尤其是一切基督徒的回答。如果存在着什么具体的人类历史的话，那也必然是全人类的历史，它将必然是全体人类希望、斗争和受苦的历史。因为没有一个人比他人更重要。很显然，这种具体的历史是写不出来的。而我们必须有所抽象、省略和选择。但这样的话我们就能得到许多历史，在其中，我们就能获得那曾经被渲染为人类历史的国际犯罪和集体屠杀的历史。

但为什么恰好选择了权力的历史，而不是宗教史或诗歌史呢？这里有几个原因，其中之一是权力影响我们每个人，而诗歌只影响少数人。另一个原因是人有权力崇拜的倾向。毫无疑问，权力崇拜是人类最坏的一种偶像崇拜，是洞穴时代的遗迹之一，也是人类的一种奴性。权力崇拜起源于恐惧，是一种应当受到轻视的情绪。权力政治学为什么成为"历史"核心的第三个原因是那些掌权的人要别人崇拜他们，而他们因此可以实现他们的愿望。许多历史学家是在皇帝、将军和独裁者的监督下写作的。

我知道，这些观点将遇到来自众多方面的强烈反对，包括某些基督教的辩护者。尽管在《新约》中几乎没有什么东西可以支持这个教义，但它却经常被认为是基督教条的一部分，这种教义认为，上帝在历史中显现自身，历史是有意义的，而历史的意义就是上帝的意志，因此历史主义被认为是宗教的必不可少的要素。而我并不这样认为。我坚信，不论从理性主义者和人道主义者的观点看，还是从基督教自身的观点看，这种观点纯粹是一种偶像崇拜和迷信。

在这种有神论的历史主义背后有什么东西呢？和黑格尔一样，历史主义把历史——政治的历史——看作一个舞台，或者说看作一出冗长的莎士比亚戏剧，而观众要么认为"伟大的历史人物"，要么认为抽象的人类是戏剧的英雄。然后他们问道："谁写了这个剧本？"当他们回答说"上帝"，他们便认为他们给出了一个虔诚的答案。但是，他们错了。他们的回答简直是亵渎神明，因为剧本不是上帝写的（他们当然知道这点），而是历史学教授们在将军和独裁者的监督下写的。

我并不否认从基督教的观点来解释历史就像从任何其他观点来解释历史一样，都是正当的，而应该强调的是，我们西方人的种种目标和目的，例如，人道主义、自由、平等，在多大程度上是由于基督教的影响。但是同时，对自由的历史的惟一理性的、也是惟一的基督教的态度是，我们自己承担自由的历史的责任。在同样意义上，我们承担起创造我们生活的责任，惟有我们的良心才能对我们加以裁决，而不是世俗的成功。那种认为上帝在历史中显现自身和他的审判的理论，与那种认为世俗的成功是我们行动的最终判断和证明的理论彼此难以区别，它与那种认为历史将做出裁决（也就是说，未来的强权即公理）的教条是一回事，它与那种我称之为"道德未来主义"[①] 是一样的。主张上帝在通

---

① 关于道德未来主义，参见第二十二章。

常被称作"历史"的事物中显现自身，在国际犯罪和集体屠杀的历史中显现自身，实在是亵渎神明。因为在人类生活领域中所真正发生的事，是很少被这种残酷的、同时又带有稚气的事件涉足的。那些被遗忘的、不知名的个人，他们的忧伤和快乐、痛苦和死亡，这才是迄今为止人类体验的真实内容。如果历史能告诉我们这些内容的话，那么我当然不应该说在其中看到上帝的指示是亵渎神明。但这样的历史不会、也不可能存在。一切现存的历史，伟人的历史和权力的历史，至多是一场肤浅的喜剧，是一场在现实之后的权力所表演的小丑歌剧（就像荷马的小丑歌剧，奥林匹斯诸神的权力存在于人类斗争的场景背后）。我们最坏的本能就是对权力、对成功的偶像崇拜，它使我们相信这就是实在。在这种不仅是人造的，而且是人伪造的"历史"中，一些基督徒竟然看到了上帝之手。当他们把上帝放入他们渺小的历史解释中时，他们竟然懂得和知道了上帝的旨意。神学家 K. 巴思在他的《信条》中说："正相反，我们必须首先承认……当我们说'上帝'的时候，我们所思和所知的一切并没有接近或理解上帝……而是我们自己所构思和自我创造的偶像之一，不论是'精神'还是'自然'，'命运'或是'观念'……"① （与这种态度相一致，巴思认为"上帝在历史中显现自己的新教教义"是"难以让人接受的"，并且是对基督神圣仪式的冒犯）。然而，从基督教的观点来看，这不仅形成了一种狂妄自大的企图，更是

---

① 参见巴思《信条》(1936 年版)。巴思反对"新教的上帝在历史中显现的学说"的评论，参见上书第 142 页，另见这个学说的黑格尔主义的来源，引文在第十二章第 95 页注②。另参见第二十四章第 392 页注①。关于下一引文，参见巴思《信条》第 79 页。

　　* 关于我对基督教的故事不是"一种不成功的……民族主义革命的故事"的评论，我现在倾向于相信它也许确实如此。见艾斯勒的著作《基督审判》。但无论如何，它不是一个现世成功的故事。

一种反基督教的态度。因为基督教教导我们，如果有什么不同的话，那就是认为世俗的成功不是决定性的。"基督在罗马总督派拉多手下受难"，我再次引用巴思的话："那么派拉多是如何受信条影响的呢？马上可以得出的答案是：这是个时间问题。"因此，那些成功的人代表了那一时期的历史权力，他们在这里起到暗示这些事件什么时候发生的纯粹技术性的作用。那么，这些事件都是些什么东西呢？它们与权力——政治的成功、与"历史"无关，它们也不是犹太人反抗罗马征服者的不成功的、非暴力的民族主义革命（按照甘地的方式）的经历。这些事件不是别的，只是一个人的受难。巴思坚持"受难"一词指的是基督的一生，而不是仅指他的死。他说[①]："耶稣受难。因此，他没有统治，没有胜利，也没有成功……除了被钉死在十字架上外，他一无所成。他与他的人民和信徒的关系也同样如此。"我引用巴思的话旨在表明，不仅仅我有这种"理性主义"或"人道主义"观点，而且在这种观点看来，崇拜历史成功与基督教的精神显得格格不入。基督教所关心的不是强大的罗马征服者的历史行为，而是（用克尔凯戈尔的话说就是[②]）"一些渔夫给了世界什么"。然而，一切对历史的有神论解释都试图在记录下来的历史中，比如，在权力史中，在历史的成功中，看到上帝意志的显现。

　　对这种"上帝在历史中显现的教义"的攻击，很可能会收到这样的答复：基督的成功在他死后，通过受难，基督在人世间的不成功的生命最终作为最伟大的精神胜利而向世人展示，而这就是成功；他的教义之果显示和证明了成功，"最后者将为最先者，最先者将为最后者"的预言也由成功加以确证，这就是成功。换言之，这是基督教会的历史成功，通过它，上帝的意志而

---

① 参见巴思《信条》第76页。
② 参见克尔凯戈尔1854年的日记，见他的《审判书》，1905年德文版。

得以昭示。但是，这是一条危险的防线。教会世俗的成功是对基
督教一种有力的证明这种意思，显然表现出信心不足。早期的基
督徒是没有这种世俗的鼓励的（他们相信必须以良知判断权
力[1]，而不是相反）。那些相信基督教义的成功史就显示出上帝
意志的人应该问问自己，这种成功究竟是不是基督教精神的成
功？同时，当教会受迫害的时候，而不是胜利的时候，这种精神
是否就不成功呢？而且，哪一种教会更纯洁地体现了这种精神？
是受难者的教会，还是得势的宗教裁判所的教会？

　　似乎有许多人会承认这一点，就像他们坚信基督教的信息是
信则灵一样，但是他们又相信这个信息是一种历史主义的信息。
这种观点的一个杰出代表就是 J. 麦克默雷，他在《历史的线
索》一书中，发现基督教教义的本质就在历史的预言中，他看
到基督教的创立者就是"人性"辩证法的发现者。麦克默雷认
为[2]，根据辩证规律，政治的历史一定会不可避免地产生"世界
的社会主义共同体。人性的基本规律不会被打破……正是那些虔
信者将得到世界"。但是这种历史主义用确定性代替希望，必然
导致道德未来主义。"规律不可能被打破"，这样，在心理学的
基础上，我们可以确信，无论我们做什么都将产生同样的后果，
最终甚至连法西斯主义都必将导致那种共同体，因此，最终的结
果不是根据我们的道德选择，我们也不必为我们的责任担忧。如
果我们被告知，在科学的基础上，我们能够确信"最后者将为
最先者，最先者将为最后者"，这难道不是用历史预言代替良心
吗？这种理论难道不是在危险地靠近（当然与作者初衷相反）
这个训诫："要警醒啊！要记住基督教的创始人告诉你们的东
西，因为他是人性的伟大心理学家和伟大的历史预言家。及时加

①　参见第十一章第 55 页注②及正文。
②　参见麦克默雷的《历史的线索》（1938 年版）中第 237 页的总结。

入虔信者的行列吧！因为根据无情的人性科学规律，这是走向天堂的必由之路！"这种历史的线索意味着对成功的崇拜，它意味着，虔信者是正确的，因为他们将站在胜利的一边。它把马克思主义，特别是把我曾经描述为马克思的历史主义的道德理论转换为人性心理学和宗教预言的语言。这种解释所蕴含的意思是它在事实中看到了基督教的最伟大的成就：基督教的创始人是黑格尔的先驱者——是一个卓越的、公认的先驱者。

我的观点是，成功不应该受到崇拜，它不能是我们的审判者，而我们也不应该被它所迷惑。我尤其要表明，我的这种与我所信以为真的基督教义相一致的态度，不应该被误解。这些观点并不是打算用来支持我在上一章所批评的"来世"态度①。我并不清楚基督教是否是来世的，但它确实教导我们说，证明人的信仰的惟一途径就是给那些需要帮助的人以实际的（而且是世俗的）帮助。对权力、荣耀和财富这些所谓世俗成功采取一种极度的冷漠，甚至蔑视的态度，完全可能与这种企图相结合，这种企图就是尽力在这个世界上朝人们已经确定的目标前进，而且具有明确的创造成功的目的，这不是为了历史的成功或通过历史来证明，而是就成功论成功。

在克尔凯戈尔对黑格尔的批评中，可以发现对这些观点的有力支持，特别是支持了历史主义和基督教的不相容性。尽管克尔凯戈尔从来没有完全摆脱他所受的黑格尔教育传统②，但是很少有人像他这样更清楚地认识到黑格尔的历史主义意味着什么。克

---

① 尤其参见第二十四章第 393 页注②及正文。

② 克尔凯戈尔在哥本哈根大学受教育时正是黑格尔主义得到加强甚至有点放肆的时期。神学家马特圣颇具影响力。（关于这种放肆的态度，参见哥本哈根学院攻击叔本华 1840 年的获奖论文《道德的基础》的评语。这事很可能是促使克尔凯戈尔了解叔本华的起因，因为当时后者在德国还鲜为人知。）

尔凯戈尔写道①："在黑格尔以前，有些哲学家试图解释……历史。然而当上帝看到这些企图后也只能微笑，但上帝不直接发笑，因为上帝对他们还有一种通人情的、真实的诚意。但是黑格尔啊？这里，我需要荷马的语言。上帝是如何狂笑啊！一个如此可恶的小教授，他竟然看透了一切事物和一切事物中的必然性。还是他，现在在他的手摇风琴上把一切都给演奏出来：听啊！奥

---

① 参见克尔凯戈尔1853年的日记，载《审判书》德文版第129页，正文中从中摘引的段落是简单翻译的。

　　克尔凯戈尔不是惟一的反对黑格尔的历史主义的基督教思想家，我们已经看到（见本章第418页注①），巴思也反对历史主义。基督教哲学家弗斯特，一个黑格尔的大赞赏者（如果不算是追随者的话），在其所著《柏拉图和黑格尔的政治哲学》一书的结尾，对黑格尔目的论的历史解释作了十分有趣的批评。如果我的理解没有错的话，他的批评的主要观点是，他认为，由于黑格尔用目的论解释历史，他看不到历史各个阶段的目的自身，而仅仅把它们看成产生最终目的的手段。而黑格尔的错误在于，他假定历史现象或历史过程对目的来说是工具，而目的能够从现象本身中产生并表现为某种独立的东西。在某些方面，一个目的可以独立于试图实现这种目的的行动，或者说，一种道德可以独立于一个戏剧（如果我们错误地假定戏剧的惟一目的就是传达这种道德）。弗斯特坚持认为，这种假设没有认识到造物主的作品与一个工具制造者的、技师的或者（柏拉图哲学中的）"创造世界者"的作品之间的区别。"……一系列的作品可以理解为一种发展，"弗斯特写道（见上书，第201至203页），"……而无需对作品进展的目的有一个清楚的概念……至于说到一个时代的绘画，可以把它们理解为前一个时代的发展，但无须理解为对一种完美或目的的接近……政治的历史也是这样……它们可以被理解为发展，无须解释为一种目的论的过程。但是，黑格尔始终缺少对创造的意义的洞察力。"接着（见同书第204页，着重号为我所加），弗斯特写道，黑格尔把那些具有这种观点的人的宗教想象看作一种不适当的符号，尽管他们断言有一个天意的计划，但否认它是可知的……说天意的计划是不可理解的，这毫无疑问是一种不适当的表述，但是这种不适当表述的真理不是说上帝的计划不可知，而是说，作为造物主，而不是作为（柏拉图哲学中的）创造世界者，上帝完全不根据计划来工作。

　　我认为，这个批评很精彩，尽管从非常不同的意义上讲，一件艺术作品的创造可以根据一种"计划"（虽然不是一种目的或目标）来进行。艺术品的创造也许是试图实现某种类似于那种作品的柏拉图观念的东西——那种画家或音乐家极力模仿的，在他们精神之眼或之耳所展示的完美原型（参见第一卷第九章第320页注①和第八章第276页注①和277页注②）。

林匹斯的诸神！"接着，克尔凯戈尔谈到了无神论者叔本华对基督教的辩护者黑格尔的攻击[1]："读叔本华的书让我有一种难以言表的快乐。他所说的完全是真的，他——作为一个德国人应该如此——做到了惟有德国人才能做到的那种直率。"而且，克尔凯戈尔自己的表述也像叔本华的表述一样直率，他继续说道，黑格尔主义（他称之为"这种卓越的精神的腐败"）是"一切放荡形式中最令人厌恶的"，他说它是"自负的霉素"、"理智的卖淫"和"光荣无耻的坠落"。

的确，我们的伦理教育和我们的知识教育一样，都坠落了。它因为追求浮华而败坏，它用人云亦云的方式取代了对（所说所做的）事物的批判性的评价。它被历史舞台上（我们是其中的演员）华丽的浪漫观念所败坏。而我们被训练成眼睛朝上来表演。

要教育人在与其他个体的比较中，对自身的重要性作一种理智的评价。但是，荣誉和命运的伦理学彻底搅乱了整个问题，这种道德一直存在于建立在经典基础之上的教育系统中，这些经典有关于权力历史的浪漫观念，而且，它们的浪漫的部落道德可以追溯到赫拉克利特，这种教育系统的根本基础就是权力崇拜。个人主义和利他主义（再次用一下这种分类[2]）的合理结合——即"真正重要的是人类个体，但我并不认为我有多么重要"这种观点——被抛弃，而代之以一种理所当然的自我主义和集体主义的浪漫结合。也就是说，自我的重要性、自我情感生活的重要性和其"自我表现"等被浪漫地夸大了，随之而来的是团体、集体和"个性"之间的紧张。这取代了其他个体、其他的人，而且

---

[1]　关于克尔凯戈尔所提到的叔本华对黑格尔的攻击，参见第十二章第70页注②的内容和总结的段落。部分连续摘引的克尔凯戈尔的话，见同书第130页（在后来的一个注释中，克尔凯戈尔在"腐败"插入"泛神论者"）。

[2]　参见第一卷第六章，尤其是第206页注①的内容。

不允许有合理的个人关系。这种态度所蕴含的策略就是"要么统治他人，要么屈服于他人"；要么成为一个与命运搏斗并且赢得荣誉的伟人和英雄（赫拉克利特说："越是伟大的奋斗会带来越大的声誉。"）要么归属于"大众"，把自己交给领袖并且为集体的更伟大的事业而牺牲。这种夸大自我和集体之间紧张的重要性中，有一种神经质的、歇斯底里的因素。我不怀疑这种歇斯底里，这种对文明的紧张反应是那种强烈要求英雄崇拜的伦理学、统治和服从的伦理学的情感基础①。

　　这一切的基础中有一个真正的难点。但十分清楚的是（就像我们在第九章和第二十四章所看到的），政治家应该集中精力与罪恶做斗争，而不应该为"积极"或"更崇高"的价值（如幸福等）而奋斗，而从原则上讲，教师却有不同的立场。尽管教师不应该把他的"更高的"价值标准强加给学生，但他应该努力激励他们对这些价值的兴趣。他应该关心学生的灵魂（当苏格拉底告诉他的朋友要关心自己的灵魂时，他是在关心他们）。因此，在教育中的确存在着某些浪漫的或审美因素的东西，而这些东西不应归于政治学。但是，尽管从原则上讲这是真实的，但它不适合于我们的教育体制。因为它预先假定在教师和学生之间有一种友谊的关系，就像第二十四章所强调的，这是一种双方必须都自由终止的关系（苏格拉底选择他的同伴，他们也选择了他）。在我们的学校中，正是学生的数量使得这一切变得不可能。因此，试图强加种种更高的价值，这不仅是不成功的，而且可以肯定的是，这些更高的价值对有些事物所导致的伤害，要比人们心目当中的理想造成的伤害更具体、更公开。无论如何，那些信任我们的人不应受到伤害，这个原则应该被公认为

----

①　关于黑格尔的统治和服从的伦理学，参见第十一章第19页注③。关于英雄崇拜的伦理学，参见第十二章，尤其是第121页注①的内容。

教育的基本原则，就像它是医学的基本原则一样。对我们的教育体制来说，"不伤害"（因此，"给年轻人最迫切需要的东西，以使他们独立于我们，并能够自我选择"）是极有价值的目标。这个目标尽管听起来是不过分的，但它的实现却有些遥远。但是，"更高的"目标，诸如"个性的全面发展"之类，却是时尚，这些目标是典型的罗曼蒂克而且实在是荒谬的。

在这些罗曼蒂克观念的影响下，个人主义仍然被等同于自我主义（柏拉图就是这样），利他主义被等同于集体主义（即，用团体的自我主义取代个体的自我主义）。但是，这对清楚地形成主要问题是一种阻碍，这个问题就是，在与其他个体的关系中，如何对自己的重要性获得一种理智的评价。在这些观点影响下，我们感到，必须追求超越我们自身的某种东西，我们应该全身心地投入其中并为此牺牲，而这种东西说到底就是负有"历史使命"的集体。我们被告知要做出牺牲，同时又保证，我们这样做将得到极大的回报。这些观点告诉我们，我们将要做出牺牲，但我们因此也将得到荣誉和声望。在历史的舞台上，我们将成为"主角"和英雄，小的冒险就能取得大的奖赏。在一个只考虑少数人，而没有人关心平民百姓的时期，这是一种令人怀疑的道德。这是政治和知识贵族的道德，只有他们有进入历史教科书的机会。它不可能是那些赞同公正和平等主义的人的道德，因为历史的声望本身不可能是公正的，它只可能被非常少的人得到。而无数的、和那些少数人一样有价值的人，总是被历史遗忘，或许他们才更有价值。

也许应该承认，赫拉克利特的伦理学，这种认为只有后代人才能给予更高奖赏的学说，在许多方面也许比那种教我们现在追求奖赏的道德学说要优越一点。但它并不是我们所需要的。我们需要的是一种藐视成功和奖赏的伦理学。这种伦理学不需要谁来发明，这些不是新的东西，至少在基督教的早期，它就被讲授。

我们今天的工业和科学的合作又再宣讲这种伦理学。所幸的是，那种罗曼蒂克式的、历史主义的追求名誉的道德似乎正在衰退。"无名战士"就展现了这一点。我们开始认识到，默默无闻地牺牲，也许比公开的牺牲一样有意义，或者甚至更有意义。我们的伦理教育必须适应这一点，必须教育我们做好我们的工作，即使牺牲也是为了这种工作本身，而不是为了得到赞扬或避免受到责备（事实上，我们都需要某种激励、希望、赞扬，甚至责备，但这完全是另一码事）。我们必须在我们的工作中，在我们自己所做的一切中，而不是虚幻的"历史意义"中来证明自己。

我主张，历史没有意义。但这个主张并不意味着我们能够为历史所做的一切在政治权力史中显得束手无策，或我们必须把它当作一种残忍的玩笑来看待。因为我们能够从这些权力政治学问题出发解释历史，我们所选择的试图解决这些问题的答案就在我们的时代中。我们能够从我们为开放社会，为理性的统治，为公正、自由、平等，为控制国际犯罪而奋斗的角度来解释权力的政治学的历史。尽管历史没有目的，但我们能够把我们的目的赋予其上；而且，尽管历史没有意义，但我们能够给予它以意义。

在这里，我们再次遇到自然和约定的问题①。无论是自然还是历史都不能告诉我们应该做什么，无论是自然的或是历史的事实都不能为我们做出决定，它们不能决定我们将要选择的各种目的。正是我们把目的和意义赋予自然和历史。人类不是平等的，但我们能够决定为平等的权利而奋斗。像国家之类的人类各种机构不是合理的，但我们能够决定为使它们更合理而奋斗。从整体上讲，我们自己和我们的日常语言是感性的而不是理性的，但我们能够努力成为更理性一点，我们能够训练我们自己把语言当一种理性的交流工具来用，而不是（我们浪漫的教育家所说的）

---

① 参见第一卷第五章（尤其是第 132 页注①的内容）。

自我表现的工具①。历史本身——当然，我指的是权力政治学的历史，而不是指不存在的人类发展史——既没有目的也没有意义，但我们能够决定把这两者都给予它。我们能够为开放的社会、反抗它的敌人（他们总是根据帕累托的劝告而悄悄地坚持他们的人道主义的感情）而奋斗，我们能够据此来解释历史。最后，我们可以以同样的方式谈"生活的意义"，正是由我们来选择我们生活的目的将是什么，我们选择我们的目的②。

我相信，这种事实和选择③的二元论是重要的。事实之类没有意义，只有通过我们的选择，它们才获得意义。历史主义只是许多想克服这种二元论的企图之一种，它起源于恐惧，因为它怯于承认：甚至对我们自己选择的标准而言，我们也承担着最终的责任。但是在我看来，这样一种企图正好表现出通常被描述为迷信的东西。因为它假定，我们能够在我们没有播种的地方收获，它试图使我们相信，我们只要与历史同步，一切都将，并且必然是一帆风顺，不需要我们作重要的决定（它试图把我们的责任转移到历史身上，最终转移到超越我们自己的恶魔般的权力游戏身上。它试图把我们的行动建立在这些权力背后的意图基础之

---

① 我们能够以许多方式"表达自己的意思"，而不传达任何东西。因为我们使用语言的任务是为了达到合理的交流，以及为了保持语言的清晰标准。参见第二十四章第370页注①和注②，第十二章第79页注②。

② 这种对"生活的意义"的问题的观点，可以与维特根斯坦在《逻辑哲学论》第187页中对"生活的意义"问题的观点相对比。"当生活的问题消失时，这个问题才能解决。"（这难道不是那些长期怀疑生活的意义的人们变得清楚的理由吗？难道还不能说生活的意义在哪里吗？）关于维特根斯坦的神秘主义，另见第二十四章第379页注②。关于这里所提到的历史解释，参见第十一章第58页注①（1）和本章第427页注①。

③ 参见第十六章第190页注①和第二十四章第370页注①。

　　我们可以说，事实的世界本身是完整的（因为每一种选择可以被理解为一种事实）。因此永远不可能驳倒那种主张只存在事实的一元论。但是，不可辩驳性并不是优点，例如唯心主义同样不可驳倒。

上），而这些背后的意图只有在神秘的灵感和直觉中才向我们展现。因此，它把我们的行动和我们自己放在这样一种人的水平之上，这种人从占星术和梦中获得灵感，在彩票中选择他的幸运数①。就像赌博一样，历史主义起源于我们对我们行动的理性和责任的绝望。它是一种贬值的希望和贬值的信仰，它试图用一种

---

① 显然，历史主义的动机之一是，在他们所承认的两种选择之外，看不到还有第三种选择。这两种选择就是，这个世界要么被至高的权力，被"必然的命运"或黑格尔的"理性"所统治，要么仅仅是一种偶然、一种非理性和一场赌博。但是还有第三种选择：我们可以把理性引入其中（参见第二十四章第370页注①）。尽管世界不会进步，但无论是个体的还是与他人合作，我们可以进步。

费舍尔在他的《欧洲史》（第 1 卷第Ⅶ页，着重号是我加的，在第二十一章第311页注①中引了部分内容）一书中，清楚地表述了这第三种可能性："一种理智上的激动已经……被我否定。比我更聪明、更有学问的人已经在历史中看到了一种密谋、一种节律和一种预先决定的方式。我看不到这些和谐。我只能看到波浪般一个接一个地闪现，我只看见一个与此相关的伟大事实：因为它是惟一的，因此不可能有什么普遍性。对历史学家而言，只是一条安全的规则：那就是，他们应该认识到……历史之剧的偶然性和不可预见性。"在出色地攻击完历史主义之后，他马上说道（着重号为作者所加，参见第十三章第152页注①）："这并不是一种犬儒主义的和绝望的理论。在历史的篇章上明明白白地大量地写着进步的事实，但是进步并不是一种自然规律。前一代人所取得的基础，也许会被下一代人所丢失。"

最后三句话十分清楚地代表了我所说的"第三种可能性"，这是一种对我们的责任的信念，它相信，一切事情都落在我们身上。有意思的是费舍尔的话被汤因比（在《历史研究》第 5 卷第 414 页中）解释为代表了"现代西方人对全能的偶然性的信仰"。没有什么比这更能清楚地表现出历史主义者的态度的了，他看不到第三种可能性。这也许解释了汤因比为什么逃避他提出的这种"全能的偶然性"，而躲到对历史现象背后的全能的权力——即历史（决定论）主义的信仰中去了（另参见第十一章第58页注①）。

我也许可以更完整地摘引汤因比对费舍尔话语的评论（汤因比摘引到"不可预见性"为止），"这一精彩的段落"，汤因比写道，"不能被看作一位学者的奇想而被抛弃。因为作者是一位自由主义者，他正在形成一种把自由主义理论转变为行动的信念……这种现代西方人对全能的偶然性的信仰产生于 19 世纪的基督教时代，那时，各种事物看来符合西方人的看法，符合自由放任的政策……"（为什么信仰那我们要为它承担责任的进步，意味着对全能的偶然性的信仰？或者为什么它将导致自由放任的政策？汤因比对此没有解释）。

起源于伪科学，关于星相、"人性"或历史命运的伪科学的确定性来取代希望和信仰，而这种希望和信仰起源于我们的道德热情和对成功的轻蔑。

我断言，历史主义不仅在理性上是站不住脚的，它也和任何倡导良心重要性的宗教相冲突。因为在强调我们对我们的行为的最终责任方面，这种宗教必然赞同理性主义对历史的态度。的确，我们需要希望，不带希望地行动和生活是我们力所不及的。但是，我们并不需要太多，我们也不必赐予太多。我们不需要确定性。尤其是宗教不应该成为梦幻和愿望的替代物，它既不应该像持有彩券，也不应该像持有保险公司的保单。宗教中的历史主义因素是一种偶像崇拜和迷信因素。

对事实和选择的二元论的强调还决定了我们对"进步"之类观念的态度。如果我们认为历史是进步的，或者认为我们必定是进步的，那么我们就犯了和那些相信历史是有意义的人一样的错误，他们相信历史的意义能够从历史中发现，不需要我们赋予它。而进步就是朝着某种目的，朝着人之为人的存在的目的。但历史不可能做到这点，只有我们人类个体能够做到。通过保卫和巩固那些自由和进步所依赖的民主制度，我们才能够做到这一点。当我们越来越充分地认识到这样的事实：进步取决我们、取决于我们的警醒、取决于我们的努力、取决于我们目标概念的清晰、取决于现实主义的目标选择①，那么，我们就将做得更好。

我们不做预言家，我们要成为自己命运的创造者。我们必须学会做我们力所能及的事，并且尽量留意我们自己的错误。当我

① 关于我们目标的"现实主义"的选择，我的意思是，我们所选择的目标应能在合理的时间范围内实现，我们应避免各种遥遥无期的、模糊的乌托邦观念，除非它们更直接地决定其自身有价值的目的。尤其参见第九章讨论的渐进的社会工程原理。

们抛弃了权力的历史是我们的审判者这种观念时，当我们已经不再担心历史是否将为我们作证时，也许就是我们可以成功控制权力之日。这样的话，我们甚至可以反过来证明历史，而历史正需要这样的证明。

本书第一版第一卷的最后手稿完成于 1942 年 10 月，第二卷的手稿完成于 1943 年 2 月。

译名对照表

Achilles　阿基琉斯

Acton, Lord　阿克顿

Adam, J.　亚当

Adeimantus　阿代曼图斯

Adler, A.　阿德勒

Aesculapius　阿斯克勒比斯

Agasssi, J.　阿嘉西

Agrippa, Menenius　阿格利巴

Alcestis　阿尔克斯提斯

Alcibiades　阿基比德

Alcidamas　阿基达玛

Alcmaeon　阿尔克迈昂

Alexander, S.　亚历山大

Alexander the Great　亚历山大大帝

Al Gazzali　阿尔－卡查理

Anaximander　阿那克西曼德

Ancillon　安锡伦

Anderson, E. N.　安德森

Anderson, S. M.　安德森

Antiphon　安提芬

Antisthenes　安提斯泰尼

Anytus　安尼图斯

Apollo　阿波罗

Aquinas, Thomas　阿奎那

Archelaus　阿克劳

Archidamian　阿基达莫斯

Archimedes　阿基米德

Archytas　阿基塔

Aristides　阿里斯蒂德

Aristophanes　阿里斯多芬

Aristotle　亚里士多德

Aristoxenus　阿里斯多塞诺斯

Armstrong, H. E.　阿姆斯特朗

Arndt, E. M.　阿恩特

Aspasia　阿斯帕西娅

Augustine, Saint　圣奥古斯丁

Augustus, Emperor　奥古斯都皇帝

Bacon, Francis　培根

Baker　巴克

Bakunin, M. A.　巴枯宁

Banse, E.　班瑟

Barker, Sir Ernest　巴克

Barth, K.　巴思

Bavink, B.　巴温克

Becky　贝奇

Beethoven, L. van 贝多芬

Bentham, J. 本瑟

Bergson, H. 伯格森

Berkley, G. 伯克利

Bernays, P. 伯瑞斯

Bernstein, A. 伯恩施坦

Best, W. 毕斯特

Bevan, E. 比万

Bias 毕亚斯

Bismarck, O. von 俾斯麦

Bodin, Jean 波丹

Bohr, N. 玻尔

Bosanquet, B. 鲍桑葵

Bowra, C. M. 鲍勒

Bradford, Bishop of 布雷德福特

Bradley, F. H. 布拉德利

Broadhead, H. D. 布罗德赫德

Buckle, H. T. 巴克尔

Burke, E. 伯克

Burnet, J 伯内特

Burns, E. 伯恩斯

Bury, R. G. 伯里

Butler, Samuel, Motto 巴特勒

Bywater, Ingram 拜沃特

Caesar 恺撒

Caird, E 柴尔德

Callicles 卡利克勒斯

Callippus 卡里普斯

Campbell – Smith, M.
　坎贝尔 – 史密斯

Capek, K. 科佩克

Carlyle, T. 卡莱尔

Carnap, R. 卡尔纳普

Carneades 卡尼蒂斯

Carruthers, J. 卡鲁瑟

Carus, P. 卡鲁斯

Cassirer, E. 卡西勒

Catlin, G. E. G. 卡特林

Cebes 凯伯斯

Chaerephon 凯勒芬

Chairon 凯伦

Chalcedon 卡尔克东

Chaplin, Charlie 卓别林

Charicles 卡里克勒斯

Charles V. 查理五世

Charmides 卡尔米德

Cherniss, H. 彻尼斯

Chion 芝奥

Christ Jesus 基督耶酥

Cicero 西塞罗

Clausewitz, K. von 克劳塞维茨

Clearchus 克里尔休斯

Clenias 克列尼阿斯

Codrus 科德鲁斯

Cohen, M. R. 柯亨

Cole, G. D. H. 科尔

Comte, A. 孔德

Constantine, Emperor 君士坦丁皇帝

Cope, G. 科普

Copek 科佩克

Coriscus 科里斯库斯

Quetelet, I. A. J. 凯特纳

Quine, W. van O. 奎因

Rader, M. M. 拉德尔

Ramsay, F. P. 拉姆塞

Rayleigh, Lord 赖拉

Renan, E. 雷南

Rhamus 拉姆努斯

Ricardo, D. 里卡多

Rickert, H. 李凯尔特

Ritter, C. 里特尔

Robespierre, M. 罗伯斯庇尔

Robinson, R. 鲁宾逊

Rogers, A. K. 罗杰斯

Rosenberg, A. 卢森堡

Rosenkranz, K. von 罗森克郎兹

Ross, W. D. 罗斯

Rousseau, J. J. 卢梭

Russell, B. 罗素

Russell, L. J. 罗素

Rüstow, A. 吕斯托

Ryazanow, D. 莱扎诺夫

Salomon, E. von 沙洛蒙

Salonmon 索罗门

Sanazzarro, Jacob 桑纳扎罗

Sandys, J. E. 桑迪兹

Sawyer 索亚

Schallmeyer, W. 沙尔迈尔

Scheffler, J. (Angelus Silesius)
　　舍夫勒

Scheler, M. 舍勒

Schelling, F. W. 谢林

Schiller, F. 施勒

Schlegel, F. 施莱格尔

Schleiermacher, F. E. D.
　　施莱尔马赫

Schlick, M. 石里克

Schwegler, F. C. A. 斯威格勒

Scott, R. 斯各特

Scotus 斯各脱

Shakespeare 莎士比亚

Shaw, G. B. 萧伯纳

Sheler 舍勒

Shelley, P. B. 雪莱

Sherrington, C. 谢灵顿

Sibree, J. 西伯利

Simkhovitch, V. G. 辛姆科维奇

Simkin, C. G. F. 西姆金

Simmel, G. 西梅尔

Simplicius, S. 辛普利修斯

Skepsis 斯克普西斯

Smith, A. 史密斯

Smith, M. Campbell 史密斯

Smuts, J. 斯姆茨

Socrates 苏格拉底

Solon 索伦

Sophocles 索福克勒斯

Spencer, H. 斯宾赛

Spengler, O. 斯宾格勒

Speusippus 斯彪西波

Spinoza, B. de 斯宾诺莎

Xenocrates　色诺克拉底
Xenophanes　色诺芬尼
Xenophon　色诺芬

"Younger Socrates"
　"小苏格拉底"

Zeller, E.　策勒尔
Zeno　基诺
Zeus　宙斯
Ziegler, H. O.　齐格勒
Zimmern, A. von　齐默恩
Zinovief, G. E.　季诺维也夫
Zinsser, H.　秦塞尔